财会讲堂

企业会计准则汇编与详解

■ 徐克哲 主编　　■ 中华会计网校 组编

图书在版编目(CIP)数据

企业会计准则汇编与详解：上下册/徐克哲主编；中华会计网校组编. —北京：企业管理出版社，2019.3
(财会讲堂)
ISBN 978-7-5164-1918-2

Ⅰ.①企… Ⅱ.①徐… ②中… Ⅲ.①企业会计-会计准则-中国 Ⅳ.①F279.23

中国版本图书馆CIP数据核字(2019)第051226号

书　　名：企业会计准则汇编与详解：上下册
作　　者：徐克哲　中华会计网校
责任编辑：陈　静
书　　号：ISBN 978-7-5164-1918-2
出版发行：企业管理出版社
地　　址：北京市海淀区紫竹院南路17号　　　　　邮编：100048
网　　址：http：//www.emph.cn
电　　话：编辑部(010)68701661　发行部(010)68701816
电子信箱：78982468@qq.com
印　　刷：三河市荣展印务有限公司
经　　销：新华书店
规　　格：787毫米×1092毫米　16开本　50.5印张　1034千字
版　　次：2019年3月第1版　　2019年3月第1次印刷
定　　价：138.00元

前　言

随着收入、租赁等新企业会计准则修订的不断发布，我国会计准则体系逐渐与国际财务报告准则趋同。涵盖各类企业的各项经济业务的独立实施的会计准则体系已经建立。尤其是新企业会计准则的实施，对会计人员的职业判断和综合能力都提出了更高的要求。作为会计人员，不但要了解企业会计准则及应用指南的条文要求，更要充分理解和掌握准则的本质，恰当地运用新准则进行职业判断和实务操作。

2017 年 3 月，财政部修订发布了金融工具相关会计准则，包括《企业会计准则第 22 号——金融工具确认和计量》(财会〔2017〕7 号)、《企业会计准则第 23 号——金融资产转移》(财会〔2017〕8 号)和《企业会计准则第 24 号——套期会计》(财会〔2017〕9 号)。2017 年 5 月，财政部修订发布了《企业会计准则第 16 号——政府补助》(财会〔2017〕15 号)和《企业会计准则第 37 号——金融工具列报》(财会〔2017〕14 号)，并印发了《企业会计准则第 42 号——持有待售的非流动资产、处置组和终止经营》(财会〔2017〕13 号)。2017 年 7 月财政部修订发布了《企业会计准则第 14 号——收入》(财会〔2017〕22 号)。2018 年 12 月财政部修订发布了《企业会计准则第 21 号——租赁》(财会〔2018〕35 号)。2018 年 6 月财政部新发布了《关于修订印发 2018 年度一般企业财务报表格式的通知》(财会〔2018〕15 号)，2019 年 1 月财政部新发布了《关于修订印发 2018 年度合并财务报表格式的通知》(财会〔2019〕1 号)。为了更好地帮助企业会计人员领会新企业会计准则的精髓，掌握新准则下会计实务，帮助广大读者更深入地了解企业会计改革、掌握新旧变化、开阔视野，更迅速地掌握新准则体系，更熟练地运用新准则进行职业判断和账务处理，我们组织相关人员对前版做了全面修订，特别对金融工具准则、收入准则和租赁准则的主要内容和重大变化做出重点介绍。

本书涉及面极广，由于时间仓促，加之作者水平受限，难免有疏漏、不妥之处，恳请读者和专家批评指正，以便进一步修正和完善。

编者

目　　录

上　册

下　册

企业会计准则——基本准则

（财政部令第76号）

（2006年2月15日财政部令第33号公布，自2007年1月1日起施行。2014年7月23日根据《财政部关于修改<企业会计准则——基本准则>的决定》修改）

第一章　总　则

第一条　为了规范企业会计确认、计量和报告行为，保证会计信息质量，根据《中华人民共和国会计法》和其他有关法律、行政法规，制定本准则。

第二条　本准则适用于在中华人民共和国境内设立的企业（包括公司，下同）。

第三条　企业会计准则包括基本准则和具体准则，具体准则的制定应当遵循本准则。

第四条　企业应当编制财务会计报告（又称财务报告，下同）。财务会计报告的目标是向财务会计报告使用者提供与企业财务状况、经营成果和现金流量等有关的会计信息，反映企业管理层受托责任履行情况，有助于财务会计报告使用者做出经济决策。

财务会计报告使用者包括投资者、债权人、政府及其有关部门和社会公众等。

第五条　企业应当对其本身发生的交易或者事项进行会计确认、计量和报告。

第六条　企业会计确认、计量和报告应当以持续经营为前提。

第七条　企业应当划分会计期间，分期结算账目和编制财务会计报告。

会计期间分为年度和中期。中期是指短于一个完整的会计年度的报告期间。

第八条　企业会计应当以货币计量。

第九条　企业应当以权责发生制为基础进行会计确认、计量和报告。

第十条　企业应当按照交易或者事项的经济特征确定会计要素。会计要素包括资产、负债、所有者权益、收入、费用和利润。

第十一条　企业应当采用借贷记账法记账。

第二章　会计信息质量要求

第十二条　企业应当以实际发生的交易或者事项为依据进行会计确认、计量和报告，如实反映符合确认和计量要求的各项会计要素及其他相关信息，保证会计信息真实可靠、内容完整。

第十三条　企业提供的会计信息应当与财务会计报告使用者的经济决策需要相关，有助于财务会计报告使用者对企业过去、现在或者未来的情况做出评价或者预测。

第十四条　企业提供的会计信息应当清晰明了，便于财务会计报告使用者理解和使用。

第十五条　企业提供的会计信息应当具有可比性。

同一企业不同时期发生的相同或者相似的交易或者事项，应当采用一致的会计政策，不得随意变更。确需变更的，应当在附注中说明。

不同企业发生的相同或者相似的交易或者事项，应当采用规定的会计政策，确保会计信息口径一致、相互可比。

第十六条　企业应当按照交易或者事项的经济实质进行会计确认、计量和报告，不应仅以交易或者事项的法律形式为依据。

第十七条　企业提供的会计信息应当反映与企业财务状况、经营成果和现金流量等有关的所有重要交易或者事项。

第十八条　企业对交易或者事项进行会计确认、计量和报告应当保持应有的谨慎，不应高估资产或者收益、低估负债或者费用。

第十九条　企业对于已经发生的交易或者事项，应当及时进行会计确认、计量和报告，不得提前或者延后。

第三章　资　产

第二十条　资产是指企业过去的交易或者事项形成的、由企业拥有或者控制的、预期会给企业带来经济利益的资源。

前款所指的企业过去的交易或者事项包括购买、生产、建造行为或其他交易或者事项。预期在未来发生的交易或者事项不形成资产。

由企业拥有或者控制，是指企业享有某项资源的所有权，或者虽然不享有某项资源的所有权，但该资源能被企业所控制。

预期会给企业带来经济利益，是指直接或者间接导致现金和现金等价物流入企业的潜力。

第二十一条 符合本准则第二十条规定的资产定义的资源，在同时满足以下条件时，确认为资产：

(一)与该资源有关的经济利益很可能流入企业。

(二)该资源的成本或者价值能够可靠地计量。

第二十二条 符合资产定义和资产确认条件的项目，应当列入资产负债表；符合资产定义、但不符合资产确认条件的项目，不应当列入资产负债表。

第四章 负 债

第二十三条 负债是指企业过去的交易或者事项形成的、预期会导致经济利益流出企业的现时义务。

现时义务是指企业在现行条件下已承担的义务。未来发生的交易或者事项形成的义务，不属于现时义务，不应当确认为负债。

第二十四条 符合本准则第二十三条规定的负债定义的义务，在同时满足以下条件时，确认为负债：

(一)与该义务有关的经济利益很可能流出企业。

(二)未来流出的经济利益的金额能够可靠地计量。

第二十五条 符合负债定义和负债确认条件的项目，应当列入资产负债表；符合负债定义、但不符合负债确认条件的项目，不应当列入资产负债表。

第五章 所有者权益

第二十六条 所有者权益是指企业资产扣除负债后由所有者享有的剩余权益。

公司的所有者权益又称为股东权益。

第二十七条 所有者权益的来源包括所有者投入的资本、直接计入所有者权益的利得和损失、留存收益等。

直接计入所有者权益的利得和损失，是指不应计入当期损益、会导致所有者权益发生增减变动的、与所有者投入资本或者向所有者分配利润无关的利得或者损失。

利得是指由企业非日常活动所形成的、会导致所有者权益增加的、与所有者投入资本无关的经济利益的流入。

损失是指由企业非日常活动所发生的、会导致所有者权益减少的、与向所有者分配利润无关的经济利益的流出。

第二十八条 所有者权益金额取决于资产和负债的计量。

第二十九条 所有者权益项目应当列入资产负债表。

第六章 收 入

第三十条 收入是指企业在日常活动中形成的、会导致所有者权益增加的、与所有者投入资本无关的经济利益的总流入。

第三十一条 收入只有在经济利益很可能流入从而导致企业资产增加或者负债减少、且经济利益的流入额能够可靠计量时才能予以确认。

第三十二条 符合收入定义和收入确认条件的项目，应当列入利润表。

第七章 费 用

第三十三条 费用是指企业在日常活动中发生的、会导致所有者权益减少的、与向所有者分配利润无关的经济利益的总流出。

第三十四条 费用只有在经济利益很可能流出从而导致企业资产减少或者负债增加、且经济利益的流出额能够可靠计量时才能予以确认。

第三十五条 企业为生产产品、提供劳务等发生的可归属于产品成本、劳务成本等的费用，应当在确认产品销售收入、劳务收入等时，将已销售产品、已提供劳务的成本等计入当期损益。

企业发生的支出不产生经济利益的，或者即使能够产生经济利益但不符合或者不再符合资产确认条件的，应当在发生时确认为费用，计入当期损益。

企业发生的交易或者事项导致其承担了一项负债而又不确认为一项资产的，应当在发生时确认为费用，计入当期损益。

第三十六条 符合费用定义和费用确认条件的项目，应当列入利润表。

第八章 利 润

第三十七条 利润是指企业在一定会计期间的经营成果。利润包括收入减去费用后的净额、直接计入当期利润的利得和损失等。

第三十八条 直接计入当期利润的利得和损失，是指应当计入当期损益、会导致所有者权益发生增减变动的、与所有者投入资本或者向所有者分配利润无关的利得或者损失。

第三十九条 利润金额取决于收入和费用、直接计入当期利润的利得和损失金额的计量。

第四十条 利润项目应当列入利润表。

第九章 会计计量

第四十一条 企业在将符合确认条件的会计要素登记入账并列报于会计报表及其附注(又称财务报表，下同)时，应当按照规定的会计计量属性进行计量，确定其金额。

第四十二条 会计计量属性主要包括：

(一)历史成本。在历史成本计量下，资产按照购置时支付的现金或者现金等价物的金额，或者按照购置资产时所付出的对价的公允价值计量。负债按照因承担现时义务而实际收到的款项或者资产的金额，或者承担现时义务的合同金额，或者按照日常活动中为偿还负债预期需要支付的现金或者现金等价物的金额计量。

(二)重置成本。在重置成本计量下，资产按照现在购买相同或者相似资产所需支付的现金或者现金等价物的金额计量。负债按照现在偿付该项债务所需支付的现金或者现金等价物的金额计量。

(三)可变现净值。在可变现净值计量下，资产按照其正常对外销售所能收到现金或者现金等价物的金额扣减该资产至完工时估计将要发生的成本、估计的销售费用以及相关税费后的金额计量。

(四)现值。在现值计量下，资产按照预计从其持续使用和最终处置中所产生的未来净现金流入量的折现金额计量。负债按照预计期限内需要偿还的未来净现金流出量的折现金额计量。

(五)公允价值。在公允价值计量下，资产和负债按照市场参与者在计量日发生的有序交易中，出售资产所能收到或者转移负债所需支付的价格计量。

第四十三条 企业在对会计要素进行计量时，一般应当采用历史成本，采用重置成本、可变现净值、现值、公允价值计量的，应当保证所确定的会计要素金额能够取得并可靠计量。

第十章　财务会计报告

第四十四条　财务会计报告是指企业对外提供的反映企业某一特定日期的财务状况和某一会计期间的经营成果、现金流量等会计信息的文件。

财务会计报告包括会计报表及其附注和其他应当在财务会计报告中披露的相关信息和资料。会计报表至少应当包括资产负债表、利润表、现金流量表等报表。

小企业编制的会计报表可以不包括现金流量表。

第四十五条　资产负债表是指反映企业在某一特定日期的财务状况的会计报表。

第四十六条　利润表是指反映企业在一定会计期间的经营成果的会计报表。

第四十七条　现金流量表是指反映企业在一定会计期间的现金和现金等价物流入和流出的会计报表。

第四十八条　附注是指对在会计报表中列示项目所做的进一步说明，以及对未能在这些报表中列示项目的说明等。

第十一章　附　则

第四十九条　本准则由财政部负责解释。

第五十条　本准则自 2007 年 1 月 1 日起施行。

企业会计准则第 1 号——存货

（财会〔2006〕3 号）

第一章　总　则

第一条　为了规范存货的确认、计量和相关信息的披露，根据《企业会计准则——基本准则》，制定本准则。

第二条　下列各项适用其他相关会计准则：

（一）消耗性生物资产，适用《企业会计准则第 5 号——生物资产》。

（二）通过建造合同归集的存货成本，适用《企业会计准则第 15 号——建造合同》。

第二章　确　认

第三条　存货，是指企业在日常活动中持有以备出售的产成品或商品、处在生产过程中的在产品、在生产过程或提供劳务过程中耗用的材料和物料等。

第四条　存货同时满足下列条件的，才能予以确认：

（一）与该存货有关的经济利益很可能流入企业。

（二）该存货的成本能够可靠地计量。

第三章　计　量

第五条　存货应当按照成本进行初始计量。存货成本包括采购成本、加工成本和其他成本。

第六条　存货的采购成本，包括购买价款、相关税费、运输费、装卸费、保险费以及其他可归属于存货采购成本的费用。

第七条　存货的加工成本，包括直接人工以及按照一定方法分配的制造费用。

制造费用，是指企业为生产产品和提供劳务而发生的各项间接费用。企业应当根据制造费用的性质，合理地选择制造费用分配方法。

在同一生产过程中，同时生产两种或两种以上的产品，并且每种产品的加工成本不能直接区分的，其加工成本应当按照合理的方法在各种产品之间进行分配。

第八条 存货的其他成本，是指除采购成本、加工成本以外的，使存货达到目前场所和状态所发生的其他支出。

第九条 下列费用应当在发生时确认为当期损益，不计入存货成本：

(一)非正常消耗的直接材料、直接人工和制造费用。

(二)仓储费用(不包括在生产过程中为达到下一个生产阶段所必需的费用)。

(三)不能归属于使存货达到目前场所和状态的其他支出。

第十条 应计入存货成本的借款费用，按照《企业会计准则第 17 号——借款费用》处理。

第十一条 投资者投入存货的成本，应当按照投资合同或协议约定的价值确定，但合同或协议约定价值不公允的除外。

第十二条 收获时农产品的成本、非货币性资产交换、债务重组和企业合并取得的存货的成本，应当分别按照《企业会计准则第 5 号——生物资产》《企业会计准则第 7 号——非货币性资产交换》《企业会计准则第 12 号——债务重组》和《企业会计准则第 20 号——企业合并》确定。

第十三条 企业提供劳务的，所发生的从事劳务提供人员的直接人工和其他直接费用以及可归属的间接费用，计入存货成本。

第十四条 企业应当采用先进先出法、加权平均法或者个别计价法确定发出存货的实际成本。

对于性质和用途相似的存货，应当采用相同的成本计算方法确定发出存货的成本。

对于不能替代使用的存货、为特定项目专门购入或制造的存货以及提供的劳务，通常采用个别计价法确定发出存货的成本。

对于已售存货，应当将其成本结转为当期损益，相应的存货跌价准备也应当予以结转。

第十五条 资产负债表日，存货应当按照成本与可变现净值孰低计量。

存货成本高于其可变现净值的，应当计提存货跌价准备，计入当期损益。

可变现净值，是指在日常活动中，存货的估计售价减去至完工时估计将要发生的成本、估计的销售费用以及相关税费后的金额。

第十六条 企业确定存货的可变现净值，应当以取得的确凿证据为基础，并且考虑持有存货的目的、资产负债表日后事项的影响等因素。

为生产而持有的材料等，用其生产的产成品的可变现净值高于成本的，该材料仍然应当按照成本计量；材料价格的下降表明产成品的可变现净值低于成本的，该材料应当按照可变现净值计量。

第十七条 为执行销售合同或者劳务合同而持有的存货，其可变现净值应当以合同价格为基础计算。

企业持有存货的数量多于销售合同订购数量的，超出部分的存货的可变现净值应当以一般销售价格为基础计算。

第十八条 企业通常应当按照单个存货项目计提存货跌价准备。

对于数量繁多、单价较低的存货，可以按照存货类别计提存货跌价准备。

与在同一地区生产和销售的产品系列相关、具有相同或类似最终用途或目的，且难以与其他项目分开计量的存货，可以合并计提存货跌价准备。

第十九条 资产负债表日，企业应当确定存货的可变现净值。以前减记存货价值的影响因素已经消失的，减记的金额应当予以恢复，并在原已计提的存货跌价准备金额内转回，转回的金额计入当期损益。

第二十条 企业应当采用一次转销法或者五五摊销法对低值易耗品和包装物进行摊销，计入相关资产的成本或者当期损益。

第二十一条 企业发生的存货毁损，应当将处置收入扣除账面价值和相关税费后的金额计入当期损益。存货的账面价值是存货成本扣减累计跌价准备后的金额。

存货盘亏造成的损失，应当计入当期损益。

第四章 披 露

第二十二条 企业应当在附注中披露与存货有关的下列信息：

(一)各类存货的期初和期末账面价值。

(二)确定发出存货成本所采用的方法。

(三)存货可变现净值的确定依据，存货跌价准备的计提方法，当期计提的存货跌价准备的金额，当期转回的存货跌价准备的金额，以及计提和转回的有关情况。

(四)用于担保的存货账面价值。

企业会计准则第2号——长期股权投资

（财会〔2014〕14号）

第一章　总　则

第一条　为了规范长期股权投资的确认、计量，根据《企业会计准则——基本准则》，制定本准则。

第二条　本准则所称长期股权投资，是指投资方对被投资单位实施控制、重大影响的权益性投资，以及对其合营企业的权益性投资。

在确定能否对被投资单位实施控制时，投资方应当按照《企业会计准则第33号——合并财务报表》的有关规定进行判断。投资方能够对被投资单位实施控制的，被投资单位为其子公司。投资方属于《企业会计准则第33号——合并财务报表》规定的投资性主体且子公司不纳入合并财务报表的情况除外。

重大影响，是指投资方对被投资单位的财务和经营政策有参与决策的权力，但并不能够控制或者与其他方一起共同控制这些政策的制定。在确定能否对被投资单位施加重大影响时，应当考虑投资方和其他方持有的被投资单位当期可转换公司债券、当期可执行认股权证等潜在表决权因素。投资方能够对被投资单位施加重大影响的，被投资单位为其联营企业。

在确定被投资单位是否为合营企业时，应当按照《企业会计准则第40号——合营安排》的有关规定进行判断。

第三条　下列各项适用其他相关会计准则：

（一）外币长期股权投资的折算，适用《企业会计准则第19号——外币折算》。

（二）风险投资机构、共同基金以及类似主体持有的、在初始确认时按照《企业会计准则第22号——金融工具确认和计量》的规定以公允价值计量且其变动计入当期损益的金融资产，投资性主体对不纳入合并财务报表的子公司的权益性投资，以及本准则未予规范的其他权益性投资，适用《企业会计准则第22号——金融工具确认和计量》。

第四条　长期股权投资的披露，适用《企业会计准则第41号——在其他主体中权益的披露》。

第二章　初始计量

第五条　企业合并形成的长期股权投资，应当按照下列规定确定其初始投资成本：

(一)同一控制下的企业合并，合并方以支付现金、转让非现金资产或承担债务方式作为合并对价的，应当在合并日按照被合并方所有者权益在最终控制方合并财务报表中的账面价值的份额作为长期股权投资的初始投资成本。长期股权投资初始投资成本与支付的现金、转让的非现金资产以及所承担债务账面价值之间的差额，应当调整资本公积；资本公积不足冲减的，调整留存收益。

合并方以发行权益性证券作为合并对价的，应当在合并日按照被合并方所有者权益在最终控制方合并财务报表中的账面价值的份额作为长期股权投资的初始投资成本。按照发行股份的面值总额作为股本，长期股权投资初始投资成本与所发行股份面值总额之间的差额，应当调整资本公积；资本公积不足冲减的，调整留存收益。

(二)非同一控制下的企业合并，购买方在购买日应当按照《企业会计准则第 20 号——企业合并》的有关规定确定的合并成本作为长期股权投资的初始投资成本。

合并方或购买方为企业合并发生的审计、法律服务、评估咨询等中介费用以及其他相关管理费用，应当于发生时计入当期损益。

第六条　除企业合并形成的长期股权投资以外，其他方式取得的长期股权投资，应当按照下列规定确定其初始投资成本：

(一)以支付现金取得的长期股权投资，应当按照实际支付的购买价款作为初始投资成本。初始投资成本包括与取得长期股权投资直接相关的费用、税金及其他必要支出。

(二)以发行权益性证券取得的长期股权投资，应当按照发行权益性证券的公允价值作为初始投资成本。与发行权益性证券直接相关的费用，应当按照《企业会计准则第 37 号——金融工具列报》的有关规定确定。

(三)通过非货币性资产交换取得的长期股权投资，其初始投资成本应当按照《企业会计准则第 7 号——非货币性资产交换》的有关规定确定。

(四)通过债务重组取得的长期股权投资，其初始投资成本应当按照《企业会计准则第 12 号——债务重组》的有关规定确定。

第三章　后续计量

第七条　投资方能够对被投资单位实施控制的长期股权投资应当采用成本法核算。

第八条 采用成本法核算的长期股权投资应当按照初始投资成本计价。追加或收回投资应当调整长期股权投资的成本。被投资单位宣告分派的现金股利或利润，应当确认为当期投资收益。

第九条 投资方对联营企业和合营企业的长期股权投资，应当按照本准则第十条至第十三条规定，采用权益法核算。

投资方对联营企业的权益性投资，其中一部分通过风险投资机构、共同基金、信托公司或包括投连险基金在内的类似主体间接持有的，无论以上主体是否对这部分投资具有重大影响，投资方都可以按照《企业会计准则第 22 号——金融工具确认和计量》的有关规定，对间接持有的该部分投资选择以公允价值计量且其变动计入损益，并对其余部分采用权益法核算。

第十条 长期股权投资的初始投资成本大于投资时应享有被投资单位可辨认净资产公允价值份额的，不调整长期股权投资的初始投资成本；长期股权投资的初始投资成本小于投资时应享有被投资单位可辨认净资产公允价值份额的，其差额应当计入当期损益，同时调整长期股权投资的成本。

被投资单位可辨认净资产的公允价值，应当比照《企业会计准则第 20 号——企业合并》的有关规定确定。

第十一条 投资方取得长期股权投资后，应当按照应享有或应分担的被投资单位实现的净损益和其他综合收益的份额，分别确认投资收益和其他综合收益，同时调整长期股权投资的账面价值；投资方按照被投资单位宣告分派的利润或现金股利计算应享有的部分，相应减少长期股权投资的账面价值；投资方对于被投资单位除净损益、其他综合收益和利润分配以外所有者权益的其他变动，应当调整长期股权投资的账面价值并计入所有者权益。

投资方在确认应享有被投资单位净损益的份额时，应当以取得投资时被投资单位可辨认净资产的公允价值为基础，对被投资单位的净利润进行调整后确认。

被投资单位采用的会计政策及会计期间与投资方不一致的，应当按照投资方的会计政策及会计期间对被投资单位的财务报表进行调整，并据以确认投资收益和其他综合收益等。

第十二条 投资方确认被投资单位发生的净亏损，应当以长期股权投资的账面价值以及其他实质上构成对被投资单位净投资的长期权益减记至零为限，投资方负有承担额外损失义务的除外。

被投资单位以后实现净利润的，投资方在其收益分享额弥补未确认的亏损分担额后，恢复确认收益分享额。

第十三条 投资方计算确认应享有或应分担被投资单位的净损益时，与联营企业、合营企业之间发生的未实现内部交易损益按照应享有的比例计算归属于投资方的部分，应当予以抵销，在此基础上确认投资收益。

投资方与被投资单位发生的未实现内部交易损失，按照《企业会计准则第8号——资产减值》等的有关规定属于资产减值损失的，应当全额确认。

第十四条 投资方因追加投资等原因能够对被投资单位施加重大影响或实施共同控制但不构成控制的，应当按照《企业会计准则第22号——金融工具确认和计量》确定的原持有的股权投资的公允价值加上新增投资成本之和，作为改按权益法核算的初始投资成本。原持有的股权投资分类为可供出售金融资产的，其公允价值与账面价值之间的差额，以及原计入其他综合收益的累计公允价值变动应当转入改按权益法核算的当期损益。

投资方因追加投资等原因能够对非同一控制下的被投资单位实施控制的，在编制个别财务报表时，应当按照原持有的股权投资账面价值加上新增投资成本之和，作为改按成本法核算的初始投资成本。购买日之前持有的股权投资因采用权益法核算而确认的其他综合收益，应当在处置该项投资时采用与被投资单位直接处置相关资产或负债相同的基础进行会计处理。购买日之前持有的股权投资按照《企业会计准则第22号——金融工具确认和计量》的有关规定进行会计处理的，原计入其他综合收益的累计公允价值变动应当在改按成本法核算时转入当期损益。在编制合并财务报表时，应当按照《企业会计准则第33号——合并财务报表》的有关规定进行会计处理。

第十五条 投资方因处置部分股权投资等原因丧失了对被投资单位的共同控制或重大影响的，处置后的剩余股权应当改按《企业会计准则第22号——金融工具确认和计量》核算，其在丧失共同控制或重大影响之日的公允价值与账面价值之间的差额计入当期损益。原股权投资因采用权益法核算而确认的其他综合收益，应当在终止采用权益法核算时采用与被投资单位直接处置相关资产或负债相同的基础进行会计处理。

投资方因处置部分权益性投资等原因丧失了对被投资单位的控制的，在编制个别财务报表时，处置后的剩余股权能够对被投资单位实施共同控制或施加重大影响的，应当改按权益法核算，并对该剩余股权视同自取得时即采用权益法核算进行调整；处置后的剩余股权不能对被投资单位实施共同控制或施加重大影响的，应当改按《企业会计准则第22号——金融工具确认和计量》的有关规定进行会计处理，其在丧失控制之日的公允价值与账面价值间的差额计入当期损益。在编制合并财务报表时，应当按照《企业会计准则第33号——合并财务报表》的有关规定进行会计处理。

第十六条 对联营企业或合营企业的权益性投资全部或部分分类为持有待售资产的，投资方应当按照《企业会计准则第4号——固定资产》的有关规定处理，对于未划分为持有待售资产的剩余权益性投资，应当采用权益法进行会计处理。

已划分为持有待售的对联营企业或合营企业的权益性投资，不再符合持有待售资产分类条件的，应当从被分类为持有待售资产之日起采用权益法进行追溯调整。分类为持有待售期间的财务报表应当做相应调整。

第十七条 处置长期股权投资，其账面价值与实际取得价款之间的差额，应当计入当期损益。采用权益法核算的长期股权投资，在处置该项投资时，采用与被投资单位直接处置相关资产或负债相同的基础，按相应比例对原计入其他综合收益的部分进行会计处理。

第十八条 投资方应当关注长期股权投资的账面价值是否大于享有被投资单位所有者权益账面价值的份额等类似情况。出现类似情况时，投资方应当按照《企业会计准则第8号——资产减值》对长期股权投资进行减值测试，可收回金额低于长期股权投资账面价值的，应当计提减值准备。

第四章 衔接规定

第十九条 在本准则施行日之前已经执行企业会计准则的企业，应当按照本准则进行追溯调整，追溯调整不切实可行的除外。

第五章 附 则

第二十条 本准则自2014年7月1日起施行。

企业会计准则第 3 号——投资性房地产

（财会〔2006〕3 号）

第一章　总　则

第一条　为了规范投资性房地产的确认、计量和相关信息的披露，根据《企业会计准则——基本准则》，制定本准则。

第二条　投资性房地产，是指为赚取租金或资本增值，或两者兼有而持有的房地产。

投资性房地产应当能够单独计量和出售。

第三条　本准则规范下列投资性房地产：

（一）已出租的土地使用权。

（二）持有并准备增值后转让的土地使用权。

（三）已出租的建筑物。

第四条　下列各项不属于投资性房地产：

（一）自用房地产，即为生产商品、提供劳务或者经营管理而持有的房地产。

（二）作为存货的房地产。

第五条　下列各项适用其他相关会计准则：

（一）企业代建的房地产，适用《企业会计准则第 15 号——建造合同》。

（二）投资性房地产的租金收入和售后租回，适用《企业会计准则第 21 号——租赁》。

第二章　确认和初始计量

第六条　投资性房地产同时满足下列条件的，才能予以确认：

（一）与该投资性房地产有关的经济利益很可能流入企业。

（二）该投资性房地产的成本能够可靠地计量。

第七条 投资性房地产应当按照成本进行初始计量。

(一)外购投资性房地产的成本，包括购买价款、相关税费和可直接归属于该资产的其他支出。

(二)自行建造投资性房地产的成本，由建造该项资产达到预定可使用状态前所发生的必要支出构成。

(三)以其他方式取得的投资性房地产的成本，按照相关会计准则的规定确定。

第八条 与投资性房地产有关的后续支出，满足本准则第六条规定的确认条件的，应当计入投资性房地产成本；不满足本准则第六条规定的确认条件的，应当在发生时计入当期损益。

第三章 后续计量

第九条 企业应当在资产负债表日采用成本模式对投资性房地产进行后续计量，但本准则第十条规定的除外。

采用成本模式计量的建筑物的后续计量，适用《企业会计准则第 4 号——固定资产》。

采用成本模式计量的土地使用权的后续计量，适用《企业会计准则第 6 号——无形资产》。

第十条 有确凿证据表明投资性房地产的公允价值能够持续可靠取得的，可以对投资性房地产采用公允价值模式进行后续计量。采用公允价值模式计量的，应当同时满足下列条件：

(一)投资性房地产所在地有活跃的房地产交易市场。

(二)企业能够从房地产交易市场上取得同类或类似房地产的市场价格及其他相关信息，从而对投资性房地产的公允价值做出合理的估计。

第十一条 采用公允价值模式计量的，不对投资性房地产计提折旧或进行摊销，应当以资产负债表日投资性房地产的公允价值为基础调整其账面价值，公允价值与原账面价值之间的差额计入当期损益。

第十二条 企业对投资性房地产的计量模式一经确定，不得随意变更。成本模式转为公允价值模式的，应当作为会计政策变更，按照《企业会计准则第 28 号——会计政策、会计估计变更和差错更正》处理。

已采用公允价值模式计量的投资性房地产，不得从公允价值模式转为成本模式。

第四章 转 换

第十三条 企业有确凿证据表明房地产用途发生改变，满足下列条件之一的，应当将投资性房地产转换为其他资产或者将其他资产转换为投资性房地产：

(一)投资性房地产开始自用。

(二)作为存货的房地产，改为出租。

(三)自用土地使用权停止自用，用于赚取租金或资本增值。

(四)自用建筑物停止自用，改为出租。

第十四条 在成本模式下，应当将房地产转换前的账面价值作为转换后的入账价值。

第十五条 采用公允价值模式计量的投资性房地产转换为自用房地产时，应当以其转换当日的公允价值作为自用房地产的账面价值，公允价值与原账面价值的差额计入当期损益。

第十六条 自用房地产或存货转换为采用公允价值模式计量的投资性房地产时，投资性房地产按照转换当日的公允价值计价，转换当日的公允价值小于原账面价值的，其差额计入当期损益；转换当日的公允价值大于原账面价值的，其差额计入所有者权益。

第五章 处 置

第十七条 当投资性房地产被处置，或者永久退出使用且预计不能从其处置中取得经济利益时，应当终止确认该项投资性房地产。

第十八条 企业出售、转让、报废投资性房地产或者发生投资性房地产毁损，应当将处置收入扣除其账面价值和相关税费后的金额计入当期损益。

第六章 披 露

第十九条 企业应当在附注中披露与投资性房地产有关的下列信息：

(一)投资性房地产的种类、金额和计量模式。

(二)采用成本模式的，投资性房地产的折旧或摊销，以及减值准备的计提情况。

(三)采用公允价值模式的，公允价值的确定依据和方法，以及公允价值变动对损益的影响。

(四)房地产转换情况、理由，以及对损益或所有者权益的影响。

(五)当期处置的投资性房地产及其对损益的影响。

企业会计准则第 4 号——固定资产

（财会〔2006〕3 号）

第一章　总　则

第一条　为了规范固定资产的确认、计量和相关信息的披露，根据《企业会计准则——基本准则》，制定本准则。

第二条　下列各项适用其他相关会计准则：

（一）作为投资性房地产的建筑物，适用《企业会计准则第 3 号——投资性房地产》。

（二）生产性生物资产，适用《企业会计准则第 5 号——生物资产》。

第二章　确　认

第三条　固定资产，是指同时具有下列特征的有形资产：

（一）为生产商品、提供劳务、出租或经营管理而持有的。

（二）使用寿命超过一个会计年度。

使用寿命，是指企业使用固定资产的预计期间，或者该固定资产所能生产产品或提供劳务的数量。

第四条　固定资产同时满足下列条件的，才能予以确认：

（一）与该固定资产有关的经济利益很可能流入企业。

（二）该固定资产的成本能够可靠地计量。

第五条　固定资产的各组成部分具有不同使用寿命或者以不同方式为企业提供经济利益，适用不同折旧率或折旧方法的，应当分别将各组成部分确认为单项固定资产。

第六条　与固定资产有关的后续支出，符合本准则第四条规定的确认条件的，应当计入固定资产成本；不符合本准则第四条规定的确认条件的，应当在发生时计入当期损益。

第三章　初始计量

第七条　固定资产应当按照成本进行初始计量。

第八条　外购固定资产的成本，包括购买价款、相关税费、使固定资产达到预定可使用状态前所发生的可归属于该项资产的运输费、装卸费、安装费和专业人员服务费等。

以一笔款项购入多项没有单独标价的固定资产，应当按照各项固定资产公允价值比例对总成本进行分配，分别确定各项固定资产的成本。

购买固定资产的价款超过正常信用条件延期支付，实质上具有融资性质的，固定资产的成本以购买价款的现值为基础确定。实际支付的价款与购买价款的现值之间的差额，除按照《企业会计准则第 17 号——借款费用》应予资本化的以外，应当在信用期间内计入当期损益。

第九条　自行建造固定资产的成本，由建造该项资产达到预定可使用状态前所发生的必要支出构成。

第十条　应计入固定资产成本的借款费用，按照《企业会计准则第 17 号——借款费用》处理。

第十一条　投资者投入固定资产的成本，应当按照投资合同或协议约定的价值确定，但合同或协议约定价值不公允的除外。

第十二条　非货币性资产交换、债务重组、企业合并和融资租赁取得的固定资产的成本，应当分别按照《企业会计准则第 7 号——非货币性资产交换》《企业会计准则第 12 号——债务重组》《企业会计准则第 20 号——企业合并》和《企业会计准则第 21 号——租赁》确定。

第十三条　确定固定资产成本时，应当考虑预计弃置费用因素。

第四章　后续计量

第十四条　企业应当对所有固定资产计提折旧。但是，已提足折旧仍继续使用的固定资产和单独计价入账的土地除外。

折旧，是指在固定资产使用寿命内，按照确定的方法对应计折旧额进行系统分摊。

应计折旧额，是指应当计提折旧的固定资产的原价扣除其预计净残值后的金额。已计提减值准备的固定资产，还应当扣除已计提的固定资产减值准备累计金额。

预计净残值，是指假定固定资产预计使用寿命已满并处于使用寿命终了时的预期状态，企业目前从该项资产处置中获得的扣除预计处置费用后的金额。

第十五条 企业应当根据固定资产的性质和使用情况，合理确定固定资产的使用寿命和预计净残值。

固定资产的使用寿命、预计净残值一经确定，不得随意变更。但是，符合本准则第十九条规定的除外。

第十六条 企业确定固定资产使用寿命，应当考虑下列因素：

（一）预计生产能力或实物产量。

（二）预计有形损耗和无形损耗。

（三）法律或者类似规定对资产使用的限制。

第十七条 企业应当根据与固定资产有关的经济利益的预期实现方式，合理选择固定资产折旧方法。

可选用的折旧方法包括年限平均法、工作量法、双倍余额递减法和年数总和法等。

固定资产的折旧方法一经确定，不得随意变更。但是，符合本准则第十九条规定的除外。

第十八条 固定资产应当按月计提折旧，并根据用途计入相关资产的成本或者当期损益。

第十九条 企业至少应当于每年年度终了，对固定资产的使用寿命、预计净残值和折旧方法进行复核。

使用寿命预计数与原先估计数有差异的，应当调整固定资产使用寿命。

预计净残值预计数与原先估计数有差异的，应当调整预计净残值。

与固定资产有关的经济利益预期实现方式有重大改变的，应当改变固定资产折旧方法。

固定资产使用寿命、预计净残值和折旧方法的改变应当作为会计估计变更。

第二十条 固定资产的减值，应当按照《企业会计准则第 8 号——资产减值》处理。

第五章　处　置

第二十一条 固定资产满足下列条件之一的，应当予以终止确认：

（一）该固定资产处于处置状态。

（二）该固定资产预期通过使用或处置不能产生经济利益。

第二十二条 企业持有待售的固定资产，应当对其预计净残值进行调整。

第二十三条 企业出售、转让、报废固定资产或发生固定资产毁损，应当将处置收入扣除账面价值和相关税费后的金额计入当期损益。固定资产的账面价值是固定资产成本扣减累计折旧和累计减值准备后的金额。

固定资产盘亏造成的损失，应当计入当期损益。

第二十四条 企业根据本准则第六条的规定，将发生的固定资产后续支出计入固定资产成本的，应当终止确认被替换部分的账面价值。

第六章 披 露

第二十五条 企业应当在附注中披露与固定资产有关的下列信息：

(一)固定资产的确认条件、分类、计量基础和折旧方法。

(二)各类固定资产的使用寿命、预计净残值和折旧率。

(三)各类固定资产的期初和期末原价、累计折旧额及固定资产减值准备累计金额。

(四)当期确认的折旧费用。

(五)对固定资产所有权的限制及其金额和用于担保的固定资产账面价值。

(六)准备处置的固定资产名称、账面价值、公允价值、预计处置费用和预计处置时间等。

企业会计准则第5号——生物资产

（财会〔2006〕3号）

第一章 总 则

第一条 为了规范与农业生产相关的生物资产的确认、计量和相关信息的披露，根据《企业会计准则——基本准则》，制定本准则。

第二条 生物资产，是指有生命的动物和植物。

第三条 生物资产分为消耗性生物资产、生产性生物资产和公益性生物资产。

消耗性生物资产，是指为出售而持有的、或在将来收获为农产品的生物资产，包括生长中的大田作物、蔬菜、用材林以及存栏待售的牲畜等。

生产性生物资产，是指为产出农产品、提供劳务或出租等目的而持有的生物资产，包括经济林、薪炭林、产畜和役畜等。

公益性生物资产，是指以防护、环境保护为主要目的的生物资产，包括防风固沙林、水土保持林和水源涵养林等。

第四条 下列各项适用其他相关会计准则：

（一）收获后的农产品，适用《企业会计准则第1号——存货》。

（二）与生物资产相关的政府补助，适用《企业会计准则第16号——政府补助》。

第二章 确认和初始计量

第五条 生物资产同时满足下列条件的，才能予以确认：

（一）企业因过去的交易或者事项而拥有或者控制该生物资产。

（二）与该生物资产有关的经济利益或服务潜能很可能流入企业。

（三）该生物资产的成本能够可靠地计量。

第六条 生物资产应当按照成本进行初始计量。

第七条 外购生物资产的成本，包括购买价款、相关税费、运输费、保险费以及可直接归属于购买该资产的其他支出。

第八条 自行栽培、营造、繁殖或养殖的消耗性生物资产的成本，应当按照下列规定确定：

(一)自行栽培的大田作物和蔬菜的成本，包括在收获前耗用的种子、肥料、农药等材料费、人工费和应分摊的间接费用等必要支出。

(二)自行营造的林木类消耗性生物资产的成本，包括郁闭前发生的造林费、抚育费、营林设施费、良种试验费、调查设计费和应分摊的间接费用等必要支出。

(三)自行繁殖的育肥畜的成本，包括出售前发生的饲料费、人工费和应分摊的间接费用等必要支出。

(四)水产养殖的动物和植物的成本，包括在出售或入库前耗用的苗种、饲料、肥料等材料费、人工费和应分摊的间接费用等必要支出。

第九条 自行营造或繁殖的生产性生物资产的成本，应当按照下列规定确定：

(一)自行营造的林木类生产性生物资产的成本，包括达到预定生产经营目的前发生的造林费、抚育费、营林设施费、良种试验费、调查设计费和应分摊的间接费用等必要支出。

(二)自行繁殖的产畜和役畜的成本，包括达到预定生产经营目的(成龄)前发生的饲料费、人工费和应分摊的间接费用等必要支出。

达到预定生产经营目的，是指生产性生物资产进入正常生产期，可以多年连续稳定产出农产品、提供劳务或出租。

第十条 自行营造的公益性生物资产的成本，应当按照郁闭前发生的造林费、抚育费、森林保护费、营林设施费、良种试验费、调查设计费和应分摊的间接费用等必要支出确定。

第十一条 应计入生物资产成本的借款费用，按照《企业会计准则第 17 号——借款费用》处理。消耗性林木类生物资产发生的借款费用，应当在郁闭时停止资本化。

第十二条 投资者投入生物资产的成本，应当按照投资合同或协议约定的价值确定，但合同或协议约定价值不公允的除外。

第十三条 天然起源的生物资产的成本，应当按照名义金额确定。

第十四条 非货币性资产交换、债务重组和企业合并取得的生物资产的成本，应当分别按照《企业会计准则第 7 号——非货币性资产交换》《企业会计准则第 12 号——债务重组》和《企业会计准则第 20 号——企业合并》确定。

第十五条 因择伐、间伐或抚育更新性质采伐而补植林木类生物资产发生的后续支出，应当计入林木类生物资产的成本。

生物资产在郁闭或达到预定生产经营目的后发生的管护、饲养费用等后续支出，应当计入当期损益。

第三章　后续计量

第十六条　企业应当按照本准则第十七条至第二十一条的规定对生物资产进行后续计量，但本准则第二十二条规定的除外。

第十七条　企业对达到预定生产经营目的的生产性生物资产，应当按期计提折旧，并根据用途分别计入相关资产的成本或当期损益。

第十八条　企业应当根据生产性生物资产的性质、使用情况和有关经济利益的预期实现方式，合理确定其使用寿命、预计净残值和折旧方法。可选用的折旧方法包括年限平均法、工作量法、产量法等。

生产性生物资产的使用寿命、预计净残值和折旧方法一经确定，不得随意变更。但是，符合本准则第二十条规定的除外。

第十九条　企业确定生产性生物资产的使用寿命，应当考虑下列因素：

(一)该资产的预计产出能力或实物产量。

(二)该资产的预计有形损耗，如产畜和役畜衰老、经济林老化等。

(三)该资产的预计无形损耗，如因新品种的出现而使现有的生产性生物资产的产出能力和产出农产品的质量等方面相对下降、市场需求的变化使生产性生物资产产出的农产品相对过时等。

第二十条　企业至少应当于每年年度终了对生产性生物资产的使用寿命、预计净残值和折旧方法进行复核。

使用寿命或预计净残值的预期数与原先估计数有差异的，或者有关经济利益预期实现方式有重大改变的，应当作为会计估计变更，按照《企业会计准则第 28 号——会计政策、会计估计变更和差错更正》处理，调整生产性生物资产的使用寿命或预计净残值或者改变折旧方法。

第二十一条　企业至少应当于每年年度终了对消耗性生物资产和生产性生物资产进行检查，有确凿证据表明由于遭受自然灾害、病虫害、动物疫病侵袭或市场需求变化等原因，使消耗性生物资产的可变现净值或生产性生物资产的可收回金额低于其账面价值的，应当按照可变现净值或可收回金额低于账面价值的差额，计提生物资产跌价准备或减值准备，并计入当期损益。上述可变现净值和可收回金额，应当分别按照《企业会计准则第 1 号——存货》和《企业会计准则第 8 号——资产减值》确定。

消耗性生物资产减值的影响因素已经消失的，减记金额应当予以恢复，并在原已计提的跌价准备金额内转回，转回的金额计入当期损益。

生产性生物资产减值准备一经计提，不得转回。

公益性生物资产不计提减值准备。

第二十二条 有确凿证据表明生物资产的公允价值能够持续可靠取得的，应当对生物资产采用公允价值计量。

采用公允价值计量的，应当同时满足下列条件：

(一)生物资产有活跃的交易市场。

(二)能够从交易市场上取得同类或类似生物资产的市场价格及其他相关信息，从而对生物资产的公允价值做出合理估计。

第四章 收获与处置

第二十三条 对于消耗性生物资产，应当在收获或出售时，按照其账面价值结转成本。结转成本的方法包括加权平均法、个别计价法、蓄积量比例法、轮伐期年限法等。

第二十四条 生产性生物资产收获的农产品成本，按照产出或采收过程中发生的材料费、人工费和应分摊的间接费用等必要支出计算确定，并采用加权平均法、个别计价法、蓄积量比例法、轮伐期年限法等方法，将其账面价值结转为农产品成本。

收获之后的农产品，应当按照《企业会计准则第 1 号——存货》处理。

第二十五条 生物资产改变用途后的成本，应当按照改变用途时的账面价值确定。

第二十六条 生物资产出售、盘亏或死亡、毁损时，应当将处置收入扣除其账面价值和相关税费后的余额计入当期损益。

第五章 披 露

第二十七条 企业应当在附注中披露与生物资产有关的下列信息：

(一)生物资产的类别以及各类生物资产的实物数量和账面价值。

(二)各类消耗性生物资产的跌价准备累计金额，以及各类生产性生物资产的使用寿命、预计净残值、折旧方法、累计折旧和减值准备累计金额。

(三)天然起源生物资产的类别、取得方式和实物数量。

(四)用于担保的生物资产的账面价值。

(五)与生物资产相关的风险情况与管理措施。

第二十八条 企业应当在附注中披露与生物资产增减变动有关的下列信息：

(一)因购买而增加的生物资产。

(二)因自行培育而增加的生物资产。

(三)因出售而减少的生物资产。

(四)因盘亏或死亡、毁损而减少的生物资产。

(五)计提的折旧及计提的跌价准备或减值准备。

(六)其他变动。

企业会计准则第6号——无形资产

（财会〔2006〕3号）

第一章　总　则

第一条　为了规范无形资产的确认、计量和相关信息的披露，根据《企业会计准则——基本准则》，制定本准则。

第二条　下列各项适用其他相关会计准则：

（一）作为投资性房地产的土地使用权，适用《企业会计准则第3号——投资性房地产》。

（二）企业合并中形成的商誉，适用《企业会计准则第8号——资产减值》和《企业会计准则第20号——企业合并》。

（三）石油天然气矿区权益，适用《企业会计准则第27号——石油天然气开采》。

第二章　确认

第三条　无形资产，是指企业拥有或者控制的没有实物形态的可辨认非货币性资产。

资产满足下列条件之一的，符合无形资产定义中的可辨认性标准：

（一）能够从企业中分离或者划分出来，并能单独或者与相关合同、资产或负债一起，用于出售、转移、授予许可、租赁或者交换。

（二）源自合同性权利或其他法定权利，无论这些权利是否可以从企业或其他权利和义务中转移或者分离。

第四条　无形资产同时满足下列条件的，才能予以确认：

（一）与该无形资产有关的经济利益很可能流入企业。

（二）该无形资产的成本能够可靠地计量。

第五条　企业在判断无形资产产生的经济利益是否很可能流入时，应当对无形资产在预计使用寿命内可能存在的各种经济因素做出合理估计，并且应当有明确证据支持。

第六条 企业无形项目的支出，除下列情形外，均应于发生时计入当期损益：

(一)符合本准则规定的确认条件、构成无形资产成本的部分。

(二)非同一控制下企业合并中取得的、不能单独确认为无形资产、构成购买日确认的商誉的部分。

第七条 企业内部研究开发项目的支出，应当区分研究阶段支出与开发阶段支出。

研究是指为获取并理解新的科学或技术知识而进行的独创性的有计划调查。

开发是指在进行商业性生产或使用前，将研究成果或其他知识应用于某项计划或设计，以生产出新的或具有实质性改进的材料、装置、产品等。

第八条 企业内部研究开发项目研究阶段的支出，应当于发生时计入当期损益。

第九条 企业内部研究开发项目开发阶段的支出，同时满足下列条件的，才能确认为无形资产：

(一)完成该无形资产以使其能够使用或出售在技术上具有可行性。

(二)具有完成该无形资产并使用或出售的意图。

(三)无形资产产生经济利益的方式，包括能够证明运用该无形资产生产的产品存在市场或无形资产自身存在市场，无形资产将在内部使用的，应当证明其有用性。

(四)有足够的技术、财务资源和其他资源支持，以完成该无形资产的开发，并有能力使用或出售该无形资产。

(五)归属于该无形资产开发阶段的支出能够可靠地计量。

第十条 企业取得的已作为无形资产确认的正在进行中的研究开发项目，在取得后发生的支出应当按照本准则第七条至第九条的规定处理。

第十一条 企业自创商誉以及内部产生的品牌、报刊名等，不应确认为无形资产。

第三章 初始计量

第十二条 无形资产应当按照成本进行初始计量。

外购无形资产的成本，包括购买价款、相关税费以及直接归属于使该项资产达到预定用途所发生的其他支出。

购买无形资产的价款超过正常信用条件延期支付，实质上具有融资性质的，无形资产的成本以购买价款的现值为基础确定。实际支付的价款与购买价款的现值之间的差额，除按照《企业会计准则第 17 号——借款费用》应予资本化的以外，应当在信用期间内计入当期损益。

第十三条 自行开发的无形资产，其成本包括自满足本准则第四条和第九条规定后至达到预定用途前所发生的支出总额，但是对于以前期间已经费用化的支出不再调整。

第十四条 投资者投入无形资产的成本，应当按照投资合同或协议约定的价值确定，但合同或协议约定价值不公允的除外。

第十五条 非货币性资产交换、债务重组、政府补助和企业合并取得的无形资产的成本，应当分别按照《企业会计准则第 7 号——非货币性资产交换》《企业会计准则第 12 号——债务重组》《企业会计准则第 16 号——政府补助》和《企业会计准则第 20 号——企业合并》确定。

第四章 后续计量

第十六条 企业应当于取得无形资产时分析判断其使用寿命。

无形资产的使用寿命为有限的，应当估计该使用寿命的年限或者构成使用寿命的产量等类似计量单位数量；无法预见无形资产为企业带来经济利益期限的，应当视为使用寿命不确定的无形资产。

第十七条 使用寿命有限的无形资产，其应摊销金额应当在使用寿命内系统合理摊销。

企业摊销无形资产，应当自无形资产可供使用时起，至不再作为无形资产确认时止。

企业选择的无形资产摊销方法，应当反映与该项无形资产有关的经济利益的预期实现方式。无法可靠确定预期实现方式的，应当采用直线法摊销。

无形资产的摊销金额一般应当计入当期损益，其他会计准则另有规定的除外。

第十八条 无形资产的应摊销金额为其成本扣除预计残值后的金额。已计提减值准备的无形资产，还应扣除已计提的无形资产减值准备累计金额。使用寿命有限的无形资产，其残值应当视为零，但下列情况除外：

(一)有第三方承诺在无形资产使用寿命结束时购买该无形资产。

(二)可以根据活跃市场得到预计残值信息，并且该市场在无形资产使用寿命结束时很可能存在。

第十九条 使用寿命不确定的无形资产不应摊销。

第二十条 无形资产的减值，应当按照《企业会计准则第 8 号——资产减值》处理。

第二十一条 企业至少应当于每年年度终了，对使用寿命有限的无形资产的使用寿命及摊销方法进行复核。无形资产的使用寿命及摊销方法与以前估计不同的，应当改变摊销期限和摊销方法。

企业应当在每个会计期间对使用寿命不确定的无形资产的使用寿命进行复核。如果有证据表明无形资产的使用寿命是有限的，应当估计其使用寿命，并按本准则规定处理。

第五章　处置和报废

第二十二条　企业出售无形资产，应当将取得的价款与该无形资产账面价值的差额计入当期损益。

第二十三条　无形资产预期不能为企业带来经济利益的，应当将该无形资产的账面价值予以转销。

第六章　披　露

第二十四条　企业应当按照无形资产的类别在附注中披露与无形资产有关的下列信息：

（一）无形资产的期初和期末账面余额、累计摊销额及减值准备累计金额。

（二）使用寿命有限的无形资产，其使用寿命的估计情况；使用寿命不确定的无形资产，其使用寿命不确定的判断依据。

（三）无形资产的摊销方法。

（四）用于担保的无形资产账面价值、当期摊销额等情况。

（五）计入当期损益和确认为无形资产的研究开发支出金额。

第二十五条　企业应当披露当期确认为费用的研究开发支出总额。

企业会计准则第 7 号
——非货币性资产交换

（财会〔2006〕3 号）

第一章　总　则

第一条　为了规范非货币性资产交换的确认、计量和相关信息的披露，根据《企业会计准则——基本准则》，制定本准则。

第二条　非货币性资产交换，是指交易双方主要以存货、固定资产、无形资产和长期股权投资等非货币性资产进行的交换。该交换不涉及或只涉及少量的货币性资产（即补价）。

货币性资产，是指企业持有的货币资金和将以固定或可确定的金额收取的资产，包括现金、银行存款、应收账款和应收票据以及准备持有至到期的债券投资等。

非货币性资产，是指货币性资产以外的资产。

第二章　确认和计量

第三条　非货币性资产交换同时满足下列条件的，应当以公允价值和应支付的相关税费作为换入资产的成本，公允价值与换出资产账面价值的差额计入当期损益：

（一）该项交换具有商业实质。

（二）换入资产或换出资产的公允价值能够可靠地计量。

换入资产和换出资产公允价值均能够可靠计量的，应当以换出资产的公允价值作为确定换入资产成本的基础，但有确凿证据表明换入资产的公允价值更加可靠的除外。

第四条　满足下列条件之一的非货币性资产交换具有商业实质：

（一）换入资产的未来现金流量在风险、时间和金额方面与换出资产显著不同。

（二）换入资产与换出资产的预计未来现金流量现值不同，且其差额与换入资产和换出资产的公允价值相比是重大的。

第五条 在确定非货币性资产交换是否具有商业实质时，企业应当关注交易各方之间是否存在关联方关系。关联方关系的存在可能导致发生的非货币性资产交换不具有商业实质。

第六条 未同时满足本准则第三条规定条件的非货币性资产交换，应当以换出资产的账面价值和应支付的相关税费作为换入资产的成本，不确认损益。

第七条 企业在按照公允价值和应支付的相关税费作为换入资产成本的情况下，发生补价的，应当分别下列情况处理：

(一)支付补价的，换入资产成本与换出资产账面价值加支付的补价、应支付的相关税费之和的差额，应当计入当期损益。

(二)收到补价的，换入资产成本加收到的补价之和与换出资产账面价值加应支付的相关税费之和的差额，应当计入当期损益。

第八条 企业在按照换出资产的账面价值和应支付的相关税费作为换入资产成本的情况下，发生补价的，应当分别下列情况处理：

(一)支付补价的，应当以换出资产的账面价值，加上支付的补价和应支付的相关税费，作为换入资产的成本，不确认损益。

(二)收到补价的，应当以换出资产的账面价值，减去收到的补价并加上应支付的相关税费，作为换入资产的成本，不确认损益。

第九条 非货币性资产交换同时换入多项资产的，在确定各项换入资产的成本时，应当分别下列情况处理：

(一)非货币性资产交换具有商业实质，且换入资产的公允价值能够可靠计量的，应当按照换入各项资产的公允价值占换入资产公允价值总额的比例，对换入资产的成本总额进行分配，确定各项换入资产的成本。

(二)非货币性资产交换不具有商业实质，或者虽具有商业实质但换入资产的公允价值不能可靠计量的，应当按照换入各项资产的原账面价值占换入资产原账面价值总额的比例，对换入资产的成本总额进行分配，确定各项换入资产的成本。

第三章 披 露

第十条 企业应当在附注中披露与非货币性资产交换有关的下列信息：

(一)换入资产、换出资产的类别。

(二)换入资产成本的确定方式。

(三)换入资产、换出资产的公允价值以及换出资产的账面价值。

(四)非货币性资产交换确认的损益。

企业会计准则第8号——资产减值

（财会〔2006〕3号）

第一章　总　则

第一条　为了规范资产减值的确认、计量和相关信息的披露，根据《企业会计准则——基本准则》，制定本准则。

第二条　资产减值，是指资产的可收回金额低于其账面价值。

本准则中的资产，除了特别规定外，包括单项资产和资产组。

资产组，是指企业可以认定的最小资产组合，其产生的现金流入应当基本上独立于其他资产或者资产组产生的现金流入。

第三条　下列各项适用其他相关会计准则：

（一）存货的减值，适用《企业会计准则第1号——存货》。

（二）采用公允价值模式计量的投资性房地产的减值，适用《企业会计准则第3号——投资性房地产》。

（三）消耗性生物资产的减值，适用《企业会计准则第5号——生物资产》。

（四）建造合同形成的资产的减值，适用《企业会计准则第15号——建造合同》。

（五）递延所得税资产的减值，适用《企业会计准则第18号——所得税》。

（六）融资租赁中出租人未担保余值的减值，适用《企业会计准则第21号——租赁》。

（七）《企业会计准则第22号——金融工具确认和计量》规范的金融资产的减值，适用《企业会计准则第22号——金融工具确认和计量》。

（八）未探明石油天然气矿区权益的减值，适用《企业会计准则第27号——石油天然气开采》。

第二章　可能发生减值资产的认定

第四条　企业应当在资产负债表日判断资产是否存在可能发生减值的迹象。

因企业合并所形成的商誉和使用寿命不确定的无形资产，无论是否存在减值迹象，每年都应当进行减值测试。

第五条 存在下列迹象的，表明资产可能发生了减值：

(一)资产的市价当期大幅度下跌，其跌幅明显高于因时间的推移或者正常使用而预计的下跌。

(二)企业经营所处的经济、技术或者法律等环境以及资产所处的市场在当期或者将在近期发生重大变化，从而对企业产生不利影响。

(三)市场利率或者其他市场投资报酬率在当期已经提高，从而影响企业计算资产预计未来现金流量现值的折现率，导致资产可收回金额大幅度降低。

(四)有证据表明资产已经陈旧过时或者其实体已经损坏。

(五)资产已经或者将被闲置、终止使用或者计划提前处置。

(六)企业内部报告的证据表明资产的经济绩效已经低于或者将低于预期，如资产所创造的净现金流量或者实现的营业利润(或者亏损)远远低于(或者高于)预计金额等。

(七)其他表明资产可能已经发生减值的迹象。

第三章 资产可收回金额的计量

第六条 资产存在减值迹象的，应当估计其可收回金额。

可收回金额应当根据资产的公允价值减去处置费用后的净额与资产预计未来现金流量的现值两者之间较高者确定。

处置费用包括与资产处置有关的法律费用、相关税费、搬运费以及为使资产达到可销售状态所发生的直接费用等。

第七条 资产的公允价值减去处置费用后的净额与资产预计未来现金流量的现值，只要有一项超过了资产的账面价值，就表明资产没有发生减值，不需再估计另一项金额。

第八条 资产的公允价值减去处置费用后的净额，应当根据公平交易中销售协议价格减去可直接归属于该资产处置费用的金额确定。

不存在销售协议但存在资产活跃市场的，应当按照该资产的市场价格减去处置费用后的金额确定。资产的市场价格通常应当根据资产的买方出价确定。

在不存在销售协议和资产活跃市场的情况下，应当以可获取的最佳信息为基础，估计资产的公允价值减去处置费用后的净额，该净额可以参考同行业类似资产的最近交易价格或者结果进行估计。

企业按照上述规定仍然无法可靠估计资产的公允价值减去处置费用后的净额的，应当以该资产预计未来现金流量的现值作为其可收回金额。

第九条 资产预计未来现金流量的现值，应当按照资产在持续使用过程中和最终处置时所产生的预计未来现金流量，选择恰当的折现率对其进行折现后的金额加以确定。

预计资产未来现金流量的现值，应当综合考虑资产的预计未来现金流量、使用寿命和折现率等因素。

第十条 预计的资产未来现金流量应当包括下列各项：

(一)资产持续使用过程中预计产生的现金流入。

(二)为实现资产持续使用过程中产生的现金流入所必需的预计现金流出(包括为使资产达到预定可使用状态所发生的现金流出)。

该现金流出应当是可直接归属于或者可通过合理和一致的基础分配到资产中的现金流出。

(三)资产使用寿命结束时，处置资产所收到或者支付的净现金流量。该现金流量应当是在公平交易中，熟悉情况的交易双方自愿进行交易时，企业预期可从资产的处置中获取或者支付的、减去预计处置费用后的金额。

第十一条 预计资产未来现金流量时，企业管理层应当在合理和有依据的基础上对资产剩余使用寿命内整个经济状况进行最佳估计。

预计资产的未来现金流量，应当以经企业管理层批准的最近财务预算或者预测数据，以及该预算或者预测期之后年份稳定的或者递减的增长率为基础。企业管理层如能证明递增的增长率是合理的，可以以递增的增长率为基础。

建立在预算或者预测基础上的预计现金流量最多涵盖 5 年，企业管理层如能证明更长的期间是合理的，可以涵盖更长的期间。

在对预算或者预测期之后年份的现金流量进行预计时，所使用的增长率除了企业能够证明更高的增长率是合理的之外，不应当超过企业经营的产品、市场、所处的行业或者所在国家或者地区的长期平均增长率，或者该资产所处市场的长期平均增长率。

第十二条 预计资产的未来现金流量，应当以资产的当前状况为基础，不应当包括与将来可能会发生的、尚未做出承诺的重组事项或者与资产改良有关的预计未来现金流量。

预计资产的未来现金流量也不应当包括筹资活动产生的现金流入或者流出以及与所得税收付有关的现金流量。

企业已经承诺重组的，在确定资产的未来现金流量的现值时，预计的未来现金流入和流出数，应当反映重组所能节约的费用和由重组所带来的其他利益，以及因重组所导致的估计未来现金流出数。其中重组所能节约的费用和由重组所带来的其他利益，通常应当根据企业管理层批准的最近财务预算或者预测数据进行估计；因重组所导致的估计未来现金流出数应当根据《企业会计准则第 13 号——或有事项》所确认的因重组所发生的预计负债金额进行估计。

第十三条 折现率是反映当前市场货币时间价值和资产特定风险的税前利率。该折现率是企业在购置或者投资资产时所要求的必要报酬率。

在预计资产的未来现金流量时已经对资产特定风险的影响做了调整的，估计折现率不需要考虑这些特定风险。如果用于估计折现率的基础是税后的，应当将其调整为税前的折现率。

第十四条 预计资产的未来现金流量涉及外币的，应当以该资产所产生的未来现金流量的结算货币为基础，按照该货币适用的折现率计算资产的现值；然后将该外币现值按照计算资产未来现金流量现值当日的即期汇率进行折算。

第四章 资产减值损失的确定

第十五条 可收回金额的计量结果表明，资产的可收回金额低于其账面价值的，应当将资产的账面价值减记至可收回金额，减记的金额确认为资产减值损失，计入当期损益，同时计提相应的资产减值准备。

第十六条 资产减值损失确认后，减值资产的折旧或者摊销费用应当在未来期间做相应调整，以使该资产在剩余使用寿命内，系统地分摊调整后的资产账面价值(扣除预计净残值)。

第十七条 资产减值损失一经确认，在以后会计期间不得转回。

第五章 资产组的认定及减值处理

第十八条 有迹象表明一项资产可能发生减值的，企业应当以单项资产为基础估计其可收回金额。企业难以对单项资产的可收回金额进行估计的，应当以该资产所属的资产组为基础确定资产组的可收回金额。

资产组的认定，应当以资产组产生的主要现金流入是否独立于其他资产或者资产组的现金流入为依据。同时，在认定资产组时，应当考虑企业管理层管理生产经营活动的方式(如是按照生产线、业务种类还是按照地区或者区域等)和对资产的持续使用或者处置的决策方式等。

几项资产的组合生产的产品(或者其他产出)存在活跃市场的，即使部分或者所有这些产品(或者其他产出)均供内部使用，也应当在符合前款规定的情况下，将这几项资产的组合认定为一个资产组。

如果该资产组的现金流入受内部转移价格的影响，应当按照企业管理层在公平交易中对未来价格的最佳估计数来确定资产组的未来现金流量。

资产组一经确定，各个会计期间应当保持一致，不得随意变更。

如需变更，企业管理层应当证明该变更是合理的，并根据本准则第二十七条的规定在附注中作相应说明。

第十九条 资产组账面价值的确定基础应当与其可收回金额的确定方式相一致。

资产组的账面价值包括可直接归属于资产组与可以合理和一致地分摊至资产组的资产账面价值，通常不应当包括已确认负债的账面价值，但如不考虑该负债金额就无法确定资产组可收回金额的除外。

资产组的可收回金额应当按照该资产组的公允价值减去处置费用后的净额与其预计未来现金流量的现值两者之间较高者确定。

资产组在处置时如要求购买者承担一项负债(如环境恢复负债等)、该负债金额已经确认并计入相关资产账面价值，而且企业只能取得包括上述资产和负债在内的单一公允价值减去处置费用后的净额的，为了比较资产组的账面价值和可收回金额，在确定资产组的账面价值及其预计未来现金流量的现值时，应当将已确认的负债金额从中扣除。

第二十条 企业总部资产包括企业集团或其事业部的办公楼、电子数据处理设备等资产。总部资产的显著特征是难以脱离其他资产或者资产组产生独立的现金流入，而且其账面价值难以完全归属于某一资产组。

有迹象表明某项总部资产可能发生减值的，企业应当计算确定该总部资产所归属的资产组或者资产组组合的可收回金额，然后将其与相应的账面价值相比较，据以判断是否需要确认减值损失。

资产组组合，是指由若干个资产组组成的最小资产组组合，包括资产组或者资产组组合，以及按合理方法分摊的总部资产部分。

第二十一条 企业对某一资产组进行减值测试，应当先认定所有与该资产组相关的总部资产，再根据相关总部资产能否按照合理和一致的基础分摊至该资产组分别下列情况处理。

(一)对于相关总部资产能够按照合理和一致的基础分摊至该资产组的部分，应当将该部分总部资产的账面价值分摊至该资产组，再据以比较该资产组的账面价值(包括已分摊的总部资产的账面价值部分)和可收回金额，并按照本准则第二十二条的规定处理。

(二)对于相关总部资产中有部分资产难以按照合理和一致的基础分摊至该资产组的，应当按照下列步骤处理：

首先，在不考虑相关总部资产的情况下，估计和比较资产组的账面价值和可收回金额，并按照本准则第二十二条的规定处理。

其次，认定由若干个资产组组成的最小的资产组组合，该资产组组合应当包括所测试的资产组与可以按照合理和一致的基础将该部分总部资产的账面价值分摊其上的部分。

最后，比较所认定的资产组组合的账面价值(包括已分摊的总部资产的账面价值部分)和可收回金额，并按照本准则第二十二条的规定处理。

第二十二条 资产组或者资产组组合的可收回金额低于其账面价值的(总部资产和商誉分摊至某资产组或者资产组组合的，该资产组或者资产组组合的账面价值应当包括相关总部资产和商誉的分摊额)，应当确认相应的减值损失。减值损失金额应当先抵减分摊至资产组或者资产组组合中商誉的账面价值，再根据资产组或者资产组组合中除商誉之外的其他各项资产的账面价值所占比重，按比例抵减其他各项资产的账面价值。

以上资产账面价值的抵减，应当作为各单项资产(包括商誉)的减值损失处理，计入当期损益。抵减后的各资产的账面价值不得低于以下三者之中最高者：该资产的公允价值减去处置费用后的净额(如可确定的)、该资产预计未来现金流量的现值(如可确定的)和零。

因此而导致的未能分摊的减值损失金额，应当按照相关资产组或者资产组组合中其他各项资产的账面价值所占比重进行分摊。

第六章　商誉减值的处理

第二十三条 企业合并所形成的商誉，至少应当在每年年度终了进行减值测试。商誉应当结合与其相关的资产组或者资产组组合进行减值测试。

相关的资产组或者资产组组合应当是能够从企业合并的协同效应中受益的资产组或者资产组组合，不应当大于按照《企业会计准则第 35 号——分部报告》所确定的报告分部。

第二十四条 企业进行资产减值测试，对于因企业合并形成的商誉的账面价值，应当自购买日起按照合理的方法分摊至相关的资产组；难以分摊至相关的资产组的，应当将其分摊至相关的资产组组合。

在将商誉的账面价值分摊至相关的资产组或者资产组组合时，应当按照各资产组或者资产组组合的公允价值占相关资产组或者资产组组合公允价值总额的比例进行分摊。公允价值难以可靠计量的，按照各资产组或者资产组组合的账面价值占相关资产组或者资产组组合账面价值总额的比例进行分摊。

企业因重组等原因改变了其报告结构，从而影响到已分摊商誉的一个或者若干个资产组或者资产组组合构成的，应当按照与本条前款规定相似的分摊方法，将商誉重新分摊至受影响的资产组或者资产组组合。

第二十五条 在对包含商誉的相关资产组或者资产组组合进行减值测试时，如与商誉相关的资产组或者资产组组合存在减值迹象的，应当先对不包含商誉的资产组或者资产组组合进行减值测试，计算可收回金额，并与相关账面价值相比较，确认相应的减值损失。再对包含商誉的资产组或者资产组组合进行减值测试，比较这些相关资产组或者资产组组合的账面价值(包括所分摊的商誉的账面价值部分)与其可收回金额，如相关资产组或者资产组组合的可收回金额低于其账面价值的，应当确认商誉的减值损失，按照本准则第二十二条的规定处理。

第七章 披 露

第二十六条 企业应当在附注中披露与资产减值有关的下列信息：

(一)当期确认的各项资产减值损失金额。

(二)计提的各项资产减值准备累计金额。

(三)提供分部报告信息的，应当披露每个报告分部当期确认的减值损失金额。

第二十七条 发生重大资产减值损失的，应当在附注中披露导致每项重大资产减值损失的原因和当期确认的重大资产减值损失的金额。

(一)发生重大减值损失的资产是单项资产的，应当披露该单项资产的性质。提供分部报告信息的，还应披露该项资产所属的主要报告分部。

(二)发生重大减值损失的资产是资产组(或者资产组组合，下同)的，应当披露：

1. 资产组的基本情况。

2. 资产组中所包括的各项资产于当期确认的减值损失金额。

3. 资产组的组成与前期相比发生变化的，应当披露变化的原因以及前期和当期资产组组成情况。

第二十八条 对于重大资产减值，应当在附注中披露资产(或者资产组，下同)可收回金额的确定方法。

(一)可收回金额按资产的公允价值减去处置费用后的净额确定的，还应当披露公允价值减去处置费用后的净额的估计基础。

(二)可收回金额按资产预计未来现金流量的现值确定的，还应当披露估计其现值时所采用的折现率，以及该资产前期可收回金额也按照其预计未来现金流量的现值确定的情况下，前期所采用的折现率。

第二十九条 第二十六条(一)、(二)和第二十七条(二)第2项信息应当按照资产类别予以披露。资产类别应当以资产在企业生产经营活动中的性质或者功能是否相同或者相似为基础确定。

第三十条 分摊到某资产组的商誉(或者使用寿命不确定的无形资产，下同)的账面价值占商誉账面价值总额的比例重大的，应当在附注中披露下列信息：

(一)分摊到该资产组的商誉的账面价值。

(二)该资产组可收回金额的确定方法。

1. 可收回金额按照资产组公允价值减去处置费用后的净额确定的，还应当披露确定公允价值减去处置费用后的净额的方法。资产组的公允价值减去处置费用后的净额不是按照市场价格确定的，应当披露：

(1)企业管理层在确定公允价值减去处置费用后的净额时所采用的各关键假设及其依据。

(2)企业管理层在确定各关键假设相关的价值时，是否与企业历史经验或者外部信息来源相一致；如不一致，应当说明理由。

2. 可收回金额按照资产组预计未来现金流量的现值确定的，应当披露：

(1)企业管理层预计未来现金流量的各关键假设及其依据。

(2)企业管理层在确定各关键假设相关的价值时，是否与企业历史经验或者外部信息来源相一致；如不一致，应当说明理由。

(3)估计现值时所采用的折现率。

第三十一条 商誉的全部或者部分账面价值分摊到多个资产组、且分摊到每个资产组的商誉的账面价值占商誉账面价值总额的比例不重大的，企业应当在附注中说明这一情况以及分摊到上述资产组的商誉合计金额。

商誉账面价值按照相同的关键假设分摊到上述多个资产组、且分摊的商誉合计金额占商誉账面价值总额的比例重大的，企业应当在附注中说明这一情况，并披露下列信息：

(一)分摊到上述资产组的商誉的账面价值合计。

(二)采用的关键假设及其依据。

(三)企业管理层在确定各关键假设相关的价值时，是否与企业历史经验或者外部信息来源相一致；如不一致，应当说明理由。

企业会计准则第9号——职工薪酬

（财会〔2014〕8号）

第一章　总　则

第一条　为了规范职工薪酬的确认、计量和相关信息的披露，根据《企业会计准则——基本准则》，制定本准则。

第二条　职工薪酬，是指企业为获得职工提供的服务或解除劳动关系而给予的各种形式的报酬或补偿。职工薪酬包括短期薪酬、离职后福利、辞退福利和其他长期职工福利。企业提供给职工配偶、子女、受赡养人、已故员工遗属及其他受益人等的福利，也属于职工薪酬。

短期薪酬，是指企业在职工提供相关服务的年度报告期间结束后十二个月内需要全部予以支付的职工薪酬，因解除与职工的劳动关系给予的补偿除外。短期薪酬具体包括：职工工资、奖金、津贴和补贴，职工福利费，医疗保险费、工伤保险费和生育保险费等社会保险费，住房公积金，工会经费和职工教育经费，短期带薪缺勤，短期利润分享计划，非货币性福利以及其他短期薪酬。

带薪缺勤，是指企业支付工资或提供补偿的职工缺勤，包括年休假、病假、短期伤残、婚假、产假、丧假、探亲假等。利润分享计划，是指因职工提供服务而与职工达成的基于利润或其他经营成果提供薪酬的协议。

离职后福利，是指企业为获得职工提供的服务而在职工退休或与企业解除劳动关系后，提供的各种形式的报酬和福利，短期薪酬和辞退福利除外。

辞退福利，是指企业在职工劳动合同到期之前解除与职工的劳动关系，或者为鼓励职工自愿接受裁减而给予职工的补偿。

其他长期职工福利，是指除短期薪酬、离职后福利、辞退福利之外所有的职工薪酬，包括长期带薪缺勤、长期残疾福利、长期利润分享计划等。

第三条　本准则所称职工，是指与企业订立劳动合同的所有人员，含全职、兼职和临时职工，也包括虽未与企业订立劳动合同但由企业正式任命的人员。

未与企业订立劳动合同或未由其正式任命，但向企业所提供服务与职工所提供服务类似的人员，也属于职工的范畴，包括通过企业与劳务中介公司签订用工合同而向企业提供服务的人员。

第四条 下列各项适用其他相关会计准则：

(一)企业年金基金，适用《企业会计准则第 10 号——企业年金基金》。

(二)以股份为基础的薪酬，适用《企业会计准则第 11 号——股份支付》。

第二章　短期薪酬

第五条 企业应当在职工为其提供服务的会计期间，将实际发生的短期薪酬确认为负债，并计入当期损益，其他会计准则要求或允许计入资产成本的除外。

第六条 企业发生的职工福利费，应当在实际发生时根据实际发生额计入当期损益或相关资产成本。职工福利费为非货币性福利的，应当按照公允价值计量。

第七条 企业为职工缴纳的医疗保险费、工伤保险费、生育保险费等社会保险费和住房公积金，以及按规定提取的工会经费和职工教育经费，应当在职工为其提供服务的会计期间，根据规定的计提基础和计提比例计算确定相应的职工薪酬金额，并确认相应负债，计入当期损益或相关资产成本。

第八条 带薪缺勤分为累积带薪缺勤和非累积带薪缺勤。企业应当在职工提供服务从而增加了其未来享有的带薪缺勤权利时，确认与累积带薪缺勤相关的职工薪酬，并以累积未行使权利而增加的预期支付金额计量。企业应当在职工实际发生缺勤的会计期间确认与非累积带薪缺勤相关的职工薪酬。

累积带薪缺勤，是指带薪缺勤权利可以结转下期的带薪缺勤，本期尚未用完的带薪缺勤权利可以在未来期间使用。

非累积带薪缺勤，是指带薪缺勤权利不能结转下期的带薪缺勤，本期尚未用完的带薪缺勤权利将予以取消，并且职工离开企业时也无权获得现金支付。

第九条 利润分享计划同时满足下列条件的，企业应当确认相关的应付职工薪酬：

(一)企业因过去事项导致现在具有支付职工薪酬的法定义务或推定义务。

(二)因利润分享计划所产生的应付职工薪酬义务金额能够可靠估计。属于下列三种情形之一的，视为义务金额能够可靠估计：

1. 在财务报告批准报出之前企业已确定应支付的薪酬金额。

2. 该短期利润分享计划的正式条款中包括确定薪酬金额的方式。

3. 过去的惯例为企业确定推定义务金额提供了明显证据。

第十条 职工只有在企业工作一段特定期间才能分享利润的，企业在计量利润分享计划产生的应付职工薪酬时，应当反映职工因离职而无法享受利润分享计划福利的可能性。

如果企业在职工为其提供相关服务的年度报告期间结束后十二个月内，不需要全部支付利润分享计划产生的应付职工薪酬，该利润分享计划应当适用本准则其他长期职工福利的有关规定。

第三章　离职后福利

第十一条　企业应当将离职后福利计划分类为设定提存计划和设定受益计划。

离职后福利计划，是指企业与职工就离职后福利达成的协议，或者企业为向职工提供离职后福利制定的规章或办法等。其中，设定提存计划，是指向独立的基金缴存固定费用后，企业不再承担进一步支付义务的离职后福利计划；设定受益计划，是指除设定提存计划以外的离职后福利计划。

第十二条　企业应当在职工为其提供服务的会计期间，将根据设定提存计划计算的应缴存金额确认为负债，并计入当期损益或相关资产成本。

根据设定提存计划，预期不会在职工提供相关服务的年度报告期结束后十二个月内支付全部应缴存金额的，企业应当参照本准则第十五条规定的折现率，将全部应缴存金额以折现后的金额计量应付职工薪酬。

第十三条　企业对设定受益计划的会计处理通常包括下列四个步骤：

(一)根据预期累计福利单位法，采用无偏且相互一致的精算假设对有关人口统计变量和财务变量等做出估计，计量设定受益计划所产生的义务，并确定相关义务的归属期间。企业应当按照本准则第十五条规定的折现率将设定受益计划所产生的义务予以折现，以确定设定受益计划义务的现值和当期服务成本。

(二)设定受益计划存在资产的，企业应当将设定受益计划义务现值减去设定受益计划资产公允价值所形成的赤字或盈余确认为一项设定受益计划净负债或净资产。

设定受益计划存在盈余的，企业应当以设定受益计划的盈余和资产上限两项的孰低者计量设定受益计划净资产。其中，资产上限，是指企业可从设定受益计划退款或减少未来对设定受益计划缴存资金而获得的经济利益的现值。

(三)根据本准则第十六条的有关规定，确定应当计入当期损益的金额。

(四)根据本准则第十六条和第十七条的有关规定，确定应当计入其他综合收益的金额。

在预期累计福利单位法下，每一服务期间会增加一个单位的福利权利，并且需对每一个单位单独计量，以形成最终义务。企业应当将福利归属于提供设定受益计划的义务发生的期间。这一期间是指从职工提供服务以获取企业在未来报告期间预计支付的设定受益计划福利开始，至职工的继续服务不会导致这一福利金额显著增加之日为止。

第十四条 企业应当根据预期累计福利单位法确定的公式将设定受益计划产生的福利义务归属于职工提供服务的期间，并计入当期损益或相关资产成本。

当职工后续年度的服务将导致其享有的设定受益计划福利水平显著高于以前年度时，企业应当按照直线法将累计设定受益计划义务分摊确认于职工提供服务而导致企业第一次产生设定受益计划福利义务至职工提供服务不再导致该福利义务显著增加的期间。在确定该归属期间时，不应考虑仅因未来工资水平提高而导致设定受益计划义务显著增加的情况。

第十五条 企业应当对所有设定受益计划义务予以折现，包括预期在职工提供服务的年度报告期间结束后的十二个月内支付的义务。折现时所采用的折现率应当根据资产负债表日与设定受益计划义务期限和币种相匹配的国债或活跃市场上的高质量公司债券的市场收益率确定。

第十六条 报告期末，企业应当将设定受益计划产生的职工薪酬成本确认为下列组成部分：

(一)服务成本，包括当期服务成本、过去服务成本和结算利得或损失。其中，当期服务成本，是指职工当期提供服务所导致的设定受益计划义务现值的增加额；过去服务成本，是指设定受益计划修改所导致的与以前期间职工服务相关的设定受益计划义务现值的增加或减少。

(二)设定受益计划净负债或净资产的利息净额，包括计划资产的利息收益、设定受益计划义务的利息费用以及资产上限影响的利息。

(三)重新计量设定受益计划净负债或净资产所产生的变动。

除非其他会计准则要求或允许职工福利成本计入资产成本，上述第(一)项和第(二)项应计入当期损益；第(三)项应计入其他综合收益，并且在后续会计期间不允许转回至损益，但企业可以在权益范围内转移这些在其他综合收益中确认的金额。

第十七条 重新计量设定受益计划净负债或净资产所产生的变动包括下列部分：

(一)精算利得或损失，即由于精算假设和经验调整导致之前所计量的设定受益计划义务现值的增加或减少。

(二)计划资产回报，扣除包括在设定受益计划净负债或净资产的利息净额中的金额。

(三)资产上限影响的变动，扣除包括在设定受益计划净负债或净资产的利息净额中的金额。

第十八条 在设定受益计划下，企业应当在下列日期孰早日将过去服务成本确认为当期费用：

(一)修改设定受益计划时。

(二)企业确认相关重组费用或辞退福利时。

第十九条 企业应当在设定受益计划结算时，确认一项结算利得或损失。

设定受益计划结算，是指企业为了消除设定受益计划所产生的部分或所有未来义务进行的交易，而不是根据计划条款和所包含的精算假设向职工支付福利。设定受益计划结算利得或损失是下列两项的差额：

(一)在结算日确定的设定受益计划义务现值。

(二)结算价格，包括转移的计划资产的公允价值和企业直接发生的与结算相关的支付。

第四章 辞退福利

第二十条 企业向职工提供辞退福利的，应当在下列两者孰早日确认辞退福利产生的职工薪酬负债，并计入当期损益：

(一)企业不能单方面撤回因解除劳动关系计划或裁减建议所提供的辞退福利时。

(二)企业确认与涉及支付辞退福利的重组相关的成本或费用时。

第二十一条 企业应当按照辞退计划条款的规定，合理预计并确认辞退福利产生的应付职工薪酬。辞退福利预期在其确认的年度报告期结束后十二个月内完全支付的，应当适用短期薪酬的相关规定；辞退福利预期在年度报告期结束后十二个月内不能完全支付的，应当适用本准则关于其他长期职工福利的有关规定。

第五章 其他长期职工福利

第二十二条 企业向职工提供的其他长期职工福利，符合设定提存计划条件的，应当适用本准则第十二条关于设定提存计划的有关规定进行处理。

第二十三条 除上述第二十二条规定的情形外，企业应当适用本准则关于设定受益计划的有关规定，确认和计量其他长期职工福利净负债或净资产。在报告期末，企业应当将其他长期职工福利产生的职工薪酬成本确认为下列组成部分：

(一)服务成本。

(二)其他长期职工福利净负债或净资产的利息净额。

(三)重新计量其他长期职工福利净负债或净资产所产生的变动。

为简化相关会计处理，上述项目的总净额应计入当期损益或相关资产成本。

第二十四条 长期残疾福利水平取决于职工提供服务期间长短的，企业应当在职工提供服务的期间确认应付长期残疾福利义务，计量时应当考虑长期残疾福利支付的可能性和预期支付的期限；长期残疾福利与职工提供服务期间长短无关的，企业应当在导致职工长期残疾的事件发生的当期确认应付长期残疾福利义务。

第六章　披　露

第二十五条　企业应当在附注中披露与短期职工薪酬有关的下列信息：

（一）应当支付给职工的工资、奖金、津贴和补贴及其期末应付未付金额。

（二）应当为职工缴纳的医疗保险费、工伤保险费和生育保险费等社会保险费及其期末应付未付金额。

（三）应当为职工缴存的住房公积金及其期末应付未付金额。

（四）为职工提供的非货币性福利及其计算依据。

（五）依据短期利润分享计划提供的职工薪酬金额及其计算依据。

（六）其他短期薪酬。

第二十六条　企业应当披露所设立或参与的设定提存计划的性质、计算缴费金额的公式或依据，当期缴费金额以及期末应付未付金额。

第二十七条　企业应当披露与设定受益计划有关的下列信息：

（一）设定受益计划的特征及与之相关的风险。

（二）设定受益计划在财务报表中确认的金额及其变动。

（三）设定受益计划对企业未来现金流量金额、时间和不确定性的影响。

（四）设定受益计划义务现值所依赖的重大精算假设及有关敏感性分析的结果。

第二十八条　企业应当披露支付的因解除劳动关系所提供辞退福利及其期末应付未付金额。

第二十九条　企业应当披露提供的其他长期职工福利的性质、金额及其计算依据。

第七章　衔接规定

第三十条　对于本准则施行日存在的离职后福利计划、辞退福利、其他长期职工福利，除本准则三十一条规定外，应当按照《企业会计准则第 28 号——会计政策、会计估计变更和差错更正》的规定采用追溯调整法处理。

第三十一条　企业比较财务报表中披露的本准则施行之前的信息与本准则要求不一致的，不需要按照本准则的规定进行调整。

第八章　附　则

第三十二条　本准则自2014年7月1日起施行。

企业会计准则第10号
——企业年金基金

（财会〔2006〕3号）

第一章　总　则

第一条　为了规范企业年金基金的确认、计量和财务报表列报，根据《企业会计准则——基本准则》，制定本准则。

第二条　企业年金基金，是指根据依法制定的企业年金计划筹集的资金及其投资运营收益形成的企业补充养老保险基金。

第三条　企业年金基金应当作为独立的会计主体进行确认、计量和列报。

委托人、受托人、托管人、账户管理人、投资管理人和其他为企业年金基金管理提供服务的主体，应当将企业年金基金与其固有资产和其他资产严格区分，确保企业年金基金的安全。

第二章　确认和计量

第四条　企业年金基金应当分别资产、负债、收入、费用和净资产进行确认和计量。

第五条　企业年金基金缴费及其运营形成的各项资产包括：货币资金、应收证券清算款、应收利息、买入返售证券、其他应收款、债券投资、基金投资、股票投资、其他投资等。

第六条　企业年金基金在运营中根据国家规定的投资范围取得的国债、信用等级在投资级以上的金融债和企业债、可转换债、投资性保险产品、证券投资基金、股票等具有良好流动性的金融产品，其初始取得和后续估值应当以公允价值计量：

（一）初始取得投资时，应当以交易日支付的成交价款作为其公允价值。发生的交易费用直接计入当期损益。

(二)估值日对投资进行估值时，应当以其公允价值调整原账面价值，公允价值与原账面价值的差额计入当期损益。

投资公允价值的确定，适用《企业会计准则第22号——金融工具确认和计量》。

第七条 企业年金基金运营形成的各项负债包括：应付证券清算款、应付受益人待遇、应付受托人管理费、应付托管人管理费、应付投资管理人管理费、应交税金、卖出回购证券款、应付利息、应付佣金和其他应付款等。

第八条 企业年金基金运营形成的各项收入包括：存款利息收入、买入返售证券收入、公允价值变动收益、投资处置收益和其他收入。

第九条 收入应当按照下列规定确认和计量：

(一)存款利息收入，按照本金和适用的利率确定。

(二)买入返售证券收入，在融券期限内按照买入返售证券价款和协议约定的利率确定。

(三)公允价值变动收益，在估值日按照当日投资公允价值与原账面价值(即上一估值日投资公允价值)的差额确定。

(四)投资处置收益，在交易日按照卖出投资所取得的价款与其账面价值的差额确定。

(五)风险准备金补亏等其他收入，按照实际发生的金额确定。

第十条 企业年金基金运营发生的各项费用包括：交易费用、受托人管理费、托管人管理费、投资管理人管理费、卖出回购证券支出和其他费用。

第十一条 费用应当按照下列规定确认和计量：

(一)交易费用，包括支付给代理机构、咨询机构、券商的手续费和佣金及其他必要支出，按照实际发生的金额确定。

(二)受托人管理费、托管人管理费和投资管理人管理费，根据相关规定按实际计提的金额确定。

(三)卖出回购证券支出，在融资期限内按照卖出回购证券价款和协议约定的利率确定。

(四)其他费用，按照实际发生的金额确定。

第十二条 企业年金基金的净资产，是指企业年金基金的资产减去负债后的余额。资产负债表日，应当将当期各项收入和费用结转至净资产。

净资产应当分别企业和职工个人设置账户，根据企业年金计划按期将运营收益分配计入各账户。

第十三条 净资产应当按照下列规定确认和计量：

(一)向企业和职工个人收取的缴费，按照收到的金额增加净资产。

(二)向受益人支付的待遇，按照应付的金额减少净资产。

(三)因职工调入企业而发生的个人账户转入金额，增加净资产。

(四)因职工调离企业而发生的个人账户转出金额，减少净资产。

第三章　列　报

第十四条　企业年金基金的财务报表包括资产负债表、净资产变动表和附注。

第十五条　资产负债表反映企业年金基金在某一特定日期的财务状况，应当按照资产、负债和净资产分类列示。

第十六条　资产类项目至少应当列示下列信息：

(一)货币资金。

(二)应收证券清算款。

(三)应收利息。

(四)买入返售证券。

(五)其他应收款。

(六)债券投资。

(七)基金投资。

(八)股票投资。

(九)其他投资。

(十)其他资产。

第十七条　负债类项目至少应当列示下列信息：

(一)应付证券清算款。

(二)应付受益人待遇。

(三)应付受托人管理费。

(四)应付托管人管理费。

(五)应付投资管理人管理费。

(六)应交税金。

(七)卖出回购证券款。

(八)应付利息。

(九)应付佣金。

(十)其他应付款。

第十八条　净资产类项目列示企业年金基金净值。

第十九条　净资产变动表反映企业年金基金在一定会计期间的净资产增减变动情况，应当列示下列信息：

(一)期初净资产。

(二)本期净资产增加数，包括本期收入、收取企业缴费、收取职工个人缴费、个人账户转入。

(三)本期净资产减少数，包括本期费用、支付受益人待遇、个人账户转出。

(四)期末净资产。

第二十条 附注应当披露下列信息：

(一)企业年金计划的主要内容及重大变化。

(二)投资种类、金额及公允价值的确定方法。

(三)各类投资占投资总额的比例。

(四)可能使投资价值受到重大影响的其他事项。

企业会计准则第11号——股份支付

（财会〔2006〕3号）

第一章 总 则

第一条 为了规范股份支付的确认、计量和相关信息的披露，根据《企业会计准则——基本准则》，制定本准则。

第二条 股份支付，是指企业为获取职工和其他方提供服务而授予权益工具或者承担以权益工具为基础确定的负债的交易。

股份支付分为以权益结算的股份支付和以现金结算的股份支付。

以权益结算的股份支付，是指企业为获取服务以股份或其他权益工具作为对价进行结算的交易。

以现金结算的股份支付，是指企业为获取服务承担以股份或其他权益工具为基础计算确定的交付现金或其他资产义务的交易。

本准则所指的权益工具是企业自身权益工具。

第三条 下列各项适用其他相关会计准则：

（一）企业合并中发行权益工具取得其他企业净资产的交易，适用《企业会计准则第20号——企业合并》。

（二）以权益工具作为对价取得其他金融工具等交易，适用《企业会计准则第22号——金融工具确认和计量》。

第二章 以权益结算的股份支付

第四条 以权益结算的股份支付换取职工提供服务的，应当以授予职工权益工具的公允价值计量。

权益工具的公允价值，应当按照《企业会计准则第22号——金融工具确认和计量》确定。

第五条 授予后立即可行权的换取职工服务的以权益结算的股份支付，应当在授予日按照权益工具的公允价值计入相关成本或费用，相应增加资本公积。

授予日，是指股份支付协议获得批准的日期。

第六条 完成等待期内的服务或达到规定业绩条件才可行权的换取职工服务的以权益结算的股份支付，在等待期内的每个资产负债表日，应当以对可行权权益工具数量的最佳估计为基础，按照权益工具授予日的公允价值，将当期取得的服务计入相关成本或费用和资本公积。

在资产负债表日，后续信息表明可行权权益工具的数量与以前估计不同的，应当进行调整，并在可行权日调整至实际可行权的权益工具数量。

等待期，是指可行权条件得到满足的期间。

对于可行权条件为规定服务期间的股份支付，等待期为授予日至可行权日的期间；对于可行权条件为规定业绩的股份支付，应当在授予日根据最可能的业绩结果预计等待期的长度。

可行权日，是指可行权条件得到满足、职工和其他方具有从企业取得权益工具或现金的权利的日期。

第七条 企业在可行权日之后不再对已确认的相关成本或费用和所有者权益总额进行调整。

第八条 以权益结算的股份支付换取其他方服务的，应当分别下列情况处理：

(一)其他方服务的公允价值能够可靠计量的，应当按照其他方服务在取得日的公允价值，计入相关成本或费用，相应增加所有者权益。

(二)其他方服务的公允价值不能可靠计量但权益工具公允价值能够可靠计量的，应当按照权益工具在服务取得日的公允价值，计入相关成本或费用，相应增加所有者权益。

第九条 在行权日，企业根据实际行权的权益工具数量，计算确定应转入实收资本或股本的金额，将其转入实收资本或股本。

行权日，是指职工和其他方行使权利、获取现金或权益工具的日期。

第三章 以现金结算的股份支付

第十条 以现金结算的股份支付，应当按照企业承担的以股份或其他权益工具为基础计算确定的负债的公允价值计量。

第十一条 授予后立即可行权的以现金结算的股份支付，应当在授予日以企业承担负债的公允价值计入相关成本或费用，相应增加负债。

第十二条 完成等待期内的服务或达到规定业绩条件以后才可行权的以现金结算的股份支付，在等待期内的每个资产负债表日，应当以对可行权情况的最佳估计为基础，按照企业承担负债的公允价值金额，将当期取得的服务计入成本或费用和相应的负债。

在资产负债表日，后续信息表明企业当期承担债务的公允价值与以前估计不同的，应当进行调整，并在可行权日调整至实际可行权水平。

第十三条 企业应当在相关负债结算前的每个资产负债表日以及结算日，对负债的公允价值重新计量，其变动计入当期损益。

第四章 披 露

第十四条 企业应当在附注中披露与股份支付有关的下列信息：

(一)当期授予、行权和失效的各项权益工具总额。

(二)期末发行在外的股份期权或其他权益工具行权价格的范围和合同剩余期限。

(三)当期行权的股份期权或其他权益工具以其行权日价格计算的加权平均价格。

(四)权益工具公允价值的确定方法。

企业对性质相似的股份支付信息可以合并披露。

第十五条 企业应当在附注中披露股份支付交易对当期财务状况和经营成果的影响，至少包括下列信息：

(一)当期因以权益结算的股份支付而确认的费用总额。

(二)当期因以现金结算的股份支付而确认的费用总额。

(三)当期以股份支付换取的职工服务总额及其他方服务总额。

企业会计准则第 12 号——债务重组

（财会〔2006〕3 号）

第一章　总　则

第一条　为了规范债务重组的确认、计量和相关信息的披露，根据《企业会计准则——基本准则》，制定本准则。

第二条　债务重组，是指在债务人发生财务困难的情况下，债权人按照其与债务人达成的协议或者法院的裁定做出让步的事项。

第三条　债务重组的方式主要包括：

（一）以资产清偿债务。

（二）将债务转为资本。

（三）修改其他债务条件，如减少债务本金、减少债务利息等，不包括上述（一）和（二）两种方式。

（四）以上三种方式的组合等。

第二章　债务人的会计处理

第四条　以现金清偿债务的，债务人应当将重组债务的账面价值与实际支付现金之间的差额，计入当期损益。

第五条　以非现金资产清偿债务的，债务人应当将重组债务的账面价值与转让的非现金资产公允价值之间的差额，计入当期损益。

转让的非现金资产公允价值与其账面价值之间的差额，计入当期损益。

第六条　将债务转为资本的，债务人应当将债权人放弃债权而享有股份的面值总额确认为股本（或者实收资本），股份的公允价值总额与股本（或者实收资本）之间的差额确认为资本公积。

重组债务的账面价值与股份的公允价值总额之间的差额，计入当期损益。

第七条 修改其他债务条件的，债务人应当将修改其他债务条件后债务的公允价值作为重组后债务的入账价值。重组债务的账面价值与重组后债务的入账价值之间的差额，计入当期损益。

修改后的债务条款如涉及或有应付金额，且该或有应付金额符合《企业会计准则第 13 号——或有事项》中有关预计负债确认条件的，债务人应当将该或有应付金额确认为预计负债。重组债务的账面价值，与重组后债务的入账价值和预计负债金额之和的差额，计入当期损益。

或有应付金额，是指需要根据未来某种事项出现而发生的应付金额，而且该未来事项的出现具有不确定性。

第八条 债务重组以现金清偿债务、非现金资产清偿债务、债务转为资本、修改其他债务条件等方式的组合进行的，债务人应当依次以支付的现金、转让的非现金资产公允价值、债权人享有股份的公允价值冲减重组债务的账面价值，再按照本准则第七条的规定处理。

第三章 债权人的会计处理

第九条 以现金清偿债务的，债权人应当将重组债权的账面余额与收到的现金之间的差额，计入当期损益。债权人已对债权计提减值准备的，应当先将该差额冲减减值准备，减值准备不足以冲减的部分，计入当期损益。

第十条 以非现金资产清偿债务的，债权人应当对受让的非现金资产按其公允价值入账，重组债权的账面余额与受让的非现金资产的公允价值之间的差额，比照本准则第九条的规定处理。

第十一条 将债务转为资本的，债权人应当将享有股份的公允价值确认为对债务人的投资，重组债权的账面余额与股份的公允价值之间的差额，比照本准则第九条的规定处理。

第十二条 修改其他债务条件的，债权人应当将修改其他债务条件后的债权的公允价值作为重组后债权的账面价值，重组债权的账面余额与重组后债权的账面价值之间的差额，比照本准则第九条的规定处理。

修改后的债务条款中涉及或有应收金额的，债权人不应当确认或有应收金额，不得将其计入重组后债权的账面价值。

或有应收金额，是指需要根据未来某种事项出现而发生的应收金额，而且该未来事项的出现具有不确定性。

第十三条 债务重组采用以现金清偿债务、非现金资产清偿债务、债务转为资本、修改其他债务条件等方式的组合进行的，债权人应当依次以收到的现金、接受的非现金资产公允价值、债权人享有股份的公允价值冲减重组债权的账面余额，再按照本准则第十二条的规定处理。

第四章　披　露

第十四条　债务人应当在附注中披露与债务重组有关的下列信息：

(一)债务重组方式。

(二)确认的债务重组利得总额。

(三)将债务转为资本所导致的股本(或者实收资本)增加额。

(四)或有应付金额。

(五)债务重组中转让的非现金资产的公允价值、由债务转成的股份的公允价值和修改其他债务条件后债务的公允价值的确定方法及依据。

第十五条　债权人应当在附注中披露与债务重组有关的下列信息：

(一)债务重组方式。

(二)确认的债务重组损失总额。

(三)债权转为股份所导致的投资增加额及该投资占债务人股份总额的比例。

(四)或有应收金额。

(五)债务重组中受让的非现金资产的公允价值、由债权转成的股份的公允价值和修改其他债务条件后债权的公允价值的确定方法及依据。

企业会计准则第 13 号——或有事项

（财会〔2006〕3 号）

第一章　总　则

第一条　为了规范或有事项的确认、计量和相关信息的披露，根据《企业会计准则——基本准则》，制定本准则。

第二条　或有事项，是指过去的交易或者事项形成的，其结果须由某些未来事项的发生或不发生才能决定的不确定事项。

第三条　职工薪酬、建造合同、所得税、企业合并、租赁、原保险合同和再保险合同等形成的或有事项，适用其他相关会计准则。

第二章　确认和计量

第四条　与或有事项相关的义务同时满足下列条件的，应当确认为预计负债：

（一）该义务是企业承担的现时义务。

（二）履行该义务很可能导致经济利益流出企业。

（三）该义务的金额能够可靠地计量。

第五条　预计负债应当按照履行相关现时义务所需支出的最佳估计数进行初始计量。

所需支出存在一个连续范围，且该范围内各种结果发生的可能性相同的，最佳估计数应当按照该范围内的中间值确定。

在其他情况下，最佳估计数应当分别下列情况处理：

（一）或有事项涉及单个项目的，按照最可能发生金额确定。

（二）或有事项涉及多个项目的，按照各种可能结果及相关概率计算确定。

第六条　企业在确定最佳估计数时，应当综合考虑与或有事项有关的风险、不确定性和货币时间价值等因素。

货币时间价值影响重大的，应当通过对相关未来现金流出进行折现后确定最佳估计数。

第七条 企业清偿预计负债所需支出全部或部分预期由第三方补偿的，补偿金额只有在基本确定能够收到时才能作为资产单独确认。确认的补偿金额不应当超过预计负债的账面价值。

第八条 待执行合同变成亏损合同的，该亏损合同产生的义务满足本准则第四条规定的，应当确认为预计负债。

待执行合同，是指合同各方尚未履行任何合同义务，或部分地履行了同等义务的合同。

亏损合同，是指履行合同义务不可避免会发生的成本超过预期经济利益的合同。

第九条 企业不应当就未来经营亏损确认预计负债。

第十条 企业承担的重组义务满足本准则第四条规定的，应当确认预计负债。同时存在下列情况时，表明企业承担了重组义务：

(一)有详细、正式的重组计划，包括重组涉及的业务、主要地点、需要补偿的职工人数及其岗位性质、预计重组支出、计划实施时间等。

(二)该重组计划已对外公告。

重组，是指企业制定和控制的，将显著改变企业组织形式、经营范围或经营方式的计划实施行为。

第十一条 企业应当按照与重组有关的直接支出确定预计负债金额。

直接支出不包括留用职工岗前培训、市场推广、新系统和营销网络投入等支出。

第十二条 企业应当在资产负债表日对预计负债的账面价值进行复核。有确凿证据表明该账面价值不能真实反映当前最佳估计数的，应当按照当前最佳估计数对该账面价值进行调整。

第十三条 企业不应当确认或有负债和或有资产。

或有负债，是指过去的交易或者事项形成的潜在义务，其存在须通过未来不确定事项的发生或不发生予以证实；或过去的交易或者事项形成的现时义务，履行该义务不是很可能导致经济利益流出企业或该义务的金额不能可靠计量。

或有资产，是指过去的交易或者事项形成的潜在资产，其存在须通过未来不确定事项的发生或不发生予以证实。

第三章 披 露

第十四条 企业应当在附注中披露与或有事项有关的下列信息：

(一)预计负债。

1. 预计负债的种类、形成原因以及经济利益流出不确定性的说明。

2. 各类预计负债的期初、期末余额和本期变动情况。

3. 与预计负债有关的预期补偿金额和本期已确认的预期补偿金额。

(二)或有负债(不包括极小可能导致经济利益流出企业的或有负债)。

1. 或有负债的种类及其形成原因，包括已贴现商业承兑汇票、未决诉讼、未决仲裁、对外提供担保等形成的或有负债。

2. 经济利益流出不确定性的说明。

3. 或有负债预计产生的财务影响，以及获得补偿的可能性；无法预计的，应当说明原因。

(三)企业通常不应当披露或有资产。但或有资产很可能会给企业带来经济利益的，应当披露其形成的原因、预计产生的财务影响等。

第十五条 在涉及未决诉讼、未决仲裁的情况下，按照本准则第十四条披露全部或部分信息预期对企业造成重大不利影响的，企业无须披露这些信息，但应当披露该未决诉讼、未决仲裁的性质，以及没有披露这些信息的事实和原因。

企业会计准则第14号——收入

（2017年7月5日　财会〔2017〕22号）

第一章　总　则

第一条　为了规范收入的确认、计量和相关信息的披露，根据《企业会计准则——基本准则》，制定本准则。

第二条　收入，是指企业在日常活动中形成的、会导致所有者权益增加的、与所有者投入资本无关的经济利益的总流入。

第三条　本准则适用于所有与客户之间的合同，但下列各项除外：

（一）由《企业会计准则第2号——长期股权投资》《企业会计准则第22号——金融工具确认和计量》《企业会计准则第23号——金融资产转移》《企业会计准则第24号——套期会计》《企业会计准则第33号——合并财务报表》以及《企业会计准则第40号——合营安排》规范的金融工具及其他合同权利和义务，分别适用《企业会计准则第2号——长期股权投资》《企业会计准则第22号——金融工具确认和计量》《企业会计准则第23号——金融资产转移》《企业会计准则第24号——套期会计》《企业会计准则第33号——合并财务报表》以及《企业会计准则第40号——合营安排》。

（二）由《企业会计准则第21号——租赁》规范的租赁合同，适用《企业会计准则第21号——租赁》。

（三）由保险合同相关会计准则规范的保险合同，适用保险合同相关会计准则。

本准则所称客户，是指与企业订立合同以向该企业购买其日常活动产出的商品或服务（以下简称“商品”）并支付对价的一方。

本准则所称合同，是指双方或多方之间订立有法律约束力的权利义务的协议。合同有书面形式、口头形式以及其他形式。

第二章　确　认

第四条　企业应当在履行了合同中的履约义务，即在客户取得相关商品控制权时确认收入。

取得相关商品控制权，是指能够主导该商品的使用并从中获得几乎全部的经济利益。

第五条　当企业与客户之间的合同同时满足下列条件时，企业应当在客户取得相关商品控制权时确认收入：

(一)合同各方已批准该合同并承诺将履行各自义务。

(二)该合同明确了合同各方与所转让商品或提供劳务(以下简称“转让商品”)相关的权利和义务。

(三)该合同有明确的与所转让商品相关的支付条款。

(四)该合同具有商业实质，即履行该合同将改变企业未来现金流量的风险、时间分布或金额。

(五)企业因向客户转让商品而有权取得的对价很可能收回。

在合同开始日即满足前款条件的合同，企业在后续期间无须对其进行重新评估，除非有迹象表明相关事实和情况发生重大变化。合同开始日通常是指合同生效日。

第六条　在合同开始日不符合本准则第五条规定的合同，企业应当对其进行持续评估，并在其满足本准则第五条规定时按照该条的规定进行会计处理。

对于不符合本准则第五条规定的合同，企业只有在不再负有向客户转让商品的剩余义务，且已向客户收取的对价无须退回时，才能将已收取的对价确认为收入；否则，应当将已收取的对价作为负债进行会计处理。没有商业实质的非货币性资产交换，不确认收入。

第七条　企业与同一客户(或该客户的关联方)同时订立或在相近时间内先后订立的两份或多份合同，在满足下列条件之一时，应当合并为一份合同进行会计处理：

(一)该两份或多份合同基于同一商业目的而订立并构成一揽子交易。

(二)该两份或多份合同中的一份合同的对价金额取决于其他合同的定价或履行情况。

(三)该两份或多份合同中所承诺的商品(或每份合同中所承诺的部分商品)构成本准则第九条规定的单项履约义务。

第八条　企业应当区分下列三种情形对合同变更分别进行会计处理：

(一)合同变更增加了可明确区分的商品及合同价款，且新增合同价款反映了新增商品单独售价的，应当将该合同变更部分作为一份单独的合同进行会计处理。

(二)合同变更不属于本条(一)规定的情形，且在合同变更日已转让的商品或已提供的服务(以下简称“已转让的商品”)与未转让的商品或未提供的服务(以下简称“未转让的商品”)之间可明确区分的，应当视为原合同终止，同时，将原合同未履约部分与合同变更部分合并为新合同进行会计处理。

(三)合同变更不属于本条(一)规定的情形，且在合同变更日已转让的商品与未转让的商品之间不可明确区分的，应当将该合同变更部分作为原合同的组成部分进行会计处理，由此产生的对已确认收入的影响，应当在合同变更日调整当期收入。

本准则所称合同变更，是指经合同各方批准对原合同范围或价格做出的变更。

第九条 合同开始日，企业应当对合同进行评估，识别该合同所包含的各单项履约义务，并确定各单项履约义务是在某一时段内履行，还是在某一时点履行，然后，在履行了各单项履约义务时分别确认收入。

履约义务，是指合同中企业向客户转让可明确区分商品的承诺。履约义务既包括合同中明确的承诺，也包括由于企业已公开宣布的政策、特定声明或以往的习惯做法等导致合同订立时客户合理预期企业将履行的承诺。企业为履行合同而应开展的初始活动，通常不构成履约义务，除非该活动向客户转让了承诺的商品。

企业向客户转让一系列实质相同且转让模式相同的、可明确区分商品的承诺，也应当作为单项履约义务。

转让模式相同，是指每一项可明确区分商品均满足本准则第十一条规定的、在某一时段内履行履约义务的条件，且采用相同方法确定其履约进度。

第十条 企业向客户承诺的商品同时满足下列条件的，应当作为可明确区分商品：

(一)客户能够从该商品本身或从该商品与其他易于获得资源一起使用中受益。

(二)企业向客户转让该商品的承诺与合同中其他承诺可单独区分。

下列情形通常表明企业向客户转让该商品的承诺与合同中其他承诺不可单独区分：

1. 企业需提供重大的服务以将该商品与合同中承诺的其他商品整合成合同约定的组合产出转让给客户。

2. 该商品将对合同中承诺的其他商品予以重大修改或定制。

3. 该商品与合同中承诺的其他商品具有高度关联性。

第十一条 满足下列条件之一的，属于在某一时段内履行履约义务；否则，属于在某一时点履行履约义务：

(一)客户在企业履约的同时即取得并消耗企业履约所带来的经济利益。

(二)客户能够控制企业履约过程中在建的商品。

(三)企业履约过程中所产出的商品具有不可替代用途，且该企业在整个合同期间内有权就累计至今已完成的履约部分收取款项。

具有不可替代用途，是指因合同限制或实际可行性限制，企业不能轻易地将商品用于其他用途。

有权就累计至今已完成的履约部分收取款项，是指在由于客户或其他方原因终止合同的情况下，企业有权就累计至今已完成的履约部分收取能够补偿其已发生成本和合理利润的款项，并且该权利具有法律约束力。

第十二条 对于在某一时段内履行的履约义务，企业应当在该段时间内按照履约进度确认收入，但是，履约进度不能合理确定的除外。企业应当考虑商品的性质，采用产出法或投入法确定恰当的履约进度。其中，产出法是根据已转移给客户的商品对于客户的价值确定履约进度；投入法是根据企业为履行履约义务的投入确定履约进度。对于类似情况下的类似履约义务，企业应当采用相同的方法确定履约进度。

当履约进度不能合理确定时，企业已经发生的成本预计能够得到补偿的，应当按照已经发生的成本金额确认收入，直到履约进度能够合理确定为止。

第十三条 对于在某一时点履行的履约义务，企业应当在客户取得相关商品控制权时点确认收入。在判断客户是否已取得商品控制权时，企业应当考虑下列迹象：

（一）企业就该商品享有现时收款权利，即客户就该商品负有现时付款义务。

（二）企业已将该商品的法定所有权转移给客户，即客户已拥有该商品的法定所有权。

（三）企业已将该商品实物转移给客户，即客户已实物占有该商品。

（四）企业已将该商品所有权上的主要风险和报酬转移给客户，即客户已取得该商品所有权上的主要风险和报酬。

（五）客户已接受该商品。

（六）其他表明客户已取得商品控制权的迹象。

第三章 计 量

第十四条 企业应当按照分摊至各单项履约义务的交易价格计量收入。

交易价格，是指企业因向客户转让商品而预期有权收取的对价金额企业代第三方收取的款项以及企业预期将退还给客户的款项，应当作为负债进行会计处理，不计入交易价格。

第十五条 企业应当根据合同条款，并结合其以往的习惯做法确定交易价格。在确定交易价格时，企业应当考虑可变对价、合同中存在的重大融资成分、非现金对价、应付客户对价等因素的影响。

第十六条 合同中存在可变对价的，企业应当按照期望值或最可能发生金额确定可变对价的最佳估计数，但包含可变对价的交易价格，应当不超过在相关不确定性消除时累计已确认收入极可能不会发生重大转回的金额。企业在评估累计已确认收入是否极可能不会发生重大转回时，应当同时考虑收入转回的可能性及其比重。

每一资产负债表日，企业应当重新估计应计入交易价格的可变对价金额。可变对价金额发生变动的，按照本准则第二十四条和第二十五条规定进行会计处理。

第十七条 合同中存在重大融资成分的，企业应当按照假定客户在取得商品控制权时即以现金支付的应付金额确定交易价格。该交易价格与合同对价之间的差额，应当在合同期间内采用实际利率法摊销。

合同开始日，企业预计客户取得商品控制权与客户支付价款间隔不超过一年的，可以不考虑合同中存在的重大融资成分。

第十八条 客户支付非现金对价的，企业应当按照非现金对价的公允价值确定交易价格。非现金对价的公允价值不能合理估计的，企业应当参照其承诺向客户转让商品的单独售价间接确定交易价格。非现金对价的公允价值因对价形式以外的原因而发生变动的，应当作为可变对价，按照本准则第十六条规定进行会计处理。

单独售价，是指企业向客户单独销售商品的价格。

第十九条 企业应付客户(或向客户购买本企业商品的第三方，本条下同)对价的，应当将该应付对价冲减交易价格，并在确认相关收入与支付(或承诺支付)客户对价二者孰晚的时点冲减当期收入，但应付客户对价是为了向客户取得其他可明确区分商品的除外。

企业应付客户对价是为了向客户取得其他可明确区分商品的，应当采用与本企业其他采购相一致的方式确认所购买的商品。企业应付客户对价超过向客户取得可明确区分商品公允价值的，超过金额应当冲减交易价格。向客户取得的可明确区分商品公允价值不能合理估计的，企业应当将应付客户对价全额冲减交易价格。

第二十条 合同中包含两项或多项履约义务的，企业应当在合同开始日，按照各单项履约义务所承诺商品的单独售价的相对比例，将交易价格分摊至各单项履约义务。企业不得因合同开始日之后单独售价的变动而重新分摊交易价格。

第二十一条 企业在类似环境下向类似客户单独销售商品的价格，应作为确定该商品单独售价的最佳证据。单独售价无法直接观察的，企业应当综合考虑其能够合理取得的全部相关信息，采用市场调整法、成本加成法、余值法等方法合理估计单独售价。在估计单独售价时，企业应当最大限度地采用可观察的输入值，并对类似的情况采用一致的估计方法。

市场调整法，是指企业根据某商品或类似商品的市场售价考虑本企业的成本和毛利等进行适当调整后，确定其单独售价的方法。

成本加成法，是指企业根据某商品的预计成本加上其合理毛利后的价格，确定其单独售价的方法。

余值法，是指企业根据合同交易价格减去合同中其他商品可观察的单独售价后的余值，确定某商品单独售价的方法。

第二十二条 企业在商品近期售价波动幅度巨大，或者因未定价且未曾单独销售而使售价无法可靠确定时，可采用余值法估计其单独售价。

第二十三条 对于合同折扣，企业应当在各单项履约义务之间按比例分摊。

有确凿证据表明合同折扣仅与合同中一项或多项(而非全部)履约义务相关的，企业应当将该合同折扣分摊至相关一项或多项履约义务。

合同折扣仅与合同中一项或多项(而非全部)履约义务相关，且企业采用余值法估计单独售价的，应当首先按照前款规定在该一项或多项(而非全部)履约义务之间分摊合同折扣，然后采用余值法估计单独售价。

合同折扣，是指合同中各单项履约义务所承诺商品的单独售价之和高于合同交易价格的金额。

第二十四条 对于可变对价及可变对价的后续变动额，企业应当按照本准则第二十条至第二十三条规定，将其分摊至与之相关的一项或多项履约义务，或者分摊至构成单项履约义务的一系列可明确区分商品中的一项或多项商品。

对于已履行的履约义务，其分摊的可变对价后续变动额应当调整变动当期的收入。

第二十五条 合同变更之后发生可变对价后续变动的，企业应当区分下列三种情形分别进行会计处理：

(一)合同变更属于本准则第八条(一)规定情形的，企业应当判断可变对价后续变动与哪一项合同相关，并按照本准则第二十四条规定进行会计处理。

(二)合同变更属于本准则第八条(二)规定情形，且可变对价后续变动与合同变更前已承诺可变对价相关的，企业应当首先将该可变对价后续变动额以原合同开始日确定的基础进行分摊，然后再将分摊至合同变更日尚未履行履约义务的该可变对价后续变动额以新合同开始日确定的基础进行二次分摊。

(三)合同变更之后发生除本条(一)、(二)规定情形以外的可变对价后续变动的，企业应当将该可变对价后续变动额分摊至合同变更日尚未履行的履约义务。

第四章　合同成本

第二十六条 企业为履行合同发生的成本，不属于其他企业会计准则规范范围且同时满足下列条件的，应当作为合同履约成本确认为一项资产：

(一)该成本与一份当前或预期取得的合同直接相关，包括直接人工、直接材料、制造费用(或类似费用)、明确由客户承担的成本以及仅因该合同而发生的其他成本。

(二)该成本增加了企业未来用于履行履约义务的资源。

(三)该成本预期能够收回。

第二十七条 企业应当在下列支出发生时，将其计入当期损益：

(一)管理费用。

(二)非正常消耗的直接材料、直接人工和制造费用(或类似费用)，这些支出为履行合同发生，但未反映在合同价格中。

(三)与履约义务中已履行部分相关的支出。

(四)无法在尚未履行的与已履行的履约义务之间区分的相关支出。

第二十八条 企业为取得合同发生的增量成本预期能够收回的，应当作为合同取得成本确认为一项资产；但是，该资产摊销期限不超过一年的，可以在发生时计入当期损益。

增量成本，是指企业不取得合同就不会发生的成本(如销售佣金等)。

企业为取得合同发生的、除预期能够收回的增量成本之外的其他支出(如无论是否取得合同均会发生的差旅费等)，应当在发生时计入当期损益，但是，明确由客户承担的除外。

第二十九条 按照本准则第二十六条和第二十八条规定确认的资产(以下简称“与合同成本有关的资产”)，应当采用与该资产相关的商品收入确认相同的基础进行摊销，计入当期损益。

第三十条 与合同成本有关的资产，其账面价值高于下列两项的差额的，超出部分应当计提减值准备，并确认为资产减值损失：

(一)企业因转让与该资产相关的商品预期能够取得的剩余对价。

(二)为转让该相关商品估计将要发生的成本。

以前期间减值的因素之后发生变化，使得前款(一)减(二)的差额高于该资产账面价值的，应当转回原已计提的资产减值准备，并计入当期损益，但转回后的资产账面价值不应超过假定不计提减值准备情况下该资产在转回日的账面价值。

第三十一条 在确定与合同成本有关的资产的减值损失时，企业应当首先对按照其他相关企业会计准则确认的、与合同有关的其他资产确定减值损失；然后，按照本准则第三十条规定确定与合同成本有关的资产的减值损失。

企业按照《企业会计准则第8号——资产减值》测试相关资产组的减值情况时，应当将按照前款规定确定与合同成本有关的资产减值后的新账面价值计入相关资产组的账面价值。

第五章 特定交易的会计处理

第三十二条 对于附有销售退回条款的销售，企业应当在客户取得相关商品控制权时，按照因向客户转让商品而预期有权收取的对价金额(即，不包含预期因销售退回将退还的金额)确认收入，按照预期因销售退回将退还的金额确认负债；同时，按照预期将退回商品转让时的账面价值，扣除收回该商品预计发生的成本(包括退回商品的价值减损)后的余额，确认为一项资产，按照所转让商品转让时的账面价值，扣除上述资产成本的净额结转成本。

每一资产负债表日，企业应当重新估计未来销售退回情况，如有变化，应当作为会计估计变更进行会计处理。

第三十三条 对于附有质量保证条款的销售，企业应当评估该质量保证是否在向客户保证所销售商品符合既定标准之外提供了一项单独的服务。企业提供额外服务的，应当作为单项履约义务，按照本准则规定进行会计处理；否则，质量保证责任应当按照《企业会计准则第13号——或有事项》规定进行会计处理。在评估质量保证是否在向客户保证所销售商品符合既定标准之外提供了一项单独的服务时，企业应当考虑该质量保证是否为法定要求、质量保证期限以及企业承诺履行任务的性质等因素。客户能够选择单独购买质量保证的，该质量保证构成单项履约义务。

第三十四条 企业应当根据其在向客户转让商品前是否拥有对该商品的控制权，来判断其从事交易时的身份是主要责任人还是代理人。企业在向客户转让商品前能够控制该商品的，该企业为主要责任人，应当按照已收或应收对价总额确认收入；否则，该企业为代理人，应当按照预期有权收取的佣金或手续费的金额确认收入，该金额应当按照已收或应收对价总额扣除应支付给其他相关方的价款后的净额，或者按照既定的佣金金额或比例等确定。

企业向客户转让商品前能够控制该商品的情形包括：

(一)企业自第三方取得商品或其他资产控制权后，再转让给客户。

(二)企业能够主导第三方代表本企业向客户提供服务。

(三)企业自第三方取得商品控制权后，通过提供重大的服务将该商品与其他商品整合成某组合产出转让给客户。

在具体判断向客户转让商品前是否拥有对该商品的控制权时，企业不应仅局限于合同的法律形式，而应当综合考虑所有相关事实和情况，这些事实和情况包括：

(一)企业承担向客户转让商品的主要责任。

(二)企业在转让商品之前或之后承担了该商品的存货风险。

(三)企业有权自主决定所交易商品的价格。

(四)其他相关事实和情况。

第三十五条 对于附有客户额外购买选择权的销售，企业应当评估该选择权是否向客户提供了一项重大权利。企业提供重大权利的，应当作为单项履约义务，按照本准则第二十条至第二十四条规定将交易价格分摊至该履约义务，在客户未来行使购买选择权取得相关商品控制权时，或者该选择权失效时，确认相应的收入。客户额外购买选择权的单独售价无法直接观察的，企业应当综合考虑客户行使和不行使该选择权所能获得的折扣的差异、客户行使该选择权的可能性等全部相关信息后，予以合理估计。

客户虽然有额外购买商品选择权，但客户行使该选择权购买商品时的价格反映了这些商品单独售价的，不应被视为企业向该客户提供了一项重大权利。

第三十六条 企业向客户授予知识产权许可的，应当按照本准则第九条和第十条规定评估该知识产权许可是否构成单项履约义务，构成单项履约义务的，应当进一步确定其是在某一时段内履行还是在某一时点履行。

企业向客户授予知识产权许可，同时满足下列条件时，应当作为在某一时段内履行的履约义务确认相关收入；否则，应当作为在某一时点履行的履约义务确认相关收入：

(一)合同要求或客户能够合理预期企业将从事对该项知识产权有重大影响的活动。

(二)该活动对客户将产生有利或不利影响。

(三)该活动不会导致向客户转让某项商品。

第三十七条 企业向客户授予知识产权许可，并约定按客户实际销售或使用情况收取特许权使用费的，应当在下列两项孰晚的时点确认收入：

(一)客户后续销售或使用行为实际发生。

(二)企业履行相关履约义务。

第三十八条 对于售后回购交易，企业应当区分下列两种情形分别进行会计处理：

(一)企业因存在与客户的远期安排而负有回购义务或企业享有回购权利的，表明客户在销售时点并未取得相关商品控制权，企业应当作为租赁交易或融资交易进行相应的会计处理。其中，回购价格低于原售价的，应当视为租赁交易，按照《企业会计准则第21号——租赁》的相关规定进行会计处理；回购价格不低于原售价的，应当视为融资交易，在收到客户款项时确认金融负债，并将该款项和回购价格的差额在回购期间内确认为利息费用等。企业到期未行使回购权利的，应当在该回购权利到期时终止确认金融负债，同时确认收入。

(二)企业负有应客户要求回购商品义务的，应当在合同开始日评估客户是否具有行使该要求权的重大经济动因。客户具有行使该要求权重大经济动因的，企业应当将售后回购作为租赁交易或融资交易，按照本条(一)规定进行会计处理；否则，企业应当将其作为附有销售退回条款的销售交易，按照本准则第三十二条规定进行会计处理。

售后回购，是指企业销售商品的同时承诺或有权选择日后再将该商品(包括相同或几乎相同的商品，或以该商品作为组成部分的商品)购回的销售方式。

第三十九条 企业向客户预收销售商品款项的，应当首先将该款项确认为负债，待履行了相关履约义务时再转为收入。当企业预收款项无须退回，且客户可能会放弃其全部或部分合同权利时，企业预期将有权获得与客户所放弃的合同权利相关的金额的，应当按照客户行使合同权利的模式按比例将上述金额确认为收入；否则，企业只有在客户要求其履行剩余履约义务的可能性极低时，才能将上述负债的相关余额转为收入。

第四十条 企业在合同开始(或接近合同开始)日向客户收取的无须退回的初始费(如俱乐部的入会费等)应当计入交易价格。企业应当评估该初始费是否与向客户转让已承诺的商品相关。该初始费与向客户转让已承诺的商品相关，并且该商品构成单项履约义务的，企业应当在转让该商品时，按照分摊至该商品的交易价格确认收入；该初始费与向客户转让已承诺的商品相关，但该商品不构成单项履约义务的，企业应当在包含该商品的单项履约义务履行时，按照分摊至该单项履约义务的交易价格确认收入；该初始费与向客户转让已承诺的商品不相关的，该初始费应当作为未来将转让商品的预收款，在未来转让该商品时确认为收入。

企业收取了无须退回的初始费且为履行合同应开展初始活动，但这些活动本身并没有向客户转让已承诺的商品的，该初始费与未来将转让的已承诺商品相关，应当在未来转让该商品时确认为收入，企业在确定履约进度时不应考虑这些初始活动；企业为该初始活动发生的支出应当按照本准则第二十六条和第二十七条规定确认为一项资产或计入当期损益。

第六章　列　报

第四十一条 企业应当根据本企业履行履约义务与客户付款之间的关系在资产负债表中列示合同资产或合同负债。企业拥有的、无条件(即，仅取决于时间流逝)向客户收取对价的权利应当作为应收款项单独列示。

合同资产，是指企业已向客户转让商品而有权收取对价的权利，且该权利取决于时间流逝之外的其他因素。如企业向客户销售两项可明确区分的商品，企业因已交付其中一项商品而有权收取款项，但收取该款项还取决于企业交付另一项商品的，企业应当将该收款权利作为合同资产。

合同负债，是指企业已收或应收客户对价而应向客户转让商品的义务。如企业在转让承诺的商品之前已收取的款项。

按照本准则确认的合同资产的减值的计量和列报应当按照《企业会计准则第 22

号——金融工具确认和计量》和《企业会计准则第37号——金融工具列报》的规定进行会计处理。

第四十二条 企业应当在附注中披露与收入有关的下列信息：

(一)收入确认和计量所采用的会计政策、对于确定收入确认的时点和金额具有重大影响的判断以及这些判断的变更，包括确定履约进度的方法及采用该方法的原因、评估客户取得所转让商品控制权时点的相关判断，在确定交易价格、估计计入交易价格的可变对价、分摊交易价格以及计量预期将退还给客户的款项等类似义务时所采用的方法、输入值和假设等。

(二)与合同相关的下列信息：

1. 与本期确认收入相关的信息，包括与客户之间的合同产生的收入、该收入按主要类别(如商品类型、经营地区、市场或客户类型、合同类型、商品转让的时间、合同期限、销售渠道等)分解的信息以及该分解信息与每一报告分部的收入之间的关系等。

2. 与应收款项、合同资产和合同负债的账面价值相关的信息，包括与客户之间的合同产生的应收款项、合同资产和合同负债的期初和期末账面价值、对上述应收款项和合同资产确认的减值损失、在本期确认的包括在合同负债期初账面价值中的收入、前期已经履行(或部分履行)的履约义务在本期调整的收入、履行履约义务的时间与通常的付款时间之间的关系以及此类因素对合同资产和合同负债账面价值的影响的定量或定性信息、合同资产和合同负债的账面价值在本期内发生的重大变动情况等。

3. 与履约义务相关的信息，包括履约义务通常的履行时间、重要的支付条款、企业承诺转让的商品的性质(包括说明企业是否作为代理人)、企业承担的预期将退还给客户的款项等类似义务、质量保证的类型及相关义务等。

4. 与分摊至剩余履约义务的交易价格相关的信息，包括分摊至本期末尚未履行(或部分未履行)履约义务的交易价格总额、上述金额确认为收入的预计时间的定量或定性信息、未包括在交易价格的对价金额(如可变对价)等。

(三)与合同成本有关的资产相关的信息，包括确定该资产金额所做的判断、该资产的摊销方法、按该资产主要类别(如为取得合同发生的成本、为履行合同开展的初始活动发生的成本等)披露的期末账面价值以及本期确认的摊销及减值损失金额等。

(四)企业根据本准则第十七条规定因预计客户取得商品控制权与客户支付价款间隔未超过一年而未考虑合同中存在的重大融资成分，或者根据本准则第二十八条规定因合同取得成本的摊销期限未超过一年而将其在发生时计入当期损益的，应当披露该事实。

第七章 衔接规定

第四十三条 首次执行本准则的企业，应当根据首次执行本准则的累积影响数，调整首次执行本准则当年年初留存收益及财务报表其他相关项目金额，对可比期间信息不予调整。企业可以仅对在首次执行日尚未完成的合同的累积影响数进行调整。同时，企业应当在附注中披露，与收入相关会计准则制度的原规定相比，执行本准则对当期财务报表相关项目的影响金额，如有重大影响的，还需披露其原因。

已完成的合同，是指企业按照与收入相关会计准则制度的原规定已完成合同中全部商品的转让的合同。尚未完成的合同，是指除已完成的合同之外的其他合同。

第四十四条 对于最早可比期间期初之前或首次执行本准则当年年初之前发生的合同变更，企业可予以简化处理，即无须按照本准则第八条规定进行追溯调整，而是根据合同变更的最终安排，识别已履行的和尚未履行的履约义务、确定交易价格以及在已履行的和尚未履行的履约义务之间分摊交易价格。

企业采用该简化处理方法的，应当对所有合同一致采用，并且在附注中披露该事实以及在合理范围内对采用该简化处理方法的影响所做的定性分析。

第八章　附　则

第四十五条 本准则自 2018 年 1 月 1 日起施行。

企业会计准则第16号——政府补助

（2017年5月10日　财会〔2017〕15号）

第一章　总　则

第一条　为了规范政府补助的确认、计量和列报，根据《企业会计准则——基本准则》，制定本准则。

第二条　本准则中的政府补助，是指企业从政府无偿取得货币性资产或非货币性资产。

第三条　政府补助具有下列特征：

（一）来源于政府的经济资源。对于企业收到的来源于其他方的补助，有确凿证据表明政府是补助的实际拨付者，其他方只起到代收代付作用的，该项补助也属于来源于政府的经济资源。

（二）无偿性。即企业取得来源于政府的经济资源，不需要向政府交付商品或服务等对价。

第四条　政府补助分为与资产相关的政府补助和与收益相关的政府补助。

与资产相关的政府补助，是指企业取得的、用于购建或以其他方式形成长期资产的政府补助。

与收益相关的政府补助，是指除与资产相关的政府补助之外的政府补助。

第五条　下列各项适用其他相关会计准则：

（一）企业从政府取得的经济资源，如果与企业销售商品或提供服务等活动密切相关，且是企业商品或服务的对价或者是对价的组成部分，适用《企业会计准则第14号——收入》等相关会计准则。

（二）所得税减免，适用《企业会计准则第18号——所得税》。

政府以投资者身份向企业投入资本，享有相应的所有者权益，不适用本准则。

第二章　确认和计量

第六条　政府补助同时满足下列条件的，才能予以确认：

（一）企业能够满足政府补助所附条件。

（二）企业能够收到政府补助。

第七条　政府补助为货币性资产的，应当按照收到或应收的金额计量。

政府补助为非货币性资产的，应当按照公允价值计量；公允价值不能可靠取得的，按照名义金额计量。

第八条　与资产相关的政府补助，应当冲减相关资产的账面价值或确认为递延收益。与资产相关的政府补助确认为递延收益的，应当在相关资产使用寿命内按照合理、系统的方法分期计入损益。按照名义金额计量的政府补助，直接计入当期损益。

相关资产在使用寿命结束前被出售、转让、报废或发生毁损的，应当将尚未分配的相关递延收益余额转入资产处置当期的损益。

第九条　与收益相关的政府补助，应当分情况按照以下规定进行会计处理：

（一）用于补偿企业以后期间的相关成本费用或损失的，确认为递延收益，并在确认相关成本费用或损失的期间，计入当期损益或冲减相关成本。

（二）用于补偿企业已发生的相关成本费用或损失的，直接计入当期损益或冲减相关成本。

第十条　对于同时包含与资产相关部分和与收益相关部分的政府补助，应当区分不同部分分别进行会计处理；难以区分的，应当整体归类为与收益相关的政府补助。

第十一条　与企业日常活动相关的政府补助，应当按照经济业务实质，计入其他收益或冲减相关成本费用。与企业日常活动无关的政府补助，应当计入营业外收支。

第十二条　企业取得政策性优惠贷款贴息的，应当区分财政将贴息资金拨付给贷款银行和财政将贴息资金直接拨付给企业两种情况，分别按照本准则第十三条和第十四条进行会计处理。

第十三条　财政将贴息资金拨付给贷款银行，由贷款银行以政策性优惠利率向企业提供贷款的，企业可以选择下列方法之一进行会计处理：

（一）以实际收到的借款金额作为借款的入账价值，按照借款本金和该政策性优惠利率计算相关借款费用。

（二）以借款的公允价值作为借款的入账价值并按照实际利率法计算借款费用，实际收到的金额与借款公允价值之间的差额确认为递延收益。递延收益在借款存续期内采用实际利率法摊销，冲减相关借款费用。

企业选择了上述两种方法之一后，应当一致地运用，不得随意变更。

第十四条 财政将贴息资金直接拨付给企业，企业应当将对应的贴息冲减相关借款费用。

第十五条 已确认的政府补助需要退回的，应当在需要退回的当期分情况按照以下规定进行会计处理：

(一)初始确认时冲减相关资产账面价值的，调整资产账面价值。

(二)存在相关递延收益的，冲减相关递延收益账面余额，超出部分计入当期损益。

(三)属于其他情况的，直接计入当期损益。

第三章 列 报

第十六条 企业应当在利润表中的“营业利润”项目之上单独列报“其他收益”项目，计入其他收益的政府补助在该项目中反映。

第十七条 企业应当在附注中单独披露与政府补助有关的下列信息：

(一)政府补助的种类、金额和列报项目。

(二)计入当期损益的政府补助金额。

(三)本期退回的政府补助金额及原因。

第四章 衔接规定

第十八条 企业对2017年1月1日存在的政府补助采用未来适用法处理，对2017年1月1日至本准则施行日之间新增的政府补助根据本准则进行调整。

第五章 附 则

第十九条 本准则自2017年6月12日起施行。

第二十条 2006年2月15日财政部印发的《财政部关于印发〈企业会计准则第1号——存货〉等38项具体准则的通知》(财会〔2006〕3号)中的《企业会计准则第16号——政府补助》同时废止。

财政部此前发布的有关政府补助会计处理规定与本准则不一致的，以本准则为准。

企业会计准则第 17 号——借款费用

（财会〔2006〕3 号）

第一章　总　则

第一条　为了规范借款费用的确认、计量和相关信息的披露，根据《企业会计准则——基本准则》，制定本准则。

第二条　借款费用，是指企业因借款而发生的利息及其他相关成本。

借款费用包括借款利息、折价或者溢价的摊销、辅助费用以及因外币借款而发生的汇兑差额等。

第三条　与融资租赁有关的融资费用，适用《企业会计准则第 21 号——租赁》。

第二章　确认和计量

第四条　企业发生的借款费用，可直接归属于符合资本化条件的资产的购建或者生产的，应当予以资本化，计入相关资产成本；其他借款费用，应当在发生时根据其发生额确认为费用，计入当期损益。符合资本化条件的资产，是指需要经过相当长时间的购建或者生产活动才能达到预定可使用或者可销售状态的固定资产、投资性房地产和存货等资产。

第五条　借款费用同时满足下列条件的，才能开始资本化：

（一）资产支出已经发生，资产支出包括为购建或者生产符合资本化条件的资产而以支付现金、转移非现金资产或者承担带息债务形式发生的支出。

（二）借款费用已经发生。

（三）为使资产达到预定可使用或者可销售状态所必要的购建或者生产活动已经开始。

第六条　在资本化期间内，每一会计期间的利息（包括折价或溢价的摊销）资本化金额，应当按照下列规定确定：

(一)为购建或者生产符合资本化条件的资产而借入专门借款的，应当以专门借款当期实际发生的利息费用，减去将尚未动用的借款资金存入银行取得的利息收入或进行暂时性投资取得的投资收益后的金额确定。

专门借款，是指为购建或者生产符合资本化条件的资产而专门借入的款项。

(二)为购建或者生产符合资本化条件的资产而占用了一般借款的，企业应当根据累计资产支出超过专门借款部分的资产支出加权平均数乘以所占用一般借款的资本化率，计算确定一般借款应予资本化的利息金额。资本化率应当根据一般借款加权平均利率计算确定。资本化期间，是指从借款费用开始资本化时点到停止资本化时点的期间，借款费用暂停资本化的期间不包括在内。

第七条 借款存在折价或者溢价的，应当按照实际利率法确定每一会计期间应摊销的折价或者溢价金额，调整每期利息金额。

第八条 在资本化期间内，每一会计期间的利息资本化金额不应当超过当期相关借款实际发生的利息金额。

第九条 在资本化期间内，外币专门借款本金及利息的汇兑差额，应当予以资本化，计入符合资本化条件的资产的成本。

第十条 专门借款发生的辅助费用，在所购建或者生产的符合资本化条件的资产达到预定可使用或者可销售状态之前发生的，应当在发生时根据其发生额予以资本化，计入符合资本化条件的资产的成本；在所购建或者生产的符合资本化条件的资产达到预定可使用或者可销售状态之后发生的，应当在发生时根据其发生额确认为费用，计入当期损益。

一般借款发生的辅助费用，应当在发生时根据其发生额确认为费用，计入当期损益。

第十一条 符合资本化条件的资产在购建或者生产过程中发生非正常中断、且中断时间连续超过3个月的，应当暂停借款费用的资本化。在中断期间发生的借款费用应当确认为费用，计入当期损益，直至资产的购建或者生产活动重新开始。如果中断是所购建或者生产的符合资本化条件的资产达到预定可使用或者可销售状态必要的程序，借款费用的资本化应当继续进行。

第十二条 购建或者生产符合资本化条件的资产达到预定可使用或者可销售状态时，借款费用应当停止资本化。在符合资本化条件的资产达到预定可使用或者可销售状态之后所发生的借款费用，应当在发生时根据其发生额确认为费用，计入当期损益。

第十三条 购建或者生产符合资本化条件的资产达到预定可使用或者可销售状态，可从下列几个方面进行判断：

(一)符合资本化条件的资产的实体建造(包括安装)或者生产工作已经全部完成或者实质上已经完成。

（二）所购建或者生产的符合资本化条件的资产与设计要求、合同规定或者生产要求相符或者基本相符，即使有极个别与设计、合同或者生产要求不相符的地方，也不影响其正常使用或者销售。

（三）继续发生在所购建或生产的符合资本化条件的资产上的支出金额很少或者几乎不再发生。

购建或者生产符合资本化条件的资产需要试生产或者试运行的，在试生产结果表明资产能够正常生产出合格产品，或者试运行结果表明资产能够正常运转或者营业时，应当认为该资产已经达到预定可使用或者可销售状态。

第十四条 购建或者生产的符合资本化条件的资产的各部分分别完工，且每部分在其他部分继续建造过程中可供使用或者可对外销售，且为使该部分资产达到预定可使用或可销售状态所必要的购建或者生产活动实质上已经完成的，应当停止与该部分资产相关的借款费用的资本化。

购建或者生产的资产的各部分分别完工，但必须等到整体完工后才可使用或者可对外销售的，应当在该资产整体完工时停止借款费用的资本化。

第三章 披 露

第十五条 企业应当在附注中披露与借款费用有关的下列信息：

（一）当期资本化的借款费用金额。

（二）当期用于计算确定借款费用资本化金额的资本化率。

企业会计准则第18号——所得税

（财会〔2006〕3号）

第一章　总　则

第一条　为了规范企业所得税的确认、计量和相关信息的列报，根据《企业会计准则——基本准则》，制定本准则。

第二条　本准则所称所得税包括企业以应纳税所得额为基础的各种境内和境外税额。

第三条　本准则不涉及政府补助的确认和计量，但因政府补助产生暂时性差异的所得税影响，应当按照本准则进行确认和计量。

第二章　计税基础

第四条　企业在取得资产、负债时，应当确定其计税基础。资产、负债的账面价值与其计税基础存在差异的，应当按照本准则规定确认所产生的递延所得税资产或递延所得税负债。

第五条　资产的计税基础，是指企业收回资产账面价值过程中，计算应纳税所得额时按照税法规定可以自应税经济利益中抵扣的金额。

第六条　负债的计税基础，是指负债的账面价值减去未来期间计算应纳税所得额时按照税法规定可予抵扣的金额。

第三章　暂时性差异

第七条　暂时性差异，是指资产或负债的账面价值与其计税基础之间的差额；未作为资产和负债确认的项目，按照税法规定可以确定其计税基础的，该计税基础与其账面价值之间的差额也属于暂时性差异。

按照暂时性差异对未来期间应税金额的影响，分为应纳税暂时性差异和可抵扣暂时性差异。

第八条 应纳税暂时性差异，是指在确定未来收回资产或清偿负债期间的应纳税所得额时，将导致产生应税金额的暂时性差异。

第九条 可抵扣暂时性差异，是指在确定未来收回资产或清偿负债期间的应纳税所得额时，将导致产生可抵扣金额的暂时性差异。

第四章 确 认

第十条 企业应当将当期和以前期间应交未交的所得税确认为负债，将已支付的所得税超过应支付的部分确认为资产。

存在应纳税暂时性差异或可抵扣暂时性差异的，应当按照本准则规定确认递延所得税负债或递延所得税资产。

第十一条 除下列交易中产生的递延所得税负债以外，企业应当确认所有应纳税暂时性差异产生的递延所得税负债：

(一)商誉的初始确认。

(二)同时具有下列特征的交易中产生的资产或负债的初始确认：

1. 该项交易不是企业合并。

2. 交易发生时既不影响会计利润也不影响应纳税所得额(或可抵扣亏损)。

与子公司、联营企业及合营企业的投资相关的应纳税暂时性差异产生的递延所得税负债，应当按照本准则第十二条的规定确认。

第十二条 企业对与子公司、联营企业及合营企业投资相关的应纳税暂时性差异，应当确认相应的递延所得税负债。但是，同时满足下列条件的除外：

(一)投资企业能够控制暂时性差异转回的时间。

(二)该暂时性差异在可预见的未来很可能不会转回。

第十三条 企业应当以很可能取得用来抵扣可抵扣暂时性差异的应纳税所得额为限，确认由可抵扣暂时性差异产生的递延所得税资产。但是，同时具有下列特征的交易中因资产或负债的初始确认所产生的递延所得税资产不予确认：

(一)该项交易不是企业合并。

(二)交易发生时既不影响会计利润也不影响应纳税所得额(或可抵扣亏损)。

资产负债表日，有确凿证据表明未来期间很可能获得足够的应纳税所得额用来抵扣可抵扣暂时性差异的，应当确认以前期间未确认的递延所得税资产。

第十四条 企业对与子公司、联营企业及合营企业投资相关的可抵扣暂时性差异，同时满足下列条件的，应当确认相应的递延所得税资产：

(一)暂时性差异在可预见的未来很可能转回。

(二)未来很可能获得用来抵扣可抵扣暂时性差异的应纳税所得额。

第十五条 企业对于能够结转以后年度的可抵扣亏损和税款抵减，应当以很可能获得用来抵扣可抵扣亏损和税款抵减的未来应纳税所得额为限，确认相应的递延所得税资产。

第五章 计 量

第十六条 资产负债表日，对于当期和以前期间形成的当期所得税负债(或资产)，应当按照税法规定计算的预期应交纳(或返还)的所得税金额计量。

第十七条 资产负债表日，对于递延所得税资产和递延所得税负债，应当根据税法规定，按照预期收回该资产或清偿该负债期间的适用税率计量。

适用税率发生变化的，应对已确认的递延所得税资产和递延所得税负债进行重新计量，除直接在所有者权益中确认的交易或者事项产生的递延所得税资产和递延所得税负债以外，应当将其影响数计入变化当期的所得税费用。

第十八条 递延所得税资产和递延所得税负债的计量，应当反映资产负债表日企业预期收回资产或清偿负债方式的所得税影响，即在计量递延所得税资产和递延所得税负债时，应当采用与收回资产或清偿债务的预期方式相一致的税率和计税基础。

第十九条 企业不应当对递延所得税资产和递延所得税负债进行折现。

第二十条 资产负债表日，企业应当对递延所得税资产的账面价值进行复核。如果未来期间很可能无法获得足够的应纳税所得额用以抵扣递延所得税资产的利益，应当减记递延所得税资产的账面价值。

在很可能获得足够的应纳税所得额时，减记的金额应当转回。

第二十一条 企业当期所得税和递延所得税应当作为所得税费用或收益计入当期损益，但不包括下列情况产生的所得税：

(一)企业合并。

(二)直接在所有者权益中确认的交易或者事项。

第二十二条 与直接计入所有者权益的交易或者事项相关的当期所得税和递延所得税，应当计入所有者权益。

第六章　列　报

第二十三条　递延所得税资产和递延所得税负债应当分别作为非流动资产和非流动负债在资产负债表中列示。

第二十四条　所得税费用应当在利润表中单独列示。

第二十五条　企业应当在附注中披露与所得税有关的下列信息：

(一)所得税费用(收益)的主要组成部分。

(二)所得税费用(收益)与会计利润关系的说明。

(三)未确认递延所得税资产的可抵扣暂时性差异、可抵扣亏损的金额(如果存在到期日，还应披露到期日)。

(四)对每一类暂时性差异和可抵扣亏损，在列报期间确认的递延所得税资产或递延所得税负债的金额，确认递延所得税资产的依据。

(五)未确认递延所得税负债的，与对子公司、联营企业及合营企业投资相关的暂时性差异金额。

企业会计准则第19号——外币折算

（财会〔2006〕3号）

第一章　总　则

第一条　为了规范外币交易的会计处理、外币财务报表的折算和相关信息的披露，根据《企业会计准则——基本准则》，制定本准则。

第二条　外币交易，是指以外币计价或者结算的交易。外币是企业记账本位币以外的货币。外币交易包括：

（一）买入或者卖出以外币计价的商品或者劳务。

（二）借入或者借出外币资金。

（三）其他以外币计价或者结算的交易。

第三条　下列各项适用其他相关会计准则：

（一）与购建或生产符合资本化条件的资产相关的外币借款产生的汇兑差额，适用《企业会计准则第17号——借款费用》。

（二）外币项目的套期，适用《企业会计准则第24号——套期保值》。

（三）现金流量表中的外币折算，适用《企业会计准则第31号——现金流量表》。

第二章　记账本位币的确定

第四条　记账本位币，是指企业经营所处的主要经济环境中的货币。

企业通常应选择人民币作为记账本位币。业务收支以人民币以外的货币为主的企业，可以按照本准则第五条规定选定其中一种货币作为记账本位币。但是，编报的财务报表应当折算为人民币。

第五条　企业选定记账本位币，应当考虑下列因素：

（一）该货币主要影响商品和劳务的销售价格，通常以该货币进行商品和劳务的计价和结算。

（二）该货币主要影响商品和劳务所需人工、材料和其他费用，通常以该货币进行上述费用的计价和结算。

（三）融资活动获得的货币以及保存从经营活动中收取款项所使用的货币。

第六条 企业选定境外经营的记账本位币，还应当考虑下列因素：

（一）境外经营对其所从事的活动是否拥有很强的自主性。

（二）境外经营活动中与企业的交易是否在境外经营活动中占有较大比重。

（三）境外经营活动产生的现金流量是否直接影响企业的现金流量、是否可以随时汇回。

（四）境外经营活动产生的现金流量是否足以偿还其现有债务和可预期的债务。

第七条 境外经营，是指企业在境外的子公司、合营企业、联营企业、分支机构。在境内的子公司、合营企业、联营企业、分支机构，采用不同于企业记账本位币的，也视同境外经营。

第八条 企业记账本位币一经确定，不得随意变更，除非企业经营所处的主要经济环境发生重大变化。

企业因经营所处的主要经济环境发生重大变化，确需变更记账本位币的，应当采用变更当日的即期汇率将所有项目折算为变更后的记账本位币。

第三章 外币交易的会计处理

第九条 企业对于发生的外币交易，应当将外币金额折算为记账本位币金额。

第十条 外币交易应当在初始确认时，采用交易发生日的即期汇率将外币金额折算为记账本位币金额；也可以采用按照系统合理的方法确定的、与交易发生日即期汇率近似的汇率折算。

第十一条 企业在资产负债表日，应当按照下列规定对外币货币性项目和外币非货币性项目进行处理：

（一）外币货币性项目，采用资产负债表日即期汇率折算。因资产负债表日即期汇率与初始确认时或者前一资产负债表日即期汇率不同而产生的汇兑差额，计入当期损益。

（二）以历史成本计量的外币非货币性项目，仍采用交易发生日的即期汇率折算，不改变其记账本位币金额。

货币性项目，是指企业持有的货币资金和将以固定或可确定的金额收取的资产或者偿付的负债。

非货币性项目，是指货币性项目以外的项目。

第四章　外币财务报表的折算

第十二条　企业对境外经营的财务报表进行折算时，应当遵循下列规定：

(一)资产负债表中的资产和负债项目，采用资产负债表日的即期汇率折算，所有者权益项目除“未分配利润”项目外，其他项目采用发生时的即期汇率折算。

(二)利润表中的收入和费用项目，采用交易发生日的即期汇率折算；也可以采用按照系统合理的方法确定的、与交易发生日即期汇率近似的汇率折算。

按照上述(一)、(二)折算产生的外币财务报表折算差额，在资产负债表中所有者权益项目下单独列示。比较财务报表的折算比照上述规定处理。

第十三条　企业对处于恶性通货膨胀经济中的境外经营的财务报表，应当按照下列规定进行折算：

对资产负债表项目运用一般物价指数予以重述，对利润表项目运用一般物价指数变动予以重述，再按照最近资产负债表日的即期汇率进行折算。

在境外经营不再处于恶性通货膨胀经济中时，应当停止重述，按照停止之日的价格水平重述的财务报表进行折算。

第十四条　企业在处置境外经营时，应当将资产负债表中所有者权益项目下列示的、与该境外经营相关的外币财务报表折算差额，自所有者权益项目转入处置当期损益；部分处置境外经营的，应当按处置的比例计算处置部分的外币财务报表折算差额，转入处置当期损益。

第十五条　企业选定的记账本位币不是人民币的，应当按照本准则第十二条规定将其财务报表折算为人民币财务报表。

第五章　披　露

第十六条　企业应当在附注中披露与外币折算有关的下列信息：

(一)企业及其境外经营选定的记账本位币及选定的原因，记账本位币发生变更的，说明变更理由。

(二)采用近似汇率的，近似汇率的确定方法。

(三)计入当期损益的汇兑差额。

(四)处置境外经营对外币财务报表折算差额的影响。

企业会计准则第 20 号——企业合并

（财会〔2006〕3 号）

第一章 总 则

第一条 为了规范企业合并的确认、计量和相关信息的披露，根据《企业会计准则——基本准则》，制定本准则。

第二条 企业合并，是指将两个或者两个以上单独的企业合并形成一个报告主体的交易或事项。企业合并分为同一控制下的企业合并和非同一控制下的企业合并。

第三条 涉及业务的合并比照本准则规定处理。

第四条 本准则不涉及下列企业合并：

（一）两方或者两方以上形成合营企业的企业合并。

（二）仅通过合同而不是所有权份额将两个或者两个以上单独的企业合并形成一个报告主体的企业合并。

第二章 同一控制下的企业合并

第五条 参与合并的企业在合并前后均受同一方或相同的多方最终控制且该控制并非暂时性的，为同一控制下的企业合并。

同一控制下的企业合并，在合并日取得对其他参与合并企业控制权的一方为合并方，参与合并的其他企业为被合并方。合并日，是指合并方实际取得对被合并方控制权的日期。

第六条 合并方在企业合并中取得的资产和负债，应当按照合并日在被合并方的账面价值计量。合并方取得的净资产账面价值与支付的合并对价账面价值（或发行股份面值总额）的差额，应当调整资本公积；资本公积不足冲减的，调整留存收益。

第七条 同一控制下的企业合并中，被合并方采用的会计政策与合并方不一致的，合并方在合并日应当按照本企业会计政策对被合并方的财务报表相关项目进行调整，在此基础上按照本准则规定确认。

第八条 合并方为进行企业合并发生的各项直接相关费用，包括为进行企业合并而支付的审计费用、评估费用、法律服务费用等，应当于发生时计入当期损益。

为企业合并发行的债券或承担其他债务支付的手续费、佣金等，应当计入所发行债券及其他债务的初始计量金额。企业合并中发行权益性证券发生的手续费、佣金等费用，应当抵减权益性证券溢价收入，溢价收入不足冲减的，冲减留存收益。

第九条 企业合并形成母子公司关系的，母公司应当编制合并日的合并资产负债表、合并利润表和合并现金流量表。

合并资产负债表中被合并方的各项资产、负债，应当按其账面价值计量。因被合并方采用的会计政策与合并方不一致，按照本准则规定进行调整的，应当以调整后的账面价值计量。

合并利润表应当包括参与合并各方自合并当期期初至合并日所发生的收入、费用和利润。被合并方在合并前实现的净利润，应当在合并利润表中单列项目反映。

合并现金流量表应当包括参与合并各方自合并当期期初至合并日的现金流量。

编制合并财务报表时，参与合并各方的内部交易等，应当按照《企业会计准则第33号——合并财务报表》处理。

第三章 非同一控制下的企业合并

第十条 参与合并的各方在合并前后不受同一方或相同的多方最终控制的，为非同一控制下的企业合并。

非同一控制下的企业合并，在购买日取得对其他参与合并企业控制权的一方为购买方，参与合并的其他企业为被购买方。购买日，是指购买方实际取得对被购买方控制权的日期。

第十一条 购买方应当区别下列情况确定合并成本：

(一)一次交换交易实现的企业合并，合并成本为购买方在购买日为取得对被购买方的控制权而付出的资产、发生或承担的负债以及发行的权益性证券的公允价值。

(二)通过多次交换交易分步实现的企业合并，合并成本为每一单项交易成本之和。

(三)购买方为进行企业合并发生的各项直接相关费用也应当计入企业合并成本。

(四)在合并合同或协议中对可能影响合并成本的未来事项做出约定的，购买日如果估计未来事项很可能发生并且对合并成本的影响金额能够可靠计量的，购买方应当将其计入合并成本。

第十二条 购买方在购买日对作为企业合并对价付出的资产、发生或承担的负债应当按照公允价值计量，公允价值与其账面价值的差额，计入当期损益。

第十三条 购买方在购买日应当对合并成本进行分配，按照本准则第十四条的规定确认所取得的被购买方各项可辨认资产、负债及或有负债。

(一)购买方对合并成本大于合并中取得的被购买方可辨认净资产公允价值份额的差额，应当确认为商誉。

初始确认后的商誉，应当以其成本扣除累计减值准备后的金额计量。商誉的减值应当按照《企业会计准则第8号——资产减值》处理。

(二)购买方对合并成本小于合并中取得的被购买方可辨认净资产公允价值份额的差额，应当按照下列规定处理：

1. 对取得的被购买方各项可辨认资产、负债及或有负债的公允价值以及合并成本的计量进行复核。

2. 经复核后合并成本仍小于合并中取得的被购买方可辨认净资产公允价值份额的，其差额应当计入当期损益。

第十四条 被购买方可辨认净资产公允价值，是指合并中取得的被购买方可辨认资产的公允价值减去负债及或有负债公允价值后的余额。被购买方各项可辨认资产、负债及或有负债，符合下列条件的，应当单独予以确认：

(一)合并中取得的被购买方除无形资产以外的其他各项资产(不仅限于被购买方原已确认的资产)，其所带来的经济利益很可能流入企业且公允价值能够可靠地计量的，应当单独予以确认并按照公允价值计量。

合并中取得的无形资产，其公允价值能够可靠地计量的，应当单独确认为无形资产并按照公允价值计量。

(二)合并中取得的被购买方除或有负债以外的其他各项负债，履行有关的义务很可能导致经济利益流出企业且公允价值能够可靠地计量的，应当单独予以确认并按照公允价值计量。

(三)合并中取得的被购买方或有负债，其公允价值能够可靠地计量的，应当单独确认为负债并按照公允价值计量。或有负债在初始确认后，应当按照下列两者孰高进行后续计量：

1. 按照《企业会计准则第13号——或有事项》应予确认的金额。

2. 初始确认金额减去按照《企业会计准则第14号——收入》的原则确认的累计摊销额后的余额。

第十五条 企业合并形成母子公司关系的，母公司应当设置备查簿，记录企业合并中取得的子公司各项可辨认资产、负债及或有负债等在购买日的公允价值。编制合并财务报表时，应当以购买日确定的各项可辨认资产、负债及或有负债的公允价值为基础对子公司的财务报表进行调整。

第十六条 企业合并发生当期的期末，因合并中取得的各项可辨认资产、负债及或有负债的公允价值或企业合并成本只能暂时确定的，购买方应当以所确定的暂时价值为基础对企业合并进行确认和计量。

购买日后 12 个月内对确认的暂时价值进行调整的，视为在购买日确认和计量。

第十七条 企业合并形成母子公司关系的，母公司应当编制购买日的合并资产负债表，因企业合并取得的被购买方各项可辨认资产、负债及或有负债应当以公允价值列示。母公司的合并成本与取得的子公司可辨认净资产公允价值份额的差额，以按照本准则规定处理的结果列示。

第四章 披 露

第十八条 企业合并发生当期的期末，合并方应当在附注中披露与同一控制下企业合并有关的下列信息：

(一)参与合并企业的基本情况。

(二)属于同一控制下企业合并的判断依据。

(三)合并日的确定依据。

(四)以支付现金、转让非现金资产以及承担债务作为合并对价的，所支付对价在合并日的账面价值；以发行权益性证券作为合并对价的，合并中发行权益性证券的数量及定价原则，以及参与合并各方交换有表决权股份的比例。

(五)被合并方的资产、负债在上一会计期间资产负债表日及合并日的账面价值；被合并方自合并当期期初至合并日的收入、净利润、现金流量等情况。

(六)合并合同或协议约定将承担被合并方或有负债的情况。

(七)被合并方采用的会计政策与合并方不一致所作调整情况的说明。

(八)合并后已处置或准备处置被合并方资产、负债的账面价值、处置价格等。

第十九条 企业合并发生当期的期末，购买方应当在附注中披露与非同一控制下企业合并有关的下列信息：

(一)参与合并企业的基本情况。

(二)购买日的确定依据。

(三)合并成本的构成及其账面价值、公允价值及公允价值的确定方法。

(四)被购买方各项可辨认资产、负债在上一会计期间资产负债表日及购买日的账面价值和公允价值。

(五)合并合同或协议约定将承担被购买方或有负债的情况。

(六)被购买方自购买日起至报告期期末的收入、净利润和现金流量等情况。

（七）商誉的金额及其确定方法。

（八）因合并成本小于合并中取得的被购买方可辨认净资产公允价值的份额计入当期损益的金额。

（九）合并后已处置或准备处置被购买方资产、负债的账面价值、处置价格等。

企业会计准则第21号——租赁

（2018年12月7日　财会〔2018〕35号）

第一章　总　则

第一条　为了规范租赁的确认、计量和相关信息的列报，根据《企业会计准则——基本准则》，制定本准则。

第二条　租赁，是指在一定期间内，出租人将资产的使用权让与承租人以获取对价的合同。

第三条　本准则适用于所有租赁，但下列各项除外：

（一）承租人通过许可使用协议取得的电影、录像、剧本、文稿等版权、专利等项目的权利，以出让、划拨或转让方式取得的土地使用权，适用《企业会计准则第6号——无形资产》。

（二）出租人授予的知识产权许可，适用《企业会计准则第14号——收入》。

勘探或使用矿产、石油、天然气及类似不可再生资源的租赁，承租人承租生物资产，采用建设经营移交等方式参与公共基础设施建设、运营的特许经营权合同，不适用本准则。

第二章　租赁的识别、分拆和合并

第一节　租赁的识别

第四条　在合同开始日，企业应当评估合同是否为租赁或者包含租赁。如果合同中一方让渡了在一定期间内控制一项或多项已识别资产使用的权利以换取对价，则该合同为租赁或者包含租赁。

除非合同条款和条件发生变化，企业无须重新评估合同是否为租赁或者包含租赁。

第五条 为确定合同是否让渡了在一定期间内控制已识别资产使用的权利，企业应当评估合同中的客户是否有权获得在使用期间内因使用已识别资产所产生的几乎全部经济利益，并有权在该使用期间主导已识别资产的使用。

第六条 已识别资产通常由合同明确指定，也可以在资产可供客户使用时隐性指定。但是，即使合同已对资产进行指定，如果资产的供应方在整个使用期间拥有对该资产的实质性替换权，则该资产不属于已识别资产。

同时符合下列条件时，表明供应方拥有资产的实质性替换权：

(1)资产供应方拥有在整个使用期间替换资产的实际能力。

(2)资产供应方通过行使替换资产的权利将获得经济利益。

企业难以确定供应方是否拥有对该资产的实质性替换权的，应当视为供应方没有对该资产的实质性替换权。

如果资产的某部分产能或其他部分在物理上不可区分，则该部分不属于已识别资产，除非其实质上代表该资产的全部产能，从而使客户获得因使用该资产所产生的几乎全部经济利益。

第七条 在评估是否有权获得因使用已识别资产所产生的几乎全部经济利益时，企业应当在约定的客户可使用资产的权利范围内考虑其所产生的经济利益。

第八条 存在下列情况之一的，可视为客户有权主导对已识别资产在整个使用期间内的使用：

(一)客户有权在整个使用期间主导已识别资产的使用目的和使用方式。

(二)已识别资产的使用目的和使用方式在使用期开始前已预先确定，并且客户有权在整个使用期间自行或主导他人按照其确定的方式运营该资产，或者客户设计了已识别资产并在设计时已预先确定了该资产在整个使用期间的使用目的和使用方式。

第二节 租赁的分拆和合并

第九条 合同中同时包含多项单独租赁的，承租人和出租人应当将合同予以分拆，并分别各项单独租赁进行会计处理。

合同中同时包含租赁和非租赁部分的，承租人和出租人应当将租赁和非租赁部分进行分拆，除非企业适用本准则第十二条的规定进行会计处理，租赁部分应当分别按照本准则进行会计处理，非租赁部分应当按照其他适用的企业会计准则进行会计处理。

第十条 同时符合下列条件的，使用已识别资产的权利构成合同中的一项单独租赁：

(一)承租人可从单独使用该资产或将其与易于获得的其他资源一起使用中获利。

(二)该资产与合同中的其他资产不存在高度依赖或高度关联关系。

第十一条 在分拆合同包含的租赁和非租赁部分时，承租人应当按照各租赁部分单独价格及非租赁部分的单独价格之和的相对比例分摊合同对价，出租人应当根据《企业会计准则第 14 号——收入》关于交易价格分摊的规定分摊合同对价。

第十二条 为简化处理，承租人可以按照租赁资产的类别选择是否分拆合同包含的租赁和非租赁部分。承租人选择不分拆的，应当将各租赁部分及与其相关的非租赁部分分别合并为租赁，按照本准则进行会计处理。但是，对于按照《企业会计准则第 22 号——金融工具确认和计量》应分拆的嵌入衍生工具，承租人不应将其与租赁部分合并进行会计处理。

第十三条 企业与同一交易方或其关联方在同一时间或相近时间订立的两份或多份包含租赁的合同，在符合下列条件之一时，应当合并为一份合同进行会计处理：

（一）该两份或多份合同基于总体商业目的而订立并构成一揽子交易，若不作为整体考虑则无法理解其总体商业目的。

（二）该两份或多份合同中的某份合同的对价金额取决于其他合同的定价或履行情况。

（三）该两份或多份合同让渡的资产使用权合起来构成一项单独租赁。

第三章 承租人的会计处理

第一节 确认和初始计量

第十四条 在租赁期开始日，承租人应当对租赁确认使用权资产和租赁负债，应用本准则第三章第三节进行简化处理的短期租赁和低价值资产租赁除外。

使用权资产，是指承租人可在租赁期内使用租赁资产的权利。

租赁期开始日，是指出租人提供租赁资产使其可供承租人使用的起始日期。

第十五条 租赁期，是指承租人有权使用租赁资产且不可撤销的期间。

承租人有续租选择权，即有权选择续租该资产，且合理确定将行使该选择权的，租赁期还应当包含续租选择权涵盖的期间。

承租人有终止租赁选择权，即有权选择终止租赁该资产，但合理确定将不会行使该选择权的，租赁期应当包含终止租赁选择权涵盖的期间。

发生承租人可控范围内的重大事件或变化，且影响承租人是否合理确定将行使相应选择权的，承租人应当对其是否合理确定将行使续租选择权、购买选择权或不行使终止租赁选择权进行重新评估。

第十六条 使用权资产应当按照成本进行初始计量。该成本包括：

(一)租赁负债的初始计量金额。

(二)在租赁期开始日或之前支付的租赁付款额，存在租赁激励的，扣除已享受的租赁激励相关金额。

(三)承租人发生的初始直接费用。

(四)承租人为拆卸及移除租赁资产、复原租赁资产所在场地或将租赁资产恢复至租赁条款约定状态预计将发生的成本。前述成本属于为生产存货而发生的，适用《企业会计准则第 1 号——存货》。

承租人应当按照《企业会计准则第 13 号——或有事项》对本条第(四)项所述成本进行确认和计量。

租赁激励，是指出租人为达成租赁向承租人提供的优惠，包括出租人向承租人支付的与租赁有关的款项、出租人为承租人偿付或承担的成本等。

初始直接费用，是指为达成租赁所发生的增量成本。增量成本是指若企业不取得该租赁，则不会发生的成本。

第十七条 租赁负债应当按照租赁期开始日尚未支付的租赁付款额的现值进行初始计量。

在计算租赁付款额的现值时，承租人应当采用租赁内含利率作为折现率；无法确定租赁内含利率的，应当采用承租人增量借款利率作为折现率。

租赁内含利率，是指使出租人的租赁收款额的现值与未担保余值的现值之和等于租赁资产公允价值与出租人的初始直接费用之和的利率。

承租人增量借款利率，是指承租人在类似经济环境下为获得与使用权资产价值接近的资产，在类似期间以类似抵押条件借入资金须支付的利率。

第十八条 租赁付款额，是指承租人向出租人支付的与在租赁期内使用租赁资产的权利相关的款项，包括：

(一)固定付款额及实质固定付款额，存在租赁激励的，扣除租赁激励相关金额。

(二)取决于指数或比率的可变租赁付款额，该款项在初始计量时根据租赁期开始日的指数或比率确定。

(三)购买选择权的行权价格，前提是承租人合理确定将行使该选择权。

(四)行使终止租赁选择权需支付的款项，前提是租赁期反映出承租人将行使终止租赁选择权。

(五)根据承租人提供的担保余值预计应支付的款项。

实质固定付款额，是指在形式上可能包含变量但实质上无法避免的付款额。

可变租赁付款额，是指承租人为取得在租赁期内使用租赁资产的权利，向出租人支付的因租赁期开始日后的事实或情况发生变化(而非时间推移)而变动的款项。取决于指数或比率的可变租赁付款额包括与消费者价格指数挂钩的款项、与基准利率挂钩的款项和为反映市场租金费率变化而变动的款项等。

第十九条 担保余值，是指与出租人无关的一方向出租人提供担保，保证在租赁结束时租赁资产的价值至少为某指定的金额。

未担保余值，是指租赁资产余值中，出租人无法保证能够实现或仅由与出租人有关的一方予以担保的部分。

第二节 后续计量

第二十条 在租赁期开始日后，承租人应当按照本准则第二十一条、第二十二条、第二十七条及第二十九条的规定，采用成本模式对使用权资产进行后续计量。

第二十一条 承租人应当参照《企业会计准则第 4 号——固定资产》有关折旧规定，对使用权资产计提折旧。

承租人能够合理确定租赁期届满时取得租赁资产所有权的，应当在租赁资产剩余使用寿命内计提折旧。无法合理确定租赁期届满时能够取得租赁资产所有权的，应当在租赁期与租赁资产剩余使用寿命两者孰短的期间内计提折旧。

第二十二条 承租人应当按照《企业会计准则第 8 号——资产减值》的规定，确定使用权资产是否发生减值，并对已识别的减值损失进行会计处理。

第二十三条 承租人应当按照固定的周期性利率计算租赁负债在租赁期内各期间的利息费用，并计入当期损益。按照《企业会计准则第 17 号——借款费用》等其他准则规定应当计入相关资产成本的，从其规定。

该周期性利率，是按照本准则第十七条规定所采用的折现率，或者按照本准则第二十五条、二十六条和二十九条规定所采用的修订后的折现率。

第二十四条 未纳入租赁负债计量的可变租赁付款额应当在实际发生时计入当期损益。按照《企业会计准则第 1 号——存货》等其他准则规定应当计入相关资产成本的，从其规定。

第二十五条 在租赁期开始日后，发生下列情形的，承租人应当重新确定租赁付款额，并按变动后租赁付款额和修订后的折现率计算的现值重新计量租赁负债：

(一)因依据本准则第十五条第四款规定，续租选择权或终止租赁选择权的评估结果发生变化，或者前述选择权的实际行使情况与原评估结果不一致等导致租赁期变化的，应当根据新的租赁期重新确定租赁付款额。

(二)因依据本准则第十五条第四款规定，购买选择权的评估结果发生变化的，应当根据新的评估结果重新确定租赁付款额。

在计算变动后租赁付款额的现值时，承租人应当采用剩余租赁期间的租赁内含利率作为修订后的折现率；无法确定剩余租赁期间的租赁内含利率的，应当采用重估日的承租人增量借款利率作为修订后的折现率。

第二十六条 在租赁期开始日后，根据担保余值预计的应付金额发生变动，或者因用于确定租赁付款额的指数或比率变动而导致未来租赁付款额发生变动的，承租人应当按照变动后租赁付款额的现值重新计量租赁负债。在这些情形下，承租人采用的折现率不变；但是，租赁付款额的变动源自浮动利率变动的，使用修订后的折现率。

第二十七条 承租人在根据本准则第二十五条、第二十六条或因实质固定付款额变动重新计量租赁负债时，应当相应调整使用权资产的账面价值。使用权资产的账面价值已调减至零，但租赁负债仍需进一步调减的，承租人应当将剩余金额计入当期损益。

第二十八条 租赁发生变更且同时符合下列条件的，承租人应当将该租赁变更作为一项单独租赁进行会计处理：

(一)该租赁变更通过增加一项或多项租赁资产的使用权而扩大了租赁范围。

(二)增加的对价与租赁范围扩大部分的单独价格按该合同情况调整后的金额相当。

租赁变更，是指原合同条款之外的租赁范围、租赁对价、租赁期限的变更，包括增加或终止一项或多项租赁资产的使用权，延长或缩短合同规定的租赁期等。

第二十九条 租赁变更未作为一项单独租赁进行会计处理的，在租赁变更生效日，承租人应当按照本准则第九条至第十二条的规定分摊变更后合同的对价，按照本准则第十五条的规定重新确定租赁期，并按照变更后租赁付款额和修订后的折现率计算的现值重新计量租赁负债。

在计算变更后租赁付款额的现值时，承租人应当采用剩余租赁期间的租赁内含利率作为修订后的折现率；无法确定剩余租赁期间的租赁内含利率的，应当采用租赁变更生效日的承租人增量借款利率作为修订后的折现率。租赁变更生效日，是指双方就租赁变更达成一致的日期。

租赁变更导致租赁范围缩小或租赁期缩短的，承租人应当相应调减使用权资产的账面价值，并将部分终止或完全终止租赁的相关利得或损失计入当期损益。其他租赁变更导致租赁负债重新计量的，承租人应当相应调整使用权资产的账面价值。

第三节 短期租赁和低价值资产租赁

第三十条 短期租赁，是指在租赁期开始日，租赁期不超过 12 个月的租赁。

包含购买选择权的租赁不属于短期租赁。

第三十一条 低价值资产租赁，是指单项租赁资产为全新资产时价值较低的租赁。

低价值资产租赁的判定仅与资产的绝对价值有关，不受承租人规模、性质或其他情况影响。低价值资产租赁还应当符合本准则第十条的规定。

承租人转租或预期转租租赁资产的，原租赁不属于低价值资产租赁。

第三十二条 对于短期租赁和低价值资产租赁，承租人可以选择不确认使用权资产和租赁负债。

做出该选择的，承租人应当将短期租赁和低价值资产租赁的租赁付款额，在租赁期内各个期间按照直线法或其他系统合理的方法计入相关资产成本或当期损益。其他系统合理的方法能够更好地反映承租人的受益模式的，承租人应当采用该方法。

第三十三条 对于短期租赁，承租人应当按照租赁资产的类别做出本准则第三十二条所述的会计处理选择。

对于低价值资产租赁，承租人可根据每项租赁的具体情况做出本准则第三十二条所述的会计处理选择。

第三十四条 按照本准则第三十二条进行简化处理的短期租赁发生租赁变更或者因租赁变更之外的原因导致租赁期发生变化的，承租人应当将其视为一项新租赁进行会计处理。

第四章　出租人的会计处理

第一节　出租人的租赁分类

第三十五条 出租人应当在租赁开始日将租赁分为融资租赁和经营租赁。

租赁开始日，是指租赁合同签署日与租赁各方就主要租赁条款做出承诺日中的较早者。

融资租赁，是指实质上转移了与租赁资产所有权有关的几乎全部风险和报酬的租赁。其所有权最终可能转移，也可能不转移。

经营租赁，是指除融资租赁以外的其他租赁。

在租赁开始日后，出租人无需对租赁的分类进行重新评估，除非发生租赁变更。租赁资产预计使用寿命、预计余值等会计估计变更或发生承租人违约等情况变化的，出租人不对租赁的分类进行重新评估。

第三十六条 一项租赁属于融资租赁还是经营租赁取决于交易的实质，而不是合同的形式。如果一项租赁实质上转移了与租赁资产所有权有关的几乎全部风险和报酬，出租人应当将该项租赁分类为融资租赁。

一项租赁存在下列一种或多种情形的，通常分类为融资租赁：

(一)在租赁期届满时，租赁资产的所有权转移给承租人。

(二)承租人有购买租赁资产的选择权，所订立的购买价款与预计行使选择权时租赁资产的公允价值相比足够低，因而在租赁开始日就可以合理确定承租人将行使该选择权。

(三)资产的所有权虽然不转移，但租赁期占租赁资产使用寿命的大部分。

(四)在租赁开始日，租赁收款额的现值几乎相当于租赁资产的公允价值。

(五)租赁资产性质特殊，如果不作较大改造，只有承租人才能使用。

一项租赁存在下列一项或多项迹象的，也可能分类为融资租赁：

(一)若承租人撤销租赁，撤销租赁对出租人造成的损失由承租人承担。

(二)资产余值的公允价值波动所产生的利得或损失归属于承租人。

(三)承租人有能力以远低于市场水平的租金继续租赁至下一期间。

第三十七条 转租出租人应当基于原租赁产生的使用权资产，而不是原租赁的标的资产，对转租赁进行分类。

但是，原租赁为短期租赁，且转租出租人应用本准则第三十二条对原租赁进行简化处理的，转租出租人应当将该转租赁分类为经营租赁。

第二节 出租人对融资租赁的会计处理

第三十八条 在租赁期开始日，出租人应当对融资租赁确认应收融资租赁款，并终止确认融资租赁资产。

出租人对应收融资租赁款进行初始计量时，应当以租赁投资净额作为应收融资租赁款的入账价值。

租赁投资净额为未担保余值和租赁期开始日尚未收到的租赁收款额按照租赁内含利率折现的现值之和。

租赁收款额，是指出租人因让渡在租赁期内使用租赁资产的权利而应向承租人收取的款项，包括：

(一)承租人需支付的固定付款额及实质固定付款额，存在租赁激励的，扣除租赁激励相关金额。

(二)取决于指数或比率的可变租赁付款额，该款项在初始计量时根据租赁期开始日的指数或比率确定。

(三)购买选择权的行权价格，前提是合理确定承租人将行使该选择权。

(四)承租人行使终止租赁选择权需支付的款项，前提是租赁期反映出承租人将行使终止租赁选择权。

(五)由承租人、与承租人有关的一方以及有经济能力履行担保义务的独立第三方向出租人提供的担保余值。

在转租的情况下，若转租的租赁内含利率无法确定，转租出租人可采用原租赁的折现率(根据与转租有关的初始直接费用进行调整)计量转租投资净额。

第三十九条 出租人应当按照固定的周期性利率计算并确认租赁期内各个期间的利息收入。该周期性利率，是按照本准则第三十八条规定所采用的折现率，或者按照本准则第四十四条规定所采用的修订后的折现率。

第四十条 出租人应当按照《企业会计准则第22号——金融工具确认和计量》和《企业会计准则第23号——金融资产转移》的规定，对应收融资租赁款的终止确认和减值进行会计处理。

出租人将应收融资租赁款或其所在的处置组划分为持有待售类别的，应当按照《企业会计准则第42号——持有待售的非流动资产、处置组和终止经营》进行会计处理。

第四十一条 出租人取得的未纳入租赁投资净额计量的可变租赁付款额应当在实际发生时计入当期损益。

第四十二条 生产商或经销商作为出租人的融资租赁，在租赁期开始日，该出租人应当按照租赁资产公允价值与租赁收款额按市场利率折现的现值两者孰低确认收入，并按照租赁资产账面价值扣除未担保余值的现值后的余额结转销售成本。

生产商或经销商出租人为取得融资租赁发生的成本，应当在租赁期开始日计入当期损益。

第四十三条 融资租赁发生变更且同时符合下列条件的，出租人应当将该变更作为一项单独租赁进行会计处理：

(一)该变更通过增加一项或多项租赁资产的使用权而扩大了租赁范围。

(二)增加的对价与租赁范围扩大部分的单独价格按该合同情况调整后的金额相当。

第四十四条 融资租赁的变更未作为一项单独租赁进行会计处理的，出租人应当分别下列情形对变更后的租赁进行处理：

(一)假如变更在租赁开始日生效，该租赁会被分类为经营租赁的，出租人应当自租赁变更生效日开始将其作为一项新租赁进行会计处理，并以租赁变更生效日前的租赁投资净额作为租赁资产的账面价值。

(二)假如变更在租赁开始日生效，该租赁会被分类为融资租赁的，出租人应当按照《企业会计准则第22号——金融工具确认和计量》关于修改或重新议定合同的规定进行会计处理。

第三节　出租人对经营租赁的会计处理

第四十五条 在租赁期内各个期间，出租人应当采用直线法或其他系统合理的方法，将经营租赁的租赁收款额确认为租金收入。其他系统合理的方法能够更好地反映因使用租赁资产所产生经济利益的消耗模式的，出租人应当采用该方法。

第四十六条 出租人发生的与经营租赁有关的初始直接费用应当资本化，在租赁期内按照与租金收入确认相同的基础进行分摊，分期计入当期损益。

第四十七条 对于经营租赁资产中的固定资产，出租人应当采用类似资产的折旧政策计提折旧；对于其他经营租赁资产，应当根据该资产适用的企业会计准则，采用系统合理的方法进行摊销。

出租人应当按照《企业会计准则第 8 号——资产减值》的规定，确定经营租赁资产是否发生减值，并进行相应会计处理。

第四十八条 出租人取得的与经营租赁有关的未计入租赁收款额的可变租赁付款额，应当在实际发生时计入当期损益。

第四十九条 经营租赁发生变更的，出租人应当自变更生效日起将其作为一项新租赁进行会计处理，与变更前租赁有关的预收或应收租赁收款额应当视为新租赁的收款额。

第五章　售后租回交易

第五十条 承租人和出租人应当按照《企业会计准则第 14 号——收入》的规定，评估确定售后租回交易中的资产转让是否属于销售。

第五十一条 售后租回交易中的资产转让属于销售的，承租人应当按原资产账面价值中与租回获得的使用权有关的部分，计量售后租回所形成的使用权资产，并仅就转让至出租人的权利确认相关利得或损失；出租人应当根据其他适用的企业会计准则对资产购买进行会计处理，并根据本准则对资产出租进行会计处理。

如果销售对价的公允价值与资产的公允价值不同，或者出租人未按市场价格收取租金，则企业应当将销售对价低于市场价格的款项作为预付租金进行会计处理，将高于市场价格的款项作为出租人向承租人提供的额外融资进行会计处理；同时，承租人按照公允价值调整相关销售利得或损失，出租人按市场价格调整租金收入。

在进行上述调整时，企业应当基于以下两者中更易于确定的项目：销售对价的公允价值与资产公允价值之间的差额、租赁合同中付款额的现值与按租赁市价计算的付款额现值之间的差额。

第五十二条 售后租回交易中的资产转让不属于销售的，承租人应当继续确认被转让资产，同时确认一项与转让收入等额的金融负债，并按照《企业会计准则第 22 号——金融工具确认和计量》对该金融负债进行会计处理；出租人不确认被转让资产，但应当确认一项与转让收入等额的金融资产，并按照《企业会计准则第 22 号——金融工具确认和计量》对该金融资产进行会计处理。

第六章 列 报

第一节 承租人的列报

第五十三条 承租人应当在资产负债表中单独列示使用权资产和租赁负债。其中，租赁负债通常分别非流动负债和一年内到期的非流动负债列示。

在利润表中，承租人应当分别列示租赁负债的利息费用与使用权资产的折旧费用。租赁负债的利息费用在财务费用项目列示。

在现金流量表中，偿还租赁负债本金和利息所支付的现金应当计入筹资活动现金流出，支付的按本准则第三十二条简化处理的短期租赁付款额和低价值资产租赁付款额以及未纳入租赁负债计量的可变租赁付款额应当计入经营活动现金流出。

第五十四条 承租人应当在附注中披露与租赁有关的下列信息：

(一)各类使用权资产的期初余额、本期增加额、期末余额以及累计折旧额和减值金额。

(二)租赁负债的利息费用。

(三)计入当期损益的按本准则第三十二条简化处理的短期租赁费用和低价值资产租赁费用。

(四)未纳入租赁负债计量的可变租赁付款额。

(五)转租使用权资产取得的收入。

(六)与租赁相关的总现金流出。

(七)售后租回交易产生的相关损益。

(八)其他按照《企业会计准则第37号——金融工具列报》应当披露的有关租赁负债的信息。

承租人应用本准则第三十二条对短期租赁和低价值资产租赁进行简化处理的，应当披露这一事实。

第五十五条 承租人应当根据理解财务报表的需要，披露有关租赁活动的其他定性和定量信息。此类信息包括：

(一)租赁活动的性质，如对租赁活动基本情况的描述。

(二)未纳入租赁负债计量的未来潜在现金流出。

(三)租赁导致的限制或承诺。

（四）售后租回交易除第五十四条第（七）项之外的其他信息。

（五）其他相关信息。

第二节　出租人的列报

第五十六条　出租人应当根据资产的性质，在资产负债表中列示经营租赁资产。

第五十七条　出租人应当在附注中披露与融资租赁有关的下列信息：

（一）销售损益、租赁投资净额的融资收益以及与未纳入租赁投资净额的可变租赁付款额相关的收入。

（二）资产负债表日后连续五个会计年度每年将收到的未折现租赁收款额，以及剩余年度将收到的未折现租赁收款额总额。

（三）未折现租赁收款额与租赁投资净额的调节表。

第五十八条　出租人应当在附注中披露与经营租赁有关的下列信息：

（一）租赁收入，并单独披露与未计入租赁收款额的可变租赁付款额相关的收入。

（二）将经营租赁固定资产与出租人持有自用的固定资产分开，并按经营租赁固定资产的类别提供《企业会计准则第 4 号——固定资产》要求披露的信息。

（三）资产负债表日后连续五个会计年度每年将收到的未折现租赁收款额，以及剩余年度将收到的未折现租赁收款额总额。

第五十九条　出租人应当根据理解财务报表的需要，披露有关租赁活动的其他定性和定量信息。此类信息包括：

（一）租赁活动的性质，如对租赁活动基本情况的描述。

（二）对其在租赁资产中保留的权利进行风险管理的情况。

（三）其他相关信息。

第七章　衔接规定

第六十条　对于首次执行日前已存在的合同，企业在首次执行日可以选择不重新评估其是否为租赁或者包含租赁。选择不重新评估的，企业应当在财务报表附注中披露这一事实，并一致应用于前述所有合同。

第六十一条　承租人应当选择下列方法之一对租赁进行衔接会计处理，并一致应用于其作为承租人的所有租赁：

（一）按照《企业会计准则第 28 号——会计政策、会计估计变更和差错更正》的规定采用追溯调整法处理。

(二)根据首次执行本准则的累积影响数，调整首次执行本准则当年年初留存收益及财务报表其他相关项目金额，不调整可比期间信息。采用该方法时，应当按照下列规定进行衔接处理：

1. 对于首次执行日前的融资租赁，承租人在首次执行日应当按照融资租入资产和应付融资租赁款的原账面价值，分别计量使用权资产和租赁负债。

2. 对于首次执行日前的经营租赁，承租人在首次执行日应当根据剩余租赁付款额按首次执行日承租人增量借款利率折现的现值计量租赁负债，并根据每项租赁选择按照下列两者之一计量使用权资产：

(1)假设自租赁期开始日即采用本准则的账面价值(采用首次执行日的承租人增量借款利率作为折现率)。

(2)与租赁负债相等的金额，并根据预付租金进行必要调整。

3. 在首次执行日，承租人应当按照《企业会计准则第 8 号——资产减值》的规定，对使用权资产进行减值测试并进行相应会计处理。

第六十二条 首次执行日前的经营租赁中，租赁资产属于低价值资产且根据本准则第三十二条的规定选择不确认使用权资产和租赁负债的，承租人无须对该经营租赁按照衔接规定进行调整，应当自首次执行日起按照本准则进行会计处理。

第六十三条 承租人采用本准则第六十一条第(二)项进行衔接会计处理时，对于首次执行日前的经营租赁，可根据每项租赁采用下列一项或多项简化处理：

1. 将于首次执行日后 12 个月内完成的租赁，可作为短期租赁处理。

2. 计量租赁负债时，具有相似特征的租赁可采用同一折现率；使用权资产的计量可不包含初始直接费用。

3. 存在续租选择权或终止租赁选择权的，承租人可根据首次执行日前选择权的实际行使及其他最新情况确定租赁期，无须对首次执行日前各期间是否合理确定行使续租选择权或终止租赁选择权进行估计。

4. 作为使用权资产减值测试的替代，承租人可根据《企业会计准则第 13 号——或有事项》评估包含租赁的合同在首次执行日前是否为亏损合同，并根据首次执行日前计入资产负债表的亏损准备金额调整使用权资产。

5. 首次执行本准则当年年初之前发生租赁变更的，承租人无须按照本准则第二十八条、第二十九条的规定对租赁变更进行追溯调整，而是根据租赁变更的最终安排，按照本准则进行会计处理。

第六十四条 承租人采用本准则第六十三条规定的简化处理方法的，应当在财务报表附注中披露所采用的简化处理方法以及在合理可能的范围内对采用每项简化处理方法的估计影响所做的定性分析。

第六十五条 对于首次执行日前划分为经营租赁且在首次执行日后仍存续的转租

赁，转租出租人在首次执行日应当基于原租赁和转租赁的剩余合同期限和条款进行重新评估，并按照本准则的规定进行分类。按照本准则重分类为融资租赁的，应当将其作为一项新的融资租赁进行会计处理。

除前款所述情形外，出租人无须对其作为出租人的租赁按照衔接规定进行调整，而应当自首次执行日起按照本准则进行会计处理。

第六十六条 对于首次执行日前已存在的售后租回交易，企业在首次执行日不重新评估资产转让是否符合《企业会计准则第 14 号——收入》作为销售进行会计处理的规定。

对于首次执行日前应当作为销售和融资租赁进行会计处理的售后租回交易，卖方(承租人)应当按照与首次执行日存在的其他融资租赁相同的方法对租回进行会计处理，并继续在租赁期内摊销相关递延收益或损失。

对于首次执行日前应当作为销售和经营租赁进行会计处理的售后租回交易，卖方(承租人)应当按照与首次执行日存在的其他经营租赁相同的方法对租回进行会计处理，并根据首次执行日前计入资产负债表的相关递延收益或损失调整使用权资产。

第六十七条 承租人选择按照本准则第六十一条第(二)项规定对租赁进行衔接会计处理的，还应当在首次执行日披露以下信息：

(1)首次执行日计入资产负债表的租赁负债所采用的承租人增量借款利率的加权平均值。

(2)首次执行日前一年度报告期末披露的重大经营租赁的尚未支付的最低租赁付款额按首次执行日承租人增量借款利率折现的现值，与计入首次执行日资产负债表的租赁负债的差额。

第八章　附　则

第六十八条 本准则自 2019 年 1 月 1 日起施行。

企业会计准则第 22 号
——金融工具确认和计量

（2017 年 3 月 31 日　财会〔2017〕7 号）

第一章　总　则

第一条　为了规范金融工具的确认和计量，根据《企业会计准则——基本准则》，制定本准则。

第二条　金融工具，是指形成一方的金融资产并形成其他方的金融负债或权益工具的合同。

第三条　金融资产，是指企业持有的现金、其他方的权益工具以及符合下列条件之一的资产：

（一）从其他方收取现金或其他金融资产的合同权利。

（二）在潜在有利条件下，与其他方交换金融资产或金融负债的合同权利。

（三）将来须用或可用企业自身权益工具进行结算的非衍生工具合同，且企业根据该合同将收到可变数量的自身权益工具。

（四）将来须用或可用企业自身权益工具进行结算的衍生工具合同，但以固定数量的自身权益工具交换固定金额的现金或其他金融资产的衍生工具合同除外。其中，企业自身权益工具不包括应当按照《企业会计准则第 37 号——金融工具列报》分类为权益工具的可回售工具或发行方仅在清算时才有义务向另一方按比例交付其净资产的金融工具，也不包括本身就要求在未来收取或交付企业自身权益工具的合同。

第四条　金融负债，是指企业符合下列条件之一的负债：

（一）向其他方交付现金或其他金融资产的合同义务。

（二）在潜在不利条件下，与其他方交换金融资产或金融负债的合同义务。

（三）将来须用或可用企业自身权益工具进行结算的非衍生工具合同，且企业根据该合同将交付可变数量的自身权益工具。

（四）将来须用或可用企业自身权益工具进行结算的衍生工具合同，但以固定数量的自身权益工具交换固定金额的现金或其他金融资产的衍生工具合同除外。企业对全部现有同类别非衍生自身权益工具的持有方同比例发行配股权、期权或认股权证，使之有权按比例以固定金额的任何货币换取固定数量的该企业自身权益工具的，该类配股权、期权或认股权证应当分类为权益工具。其中，企业自身权益工具不包括应当按照《企业会计准则第 37 号——金融工具列报》分类为权益工具的可回售工具或发行方仅在清算时才有义务向另一方按比例交付其净资产的金融工具，也不包括本身就要求在未来收取或交付企业自身权益工具的合同。

第五条 衍生工具，是指属于本准则范围并同时具备下列特征的金融工具或其他合同：

(一)其价值随特定利率、金融工具价格、商品价格、汇率、价格指数、费率指数、信用等级、信用指数或其他变量的变动而变动，变量为非金融变量的，该变量不应与合同的任何一方存在特定关系。

(二)不要求初始净投资，或者与对市场因素变化预期有类似反应的其他合同相比，要求较少的初始净投资。

(三)在未来某一日期结算。

常见的衍生工具包括远期合同、期货合同、互换合同和期权合同等。

第六条 除下列各项外，本准则适用于所有企业各种类型的金融工具：

(一)由《企业会计准则第 2 号——长期股权投资》规范的对子公司、合营企业和联营企业的投资，适用《企业会计准则第 2 号——长期股权投资》，但是企业根据《企业会计准则第 2 号——长期股权投资》对上述投资按照本准则相关规定进行会计处理的，适用本准则。企业持有的与在子公司、合营企业或联营企业中的权益相联系的衍生工具，适用本准则；该衍生工具符合《企业会计准则第 37 号——金融工具列报》规定的权益工具定义的，适用《企业会计准则第 37 号——金融工具列报》。

(二)由《企业会计准则第 9 号——职工薪酬》规范的职工薪酬计划形成的企业的权利和义务，适用《企业会计准则第 9 号——职工薪酬》。

(三)由《企业会计准则第 11 号——股份支付》规范的股份支付，适用《企业会计准则第 11 号——股份支付》。但是，股份支付中属于本准则第八条范围的买入或卖出非金融项目的合同，适用本准则。

(四)由《企业会计准则第 12 号——债务重组》规范的债务重组，适用《企业会计准则第 12 号——债务重组》。

(五)因清偿按照《企业会计准则第 13 号——或有事项》所确认的预计负债而获得补偿的权利，适用《企业会计准则第 13 号——或有事项》。

(六)由《企业会计准则第 14 号——收入》规范的属于金融工具的合同权利和义务，适用《企业会计准则第 14 号——收入》，但该准则要求在确认和计量相关合同权利的减值损失和利得时应当按照本准则规定进行会计处理的，适用本准则有关减值的规定。

(七)购买方(或合并方)与出售方之间签订的，将在未来购买日(或合并日)形成《企业会计准则第20号——企业合并》规范的企业合并且其期限不超过企业合并获得批准并完成交易所必需的合理期限的远期合同，不适用本准则。

(八)由《企业会计准则第21号——租赁》规范的租赁的权利和义务，适用《企业会计准则第21号——租赁》。但是，租赁应收款的减值、终止确认，租赁应付款的终止确认，以及租赁中嵌入的衍生工具，适用本准则。

(九)金融资产转移，适用《企业会计准则第23号——金融资产转移》。

(十)套期会计，适用《企业会计准则第24号——套期会计》。

(十一)由保险合同相关会计准则规范的保险合同所产生的权利和义务，适用保险合同相关会计准则。因具有相机分红特征而由保险合同相关会计准则规范的合同所产生的权利和义务，适用保险合同相关会计准则。但对于嵌入保险合同的衍生工具，该嵌入衍生工具本身不是保险合同的，适用本准则。

对于财务担保合同，发行方之前明确表明将此类合同视作保险合同，并且已按照保险合同相关会计准则进行会计处理的，可以选择适用本准则或保险合同相关会计准则。该选择可以基于单项合同，但选择一经做出，不得撤销。否则，相关财务担保合同适用本准则。

财务担保合同，是指当特定债务人到期不能按照最初或修改后的债务工具条款偿付债务时，要求发行方向蒙受损失的合同持有人赔付特定金额的合同。

(十二)企业发行的按照《企业会计准则第37号——金融工具列报》规定应当分类为权益工具的金融工具，适用《企业会计准则第37号——金融工具列报》。

第七条 本准则适用于下列贷款承诺：

(一)企业指定为以公允价值计量且其变动计入当期损益的金融负债的贷款承诺。如果按照以往惯例，企业在贷款承诺产生后不久即出售其所产生资产，则同一类别的所有贷款承诺均应当适用本准则。

(二)能够以现金或者通过交付或发行其他金融工具净额结算的贷款承诺。此类贷款承诺属于衍生工具。企业不得仅仅因为相关贷款将分期拨付(如按工程进度分期拨付的按揭建造贷款)而将该贷款承诺视为以净额结算。

(三)以低于市场利率贷款的贷款承诺。

所有贷款承诺均适用本准则关于终止确认的规定。企业作为贷款承诺发行方的，还适用本准则关于减值的规定。

贷款承诺，是指按照预先规定的条款和条件提供信用的确定性承诺。

第八条 对于能够以现金或其他金融工具净额结算，或者通过交换金融工具结算的买入或卖出非金融项目的合同，除了企业按照预定的购买、销售或使用要求签订并持有旨在收取或交付非金融项目的合同适用其他相关会计准则外，企业应当将该合同视同金融工具，适用本准则。

对于能够以现金或其他金融工具净额结算，或者通过交换金融工具结算的买入或卖出非金融项目的合同，即使企业按照预定的购买、销售或使用要求签订并持有旨在收取或交付非金融项目的合同的，企业也可以将该合同指定为以公允价值计量且其变动计入当期损益的金融资产或金融负债。企业只能在合同开始时做出该指定，并且必须能够通过该指定消除或显著减少会计错配。该指定一经做出，不得撤销。

会计错配，是指当企业以不同的会计确认方法和计量属性，对在经济上相关的资产和负债进行确认或计量而产生利得或损失时，可能导致的会计确认和计量上的不一致。

第二章 金融工具的确认和终止确认

第九条 企业成为金融工具合同的一方时，应当确认一项金融资产或金融负债。

第十条 对于以常规方式购买或出售金融资产的，企业应当在交易日确认将收到的资产和为此将承担的负债，或者在交易日终止确认已出售的资产，同时确认处置利得或损失以及应向买方收取的应收款项。

以常规方式购买或出售金融资产，是指企业按照合同规定购买或出售金融资产，并且该合同条款规定，企业应当根据通常由法规或市场惯例所确定的时间安排来交付金融资产。

第十一条 金融资产满足下列条件之一的，应当终止确认：

(一)收取该金融资产现金流量的合同权利终止。

(二)该金融资产已转移，且该转移满足《企业会计准则第 23 号——金融资产转移》关于金融资产终止确认的规定。

本准则所称金融资产或金融负债终止确认，是指企业将之前确认的金融资产或金融负债从其资产负债表中予以转出。

第十二条 金融负债(或其一部分)的现时义务已经解除的，企业应当终止确认该金融负债(或该部分金融负债)。

第十三条 企业(借入方)与借出方之间签订协议，以承担新金融负债方式替换原金融负债，且新金融负债与原金融负债的合同条款实质上不同的，企业应当终止确认原金融负债，同时确认一项新金融负债。

企业对原金融负债(或其一部分)的合同条款做出实质性修改的，应当终止确认原金融负债，同时按照修改后的条款确认一项新金融负债。

第十四条 金融负债(或其一部分)终止确认的，企业应当将其账面价值与支付的对价(包括转出的非现金资产或承担的负债)之间的差额，计入当期损益。

第十五条 企业回购金融负债一部分的，应当按照继续确认部分和终止确认部分在回购日各自的公允价值占整体公允价值的比例，对该金融负债整体的账面价值进行分配。分配给终止确认部分的账面价值与支付的对价(包括转出的非现金资产或承担的负债)之间的差额，应当计入当期损益。

第三章 金融资产的分类

第十六条 企业应当根据其管理金融资产的业务模式和金融资产的合同现金流量特征，将金融资产划分为以下三类：

(一)以摊余成本计量的金融资产。

(二)以公允价值计量且其变动计入其他综合收益的金融资产。

(三)以公允价值计量且其变动计入当期损益的金融资产。

企业管理金融资产的业务模式，是指企业如何管理其金融资产以产生现金流量。业务模式决定企业所管理金融资产现金流量的来源是收取合同现金流量、出售金融资产还是两者兼有。企业管理金融资产的业务模式，应当以企业关键管理人员决定的对金融资产进行管理的特定业务目标为基础确定。企业确定管理金融资产的业务模式，应当以客观事实为依据，不得以按照合理预期不会发生的情形为基础确定。

金融资产的合同现金流量特征，是指金融工具合同约定的、反映相关金融资产经济特征的现金流量属性。企业分类为本准则第十七条和第十八条规范的金融资产，其合同现金流量特征，应当与基本借贷安排相一致。即相关金融资产在特定日期产生的合同现金流量仅为对本金和以未偿付本金金额为基础的利息的支付，其中，本金是指金融资产在初始确认时的公允价值，本金金额可能因提前还款等原因在金融资产的存续期内发生变动；利息包括对货币时间价值、与特定时期未偿付本金金额相关的信用风险，以及其他基本借贷风险、成本和利润的对价。其中，货币时间价值是利息要素中仅因为时间流逝而提供对价的部分，不包括为所持有金融资产的其他风险或成本提供的对价，但货币时间价值要素有时可能存在修正。在货币时间价值要素存在修正的情况下，企业应当对相关修正进行评估，以确定其是否满足上述合同现金流量特征的要求。此外，金融资产包含可能导致其合同现金流量的时间分布或金额发生变更的合同条款(如包含提前还款特征)的，企业应当对相关条款进行评估(如评估提前还款特征的公允价值是否非常小)，以确定其是否满足上述合同现金流量特征的要求。

第十七条 金融资产同时符合下列条件的，应当分类为以摊余成本计量的金融资产：

(一)企业管理该金融资产的业务模式是以收取合同现金流量为目标。

（二）该金融资产的合同条款规定，在特定日期产生的现金流量，仅为对本金和以未偿付本金金额为基础的利息的支付。

第十八条 金融资产同时符合下列条件的，应当分类为以公允价值计量且其变动计入其他综合收益的金融资产：

（一）企业管理该金融资产的业务模式既以收取合同现金流量为目标又以出售该金融资产为目标。

（二）该金融资产的合同条款规定，在特定日期产生的现金流量，仅为对本金和以未偿付本金金额为基础的利息的支付。

第十九条 按照本准则第十七条分类为以摊余成本计量的金融资产和按照本准则第十八条分类为以公允价值计量且其变动计入其他综合收益的金融资产之外的金融资产，企业应当将其分类为以公允价值计量且其变动计入当期损益的金融资产。

在初始确认时，企业可以将非交易性权益工具投资指定为以公允价值计量且其变动计入其他综合收益的金融资产，并按照本准则第六十五条规定确认股利收入。该指定一经做出，不得撤销。企业在非同一控制下的企业合并中确认的或有对价构成金融资产的，该金融资产应当分类为以公允价值计量且其变动计入当期损益的金融资产，不得指定为以公允价值计量且其变动计入其他综合收益的金融资产。

金融资产或金融负债满足下列条件之一的，表明企业持有该金融资产或承担该金融负债的目的是交易性的：

（一）取得相关金融资产或承担相关金融负债的目的，主要是为了近期出售或回购。

（二）相关金融资产或金融负债在初始确认时属于集中管理的可辨认金融工具组合的一部分，且有客观证据表明近期实际存在短期获利模式。

（三）相关金融资产或金融负债属于衍生工具。但符合财务担保合同定义的衍生工具以及被指定为有效套期工具的衍生工具除外。

第二十条 在初始确认时，如果能够消除或显著减少会计错配，企业可以将金融资产指定为以公允价值计量且其变动计入当期损益的金融资产。该指定一经做出，不得撤销。

第四章　金融负债的分类

第二十一条 除下列各项外，企业应当将金融负债分类为以摊余成本计量的金融负债：

（一）以公允价值计量且其变动计入当期损益的金融负债，包括交易性金融负债（含属于金融负债的衍生工具）和指定为以公允价值计量且其变动计入当期损益的金融负债。

(二)金融资产转移不符合终止确认条件或继续涉入被转移金融资产所形成的金融负债。对此类金融负债，企业应当按照《企业会计准则第 23 号——金融资产转移》相关规定进行计量。

(三)不属于本条(一)或(二)情形的财务担保合同，以及不属于本条(一)情形的以低于市场利率贷款的贷款承诺。企业作为此类金融负债发行方的，应当在初始确认后按照依据本准则第八章所确定的损失准备金额以及初始确认金额扣除依据《企业会计准则第 14 号——收入》相关规定所确定的累计摊销额后的余额孰高进行计量。

在非同一控制下的企业合并中，企业作为购买方确认的或有对价形成金融负债的，该金融负债应当按照以公允价值计量且其变动计入当期损益进行会计处理。

第二十二条 在初始确认时，为了提供更相关的会计信息，企业可以将金融负债指定为以公允价值计量且其变动计入当期损益的金融负债，但该指定应当满足下列条件之一：

(一)能够消除或显著减少会计错配。

(二)根据正式书面文件载明的企业风险管理或投资策略，以公允价值为基础对金融负债组合或金融资产和金融负债组合进行管理和业绩评价，并在企业内部以此为基础向关键管理人员报告。

该指定一经做出，不得撤销。

第五章 嵌入衍生工具

第二十三条 嵌入衍生工具，是指嵌入到非衍生工具(即主合同)中的衍生工具。嵌入衍生工具与主合同构成混合合同。该嵌入衍生工具对混合合同的现金流量产生影响的方式，应当与单独存在的衍生工具类似，且该混合合同的全部或部分现金流量随特定利率、金融工具价格、商品价格、汇率、价格指数、费率指数、信用等级、信用指数或其他变量变动而变动，变量为非金融变量的，该变量不应与合同的任何一方存在特定关系。

衍生工具如果附属于一项金融工具但根据合同规定可以独立于该金融工具进行转让，或者具有与该金融工具不同的交易对手方，则该衍生工具不是嵌入衍生工具，应当作为一项单独存在的衍生工具处理。

第二十四条 混合合同包含的主合同属于本准则规范的资产的，企业不应从该混合合同中分拆嵌入衍生工具，而应当将该混合合同作为一个整体适用本准则关于金融资产分类的相关规定。

第二十五条 混合合同包含的主合同不属于本准则规范的资产，且同时符合下列条件的，企业应当从混合合同中分拆嵌入衍生工具，将其作为单独存在的衍生工具处理：

(一)嵌入衍生工具的经济特征和风险与主合同的经济特征和风险不紧密相关。

(二)与嵌入衍生工具具有相同条款的单独工具符合衍生工具的定义。

(三)该混合合同不是以公允价值计量且其变动计入当期损益进行会计处理。

嵌入衍生工具从混合合同中分拆的，企业应当按照适用的会计准则规定，对混合合同的主合同进行会计处理。企业无法根据嵌入衍生工具的条款和条件对嵌入衍生工具的公允价值进行可靠计量的，该嵌入衍生工具的公允价值应当根据混合合同公允价值和主合同公允价值之间的差额确定。使用了上述方法后，该嵌入衍生工具在取得日或后续资产负债表日的公允价值仍然无法单独计量的，企业应当将该混合合同整体指定为以公允价值计量且其变动计入当期损益的金融工具。

第二十六条 混合合同包含一项或多项嵌入衍生工具，且其主合同不属于本准则规范的资产的，企业可以将其整体指定为以公允价值计量且其变动计入当期损益的金融工具。但下列情况除外：

(一)嵌入衍生工具不会对混合合同的现金流量产生重大改变。

(二)在初次确定类似的混合合同是否需要分拆时，几乎不需分析就能明确其包含的嵌入衍生工具不应分拆。如嵌入贷款的提前还款权，允许持有人以接近摊余成本的金额提前偿还贷款，该提前还款权不需要分拆。

第六章 金融工具的重分类

第二十七条 企业改变其管理金融资产的业务模式时，应当按照本准则的规定对所有受影响的相关金融资产进行重分类。

企业对所有金融负债均不得进行重分类。

第二十八条 企业发生下列情况的，不属于金融资产或金融负债的重分类：

(一)按照《企业会计准则第 24 号——套期会计》相关规定，某金融工具以前被指定并成为现金流量套期或境外经营净投资套期中的有效套期工具，但目前已不再满足运用该套期会计方法的条件。

(二)按照《企业会计准则第 24 号——套期会计》相关规定，某金融工具被指定并成为现金流量套期或境外经营净投资套期中的有效套期工具。

(三)按照《企业会计准则第 24 号——套期会计》相关规定，运用信用风险敞口公允价值选择权所引起的计量变动。

第二十九条 企业对金融资产进行重分类，应当自重分类日起采用未来适用法进行相关会计处理，不得对以前已经确认的利得、损失(包括减值损失或利得)或利息进行追溯调整。

重分类日，是指导致企业对金融资产进行重分类的业务模式发生变更后的首个报告期间的第一天。

第三十条 企业将一项以摊余成本计量的金融资产重分类为以公允价值计量且其变动计入当期损益的金融资产的，应当按照该资产在重分类日的公允价值进行计量。原账面价值与公允价值之间的差额计入当期损益。

企业将一项以摊余成本计量的金融资产重分类为以公允价值计量且其变动计入其他综合收益的金融资产的，应当按照该金融资产在重分类日的公允价值进行计量。原账面价值与公允价值之间的差额计入其他综合收益。该金融资产重分类不影响其实际利率和预期信用损失的计量。

第三十一条 企业将一项以公允价值计量且其变动计入其他综合收益的金融资产重分类为以摊余成本计量的金融资产的，应当将之前计入其他综合收益的累计利得或损失转出，调整该金融资产在重分类日的公允价值，并以调整后的金额作为新的账面价值，即视同该金融资产一直以摊余成本计量。该金融资产重分类不影响其实际利率和预期信用损失的计量。

企业将一项以公允价值计量且其变动计入其他综合收益的金融资产重分类为以公允价值计量且其变动计入当期损益的金融资产的，应当继续以公允价值计量该金融资产。同时，企业应当将之前计入其他综合收益的累计利得或损失从其他综合收益转入当期损益。

第三十二条 企业将一项以公允价值计量且其变动计入当期损益的金融资产重分类为以摊余成本计量的金融资产的，应当以其在重分类日的公允价值作为新的账面余额。

企业将一项以公允价值计量且其变动计入当期损益的金融资产重分类为以公允价值计量且其变动计入其他综合收益的金融资产的，应当继续以公允价值计量该金融资产。

按照本条规定对金融资产重分类进行处理的，企业应当根据该金融资产在重分类日的公允价值确定其实际利率。同时，企业应当自重分类日起对该金融资产适用本准则关于金融资产减值的相关规定，并将重分类日视为初始确认日。

第七章 金融工具的计量

第三十三条 企业初始确认金融资产或金融负债，应当按照公允价值计量。对于以公允价值计量且其变动计入当期损益的金融资产和金融负债，相关交易费用应当直接计入当期损益；对于其他类别的金融资产或金融负债，相关交易费用应当计入初始确认金额。但是，企业初始确认的应收账款未包含《企业会计准则第 14 号——收入》所定义的重大融资成分或根据《企业会计准则第 14 号——收入》规定不考虑不超过一年的合同中的融资成分的，应当按照该准则定义的交易价格进行初始计量。

交易费用，是指可直接归属于购买、发行或处置金融工具的增量费用。增量费用是指企业没有发生购买、发行或处置相关金融工具的情形就不会发生的费用，包括支付给代理机构、咨询公司、券商、证券交易所、政府有关部门等的手续费、佣金、相关税费以及其他必要支出，不包括债券溢价、折价、融资费用、内部管理成本和持有成本等与交易不直接相关的费用。

第三十四条 企业应当根据《企业会计准则第 39 号——公允价值计量》的规定，确定金融资产和金融负债在初始确认时的公允价值。公允价值通常为相关金融资产或金融负债的交易价格。金融资产或金融负债公允价值与交易价格存在差异的，企业应当区别下列情况进行处理：

(一) 在初始确认时，金融资产或金融负债的公允价值依据相同资产或负债在活跃市场上的报价或者以仅使用可观察市场数据的估值技术确定的，企业应当将该公允价值与交易价格之间的差额确认为一项利得或损失。

(二) 在初始确认时，金融资产或金融负债的公允价值以其他方式确定的，企业应当将该公允价值与交易价格之间的差额递延。初始确认后，企业应当根据某一因素在相应会计期间的变动程度将该递延差额确认为相应会计期间的利得或损失。该因素应当仅限于市场参与者对该金融工具定价时将予考虑的因素，包括时间等。

第三十五条 初始确认后，企业应当对不同类别的金融资产，分别以摊余成本、以公允价值计量且其变动计入其他综合收益或以公允价值计量且其变动计入当期损益进行后续计量。

第三十六条 初始确认后，企业应当对不同类别的金融负债，分别以摊余成本、以公允价值计量且其变动计入当期损益或以本准则第二十一条规定的其他适当方法进行后续计量。

第三十七条 金融资产或金融负债被指定为被套期项目的，企业应当根据《企业会计准则第 24 号——套期会计》规定进行后续计量。

第三十八条 金融资产或金融负债的摊余成本，应当以该金融资产或金融负债的初始确认金额经下列调整后的结果确定：

(一) 扣除已偿还的本金。

(二) 加上或减去采用实际利率法将该初始确认金额与到期日金额之间的差额进行摊销形成的累计摊销额。

(三) 扣除累计计提的损失准备(仅适用于金融资产)。

实际利率法，是指计算金融资产或金融负债的摊余成本以及将利息收入或利息费用分摊计入各会计期间的方法。

实际利率，是指将金融资产或金融负债在预计存续期的估计未来现金流量，折现为该金融资产账面余额或该金融负债摊余成本所使用的利率。在确定实际利率时，应当在考虑金融资产或金融负债所有合同条款(如提前还款、展期、看涨期权或其他类似期权等)的基础上估计预期现金流量，但不应当考虑预期信用损失。

第三十九条 企业应当按照实际利率法确认利息收入。利息收入应当根据金融资产账面余额乘以实际利率计算确定，但下列情况除外：

(一)对于购入或源生的已发生信用减值的金融资产，企业应当自初始确认起，按照该金融资产的摊余成本和经信用调整的实际利率计算确定其利息收入。

(二)对于购入或源生的未发生信用减值、但在后续期间成为已发生信用减值的金融资产，企业应当在后续期间，按照该金融资产的摊余成本和实际利率计算确定其利息收入。企业按照上述规定对金融资产的摊余成本运用实际利率法计算利息收入的，若该金融工具在后续期间因其信用风险有所改善而不再存在信用减值，并且这一改善在客观上可与应用上述规定之后发生的某一事件相联系(如债务人的信用评级被上调)，企业应当转按实际利率乘以该金融资产账面余额来计算确定利息收入。

经信用调整的实际利率，是指将购入或源生的已发生信用减值的金融资产在预计存续期的估计未来现金流量，折现为该金融资产摊余成本的利率。在确定经信用调整的实际利率时，应当在考虑金融资产的所有合同条款(例如提前还款、展期、看涨期权或其他类似期权等)以及初始预期信用损失的基础上估计预期现金流量。

第四十条 当对金融资产预期未来现金流量具有不利影响的一项或多项事件发生时，该金融资产成为已发生信用减值的金融资产。金融资产已发生信用减值的证据包括下列可观察信息：

(一)发行方或债务人发生重大财务困难。

(二)债务人违反合同，如偿付利息或本金违约或逾期等。

(三)债权人出于与债务人财务困难有关的经济或合同考虑，给予债务人在任何其他情况下都不会做出的让步。

(四)债务人很可能破产或进行其他财务重组。

(五)发行方或债务人财务困难导致该金融资产的活跃市场消失。

(六)以大幅折扣购买或源生一项金融资产，该折扣反映了发生信用损失的事实。

金融资产发生信用减值，有可能是多个事件的共同作用所致，未必是可单独识别的事件所致。

第四十一条 合同各方之间支付或收取的、属于实际利率或经信用调整的实际利率组成部分的各项费用、交易费用及溢价或折价等，应当在确定实际利率或经信用调整的实际利率时予以考虑。

企业通常能够可靠估计金融工具(或一组类似金融工具)的现金流量和预计存续期。

在极少数情况下，金融工具(或一组金融工具)的估计未来现金流量或预计存续期无法可靠估计的，企业在计算确定其实际利率(或经信用调整的实际利率)时，应当基于该金融工具在整个合同期内的合同现金流量。

第四十二条 企业与交易对手方修改或重新议定合同，未导致金融资产终止确认，但导致合同现金流量发生变化的，应当重新计算该金融资产的账面余额，并将相关利得或损失计入当期损益。重新计算的该金融资产的账面余额，应当根据将重新议定或修改的合同现金流量按金融资产的原实际利率(或者购买或源生的已发生信用减值的金融资产的经信用调整的实际利率)或按《企业会计准则第 24 号——套期会计》第二十三条规定的重新计算的实际利率(如适用)折现的现值确定。对于修改或重新议定合同所产生的所有成本或费用，企业应当调整修改后的金融资产账面价值，并在修改后金融资产的剩余期限内进行摊销。

第四十三条 企业不再合理预期金融资产合同现金流量能够全部或部分收回的，应当直接减记该金融资产的账面余额。这种减记构成相关金融资产的终止确认。

第四十四条 企业对权益工具的投资和与此类投资相联系的合同应当以公允价值计量。但在有限情况下，如果用以确定公允价值的近期信息不足，或者公允价值的可能估计金额分布范围很广，而成本代表了该范围内对公允价值的最佳估计的，该成本可代表其在该分布范围内对公允价值的恰当估计。

企业应当利用初始确认日后可获得的关于被投资方业绩和经营的所有信息，判断成本能否代表公允价值。存在下列情形(包含但不限于)之一的，可能表明成本不代表相关金融资产的公允价值，企业应当对其公允价值进行估值：

(一)与预算、计划或阶段性目标相比，被投资方业绩发生重大变化。

(二)对被投资方技术产品实现阶段性目标的预期发生变化。

(三)被投资方的权益、产品或潜在产品的市场发生重大变化。

(四)全球经济或被投资方经营所处的经济环境发生重大变化。

(五)被投资方可比企业的业绩或整体市场所显示的估值结果发生重大变化。

(六)被投资方的内部问题，如欺诈、商业纠纷、诉讼、管理或战略变化。

(七)被投资方权益发生了外部交易并有客观证据，包括发行新股等被投资方发生的交易和第三方之间转让被投资方权益工具的交易等。

第四十五条 权益工具投资或合同存在报价的，企业不应当将成本作为对其公允价值的最佳估计。

第八章　金融工具的减值

第四十六条 企业应当按照本准则规定，以预期信用损失为基础，对下列项目进行减值会计处理并确认损失准备：

(一)按照本准则第十七条分类为以摊余成本计量的金融资产和按照本准则第十八条分类为以公允价值计量且其变动计入其他综合收益的金融资产。

(二)租赁应收款。

(三)合同资产。合同资产是指《企业会计准则第 14 号——收入》定义的合同资产。

(四)企业发行的分类为以公允价值计量且其变动计入当期损益的金融负债以外的贷款承诺和适用本准则第二十一条(三)规定的财务担保合同。

损失准备，是指针对按照本准则第十七条计量的金融资产、租赁应收款和合同资产的预期信用损失计提的准备，按照本准则第十八条计量的金融资产的累计减值金额以及针对贷款承诺和财务担保合同的预期信用损失计提的准备。

第四十七条 预期信用损失，是指以发生违约的风险为权重的金融工具信用损失的加权平均值。

信用损失，是指企业按照原实际利率折现的、根据合同应收的所有合同现金流量与预期收取的所有现金流量之间的差额，即全部现金短缺的现值。其中，对于企业购买或源生的已发生信用减值的金融资产，应按照该金融资产经信用调整的实际利率折现。由于预期信用损失考虑付款的金额和时间分布，因此即使企业预计可以全额收款但收款时间晚于合同规定的到期期限，也会产生信用损失。

在估计现金流量时，企业应当考虑金融工具在整个预计存续期的所有合同条款(如提前还款、展期、看涨期权或其他类似期权等)。企业所考虑的现金流量应当包括出售所持担保品获得的现金流量，以及属于合同条款组成部分的其他信用增级所产生的现金流量。

企业通常能够可靠估计金融工具的预计存续期。在极少数情况下，金融工具预计存续期无法可靠估计的，企业在计算确定预期信用损失时，应当基于该金融工具的剩余合同期间。

第四十八条 除了按照本准则第五十七条和第六十三条的相关规定计量金融工具损失准备的情形以外，企业应当在每个资产负债表日评估相关金融工具的信用风险自初始确认后是否已显著增加，并按照下列情形分别计量其损失准备、确认预期信用损失及其变动：

(一)如果该金融工具的信用风险自初始确认后已显著增加，企业应当按照相当于该金融工具整个存续期内预期信用损失的金额计量其损失准备。无论企业评估信用损失的基础是单项金融工具还是金融工具组合，由此形成的损失准备的增加或转回金额，应当作为减值损失或利得计入当期损益。

(二)如果该金融工具的信用风险自初始确认后并未显著增加，企业应当按照相当于该金融工具未来 12 个月内预期信用损失的金额计量其损失准备，无论企业评估信用损失的基础是单项金融工具还是金融工具组合，由此形成的损失准备的增加或转回金额，应当作为减值损失或利得计入当期损益。

未来 12 个月内预期信用损失，是指因资产负债表日后 12 个月内(若金融工具的预计存续期少于 12 个月，则为预计存续期)可能发生的金融工具违约事件而导致的预期信用损失，是整个存续期预期信用损失的一部分。

企业在进行相关评估时，应当考虑所有合理且有依据的信息，包括前瞻性信息。为确保自金融工具初始确认后信用风险显著增加即确认整个存续期预期信用损失，企业在一些情况下应当以组合为基础考虑评估信用风险是否显著增加。整个存续期预期信用损失，是指因金融工具整个预计存续期内所有可能发生的违约事件而导致的预期信用损失。

第四十九条 对于按照本准则第十八条分类为以公允价值计量且其变动计入其他综合收益的金融资产，企业应当在其他综合收益中确认其损失准备，并将减值损失或利得计入当期损益，且不应减少该金融资产在资产负债表中列示的账面价值。

第五十条 企业在前一会计期间已经按照相当于金融工具整个存续期内预期信用损失的金额计量了损失准备，但在当期资产负债表日，该金融工具已不再属于自初始确认后信用风险显著增加的情形的，企业应当在当期资产负债表日按照相当于未来 12 个月内预期信用损失的金额计量该金融工具的损失准备，由此形成的损失准备的转回金额应当作为减值利得计入当期损益。

第五十一条 对于贷款承诺和财务担保合同，企业在应用金融工具减值规定时，应当将本企业成为做出不可撤销承诺的一方之日作为初始确认日。

第五十二条 企业在评估金融工具的信用风险自初始确认后是否已显著增加时，应当考虑金融工具预计存续期内发生违约风险的变化，而不是预期信用损失金额的变化。企业应当通过比较金融工具在资产负债表日发生违约的风险与在初始确认日发生违约的风险，以确定金融工具预计存续期内发生违约风险的变化情况。

在为确定是否发生违约风险而对违约进行界定时，企业所采用的界定标准，应当与其内部针对相关金融工具的信用风险管理目标保持一致，并考虑财务限制条款等其他定性指标。

第五十三条 企业通常应当在金融工具逾期前确认该工具整个存续期预期信用损失。企业在确定信用风险自初始确认后是否显著增加时，企业无须付出不必要的额外成本或努力即可获得合理且有依据的前瞻性信息的，不得仅依赖逾期信息来确定信用风险自初始确认后是否显著增加；企业必须付出不必要的额外成本或努力才可获得合理且有依据的逾期信息以外的单独或汇总的前瞻性信息的，可以采用逾期信息来确定信用风险自初始确认后是否显著增加。

无论企业采用何种方式评估信用风险是否显著增加，通常情况下，如果逾期超过 30

日，则表明金融工具的信用风险已经显著增加。除非企业在无须付出不必要的额外成本或努力的情况下即可获得合理且有依据的信息，证明即使逾期超过 30 日，信用风险自初始确认后仍未显著增加。如果企业在合同付款逾期超过 30 日前已确定信用风险显著增加，则应当按照整个存续期的预期信用损失确认损失准备。

如果交易对手方未按合同规定时间支付约定的款项，则表明该金融资产发生逾期。

第五十四条 企业在评估金融工具的信用风险自初始确认后是否已显著增加时，应当考虑违约风险的相对变化，而非违约风险变动的绝对值。在同一后续资产负债表日，对于违约风险变动的绝对值相同的两项金融资产，初始确认时违约风险较低的金融工具比初始确认时违约风险较高的金融工具的信用风险变化更为显著。

第五十五条 企业确定金融工具在资产负债表日只具有较低的信用风险的，可以假设该金融工具的信用风险自初始确认后并未显著增加。

如果金融工具的违约风险较低，借款人在短期内履行其合同现金流量义务的能力很强，并且即便较长时期内经济形势和经营环境存在不利变化但未必一定降低借款人履行其合同现金流量义务的能力，该金融工具被视为具有较低的信用风险。

第五十六条 企业与交易对手方修改或重新议定合同，未导致金融资产终止确认，但导致合同现金流量发生变化的，企业在评估相关金融工具的信用风险是否已经显著增加时，应当将基于变更后的合同条款在资产负债表日发生违约的风险与基于原合同条款在初始确认时发生违约的风险进行比较。

第五十七条 对于购买或源生的已发生信用减值的金融资产，企业应当在资产负债表日仅将自初始确认后整个存续期内预期信用损失的累计变动确认为损失准备。在每个资产负债表日，企业应当将整个存续期内预期信用损失的变动金额作为减值损失或利得计入当期损益。即使该资产负债表日确定的整个存续期内预期信用损失小于初始确认时估计现金流量所反映的预期信用损失的金额，企业也应当将预期信用损失的有利变动确认为减值利得。

第五十八条 企业计量金融工具预期信用损失的方法应当反映下列各项要素：

(一)通过评价一系列可能的结果而确定的无偏概率加权平均金额。

(二)货币时间价值。

(三)在资产负债表日无须付出不必要的额外成本或努力即可获得的有关过去事项、当前状况以及未来经济状况预测的合理且有依据的信息。

第五十九条 对于适用本准则有关金融工具减值规定的各类金融工具，企业应当按照下列方法确定其信用损失：

(一)对于金融资产，信用损失应为企业应收取的合同现金流量与预期收取的现金流量之间差额的现值。

(二)对于租赁应收款项，信用损失应为企业应收取的合同现金流量与预期收取的现金流量之间差额的现值。其中，用于确定预期信用损失的现金流量，应与按照《企业会计准则第 21 号——租赁》用于计量租赁应收款项的现金流量保持一致。

(三)对于未提用的贷款承诺，信用损失应为在贷款承诺持有人提用相应贷款的情况下，企业应收取的合同现金流量与预期收取的现金流量之间差额的现值。企业对贷款承诺预期信用损失的估计，应当与其对该贷款承诺提用情况的预期保持一致。

(四)对于财务担保合同，信用损失应为企业就该合同持有人发生的信用损失向其做出赔付的预计付款额，减去企业预期向该合同持有人、债务人或任何其他方收取的金额之间差额的现值。

(五)对于资产负债表日已发生信用减值但并非购买或源生已发生信用减值的金融资产，信用损失应为该金融资产账面余额与按原实际利率折现的估计未来现金流量的现值之间的差额。

第六十条　企业应当以概率加权平均为基础对预期信用损失进行计量。企业对预期信用损失的计量应当反映发生信用损失的各种可能性，但不必识别所有可能的情形。

第六十一条　在计量预期信用损失时，企业需考虑的最长期限为企业面临信用风险的最长合同期限(包括考虑续约选择权)，而不是更长期间，即使该期间与业务实践相一致。

第六十二条　如果金融工具同时包含贷款和未提用的承诺，且企业根据合同规定要求还款或取消未提用承诺的能力并未将企业面临信用损失的期间限定在合同通知期内的，企业对于此类金融工具(仅限于此类金融工具)确认预期信用损失的期间，应当为其面临信用风险且无法用信用风险管理措施予以缓释的期间，即使该期间超过了最长合同期限。

第六十三条　对于下列各项目，企业应当始终按照相当于整个存续期内预期信用损失的金额计量其损失准备：

(一)由《企业会计准则第 14 号——收入》规范的交易形成的应收款项或合同资产，且符合下列条件之一：

1. 该项目未包含《企业会计准则第 14 号——收入》所定义的重大融资成分，或企业根据《企业会计准则第 14 号——收入》规定不考虑不超过一年的合同中的融资成分。

2. 该项目包含《企业会计准则第 14 号——收入》所定义的重大融资成分，同时企业做出会计政策选择，按照相当于整个存续期内预期信用损失的金额计量损失准备。企业应当将该会计政策选择适用于所有此类应收款项和合同资产，但可对应收款项类和合同资产类分别做出会计政策选择。

(二)由《企业会计准则第 21 号——租赁》规范的交易形成的租赁应收款，同时企业做出会计政策选择，按照相当于整个存续期内预期信用损失的金额计量损失准备。企业应当将该会计政策选择适用于所有租赁应收款，但可对应收融资租赁款和应收经营租赁款分别做出会计政策选择。

在适用本条规定时，企业可对应收款项、合同资产和租赁应收款分别选择减值会计政策。

第九章　利得和损失

第六十四条　企业应当将以公允价值计量的金融资产或金融负债的利得或损失计入当期损益，除非该金融资产或金融负债属于下列情形之一：

(一)属于《企业会计准则第24号——套期会计》规定的套期关系的一部分。

(二)是一项对非交易性权益工具的投资，且企业已按照本准则第十九条规定将其指定为以公允价值计量且其变动计入其他综合收益的金融资产。

(三)是一项被指定为以公允价值计量且其变动计入当期损益的金融负债，且按照本准则第六十八条规定，该负债由企业自身信用风险变动引起的其公允价值变动应当计入其他综合收益。

(四)是一项按照本准则第十八条分类为以公允价值计量且其变动计入其他综合收益的金融资产，且企业根据本准则第七十一条规定，其减值损失或利得和汇兑损益之外的公允价值变动计入其他综合收益。

第六十五条　企业只有在同时符合下列条件时，才能确认股利收入并计入当期损益：

(一)企业收取股利的权利已经确立。

(二)与股利相关的经济利益很可能流入企业。

(三)股利的金额能够可靠计量。

第六十六条　以摊余成本计量且不属于任何套期关系的一部分的金融资产所产生的利得或损失，应当在终止确认、按照本准则规定重分类、按照实际利率法摊销或按照本准则规定确认减值时，计入当期损益。如果企业将以摊余成本计量的金融资产重分类为其他类别，应当根据本准则第三十条规定处理其利得或损失。

以摊余成本计量且不属于任何套期关系的一部分的金融负债所产生的利得或损失，应当在终止确认时计入当期损益或在按照实际利率法摊销时计入相关期间损益。

第六十七条　属于套期关系中被套期项目的金融资产或金融负债所产生的利得或损失，应当按照《企业会计准则第24号——套期会计》相关规定进行处理。

第六十八条　企业根据本准则第二十二条和第二十六条规定将金融负债指定为以公允价值计量且其变动计入当期损益的金融负债的，该金融负债所产生的利得或损失应当按照下列规定进行处理：

（一）由企业自身信用风险变动引起的该金融负债公允价值的变动金额，应当计入其他综合收益。

（二）该金融负债的其他公允价值变动计入当期损益。

按照本条（一）规定对该金融负债的自身信用风险变动的影响进行处理会造成或扩大损益中的会计错配的，企业应当将该金融负债的全部利得或损失（包括企业自身信用风险变动的影响金额）计入当期损益。

该金融负债终止确认时，之前计入其他综合收益的累计利得或损失应当从其他综合收益中转出，计入留存收益。

第六十九条 企业根据本准则第十九条规定将非交易性权益工具投资指定为以公允价值计量且其变动计入其他综合收益的金融资产的，当该金融资产终止确认时，之前计入其他综合收益的累计利得或损失应当从其他综合收益中转出，计入留存收益。

第七十条 指定为以公允价值计量且其变动计入当期损益的金融负债的财务担保合同和不可撤销贷款承诺所产生的全部利得或损失，应当计入当期损益。

第七十一条 按照本准则第十八条分类为以公允价值计量且其变动计入其他综合收益的金融资产所产生的所有利得或损失，除减值损失或利得和汇兑损益之外，均应当计入其他综合收益，直至该金融资产终止确认或被重分类。但是，采用实际利率法计算的该金融资产的利息应当计入当期损益。该金融资产计入各期损益的金额应当与视同其一直按摊余成本计量而计入各期损益的金额相等。

该金融资产终止确认时，之前计入其他综合收益的累计利得或损失应当从其他综合收益中转出，计入当期损益。

企业将该金融资产重分类为其他类别金融资产的，应当根据本准则第三十一条规定，对之前计入其他综合收益的累计利得或损失进行相应处理。

第十章 衔接规定

第七十二条 本准则施行日之前的金融工具确认和计量与本准则要求不一致的，企业应当追溯调整，但本准则第七十三条至八十三条另有规定的除外。在本准则施行日已经终止确认的项目不适用本准则。

第七十三条 在本准则施行日，企业应当按照本准则的规定对金融工具进行分类和计量（含减值），涉及前期比较财务报表数据与本准则要求不一致的，无须调整。金融工具原账面价值和在本准则施行日的新账面价值之间的差额，应当计入本准则施行日所在年度报告期间的期初留存收益或其他综合收益。同时，企业应当按照《企业会计准则第 37 号——金融工具列报》的相关规定在附注中进行披露。

企业如果调整前期比较财务报表数据，应当能够以前期的事实和情况为依据，且比较数据应当反映本准则的所有要求。

第七十四条 在本准则施行日，企业应当以该日的既有事实和情况为基础，根据本准则第十七条(一)或第十八条(一)的相关规定评估其管理金融资产的业务模式是以收取合同现金流量为目标，还是以既收取合同现金流量又出售金融资产为目标，并据此确定金融资产的分类，进行追溯调整，无须考虑企业之前的业务模式。

第七十五条 在本准则施行日，企业在考虑具有本准则第十六条所述修正的货币时间价值要素的金融资产的合同现金流量特征时，需要对特定货币时间价值要素修正进行评估的，该评估应当以该金融资产初始确认时存在的事实和情况为基础。该评估不切实可行的，企业不应考虑本准则关于货币时间价值要素修正的规定。

第七十六条 在本准则施行日，企业在考虑具有本准则第十六条所述提前还款特征的金融资产的合同现金流量特征时，需要对该提前还款特征的公允价值是否非常小进行评估的，该评估应当以该金融资产初始确认时存在的事实和情况为基础。该评估不切实可行的，企业不应考虑本准则关于提前还款特征例外情形的规定。

第七十七条 在本准则施行日，企业存在根据本准则相关规定应当以公允价值计量的混合合同但之前未以公允价值计量的，该混合合同在前期比较财务报表期末的公允价值应当等于其各组成部分在前期比较财务报表期末公允价值之和。在本准则施行日，企业应当将整个混合合同在该日的公允价值与该混合合同各组成部分在该日的公允价值之和之间的差额，计入本准则施行日所在报告期间的期初留存收益或其他综合收益。

第七十八条 在本准则施行日，企业应当以该日的既有事实和情况为基础，根据本准则的相关规定，对相关金融资产进行指定或撤销指定，并追溯调整：

(一)在本准则施行日，企业可以根据本准则第二十条规定，将满足条件的金融资产指定为以公允价值计量且其变动计入当期损益的金融资产。但企业之前指定为以公允价值计量且其变动计入当期损益的金融资产，不满足本准则第二十条规定的指定条件的，应当解除之前做出的指定；之前指定为以公允价值计量且其变动计入当期损益的金融资产继续满足本准则第二十条规定的指定条件的，企业可以选择继续指定或撤销之前的指定。

(二)在本准则施行日，企业可以根据本准则第十九条规定，将非交易性权益工具投资指定为以公允价值计量且其变动计入其他综合收益的金融资产。

第七十九条 在本准则施行日，企业应当以该日的既有事实和情况为基础，根据本准则的相关规定，对相关金融负债进行指定或撤销指定，并追溯调整：

(一)在本准则施行日，为了消除或显著减少会计错配，企业可以根据本准则第二十二条(一)的规定，将金融负债指定为以公允价值计量且其变动计入当期损益的金融负债。

(二)企业之前初始确认金融负债时，为了消除或显著减少会计错配，已将该金融负债指定为以公允价值计量且其变动计入当期损益的金融负债，但在本准则施行日不再满足本准则规定的指定条件的，企业应当撤销之前的指定；该金融负债在本准则施行日仍然满足本准则规定的指定条件的，企业可以选择继续指定或撤销之前的指定。

第八十条 在本准则施行日，企业按照本准则规定对相关金融资产或金融负债以摊余成本进行计量、应用实际利率法追溯调整不切实可行的，应当按照以下原则进行处理：

(一)以金融资产或金融负债在前期比较财务报表期末的公允价值，作为企业调整前期比较财务报表数据时该金融资产的账面余额或该金融负债的摊余成本。

(二)以金融资产或金融负债在本准则施行日的公允价值，作为该金融资产在本准则施行日的新账面余额或该金融负债的新摊余成本。

第八十一条 在本准则施行日，对于之前以成本计量的、在活跃市场中没有报价且其公允价值不能可靠计量的权益工具投资或与该权益工具挂钩并须通过交付该工具进行结算的衍生金融资产，企业应当以其在本准则施行日的公允价值计量。原账面价值与公允价值之间的差额，应当计入本准则施行日所在报告期间的期初留存收益或其他综合收益。

在本准则施行日，对于之前以成本计量的、与在活跃市场中没有报价的权益工具挂钩并须通过交付该权益工具进行结算的衍生金融负债，企业应当以其在本准则施行日的公允价值计量。原账面价值与公允价值之间的差额，应当计入本准则施行日所在报告期间的期初留存收益。

第八十二条 在本准则施行日，企业存在根据本准则第二十二条规定将金融负债指定为以公允价值计量且其变动计入当期损益的金融负债，并且按照本准则第六十八条(一)规定将由企业自身信用风险变动引起的该金融负债公允价值的变动金额计入其他综合收益的，企业应当以该日的既有事实和情况为基础，判断按照上述规定处理是否会造成或扩大损益的会计错配，进而确定是否应当将该金融负债的全部利得或损失(包括企业自身信用风险变动的影响金额)计入当期损益，并按照上述结果追溯调整。

第八十三条 在本准则施行日，企业按照本准则计量金融工具减值的，应当使用无须付出不必要的额外成本或努力即可获得的合理且有依据的信息，确定金融工具在初始确认日的信用风险，并将该信用风险与本准则施行日的信用风险进行比较。

在确定自初始确认后信用风险是否显著增加时，企业可以应用本准则第五十五条的规定根据其是否具有较低的信用风险进行判断，或者应用本准则第五十三条第二段的规定根据相关金融资产逾期是否超过 30 日进行判断。企业在本准则施行日必须付出不必要的额外成本或努力才可获得合理且有依据的信息的，企业在该金融工具终止确认前的所有资产负债表日的损失准备应当等于其整个存续期的预期信用损失。

第十一章　附　则

第八十四条　本准则自2018年1月1日起施行。

企业会计准则第23号
——金融资产转移

（2017年3月31日　财会〔2017〕8号）

第一章　总　则

第一条　为了规范金融资产（包括单项或一组类似金融资产）转移和终止确认的会计处理，根据《企业会计准则——基本准则》，制定本准则。

第二条　金融资产转移，是指企业（转出方）将金融资产（或其现金流量）让与或交付给该金融资产发行方之外的另一方（转入方）。

金融资产终止确认，是指企业将之前确认的金融资产从其资产负债表中予以转出。

第三条　企业对金融资产转入方具有控制权的，除在该企业个别财务报表基础上应用本准则外，在编制合并财务报表时，还应当按照《企业会计准则第33号——合并财务报表》的规定合并所有纳入合并范围的子公司（含结构化主体），并在合并财务报表层面应用本准则。

第二章　金融资产终止确认的一般原则

第四条　金融资产的一部分满足下列条件之一的，企业应当将终止确认的规定适用于该金融资产部分，除此之外，企业应当将终止确认的规定适用于该金融资产整体：

（一）该金融资产部分仅包括金融资产所产生的特定可辨认现金流量。如企业就某债务工具与转入方签订一项利息剥离合同，合同规定转入方有权获得该债务工具利息现金流量，但无权获得该债务工具本金现金流量，终止确认的规定适用于该债务工具的利息现金流量。

（二）该金融资产部分仅包括与该金融资产所产生的全部现金流量完全成比例的现金流量部分。如企业就某债务工具与转入方签订转让合同，合同规定转入方拥有获得该债务工具全部现金流量一定比例的权利，终止确认的规定适用于该债务工具全部现金流量一定比例的部分。

(三)该金融资产部分仅包括与该金融资产所产生的特定可辨认现金流量完全成比例的现金流量部分。如企业就某债务工具与转入方签订转让合同，合同规定转入方拥有获得该债务工具利息现金流量一定比例的权利，终止确认的规定适用于该债务工具利息现金流量一定比例的部分。

企业发生满足本条(二)或(三)条件的金融资产转移，且存在一个以上转入方的，只要企业转移的份额与金融资产全部现金流量或特定可辨认现金流量完全成比例即可，不要求每个转入方均持有成比例的份额。

第五条 金融资产满足下列条件之一的，应当终止确认：

(一)收取该金融资产现金流量的合同权利终止。

(二)该金融资产已转移，且该转移满足本准则关于终止确认的规定。

第三章 金融资产转移的情形及其终止确认

第六条 金融资产转移，包括下列两种情形：

(一)企业将收取金融资产现金流量的合同权利转移给其他方。

(二)企业保留了收取金融资产现金流量的合同权利，但承担了将收取的该现金流量支付给一个或多个最终收款方的合同义务，且同时满足下列条件：

1. 企业只有从该金融资产收到对等的现金流量时，才有义务将其支付给最终收款方。企业提供短期垫付款，但有权全额收回该垫付款并按照市场利率计收利息的，视同满足本条件。

2. 转让合同规定禁止企业出售或抵押该金融资产，但企业可以将其作为向最终收款方支付现金流量义务的保证。

3. 企业有义务将代表最终收款方收取的所有现金流量及时划转给最终收款方，且无重大延误。企业无权将该现金流量进行再投资，但在收款日和最终收款方要求的划转日之间的短暂结算期内，将所收到的现金流量进行现金或现金等价物投资，并且按照合同约定将此类投资的收益支付给最终收款方的，视同满足本条件。

第七条 企业在发生金融资产转移时，应当评估其保留金融资产所有权上的风险和报酬的程度，并分别下列情形处理：

(一)企业转移了金融资产所有权上几乎所有风险和报酬的，应当终止确认该金融资产，并将转移中产生或保留的权利和义务单独确认为资产或负债。

(二)企业保留了金融资产所有权上几乎所有风险和报酬的，应当继续确认该金融资产。

（三）企业既没有转移也没有保留金融资产所有权上几乎所有风险和报酬的（即除本条（一）、（二）之外的其他情形），应当根据其是否保留了对金融资产的控制，分别下列情形处理：

1. 企业未保留对该金融资产控制的，应当终止确认该金融资产，并将转移中产生或保留的权利和义务单独确认为资产或负债。

2. 企业保留了对该金融资产控制的，应当按照其继续涉入被转移金融资产的程度继续确认有关金融资产，并相应确认相关负债。

继续涉入被转移金融资产的程度，是指企业承担的被转移金融资产价值变动风险或报酬的程度。

第八条 企业在评估金融资产所有权上风险和报酬的转移程度时，应当比较转移前后其所承担的该金融资产未来净现金流量金额及其时间分布变动的风险。

企业承担的金融资产未来净现金流量现值变动的风险没有因转移而发生显著变化的，表明该企业仍保留了金融资产所有权上几乎所有风险和报酬。如将贷款整体转移并对该贷款可能发生的所有损失进行全额补偿，或者出售一项金融资产但约定以固定价格或者售价加上出借人回报的价格回购。

企业承担的金融资产未来净现金流量现值变动的风险相对于金融资产的未来净现金流量现值的全部变动风险不再显著的，表明该企业已经转移了金融资产所有权上几乎所有风险和报酬。如无条件出售金融资产，或者出售金融资产且仅保留以其在回购时的公允价值进行回购的选择权。

企业通常不需要通过计算即可判断其是否转移或保留了金融资产所有权上几乎所有风险和报酬。在其他情况下，企业需要通过计算评估是否已经转移了金融资产所有权上几乎所有风险和报酬的，在计算和比较金融资产未来现金流量净现值的变动时，应当考虑所有合理、可能的现金流量变动，对于更可能发生的结果赋予更高的权重，并采用适当的市场利率作为折现率。

第九条 企业在判断是否保留了对被转移金融资产的控制时，应当根据转入方是否具有出售被转移金融资产的实际能力而确定。转入方能够单方面将被转移金融资产整体出售给不相关的第三方，且没有额外条件对此项出售加以限制的，表明转入方有出售被转移金融资产的实际能力，从而表明企业未保留对被转移金融资产的控制；在其他情形下，表明企业保留了对被转移金融资产的控制。

在判断转入方是否具有出售被转移金融资产的实际能力时，企业考虑的关键应当是转入方实际上能够采取的行动。被转移金融资产不存在市场或转入方不能单方面自由地处置被转移金融资产的，通常表明转入方不具有出售被转移金融资产的实际能力。

转入方不大可能出售被转移金融资产并不意味着企业（转出方）保留了对被转移金融资产的控制。但存在看跌期权或担保而限制转入方出售被转移金融资产的，转出方实际上保留了对被转移金融资产的控制。如存在看跌期权或担保且很有价值，导致转入方实际上不能在不附加类似期权或其他限制条件的情形下将该被转移金融资产出售给第三方，从而限制了转入方出售被转移金融资产的能力，转入方将持有被转移金融资产以获取看跌期权或担保下相应付款的，企业保留了对被转移金融资产的控制。

第十条 企业认定金融资产所有权上几乎所有风险和报酬已经转移的，除企业在新的交易中重新获得被转移金融资产外，不应当在未来期间再次确认该金融资产。

第十一条 在金融资产转移不满足终止确认条件的情况下，如果同时确认衍生工具和被转移金融资产或转移产生的负债会导致对同一权利或义务的重复确认，则企业(转出方)与转移有关的合同权利或义务不应当作为衍生工具进行单独会计处理。

第十二条 在金融资产转移不满足终止确认条件的情况下，转入方不应当将被转移金融资产全部或部分确认为自己的资产。转入方应当终止确认所支付的现金或其他对价，同时确认一项应收转出方的款项。企业(转出方)同时拥有以固定金额重新控制整个被转移金融资产的权利和义务的(如以固定金额回购被转移金融资产)，在满足《企业会计准则第22号——金融工具确认和计量》关于摊余成本计量规定的情况下，转入方可以将其应收款项以摊余成本计量。

第十三条 企业在判断金融资产转移是否满足本准则规定的金融资产终止确认条件时，应当注重金融资产转移的实质。

(一)企业转移了金融资产所有权上几乎所有风险和报酬，应当终止确认被转移金融资产的常见情形有：

1. 企业无条件出售金融资产。

2. 企业出售金融资产，同时约定按回购日该金融资产的公允价值回购。

3. 企业出售金融资产，同时与转入方签订看跌期权合同(即转入方有权将该金融资产返售给企业)或看涨期权合同(即转出方有权回购该金融资产)，且根据合同条款判断，该看跌期权或看涨期权为一项重大价外期权(即期权合约的条款设计，使得金融资产的转入方或转出方极小可能会行权)。

(二)企业保留了金融资产所有权上几乎所有风险和报酬，应当继续确认被转移金融资产的常见情形有：

1. 企业出售金融资产并与转入方签订回购协议，协议规定企业将回购原被转移金融资产，或者将予回购的金融资产与售出的金融资产相同或实质上相同、回购价格固定或原售价加上回报。

2. 企业融出证券或进行证券出借。

3. 企业出售金融资产并附有将市场风险敞口转回给企业的总回报互换。

4. 企业出售短期应收款项或信贷资产，并且全额补偿转入方可能因被转移金融资产发生的信用损失。

5. 企业出售金融资产，同时与转入方签订看跌期权合同或看涨期权合同，且根据合同条款判断，该看跌期权或看涨期权为一项重大价内期权(即期权合约的条款设计，使得金融资产的转入方或转出方很可能会行权)。

(三)企业应当按照其继续涉入被转移金融资产的程度继续确认被转移金融资产的常见情形有：

1. 企业转移金融资产，并采用保留次级权益或提供信用担保等方式进行信用增级，企业只转移了被转移金融资产所有权上的部分(非几乎所有)风险和报酬，且保留了对被转移金融资产的控制。

2. 企业转移金融资产，并附有既非重大价内也非重大价外的看涨期权或看跌期权，导致企业既没有转移也没有保留所有权上几乎所有风险和报酬，且保留了对被转移金融资产的控制。

第四章　满足终止确认条件的金融资产转移的会计处理

第十四条　金融资产转移整体满足终止确认条件的，应当将下列两项金额的差额计入当期损益：

(一)被转移金融资产在终止确认日的账面价值。

(二)因转移金融资产而收到的对价，与原直接计入其他综合收益的公允价值变动累计额中对应终止确认部分的金额(涉及转移的金融资产为根据《企业会计准则第22号——金融工具确认和计量》第十八条分类为以公允价值计量且其变动计入其他综合收益的金融资产的情形)之和。企业保留了向该金融资产提供相关收费服务的权利(包括收取该金融资产的现金流量，并将所收取的现金流量划转给指定的资金保管机构等)，应当就该服务合同确认一项服务资产或服务负债。如果企业将收取的费用预计超过对服务的充分补偿的，应当将该服务权利作为继续确认部分确认为一项服务资产，并按照本准则第十五条的规定确定该服务资产的金额。如果将收取的费用预计不能充分补偿企业所提供服务的，则应当将由此形成的服务义务确认一项服务负债，并以公允价值进行初始计量。

企业因金融资产转移导致整体终止确认金融资产，同时获得了新金融资产或承担了新金融负债或服务负债的，应当在转移日确认该金融资产、金融负债(包括看涨期权、看跌期权、担保负债、远期合同、互换等)或服务负债，并以公允价值进行初始计量。该金融资产扣除金融负债和服务负债后的净额应当作为上述对价的组成部分。

第十五条　企业转移了金融资产的一部分，且该被转移部分整体满足终止确认条件的，应当将转移前金融资产整体的账面价值，在终止确认部分和继续确认部分(在此种情形下，所保留的服务资产应当视同继续确认金融资产的一部分)之间，按照转移日各自的相对公允价值进行分摊，并将下列两项金额的差额计入当期损益：

(一)终止确认部分在终止确认日的账面价值。

(二)终止确认部分收到的对价，与原计入其他综合收益的公允价值变动累计额中对应终止确认部分的金额(涉及转移的金融资产为根据《企业会计准则第22号——金融工具确认和计量》第十八条分类为以公允价值计量且其变动计入其他综合收益的金融资产的情形)之和。对价包括获得的所有新资产减去承担的所有新负债后的金额。

原计入其他综合收益的公允价值变动累计额中对应终止确认部分的金额，应当按照金融资产终止确认部分和继续确认部分的相对公允价值，对该累计额进行分摊后确定。

第十六条 根据本准则第十五条的规定，企业将转移前金融资产整体的账面价值按相对公允价值在终止确认部分和继续确认部分之间进行分摊时，应当按照下列规定确定继续确认部分的公允价值：

(一)企业出售过与继续确认部分类似的金融资产，或继续确认部分存在其他市场交易的，近期实际交易价格可作为其公允价值的最佳估计。

(二)继续确认部分没有报价或近期没有市场交易的，其公允价值的最佳估计为转移前金融资产整体的公允价值扣除终止确认部分的对价后的差额。

第五章　继续确认被转移金融资产的会计处理

第十七条 企业保留了被转移金融资产所有权上几乎所有风险和报酬而不满足终止确认条件的，应当继续确认被转移金融资产整体，并将收到的对价确认为一项金融负债。

第十八条 在继续确认被转移金融资产的情形下，金融资产转移所涉及的金融资产与所确认的相关金融负债不得相互抵销。在后续会计期间，企业应当继续确认该金融资产产生的收入(或利得)和该金融负债产生的费用(或损失)，不得相互抵销。

第六章　继续涉入被转移金融资产的会计处理

第十九条 企业既没有转移也没有保留金融资产所有权上几乎所有风险和报酬，且保留了对该金融资产控制的，应当按照其继续涉入被转移金融资产的程度继续确认该被转移金融资产，并相应确认相关负债。被转移金融资产和相关负债应当在充分反映企业因金融资产转移所保留的权利和承担的义务的基础上进行计量。企业应当按照下列规定对相关负债进行计量：

(一)被转移金融资产以摊余成本计量的，相关负债的账面价值等于继续涉入被转移金融资产的账面价值减去企业保留的权利(如果企业因金融资产转移保留了相关权利)的摊余成本并加上企业承担的义务(如果企业因金融资产转移承担了相关义务)的摊余成本；相关负债不得指定为以公允价值计量且其变动计入当期损益的金融负债。

(二)被转移金融资产以公允价值计量的，相关负债的账面价值等于继续涉入被转移金融资产的账面价值减去企业保留的权利(如果企业因金融资产转移保留了相关权利)的公允价值并加上企业承担的义务(如果企业因金融资产转移承担了相关义务)的公允价值，该权利和义务的公允价值应为按独立基础计量时的公允价值。

第二十条 企业通过对被转移金融资产提供担保方式继续涉入的，应当在转移日按照金融资产的账面价值和担保金额两者的较低者，继续确认被转移金融资产，同时按照担保金额和担保合同的公允价值(通常是提供担保收到的对价)之和确认相关负债。担保金额，是指企业所收到的对价中，可被要求偿还的最高金额。

在后续会计期间，担保合同的初始确认金额应当随担保义务的履行进行摊销，计入当期损益。被转移金融资产发生减值的，计提的损失准备应从被转移金融资产的账面价值中抵减。

第二十一条 企业因持有看涨期权或签出看跌期权而继续涉入被转移金融资产，且该金融资产以摊余成本计量的，应当按照其可能回购的被转移金融资产的金额继续确认被转移金融资产，在转移日按照收到的对价确认相关负债。

被转移金融资产在期权到期日的摊余成本和相关负债初始确认金额之间的差额，应当采用实际利率法摊销，计入当期损益，同时调整相关负债的账面价值。相关期权行权的，应当在行权时，将相关负债的账面价值与行权价格之间的差额计入当期损益。

第二十二条 企业因持有看涨期权或签出看跌期权(或两者兼有，即上下限期权)而继续涉入被转移金融资产，且以公允价值计量该金融资产的，应当分别以下情形进行处理：

(一)企业因持有看涨期权而继续涉入被转移金融资产的，应当继续按照公允价值计量被转移金融资产，同时按照下列规定计量相关负债：

1. 该期权是价内或平价期权的，应当按照期权的行权价格扣除期权的时间价值后的金额，计量相关负债。

2. 该期权是价外期权的，应当按照被转移金融资产的公允价值扣除期权的时间价值后的金额，计量相关负债。

(二)企业因签出看跌期权形成的义务而继续涉入被转移金融资产的，应当按照该金融资产的公允价值和该期权行权价格两者的较低者，计量继续涉入形成的资产；同时，按照该期权的行权价格与时间价值之和，计量相关负债。

(三)企业因持有看涨期权和签出看跌期权(即上下限期权)而继续涉入被转移金融资产的，应当继续按照公允价值计量被转移金融资产，同时按照下列规定计量相关负债：

1. 该看涨期权是价内或平价期权的，应当按照看涨期权的行权价格和看跌期权的公允价值之和，扣除看涨期权的时间价值后的金额，计量相关负债。

2. 该看涨期权是价外期权的，应当按照被转移金融资产的公允价值和看跌期权的公允价值之和，扣除看涨期权的时间价值后的金额，计量相关负债。

第二十三条 企业采用基于被转移金融资产的现金结算期权或类似条款的形式继续涉入的，其会计处理方法与本准则第二十一条和第二十二条中规定的以非现金结算期权形式继续涉入的会计处理方法相同。

第二十四条 企业按继续涉入程度继续确认的被转移金融资产以及确认的相关负债不应当相互抵销。企业应当对继续确认的被转移金融资产确认所产生的收入(或利得)，对相关负债确认所产生的费用(或损失)，两者不得相互抵销。继续确认的被转移金融资产以公允价值计量的，在后续计量时对其公允价值变动应根据《企业会计准则第22号——金融工具确认和计量》第六十四条的规定进行确认，同时相关负债公允价值变动的确认应当与之保持一致，且两者不得相互抵销。

第二十五条 企业对金融资产的继续涉入仅限于金融资产一部分的，企业应当根据本准则第十六条的规定，按照转移日因继续涉入而继续确认部分和不再确认部分的相对公允价值，在两者之间分配金融资产的账面价值，并将下列两项金额的差额计入当期损益：

(一)分配至不再确认部分的账面金额(以转移日计量的为准)。

(二)不再确认部分所收到的对价。

如果涉及转移的金融资产为根据《企业会计准则第22号——金融工具确认和计量》第十八条分类为以公允价值计量且其变动计入其他综合收益的金融资产的，不再确认部分的金额对应的原计入其他综合收益的公允价值变动累计额计入当期损益。

第七章　向转入方提供非现金担保物的会计处理

第二十六条 企业向金融资产转入方提供了非现金担保物(如债务工具或权益工具投资等)的，企业(转出方)和转入方应当按照下列规定进行处理：

(一)转入方按照合同或惯例有权出售该担保物或将其再作为担保物的，企业应当将该非现金担保物在财务报表中单独列报。

（二）转入方已将该担保物出售的，转入方应当就归还担保物的义务，按照公允价值确认一项负债。

（三）除因违约丧失赎回担保物权利外，企业应当继续将担保物确认为一项资产。

企业因违约丧失赎回担保物权利的，应当终止确认该担保物；转入方应当将该担保物确认为一项资产，并以公允价值计量。转入方已出售该担保物的，应当终止确认归还担保物的义务。

第八章　衔接规定

第二十七条　在本准则施行日，企业仍继续涉入被转移金融资产的，应当按照《企业会计准则第22号——金融工具确认和计量》及本准则关于被转移金融资产确认和计量的相关规定进行追溯调整，再按照本准则的规定对其所确认的相关负债进行重新计量，并将相关影响按照与被转移金融资产一致的方式在本准则施行日进行调整。追溯调整不切实可行的除外。

第九章　附　则

第二十八条　本准则自2018年1月1日起施行。

企业会计准则第24号——套期会计

（2017年3月31日　财会〔2017〕9号）

第一章　总　则

第一条　为了规范套期会计处理，根据《企业会计准则——基本准则》，制定本准则。

第二条　套期，是指企业为管理外汇风险、利率风险、价格风险、信用风险等特定风险引起的风险敞口，指定金融工具为套期工具，以使套期工具的公允价值或现金流量变动，预期抵销被套期项目全部或部分公允价值或现金流量变动的风险管理活动。

第三条　套期分为公允价值套期、现金流量套期和境外经营净投资套期。

公允价值套期，是指对已确认资产或负债、尚未确认的确定承诺，或上述项目组成部分的公允价值变动风险敞口进行的套期。该公允价值变动源于特定风险，且将影响企业的损益或其他综合收益。其中，影响其他综合收益的情形，仅限于企业对指定为以公允价值计量且其变动计入其他综合收益的非交易性权益工具投资的公允价值变动风险敞口进行的套期。

现金流量套期，是指对现金流量变动风险敞口进行的套期。该现金流量变动源于与已确认资产或负债、极可能发生的预期交易，或与上述项目组成部分有关的特定风险，且将影响企业的损益。

境外经营净投资套期，是指对境外经营净投资外汇风险敞口进行的套期。境外经营净投资，是指企业在境外经营净资产中的权益份额。

对确定承诺的外汇风险进行的套期，企业可以将其作为公允价值套期或现金流量套期处理。

第四条　对于满足本准则第二章和第三章规定条件的套期，企业可以运用套期会计方法进行处理。

套期会计方法，是指企业将套期工具和被套期项目产生的利得或损失在相同会计期间计入当期损益（或其他综合收益）以反映风险管理活动影响的方法。

第二章 套期工具和被套期项目

第五条 套期工具，是指企业为进行套期而指定的、其公允价值或现金流量变动预期可抵销被套期项目的公允价值或现金流量变动的金融工具，包括：

（一）以公允价值计量且其变动计入当期损益的衍生工具，但签出期权除外。企业只有在对购入期权（包括嵌入在混合合同中的购入期权）进行套期时，签出期权才可以作为套期工具。嵌入在混合合同中但未分拆的衍生工具不能作为单独的套期工具。

（二）以公允价值计量且其变动计入当期损益的非衍生金融资产或非衍生金融负债，但指定为以公允价值计量且其变动计入当期损益、且其自身信用风险变动引起的公允价值变动计入其他综合收益的金融负债除外。

企业自身权益工具不属于企业的金融资产或金融负债，不能作为套期工具。

第六条 对于外汇风险套期，企业可以将非衍生金融资产（选择以公允价值计量且其变动计入其他综合收益的非交易性权益工具投资除外）或非衍生金融负债的外汇风险成分指定为套期工具。

第七条 在确立套期关系时，企业应当将符合条件的金融工具整体指定为套期工具，但下列情形除外：

（一）对于期权，企业可以将期权的内在价值和时间价值分开，只将期权的内在价值变动指定为套期工具。

（二）对于远期合同，企业可以将远期合同的远期要素和即期要素分开，只将即期要素的价值变动指定为套期工具。

（三）对于金融工具，企业可以将金融工具的外汇基差单独分拆，只将排除外汇基差后的金融工具指定为套期工具。

（四）企业可以将套期工具的一定比例指定为套期工具，但不可以将套期工具剩余期限内某一时段的公允价值变动部分指定为套期工具。

第八条 企业可以将两项或两项以上金融工具（或其一定比例）的组合指定为套期工具（包括组合内的金融工具形成风险头寸相互抵销的情形）。

对于一项由签出期权和购入期权组成的期权（如利率上下限期权），或对于两项或两项以上金融工具（或其一定比例）的组合，其在指定日实质上相当于一项净签出期权的，不能将其指定为套期工具。只有在对购入期权（包括嵌入在混合合同中的购入期权）进行套期时，净签出期权才可以作为套期工具。

第九条 被套期项目，是指使企业面临公允价值或现金流量变动风险，且被指定为被套期对象的、能够可靠计量的项目。企业可以将下列单个项目、项目组合或其组成部分指定为被套期项目：

(一)已确认资产或负债。

(二)尚未确认的确定承诺。确定承诺，是指在未来某特定日期或期间，以约定价格交换特定数量资源、具有法律约束力的协议。

(三)极可能发生的预期交易。预期交易，是指尚未承诺但预期会发生的交易。

(四)境外经营净投资。

上述项目组成部分是指小于项目整体公允价值或现金流量变动的部分，企业只能将下列项目组成部分或其组合指定为被套期项目：

(一)项目整体公允价值或现金流量变动中仅由某一个或多个特定风险引起的公允价值或现金流量变动部分(风险成分)。根据在特定市场环境下的评估，该风险成分应当能够单独识别并可靠计量。风险成分也包括被套期项目公允价值或现金流量的变动仅高于或仅低于特定价格或其他变量的部分。

(二)一项或多项选定的合同现金流量。

(三)项目名义金额的组成部分，即项目整体金额或数量的特定部分，其可以是项目整体的一定比例部分，也可以是项目整体的某一层级部分。若某一层级部分包含提前还款权，且该提前还款权的公允价值受被套期风险变化影响的，企业不得将该层级指定为公允价值套期的被套期项目，但企业在计量被套期项目的公允价值时已包含该提前还款权影响的情况除外。

第十条 企业可以将符合被套期项目条件的风险敞口与衍生工具组合形成的汇总风险敞口指定为被套期项目。

第十一条 当企业出于风险管理目的对一组项目进行组合管理、且组合中的每一个项目(包括其组成部分)单独都属于符合条件的被套期项目时，可以将该项目组合指定为被套期项目。

在现金流量套期中，企业对一组项目的风险净敞口(存在风险头寸相互抵销的项目)进行套期时，仅可以将外汇风险净敞口指定为被套期项目，并且应当在套期指定中明确预期交易预计影响损益的报告期间，以及预期交易的性质和数量。

第十二条 企业将一组项目名义金额的组成部分指定为被套期项目时，应当分别满足下列条件：

(一)企业将一组项目的一定比例指定为被套期项目时，该指定应当与该企业的风险管理目标相一致。

(二)企业将一组项目的某一层级部分指定为被套期项目时，应当同时满足下列条件：

1. 该层级能够单独识别并可靠计量。

2. 企业的风险管理目标是对该层级进行套期。

3. 该层级所在的整体项目组合中的所有项目均面临相同的被套期风险。

4. 对于已经存在的项目(如已确认资产或负债、尚未确认的确定承诺)进行的套期，被套期层级所在的整体项目组合可识别并可追踪。

5. 该层级包含提前还款权的，应当符合本准则第九条项目名义金额的组成部分中的相关要求。

本准则所称风险管理目标，是指企业在某一特定套期关系层面上，确定如何指定套期工具和被套期项目，以及如何运用指定的套期工具对指定为被套期项目的特定风险敞口进行套期。

第十三条 如果被套期项目是净敞口为零的项目组合(即各项目之间的风险完全相互抵销)，同时满足下列条件时，企业可以将该组项目指定在不含套期工具的套期关系中：

(一)该套期是风险净敞口滚动套期策略的一部分，在该策略下，企业定期对同类型的新的净敞口进行套期。

(二)在风险净敞口滚动套期策略整个过程中，被套期净敞口的规模会发生变化，当其不为零时，企业使用符合条件的套期工具对净敞口进行套期，并通常采用套期会计方法。

(三)如果企业不对净敞口为零的项目组合运用套期会计，将导致不一致的会计结果，因为不运用套期会计方法将不会确认在净敞口套期下确认的相互抵销的风险敞口。

第十四条 运用套期会计时，在合并财务报表层面，只有与企业集团之外的对手方之间交易形成的资产、负债、尚未确认的确定承诺或极可能发生的预期交易才能被指定为被套期项目；在合并财务报表层面，只有与企业集团之外的对手方签订的合同才能被指定为套期工具。对于同一企业集团内的主体之间的交易，在企业个别财务报表层面可以运用套期会计，在企业集团合并财务报表层面不得运用套期会计，但下列情形除外：

(一)在合并财务报表层面，符合《企业会计准则第 33 号——合并财务报表》规定的投资性主体与其以公允价值计量且其变动计入当期损益的子公司之间的交易，可以运用套期会计。

(二)企业集团内部交易形成的货币性项目的汇兑收益或损失，不能在合并财务报表中全额抵销的，企业可以在合并财务报表层面将该货币性项目的外汇风险指定为被套期项目。

(三)企业集团内部极可能发生的预期交易，按照进行此项交易的主体的记账本位币以外的货币标价，且相关的外汇风险将影响合并损益的，企业可以在合并财务报表层面将该外汇风险指定为被套期项目。

第三章　套期关系评估

第十五条　公允价值套期、现金流量套期或境外经营净投资套期同时满足下列条件的，才能运用本准则规定的套期会计方法进行处理：

(一)套期关系仅由符合条件的套期工具和被套期项目组成。

(二)在套期开始时，企业正式指定了套期工具和被套期项目，并准备了关于套期关系和企业从事套期的风险管理策略和风险管理目标的书面文件。该文件至少载明了套期工具、被套期项目、被套期风险的性质以及套期有效性评估方法(包括套期无效部分产生的原因分析以及套期比率确定方法)等内容。

(三)套期关系符合套期有效性要求。

套期有效性，是指套期工具的公允价值或现金流量变动能够抵销被套期风险引起的被套期项目公允价值或现金流量变动的程度。套期工具的公允价值或现金流量变动大于或小于被套期项目的公允价值或现金流量变动的部分为套期无效部分。

第十六条　套期同时满足下列条件的，企业应当认定套期关系符合套期有效性要求：

(一)被套期项目和套期工具之间存在经济关系。该经济关系使得套期工具和被套期项目的价值因面临相同的被套期风险而发生方向相反的变动。

(二)被套期项目和套期工具经济关系产生的价值变动中，信用风险的影响不占主导地位。

(三)套期关系的套期比率，应当等于企业实际套期的被套期项目数量与对其进行套期的套期工具实际数量之比，但不应当反映被套期项目和套期工具相对权重的失衡，这种失衡会导致套期无效，并可能产生与套期会计目标不一致的会计结果。例如，企业确定拟采用的套期比率是为了避免确认现金流量套期的套期无效部分，或是为了创造更多的被套期项目进行公允价值调整以达到增加使用公允价值会计的目的，可能会产生与套期会计目标不一致的会计结果。

第十七条　企业应当在套期开始日及以后期间持续地对套期关系是否符合套期有效性要求进行评估，尤其应当分析在套期剩余期限内预期将影响套期关系的套期无效部分产生的原因。企业至少应当在资产负债表日及相关情形发生重大变化将影响套期有效性要求时对套期关系进行评估。

第十八条　套期关系由于套期比率的原因而不再符合套期有效性要求，但指定该套期关系的风险管理目标没有改变的，企业应当进行套期关系再平衡。

本准则所称套期关系再平衡，是指对已经存在的套期关系中被套期项目或套期工具的数量进行调整，以使套期比率重新符合套期有效性要求。基于其他目的对被套期项目或套期工具所指定的数量进行变动，不构成本准则所称的套期关系再平衡。

企业在套期关系再平衡时，应当首先确认套期关系调整前的套期无效部分，并更新在套期剩余期限内预期将影响套期关系的套期无效部分产生原因的分析，同时相应更新套期关系的书面文件。

第十九条 企业发生下列情形之一的，应当终止运用套期会计：

(一)因风险管理目标发生变化，导致套期关系不再满足风险管理目标。

(二)套期工具已到期、被出售、合同终止或已行使。

(三)被套期项目与套期工具之间不再存在经济关系，或者被套期项目和套期工具经济关系产生的价值变动中，信用风险的影响开始占主导地位。

(四)套期关系不再满足本准则所规定的运用套期会计方法的其他条件。在适用套期关系再平衡的情况下，企业应当首先考虑套期关系再平衡，然后评估套期关系是否满足本准则所规定的运用套期会计方法的条件。

终止套期会计可能会影响套期关系的整体或其中一部分，在仅影响其中一部分时，剩余未受影响的部分仍适用套期会计。

第二十条 套期关系同时满足下列条件的，企业不得撤销套期关系的指定并由此终止套期关系：

(一)套期关系仍然满足风险管理目标。

(二)套期关系仍然满足本准则运用套期会计方法的其他条件。在适用套期关系再平衡的情况下，企业应当首先考虑套期关系再平衡，然后评估套期关系是否满足本准则所规定的运用套期会计方法的条件。

第二十一条 企业发生下列情形之一的，不作为套期工具已到期或合同终止处理：

(一)套期工具展期或被另一项套期工具替换，而且该展期或替换是企业书面文件所载明的风险管理目标的组成部分。

(二)由于法律法规或其他相关规定的要求，套期工具的原交易对手方变更为一个或多个清算交易对手方(例如清算机构或其他主体)，以最终达成由同一中央交易对手方进行清算的目的。如果存在套期工具其他变更的，该变更应当仅限于达成此类替换交易对手方所必需的变更。

第四章 确认和计量

第二十二条 公允价值套期满足运用套期会计方法条件的，应当按照下列规定处理：

(一)套期工具产生的利得或损失应当计入当期损益。如果套期工具是对选择以公允价值计量且其变动计入其他综合收益的非交易性权益工具投资(或其组成部分)进行套期的，套期工具产生的利得或损失应当计入其他综合收益。

(二)被套期项目因被套期风险敞口形成的利得或损失应当计入当期损益，同时调整未以公允价值计量的已确认被套期项目的账面价值。被套期项目为按照《企业会计准则第22号——金融工具确认和计量》第十八条分类为以公允价值计量且其变动计入其他综合收益的金融资产(或其组成部分)的，其因被套期风险敞口形成的利得或损失应当计入当期损益，其账面价值已经按公允价值计量，不需要调整；被套期项目为企业选择以公允价值计量且其变动计入其他综合收益的非交易性权益工具投资(或其组成部分)的，其因被套期风险敞口形成的利得或损失应当计入其他综合收益，其账面价值已经按公允价值计量，不需要调整。

被套期项目为尚未确认的确定承诺(或其组成部分)的，其在套期关系指定后因被套期风险引起的公允价值累计变动额应当确认为一项资产或负债，相关的利得或损失应当计入各相关期间损益。当履行确定承诺而取得资产或承担负债时，应当调整该资产或负债的初始确认金额，以包括已确认的被套期项目的公允价值累计变动额。

第二十三条 公允价值套期中，被套期项目为以摊余成本计量的金融工具(或其组成部分)的，企业对被套期项目账面价值所做的调整应当按照开始摊销日重新计算的实际利率进行摊销，并计入当期损益。该摊销可以自调整日开始，但不应当晚于对被套期项目终止进行套期利得和损失调整的时点。被套期项目为按照《企业会计准则第22号——金融工具确认和计量》第十八条分类为以公允价值计量且其变动计入其他综合收益的金融资产(或其组成部分)的，企业应当按照相同的方式对累计已确认的套期利得或损失进行摊销，并计入当期损益，但不调整金融资产(或其组成部分)的账面价值。

第二十四条 现金流量套期满足运用套期会计方法条件的，应当按照下列规定处理：

(一)套期工具产生的利得或损失中属于套期有效的部分，作为现金流量套期储备，应当计入其他综合收益。现金流量套期储备的金额，应当按照下列两项的绝对额中较低者确定：

1. 套期工具自套期开始的累计利得或损失。

2. 被套期项目自套期开始的预计未来现金流量现值的累计变动额。

每期计入其他综合收益的现金流量套期储备的金额应当为当期现金流量套期储备的变动额。

(二)套期工具产生的利得或损失中属于套期无效的部分(即扣除计入其他综合收益后的其他利得或损失)，应当计入当期损益。

第二十五条 现金流量套期储备的金额，应当按照下列规定处理：

(一)被套期项目为预期交易，且该预期交易使企业随后确认一项非金融资产或非金融负债的，或者非金融资产或非金融负债的预期交易形成一项适用于公允价值套期会计的确定承诺时，企业应当将原在其他综合收益中确认的现金流量套期储备金额转出，计入该资产或负债的初始确认金额。

(二)对于不属于本条(一)涉及的现金流量套期，企业应当在被套期的预期现金流量影响损益的相同期间，将原在其他综合收益中确认的现金流量套期储备金额转出，计入当期损益。

(三)如果在其他综合收益中确认的现金流量套期储备金额是一项损失，且该损失全部或部分预计在未来会计期间不能弥补的，企业应当在预计不能弥补时，将预计不能弥补的部分从其他综合收益中转出，计入当期损益。

第二十六条 当企业对现金流量套期终止运用套期会计时，在其他综合收益中确认的累计现金流量套期储备金额，应当按照下列规定进行处理：

(一)被套期的未来现金流量预期仍然会发生的，累计现金流量套期储备的金额应当予以保留，并按照本准则第二十五条的规定进行会计处理。

(二)被套期的未来现金流量预期不再发生的，累计现金流量套期储备的金额应当从其他综合收益中转出，计入当期损益。被套期的未来现金流量预期不再极可能发生但可能预期仍然会发生，在预期仍然会发生的情况下，累计现金流量套期储备的金额应当予以保留，并按照本准则第二十五条的规定进行会计处理。

第二十七条 对境外经营净投资的套期，包括对作为净投资的一部分进行会计处理的货币性项目的套期，应当按照类似于现金流量套期会计的规定处理：

(一)套期工具形成的利得或损失中属于套期有效的部分，应当计入其他综合收益。

全部或部分处置境外经营时，上述计入其他综合收益的套期工具利得或损失应当相应转出，计入当期损益。

(二)套期工具形成的利得或损失中属于套期无效的部分，应当计入当期损益。

第二十八条 企业根据本准则第十八条规定对套期关系做出再平衡的，应当在调整套期关系之前确定套期关系的套期无效部分，并将相关利得或损失计入当期损益。

套期关系再平衡可能会导致企业增加或减少指定套期关系中被套期项目或套期工具的数量。企业增加了指定的被套期项目或套期工具的，增加部分自指定增加之日起作为套期关系的一部分进行处理；企业减少了指定的被套期项目或套期工具的，减少部分自指定减少之日起不再作为套期关系的一部分，作为套期关系终止处理。

第二十九条 对于被套期项目为风险净敞口的套期，被套期风险影响利润表不同列报项目的，企业应当将相关套期利得或损失单独列报，不应当影响利润表中与被套期项目相关的损益列报项目金额(如营业收入或营业成本)。

对于被套期项目为风险净敞口的公允价值套期，涉及调整被套期各组成项目账面价值的，企业应当对各项资产和负债的账面价值做相应调整。

第三十条 除本准则第二十九条规定外，对于被套期项目为一组项目的公允价值套期，企业在套期关系存续期间，应当针对被套期项目组合中各组成项目，分别确认公允价值变动所引起的相关利得或损失，按照本准则第二十二条的规定进行相应处理，计入当期损益或其他综合收益。涉及调整被套期各组成项目账面价值的，企业应当对各项资产和负债的账面价值做相应调整。

除本准则第二十九条规定外，对于被套期项目为一组项目的现金流量套期，企业在将其他综合收益中确认的相关现金流量套期储备转出时，应当按照系统、合理的方法将转出金额在被套期各组成项目中分摊，并按照本准则第二十五条的规定进行相应处理。

第三十一条 企业根据本准则第七条规定将期权的内在价值和时间价值分开，只将期权的内在价值变动指定为套期工具时，应当区分被套期项目的性质是与交易相关还是与时间段相关。被套期项目与交易相关的，对其进行套期的期权时间价值具备交易成本的特征；被套期项目与时间段相关的，对其进行套期的期权时间价值具备为保护企业在特定时间段内规避风险所需支付成本的特征。企业应当根据被套期项目的性质分别进行以下会计处理：

(一)对于与交易相关的被套期项目，企业应当按照本准则第三十二条的规定，将期权时间价值的公允价值变动中与被套期项目相关的部分计入其他综合收益。对于在其他综合收益中确认的期权时间价值的公允价值累计变动额，应当按照本准则第二十五条规定的与现金流量套期储备金额相同的会计处理方法进行处理。

(二)对于与时间段相关的被套期项目，企业应当按照本准则第三十二条的规定，将期权时间价值的公允价值变动中与被套期项目相关的部分计入其他综合收益。同时，企业应当按照系统、合理的方法，将期权被指定为套期工具当日的时间价值中与被套期项目相关的部分，在套期关系影响损益或其他综合收益(仅限于企业对指定为以公允价值计量且其变动计入其他综合收益的非交易性权益工具投资的公允价值变动风险敞口进行的套期)的期间内摊销，摊销金额从其他综合收益中转出，计入当期损益。若企业终止运用套期会计，则其他综合收益中剩余的相关金额应当转出，计入当期损益。

期权的主要条款(如名义金额、期限和标的)与被套期项目相一致的，期权的实际时间价值与被套期项目相关；期权的主要条款与被套期项目不完全一致的，企业应当通过对主要条款与被套期项目完全一致的期权进行估值确定校准时间价值，并确认期权的实际时间价值中与被套期项目相关的部分。

第三十二条 在套期关系开始时，期权的实际时间价值高于校准时间价值的，企业应当以校准时间价值为基础，将其累计公允价值变动计入其他综合收益，并将这两个时间价值的公允价值变动差额计入当期损益；在套期关系开始时，期权的实际时间价值低于校准时间价值的，企业应当将两个时间价值中累计公允价值变动的较低者计入其他综合收益，如果实际时间价值的累计公允价值变动扣减累计计入其他综合收益金额后尚有剩余的，应当计入当期损益。

第三十三条 企业根据本准则第七条规定将远期合同的远期要素和即期要素分开、只将即期要素的价值变动指定为套期工具的，或者将金融工具的外汇基差单独分拆、只将排除外汇基差后的金融工具指定为套期工具的，可以按照与前述期权时间价值相同的处理方式对远期合同的远期要素或金融工具的外汇基差进行会计处理。

第五章　信用风险敞口的公允价值选择权

第三十四条 企业使用以公允价值计量且其变动计入当期损益的信用衍生工具管理金融工具(或其组成部分)的信用风险敞口时，可以在该金融工具(或其组成部分)初始确认时、后续计量中或尚未确认时，将其指定为以公允价值计量且其变动计入当期损益的金融工具，并同时做出书面记录，但应当同时满足下列条件：

(一)金融工具信用风险敞口的主体(如借款人或贷款承诺持有人)与信用衍生工具涉及的主体相一致。

(二)金融工具的偿付级次与根据信用衍生工具条款须交付的工具的偿付级次相一致。

上述金融工具(或其组成部分)被指定为以公允价值计量且其变动计入当期损益的金融工具的，企业应当在指定时将其账面价值(如有)与其公允价值之间的差额计入当期损益。如该金融工具是按照《企业会计准则第22号——金融工具确认和计量》第十八条分类为以公允价值计量且其变动计入其他综合收益的金融资产的，企业应当将之前计入其他综合收益的累计利得或损失转出，计入当期损益。

第三十五条 同时满足下列条件的，企业应当对按照本准则第三十四条规定的金融工具(或其一定比例)终止以公允价值计量且其变动计入当期损益：

(一)本准则第三十四条规定的条件不再适用，例如信用衍生工具或金融工具(或其一定比例)已到期、被出售、合同终止或已行使，或企业的风险管理目标发生变化，不再通过信用衍生工具进行风险管理。

(二)金融工具(或其一定比例)按照《企业会计准则第22号——金融工具确认和计量》的规定，仍然不满足以公允价值计量且其变动计入当期损益的金融工具的条件。

当企业对金融工具(或其一定比例)终止以公允价值计量且其变动计入当期损益时，该金融工具(或其一定比例)在终止时的公允价值应当作为其新的账面价值。同时，企业应当采用与该金融工具被指定为以公允价值计量且其变动计入当期损益之前相同的方法进行计量。

第六章　衔接规定

第三十六条　本准则施行日之前套期会计处理与本准则要求不一致的，企业不做追溯调整，但本准则第三十七条所规定的情况除外。

在本准则施行日，企业应当按照本准则的规定对所存在的套期关系进行评估。在符合本准则规定的情况下可以进行再平衡，再平衡后仍然符合本准则规定的运用套期会计方法条件的，将其视为持续的套期关系，并将再平衡所产生的相关利得或损失计入当期损益。

第三十七条　下列情况下，企业应当按照本准则的规定，对在比较财务报表期间最早的期初已经存在的，以及在此之后被指定的套期关系进行追溯调整：

(一)企业将期权的内在价值和时间价值分开，只将期权的内在价值变动指定为套期工具。

(二)本准则第二十一条(二)规定的情形。

此外，企业将远期合同的远期要素和即期要素分开、只将即期要素的价值变动指定为套期工具的，或者将金融工具的外汇基差单独分拆、只将排除外汇基差后的金融工具指定为套期工具的，可以按照与本准则关于期权时间价值相同的处理方式对远期合同的远期要素和金融工具的外汇基差的会计处理进行追溯调整。如果选择追溯调整，企业应当对所有满足该选择条件的套期关系进行追溯调整。

第七章　附　则

第三十八条　本准则自2018年1月1日起施行。

企业会计准则第 25 号——原保险合同

（财会〔2006〕3 号）

第一章　总　则

第一条　为了规范保险人签发的原保险合同的确认、计量和相关信息的列报，根据《企业会计准则——基本准则》，制定本准则。

第二条　保险合同，是指保险人与投保人约定保险权利义务关系，并承担源于被保险人保险风险的协议。保险合同分为原保险合同和再保险合同。

原保险合同，是指保险人向投保人收取保费，对约定的可能发生的事故因其发生所造成的财产损失承担赔偿保险金责任，或者当被保险人死亡、伤残、疾病或者达到约定的年龄、期限时承担给付保险金责任的保险合同。

第三条　下列各项适用其他相关会计准则：

（一）保险人签发的原保险合同产生的损余物资等资产的减值，适用《企业会计准则第 1 号——存货》。

（二）保险人向投保人签发的承担保险风险以外的其他风险的合同，适用《企业会计准则第 22 号——金融工具确认和计量》和《企业会计准则第 37 号——金融工具列报》。

（三）保险人签发、持有的再保险合同，适用《企业会计准则第 26 号——再保险合同》。

第二章　原保险合同的确定

第四条　保险人与投保人签订的合同是否属于原保险合同，应当在单项合同的基础上，根据合同条款判断保险人是否承担了保险风险。发生保险事故可能导致保险人承担赔付保险金责任的，应当确定保险人承担了保险风险。保险事故，是指保险合同约定的保险责任范围内的事故。

第五条　保险人与投保人签订的合同，使保险人既承担保险风险又承担其他风险的，应当分别下列情况进行处理：

(一)保险风险部分和其他风险部分能够区分，并且能够单独计量的，可以将保险风险部分和其他风险部分进行分拆。保险风险部分，确定为原保险合同；其他风险部分，不确定为原保险合同。

(二)保险风险部分和其他风险部分不能够区分，或者虽能够区分但不能够单独计量的，应当将整个合同确定为原保险合同。

第六条 保险人应当根据在原保险合同延长期内是否承担赔付保险金责任，将原保险合同分为寿险原保险合同和非寿险原保险合同。

在原保险合同延长期内承担赔付保险金责任的，应当确定为寿险原保险合同；在原保险合同延长期内不承担赔付保险金责任的，应当确定为非寿险原保险合同。

原保险合同延长期，是指投保人自上一期保费到期日未交纳保费，保险人仍承担赔付保险金责任的期间。

第三章 原保险合同收入

第七条 保费收入同时满足下列条件的，才能予以确认：

(一)原保险合同成立并承担相应保险责任。

(二)与原保险合同相关的经济利益很可能流入。

(三)与原保险合同相关的收入能够可靠地计量。

第八条 保险人应当按照下列规定计算确定保费收入金额：

(一)对于非寿险原保险合同，应当根据原保险合同约定的保费总额确定。

(二)对于寿险原保险合同，分期收取保费的，应当根据当期应收取的保费确定；一次性收取保费的，应当根据一次性应收取的保费确定。

第九条 原保险合同提前解除的，保险人应当按照原保险合同约定计算确定应退还投保人的金额，作为退保费，计入当期损益。

第四章 原保险合同准备金

第十条 原保险合同准备金包括未到期责任准备金、未决赔款准备金、寿险责任准备金和长期健康险责任准备金。

未到期责任准备金，是指保险人为尚未终止的非寿险保险责任提取的准备金。

未决赔款准备金，是指保险人为非寿险保险事故已发生尚未结案的赔案提取的准备金。

寿险责任准备金，是指保险人为尚未终止的人寿保险责任提取的准备金。

长期健康险责任准备金，是指保险人为尚未终止的长期健康保险责任提取的准备金。

第十一条 保险人应当在确认非寿险保费收入的当期，按照保险精算确定的金额，提取未到期责任准备金，作为当期保费收入的调整，并确认未到期责任准备金负债。

保险人应当在资产负债表日，按照保险精算重新计算确定的未到期责任准备金金额与已提取的未到期责任准备金余额的差额，调整未到期责任准备金余额。

第十二条 保险人应当在非寿险保险事故发生的当期，按照保险精算确定的金额，提取未决赔款准备金，并确认未决赔款准备金负债。未决赔款准备金包括已发生已报案未决赔款准备金、已发生未报案未决赔款准备金和理赔费用准备金。

已发生已报案未决赔款准备金，是指保险人为非寿险保险事故已发生并已向保险人提出索赔、尚未结案的赔案提取的准备金。

已发生未报案未决赔款准备金，是指保险人为非寿险保险事故已发生、尚未向保险人提出索赔的赔案提取的准备金。

理赔费用准备金，是指保险人为非寿险保险事故已发生尚未结案的赔案可能发生的律师费、诉讼费、损失检验费、相关理赔人员薪酬等费用提取的准备金。

第十三条 保险人应当在确认寿险保费收入的当期，按照保险精算确定的金额，提取寿险责任准备金、长期健康险责任准备金，并确认寿险责任准备金、长期健康险责任准备金负债。

第十四条 保险人至少应当于每年年度终了，对未决赔款准备金、寿险责任准备金、长期健康险责任准备金进行充足性测试。

保险人按照保险精算重新计算确定的相关准备金金额超过充足性测试日已提取的相关准备金余额的，应当按照其差额补提相关准备金；保险人按照保险精算重新计算确定的相关准备金金额小于充足性测试日已提取的相关准备金余额的，不调整相关准备金。

第十五条 原保险合同提前解除的，保险人应当转销相关未到期责任准备金、寿险责任准备金、长期健康险责任准备金余额，计入当期损益。

第五章 原保险合同成本

第十六条 原保险合同成本，是指原保险合同发生的、会导致所有者权益减少的、与向所有者分配利润无关的经济利益的总流出。原保险合同成本主要包括发生的手续费或佣金支出、赔付成本，以及提取的未决赔款准备金、寿险责任准备金、长期健康险责任准备金等。

赔付成本包括保险人支付的赔款、给付,以及在理赔过程中发生的律师费、诉讼费、损失检验费、相关理赔人员薪酬等理赔费用。

第十七条 保险人在取得原保险合同过程中发生的手续费、佣金,应当在发生时计入当期损益。

第十八条 保险人按照保险精算确定提取的未决赔款准备金、寿险责任准备金、长期健康险责任准备金,计入当期损益。

保险人应当在确定支付赔付款项金额的当期,按照确定支付的赔付款项金额,计入当期损益;同时,冲减相应的未决赔款准备金、寿险责任准备金、长期健康险责任准备金余额。

保险人应当在实际发生理赔费用的当期,按照实际发生的理赔费用金额,计入当期损益;同时,冲减相应的未决赔款准备金、寿险责任准备金、长期健康险责任准备金余额。

第十九条 保险人按照充足性测试补提的未决赔款准备金、寿险责任准备金、长期健康险责任准备金,计入当期损益。

第二十条 保险人承担赔偿保险金责任取得的损余物资,应当按照同类或类似资产的市场价格计算确定的金额确认为资产,并冲减当期赔付成本。

处置损余物资时,保险人应当按照收到的金额与相关损余物资账面价值的差额,调整当期赔付成本。

第二十一条 保险人承担赔付保险金责任应收取的代位追偿款,同时满足下列条件的,应当确认为应收代位追偿款,并冲减当期赔付成本:

(一)与该代位追偿款有关的经济利益很可能流入。

(二)该代位追偿款的金额能够可靠地计量。

收到应收代位追偿款时,保险人应当按照收到的金额与相关应收代位追偿款账面价值的差额,调整当期赔付成本。

第六章 列 报

第二十二条 保险人应当在资产负债表中单独列示与原保险合同有关的下列项目:

(一)未到期责任准备金。

(二)未决赔款准备金。

(三)寿险责任准备金。

(四)长期健康险责任准备金。

第二十三条 保险人应当在利润表中单独列示与原保险合同有关的下列项目:

(一)保费收入。

(二)退保费。

(三)提取未到期责任准备金。

(四)已赚保费。

(五)手续费支出。

(六)赔付成本。

(七)提取未决赔款准备金。

(八)提取寿险责任准备金。

(九)提取长期健康险责任准备金。

第二十四条 保险人应当在附注中披露与原保险合同有关的下列信息:

(一)代位追偿款的有关情况。

(二)损余物资的有关情况。

(三)各项准备金的增减变动情况。

(四)提取各项准备金及进行准备金充足性测试的主要精算假设和方法。

企业会计准则第26号——再保险合同

（财会〔2006〕3号）

第一章 总 则

第一条 为了规范再保险合同的确认、计量和相关信息的列报，根据《企业会计准则——基本准则》，制定本准则。

第二条 再保险合同，是指一个保险人（再保险分出人）分出一定的保费给另一个保险人（再保险接受人），再保险接受人对再保险分出人由原保险合同所引起的赔付成本及其他相关费用进行补偿的保险合同。

第三条 本准则适用于保险人签发、持有的再保险合同。

保险人将分入的再保险业务转分给其他保险人而签订的转分保合同，比照本准则处理。

第四条 保险人签发的原保险合同，适用《企业会计准则第25号——原保险合同》。

第二章 分出业务的会计处理

第五条 再保险分出人不应当将再保险合同形成的资产与有关原保险合同形成的负债相互抵销。

再保险分出人不应当将再保险合同形成的收入或费用与有关原保险合同形成的费用或收入相互抵销。

第六条 再保险分出人应当在确认原保险合同保费收入的当期，按照相关再保险合同的约定，计算确定分出保费，计入当期损益；同时，原保险合同为非寿险原保险合同的，再保险分出人还应当按照相关再保险合同的约定，计算确认相关的应收分保未到期责任准备金资产，并冲减提取未到期责任准备金。

再保险分出人应当在资产负债表日调整原保险合同未到期责任准备金余额时，相应调整应收分保未到期责任准备金余额。

第七条 再保险分出人应当在确认原保险合同保费收入的当期，按照相关再保险合同的约定，计算确定应向再保险接受人摊回的分保费用，计入当期损益。

第八条 再保险分出人应当在提取原保险合同未决赔款准备金、寿险责任准备金、长期健康险责任准备金的当期，按照相关再保险合同的约定，计算确定应向再保险接受人摊回的相应准备金，确认为相应的应收分保准备金资产。

第九条 再保险分出人应当在确定支付赔付款项金额或实际发生理赔费用而冲减原保险合同相应准备金余额的当期，冲减相应的应收分保准备金余额；同时，按照相关再保险合同的约定，计算确定应向再保险接受人摊回的赔付成本，计入当期损益。

第十条 再保险分出人应当在原保险合同提前解除的当期，按照相关再保险合同的约定，计算确定分出保费、摊回分保费用的调整金额，计入当期损益；同时，转销相关应收分保准备金余额。

第十一条 再保险分出人应当在因取得和处置损余物资、确认和收到应收代位追偿款等而调整原保险合同赔付成本的当期，按照相关再保险合同的约定，计算确定摊回赔付成本的调整金额，计入当期损益。

第十二条 再保险分出人应当在发出分保业务账单时，将账单标明的扣存本期分保保证金确认为存入分保保证金；同时，按照账单标明的返还上期扣存分保保证金转销相关存入分保保证金。

再保险分出人应当根据相关再保险合同的约定，按期计算存入分保保证金利息，计入当期损益。

第十三条 再保险分出人应当根据相关再保险合同的约定，在能够计算确定应向再保险接受人收取的纯益手续费时，将该项纯益手续费作为摊回分保费用，计入当期损益。

第十四条 对于超额赔款再保险等非比例再保险合同，再保险分出人应当根据再保险合同的约定，计算确定分出保费，计入当期损益。

再保险分出人调整分出保费时，应当将调整金额计入当期损益。

再保险分出人应当在能够计算确定应向再保险接受人摊回的赔付成本时，将该项应摊回的赔付成本计入当期损益。

第三章 分入业务的会计处理

第十五条 分保费收入同时满足下列条件的，才能予以确认：

(一) 再保险合同成立并承担相应保险责任。

(二) 与再保险合同相关的经济利益很可能流入。

(三)与再保险合同相关的收入能够可靠地计量。

再保险接受人应当根据相关再保险合同的约定，计算确定分保费收入金额。

第十六条 再保险接受人应当在确认分保费收入的当期，根据相关再保险合同的约定，计算确定分保费用，计入当期损益。

第十七条 再保险接受人应当根据相关再保险合同的约定，在能够计算确定应向再保险分出人支付的纯益手续费时，将该项纯益手续费作为分保费用，计入当期损益。

第十八条 再保险接受人应当在收到分保业务账单时，按照账单标明的金额对相关分保费收入、分保费用进行调整，调整金额计入当期损益。

第十九条 再保险接受人提取分保未到期责任准备金、分保未决赔款准备金、分保寿险责任准备金、分保长期健康险责任准备金，以及进行相关分保准备金充足性测试，比照《企业会计准则第25号——原保险合同》的相关规定处理。

第二十条 再保险接受人应当在收到分保业务账单的当期，按照账单标明的分保赔付款项金额，作为分保赔付成本，计入当期损益。

同时，冲减相应的分保准备金余额。

第二十一条 再保险接受人应当在收到分保业务账单时，将账单标明的扣存本期分保保证金确认为存出分保保证金；同时，按照账单标明的返还上期扣存分保保证金转销相关存出分保保证金。

再保险接受人应当根据相关再保险合同的约定，按期计算存出分保保证金利息，计入当期损益。

第四章　列　报

第二十二条 保险人应当在资产负债表中单独列示与再保险合同有关的下列项目：

(一)应收分保账款。

(二)应收分保未到期责任准备金。

(三)应收分保未决赔款准备金。

(四)应收分保寿险责任准备金。

(五)应收分保长期健康险责任准备金。

(六)应付分保账款。

第二十三条 保险人应当在利润表中单独列示与再保险合同有关的下列项目：

(一)分保费收入。

(二)分出保费。

(三)摊回分保费用。

（四）分保费用。

（五）摊回赔付成本。

（六）分保赔付成本。

（七）摊回未决赔款准备金。

（八）摊回寿险责任准备金。

（九）摊回长期健康险责任准备金。

第二十四条 保险人应当在附注中披露与再保险合同有关的下列信息：

（一）分入业务各项分保准备金的增减变动情况。

（二）分入业务提取各项分保准备金及进行分保准备金充足性测试的主要精算假设和方法。

企业会计准则第27号
——石油天然气开采

（财会〔2006〕3号）

第一章　总　则

第一条　为了规范石油天然气（以下简称油气）开采活动的会计处理和相关信息的披露，根据《企业会计准则——基本准则》，制定本准则。

第二条　油气开采活动包括矿区权益的取得以及油气的勘探、开发和生产等阶段。

第三条　油气开采活动以外的油气储存、集输、加工和销售等业务的会计处理，适用其他相关会计准则。

第二章　矿区权益的会计处理

第四条　矿区权益，是指企业取得的在矿区内勘探、开发和生产油气的权利。

矿区权益分为探明矿区权益和未探明矿区权益。探明矿区，是指已发现探明经济可采储量的矿区；未探明矿区，是指未发现探明经济可采储量的矿区。

探明经济可采储量，是指在现有技术和经济条件下，根据地质和工程分析，可合理确定的能够从已知油气藏中开采的油气数量。

第五条　为取得矿区权益而发生的成本应当在发生时予以资本化。企业取得的矿区权益，应当按照取得时的成本进行初始计量：

（一）申请取得矿区权益的成本包括探矿权使用费、采矿权使用费、土地或海域使用权支出、中介费以及可直接归属于矿区权益的其他申请取得支出。

（二）购买取得矿区权益的成本包括购买价款、中介费以及可直接归属于矿区权益的其他购买取得支出。

矿区权益取得后发生的探矿权使用费、采矿权使用费和租金等维持矿区权益的支出，应当计入当期损益。

第六条 企业应当采用产量法或年限平均法对探明矿区权益计提折耗。采用产量法计提折耗的，折耗额可按照单个矿区计算，也可按照若干具有相同或类似地质构造特征或储层条件的相邻矿区所组成的矿区组计算。计算公式如下：

探明矿区权益折耗额=探明矿区权益账面价值×探明矿区权益折耗率探明矿区权益折耗率=探明矿区当期产量/(探明矿区期末探明经济可采储量+探明矿区当期产量)

第七条 企业对于矿区权益的减值，应当分别不同情况确认减值损失：

(一)探明矿区权益的减值，按照《企业会计准则第8号——资产减值》处理。

(二)对于未探明矿区权益，应当至少每年进行一次减值测试。

单个矿区取得成本较大的，应当以单个矿区为基础进行减值测试，并确定未探明矿区权益减值金额。单个矿区取得成本较小且与其他相邻矿区具有相同或类似地质构造特征或储层条件的，可按照若干具有相同或类似地质构造特征或储层条件的相邻矿区所组成的矿区组进行减值测试。

未探明矿区权益公允价值低于账面价值的差额，应当确认为减值损失，计入当期损益。未探明矿区权益减值损失一经确认，不得转回。

第八条 企业转让矿区权益的，应当按照下列规定进行处理：

(一)转让全部探明矿区权益的，将转让所得与矿区权益账面价值的差额计入当期损益。

转让部分探明矿区权益的，按照转让权益和保留权益的公允价值比例，计算确定已转让部分矿区权益账面价值，转让所得与已转让矿区权益账面价值的差额计入当期损益。

(二)转让单独计提减值准备的全部未探明矿区权益的，转让所得与未探明矿区权益账面价值的差额，计入当期损益。

转让单独计提减值准备的部分未探明矿区权益的，如果转让所得大于矿区权益账面价值，将其差额计入当期损益；如果转让所得小于矿区权益账面价值，以转让所得冲减矿区权益账面价值，不确认损益。

(三)转让以矿区组为基础计提减值准备的未探明矿区权益的，如果转让所得大于矿区权益账面原值，将其差额计入当期损益；如果转让所得小于矿区权益账面原值，以转让所得冲减矿区权益账面原值，不确认损益。

转让该矿区组最后一个未探明矿区的剩余矿区权益时，转让所得与未探明矿区权益账面价值的差额，计入当期损益。

第九条 未探明矿区(组)内发现探明经济可采储量而将未探明矿区(组)转为探明矿区(组)的，应当按照其账面价值转为探明矿区权益。

第十条 未探明矿区因最终未能发现探明经济可采储量而放弃的，应当按照放弃时的账面价值转销未探明矿区权益并计入当期损益。因未完成义务工作量等因素导致发生的放弃成本，计入当期损益。

第三章　油气勘探的会计处理

第十一条　油气勘探，是指为了识别勘探区域或探明油气储量而进行的地质调查、地球物理勘探、钻探活动以及其他相关活动。

第十二条　油气勘探支出包括钻井勘探支出和非钻井勘探支出。

钻井勘探支出主要包括钻探区域探井、勘探型详探井、评价井和资料井等活动发生的支出；非钻井勘探支出主要包括进行地质调查、地球物理勘探等活动发生的支出。

第十三条　钻井勘探支出在完井后，确定该井发现了探明经济可采储量的，应当将钻探该井的支出结转为井及相关设施成本。

确定该井未发现探明经济可采储量的，应当将钻探该井的支出扣除净残值后计入当期损益。

确定部分井段发现了探明经济可采储量的，应当将发现探明经济可采储量的有效井段的钻井勘探支出结转为井及相关设施成本，无效井段钻井勘探累计支出转入当期损益。

未能确定该探井是否发现探明经济可采储量的，应当在完井后一年内将钻探该井的支出予以暂时资本化。

第十四条　在完井一年时仍未能确定该探井是否发现探明经济可采储量，同时满足下列条件的，应当将钻探该井的资本化支出继续暂时资本化，否则应当计入当期损益：

(一)该井已发现足够数量的储量，但要确定其是否属于探明经济可采储量，还需要实施进一步的勘探活动。

(二)进一步的勘探活动已在实施中或已有明确计划并即将实施。

钻井勘探支出已费用化的探井又发现了探明经济可采储量的，已费用化的钻井勘探支出不做调整，重新钻探和完井发生的支出应当予以资本化。

第十五条　非钻井勘探支出于发生时计入当期损益。

第四章　油气开发的会计处理

第十六条　油气开发，是指为了取得探明矿区中的油气而建造或更新井及相关设施的活动。

第十七条　油气开发活动所发生的支出，应当根据其用途分别予以资本化，作为油气开发形成的井及相关设施的成本。

油气开发形成的井及相关设施的成本主要包括：

(一)钻前准备支出，包括前期研究、工程地质调查、工程设计、确定井位、清理井场、修建道路等活动发生的支出。

(二)井的设备购置和建造支出，井的设备包括套管、油管、抽油设备和井口装置等，井的建造包括钻井和完井。

(三)购建提高采收率系统发生的支出。

(四)购建矿区内集输设施、分离处理设施、计量设备、储存设施、各种海上平台、海底及陆上电缆等发生的支出。

第十八条 在探明矿区内，钻井至现有已探明层位的支出，作为油气开发支出；为获取新增探明经济可采储量而继续钻至未探明层位的支出，作为钻井勘探支出，按照本准则第十三条和第十四条处理。

第五章 油气生产的会计处理

第十九条 油气生产，是指将油气从油气藏提取到地表以及在矿区内收集、拉运、处理、现场储存和矿区管理等活动。

第二十条 油气的生产成本包括相关矿区权益折耗、井及相关设施折耗、辅助设备及设施折旧以及操作费用等。操作费用包括油气生产和矿区管理过程中发生的直接和间接费用。

第二十一条 企业应当采用产量法或年限平均法对井及相关设施计提折耗。井及相关设施包括确定发现了探明经济可采储量的探井和开采活动中形成的井，以及与开采活动直接相关的各种设施。采用产量法计提折耗的，折耗额可按照单个矿区计算，也可按照若干具有相同或类似地质构造特征或储层条件的相邻矿区所组成的矿区组计算。计算公式如下：

矿区井及相关设施折耗额=期末矿区井及相关设施账面价值×矿区井及相关设施折耗率矿区井及相关设施折耗率=矿区当期产量/(矿区期末探明已开发经济可采储量+矿区当期产量)

探明已开发经济可采储量，包括矿区的开发井网钻探和配套设施建设完成后已全面投入开采的探明经济可采储量，以及在提高采收率技术所需的设施已建成并已投产后相应增加的可采储量。

第二十二条 地震设备、建造设备、车辆、修理车间、仓库、供应站、通讯设备、办公设施等辅助设备及设施，应当按照《企业会计准则第 4 号——固定资产》处理。

第二十三条 企业承担的矿区废弃处置义务，满足《企业会计准则第 13 号——或有事项》中预计负债确认条件的，应当将该义务确认为预计负债，并相应增加井及相关设施的账面价值。

不符合预计负债确认条件的，在废弃时发生的拆卸、搬移、场地清理等支出，应当计入当期损益。

矿区废弃，是指矿区内的最后一口井停产。

第二十四条 井及相关设施、辅助设备及设施的减值，应当按照《企业会计准则第 8 号——资产减值》处理。

第六章 披 露

第二十五条 企业应当在附注中披露与石油天然气开采活动有关的下列信息：

(一)拥有国内和国外的油气储量年初、年末数据。

(二)当期在国内和国外发生的矿区权益的取得、油气勘探和油气开发各项支出的总额。

(三)探明矿区权益、井及相关设施的账面原值，累计折耗和减值准备累计金额及其计提方法；与油气开采活动相关的辅助设备及设施的账面原价，累计折旧和减值准备累计金额及其计提方法。

企业会计准则第28号——会计政策、会计估计变更和差错更正

（财会〔2006〕3号）

第一章　总　则

第一条　为了规范企业会计政策的应用，会计政策、会计估计变更和前期差错更正的确认、计量和相关信息的披露，根据《企业会计准则——基本准则》，制定本准则。

第二条　会计政策变更和前期差错更正的所得税影响，适用《企业会计准则第18号——所得税》。

第二章　会计政策

第三条　企业应当对相同或者相似的交易或者事项采用相同的会计政策进行处理。但是，其他会计准则另有规定的除外。

会计政策，是指企业在会计确认、计量和报告中所采用的原则、基础和会计处理方法。

第四条　企业采用的会计政策，在每一会计期间和前后各期应当保持一致，不得随意变更。但是，满足下列条件之一的，可以变更会计政策：

（一）法律、行政法规或者国家统一的会计制度等要求变更。

（二）会计政策变更能够提供更可靠、更相关的会计信息。

第五条　下列各项不属于会计政策变更：

（一）本期发生的交易或者事项与以前相比具有本质差别而采用新的会计政策。

（二）对初次发生的或不重要的交易或者事项采用新的会计政策。

第六条　企业根据法律、行政法规或者国家统一的会计制度等要求变更会计政策的，应当按照国家相关会计规定执行。

会计政策变更能够提供更可靠、更相关的会计信息的，应当采用追溯调整法处理，

将会计政策变更累积影响数调整列报前期最早期初留存收益，其他相关项目的期初余额和列报前期披露的其他比较数据也应当一并调整，但确定该项会计政策变更累积影响数不切实可行的除外。

追溯调整法，是指对某项交易或事项变更会计政策，视同该项交易或事项初次发生时即采用变更后的会计政策，并以此对财务报表相关项目进行调整的方法。

会计政策变更累积影响数，是指按照变更后的会计政策对以前各期追溯计算的列报前期最早期初留存收益应有金额与现有金额之间的差额。

第七条 确定会计政策变更对列报前期影响数不切实可行的，应当从可追溯调整的最早期间期初开始应用变更后的会计政策。

在当期期初确定会计政策变更对以前各期累积影响数不切实可行的，应当采用未来适用法处理。

未来适用法，是指将变更后的会计政策应用于变更日及以后发生的交易或者事项，或者在会计估计变更当期和未来期间确认会计估计变更影响数的方法。

第三章 会计估计变更

第八条 企业据以进行估计的基础发生了变化，或者由于取得新信息、积累更多经验以及后来的发展变化，可能需要对会计估计进行修订。会计估计变更的依据应当真实、可靠。

会计估计变更，是指由于资产和负债的当前状况及预期经济利益和义务发生了变化，从而对资产或负债的账面价值或者资产的定期消耗金额进行调整。

第九条 企业对会计估计变更应当采用未来适用法处理。

会计估计变更仅影响变更当期的，其影响数应当在变更当期予以确认；既影响变更当期又影响未来期间的，其影响数应当在变更当期和未来期间予以确认。

第十条 企业难以对某项变更区分为会计政策变更或会计估计变更的，应当将其作为会计估计变更处理。

第四章 前期差错更正

第十一条 前期差错，是指由于没有运用或错误运用下列两种信息，而对前期财务报表造成省略漏或错报。

(一)编报前期财务报表时预期能够取得并加以考虑的可靠信息。

(二)前期财务报告批准报出时能够取得的可靠信息。

前期差错通常包括计算错误、应用会计政策错误、疏忽或曲解事实以及舞弊产生的影响以及存货、固定资产盘盈等。

第十二条 企业应当采用追溯重述法更正重要的前期差错，但确定前期差错累积影响数不切实可行的除外。

追溯重述法，是指在发现前期差错时，视同该项前期差错从未发生过，从而对财务报表相关项目进行更正的方法。

第十三条 确定前期差错影响数不切实可行的，可以从可追溯重述的最早期间开始调整留存收益的期初余额，财务报表其他相关项目的期初余额也应当一并调整，也可以采用未来适用法。

第十四条 企业应当在重要的前期差错发现当期的财务报表中，调整前期比较数据。

第五章 披 露

第十五条 企业应当在附注中披露与会计政策变更有关的下列信息：

(一)会计政策变更的性质、内容和原因。

(二)当期和各个列报前期财务报表中受影响的项目名称和调整金额。

(三)无法进行追溯调整的，说明该事实和原因以及开始应用变更后的会计政策的时点、具体应用情况。

第十六条 企业应当在附注中披露与会计估计变更有关的下列信息：

(一)会计估计变更的内容和原因。

(二)会计估计变更对当期和未来期间的影响数。

(三)会计估计变更的影响数不能确定的，披露这一事实和原因。

第十七条 企业应当在附注中披露与前期差错更正有关的下列信息：

(一)前期差错的性质。

(二)各个列报前期财务报表中受影响的项目名称和更正金额。

(三)无法进行追溯重述的，说明该事实和原因以及对前期差错开始进行更正的时点、具体更正情况。

第十八条 在以后期间的财务报表中，不需要重复披露在以前期间的附注中已披露的会计政策变更和前期差错更正的信息。

企业会计准则第 29 号
——资产负债表日后事项

（财会〔2006〕3 号）

第一章　总　则

第一条　为了规范资产负债表日后事项的确认、计量和相关信息的披露，根据《企业会计准则——基本准则》，制定本准则。

第二条　资产负债表日后事项，是指资产负债表日至财务报告批准报出日之间发生的有利或不利事项。财务报告批准报出日，是指董事会或类似机构批准财务报告报出的日期。

资产负债表日后事项包括资产负债表日后调整事项和资产负债表日后非调整事项。

资产负债表日后调整事项，是指对资产负债表日已经存在的情况提供了新的或进一步证据的事项。

资产负债表日后非调整事项，是指表明资产负债表日后发生的情况的事项。

第三条　资产负债表日后事项表明持续经营假设不再适用的，企业不应当在持续经营基础上编制财务报表。

第二章　资产负债表日后调整事项

第四条　企业发生的资产负债表日后调整事项，应当调整资产负债表日的财务报表。

第五条　企业发生的资产负债表日后调整事项，通常包括下列各项：

（一）资产负债表日后诉讼案件结案，法院判决证实了企业在资产负债表日已经存在现时义务，需要调整原先确认的与该诉讼案件相关的预计负债，或确认一项新负债。

（二）资产负债表日后取得确凿证据，表明某项资产在资产负债表日发生了减值或者需要调整该项资产原先确认的减值金额。

（三）资产负债表日后进一步确定了资产负债表日前购入资产的成本或售出资产的收入。

（四）资产负债表日后发现了财务报表舞弊或差错。

第三章　资产负债表日后非调整事项

第六条　企业发生的资产负债表日后非调整事项，不应当调整资产负债表日的财务报表。

第七条　企业发生的资产负债表日后非调整事项，通常包括下列各项：

（一）资产负债表日后发生重大诉讼、仲裁、承诺。

（二）资产负债表日后资产价格、税收政策、外汇汇率发生重大变化。

（三）资产负债表日后因自然灾害导致资产发生重大损失。

（四）资产负债表日后发行股票和债券以及其他巨额举债。

（五）资产负债表日后资本公积转增资本。

（六）资产负债表日后发生巨额亏损。

（七）资产负债表日后发生企业合并或处置子公司。

第八条　资产负债表日后，企业利润分配方案中拟分配的以及经审议批准宣告发放的股利或利润，不确认为资产负债表日的负债，但应当在附注中单独披露。

第四章　披　露

第九条　企业应当在附注中披露与资产负债表日后事项有关的下列信息：

（一）财务报告的批准报出者和财务报告批准报出日。

按照有关法律、行政法规等规定，企业所有者或其他方面有权对报出的财务报告进行修改的，应当披露这一情况。

（二）每项重要的资产负债表日后非调整事项的性质、内容，及其对财务状况和经营成果的影响。无法做出估计的，应当说明原因。

第十条　企业在资产负债表日后取得了影响资产负债表日存在情况的新的或进一步的证据，应当调整与之相关的披露信息。

企业会计准则第 30 号——财务报表列报

（财会〔2014〕7 号）

第一章　总　则

第一条　为了规范财务报表的列报，保证同一企业不同期间和同一期间不同企业的财务报表相互可比，根据《企业会计准则——基本准则》，制定本准则。

第二条　财务报表是对企业财务状况、经营成果和现金流量的结构性表述。财务报表至少应当包括下列组成部分：

（一）资产负债表。

（二）利润表。

（三）现金流量表。

（四）所有者权益（或股东权益，下同）变动表。

（五）附注。

财务报表上述组成部分具有同等的重要程度。

第三条　本准则适用于个别财务报表和合并财务报表，以及年度财务报表和中期财务报表，《企业会计准则第 32 号——中期财务报告》另有规定的除外。合并财务报表的编制和列报，还应遵循《企业会计准则第 33 号——合并财务报表》；现金流量表的编制和列报，还应遵循《企业会计准则第 31 号——现金流量表》；其他会计准则的特殊列报要求，适用其他相关会计准则。

第二章　基本要求

第四条　企业应当以持续经营为基础，根据实际发生的交易和事项，按照《企业会计准则——基本准则》和其他各项会计准则的规定进行确认和计量，在此基础上编制财务报表。企业不应以附注披露代替确认和计量，不恰当的确认和计量也不能通过充分披露相关会计政策而纠正。

如果按照各项会计准则规定披露的信息不足以让报表使用者了解特定交易或事项对企业财务状况和经营成果的影响时，企业还应当披露其他的必要信息。

第五条 在编制财务报表的过程中，企业管理层应当利用所有可获得信息来评价企业自报告期末起至少 12 个月的持续经营能力。

评价时需要考虑宏观政策风险、市场经营风险、企业目前或长期的盈利能力、偿债能力、财务弹性以及企业管理层改变经营政策的意向等因素。

评价结果表明对持续经营能力产生重大怀疑的，企业应当在附注中披露导致对持续经营能力产生重大怀疑的因素以及企业拟采取的改善措施。

第六条 企业如有近期获利经营的历史且有财务资源支持，则通常表明以持续经营为基础编制财务报表是合理的。

企业正式决定或被迫在当期或将在下一个会计期间进行清算或停止营业的，则表明以持续经营为基础编制财务报表不再合理。在这种情况下，企业应当采用其他基础编制财务报表，并在附注中声明财务报表未以持续经营为基础编制的事实、披露未以持续经营为基础编制的原因和财务报表的编制基础。

第七条 除现金流量表按照收付实现制原则编制外，企业应当按照权责发生制原则编制财务报表。

第八条 财务报表项目的列报应当在各个会计期间保持一致，不得随意变更，但下列情况除外：

（一）会计准则要求改变财务报表项目的列报。

（二）企业经营业务的性质发生重大变化或对企业经营影响较大的交易或事项发生后，变更财务报表项目的列报能够提供更可靠、更相关的会计信息。

第九条 性质或功能不同的项目，应当在财务报表中单独列报，但不具有重要性的项目除外。

性质或功能类似的项目，其所属类别具有重要性的，应当按其类别在财务报表中单独列报。

某些项目的重要性程度不足以在资产负债表、利润表、现金流量表或所有者权益变动表中单独列示，但对附注却具有重要性，则应当在附注中单独披露。

第十条 重要性，是指在合理预期下，财务报表某项目的省略或错报会影响使用者据此做出经济决策的，该项目具有重要性。

重要性应当根据企业所处的具体环境，从项目的性质和金额两方面予以判断，且对各项目重要性的判断标准一经确定，不得随意变更。判断项目性质的重要性，应当考虑该项目在性质上是否属于企业日常活动、是否显著影响企业的财务状况、经营成果和现金流量等因素；判断项目金额大小的重要性，应当考虑该项目金额占资产总额、负债总额、所有者权益总额、营业收入总额、营业成本总额、净利润、综合收益总额等直接相关项目金额的比重或所属报表单列项目金额的比重。

第十一条 财务报表中的资产项目和负债项目的金额、收入项目和费用项目的金额、直接计入当期利润的利得项目和损失项目的金额不得相互抵销，但其他会计准则另有规定的除外。

一组类似交易形成的利得和损失应当以净额列示，但具有重要性的除外。

资产或负债项目按扣除备抵项目后的净额列示，不属于抵销。

非日常活动产生的利得和损失，以同一交易形成的收益扣减相关费用后的净额列示更能反映交易实质的，不属于抵销。

第十二条 当期财务报表的列报，至少应当提供所有列报项目上一个可比会计期间的比较数据，以及与理解当期财务报表相关的说明，但其他会计准则另有规定的除外。

根据本准则第八条的规定，财务报表的列报项目发生变更的，应当至少对可比期间的数据按照当期的列报要求进行调整，并在附注中披露调整的原因和性质，以及调整的各项目金额。对可比数据进行调整不切实可行的，应当在附注中披露不能调整的原因。

不切实可行，是指企业在做出所有合理努力后仍然无法采用某项会计准则规定。

第十三条 企业应当在财务报表的显著位置至少披露下列各项：

(一)编报企业的名称。

(二)资产负债表日或财务报表涵盖的会计期间。

(三)人民币金额单位。

(四)财务报表是合并财务报表的，应当予以标明。

第十四条 企业至少应当按年编制财务报表。年度财务报表涵盖的期间短于一年的，应当披露年度财务报表的涵盖期间、短于一年的原因以及报表数据不具可比性的事实。

第十五条 本准则规定在财务报表中单独列报的项目，应当单独列报。其他会计准则规定单独列报的项目，应当增加单独列报项目。

第三章 资产负债表

第十六条 资产和负债应当分别流动资产和非流动资产、流动负债和非流动负债列示。

金融企业等销售产品或提供服务不具有明显可识别营业周期的企业，其各项资产或负债按照流动性列示能够提供可靠且更相关信息的，可以按照其流动性顺序列示。从事多种经营的企业，其部分资产或负债按照流动和非流动列报、其他部分资产或负债按照流动性列示能够提供可靠且更相关信息的，可以采用混合的列报方式。

对于同时包含资产负债表日后一年内(含一年，下同)和一年之后预期将收回或清偿金额的资产和负债单列项目，企业应当披露超过一年后预期收回或清偿的金额。

第十七条 资产满足下列条件之一的，应当归类为流动资产：

(一)预计在一个正常营业周期中变现、出售或耗用。

(二)主要为交易目的而持有。

(三)预计在资产负债表日起一年内变现。

(四)自资产负债表日起一年内，交换其他资产或清偿负债的能力不受限制的现金或现金等价物。

正常营业周期，是指企业从购买用于加工的资产起至实现现金或现金等价物的期间。正常营业周期通常短于一年。因生产周期较长等导致正常营业周期长于一年的，尽管相关资产往往超过一年才变现、出售或耗用，仍应当划分为流动资产。正常营业周期不能确定的，应当以一年(12 个月)作为正常营业周期。

第十八条 流动资产以外的资产应当归类为非流动资产，并应按其性质分类列示。被划分为持有待售的非流动资产应当归类为流动资产。

第十九条 负债满足下列条件之一的，应当归类为流动负债：

(一)预计在一个正常营业周期中清偿。

(二)主要为交易目的而持有。

(三)自资产负债表日起一年内到期应予以清偿。

(四)企业无权自主地将清偿推迟至资产负债表日后一年以上。负债在其对手方选择的情况下可通过发行权益进行清偿的条款与负债的流动性划分无关。

企业对资产和负债进行流动性分类时，应当采用相同的正常营业周期。企业正常营业周期中的经营性负债项目即使在资产负债表日后超过一年才予清偿的，仍应当划分为流动负债。经营性负债项目包括应付账款、应付职工薪酬等，这些项目属于企业正常营业周期中使用的营运资金的一部分。

第二十条 流动负债以外的负债应当归类为非流动负债，并应当按其性质分类列示。被划分为持有待售的非流动负债应当归类为流动负债。

第二十一条 对于在资产负债表日起一年内到期的负债，企业有意图且有能力自主地将清偿义务展期至资产负债表日后一年以上的，应当归类为非流动负债；不能自主地将清偿义务展期的，即使在资产负债表日后、财务报告批准报出日前签订了重新安排清偿计划协议，该项负债仍应当归类为流动负债。

第二十二条 企业在资产负债表日或之前违反了长期借款协议，导致贷款人可随时要求清偿的负债，应当归类为流动负债。

贷款人在资产负债表日或之前同意提供在资产负债表日后一年以上的宽限期，在此期限内企业能够改正违约行为，且贷款人不能要求随时清偿的，该项负债应当归类为非流动负债。

其他长期负债存在类似情况的，比照上述第一款和第二款处理。

第二十三条 资产负债表中的资产类至少应当单独列示反映下列信息的项目：

(一)货币资金。

(二)以公允价值计量且其变动计入当期损益的金融资产。

(三)应收款项。

(四)预付款项。

(五)存货。

(六)被划分为持有待售的非流动资产及被划分为持有待售的处置组中的资产。

(七)可供出售金融资产。

(八)持有至到期投资。

(九)长期股权投资。

(十)投资性房地产。

(十一)固定资产。

(十二)生物资产。

(十三)无形资产。

(十四)递延所得税资产。

第二十四条 资产负债表中的资产类至少应当包括流动资产和非流动资产的合计项目，按照企业的经营性质不切实可行的除外。

第二十五条 资产负债表中的负债类至少应当单独列示反映下列信息的项目：

(一)短期借款。

(二)以公允价值计量且其变动计入当期损益的金融负债。

(三)应付款项。

(四)预收款项。

(五)应付职工薪酬。

(六)应交税费。

(七)被划分为持有待售的处置组中的负债。

(八)长期借款。

(九)应付债券。

(十)长期应付款。

(十一)预计负债。

(十二)递延所得税负债。

第二十六条 资产负债表中的负债类至少应当包括流动负债、非流动负债和负债的合计项目，按照企业的经营性质不切实可行的除外。

第二十七条 资产负债表中的所有者权益类至少应当单独列示反映下列信息的项目：

（一）实收资本（或股本，下同）。

（二）资本公积。

（三）盈余公积。

（四）未分配利润。

在合并资产负债表中，应当在所有者权益类单独列示少数股东权益。

第二十八条 资产负债表中的所有者权益类应当包括所有者权益的合计项目。

第二十九条 资产负债表应当列示资产总计项目，负债和所有者权益总计项目。

第四章 利润表

第三十条 企业在利润表中应当对费用按照功能分类，分为从事经营业务发生的成本、管理费用、销售费用和财务费用等。

第三十一条 利润表至少应当单独列示反映下列信息的项目，但其他会计准则另有规定的除外：

（一）营业收入。

（二）营业成本。

（三）营业税金及附加。

（四）管理费用。

（五）销售费用。

（六）财务费用。

（七）投资收益。

（八）公允价值变动损益。

（九）资产减值损失。

（十）非流动资产处置损益。

（十一）所得税费用。

（十二）净利润。

（十三）其他综合收益各项目分别扣除所得税影响后的净额。

（十四）综合收益总额。

金融企业可以根据其特殊性列示利润表项目。

第三十二条 综合收益，是指企业在某一期间除与所有者以其所有者身份进行的交易之外的其他交易或事项所引起的所有者权益变动。综合收益总额项目反映净利润和其他综合收益扣除所得税影响后的净额相加后的合计金额。

第三十三条 其他综合收益，是指企业根据其他会计准则规定未在当期损益中确认的各项利得和损失。

其他综合收益项目应当根据其他相关会计准则的规定分为下列两类列报：

(一)以后会计期间不能重分类进损益的其他综合收益项目，主要包括重新计量设定受益计划净负债或净资产导致的变动、按照权益法核算的在被投资单位以后会计期间不能重分类进损益的其他综合收益中所享有的份额等。

(二)以后会计期间在满足规定条件时将重分类进损益的其他综合收益项目，主要包括按照权益法核算的在被投资单位以后会计期间在满足规定条件时将重分类进损益的其他综合收益中所享有的份额、可供出售金融资产公允价值变动形成的利得或损失、持有至到期投资重分类为可供出售金融资产形成的利得或损失、现金流量套期工具产生的利得或损失中属于有效套期的部分、外币财务报表折算差额等。

第三十四条 在合并利润表中，企业应当在净利润项目之下单独列示归属于母公司所有者的损益和归属于少数股东的损益，在综合收益总额项目之下单独列示归属于母公司所有者的综合收益总额和归属于少数股东的综合收益总额。

第五章 所有者权益变动表

第三十五条 所有者权益变动表应当反映构成所有者权益的各组成部分当期的增减变动情况。综合收益和与所有者(或股东，下同)的资本交易导致的所有者权益的变动，应当分别列示。

与所有者的资本交易，是指企业与所有者以其所有者身份进行的、导致企业所有者权益变动的交易。

第三十六条 所有者权益变动表至少应当单独列示反映下列信息的项目：

(一)综合收益总额，在合并所有者权益变动表中还应单独列示归属于母公司所有者的综合收益总额和归属于少数股东的综合收益总额。

(二)会计政策变更和前期差错更正的累积影响金额。

(三)所有者投入资本和向所有者分配利润等。

(四)按照规定提取的盈余公积。

(五)所有者权益各组成部分的期初和期末余额及其调节情况。

第六章 附 注

第三十七条 附注是对在资产负债表、利润表、现金流量表和所有者权益变动表等报表中列示项目的文字描述或明细资料，以及对未能在这些报表中列示项目的说明等。

第三十八条 附注应当披露财务报表的编制基础，相关信息应当与资产负债表、利润表、现金流量表和所有者权益变动表等报表中列示的项目相互参照。

第三十九条 附注一般应当按照下列顺序至少披露：

（一）企业的基本情况。

1. 企业注册地、组织形式和总部地址。

2. 企业的业务性质和主要经营活动。

3. 母公司以及集团最终母公司的名称。

4. 财务报告的批准报出者和财务报告批准报出日，或者以签字人及其签字日期为准。

5. 营业期限有限的企业，还应当披露有关其营业期限的信息。

（二）财务报表的编制基础。

（三）遵循企业会计准则的声明。

企业应当声明编制的财务报表符合企业会计准则的要求，真实、完整地反映了企业的财务状况、经营成果和现金流量等有关信息。

（四）重要会计政策和会计估计。

重要会计政策的说明，包括财务报表项目的计量基础和在运用会计政策过程中所做的重要判断等。重要会计估计的说明，包括可能导致下一个会计期间内资产、负债账面价值重大调整的会计估计的确定依据等。

企业应当披露采用的重要会计政策和会计估计，并结合企业的具体实际披露其重要会计政策的确定依据和财务报表项目的计量基础，及其会计估计所采用的关键假设和不确定因素。

（五）会计政策和会计估计变更以及差错更正的说明。

企业应当按照《企业会计准则第28号——会计政策、会计估计变更和差错更正》的规定，披露会计政策和会计估计变更以及差错更正的情况。

（六）报表重要项目的说明。

企业应当按照资产负债表、利润表、现金流量表、所有者权益变动表及其项目列示的顺序，对报表重要项目的说明采用文字和数字描述相结合的方式进行披露。报表重要项目的明细金额合计，应当与报表项目金额相衔接。

企业应当在附注中披露费用按照性质分类的利润表补充资料，可将费用分为耗用的原材料、职工薪酬费用、折旧费用、摊销费用等。

(七)或有和承诺事项、资产负债表日后非调整事项、关联方关系及其交易等需要说明的事项。

(八)有助于财务报表使用者评价企业管理资本的目标、政策及程序的信息。

第四十条 企业应当在附注中披露下列关于其他综合收益各项目的信息：

(一)其他综合收益各项目及其所得税影响。

(二)其他综合收益各项目原计入其他综合收益、当期转出计入当期损益的金额。

(三)其他综合收益各项目的期初和期末余额及其调节情况。

第四十一条 企业应当在附注中披露终止经营的收入、费用、利润总额、所得税费用和净利润，以及归属于母公司所有者的终止经营利润。

第四十二条 终止经营，是指满足下列条件之一的已被企业处置或被企业划归为持有待售的、在经营和编制财务报表时能够单独区分的组成部分：

(一)该组成部分代表一项独立的主要业务或一个主要经营地区。

(二)该组成部分是拟对一项独立的主要业务或一个主要经营地区进行处置计划的一部分。

(三)该组成部分是仅仅为了再出售而取得的子公司。

同时满足下列条件的企业组成部分(或非流动资产，下同)应当确认为持有待售：该组成部分必须在其当前状况下仅根据出售此类组成部分的惯常条款即可立即出售；企业已经就处置该组成部分做出决议，如按规定需得到股东批准的，应当已经取得股东大会或相应权力机构的批准；企业已经与受让方签订了不可撤销的转让协议；该项转让将在一年内完成。

第四十三条 企业应当在附注中披露在资产负债表日后、财务报告批准报出日前提议或宣布发放的股利总额和每股股利金额(或向投资者分配的利润总额)。

第七章 衔接规定

第四十四条 在本准则施行日之前已经执行企业会计准则的企业，应当按照本准则调整财务报表的列报项目；涉及有关报表和附注比较数据的，也应当做相应调整，调整不切实可行的除外。

第八章　附　则

第四十五条　本准则自 2014 年 7 月 1 日起施行。

企业会计准则第31号——现金流量表

（财会〔2006〕3号）

第一章　总　则

第一条　为了规范现金流量表的编制和列报，根据《企业会计准则——基本准则》，制定本准则。

第二条　现金流量表，是指反映企业在一定会计期间现金和现金等价物流入和流出的报表。

现金，是指企业库存现金以及可以随时用于支付的存款。

现金等价物，是指企业持有的期限短、流动性强、易于转换为已知金额现金、价值变动风险很小的投资。

本准则提及现金时，除非同时提及现金等价物，均包括现金和现金等价物。

第三条　合并现金流量表的编制和列报，适用《企业会计准则第33号——合并财务报表》。

第二章　基本要求

第四条　现金流量表应当分别经营活动、投资活动和筹资活动列报现金流量。

第五条　现金流量应当分别按照现金流入和现金流出总额列报。

但是，下列各项可以按照净额列报：

（一）代客户收取或支付的现金。

（二）周转快、金额大、期限短项目的现金流入和现金流出。

（三）金融企业的有关项目，包括短期贷款发放与收回的贷款本金、活期存款的吸收与支付、同业存款和存放同业款项的存取、向其他金融企业拆借资金，以及证券的买入与卖出等。

第六条　自然灾害损失、保险索赔等特殊项目，应当根据其性质，分别归并到经营活动、投资活动和筹资活动现金流量类别中单独列报。

第七条 外币现金流量以及境外子公司的现金流量，应当采用现金流量发生日的即期汇率或按照系统合理的方法确定的、与现金流量发生日即期汇率近似的汇率折算。汇率变动对现金的影响额应当作为调节项目，在现金流量表中单独列报。

第三章　经营活动现金流量

第八条 企业应当采用直接法列示经营活动产生的现金流量。

经营活动，是指企业投资活动和筹资活动以外的所有交易和事项。

直接法，是指通过现金收入和现金支出的主要类别列示经营活动的现金流量。

第九条 有关经营活动现金流量的信息，可以通过下列途径之一取得：

(一)企业的会计记录。

(二)根据下列项目对利润表中的营业收入、营业成本以及其他项目进行调整：

1. 当期存货及经营性应收和应付项目的变动。

2. 固定资产折旧、无形资产摊销、计提资产减值准备等其他非现金项目。

3. 属于投资活动或筹资活动现金流量的其他非现金项目。

第十条 经营活动产生的现金流量至少应当单独列示反映下列信息的项目：

(一)销售商品、提供劳务收到的现金。

(二)收到的税费返还。

(三)收到其他与经营活动有关的现金。

(四)购买商品、接受劳务支付的现金。

(五)支付给职工以及为职工支付的现金。

(六)支付的各项税费。

(七)支付其他与经营活动有关的现金。

第十一条 金融企业可以根据行业特点和现金流量实际情况，合理确定经营活动现金流量项目的类别。

第四章　投资活动现金流量

第十二条 投资活动，是指企业长期资产的购建和不包括在现金等价物范围的投资及其处置活动。

第十三条 投资活动产生的现金流量至少应当单独列示反映下列信息的项目：

(一)收回投资收到的现金。

(二)取得投资收益收到的现金。

(三)处置固定资产、无形资产和其他长期资产收回的现金净额。

(四)处置子公司及其他营业单位收到的现金净额。

(五)收到其他与投资活动有关的现金。

(六)购建固定资产、无形资产和其他长期资产支付的现金。

(七)投资支付的现金。

(八)取得子公司及其他营业单位支付的现金净额。

(九)支付其他与投资活动有关的现金。

第五章　筹资活动现金流量

第十四条　筹资活动，是指导致企业资本及债务规模和构成发生变化的活动。

第十五条　筹资活动产生的现金流量至少应当单独列示反映下列信息的项目：

(一)吸收投资收到的现金。

(二)取得借款收到的现金。

(三)收到其他与筹资活动有关的现金。

(四)偿还债务支付的现金。

(五)分配股利、利润或偿付利息支付的现金。

(六)支付其他与筹资活动有关的现金。

第六章　披　露

第十六条　企业应当在附注中披露将净利润调节为经营活动现金流量的信息。至少应当单独披露对净利润进行调节的下列项目：

(一)资产减值准备。

(二)固定资产折旧。

(三)无形资产摊销。

(四)长期待摊费用摊销。

(五)待摊费用。

(六)预提费用。

(七)处置固定资产、无形资产和其他长期资产的损益。

(八)固定资产报废损失。

(九)公允价值变动损益。

(十)财务费用。

(十一)投资损益。

(十二)递延所得税资产和递延所得税负债。

(十三)存货。

(十四)经营性应收项目。

(十五)经营性应付项目。

第十七条 企业应当在附注中以总额披露当期取得或处置子公司及其他营业单位的下列信息:

(一)取得或处置价格。

(二)取得或处置价格中以现金支付的部分。

(三)取得或处置子公司及其他营业单位收到的现金。

(四)取得或处置子公司及其他营业单位按照主要类别分类的非现金资产和负债。

第十八条 企业应当在附注中披露不涉及当期现金收支、但影响企业财务状况或在未来可能影响企业现金流量的重大投资和筹资活动。

第十九条 企业应当在附注中披露与现金和现金等价物有关的下列信息:

(一)现金和现金等价物的构成及其在资产负债表中的相应金额。

(二)企业持有但不能由母公司或集团内其他子公司使用的大额现金和现金等价物金额。

企业会计准则第 32 号
——中期财务报告

（财会〔2006〕3 号）

第一章　总　则

第一条　为了规范中期财务报告的内容和编制中期财务报告应当遵循的确认与计量原则，根据《企业会计准则——基本准则》，制定本准则。

第二条　中期财务报告，是指以中期为基础编制的财务报告。

中期，是指短于一个完整的会计年度的报告期间。

第二章　中期财务报告的内容

第三条　中期财务报告至少应当包括资产负债表、利润表、现金流量表和附注。

中期资产负债表、利润表和现金流量表应当是完整报表，其格式和内容应当与上年度财务报表相一致。

当年新施行的会计准则对财务报表格式和内容做了修改的，中期财务报表应当按照修改后的报表格式和内容编制，上年度比较财务报表的格式和内容，也应当做相应调整。

基本每股收益和稀释每股收益应当在中期利润表中单独列示。

第四条　上年度编制合并财务报表的，中期期末应当编制合并财务报表。

上年度财务报告除了包括合并财务报表，还包括母公司财务报表的，中期财务报告也应当包括母公司财务报表。

上年度财务报告包括了合并财务报表，但报告中期内处置了所有应当纳入合并范围的子公司的，中期财务报告只需提供母公司财务报表，但上年度比较财务报表仍应当包括合并财务报表，上年度可比中期没有子公司的除外。

第五条　中期财务报告应当按照下列规定提供比较财务报表：

（一）本中期末的资产负债表和上年度末的资产负债表。

（二）本中期的利润表、年初至本中期末的利润表以及上年度可比期间的利润表。

（三）年初至本中期末的现金流量表和上年度年初至可比本中期末的现金流量表。

第六条 财务报表项目在报告中期做了调整或者修订的，上年度比较财务报表项目有关金额应当按照本年度中期财务报表的要求重新分类，并在附注中说明重新分类的原因及其内容，无法重新分类的，应当在附注中说明不能重新分类的原因。

第七条 中期财务报告中的附注应当以年初至本中期末为基础编制，披露自上年度资产负债表日之后发生的，有助于理解企业财务状况、经营成果和现金流量变化情况的重要交易或者事项。

对于理解本中期财务状况、经营成果和现金流量有关的重要交易或者事项，也应当在附注中作相应披露。

第八条 中期财务报告中的附注至少应当包括下列信息：

（一）中期财务报表所采用的会计政策与上年度财务报表相一致的声明。

会计政策发生变更的，应当说明会计政策变更的性质、内容、原因及其影响数；无法进行追溯调整的，应当说明原因。

（二）会计估计变更的内容、原因及其影响数；影响数不能确定的，应当说明原因。

（三）前期差错的性质及其更正金额；无法进行追溯重述的，应当说明原因。

（四）企业经营的季节性或者周期性特征。

（五）存在控制关系的关联方发生变化的情况；关联方之间发生交易的，应当披露关联方关系的性质、交易类型和交易要素。

（六）合并财务报表的合并范围发生变化的情况。

（七）对性质特别或者金额异常的财务报表项目的说明。

（八）证券发行、回购和偿还情况。

（九）向所有者分配利润的情况，包括在中期内实施的利润分配和已提出或者已批准但尚未实施的利润分配情况。

（十）根据《企业会计准则第 35 号——分部报告》规定披露分部报告信息的，应当披露主要报告形式的分部收入与分部利润（亏损）。

（十一）中期资产负债表日至中期财务报告批准报出日之间发生的非调整事项。

（十二）上年度资产负债表日以后所发生的或有负债和或有资产的变化情况。

（十三）企业结构变化情况，包括企业合并，对被投资单位具有重大影响、共同控制或者控制关系的长期股权投资的购买或者处置，终止经营等。

（十四）其他重大交易或者事项，包括重大的长期资产转让及其出售情况、重大的固定资产和无形资产取得情况、重大的研究和开发支出、重大的资产减值损失情况等。

企业在提供上述（五）和（十）有关关联方交易、分部收入与分部利润（亏损）信息时，应当同时提供本中期(或者本中期末)和本年度年初至本中期末的数据，以及上年度可比本中期(或者可比期末)和可比年初至本中期末的比较数据。

第九条 企业在确认、计量和报告各中期财务报表项目时，对项目重要性程度的判断，应当以中期财务数据为基础，不应以年度财务数据为基础。中期会计计量与年度财务数据相比，可在更大程度上依赖于估计，但是，企业应当确保所提供的中期财务报告包括了相关的重要信息。

第十条 在同一会计年度内，以前中期财务报告中报告的某项估计金额在最后一个中期发生了重大变更、企业又不单独编制该中期财务报告的，应当在年度财务报告的附注中披露该项估计变更的内容、原因及其影响金额。

第三章 确认和计量

第十一条 企业在中期财务报表中应当采用与年度财务报表相一致的会计政策。

上年度资产负债表日之后发生了会计政策变更，且变更后的会计政策将在年度财务报表中采用的，中期财务报表应当采用变更后的会计政策，并按照本准则第十四条的规定处理。

第十二条 中期会计计量应当以年初至本中期末为基础，财务报告的频率不应当影响年度结果的计量。

在同一会计年度内，以前中期财务报表项目在以后中期发生了会计估计变更的，以后中期财务报表应当反映该会计估计变更后的金额，但对以前中期财务报表项目金额不做调整。同时，该会计估计变更应当按照本准则第八条(二)或者第十条的规定在附注中做相应披露。

第十三条 企业取得的季节性、周期性或者偶然性收入，应当在发生时予以确认和计量，不应在中期财务报表中预计或者递延，但会计年度末允许预计或者递延的除外。

企业在会计年度中不均匀发生的费用，应当在发生时予以确认和计量，不应在中期财务报表中预提或者待摊，但会计年度末允许预提或者待摊的除外。

第十四条 企业在中期发生了会计政策变更的，应当按照《企业会计准则第28号——会计政策、会计估计变更和差错更正》处理，并按照本准则第八条(一)的规定在附注中作相应披露。

会计政策变更的累积影响数能够合理确定、且涉及本会计年度以前中期财务报表相关项目数字的，应当予以追溯调整，视同该会计政策在整个会计年度一贯采用；同时，上年度可比财务报表也应当做相应调整。

企业会计准则第33号
——合并财务报表

（财会〔2014〕10号）

第一章　总　则

第一条　为了规范合并财务报表的编制和列报，根据《企业会计准则——基本准则》，制定本准则。

第二条　合并财务报表，是指反映母公司和其全部子公司形成的企业集团整体财务状况、经营成果和现金流量的财务报表。

母公司，是指控制一个或一个以上主体（含企业、被投资单位中可分割的部分，以及企业所控制的结构化主体等，下同）的主体。

子公司，是指被母公司控制的主体。

第三条　合并财务报表至少应当包括下列组成部分：

（一）合并资产负债表。

（二）合并利润表。

（三）合并现金流量表。

（四）合并所有者权益（或股东权益，下同）变动表。

（五）附注。

企业集团中期期末编制合并财务报表的，至少应当包括合并资产负债表、合并利润表、合并现金流量表和附注。

第四条　母公司应当编制合并财务报表。

如果母公司是投资性主体，且不存在为其投资活动提供相关服务的子公司，则不应当编制合并财务报表，该母公司按照本准则第二十一条规定以公允价值计量其对所有子公司的投资，且公允价值变动计入当期损益。

第五条　外币财务报表折算，适用《企业会计准则第19号——外币折算》和《企业会计准则第31号——现金流量表》。

第六条　关于在子公司权益的披露，适用《企业会计准则第41号——在其他主体中权益的披露》。

第二章　合并范围

第七条　合并财务报表的合并范围应当以控制为基础予以确定。

控制，是指投资方拥有对被投资方的权力，通过参与被投资方的相关活动而享有可变回报，并且有能力运用对被投资方的权力影响其回报金额。

本准则所称相关活动，是指对被投资方的回报产生重大影响的活动。被投资方的相关活动应当根据具体情况进行判断，通常包括商品或劳务的销售和购买、金融资产的管理、资产的购买和处置、研究与开发活动以及融资活动等。

第八条　投资方应当在综合考虑所有相关事实和情况的基础上对是否控制被投资方进行判断。一旦相关事实和情况的变化导致对控制定义所涉及的相关要素发生变化的，投资方应

当进行重新评估。相关事实和情况主要包括：

(一)被投资方的设立目的。

(二)被投资方的相关活动以及如何对相关活动做出决策。

(三)投资方享有的权利是否使其目前有能力主导被投资方的相关活动。

(四)投资方是否通过参与被投资方的相关活动而享有可变回报。

(五)投资方是否有能力运用对被投资方的权力影响其回报金额。

(六)投资方与其他方的关系。

第九条　投资方享有现时权利使其目前有能力主导被投资方的相关活动，而不论其是否实际行使该权利，视为投资方拥有对被投资方的权力。

第十条　两个或两个以上投资方分别享有能够单方面主导被投资方不同相关活动的现时权利的，能够主导对被投资方回报产生最重大影响的活动的一方拥有对被投资方的权力。

第十一条　投资方在判断是否拥有对被投资方的权力时，应当仅考虑与被投资方相关的实质性权利，包括自身所享有的实质性权利以及其他方所享有的实质性权利。

实质性权利，是指持有人在对相关活动进行决策时有实际能力行使的可执行权利。判断一项权利是否为实质性权利，应当综合考虑所有相关因素，包括权利持有人行使该项权利是否存在财务、价格、条款、机制、信息、运营、法律法规等方面的障碍；当权利由多方持有或者行权需要多方同意时，是否存在实际可行的机制使得这些权利持有人在其愿意的情况下能够一致行权；权利持有人能否从行权中获利等。

某些情况下，其他方享有的实质性权利有可能会阻止投资方对被投资方的控制。这种实质性权利既包括提出议案以供决策的主动性权利，也包括对已提出议案做出决策的

被动性权利。

第十二条 仅享有保护性权利的投资方不拥有对被投资方的权力。

保护性权利，是指仅为了保护权利持有人利益却没有赋予持有人对相关活动决策权的一项权利。保护性权利通常只能在被投资方发生根本性改变或某些例外情况发生时才能够行使，它既没有赋予其持有人对被投资方拥有权力，也不能阻止其他方对被投资方拥有权力。

第十三条 除非有确凿证据表明其不能主导被投资方相关活动，下列情况，表明投资方对被投资方拥有权力：

（一）投资方持有被投资方半数以上的表决权的。

（二）投资方持有被投资方半数或以下的表决权，但通过与其他表决权持有人之间的协议能够控制半数以上表决权的。

第十四条 投资方持有被投资方半数或以下的表决权，但综合考虑下列事实和情况后，判断投资方持有的表决权足以使其目前有能力主导被投资方相关活动的，视为投资方对被投资方拥有权力：

（一）投资方持有的表决权相对于其他投资方持有的表决权份额的大小，以及其他投资方持有表决权的分散程度。

（二）投资方和其他投资方持有的被投资方的潜在表决权，如可转换公司债券、可执行认股权证等。

（三）其他合同安排产生的权利。

（四）被投资方以往的表决权行使情况等其他相关事实和情况。

第十五条 当表决权不能对被投资方的回报产生重大影响时，如仅与被投资方的日常行政管理活动有关，并且被投资方的相关活动由合同安排所决定，投资方需要评估这些合同安排，以评价其享有的权利是否足够使其拥有对被投资方的权力。

第十六条 某些情况下，投资方可能难以判断其享有的权利是否足以使其拥有对被投资方的权力。在这种情况下，投资方应当考虑其具有实际能力以单方面主导被投资方相关活动的证据，从而判断其是否拥有对被投资方的权力。投资方应考虑的因素包括但不限于下列事项：

（一）投资方能否任命或批准被投资方的关键管理人员。

（二）投资方能否出于其自身利益决定或否决被投资方的重大交易。

（三）投资方能否掌控被投资方董事会等类似权力机构成员的任命程序，或者从其他表决权持有人手中获得代理权。

（四）投资方与被投资方的关键管理人员或董事会等类似权力机构中的多数成员是否存在关联方关系。

投资方与被投资方之间存在某种特殊关系的，在评价投资方是否拥有对被投资方的权力时，应当适当考虑这种特殊关系的影响。特殊关系通常包括：被投资方的关键管理人员是投资方的现任或前任职工、被投资方的经营依赖于投资方、被投资方活动的重大部分有投资方参与其中或者是以投资方的名义进行、投资方自被投资方承担可变回报的风险或享有可变回报的收益远超过其持有的表决权或其他类似权利的比例等。

第十七条 投资方自被投资方取得的回报可能会随着被投资方业绩而变动的，视为享有可变回报。投资方应当基于合同安排的实质而非回报的法律形式对回报的可变性进行评价。

第十八条 投资方在判断是否控制被投资方时，应当确定其自身是以主要责任人还是代理人的身份行使决策权，在其他方拥有决策权的情况下，还需要确定其他方是否以其代理人的身份代为行使决策权。

代理人仅代表主要责任人行使决策权，不控制被投资方。投资方将被投资方相关活动的决策权委托给代理人的，应当将该决策权视为自身直接持有。

第十九条 在确定决策者是否为代理人时，应当综合考虑该决策者与被投资方以及其他投资方之间的关系。

(一)存在单独一方拥有实质性权利可以无条件罢免决策者的，该决策者为代理人。

(二)除(一)以外的情况下，应当综合考虑决策者对被投资方的决策权范围、其他方享有的实质性权利、决策者的薪酬水平、决策者因持有被投资方中的其他权益所承担可变回报的风险等相关因素进行判断。

第二十条 投资方通常应当对是否控制被投资方整体进行判断。但极个别情况下，有确凿证据表明同时满足下列条件并且符合相关法律法规规定的，投资方应当将被投资方的一部分(以下简称“该部分”)视为被投资方可分割的部分(单独主体)，进而判断是否控制该部分(单独主体)。

(一)该部分的资产是偿付该部分负债或该部分其他权益的唯一来源，不能用于偿还该部分以外的被投资方的其他负债。

(二)除与该部分相关的各方外，其他方不享有与该部分资产相关的权利，也不享有与该部分资产剩余现金流量相关的权利。

第二十一条 母公司应当将其全部子公司(包括母公司所控制的单独主体)纳入合并财务报表的合并范围。

如果母公司是投资性主体，则母公司应当仅将为其投资活动提供相关服务的子公司(如有)纳入合并范围并编制合并财务报表；其他子公司不应当予以合并，母公司对其他子公司的投资应当按照公允价值计量且其变动计入当期损益。

第二十二条 当母公司同时满足下列条件时，该母公司属于投资性主体：

(一)该公司是以向投资者提供投资管理服务为目的，从一个或多个投资者处获取资金。

（二）该公司的唯一经营目的，是通过资本增值、投资收益或两者兼有而让投资者获得回报。

（三）该公司按照公允价值对几乎所有投资的业绩进行考量和评价。

第二十三条 母公司属于投资性主体的，通常情况下应当符合下列所有特征：

（一）拥有一个以上投资。

（二）拥有一个以上投资者。

（三）投资者不是该主体的关联方。

（四）其所有者权益以股权或类似权益方式存在。

第二十四条 投资性主体的母公司本身不是投资性主体，则应当将其控制的全部主体，包括那些通过投资性主体所间接控制的主体，纳入合并财务报表范围。

第二十五条 当母公司由非投资性主体转变为投资性主体时，除仅将为其投资活动提供相关服务的子公司纳入合并财务报表范围编制合并财务报表外，企业自转变日起对其他子公司不再予以合并，并参照本准则第四十九条的规定，按照视同在转变日处置子公司但保留剩余股权的原则进行会计处理。

当母公司由投资性主体转变为非投资性主体时，应将原未纳入合并财务报表范围的子公司于转变日纳入合并财务报表范围，原未纳入合并财务报表范围的子公司在转变日的公允价值视同为购买的交易对价。

第三章 合并程序

第二十六条 母公司应当以自身和其子公司的财务报表为基础，根据其他有关资料，编制合并财务报表。

母公司编制合并财务报表，应当将整个企业集团视为一个会计主体，依据相关企业会计准则的确认、计量和列报要求，按照统一的会计政策，反映企业集团整体财务状况、经营成果和现金流量。

（一）合并母公司与子公司的资产、负债、所有者权益、收入、费用和现金流等项目。

（二）抵销母公司对子公司的长期股权投资与母公司在子公司所有者权益中所享有的份额。

（三）抵销母公司与子公司、子公司相互之间发生的内部交易的影响。内部交易表明相关资产发生减值损失的，应当全额确认该部分损失。

（四）站在企业集团角度对特殊交易事项予以调整。

第二十七条 母公司应当统一子公司所采用的会计政策，使子公司采用的会计政策与母公司保持一致。

子公司所采用的会计政策与母公司不一致的，应当按照母公司的会计政策对子公司财务报表进行必要的调整；或者要求子公司按照母公司的会计政策另行编报财务报表。

第二十八条 母公司应当统一子公司的会计期间，使子公司的会计期间与母公司保持一致。

子公司的会计期间与母公司不一致的，应当按照母公司的会计期间对子公司财务报表进行调整；或者要求子公司按照母公司的会计期间另行编报财务报表。

第二十九条 在编制合并财务报表时，子公司除了应当向母公司提供财务报表外，还应当向母公司提供下列有关资料：

(一)采用的与母公司不一致的会计政策及其影响金额。

(二)与母公司不一致的会计期间的说明。

(三)与母公司、其他子公司之间发生的所有内部交易的相关资料。

(四)所有者权益变动的有关资料。

(五)编制合并财务报表所需要的其他资料。

第一节 合并资产负债表

第三十条 合并资产负债表应当以母公司和子公司的资产负债表为基础，在抵销母公司与子公司、子公司相互之间发生的内部交易对合并资产负债表的影响后，由母公司合并编制。

(一)母公司对子公司的长期股权投资与母公司在子公司所有者权益中所享有的份额应当相互抵销，同时抵销相应的长期股权投资减值准备。

子公司持有母公司的长期股权投资，应当视为企业集团的库存股，作为所有者权益的减项，在合并资产负债表中所有者权益项目下以“减：库存股”项目列示。

子公司相互之间持有的长期股权投资，应当比照母公司对子公司的股权投资的抵销方法，将长期股权投资与其对应的子公司所有者权益中所享有的份额相互抵销。

(二)母公司与子公司、子公司相互之间的债权与债务项目应当相互抵销，同时抵销相应的减值准备。

(三)母公司与子公司、子公司相互之间销售商品(或提供劳务，下同)或其他方式形成的存货、固定资产、工程物资、在建工程、无形资产等所包含的未实现内部销售损益应当抵销。

对存货、固定资产、工程物资、在建工程和无形资产等计提的跌价准备或减值准备与未实现内部销售损益相关的部分应当抵销。

(四)母公司与子公司、子公司相互之间发生的其他内部交易对合并资产负债表的影响应当抵销。

（五）因抵销未实现内部销售损益导致合并资产负债表中资产、负债的账面价值与其在所属纳税主体的计税基础之间产生暂时性差异的，在合并资产负债表中应当确认递延所得税资产或递延所得税负债，同时调整合并利润表中的所得税费用，但与直接计入所有者权益的交易或事项及企业合并相关的递延所得税除外。

第三十一条 子公司所有者权益中不属于母公司的份额，应当作为少数股东权益，在合并资产负债表中所有者权益项目下以“少数股东权益”项目列示。

第三十二条 母公司在报告期内因同一控制下企业合并增加的子公司以及业务，编制合并资产负债表时，应当调整合并资产负债表的期初数，同时应当对比较报表的相关项目进行调整，视同合并后的报告主体自最终控制方开始控制时点起一直存在。

因非同一控制下企业合并或其他方式增加的子公司以及业务，编制合并资产负债表时，不应当调整合并资产负债表的期初数。

第三十三条 母公司在报告期内处置子公司以及业务，编制合并资产负债表时，不应当调整合并资产负债表的期初数。

第二节 合并利润表

第三十四条 合并利润表应当以母公司和子公司的利润表为基础，在抵销母公司与子公司、子公司相互之间发生的内部交易对合并利润表的影响后，由母公司合并编制。

（一）母公司与子公司、子公司相互之间销售商品所产生的营业收入和营业成本应当抵销。

母公司与子公司、子公司相互之间销售商品，期末全部实现对外销售的，应当将购买方的营业成本与销售方的营业收入相互抵销。

母公司与子公司、子公司相互之间销售商品，期末未实现对外销售而形成存货、固定资产、工程物资、在建工程、无形资产等资产的，在抵销销售商品的营业成本和营业收入的同时，应当将各项资产所包含的未实现内部销售损益予以抵销。

（二）在对母公司与子公司、子公司相互之间销售商品形成的固定资产或无形资产所包含的未实现内部销售损益进行抵销的同时，也应当对固定资产的折旧额或无形资产的摊销额与未实现内部销售损益相关的部分进行抵销。

（三）母公司与子公司、子公司相互之间持有对方债券所产生的投资收益、利息收入及其他综合收益等，应当与其相对应的发行方利息费用相互抵销。

（四）母公司对子公司、子公司相互之间持有对方长期股权投资的投资收益应当抵销。

（五）母公司与子公司、子公司相互之间发生的其他内部交易对合并利润表的影响应当抵销。

第三十五条 子公司当期净损益中属于少数股东权益的份额，应当在合并利润表中净利润项目下以“少数股东损益”项目列示。

子公司当期综合收益中属于少数股东权益的份额，应当在合并利润表中综合收益总额项目下以“归属于少数股东的综合收益总额”项目列示。

第三十六条 母公司向子公司出售资产所发生的未实现内部交易损益，应当全额抵销“归属于母公司所有者的净利润”。

子公司向母公司出售资产所发生的未实现内部交易损益，应当按照母公司对该子公司的分配比例在“归属于母公司所有者的净利润”和“少数股东损益”之间分配抵销。

子公司之间出售资产所发生的未实现内部交易损益，应当按照母公司对出售方子公司的分配比例在“归属于母公司所有者的净利润”和“少数股东损益”之间分配抵销。

第三十七条 子公司少数股东分担的当期亏损超过了少数股东在该子公司期初所有者权益中所享有的份额的，其余额仍应当冲减少数股东权益。

第三十八条 母公司在报告期内因同一控制下企业合并增加的子公司以及业务，应当将该子公司以及业务合并当期期初至报告期末的收入、费用、利润纳入合并利润表，同时应当对比较报表的相关项目进行调整，视同合并后的报告主体自最终控制方开始控制时点起一直存在。

因非同一控制下企业合并或其他方式增加的子公司以及业务，应当将该子公司以及业务购买日至报告期末的收入、费用、利润纳入合并利润表。

第三十九条 母公司在报告期内处置子公司以及业务，应当将该子公司以及业务期初至处置日的收入、费用、利润纳入合并利润表。

第三节　合并现金流量表

第四十条 合并现金流量表应当以母公司和子公司的现金流量表为基础，在抵销母公司与子公司、子公司相互之间发生的内部交易对合并现金流量表的影响后，由母公司合并编制。

本准则提及现金时，除非同时提及现金等价物，均包括现金和现金等价物。

第四十一条 编制合并现金流量表应当符合下列要求：

(一)母公司与子公司、子公司相互之间当期以现金投资或收购股权增加的投资所产生的现金流量应当抵销。

(二)母公司与子公司、子公司相互之间当期取得投资收益、利息收入收到的现金，应当与分配股利、利润或偿付利息支付的现金相互抵销。

(三)母公司与子公司、子公司相互之间以现金结算债权与债务所产生的现金流量应当抵销。

(四)母公司与子公司、子公司相互之间当期销售商品所产生的现金流量应当抵销。

(五)母公司与子公司、子公司相互之间处置固定资产、无形资产和其他长期资产收回的现金净额，应当与购建固定资产、无形资产和其他长期资产支付的现金相互抵销。

(六)母公司与子公司、子公司相互之间当期发生的其他内部交易所产生的现金流量应当抵销。

第四十二条 合并现金流量表及其补充资料也可以根据合并资产负债表和合并利润表进行编制。

第四十三条 母公司在报告期内因同一控制下企业合并增加的子公司以及业务，应当将该子公司以及业务合并当期期初至报告期末的现金流量纳入合并现金流量表，同时应当对比较报表的相关项目进行调整，视同合并后的报告主体自最终控制方开始控制时点起一直存在。

因非同一控制下企业合并增加的子公司以及业务，应当将该子公司购买日至报告期末的现金流量纳入合并现金流量表。

第四十四条 母公司在报告期内处置子公司以及业务，应当将该子公司以及业务期初至处置日的现金流量纳入合并现金流量表。

第四节　合并所有者权益变动表

第四十五条 合并所有者权益变动表应当以母公司和子公司的所有者权益变动表为基础，在抵销母公司与子公司、子公司相互之间发生的内部交易对合并所有者权益变动表的影响后，由母公司合并编制。

(一)母公司对子公司的长期股权投资应当与母公司在子公司所有者权益中所享有的份额相互抵销。

子公司持有母公司的长期股权投资以及子公司相互之间持有的长期股权投资，应当按照本准则第三十条规定处理。

(二)母公司对子公司、子公司相互之间持有对方长期股权投资的投资收益应当抵销。

(三)母公司与子公司、子公司相互之间发生的其他内部交易对所有者权益变动的影响应当抵销。

合并所有者权益变动表也可以根据合并资产负债表和合并利润表进行编制。

第四十六条 有少数股东的，应当在合并所有者权益变动表中增加“少数股东权益”栏目，反映少数股东权益变动的情况。

第四章　特殊交易的会计处理

第四十七条　母公司购买子公司少数股东拥有的子公司股权，在合并财务报表中，因购买少数股权新取得的长期股权投资与按照新增持股比例计算应享有子公司自购买日或合并日开始持续计算的净资产份额之间的差额，应当调整资本公积(资本溢价或股本溢价)，资本公积不足冲减的，调整留存收益。

第四十八条　企业因追加投资等原因能够对非同一控制下的被投资方实施控制的，在合并财务报表中，对于购买日之前持有的被购买方的股权，应当按照该股权在购买日的公允价值进行重新计量，公允价值与其账面价值的差额计入当期投资收益；购买日之前持有的被购买方的股权涉及权益法核算下的其他综合收益等的，与其相关的其他综合收益等应当转为购买日所属当期收益。购买方应当在附注中披露其在购买日之前持有的被购买方的股权在购买日的公允价值、按照公允价值重新计量产生的相关利得或损失的金额。

第四十九条　母公司在不丧失控制权的情况下部分处置对子公司的长期股权投资，在合并财务报表中，处置价款与处置长期股权投资相对应享有子公司自购买日或合并日开始持续计算的净资产份额之间的差额，应当调整资本公积(资本溢价或股本溢价)，资本公积不足冲减的，调整留存收益。

第五十条　企业因处置部分股权投资等原因丧失了对被投资方的控制权的，在编制合并财务报表时，对于剩余股权，应当按照其在丧失控制权日的公允价值进行重新计量。处置股权取得的对价与剩余股权公允价值之和，减去按原持股比例计算应享有原有子公司自购买日或合并日开始持续计算的净资产的份额之间的差额，计入丧失控制权当期的投资收益，同时冲减商誉。与原有子公司股权投资相关的其他综合收益等，应当在丧失控制权时转为当期投资收益。

第五十一条　企业通过多次交易分步处置对子公司股权投资直至丧失控制权的，如果处置对子公司股权投资直至丧失控制权的各项交易属于一揽子交易的，应当将各项交易作为一项处置子公司并丧失控制权的交易进行会计处理；但是，在丧失控制权之前每一次处置价款与处置投资对应的享有该子公司净资产份额的差额，在合并财务报表中应当确认为其他综合收益，在丧失控制权时一并转入丧失控制权当期的损益。

处置对子公司股权投资的各项交易的条款、条件以及经济影响符合下列一种或多种情况，通常表明应将多次交易事项作为一揽子交易进行会计处理：

(一)这些交易是同时或者在考虑了彼此影响的情况下订立的。

(二)这些交易整体才能达成一项完整的商业结果。

(三)一项交易的发生取决于其他至少一项交易的发生。

(四)一项交易单独考虑时是不经济的，但是和其他交易一并考虑时是经济的。

第五十二条 对于本章未列举的交易或者事项，如果站在企业集团合并财务报表角度的确认和计量结果与其所属的母公司或子公司的个别财务报表层面的确认和计量结果不一致的，则在编制合并财务报表时，也应当按照本准则第二十六条第二款第(四)项的规定，对其确认和计量结果予以相应调整。

第五章 衔接规定

第五十三条 首次采用本准则的企业应当根据本准则的规定对被投资方进行重新评估，确定其是否应纳入合并财务报表范围。因首次采用本准则导致合并范围发生变化的，应当进行追溯调整，追溯调整不切实可行的除外。比较期间已丧失控制权的原子公司，不再追溯调整。

第六章 附 则

第五十四条 本准则自 2014 年 7 月 1 日起施行。

企业会计准则第 34 号——每股收益

（财会〔2006〕3 号）

第一章　总　则

第一条　为了规范每股收益的计算方法及其列报，根据《企业会计准则——基本准则》，制定本准则。

第二条　本准则适用于普通股或潜在普通股已公开交易的企业，以及正处于公开发行普通股或潜在普通股过程中的企业。

潜在普通股，是指赋予其持有者在报告期或以后期间享有取得普通股权利的一种金融工具或其他合同，包括可转换公司债券、认股权证、股份期权等。

第三条　合并财务报表中，企业应当以合并财务报表为基础计算和列报每股收益。

第二章　基本每股收益

第四条　企业应当按照归属于普通股股东的当期净利润，除以发行在外普通股的加权平均数计算基本每股收益。

第五条　发行在外普通股加权平均数按下列公式计算：

发行在外普通股加权平均数=期初发行在外普通股股数+当期新发行普通股股数×已发行时间÷报告期时间-当期回购普通股股数×已回购时间÷报告期时间

已发行时间、报告期时间和已回购时间一般按照天数计算；在不影响计算结果合理性的前提下，也可以采用简化的计算方法。

第六条　新发行普通股股数，应当根据发行合同的具体条款，从应收对价之日（一般为股票发行日）起计算确定。通常包括下列情况：

（一）为收取现金而发行的普通股股数，从应收现金之日起计算。

（二）因债务转资本而发行的普通股股数，从停计债务利息之日或结算日起计算。

（三）非同一控制下的企业合并，作为对价发行的普通股股数，从购买日起计算；同一控制下的企业合并，作为对价发行的普通股股数，应当计入各列报期间普通股的加权平均数。

（四）为收购非现金资产而发行的普通股股数，从确认收购之日起计算。

第三章　稀释每股收益

第七条　企业存在稀释性潜在普通股的，应当分别调整归属于普通股股东的当期净利润和发行在外普通股的加权平均数，并据以计算稀释每股收益。

稀释性潜在普通股，是指假设当期转换为普通股会减少每股收益的潜在普通股。

第八条　计算稀释每股收益，应当根据下列事项对归属于普通股股东的当期净利润进行调整：

（一）当期已确认为费用的稀释性潜在普通股的利息。

（二）稀释性潜在普通股转换时将产生的收益或费用。

上述调整应当考虑相关的所得税影响。

第九条　计算稀释每股收益时，当期发行在外普通股的加权平均数应当为计算基本每股收益时普通股的加权平均数与假定稀释性潜在普通股转换为已发行普通股而增加的普通股股数的加权平均数之和。

计算稀释性潜在普通股转换为已发行普通股而增加的普通股股数的加权平均数时，以前期间发行的稀释性潜在普通股，应当假设在当期期初转换；当期发行的稀释性潜在普通股，应当假设在发行日转换。

第十条　认股权证和股份期权等的行权价格低于当期普通股平均市场价格时，应当考虑其稀释性。计算稀释每股收益时，增加的普通股股数按下列公式计算：

增加的普通股股数＝拟行权时转换的普通股股数－行权价格×拟行权时转换的普通股股数÷当期普通股平均市场价格

第十一条　企业承诺将回购其股份的合同中规定的回购价格高于当期普通股平均市场价格时，应当考虑其稀释性。计算稀释每股收益时，增加的普通股股数按下列公式计算：

增加的普通股股数＝回购价格×承诺回购的普通股股数÷当期普通股平均市场价格－承诺回购的普通股股数

第十二条　稀释性潜在普通股应当按照其稀释程度从大到小的顺序计入稀释每股收益，直至稀释每股收益达到最小值。

第四章 列 报

第十三条 发行在外普通股或潜在普通股的数量因派发股票股利、公积金转增资本、拆股而增加或因并股而减少，但不影响所有者权益金额的，应当按调整后的股数重新计算各列报期间的每股收益。

上述变化发生于资产负债表日至财务报告批准报出日之间的，应当以调整后的股数重新计算各列报期间的每股收益。

按照《企业会计准则第28号——会计政策、会计估计变更和差错更正》的规定对以前年度损益进行追溯调整或追溯重述的，应当重新计算各列报期间的每股收益。

第十四条 企业应当在利润表中单独列示基本每股收益和稀释每股收益。

第十五条 企业应当在附注中披露与每股收益有关的下列信息：

(一)基本每股收益和稀释每股收益分子、分母的计算过程。

(二)列报期间不具有稀释性但以后期间很可能具有稀释性的潜在普通股。

(三)在资产负债表日至财务报告批准报出日之间，企业发行在外普通股或潜在普通股股数发生重大变化的情况。

企业会计准则第35号——分部报告

（财会〔2006〕3号）

第一章 总 则

第一条 为了规范分部报告的编制和相关信息的披露，根据《企业会计准则——基本准则》，制定本准则。

第二条 企业存在多种经营或跨地区经营的，应当按照本准则规定披露分部信息。但是，法律、行政法规另有规定的除外。

第三条 企业应当以对外提供的财务报表为基础披露分部信息。

对外提供合并财务报表的企业，应当以合并财务报表为基础披露分部信息。

第二章 报告分部的确定

第四条 企业披露分部信息，应当区分业务分部和地区分部。

第五条 业务分部，是指企业内可区分的、能够提供单项或一组相关产品或劳务的组成部分。该组成部分承担了不同于其他组成部分的风险和报酬。

企业在确定业务分部时，应当结合企业内部管理要求，并考虑下列因素：

（一）各单项产品或劳务的性质，包括产品或劳务的规格、型号、最终用途等。

（二）生产过程的性质，包括采用劳动密集或资本密集方式组织生产、使用相同或者相似设备和原材料、采用委托生产或加工方式等。

（三）产品或劳务的客户类型，包括大宗客户、零散客户等。

（四）销售产品或提供劳务的方式，包括批发、零售、自产自销、委托销售、承包等。

（五）生产产品或提供劳务受法律、行政法规的影响，包括经营范围或交易定价限制等。

第六条 地区分部，是指企业内可区分的、能够在一个特定的经济环境内提供产品或劳务的组成部分。该组成部分承担了不同于在其他经济环境内提供产品或劳务的组成部分的风险和报酬。

企业在确定地区分部时，应当结合企业内部管理要求，并考虑下列因素：

(一)所处经济、政治环境的相似性，包括境外经营所在地区经济和政治的稳定程度等。

(二)在不同地区经营之间的关系，包括在某地区进行产品生产，而在其他地区进行销售等。

(三)经营的接近程度大小，包括在某地区生产的产品是否需在其他地区进一步加工生产等。

(四)与某一特定地区经营相关的特别风险，包括气候异常变化等。

(五)外汇管理规定，即境外经营所在地区是否实行外汇管制。

(六)外汇风险。

第七条　两个或两个以上的业务分部或地区分部同时满足下列条件的，可以予以合并：

(一)具有相近的长期财务业绩，包括具有相近的长期平均毛利率、资金回报率、未来现金流量等。

(二)确定业务分部或地区分部所考虑的因素类似。

第八条　企业应当以业务分部或地区分部为基础确定报告分部。

业务分部或地区分部的大部分收入是对外交易收入，且满足下列条件之一的，应当将其确定为报告分部：

(一)该分部的分部收入占所有分部收入合计的10%或者以上。

(二)该分部的分部利润(亏损)的绝对额，占所有盈利分部利润合计额或者所有亏损分部亏损合计额的绝对额两者中较大者的10%或者以上。

(三)该分部的分部资产占所有分部资产合计额的10%或者以上。

第九条　业务分部或地区分部未满足本准则第八条规定条件的，可以按照下列规定处理：

(一)不考虑该分部的规模，直接将其指定为报告分部。

(二)不将该分部直接指定为报告分部的，可将该分部与一个或一个以上类似的、未满足本准则第八条规定条件的其他分部合并为一个报告分部。

(三)不将该分部指定为报告分部且不与其他分部合并的，应当在披露分部信息时，将其作为其他项目单独披露。

第十条　报告分部的对外交易收入合计额占合并总收入或企业总收入的比重未达到75%的，应当将其他的分部确定为报告分部(即使它们未满足本准则第八条规定的条件)，直到该比重达到75%。

第十一条 企业的内部管理按照垂直一体化经营的不同层次来划分的，即使其大部分收入不通过对外交易取得，仍可将垂直一体化经营的不同层次确定为独立的报告业务分部。

第十二条 对于上期确定为报告分部的，企业本期认为其依然重要，即使本期未满足本准则第八条规定条件的，仍应将其确定为本期的报告分部。

第三章 分部信息的披露

第十三条 企业应当区分主要报告形式和次要报告形式披露分部信息。

(一)风险和报酬主要受企业的产品和劳务差异影响的，披露分部信息的主要形式应当是业务分部，次要形式是地区分部。

(二)风险和报酬主要受企业在不同的国家或地区经营活动影响的，披露分部信息的主要形式应当是地区分部，次要形式是业务分部。

(三)风险和报酬同时较大地受企业产品和劳务的差异以及经营活动所在国家或地区差异影响的，披露分部信息的主要形式应当是业务分部，次要形式是地区分部。

第十四条 对于主要报告形式，企业应当在附注中披露分部收入、分部费用、分部利润(亏损)、分部资产总额和分部负债总额等。

(一)分部收入，是指可归属于分部的对外交易收入和对其他分部交易收入。分部的对外交易收入和对其他分部交易收入，应当分别披露。

(二)分部费用，是指可归属于分部的对外交易费用和对其他分部交易费用。分部的折旧费用、摊销费用以及其他重大的非现金费用，应当分别披露。

(三)分部利润(亏损)，是指分部收入减去分部费用后的余额。

在合并利润表中，分部利润(亏损)应当在调整少数股东损益前确定。

(四)分部资产，是指分部经营活动使用的可归属于该分部的资产，不包括递延所得税资产。

分部资产的披露金额应当按照扣除相关累计折旧或摊销额以及累计减值准备后的金额确定。

披露分部资产总额时，当期发生的在建工程成本总额、购置的固定资产和无形资产的成本总额，应当单独披露。

(五)分部负债，是指分部经营活动形成的可归属于该分部的负债，不包括递延所得税负债。

第十五条 分部的日常活动是金融性质的，利息收入和利息费用应当作为分部收入和分部费用进行披露。

第十六条 企业披露的分部信息，应当与合并财务报表或企业财务报表中的总额信息相衔接。

分部收入应当与企业的对外交易收入(包括企业对外交易取得的、未包括在任何分部收入中的收入)相衔接；分部利润(亏损)应当与企业营业利润(亏损)和企业净利润(净亏损)相衔接；分部资产总额应当与企业资产总额相衔接；分部负债总额应当与企业负债总额相衔接。

第十七条 分部信息的主要报告形式是业务分部的，应当就次要报告形式披露下列信息：

(一)对外交易收入占企业对外交易收入总额10%或者以上的地区分部，以外部客户所在地为基础披露对外交易收入。

(二)分部资产占所有地区分部资产总额10%或者以上的地区分部，以资产所在地为基础披露分部资产总额。

第十八条 分部信息的主要报告形式是地区分部的，应当就次要报告形式披露下列信息：

(一)对外交易收入占企业对外交易收入总额10%或者以上的业务分部，应当披露对外交易收入。

(二)分部资产占所有业务分部资产总额10%或者以上的业务分部，应当披露分部资产总额。

第十九条 分部间转移交易应当以实际交易价格为基础计量。转移价格的确定基础及其变更情况，应当予以披露。

第二十条 企业应当披露分部会计政策，但分部会计政策与合并财务报表或企业财务报表一致的除外。

分部会计政策变更影响重大的，应当按照《企业会计准则第28号——会计政策、会计估计变更和差错更正》进行披露，并提供相关比较数据。提供比较数据不切实可行的，应当说明原因。

企业改变分部的分类且提供比较数据不切实可行的，应当在改变分部分类的年度，分别披露改变前和改变后的报告分部信息。

分部会计政策，是指编制合并财务报表或企业财务报表时采用的会计政策，以及与分部报告特别相关的会计政策。与分部报告特别相关的会计政策包括分部的确定、分部间转移价格的确定方法，以及将收入和费用分配给分部的基础等。

第二十一条 企业在披露分部信息时，应当提供前期比较数据。

但是，提供比较数据不切实可行的除外。

企业会计准则第36号——关联方披露

(财会〔2006〕3号)

第一章　总　则

第一条　为了规范关联方及其交易的信息披露，根据《企业会计准则——基本准则》，制定本准则。

第二条　企业财务报表中应当披露所有关联方关系及其交易的相关信息。对外提供合并财务报表的，对于已经包括在合并范围内各企业之间的交易不予披露，但应当披露与合并范围外各关联方的关系及其交易。

第二章　关联方

第三条　一方控制、共同控制另一方或对另一方施加重大影响，以及两方或两方以上同受一方控制、共同控制或重大影响的，构成关联方。

控制，是指有权决定一个企业的财务和经营政策，并能据以从该企业的经营活动中获取利益。

共同控制，是指按照合同约定对某项经济活动所共有的控制，仅在与该项经济活动相关的重要财务和经营决策需要分享控制权的投资方一致同意时存在。

重大影响，是指对一个企业的财务和经营政策有参与决策的权力，但并不能够控制或者与其他方一起共同控制这些政策的制定。

第四条　下列各方构成企业的关联方：

(一)该企业的母公司。

(二)该企业的子公司。

(三)与该企业受同一母公司控制的其他企业。

(四)对该企业实施共同控制的投资方。

(五)对该企业施加重大影响的投资方。

(六)该企业的合营企业。

(七)该企业的联营企业。

(八)该企业的主要投资者个人及与其关系密切的家庭成员。主要投资者个人，是指能够控制、共同控制一个企业或者对一个企业施加重大影响的个人投资者。

(九)该企业或其母公司的关键管理人员及与其关系密切的家庭成员。关键管理人员，是指有权力并负责计划、指挥和控制企业活动的人员。与主要投资者个人或关键管理人员关系密切的家庭成员，是指在处理与企业的交易时可能影响该个人或受该个人影响的家庭成员。

(十)该企业主要投资者个人、关键管理人员或与其关系密切的家庭成员控制、共同控制或施加重大影响的其他企业。

第五条 仅与企业存在下列关系的各方，不构成企业的关联方：

(一)与该企业发生日常往来的资金提供者、公用事业部门、政府部门和机构。

(二)与该企业发生大量交易而存在经济依存关系的单个客户、供应商、特许商、经销商或代理商。

(三)与该企业共同控制合营企业的合营者。

第六条 仅仅同受国家控制而不存在其他关联方关系的企业，不构成关联方。

第三章 关联方交易

第七条 关联方交易，是指关联方之间转移资源、劳务或义务的行为，而不论是否收取价款。

第八条 关联方交易的类型通常包括下列各项：

(一)购买或销售商品。

(二)购买或销售商品以外的其他资产。

(三)提供或接受劳务。

(四)担保。

(五)提供资金(贷款或股权投资)。

(六)租赁。

(七)代理。

(八)研究与开发项目的转移。

(九)许可协议。

(十)代表企业或由企业代表另一方进行债务结算。

(十一)关键管理人员薪酬。

第四章　披　露

第九条　企业无论是否发生关联方交易，均应当在附注中披露与母公司和子公司有关的下列信息：

（一）母公司和子公司的名称。

母公司不是该企业最终控制方的，还应当披露最终控制方名称。

母公司和最终控制方均不对外提供财务报表的，还应当披露母公司之上与其最相近的对外提供财务报表的母公司名称。

（二）母公司和子公司的业务性质、注册地、注册资本（或实收资本、股本）及其变化。

（三）母公司对该企业或者该企业对子公司的持股比例和表决权比例。

第十条　企业与关联方发生关联方交易的，应当在附注中披露该关联方关系的性质、交易类型及交易要素。交易要素至少应当包括：

（一）交易的金额。

（二）未结算项目的金额、条款和条件，以及有关提供或取得担保的信息。

（三）未结算应收项目的坏账准备金额。

（四）定价政策。

第十一条　关联方交易应当分别关联方以及交易类型予以披露。

类型相似的关联方交易，在不影响财务报表阅读者正确理解关联方交易对财务报表影响的情况下，可以合并披露。

第十二条　企业只有在提供确凿证据的情况下，才能披露关联方交易是公平交易。

企业会计准则第 37 号——金融工具列报

（2017 年 5 月 2 日　财会〔2017〕14 号）

第一章　总　则

第一条　为了规范金融工具的列报，根据《企业会计准则——基本准则》，制定本准则。

金融工具列报，包括金融工具列示和金融工具披露。

第二条　金融工具列报的信息，应当有助于财务报表使用者了解企业所发行金融工具的分类、计量和列报的情况，以及企业所持有的金融资产和承担的金融负债的情况，并就金融工具对企业财务状况和经营成果影响的重要程度、金融工具使企业在报告期间和期末所面临风险的性质和程度，以及企业如何管理这些风险做出合理评价。

第三条　本准则适用于所有企业各种类型的金融工具，但下列各项适用其他会计准则：

（一）由《企业会计准则第 2 号——长期股权投资》《企业会计准则第 33 号——合并财务报表》和《企业会计准则第 40 号——合营安排》规范的对子公司、合营企业和联营企业的投资，其披露适用《企业会计准则第 41 号——在其他主体中权益的披露》。但企业持有的与在子公司、合营企业或联营企业中的权益相联系的衍生工具，适用本准则。

企业按照《企业会计准则第 22 号——金融工具确认和计量》相关规定对联营企业或合营企业的投资进行会计处理的，以及企业符合《企业会计准则第 33 号——合并财务报表》有关投资性主体定义，且根据该准则规定对子公司的投资以公允价值计量且其变动计入当期损益的，对上述合营企业、联营企业或子公司的相关投资适用本准则。

（二）由《企业会计准则第 9 号——职工薪酬》规范的职工薪酬相关计划形成的企业的权利和义务，适用《企业会计准则第 9 号——职工薪酬》。

（三）由《企业会计准则第 11 号——股份支付》规范的股份支付中涉及的金融工具以及其他合同和义务，适用《企业会计准则第 11 号——股份支付》。但是，股份支付中属于本准则范围的买入或卖出非金融项目的合同，以及与股份支付相关的企业发行、回购、出售或注销的库存股，适用本准则。

（四）由《企业会计准则第12号——债务重组》规范的债务重组，适用《企业会计准则第12号——债务重组》。但债务重组中涉及金融资产转移披露的，适用本准则。

（五）由《企业会计准则第14号——收入》规范的属于金融工具的合同权利和义务，适用《企业会计准则第14号——收入》。由《企业会计准则第14号——收入》要求在确认和计量相关合同权利的减值损失和利得时，应当按照《企业会计准则第22号——金融工具确认和计量》进行会计处理的合同权利，适用本准则有关信用风险披露的规定。

（六）由保险合同相关会计准则规范的保险合同所产生的权利和义务，适用保险合同相关会计准则。

因具有相机分红特征而由保险合同相关会计准则规范的合同所产生的权利和义务，适用保险合同相关会计准则。但对于嵌入保险合同的衍生工具，该嵌入衍生工具本身不是保险合同的，适用本准则；该嵌入衍生工具本身为保险合同的，适用保险合同相关会计准则。

企业选择按照《企业会计准则第22号——金融工具确认和计量》进行会计处理的财务担保合同，适用本准则；企业选择按照保险合同相关会计准则进行会计处理的财务担保合同，适用保险合同相关会计准则。

第四条 本准则适用于能够以现金或其他金融工具净额结算，或通过交换金融工具结算的买入或卖出非金融项目的合同。但企业按照预定的购买、销售或使用要求签订并持有，旨在收取或交付非金融项目的合同，适用其他相关会计准则，但是企业根据《企业会计准则第22号——金融工具确认和计量》第八条的规定将该合同指定为以公允价值计量且其变动计入当期损益的金融资产或金融负债的，适用本准则。

第五条 本准则第六章至第八章的规定，除适用于企业已按照《企业会计准则第22号——金融工具确认和计量》确认的金融工具外，还适用于未确认的金融工具。

第六条 本准则规定的交易或事项涉及所得税的，应当按照《企业会计准则第18号——所得税》进行处理。

第二章　金融负债和权益工具的区分

第七条 企业应当根据所发行金融工具的合同条款及其所反映的经济实质而非仅以法律形式，结合金融资产、金融负债和权益工具的定义，在初始确认时将该金融工具或其组成部分分类为金融资产、金融负债或权益工具。

第八条 金融负债，是指企业符合下列条件之一的负债：

（一）向其他方交付现金或其他金融资产的合同义务。

（二）在潜在不利条件下，与其他方交换金融资产或金融负债的合同义务。

(三)将来须用或可用企业自身权益工具进行结算的非衍生工具合同，且企业根据该合同将交付可变数量的自身权益工具。

(四)将来须用或可用企业自身权益工具进行结算的衍生工具合同，但以固定数量的自身权益工具交换固定金额的现金或其他金融资产的衍生工具合同除外。企业对全部现有同类别非衍生自身权益工具的持有方同比例发行配股权、期权或认股权证，使之有权按比例以固定金额的任何货币换取固定数量的该企业自身权益工具的，该类配股权、期权或认股权证应当分类为权益工具。其中，企业自身权益工具不包括应按照本准则第三章分类为权益工具的金融工具，也不包括本身就要求在未来收取或交付企业自身权益工具的合同。

第九条 权益工具，是指能证明拥有某个企业在扣除所有负债后的资产中的剩余权益的合同。企业发行的金融工具同时满足下列条件的，符合权益工具的定义，应当将该金融工具分类为权益工具：

(一)该金融工具应当不包括交付现金或其他金融资产给其他方，或在潜在不利条件下与其他方交换金融资产或金融负债的合同义务。

(二)将来须用或可用企业自身权益工具结算该金融工具。如为非衍生工具，该金融工具应当不包括交付可变数量的自身权益工具进行结算的合同义务；如为衍生工具，企业只能通过以固定数量的自身权益工具交换固定金额的现金或其他金融资产结算该金融工具。企业自身权益工具不包括应按照本准则第三章分类为权益工具的金融工具，也不包括本身就要求在未来收取或交付企业自身权益工具的合同。

第十条 企业不能无条件地避免以交付现金或其他金融资产来履行一项合同义务的，该合同义务符合金融负债的定义。有些金融工具虽然没有明确地包含交付现金或其他金融资产义务的条款和条件，但有可能通过其他条款和条件间接地形成合同义务。

如果一项金融工具须用或可用企业自身权益工具进行结算，需要考虑用于结算该工具的企业自身权益工具，是作为现金或其他金融资产的替代品，还是为了使该工具持有方享有在发行方扣除所有负债后的资产中的剩余权益。如果是前者，该工具是发行方的金融负债；如果是后者，该工具是发行方的权益工具。在某些情况下，一项金融工具合同规定企业须用或可用自身权益工具结算该金融工具，其中合同权利或合同义务的金额等于可获取或需交付的自身权益工具的数量乘以其结算时的公允价值，则无论该合同权利或合同义务的金额是固定的，还是完全或部分地基于除企业自身权益工具的市场价格以外变量(例如利率、某种商品的价格或某项金融工具的价格)的变动而变动的，该合同应当分类为金融负债。

第十一条 除根据本准则第三章分类为权益工具的金融工具外，如果一项合同使发行方承担了以现金或其他金融资产回购自身权益工具的义务，即使发行方的回购义务取决于合同对手方是否行使回售权，发行方应当在初始确认时将该义务确认为一项金融负债，其金额等于回购所需支付金额的现值(如远期回购价格的现值、期权行权价格的现值或其他回售金额的现值)。如果最终发行方无须以现金或其他金融资产回购自身权益工具，应当在合同到期时将该项金融负债按照账面价值重分类为权益工具。

第十二条 对于附有或有结算条款的金融工具，发行方不能无条件地避免交付现金、其他金融资产或以其他导致该工具成为金融负债的方式进行结算的，应当分类为金融负债。但是，满足下列条件之一的，发行方应当将其分类为权益工具：

(一)要求以现金、其他金融资产或以其他导致该工具成为金融负债的方式进行结算的或有结算条款几乎不具有可能性，即相关情形极端罕见、显著异常且几乎不可能发生。

(二)只有在发行方清算时，才需以现金、其他金融资产或以其他导致该工具成为金融负债的方式进行结算。

(三)按照本准则第三章分类为权益工具的可回售工具。

附有或有结算条款的金融工具，指是否通过交付现金或其他金融资产进行结算，或者是否以其他导致该金融工具成为金融负债的方式进行结算，需要由发行方和持有方均不能控制的未来不确定事项(如股价指数、消费价格指数变动、利率或税法变动、发行方未来收入、净收益或债务权益比率等)的发生或不发生(或发行方和持有方均不能控制的未来不确定事项的结果)来确定的金融工具。

第十三条 对于存在结算选择权的衍生工具(例如合同规定发行方或持有方能选择以现金净额或以发行股份交换现金等方式进行结算的衍生工具)，发行方应当将其确认为金融资产或金融负债，但所有可供选择的结算方式均表明该衍生工具应当确认为权益工具的除外。

第十四条 企业应对发行的非衍生工具进行评估，以确定所发行的工具是否为复合金融工具。企业所发行的非衍生工具可能同时包含金融负债成分和权益工具成分。对于复合金融工具，发行方应于初始确认时将各组成部分分别分类为金融负债、金融资产或权益工具。

企业发行的一项非衍生工具同时包含金融负债成分和权益工具成分的，应于初始计量时先确定金融负债成分的公允价值(包括其中可能包含的非权益性嵌入衍生工具的公允价值)，再从复合金融工具公允价值中扣除负债成分的公允价值，作为权益工具成分的价值。复合金融工具中包含非权益性嵌入衍生工具的，非权益性嵌入衍生工具的公允价值应当包含在金融负债成分的公允价值中，并且按照《企业会计准则第 22 号——金融工具确认和计量》的规定对该金融负债成分进行会计处理。

第十五条 在合并财务报表中对金融工具(或其组成部分)进行分类时，企业应当考虑企业集团成员和金融工具的持有方之间达成的所有条款和条件。企业集团作为一个整体，因该工具承担了交付现金、其他金融资产或以其他导致该工具成为金融负债的方式进行结算的义务的，该工具在企业集团合并财务报表中应当分类为金融负债。

第三章　特殊金融工具的区分

第十六条　符合金融负债定义，但同时具有下列特征的可回售工具，应当分类为权益工具：

(一)赋予持有方在企业清算时按比例份额获得该企业净资产的权利。这里所指企业净资产是扣除所有优先于该工具对企业资产要求权之后的剩余资产；这里所指按比例份额是清算时将企业的净资产分拆为金额相等的单位，并且将单位金额乘以持有方所持有的单位数量。

(二)该工具所属的类别次于其他所有工具类别，即该工具在归属于该类别前无须转换为另一种工具，且在清算时对企业资产没有优先于其他工具的要求权。

(三)该工具所属的类别中(该类别次于其他所有工具类别)，所有工具具有相同的特征(例如它们必须都具有可回售特征，并且用于计算回购或赎回价格的公式或其他方法都相同)。

(四)除了发行方应当以现金或其他金融资产回购或赎回该工具的合同义务外，该工具不满足本准则规定的金融负债定义中的任何其他特征。

(五)该工具在存续期内的预计现金流量总额，应当实质上基于该工具存续期内企业的损益、已确认净资产的变动、已确认和未确认净资产的公允价值变动(不包括该工具的任何影响)。

可回售工具，是指根据合同约定，持有方有权将该工具回售给发行方以获取现金或其他金融资产的权利，或者在未来某一不确定事项发生或者持有方死亡或退休时，自动回售给发行方的金融工具。

第十七条　符合金融负债定义，但同时具有下列特征的发行方仅在清算时才有义务向另一方按比例交付其净资产的金融工具，应当分类为权益工具：

(一)赋予持有方在企业清算时按比例份额获得该企业净资产的权利。

(二)该工具所属的类别次于其他所有工具类别。

(三)该工具所属的类别中(该类别次于其他所有工具类别)，发行方对该类别中所有工具都应当在清算时承担按比例份额交付其净资产的同等合同义务。

产生上述合同义务的清算确定将会发生并且不受发行方的控制(如发行方本身是有限寿命主体)，或者发生与否取决于该工具的持有方。

第十八条　分类为权益工具的可回售工具，或发行方仅在清算时才有义务向另一方按比例交付其净资产的金融工具，除应当具有本准则第十六条或第十七条所述特征外，其发行方应当没有同时具备下列特征的其他金融工具或合同：

（一）现金流量总额实质上基于企业的损益、已确认净资产的变动、已确认和未确认净资产的公允价值变动（不包括该工具或合同的任何影响）。

（二）实质上限制或固定了本准则第十六条或第十七条所述工具持有方所获得的剩余回报。

在运用上述条件时，对于发行方与本准则第十六条或第十七条所述工具持有方签订的非金融合同，如果其条款和条件与发行方和其他方之间可能订立的同等合同类似，不应考虑该非金融合同的影响。但如果不能做出此判断，则不得将该工具分类为权益工具。

第十九条 按照本章规定分类为权益工具的金融工具，自不再具有本准则第十六条或第十七条所述特征，或发行方不再满足本准则第十八条规定条件之日起，发行方应当将其重分类为金融负债，以重分类日该工具的公允价值计量，并将重分类日权益工具的账面价值和金融负债的公允价值之间的差额确认为权益。

按照本章规定分类为金融负债的金融工具，自具有本准则第十六条或第十七条所述特征，且发行方满足本准则第十八条规定条件之日起，发行方应当将其重分类为权益工具，以重分类日金融负债的账面价值计量。

第二十条 企业发行的满足本章规定分类为权益工具的金融工具，在企业集团合并财务报表中对应的少数股东权益部分，应当分类为金融负债。

第四章 收益和库存股

第二十一条 金融工具或其组成部分属于金融负债的，相关利息、股利（或股息）、利得或损失，以及赎回或再融资产生的利得或损失等，应当计入当期损益。

第二十二条 金融工具或其组成部分属于权益工具的，其发行（含再融资）、回购、出售或注销时，发行方应当作为权益的变动处理。发行方不应当确认权益工具的公允价值变动。

发行方向权益工具持有方的分配应当作为其利润分配处理，发放的股票股利不影响发行方的所有者权益总额。

第二十三条 与权益性交易相关的交易费用应当从权益中扣减。

企业发行或取得自身权益工具时发生的交易费用（例如登记费，承销费，法律、会计、评估及其他专业服务费用，印刷成本和印花税等），可直接归属于权益性交易的，应当从权益中扣减。终止的未完成权益性交易所发生的交易费用应当计入当期损益。

第二十四条 发行复合金融工具发生的交易费用，应当在金融负债成分和权益工具成分之间按照各自占总发行价款的比例进行分摊。与多项交易相关的共同交易费用，应当在合理的基础上，采用与其他类似交易一致的方法，在各项交易间进行分摊。

第二十五条 发行方分类为金融负债的金融工具支付的股利，在利润表中应当确认为费用，与其他负债的利息费用合并列示，并在财务报表附注中单独披露。

作为权益扣减项的交易费用，应当在财务报表附注中单独披露。

第二十六条 回购自身权益工具(库存股)支付的对价和交易费用，应当减少所有者权益，不得确认金融资产。库存股可由企业自身购回和持有，也可由企业集团合并财务报表范围内的其他成员购回和持有。

第二十七条 企业应当按照《企业会计准则第 30 号——财务报表列报》的规定在资产负债表中单独列示所持有的库存股金额。

企业从关联方回购自身权益工具的，还应当按照《企业会计准则第 36 号——关联方披露》的相关规定进行披露。

第五章　金融资产和金融负债的抵销

第二十八条 金融资产和金融负债应当在资产负债表内分别列示，不得相互抵销。但同时满足下列条件的，应当以相互抵销后的净额在资产负债表内列示：

(一)企业具有抵销已确认金额的法定权利，且该种法定权利是当前可执行的。

(二)企业计划以净额结算，或同时变现该金融资产和清偿该金融负债。

不满足终止确认条件的金融资产转移，转出方不得将已转移的金融资产和相关负债进行抵销。

第二十九条 抵销权是债务人根据合同或其他协议，以应收债权人的金额全部或部分抵销应付债权人的金额的法定权利。在某些情况下，如果债务人、债权人和第三方三者之间签署的协议明确表示债务人拥有该抵销权，并且不违反法律法规或其他相关规定，债务人可能拥有以应收第三方的金额抵销应付债权人的金额的法定权利。

第三十条 抵销权应当不取决于未来事项，而且在企业和所有交易对手方的正常经营过程中，或在出现违约、无力偿债或破产等各种情形下，企业均可执行该法定权利。

在确定抵销权是否可执行时，企业应当充分考虑法律法规或其他相关规定以及合同约定等各方面因素。

第三十一条 当前可执行的抵销权不构成相互抵销的充分条件，企业既不打算行使抵销权(即净额结算)，又无计划同时结算金融资产和金融负债的，该金融资产和金融负债不得抵销。

在没有法定权利的情况下，一方或双方即使有意向以净额为基础进行结算或同时结算相关金融资产和金融负债的，该金融资产和金融负债也不得抵销。

第三十二条 企业同时结算金融资产和金融负债的，如果该结算方式相当于净额结算，则满足本准则第二十八条(二)以净额结算的标准。这种结算方式必须在同一结算过程或周期内处理了相关应收和应付款项，最终消除或几乎消除了信用风险和流动性风险。如果某结算方式同时具备如下特征，可视为满足净额结算标准：

(一)符合抵销条件的金融资产和金融负债在同一时点提交处理。

(二)金融资产和金融负债一经提交处理，各方即承诺履行结算义务。

(三)金融资产和金融负债一经提交处理，除非处理失败，这些资产和负债产生的现金流量不可能发生变动。

(四)以证券作为担保物的金融资产和金融负债，通过证券结算系统或其他类似机制进行结算(例如券款对付)，即如果证券交付失败，则以证券作为抵押的应收款项或应付款项的处理也将失败，反之亦然。

(五)若发生本条(四)所述的失败交易，将重新进入处理程序，直至结算完成。

(六)由同一结算机构执行。

(七)有足够的日间信用额度，并且能够确保该日间信用额度一经申请提取即可履行，以支持各方能够在结算日进行支付处理。

第三十三条 在下列情况下，通常认为不满足本准则第二十八条所列条件，不得抵销相关金融资产和金融负债：

(一)使用多项不同金融工具来仿效单项金融工具的特征(即合成工具)。例如利用浮动利率长期债券与收取浮动利息且支付固定利息的利率互换，合成一项固定利率长期负债。

(二)金融资产和金融负债虽然具有相同的主要风险敞口(例如远期合同或其他衍生工具组合中的资产和负债)，但涉及不同的交易对手方。

(三)无追索权金融负债与作为其担保物的金融资产或其他资产。

(四)债务人为解除某项负债而将一定的金融资产进行托管(例如偿债基金或类似安排)，但债权人尚未接受以这些资产清偿负债。

(五)因某些导致损失的事项而产生的义务预计可以通过保险合同向第三方索赔而得以补偿。

第三十四条 企业与同一交易对手方进行多项金融工具交易时，可能与对手方签订总互抵协议。只有满足本准则第二十八条所列条件时，总互抵协议下的相关金融资产和金融负债才能抵销。

总互抵协议，是指协议所涵盖的所有金融工具中的任何一项合同在发生违约或终止时，就协议所涵盖的所有金融工具按单一净额进行结算。

第三十五条 企业应当区分金融资产和金融负债的抵销与终止确认。抵销金融资产和金融负债并在资产负债表中以净额列示，不应当产生利得或损失；终止确认是从资产负债表列示的项目中移除相关金融资产或金融负债，有可能产生利得或损失。

第六章　金融工具对财务状况和经营成果影响的列报

第一节　一般性规定

第三十六条　企业在对金融工具各项目进行列报时，应当根据金融工具的特点及相关信息的性质对金融工具进行归类，并充分披露与金融工具相关的信息，使得财务报表附注中的披露与财务报表列示的各项目相互对应。

第三十七条　在确定金融工具的列报类型时，企业至少应当将本准则范围内的金融工具区分为以摊余成本计量和以公允价值计量的类型。

第三十八条　企业应当披露编制财务报表时对金融工具所采用的重要会计政策、计量基础和与理解财务报表相关的其他会计政策等信息，主要包括：

（一）对于指定为以公允价值计量且其变动计入当期损益的金融资产，企业应当披露下列信息：

1. 指定的金融资产的性质。

2. 企业如何满足运用指定的标准。企业应当披露该指定所针对的确认或计量不一致的描述性说明。

（二）对于指定为以公允价值计量且其变动计入当期损益的金融负债，企业应当披露下列信息：

1. 指定的金融负债的性质。

2. 初始确认时对上述金融负债做出指定的标准。

3. 企业如何满足运用指定的标准。对于以消除或显著减少会计错配为目的的指定，企业应当披露该指定所针对的确认或计量不一致的描述性说明。对于以更好地反映组合的管理实质为目的的指定，企业应当披露该指定符合企业正式书面文件载明的风险管理或投资策略的描述性说明。对于整体指定为以公允价值计量且其变动计入当期损益的混合工具，企业应当披露运用指定标准的描述性说明。

（三）如何确定每类金融工具的利得或损失。

第二节　资产负债表中的列示及相关披露

第三十九条　企业应当在资产负债表或相关附注中列报下列金融资产或金融负债的

账面价值：

（一）以摊余成本计量的金融资产。

（二）以摊余成本计量的金融负债。

（三）以公允价值计量且其变动计入其他综合收益的金融资产，并分别反映：（1）根据《企业会计准则第 22 号——金融工具确认和计量》第十八条的规定分类为以公允价值计量且其变动计入其他综合收益的金融资产；（2）根据《企业会计准则第 22 号——金融工具确认和计量》第十九条的规定在初始确认时被指定为以公允价值计量且其变动计入其他综合收益的非交易性权益工具投资。

（四）以公允价值计量且其变动计入当期损益的金融资产，并分别反映：（1）根据《企业会计准则第 22 号——金融工具确认和计量》第十九条的规定分类为以公允价值计量且其变动计入当期损益的金融资产；（2）根据《企业会计准则第 22 号——金融工具确认和计量》第二十条的规定指定为以公允价值计量且其变动计入当期损益的金融资产；（3）根据《企业会计准则第 24 号——套期会计》第三十四条的规定在初始确认或后续计量时指定为以公允价值计量且其变动计入当期损益的金融资产。

（五）以公允价值计量且其变动计入当期损益的金融负债，并分别反映：（1）根据《企业会计准则第 22 号——金融工具确认和计量》第二十一条的规定分类为以公允价值计量且其变动计入当期损益的金融负债；（2）根据《企业会计准则第 22 号——金融工具确认和计量》第二十二条的规定在初始确认时指定为以公允价值计量且其变动计入当期损益的金融负债；（3）根据《企业会计准则第 24 号——套期会计》第三十四条的规定在初始确认和后续计量时指定为以公允价值计量且其变动计入当期损益的金融负债。

第四十条 企业将本应按摊余成本或以公允价值计量且其变动计入其他综合收益计量的一项或一组金融资产指定为以公允价值计量且其变动计入当期损益的金融资产的，应当披露下列信息：

（一）该金融资产在资产负债表日使企业面临的最大信用风险敞口。

（二）企业通过任何相关信用衍生工具或类似工具使得该最大信用风险敞口降低的金额。

（三）该金融资产因信用风险变动引起的公允价值本期变动额和累计变动额。

（四）相关信用衍生工具或类似工具自该金融资产被指定以来的公允价值本期变动额和累计变动额。

信用风险，是指金融工具的一方不履行义务，造成另一方发生财务损失的风险。

金融资产在资产负债表日的最大信用风险敞口，通常是金融工具账面余额减去减值损失准备后的金额（已减去根据本准则规定已抵销的金额）。

第四十一条 企业将一项金融负债指定为以公允价值计量且其变动计入当期损益的金融负债，且企业自身信用风险变动引起的该金融负债公允价值的变动金额计入其他综合收益的，应当披露下列信息：

(一)该金融负债因自身信用风险变动引起的公允价值本期变动额和累计变动额。

(二)该金融负债的账面价值与按合同约定到期应支付债权人金额之间的差额。

(三)该金融负债的累计利得或损失本期从其他综合收益转入留存收益的金额和原因。

第四十二条 企业将一项金融负债指定为以公允价值计量且其变动计入当期损益的金融负债，且该金融负债(包括企业自身信用风险变动的影响)的全部利得或损失计入当期损益的，应当披露下列信息：

(一)该金融负债因自身信用风险变动引起的公允价值本期变动额和累计变动额。

(二)该金融负债的账面价值与按合同约定到期应支付债权人金额之间的差额。

第四十三条 企业应当披露用于确定本准则第四十条(三)所要求披露的金融资产因信用风险变动引起的公允价值变动额的估值方法，以及用于确定本准则第四十一条(一)和第四十二条(一)所要求披露的金融负债因自身信用风险变动引起的公允价值变动额的估值方法，并说明选用该方法的原因。如果企业认为披露的信息未能如实反映相关金融工具公允价值变动中由信用风险引起的部分，则应当披露企业得出此结论的原因及其他需要考虑的因素。

企业应当披露其用于确定金融负债自身信用风险变动引起的公允价值的变动计入其他综合收益是否会造成或扩大损益中的会计错配的方法。企业根据《企业会计准则第22号——金融工具确认和计量》第六十八条的规定将金融负债因企业自身信用风险变动引起的公允价值变动计入当期损益的，企业应当披露该金融负债与预期能够抵销其自身信用风险变动引起的公允价值变动的金融工具之间的经济关系。

第四十四条 企业将非交易性权益工具投资指定为以公允价值计量且其变动计入其他综合收益的，应当披露下列信息：

(一)企业每一项指定为以公允价值计量且其变动计入其他综合收益的权益工具投资。

(二)企业做出该指定的原因。

(三)企业每一项指定为以公允价值计量且其变动计入其他综合收益的权益工具投资的期末公允价值。

(四)本期确认的股利收入，其中对本期终止确认的权益工具投资相关的股利收入和资产负债表日仍持有的权益工具投资相关的股利收入应当分别单独披露。

(五)该权益工具投资的累计利得和损失本期从其他综合收益转入留存收益的金额及其原因。

第四十五条 企业本期终止确认了指定为以公允价值计量且其变动计入其他综合收益的非交易性权益工具投资的，应当披露下列信息：

(一)企业处置该权益工具投资的原因。

(二)该权益工具投资在终止确认时的公允价值。

(三)该权益工具投资在终止确认时的累计利得或损失。

第四十六条 企业在当期或以前报告期间将金融资产进行重分类的，对于每一项重分类，应当披露重分类日、对业务模式变更的具体说明及其对财务报表影响的定性描述，以及该金融资产重分类前后的金额。

企业自上一年度报告日起将以公允价值计量且其变动计入其他综合收益的金融资产重分类为以摊余成本计量的金融资产的，或者将以公允价值计量且其变动计入当期损益的金融资产重分类为其他类别的，应当披露下列信息：

(一)该金融资产在资产负债表日的公允价值。

(二)如果未被重分类，该金融资产原来应在当期损益或其他综合收益中确认的公允价值利得或损失。

企业将以公允价值计量且其变动计入当期损益的金融资产重分类为其他类别的，自重分类日起到终止确认的每一个报告期间内，都应当披露该金融资产在重分类日确定的实际利率和当期已确认的利息收入。

第四十七条 对于所有可执行的总互抵协议或类似协议下的已确认金融工具，以及符合本准则第二十八条抵销条件的已确认金融工具，企业应当在报告期末以表格形式(除非企业有更恰当的披露形式)分别按金融资产和金融负债披露下列定量信息：

(一)已确认金融资产和金融负债的总额。

(二)按本准则规定抵销的金额。

(三)在资产负债表中列示的净额。

(四)可执行的总互抵协议或类似协议确定的，未包含在本条(二)中的金额，包括：

1. 不满足本准则抵销条件的已确认金融工具的金额。

2. 与财务担保物(包括现金担保)相关的金额，以在资产负债表中列示的净额扣除本条(四)1 后的余额为限。

(五)资产负债表中列示的净额扣除本条(四)后的余额。

企业应当披露本条(四)所述协议中抵销权的条款及其性质等信息，以及不同计量基础的金融工具适用本条时产生的计量差异。

上述信息未在财务报表同一附注中披露的，企业应当提供不同附注之间的交叉索引。

第四十八条 按照本准则第三章分类为权益工具的可回售工具，企业应当披露下列信息：

(一)可回售工具的汇总定量信息。

(二)对于按持有方要求承担的回购或赎回义务，企业的管理目标、政策和程序及其变化。

(三)回购或赎回可回售工具的预期现金流出金额以及确定方法。

第四十九条 企业将本准则第三章规定的特殊金融工具在金融负债和权益工具之间重分类的，应当分别披露重分类前后的公允价值或账面价值，以及重分类的时间和原因。

第五十条 企业应当披露作为负债或或有负债担保物的金融资产的账面价值，以及与该项担保有关的条款和条件。根据《企业会计准则第 23 号——金融资产转移》第二十六条的规定，企业(转出方)向金融资产转入方提供了非现金担保物(如债务工具或权益工具投资等)，转入方按照合同或惯例有权出售该担保物或将其再作为担保物的，企业应当将该非现金担保物在财务报表中单独列报。

第五十一条 企业取得担保物(担保物为金融资产或非金融资产)，在担保物所有人未违约时可将该担保物出售或再抵押的，应当披露该担保物的公允价值、企业已出售或再抵押担保物的公允价值，以及承担的返还义务和使用担保物的条款和条件。

第五十二条 对于按照《企业会计准则第 22 号——金融工具确认和计量》第十八条的规定分类为以公允价值计量且其变动计入其他综合收益的金融资产，企业应当在财务报表附注中披露其确认的损失准备，但不应在资产负债表中将损失准备作为金融资产账面金额的扣减项目单独列示。

第五十三条 对于企业发行的包含金融负债成分和权益工具成分的复合金融工具，嵌入了价值相互关联的多项衍生工具(如可赎回的可转换债务工具)的，应当披露相关特征。

第五十四条 对于除基于正常信用条款的短期贸易应付款项之外的金融负债，企业应当披露下列信息：

(一)本期发生违约的金融负债的本金、利息、偿债基金、赎回条款的详细情况。

(二)发生违约的金融负债的期末账面价值。

(三)在财务报告批准对外报出前，就违约事项已采取的补救措施、对债务条款的重新议定等情况。

企业本期发生其他违反合同的情况，且债权人有权在发生违约或其他违反合同情况时要求企业提前偿还的，企业应当按上述要求披露。如果在期末前违约或其他违反合同情况已得到补救或已重新议定债务条款，则无须披露。

第三节 利润表中的列示及相关披露

第五十五条 企业应当披露与金融工具有关的下列收入、费用、利得或损失：

(一)以公允价值计量且其变动计入当期损益的金融资产和金融负债所产生的利得或

损失。其中，指定为以公允价值计量且其变动计入当期损益的金融资产和金融负债，以及根据《企业会计准则第 22 号——金融工具确认和计量》第十九条的规定必须分类为以公允价值计量且其变动计入当期损益的金融资产和根据《企业会计准则第 22 号——金融工具确认和计量》第二十一条的规定必须分类为以公允价值计量且其变动计入当期损益的金融负债的净利得或净损失，应当分别披露。

(二)对于指定为以公允价值计量且其变动计入当期损益的金融负债，企业应当分别披露本期在其他综合收益中确认的和在当期损益中确认的利得或损失。

(三)对于根据《企业会计准则第 22 号——金融工具确认和计量》第十八条的规定分类为以公允价值计量且其变动计入其他综合收益的金融资产，企业应当分别披露当期在其他综合收益中确认的以及当期终止确认时从其他综合收益转入当期损益的利得或损失。

(四)对于根据《企业会计准则第 22 号——金融工具确认和计量》第十九条的规定指定为以公允价值计量且其变动计入其他综合收益的非交易性权益工具投资，企业应当分别披露在其他综合收益中确认的利得和损失以及在当期损益中确认的股利收入。

(五)除以公允价值计量且其变动计入当期损益的金融资产或金融负债外，按实际利率法计算的金融资产或金融负债产生的利息收入或利息费用总额，以及在确定实际利率时未予包括并直接计入当期损益的手续费收入或支出。

(六)企业通过信托和其他托管活动代他人持有资产或进行投资而形成的，直接计入当期损益的手续费收入或支出。

第五十六条 企业应当分别披露以摊余成本计量的金融资产终止确认时在利润表中确认的利得和损失金额及其相关分析，包括终止确认金融资产的原因。

第四节 套期会计相关披露

第五十七条 企业应当披露与套期会计有关的下列信息：

(一)企业的风险管理策略以及如何应用该策略来管理风险。

(二)企业的套期活动可能对其未来现金流量金额、时间和不确定性的影响。

(三)套期会计对企业的资产负债表、利润表及所有者权益变动表的影响。

企业在披露套期会计相关信息时，应当合理确定披露的详细程度、披露的重点、恰当的汇总或分解水平，以及财务报表使用者是否需要额外的说明以评估企业披露的定量信息。企业按照本准则要求所确定的信息披露汇总或分解水平应当和《企业会计准则第 39 号——公允价值计量》的披露要求所使用的汇总或分解水平相同。

第五十八条 企业应当披露其进行套期和运用套期会计的各类风险的风险敞口的风险管理策略相关信息，从而有助于财务报表使用者评价：每类风险是如何产生的、企业是如何管理各类风险的(包括企业是对某一项目整体的所有风险进行套期还是对某一项目的单个或多个风险成分进行套期及其理由)，以及企业管理风险敞口的程度。与风险管理策略相关的信息应当包括：

(一)企业指定的套期工具。

(二)企业如何运用套期工具对被套期项目的特定风险敞口进行套期。

(三)企业如何确定被套期项目与套期工具的经济关系以评估套期有效性。

(四)套期比率的确定方法。

(五)套期无效部分的来源。

第五十九条 企业将某一特定的风险成分指定为被套期项目的，除应当披露本准则第五十八条规定的相关信息外，还应当披露下列定性或定量信息：

(一)企业如何确定该风险成分，包括风险成分与项目整体之间关系性质的说明。

(二)风险成分与项目整体的关联程度(例如被指定的风险成分以往平均涵盖项目整体公允价值变动的百分比)。

第六十条 企业应当按照风险类型披露相关定量信息，从而有助于财务报表使用者评价套期工具的条款和条件及这些条款和条件如何影响企业未来现金流量的金额、时间和不确定性。这些要求披露的明细信息应当包括：

(一)套期工具名义金额的时间分布。

(二)套期工具的平均价格或利率(如适用)。

第六十一条 在因套期工具和被套期项目频繁变更而导致企业频繁地重设(即终止及重新开始)套期关系的情况下，企业无须披露本准则第六十条规定的信息，但应当披露下列信息：

(一)企业基本风险管理策略与该套期关系相关的信息。

(二)企业如何通过运用套期会计以及指定特定的套期关系来反映其风险管理策略。

(三)企业重设套期关系的频率。

在因套期工具和被套期项目频繁变更而导致企业频繁地重设套期关系的情况下，如果资产负债表日的套期关系数量并不代表本期内的正常数量，企业应当披露这一情况以及该数量不具代表性的原因。

第六十二条 企业应当按照风险类型披露在套期关系存续期内预期将影响套期关系的套期无效部分的来源，如果在套期关系中出现导致套期无效部分的其他来源，也应当按照风险类型披露相关来源及导致套期无效的原因。

第六十三条 企业应当披露已运用套期会计但预计不再发生的预期交易的现金流量套期。

第六十四条 对于公允价值套期，企业应当以表格形式、按风险类型分别披露与被套期项目相关的下列金额：

（一）在资产负债表中确认的被套期项目的账面价值，其中资产和负债应当分别单独列示。

（二）资产负债表中已确认的被套期项目的账面价值、针对被套期项目的公允价值套期调整的累计金额，其中资产和负债应当分别单独列示。

（三）包含被套期项目的资产负债表列示项目。

（四）本期用作确认套期无效部分基础的被套期项目价值变动。

（五）被套期项目为以摊余成本计量的金融工具的，若已终止针对套期利得和损失进行调整，则应披露在资产负债表中保留的公允价值套期调整的累计金额。

第六十五条 对于现金流量套期和境外经营净投资套期，企业应当以表格形式、按风险类型分别披露与被套期项目相关的下列金额：

（一）本期用作确认套期无效部分基础的被套期项目价值变动。

（二）根据《企业会计准则第 24 号——套期会计》第二十四条的规定继续按照套期会计处理的现金流量套期储备的余额。

（三）根据《企业会计准则第 24 号——套期会计》第二十七条的规定继续按照套期会计处理的境外经营净投资套期计入其他综合收益的余额。

（四）套期会计不再适用的套期关系所导致的现金流量套期储备和境外经营净投资套期中计入其他综合收益的利得和损失的余额。

第六十六条 对于每类套期类型，企业应当以表格形式、按风险类型分别披露与套期工具相关的下列金额：

（一）套期工具的账面价值，其中金融资产和金融负债应当分别单独列示。

（二）包含套期工具的资产负债表列示项目。

（三）本期用作确认套期无效部分基础的套期工具的公允价值变动。

（四）套期工具的名义金额或数量。

第六十七条 对于公允价值套期，企业应当以表格形式、按风险类型分别披露与套期工具相关的下列金额：

（一）计入当期损益的套期无效部分。

（二）计入其他综合收益的套期无效部分。

（三）包含已确认的套期无效部分的利润表列示项目。

第六十八条 对于现金流量套期和境外经营净投资套期，企业应当以表格形式、按风险类型分别披露与套期工具相关的下列金额：

（一）当期计入其他综合收益的套期利得或损失。

（二）计入当期损益的套期无效部分。

（三）包含已确认的套期无效部分的利润表列示项目。

（四）从现金流量套期储备或境外经营净投资套期计入其他综合收益的利得和损失重

分类至当期损益的金额，并应区分之前已运用套期会计但因被套期项目的未来现金流量预计不再发生而转出的金额和因被套期项目影响当期损益而转出的金额。

(五)包含重分类调整的利润表列示项目。

(六)对于风险净敞口套期，计入利润表中单列项目的套期利得或损失。

第六十九条 企业按照《企业会计准则第 30 号——财务报表列报》的规定在提供所有者权益各组成部分的调节情况以及其他综合收益的分析时，应当按照风险类型披露下列信息：

(一)分别披露按照本准则第六十八条(一)和(四)的规定披露的金额。

(二)分别披露按照《企业会计准则第 24 号——套期会计》第二十五条(一)和(三)的规定处理的现金流量套期储备的金额。

(三)分别披露对与交易相关的被套期项目进行套期的期权时间价值所涉及的金额，以及对与时间段相关的被套期项目进行套期的期权时间价值所涉及的金额。

(四)分别披露对与交易相关的被套期项目进行套期的远期合同的远期要素和金融工具的外汇基差所涉及的金额，以及对与时间段相关的被套期项目进行套期的远期合同的远期要素和金融工具的外汇基差所涉及的金额。

第七十条 企业因使用信用衍生工具管理金融工具的信用风险敞口而将金融工具(或其一定比例)指定为以公允价值计量且其变动计入当期损益的，应当披露下列信息：

(一)对于用于管理根据《企业会计准则第 24 号——套期会计》第三十四条的规定被指定为以公允价值计量且其变动计入当期损益的金融工具信用风险敞口的信用衍生工具，每一项名义金额与当期期初和期末公允价值的调节表。

(二)根据《企业会计准则第 24 号——套期会计》第三十四条的规定将金融工具(或其一定比例)指定为以公允价值计量且其变动计入当期损益时，在损益中确认的利得或损失。

(三)当企业根据《企业会计准则第 24 号——套期会计》第三十五条的规定对该金融工具(或其一定比例)终止以公允价值计量且其变动计入当期损益时，作为其新账面价值的该金融工具的公允价值和相关的名义金额或本金金额，企业在后续期间无须继续披露这一信息，除非根据《企业会计准则第 30 号——财务报表列报》的规定需要提供比较信息。

第五节 公允价值披露

第七十一条 除了本准则第七十三条规定情况外，企业应当披露每一类金融资产和金融负债的公允价值，并与账面价值进行比较。对于在资产负债表中相互抵销的金融资产和金融负债，其公允价值应当以抵销后的金额披露。

第七十二条 金融资产或金融负债初始确认的公允价值与交易价格存在差异时，如果其公允价值并非基于相同资产或负债在活跃市场中的报价确定的，也非基于仅使用可观察市场数据的估值技术确定的，企业在初始确认金融资产或金融负债时不应确认利得或损失。在此情况下，企业应当按金融资产或金融负债的类型披露下列信息：

(一)企业在损益中确认交易价格与初始确认的公允价值之间差额时所采用的会计政策，以反映市场参与者对资产或负债进行定价时所考虑的因素(包括时间因素)的变动。

(二)该项差异期初和期末尚未在损益中确认的总额和本期变动额的调节表。

(三)企业如何认定交易价格并非公允价值的最佳证据，以及确定公允价值的证据。

第七十三条 企业可以不披露下列金融资产或金融负债的公允价值信息：

(一)账面价值与公允价值差异很小的金融资产或金融负债(如短期应收账款或应付账款)。

(二)包含相机分红特征且其公允价值无法可靠计量的合同。

(三)租赁负债。

第七十四条 在本准则第七十三条(二)所述的情况下，企业应当披露下列信息：

(一)对金融工具的描述及其账面价值，以及因公允价值无法可靠计量而未披露其公允价值的事实和说明。

(二)金融工具的相关市场信息。

(三)企业是否有意图处置以及如何处置这些金融工具。

(四)之前公允价值无法可靠计量的金融工具终止确认的，应当披露终止确认的事实，终止确认时该金融工具的账面价值和所确认的利得或损失金额。

第七章 与金融工具相关的风险披露

第一节 定性和定量信息

第七十五条 企业应当披露与各类金融工具风险相关的定性和定量信息，以便财务报表使用者评估报告期末金融工具产生的风险的性质和程度，更好地评价企业所面临的风险敞口。相关风险包括信用风险、流动性风险、市场风险等。

第七十六条 对金融工具产生的各类风险，企业应当披露下列定性信息：

(一)风险敞口及其形成原因，以及在本期发生的变化。

(二)风险管理目标、政策和程序以及计量风险的方法及其在本期发生的变化。

第七十七条 对金融工具产生的各类风险，企业应当按类别披露下列定量信息：

(一)期末风险敞口的汇总数据。该数据应当以向内部关键管理人员提供的相关信息为基础。企业运用多种方法管理风险的，披露的信息应当以最相关和可靠的方法为基础。

(二)按照本准则第七十八条至第九十七条披露的信息。

(三)期末风险集中度信息，包括管理层确定风险集中度的说明和参考因素(包括交易对手方、地理区域、货币种类、市场类型等)，以及各风险集中度相关的风险敞口金额。

上述期末定量信息不能代表企业本期风险敞口情况的，应当进一步提供相关信息。

第二节　信用风险披露

第七十八条　对于适用《企业会计准则第 22 号——金融工具确认和计量》金融工具减值规定的各类金融工具和相关合同权利，企业应当按照本准则第八十条至第八十七条的规定披露。

对于始终按照相当于整个存续期内预期信用损失的金额计量其减值损失准备的应收款项、合同资产和租赁应收款，在逾期超过 30 日后对合同现金流量做出修改的，适用本准则第八十五条(一)的规定。

租赁应收款不适用本准则第八十六条(二)的规定。

第七十九条　为使财务报表使用者了解信用风险对未来现金流量的金额、时间和不确定性的影响，企业应当披露与信用风险有关的下列信息：

(一)企业信用风险管理实务的相关信息及其与预期信用损失的确认和计量的关系，包括计量金融工具预期信用损失的方法、假设和信息。

(二)有助于财务报表使用者评价在财务报表中确认的预期信用损失金额的定量和定性信息，包括预期信用损失金额的变动及其原因。

(三)企业的信用风险敞口，包括重大信用风险集中度。

(四)其他有助于财务报表使用者了解信用风险对未来现金流量金额、时间和不确定性的影响的信息。

第八十条　信用风险信息已经在其他报告(例如管理层讨论与分析)中予以披露并与财务报告交叉索引，且财务报告和其他报告可以同时同条件获得的，则信用风险信息无须重复列报。企业应当根据自身实际情况，合理确定相关披露的详细程度、汇总或分解水平以及是否需对所披露的定量信息做补充说明。

第八十一条　企业应当披露与信用风险管理实务有关的下列信息：

(一)企业评估信用风险自初始确认后是否已显著增加的方法，并披露下列信息：

1. 根据《企业会计准则第 22 号——金融资产确认和计量》第五十五条的规定，在资产负债表日只具有较低的信用风险的金融工具及其确定依据(包括适用该情况的金融工具类别)。

2. 逾期超过30日，而信用风险自初始确认后未被认定为显著增加的金融资产及其确定依据。

(二)企业对违约的界定及其原因。

(三)以组合为基础评估预期信用风险的金融工具的组合方法。

(四)确定金融资产已发生信用减值的依据。

(五)企业直接减记金融工具的政策，包括没有合理预期金融资产可以收回的迹象和已经直接减记但仍受执行活动影响的金融资产相关政策的信息。

(六)根据《企业会计准则第22号——金融工具确认和计量》第五十六条的规定评估合同现金流量修改后金融资产的信用风险的，企业应当披露其信用风险的评估方法以及下列信息：

1. 对于损失准备相当于整个存续期预期信用损失的金融资产，在发生合同现金流修改时，评估信用风险是否已下降，从而企业可以按照相当于该金融资产未来12个月内预期信用损失的金额确认计量其损失准备。

2. 对于符合本条(六)1中所述的金融资产，企业应当披露其如何监控后续该金融资产的信用风险是否显著增加，从而按照相当于整个存续期预期信用损失的金额重新计量损失准备。

第八十二条 企业应当披露《企业会计准则第22号——金融工具确认和计量》第八章有关金融工具减值所采用的输入值、假设和估值技术等相关信息，具体包括：

(一)用于确定下列各事项或数据的输入值、假设和估计技术。

1. 未来12个月内预期信用损失和整个存续期的预期信用损失的计量。

2. 金融工具的信用风险自初始确认后是否已显著增加。

3. 金融资产是否已发生信用减值。

(二)确定预期信用损失时如何考虑前瞻性信息，包括宏观经济信息的使用。

(三)报告期估计技术或重大假设的变更及其原因。

第八十三条 企业应当以表格形式按金融工具的类别编制损失准备期初余额与期末余额的调节表，分别说明下列项目的变动情况：

(一)按相当于未来12个月预期信用损失的金额计量的损失准备。

(二)按相当于整个存续期预期信用损失的金额计量的下列各项的损失准备。

1. 自初始确认后信用风险已显著增加但并未发生信用减值的金融工具。

2. 对于资产负债表日已发生信用减值但并非购买或源生的已发生信用减值的金融资产。

3. 根据《企业会计准则第22号——金融工具确认和计量》第六十三条的规定计量减

值损失准备的应收账款、合同资产和租赁应收款。

(三)购买或源生的已发生信用减值的金融资产的变动。除调节表外，企业还应当披露本期初始确认的该类金融资产在初始确认时未折现的预期信用损失总额。

第八十四条 为有助于财务报表使用者了解企业按照本准则第八十三条规定披露的损失准备变动信息，企业应当对本期发生损失准备变动的金融工具账面余额显著变动情况做出说明，这些说明信息应当包括定性和定量信息，并应当对按照本准则第八十三条规定披露损失准备的各项目分别单独披露，具体可包括下列情况下发生损失准备变动的金融工具账面余额显著变动信息：

(一)本期因购买或源生的金融工具所导致的变动。

(二)未导致终止确认的金融资产的合同现金流量修改所导致的变动。

(三)本期终止确认的金融工具(包括直接减记的金融工具)所导致的变动。

对于当期已直接减记但仍受执行活动影响的金融资产，还应当披露尚未结算的合同金额。

(四)因按照相当于未来12个月预期信用损失或整个存续期内预期信用损失金额计量损失准备而导致的金融工具账面余额变动信息。

第八十五条 为有助于财务报表使用者了解未导致终止确认的金融资产合同现金流量修改的性质和影响，及其对预期信用损失计量的影响，企业应当披露下列信息：

(一)企业在本期修改了金融资产合同现金流量，且修改前损失准备是按相当于整个存续期预期信用损失金额计量的，应当披露修改或重新议定合同前的摊余成本及修改合同现金流量的净利得或净损失。

(二)对于之前按照相当于整个存续期内预期信用损失的金额计量了损失准备的金融资产，而当期按照相当于未来12个月内预期信用损失的金额计量该金融资产的损失准备的，应当披露该金融资产在资产负债表日的账面余额。

第八十六条 为有助于财务报表使用者了解担保物或其他信用增级对源自预期信用损失的金额的影响，企业应当按照金融工具的类别披露下列信息：

(一)在不考虑可利用的担保物或其他信用增级的情况下，企业在资产负债表日的最大信用风险敞口。

(二)作为抵押持有的担保物和其他信用增级的描述，包括：

1. 所持有担保物的性质和质量的描述。

2. 本期由于信用恶化或企业担保政策变更，导致担保物或信用增级的质量发生显著变化的说明。

3. 由于存在担保物而未确认损失准备的金融工具的信息。

(三)企业在资产负债表日持有的担保物和其他信用增级为已发生信用减值的金融资产作抵押的定量信息(例如对担保物和其他信用增级降低信用风险程度的量化信息)。

第八十七条 为有助于财务报表使用者评估企业的信用风险敞口并了解其重大信用风险集中度，企业应当按照信用风险等级披露相关金融资产的账面余额以及贷款承诺和财务担保合同的信用风险敞口。这些信息应当按照下列各类金融工具分别披露：

(一)按相当于未来 12 个月预期信用损失的金额计量损失准备的金融工具。

(二)按相当于整个存续期预期信用损失的金额计量损失准备的下列金融工具：

1. 自初始确认后信用风险已显著增加的金融工具(但并非已发生信用减值的金融资产)。

2. 在资产负债表日已发生信用减值但并非所购买或源生的已发生信用减值的金融资产。

3. 根据《企业会计准则第 22 号——金融工具确认和计量》第六十三条规定计量减值损失准备的应收账款、合同资产或者租赁应收款。

(三)购买或源生的已发生信用减值的金融资产。

信用风险等级是指基于金融工具发生违约的风险对信用风险划分的等级。

第八十八条 对于属于本准则范围，但不适用《企业会计准则第 22 号——金融工具确认和计量》金融工具减值规定的各类金融工具，企业应当披露与每类金融工具信用风险有关的下列信息：

(一)在不考虑可利用的担保物或其他信用增级的情况下，企业在资产负债表日的最大信用风险敞口。金融工具的账面价值能代表最大信用风险敞口的，不再要求披露此项信息。

(二)无论是否适用本条(一)中的披露要求，企业都应当披露可利用担保物或其他信用增级的信息及其对最大信用风险敞口的财务影响。

第八十九条 企业本期通过取得担保物或其他信用增级所确认的金融资产或非金融资产，应当披露下列信息：

(一)所确认资产的性质和账面价值。

(二)对于不易变现的资产，应当披露处置或拟将其用于日常经营的政策等。

第三节　流动性风险披露

第九十条 企业应当披露金融负债按剩余到期期限进行的到期期限分析，以及管理这些金融负债流动性风险的方法：

(一)对于非衍生金融负债(包括财务担保合同)，到期期限分析应当基于合同剩余到期期限。对于包含嵌入衍生工具的混合金融工具，应当将其整体视为非衍生金融负债进行披露。

(二)对于衍生金融负债，如果合同到期期限是理解现金流量时间分布的关键因素，到期期限分析应当基于合同剩余到期期限。

当企业将所持有的金融资产作为流动性风险管理的一部分，且披露金融资产的到期期限分析使财务报表使用者能够恰当地评估企业流动性风险的性质和范围时，企业应当披露金融资产的到期期限分析。

流动性风险，是指企业在履行以交付现金或其他金融资产的方式结算的义务时发生资金短缺的风险。

第九十一条 企业在披露到期期限分析时，应当运用职业判断确定适当的时间段。列入各时间段内按照本准则第九十条的规定披露的金额，应当是未经折现的合同现金流量。

企业可以但不限于按下列时间段进行到期期限分析：

(一)一个月以内(含一个月，下同)。

(二)一个月至三个月以内。

(三)三个月至一年以内。

(四)一年至五年以内。

(五)五年以上。

第九十二条 债权人可以选择收回债权时间的，债务人应当将相应的金融负债列入债权人可以要求收回债权的最早时间段内。

债务人应付债务金额不固定的，应当根据资产负债表日的情况确定到期期限分析所披露的金额。如分期付款的，债务人应当把每期将支付的款项列入相应的最早时间段内。

财务担保合同形成的金融负债，担保人应当将最大担保金额列入相关方可以要求支付的最早时间段内。

第九十三条 企业应当披露流动性风险敞口汇总定量信息的确定方法。此类汇总定量信息中的现金(或另一项金融资产)流出符合下列条件之一的，应当说明相关事实，并提供有助于评价该风险程度的额外定量信息：

(一)该现金的流出可能显著早于汇总定量信息中所列示的时间。

(二)该现金的流出可能与汇总定量信息中所列示的金额存在重大差异。

如果以上信息已包括在本准则第九十条规定的到期期限分析中，则无须披露上述额外定量信息。

第四节　市场风险披露

第九十四条 金融工具的市场风险，是指金融工具的公允价值或未来现金流量因市场价格变动而发生波动的风险，包括汇率风险、利率风险和其他价格风险。

汇率风险，是指金融工具的公允价值或未来现金流量因外汇汇率变动而发生波动的风险。汇率风险可源于以记账本位币之外的外币进行计价的金融工具。

利率风险，是指金融工具的公允价值或未来现金流量因市场利率变动而发生波动的风险。利率风险可源于已确认的计息金融工具和未确认的金融工具(如某些贷款承诺)。

其他价格风险，是指金融工具的公允价值或未来现金流量因汇率风险和利率风险以外的市场价格变动而发生波动的风险，无论这些变动是由于与单项金融工具或其发行方有关的因素而引起的，还是由于与市场内交易的所有类似金融工具有关的因素而引起的。其他价格风险可源于商品价格或权益工具价格等的变化。

第九十五条 在对市场风险进行敏感性分析时，应当以整个企业为基础，披露下列信息：

(一)资产负债表日所面临的各类市场风险的敏感性分析。该项披露应当反映资产负债表日相关风险变量发生合理、可能的变动时，将对企业损益和所有者权益产生的影响。

对具有重大汇率风险敞口的每一种货币，应当分币种进行敏感性分析。

(二)本期敏感性分析所使用的方法和假设，以及本期发生的变化和原因。

第九十六条 企业采用风险价值法或类似方法进行敏感性分析能够反映金融风险变量之间(如利率和汇率之间等)的关联性，且企业已采用该种方法管理金融风险的，可不按照本准则第九十五条的规定进行披露，但应当披露下列信息：

(一)用于该种敏感性分析的方法、选用的主要参数和假设。

(二)所用方法的目的，以及该方法提供的信息在反映相关资产和负债公允价值方面的局限性。

第九十七条 按照本准则第九十五条或第九十六条对敏感性分析的披露不能反映金融工具市场风险的(例如期末的风险敞口不能反映当期的风险状况)，企业应当披露这一事实及其原因。

第八章　金融资产转移的披露

第九十八条 企业应当就资产负债表日存在的所有未终止确认的已转移金融资产，以及对已转移金融资产的继续涉入，按本准则要求单独披露。

本章所述的金融资产转移，包括下列两种情形：

(一)企业将收取金融资产现金流量的合同权利转移给另一方。

(二)企业保留了收取金融资产现金流量的合同权利，但承担了将收取的现金流量支付给一个或多个最终收款方的合同义务。

第九十九条 企业对于金融资产转移所披露的信息，应当有助于财务报表使用者了解未整体终止确认的已转移金融资产与相关负债之间的关系，评价企业继续涉入已终止确认金融资产的性质和相关风险。

企业按照本准则第一百零一条和第一百零二条所披露信息不能满足本条前款要求的，应当披露其他补充信息。

第一百条 本章所述的继续涉入，是指企业保留了已转移金融资产中内在的合同权利或义务，或者取得了与已转移金融资产相关的新合同权利或义务。转出方与转入方签订的转让协议或与第三方单独签订的与转让相关的协议，都有可能形成对已转移金融资产的继续涉入。如果企业对已转移金融资产的未来业绩不享有任何利益，也不承担与已转移金融资产相关的任何未来支付义务，则不形成继续涉入。下列情形不形成继续涉入：

(一)与转移的真实性以及合理、诚信和公平交易等原则有关的常规声明和保证，这些声明和保证可能因法律行为导致转移无效。

(二)以公允价值回购已转移金融资产的远期、期权和其他合同。

(三)使企业保留了收取金融资产现金流量的合同权利但承担了将收取的现金流量支付给一个或多个最终收款方的合同义务的安排，且这类安排满足《企业会计准则第23号——金融资产转移》第六条(二)中的三个条件。

第一百零一条 对于已转移但未整体终止确认的金融资产，企业应当按照类别披露下列信息：

(一)已转移金融资产的性质。

(二)仍保留的与所有权有关的风险和报酬的性质。

(三)已转移金融资产与相关负债之间关系的性质，包括因转移引起的对企业使用已转移金融资产的限制。

(四)在转移金融资产形成的相关负债的交易对手方仅对已转移金融资产有追索权的情况下，应当以表格形式披露所转移金融资产和相关负债的公允价值以及净头寸，即已转移金融资产和相关负债公允价值之间的差额。

(五)继续确认已转移金融资产整体的，披露已转移金融资产和相关负债的账面价值。

(六)按继续涉入程度确认所转移金融资产的，披露转移前该金融资产整体的账面价值、按继续涉入程度确认的资产和相关负债的账面价值。

第一百零二条 对于已整体终止确认但转出方继续涉入已转移金融资产的，企业应当至少按照类别披露下列信息：

(一)因继续涉入确认的资产和负债的账面价值和公允价值，以及在资产负债表中对应的项目。

(二)因继续涉入导致企业发生损失的最大风险敞口及确定方法。

(三)应当或可能回购已终止确认的金融资产需要支付的未折现现金流量(如期权协议中的行权价格)或其他应向转入方支付的款项，以及对这些现金流量或款项的到期期限分析。如果到期期限可能为一个区间，应当以企业必须或可能支付的最早日期为依据归入相应的时间段。到期期限分析应当分别反映企业应当支付的现金流量(如远期合同)、企业可能支付的现金流量(如签出看跌期权)以及企业可选择支付的现金流量(如购入看涨期权)。在现金流量不固定的情形下，上述金额应当基于每个资产负债表日的情况披露。

(四)对本条(一)至(三)定量信息的解释性说明，包括对已转移金融资产、继续涉入的性质和目的，以及企业所面临风险的描述等。其中，对企业所面临风险的描述包括下列各项：

1. 企业对继续涉入已终止确认金融资产的风险进行管理的方法。

2. 企业是否应先于其他方承担有关损失，以及先于本企业承担损失的其他方应承担损失的顺序及金额。

3. 企业向已转移金融资产提供财务支持或回购该金融资产的义务的触发条件。

(五)金融资产转移日确认的利得或损失，以及因继续涉入已终止确认金融资产当期和累计确认的收益或费用(如衍生工具的公允价值变动)。

(六)终止确认产生的收款总额在本期分布不均衡的(例如大部分转移金额在临近报告期末发生)，企业应当披露本期最大转移活动发生的时间段、该段期间所确认的金额(如相关利得或损失)和收款总额。

企业在披露本条所规定的信息时，应当按照其继续涉入面临的风险敞口类型分类汇总披露。例如，可按金融工具类别(如附担保或看涨期权继续涉入方式)或转让类型(如应收账款保理、证券化和融券)分类汇总披露。企业对某项终止确认的金融资产存在多种继续涉入方式的，可按其中一类汇总披露。

第一百零三条 企业按照本准则第一百条的规定确定是否继续涉入已转移金融资产时，应当以自身财务报告为基础进行考虑。

第九章 衔接规定

第一百零四条 自本准则施行日起，企业应当按照本准则的要求列报金融工具相关信息。企业比较财务报表列报的信息与本准则要求不一致的，不需要按照本准则的要求进行调整。

第十章　附　则

第一百零五条　本准则自 2018 年 1 月 1 日起施行。

企业会计准则第 38 号
——首次执行企业会计准则

（财会〔2006〕3 号）

第一章　总　则

第一条　为了规范首次执行企业会计准则对会计要素的确认、计量和财务报表列报，根据《企业会计准则——基本准则》，制定本准则。

第二条　首次执行企业会计准则，是指企业第一次执行企业会计准则体系，包括基本准则、具体准则和会计准则应用指南。

第三条　首次执行企业会计准则后发生的会计政策变更，适用《企业会计准则第 28 号——会计政策、会计估计变更和差错更正》。

第二章　确认和计量

第四条　在首次执行日，企业应当对所有资产、负债和所有者权益按照企业会计准则的规定进行重新分类、确认和计量，并编制期初资产负债表。

编制期初资产负债表时，除按照本准则第五条至第十九条规定要求追溯调整的项目外，其他项目不应追溯调整。

第五条　对于首次执行日的长期股权投资，应当分别下列情况处理：

（一）根据《企业会计准则第 20 号——企业合并》属于同一控制下企业合并产生的长期股权投资，尚未摊销完毕的股权投资差额应全额冲销，并调整留存收益，以冲销股权投资差额后的长期股权投资账面余额作为首次执行日的认定成本。

（二）除上述（一）以外的其他采用权益法核算的长期股权投资，存在股权投资贷方差额的，应冲销贷方差额，调整留存收益，并以冲销贷方差额后的长期股权投资账面余额作为首次执行日的认定成本。

存在股权投资借方差额的，应当将长期股权投资的账面余额作为首次执行日的认定成本。

第六条 对于有确凿证据表明可以采用公允价值模式计量的投资性房地产，在首次执行日可以按照公允价值进行计量，并将账面价值与公允价值的差额调整留存收益。

第七条 在首次执行日，对于满足预计负债确认条件且该日之前尚未计入资产成本的弃置费用，应当增加该项资产成本，并确认相应的负债；同时，将应补提的折旧(折耗)调整留存收益。

第八条 对于首次执行日存在的解除与职工的劳动关系计划，满足《企业会计准则第9号——职工薪酬》预计负债确认条件的，应当确认因解除与职工的劳动关系给予补偿而产生的负债，并调整留存收益。

第九条 对于企业年金基金在运营中所形成的投资，应当在首次执行日按照公允价值进行计量，并将账面价值与公允价值的差额调整留存收益。

第十条 对于可行权日在首次执行日或之后的股份支付，应当根据《企业会计准则第11号——股份支付》的规定，按照权益工具、其他方服务或承担的以权益工具为基础计算确定的负债的公允价值，将应计入首次执行日之前等待期的成本费用金额调整留存收益，相应增加所有者权益或负债。

首次执行日之前可行权的股份支付，不应追溯调整。

第十一条 在首次执行日，企业应当按照《企业会计准则第13号——或有事项》的规定，将满足预计负债确认条件的重组义务，确认为负债，并调整留存收益。

第十二条 企业应当按照《企业会计准则第18号——所得税》的规定，在首次执行日对资产、负债的账面价值与计税基础不同形成的暂时性差异的所得税影响进行追溯调整，并将影响金额调整留存收益。

第十三条 除下列项目外，对于首次执行日之前发生的企业合并不应追溯调整：

(一)按照《企业会计准则第20号——企业合并》属于同一控制下企业合并，原已确认商誉的摊余价值应当全额冲销，并调整留存收益。

按照该准则的规定属于非同一控制下企业合并的，应当将商誉在首次执行日的摊余价值作为认定成本，不再进行摊销。

(二)首次执行日之前发生的企业合并，合并合同或协议中约定根据未来事项的发生对合并成本进行调整的，如果首次执行日预计未来事项很可能发生并对合并成本的影响金额能够可靠计量的，应当按照该影响金额调整已确认商誉的账面价值。

(三)企业应当按照《企业会计准则第8号——资产减值》的规定，在首次执行日对商誉进行减值测试，发生减值的，应当以计提减值准备后的金额确认，并调整留存收益。

第十四条 在首次执行日，企业应当将所持有的金融资产(不含《企业会计准则第2号——长期股权投资》规范的投资)，划分为以公允价值计量且其变动计入当期损益的金融资产、持有至到期投资、贷款和应收款项、可供出售金融资产。

(一)划分为以公允价值计量且其变动计入当期损益或可供出售金融资产的，应当在首次执行日按照公允价值计量，并将账面价值与公允价值的差额调整留存收益。

(二)划分为持有至到期投资、贷款和应收款项的，应当自首次执行日起改按实际利率法，在随后的会计期间采用摊余成本计量。

第十五条 对于在首次执行日指定为以公允价值计量且其变动计入当期损益的金融负债，应当在首次执行日按照公允价值计量，并将账面价值与公允价值的差额调整留存收益。

第十六条 对于未在资产负债表内确认、或已按成本计量的衍生金融工具(不包括套期工具)，应当在首次执行日按照公允价值计量，同时调整留存收益。

第十七条 对于嵌入衍生金融工具，按照《企业会计准则第 22 号——金融工具确认和计量》规定应从混合工具分拆的，应当在首次执行日将其从混合工具分拆并单独处理，但嵌入衍生金融工具的公允价值难以合理确定的除外。

对于企业发行的包含负债和权益成分的非衍生金融工具，应当按照《企业会计准则第 37 号——金融工具列报》的规定，在首次执行日将负债和权益成分分拆，但负债成分的公允价值难以合理确定的除外。

第十八条 在首次执行日，对于不符合《企业会计准则第 24 号——套期保值》规定的套期会计方法运用条件的套期保值，应当终止采用原套期会计方法，并按照《企业会计准则第 24 号——套期保值》处理。

第十九条 发生再保险分出业务的企业，应当在首次执行日按照《企业会计准则第 26 号——再保险合同》的规定，将应向再保险接受人摊回的相应准备金确认为资产，并调整各项准备金的账面价值。

第三章 列 报

第二十条 在首次执行日后按照企业会计准则编制的首份年度财务报表(以下简称首份年度财务报表)期间，企业应当按照《企业会计准则第 30 号——财务报表列报》和《企业会计准则第 31 号——现金流量表》的规定，编报资产负债表、利润表、现金流量表和所有者权益变动表及附注。

对外提供合并财务报表的，应当遵循《企业会计准则第 33 号——合并财务报表》的规定。

在首份年度财务报表涵盖的期间内对外提供中期财务报告的，应当遵循《企业会计准则第 32 号——中期财务报告》的规定。

企业应当在附注中披露首次执行企业会计准则财务报表项目金额的变动情况。

第二十一条 首份年度财务报表至少应当包括上年度按照企业会计准则列报的比较信息。财务报表项目的列报发生变更的，应当对上年度比较数据按照企业会计准则的列报要求进行调整，但不切实可行的除外。

对于原未纳入合并范围但按照《企业会计准则第33号——合并财务报表》规定应纳入合并范围的子公司，在上年度的比较合并财务报表中，企业应当将该子公司纳入合并范围。对于原已纳入合并范围但按照该准则规定不应纳入合并范围的子公司，在上年度的比较合并财务报表中，企业不应将该子公司纳入合并范围。上年度比较合并财务报表中列示的少数股东权益，应当按照该准则的规定，在所有者权益类列示。

应当列示每股收益的企业，比较财务报表中上年度的每股收益按照《企业会计准则第34号——每股收益》的规定计算和列示。

应当披露分部信息的企业，比较财务报表中上年度关于分部的信息按照《企业会计准则第35号——分部报告》的规定披露。

企业会计准则第39号——公允价值计量

（财会〔2014〕6号）

第一章 总 则

第一条 为了规范公允价值的计量和披露，根据《企业会计准则——基本准则》，制定本准则。

第二条 公允价值，是指市场参与者在计量日发生的有序交易中，出售一项资产所能收到或者转移一项负债所需支付的价格。

第三条 本准则适用于其他相关会计准则要求或者允许采用公允价值进行计量或披露的情形，本准则第四条和第五条所列情形除外。

第四条 下列各项的计量和披露适用其他相关会计准则：

（一）与公允价值类似的其他计量属性的计量和披露，如《企业会计准则第1号——存货》规范的可变现净值、《企业会计准则第8号——资产减值》规范的预计未来现金流量现值，分别适用《企业会计准则第1号——存货》和《企业会计准则第8号——资产减值》。

（二）股份支付业务相关的计量和披露，适用《企业会计准则第11号——股份支付》。

（三）租赁业务相关的计量和披露，适用《企业会计准则第21号——租赁》。

第五条 下列各项的披露适用其他相关会计准则：

（一）以公允价值减去处置费用后的净额确定可收回金额的资产的披露，适用《企业会计准则第8号——资产减值》。

（二）以公允价值计量的职工离职后福利计划资产的披露，适用《企业会计准则第9号——职工薪酬》。

（三）以公允价值计量的企业年金基金投资的披露，适用《企业会计准则第10号——企业年金基金》。

第二章 相关资产或负债

第六条 企业以公允价值计量相关资产或负债，应当考虑该资产或负债的特征。

相关资产或负债的特征，是指市场参与者在计量日对该资产或负债进行定价时考虑的特征，包括资产状况及所在位置、对资产出售或者使用的限制等。

第七条 以公允价值计量的相关资产或负债可以是单项资产或负债(如一项金融工具、一项非金融资产等)，也可以是资产组合、负债组合或者资产和负债的组合(如《企业会计准则第 8 号——资产减值》规范的资产组、《企业会计准则第 20 号——企业合并》规范的业务等)。企业是以单项还是以组合的方式对相关资产或负债进行公允价值计量，取决于该资产或负债的计量单元。

计量单元，是指相关资产或负债以单独或者组合方式进行计量的最小单位。相关资产或负债的计量单元应当由要求或者允许以公允价值计量的其他相关会计准则规定，但本准则第十章规范的市场风险或信用风险可抵销的金融资产和金融负债的公允价值计量除外。

第三章 有序交易和市场

第八条 企业以公允价值计量相关资产或负债，应当假定市场参与者在计量日出售资产或者转移负债的交易，是在当前市场条件下的有序交易。

有序交易，是指在计量日前一段时期内相关资产或负债具有惯常市场活动的交易。清算等被迫交易不属于有序交易。

第九条 企业以公允价值计量相关资产或负债，应当假定出售资产或者转移负债的有序交易在相关资产或负债的主要市场进行。不存在主要市场的，企业应当假定该交易在相关资产或负债的最有利市场进行。

主要市场，是指相关资产或负债交易量最大和交易活跃程度最高的市场。

最有利市场，是指在考虑交易费用和运输费用后，能够以最高金额出售相关资产或者以最低金额转移相关负债的市场。

交易费用，是指在相关资产或负债的主要市场(或最有利市场)中，发生的可直接归属于资产出售或者负债转移的费用。交易费用是直接由交易引起的、交易所必需的，而且不出售资产或者不转移负债就不会发生的费用。运输费用，是指将资产从当前位置运抵主要市场(或最有利市场)发生的费用。

第十条 企业在识别主要市场(或最有利市场)时，应当考虑所有可合理取得的信息，但没有必要考察所有市场。

通常情况下，企业正常进行资产出售或者负债转移的市场可以视为主要市场(或最有利市场)。

第十一条 主要市场(或最有利市场)应当是企业在计量日能够进入的交易市场，但不要求企业于计量日在该市场上实际出售资产或者转移负债。

由于不同企业可以进入的市场不同，对于不同企业，相同资产或负债可能具有不同的主要市场(或最有利市场)。

第十二条 企业应当以主要市场的价格计量相关资产或负债的公允价值。不存在主要市场的，企业应当以最有利市场的价格计量相关资产或负债的公允价值。

企业不应当因交易费用对该价格进行调整。交易费用不属于相关资产或负债的特征，只与特定交易有关。交易费用不包括运输费用。

相关资产所在的位置是该资产的特征，发生的运输费用能够使该资产从当前位置转移到主要市场(或最有利市场)的，企业应当根据使该资产从当前位置转移到主要市场(或最有利市场)的运输费用调整主要市场(或最有利市场)的价格。

第十三条 当计量日不存在能够提供出售资产或者转移负债的相关价格信息的可观察市场时，企业应当从持有资产或者承担负债的市场参与者角度，假定计量日发生了出售资产或者转移负债的交易，并以该假定交易的价格为基础计量相关资产或负债的公允价值。

第四章　市场参与者

第十四条 企业以公允价值计量相关资产或负债，应当采用市场参与者在对该资产或负债定价时为实现其经济利益最大化所使用的假设。

市场参与者，是指在相关资产或负债的主要市场(或最有利市场)中，同时具备下列特征的买方和卖方：

(一)市场参与者应当相互独立，不存在《企业会计准则第 36 号——关联方披露》所述的关联方关系。

(二)市场参与者应当熟悉情况，能够根据可取得的信息对相关资产或负债以及交易具备合理认知。

(三)市场参与者应当有能力并自愿进行相关资产或负债的交易。

第十五条 企业在确定市场参与者时，应当考虑所计量的相关资产或负债、该资产或负债的主要市场(或最有利市场)以及在该市场上与企业进行交易的市场参与者等因素，从总体上识别市场参与者。

第五章　公允价值初始计量

第十六条　企业应当根据交易性质和相关资产或负债的特征等，判断初始确认时的公允价值是否与其交易价格相等。

在企业取得资产或者承担负债的交易中，交易价格是取得该项资产所支付或者承担该项负债所收到的价格(即进入价格)。公允价值是出售该项资产所能收到或者转移该项负债所需支付的价格(即脱手价格)。相关资产或负债在初始确认时的公允价值通常与其交易价格相等，但在下列情况中两者可能不相等：

(一)交易发生在关联方之间。但企业有证据表明该关联方交易是在市场条件下进行的除外。

(二)交易是被迫的。

(三)交易价格所代表的计量单元与按照本准则第七条确定的计量单元不同。

(四)交易市场不是相关资产或负债的主要市场(或最有利市场)。

第十七条　其他相关会计准则要求或者允许企业以公允价值对相关资产或负债进行初始计量，且其交易价格与公允价值不相等的，企业应当将相关利得或损失计入当期损益，但其他相关会计准则另有规定的除外。

第六章　估值技术

第十八条　企业以公允价值计量相关资产或负债，应当采用在当前情况下适用并且有足够可利用数据和其他信息支持的估值技术。企业使用估值技术的目的，是为了估计在计量日当前市场条件下，市场参与者在有序交易中出售一项资产或者转移一项负债的价格。

企业以公允价值计量相关资产或负债，使用的估值技术主要包括市场法、收益法和成本法。企业应当使用与其中一种或多种估值技术相一致的方法计量公允价值。企业使用多种估值技术计量公允价值的，应当考虑各估值结果的合理性，选取在当前情况下最能代表公允价值的金额作为公允价值。

市场法，是利用相同或类似的资产、负债或资产和负债组合的价格以及其他相关市场交易信息进行估值的技术。

收益法，是将未来金额转换成单一现值的估值技术。

成本法，是反映当前要求重置相关资产服务能力所需金额(通常指现行重置成本)的估值技术。

第十九条 企业在估值技术的应用中，应当优先使用相关可观察输入值，只有在相关可观察输入值无法取得或取得不切实可行的情况下，才可以使用不可观察输入值。

输入值，是指市场参与者在给相关资产或负债定价时所使用的假设，包括可观察输入值和不可观察输入值。

可观察输入值，是指能够从市场数据中取得的输入值。该输入值反映了市场参与者在对相关资产或负债定价时所使用的假设。

不可观察输入值，是指不能从市场数据中取得的输入值。该输入值应当根据可获得的市场参与者在对相关资产或负债定价时所使用假设的最佳信息确定。

第二十条 企业以交易价格作为初始确认时的公允价值，且在公允价值后续计量中使用了涉及不可观察输入值的估值技术的，应当在估值过程中校正该估值技术，以使估值技术确定的初始确认结果与交易价格相等。

企业在公允价值后续计量中使用估值技术的，尤其是涉及不可观察输入值的，应当确保该估值技术反映了计量日可观察的市场数据，如类似资产或负债的价格等。

第二十一条 公允价值计量使用的估值技术一经确定，不得随意变更，但变更估值技术或其应用能使计量结果在当前情况下同样或者更能代表公允价值的情况除外，包括但不限于下列情况：

(一)出现新的市场。

(二)可以取得新的信息。

(三)无法再取得以前使用的信息。

(四)改进了估值技术。

(五)市场状况发生变化。

企业变更估值技术或其应用的，应当按照《企业会计准则第28号——会计政策、会计估计变更和差错更正》的规定作为会计估计变更，并根据本准则的披露要求对估值技术及其应用的变更进行披露，而不需要按照《企业会计准则第28号——会计政策、会计估计变更和差错更正》的规定对相关会计估计变更进行披露。

第二十二条 企业采用估值技术计量公允价值时，应当选择与市场参与者在相关资产或负债的交易中所考虑的资产或负债特征相一致的输入值，包括流动性折溢价、控制权溢价或少数股东权益折价等，但不包括与本准则第七条规定的计量单元不一致的折溢价。

企业不应当考虑因其大量持有相关资产或负债所产生的折价或溢价。该折价或溢价反映了市场正常日交易量低于企业在当前市场出售或转让其持有的相关资产或负债数量时，市场参与者对该资产或负债报价的调整。

第二十三条 以公允价值计量的相关资产或负债存在出价和要价的，企业应当以在出价和要价之间最能代表当前情况下公允价值的价格确定该资产或负债的公允价值。企业可以使用出价计量资产头寸、使用要价计量负债头寸。

本准则不限制企业使用市场参与者在实务中使用的在出价和要价之间的中间价或其他定价惯例计量相关资产或负债。

第七章 公允价值层次

第二十四条 企业应当将公允价值计量所使用的输入值划分为三个层次，并首先使用第一层次输入值，其次使用第二层次输入值，最后使用第三层次输入值。

第一层次输入值是在计量日能够取得的相同资产或负债在活跃市场上未经调整的报价。活跃市场，是指相关资产或负债的交易量和交易频率足以持续提供定价信息的市场。

第二层次输入值是除第一层次输入值外相关资产或负债直接或间接可观察的输入值。

第三层次输入值是相关资产或负债的不可观察输入值。

公允价值计量结果所属的层次，由对公允价值计量整体而言具有重要意义的输入值所属的最低层次决定。企业应当在考虑相关资产或负债特征的基础上判断所使用的输入值是否重要。公允价值计量结果所属的层次，取决于估值技术的输入值，而不是估值技术本身。

第二十五条 第一层次输入值为公允价值提供了最可靠的证据。在所有情况下，企业只要能够获得相同资产或负债在活跃市场上的报价，就应当将该报价不加调整地应用于该资产或负债的公允价值计量，但下列情况除外：

(一)企业持有大量类似但不相同的以公允价值计量的资产或负债，这些资产或负债存在活跃市场报价，但难以获得每项资产或负债在计量日单独的定价信息。在这种情况下，企业可以采用不单纯依赖报价的其他估值模型。

(二)活跃市场报价未能代表计量日的公允价值，如因发生影响公允价值计量的重大事件等导致活跃市场的报价未能代表计量日的公允价值。

(三)本准则第三十四条(二)所述情况。

企业因上述情况对相同资产或负债在活跃市场上的报价进行调整的，公允价值计量结果应当划分为较低层次。

第二十六条 企业在使用第二层次输入值对相关资产或负债进行公允价值计量时，应当根据该资产或负债的特征，对第二层次输入值进行调整。这些特征包括资产状况或所在位置、输入值与类似资产或负债的相关程度(包括本准则第三十四条(二)规定的因素)、可观察输入值所在市场的交易量和活跃程度等。

对于具有合同期限等具体期限的相关资产或负债，第二层次输入值应当在几乎整个期限内是可观察的。

第二层次输入值包括：

(一)活跃市场中类似资产或负债的报价。

(二)非活跃市场中相同或类似资产或负债的报价。

(三)除报价以外的其他可观察输入值，包括在正常报价间隔期间可观察的利率和收益率曲线、隐含波动率和信用利差等。

(四)市场验证的输入值等。市场验证的输入值，是指通过相关性分析或其他手段获得的主要来源于可观察市场数据或者经过可观察市场数据验证的输入值。

企业使用重要的不可观察输入值对第二层次输入值进行调整，且该调整对公允价值计量整体而言是重要的，公允价值计量结果应当划分为第三层次。

第二十七条 企业只有在相关资产或负债不存在市场活动或者市场活动很少导致相关可观察输入值无法取得或取得不切实可行的情况下，才能使用第三层次输入值，即不可观察输入值。

不可观察输入值应当反映市场参与者对相关资产或负债定价时所使用的假设，包括有关风险的假设，如特定估值技术的固有风险和估值技术输入值的固有风险等。

第二十八条 企业在确定不可观察输入值时，应当使用在当前情况下可合理取得的最佳信息，包括所有可合理取得的市场参与者假设。

企业可以使用内部数据作为不可观察输入值，但如果有证据表明其他市场参与者将使用不同于企业内部数据的其他数据，或者这些企业内部数据是企业特定数据、其他市场参与者不具备企业相关特征时，企业应当对其内部数据做出相应调整。

第八章 非金融资产的公允价值计量

第二十九条 企业以公允价值计量非金融资产，应当考虑市场参与者将该资产用于最佳用途产生经济利益的能力，或者将该资产出售给能够用于最佳用途的其他市场参与者产生经济利益的能力。

最佳用途，是指市场参与者实现一项非金融资产或其所属的资产和负债组合的价值最大化时该非金融资产的用途。

第三十条 企业确定非金融资产的最佳用途，应当考虑法律上是否允许、实物上是否可能以及财务上是否可行等因素。

(一)企业判断非金融资产的用途在法律上是否允许，应当考虑市场参与者在对该资产定价时考虑的资产使用在法律上的限制。

(二)企业判断非金融资产的用途在实物上是否可能，应当考虑市场参与者在对该资产定价时考虑的资产实物特征。

(三)企业判断非金融资产的用途在财务上是否可行，应当考虑在法律上允许且实物上可能的情况下，使用该资产能否产生足够的收益或现金流量，从而在补偿使资产用于该用途所发生的成本后，仍然能够满足市场参与者所要求的投资回报。

第三十一条 企业应当从市场参与者的角度确定非金融资产的最佳用途。

通常情况下，企业对非金融资产的现行用途可以视为最佳用途，除非市场因素或者其他因素表明市场参与者按照其他用途使用该资产可以实现价值最大化。

第三十二条 企业以公允价值计量非金融资产，应当基于最佳用途确定下列估值前提：

(一)市场参与者单独使用一项非金融资产产生最大价值的，该非金融资产的公允价值应当是将其出售给同样单独使用该资产的市场参与者的当前交易价格。

(二)市场参与者将一项非金融资产与其他资产(或者其他资产或负债的组合)组合使用产生最大价值的，该非金融资产的公允价值应当是将其出售给以同样组合方式使用该资产的市场参与者的当前交易价格，并且该市场参与者可以取得组合中的其他资产和负债。其中，负债包括企业为筹集营运资金产生的负债，但不包括企业为组合之外的资产筹集资金所产生的负债。最佳用途的假定应当一致地应用于组合中所有与最佳用途相关的资产。

企业应当从市场参与者的角度判断该资产的最佳用途是单独使用、与其他资产组合使用、还是与其他资产和负债组合使用，但在计量非金融资产的公允价值时，应当假定按照本准则第七条确定的计量单元出售该资产。

第九章 负债和企业自身权益工具的公允价值计量

第三十三条 企业以公允价值计量负债，应当假定在计量日将该负债转移给其他市场参与者，而且该负债在转移后继续存在，并由作为受让方的市场参与者履行义务。

企业以公允价值计量自身权益工具，应当假定在计量日将该自身权益工具转移给其他市场参与者，而且该自身权益工具在转移后继续存在，并由作为受让方的市场参与者取得与该工具相关的权利、承担相应的义务。

第三十四条 企业以公允价值计量负债或自身权益工具，应当遵循下列原则：

(一)存在相同或类似负债或企业自身权益工具可观察市场报价的，应当以该报价为基础确定该负债或企业自身权益工具的公允价值。

(二)不存在相同或类似负债或企业自身权益工具可观察市场报价，但其他方将其作为资产持有的，企业应当在计量日从持有该资产的市场参与者角度，以该资产的公允价值为基础确定该负债或自身权益工具的公允价值。

当该资产的某些特征不适用于所计量的负债或企业自身权益工具时，企业应当根据该资产的公允价值进行调整，以调整后的价值确定负债或企业自身权益工具的公允价值。这些特征包括资产出售受到限制、资产与所计量负债或企业自身权益工具类似但不相同、资产的计量单元与负债或企业自身权益工具的计量单元不完全相同等。

(三)不存在相同或类似负债或企业自身权益工具可观察市场报价，并且其他方未将其作为资产持有的，企业应当从承担负债或者发行权益工具的市场参与者角度，采用估值技术确定该负债或企业自身权益工具的公允价值。

第三十五条 企业以公允价值计量负债，应当考虑不履约风险，并假定不履约风险在负债转移前后保持不变。

不履约风险，是指企业不履行义务的风险，包括但不限于企业自身信用风险。

第三十六条 企业以公允价值计量负债或自身权益工具，并且该负债或自身权益工具存在限制转移因素的，如果公允价值计量的输入值中已经考虑了该因素，企业不应当再单独设置相关输入值，也不应当对其他输入值进行相关调整。

第三十七条 企业以公允价值计量活期存款等具有可随时要求偿还特征的金融负债的，该金融负债的公允价值不应当低于债权人随时要求偿还时的应付金额，即从债权人可要求偿还的第一天起折现的现值。

第十章 市场风险或信用风险可抵销的金融资产和金融负债的公允价值计量

第三十八条 企业以市场风险和信用风险的净敞口为基础管理金融资产和金融负债的，可以以计量日市场参与者在当前市场条件下有序交易中出售净多头(即资产)或者转移净空头(即负债)的价格为基础，计量该金融资产和金融负债组合的公允价值。

市场风险或信用风险可抵销的金融资产或金融负债，应当是由《企业会计准则第 22 号——金融工具确认和计量》规范的金融资产和金融负债，也包括不符合金融资产或金融负债定义但按照《企业会计准则第 22 号——金融工具确认和计量》进行会计处理的其他合同。

与市场风险或信用风险可抵销的金融资产和金融负债相关的财务报表列报，应当适用其他相关会计准则。

第三十九条 企业按照本准则第三十八条规定计量金融资产和金融负债组合的公允价值的，应当同时满足下列条件：

(一)企业风险管理或投资策略的正式书面文件已载明，企业以特定市场风险或特定对手信用风险的净敞口为基础，管理金融资产和金融负债的组合。

(二)企业以特定市场风险或特定对手信用风险的净敞口为基础，向企业关键管理人员报告金融资产和金融负债组合的信息。

(三)企业在每个资产负债表日以公允价值计量组合中的金融资产和金融负债。

第四十条 企业按照本准则第三十八条规定计量金融资产和金融负债组合的公允价值的，该金融资产和金融负债面临的特定市场风险及其期限实质上应当相同。

企业按照本准则第三十八条规定计量金融资产和金融负债组合的公允价值的，如果市场参与者将会考虑假定出现违约情况下能够减小信用风险敞口的所有现行安排，企业应当考虑特定对手的信用风险净敞口的影响或特定对手对企业的信用风险净敞口的影响，并预计市场参与者依法强制执行这些安排的可能性。

第四十一条 企业采用本准则第三十八条规定的，应当按照《企业会计准则第 28 号——会计政策、会计估计变更和差错更正》的规定确定相关会计政策，并且一经确定，不得随意变更。

第十一章　公允价值披露

第四十二条 企业应当根据相关资产或负债的性质、特征、风险以及公允价值计量的层次对该资产或负债进行恰当分组，并按照组别披露公允价值计量的相关信息。

为确定资产和负债的组别，企业通常应当对资产负债表列报项目做进一步分解。企业应当披露各组别与报表列报项目之间的调节信息。

其他相关会计准则明确规定了相关资产或负债组别且其分组原则符合本条规定的，企业可以直接使用该组别提供相关信息。

第四十三条 企业应当区分持续的公允价值计量和非持续的公允价值计量。

持续的公允价值计量，是指其他相关会计准则要求或者允许企业在每个资产负债表日持续以公允价值进行的计量。

非持续的公允价值计量，是指其他相关会计准则要求或者允许企业在特定情况下的资产负债表中以公允价值进行的计量。

第四十四条 在相关资产或负债初始确认后的每个资产负债表日，企业至少应当在附注中披露持续以公允价值计量的每组资产和负债的下列信息：

(一)其他相关会计准则要求或者允许企业在资产负债表日持续以公允价值计量的项

目和金额。

（二）公允价值计量的层次。

（三）在各层次之间转换的金额和原因，以及确定各层次之间转换时点的政策。每一层次的转入与转出应当分别披露。

（四）对于第二层次的公允价值计量，企业应当披露使用的估值技术和输入值的描述性信息。当变更估值技术时，企业还应当披露这一变更以及变更的原因。

（五）对于第三层次的公允价值计量，企业应当披露使用的估值技术、输入值和估值流程的描述性信息。当变更估值技术时，企业还应当披露这一变更以及变更的原因。企业应当披露公允价值计量中使用的重要的、可合理取得的不可观察输入值的量化信息。

（六）对于第三层次的公允价值计量，企业应当披露期初余额与期末余额之间的调节信息，包括计入当期损益的已实现利得或损失总额，以及确认这些利得或损失时的损益项目；计入当期损益的未实现利得或损失总额，以及确认这些未实现利得或损失时的损益项目（如相关资产或负债的公允价值变动损益等）；计入当期其他综合收益的利得或损失总额，以及确认这些利得或损失时的其他综合收益项目；分别披露相关资产或负债购买、出售、发行及结算情况。

（七）对于第三层次的公允价值计量，当改变不可观察输入值的金额可能导致公允价值显著变化时，企业应当披露有关敏感性分析的描述性信息。

这些输入值和使用的其他不可观察输入值之间具有相关关系的，企业应当描述这种相关关系及其影响，其中不可观察输入值至少包括本条（五）要求披露的不可观察输入值。

对于金融资产和金融负债，如果为反映合理、可能的其他假设而变更一个或多个不可观察输入值将导致公允价值的重大改变，企业还应当披露这一事实、变更的影响金额及其计算方法。

（八）当非金融资产的最佳用途与其当前用途不同时，企业应当披露这一事实及其原因。

第四十五条 在相关资产或负债初始确认后的资产负债表中，企业至少应当在附注中披露非持续以公允价值计量的每组资产和负债的下列信息：

（一）其他相关会计准则要求或者允许企业在特定情况下非持续以公允价值计量的项目和金额，以及以公允价值计量的原因。

（二）公允价值计量的层次。

（三）对于第二层次的公允价值计量，企业应当披露使用的估值技术和输入值的描述性信息。当变更估值技术时，企业还应当披露这一变更以及变更的原因。

（四）对于第三层次的公允价值计量，企业应当披露使用的估值技术、输入值和估值流程的描述性信息，当变更估值技术时，企业还应当披露这一变更以及变更的原因。企业应当披露公允价值计量中使用的重要不可观察输入值的量化信息。

(五)当非金融资产的最佳用途与其当前用途不同时，企业应当披露这一事实及其原因。

第四十六条 企业调整公允价值计量层次转换时点的相关会计政策应当在前后各会计期间保持一致，并按照本准则第四十四条(三)的规定进行披露。企业调整公允价值计量层次转换时点的相关会计政策应当一致地应用于转出的公允价值计量层次和转入的公允价值计量层次。

第四十七条 企业采用本准则第三十八条规定的会计政策的，应当披露该事实。

第四十八条 对于在资产负债表中不以公允价值计量但以公允价值披露的各组资产和负债，企业应当按照本准则第四十四条(二)、(四)、(五)和(八)披露信息，但不需要按照本准则第四十四条(五)披露第三层次公允价值计量的估值流程和使用的重要不可观察输入值的量化信息。

第四十九条 对于以公允价值计量且在发行时附有不可分割的第三方信用增级的负债，发行人应当披露这一事实，并说明该信用增级是否已反映在该负债的公允价值计量中。

第五十条 企业应当以表格形式披露本准则要求的量化信息，除非其他形式更适当。

第十二章 衔接规定

第五十一条 本准则施行日之前的公允价值计量与本准则要求不一致的，企业不做追溯调整。

第五十二条 比较财务报表中披露的本准则施行日之前的信息与本准则要求不一致的，企业不需要按照本准则的规定进行调整。

第十三章 附 则

第五十三条 本准则自2014年7月1日起施行。

企业会计准则第40号——合营安排

（财会〔2014〕11号）

第一章　总　则

第一条　为了规范合营安排的认定、分类以及各参与方在合营安排中权益等的会计处理，根据《企业会计准则——基本准则》，制定本准则。

第二条　合营安排，是指一项由两个或两个以上的参与方共同控制的安排。合营安排具有下列特征：

（一）各参与方均受到该安排的约束。

（二）两个或两个以上的参与方对该安排实施共同控制。任何一个参与方都不能够单独控制该安排，对该安排具有共同控制的任何一个参与方均能够阻止其他参与方或参与方组合单独控制该安排。

第三条　合营安排不要求所有参与方都对该安排实施共同控制。合营安排参与方既包括对合营安排享有共同控制的参与方（即合营方），也包括对合营安排不享有共同控制的参与方。

第四条　合营方在合营安排中权益的披露，适用《企业会计准则第41号——在其他主体中权益的披露》。

第二章　合营安排的认定和分类

第五条　共同控制，是指按照相关约定对某项安排所共有的控制，并且该安排的相关活动必须经过分享控制权的参与方一致同意后才能决策。

本准则所称相关活动，是指对某项安排的回报产生重大影响的活动。某项安排的相关活动应当根据具体情况进行判断，通常包括商品或劳务的销售和购买、金融资产的管理、资产的购买和处置、研究与开发活动以及融资活动等。

第六条　如果所有参与方或一组参与方必须一致行动才能决定某项安排的相关活

动，则称所有参与方或一组参与方集体控制该安排。

在判断是否存在共同控制时，应当首先判断所有参与方或参与方组合是否集体控制该安排，其次再判断该安排相关活动的决策是否必须经过这些集体控制该安排的参与方一致同意。

第七条 如果存在两个或两个以上的参与方组合能够集体控制某项安排的，不构成共同控制。

第八条 仅享有保护性权利的参与方不享有共同控制。

第九条 合营安排分为共同经营和合营企业。

共同经营，是指合营方享有该安排相关资产且承担该安排相关负债的合营安排。

合营企业，是指合营方仅对该安排的净资产享有权利的合营安排。

第十条 合营方应当根据其在合营安排中享有的权利和承担的义务确定合营安排的分类。对权利和义务进行评价时应当考虑该安排的结构、法律形式以及合同条款等因素。

第十一条 未通过单独主体达成的合营安排，应当划分为共同经营。

单独主体，是指具有单独可辨认的财务架构的主体，包括单独的法人主体和不具备法人主体资格但法律认可的主体。

第十二条 通过单独主体达成的合营安排，通常应当划分为合营企业。但有确凿证据表明满足下列任一条件并且符合相关法律法规规定的合营安排应当划分为共同经营：

(一)合营安排的法律形式表明，合营方对该安排中的相关资产和负债分别享有权利和承担义务。

(二)合营安排的合同条款约定，合营方对该安排中的相关资产和负债分别享有权利和承担义务。

(三)其他相关事实和情况表明，合营方对该安排中的相关资产和负债分别享有权利和承担义务，如合营方享有与合营安排相关的几乎所有产出，并且该安排中负债的清偿持续依赖于合营方的支持。

不能仅凭合营方对合营安排提供债务担保即将其视为合营方承担该安排相关负债。合营方承担向合营安排支付认缴出资义务的，不视为合营方承担该安排相关负债。

第十三条 相关事实和情况变化导致合营方在合营安排中享有的权利和承担的义务发生变化的，合营方应当对合营安排的分类进行重新评估。

第十四条 对于为完成不同活动而设立多项合营安排的一个框架性协议，企业应当分别确定各项合营安排的分类。

第三章　共同经营参与方的会计处理

第十五条　合营方应当确认其与共同经营中利益份额相关的下列项目，并按照相关企业会计准则的规定进行会计处理：

（一）确认单独所持有的资产，以及按其份额确认共同持有的资产。

（二）确认单独所承担的负债，以及按其份额确认共同承担的负债。

（三）确认出售其享有的共同经营产出份额所产生的收入。

（四）按其份额确认共同经营因出售产出所产生的收入。

（五）确认单独所发生的费用，以及按其份额确认共同经营发生的费用。

第十六条　合营方向共同经营投出或出售资产等（该资产构成业务的除外），在该资产等由共同经营出售给第三方之前，应当仅确认因该交易产生的损益中归属于共同经营其他参与方的部分。投出或出售的资产发生符合《企业会计准则第 8 号——资产减值》等规定的资产减值损失的，合营方应当全额确认该损失。

第十七条　合营方自共同经营购买资产等（该资产构成业务的除外），在将该资产等出售给第三方之前，应当仅确认因该交易产生的损益中归属于共同经营其他参与方的部分。购入的资产发生符合《企业会计准则第 8 号——资产减值》等规定的资产减值损失的，合营方应当按其承担的份额确认该部分损失。

第十八条　对共同经营不享有共同控制的参与方，如果享有该共同经营相关资产且承担该共同经营相关负债的，应当按照本准则第十五条至第十七条的规定进行会计处理；否则，应当按照相关企业会计准则的规定进行会计处理。

第四章　合营企业参与方的会计处理

第十九条　合营方应当按照《企业会计准则第 2 号——长期股权投资》的规定对合营企业的投资进行会计处理。

第二十条　对合营企业不享有共同控制的参与方应当根据其对该合营企业的影响程度进行会计处理：

（一）对该合营企业具有重大影响的，应当按照《企业会计准则第 2 号——长期股权投资》的规定进行会计处理。

（二）对该合营企业不具有重大影响的，应当按照《企业会计准则第 22 号——金融工具确认和计量》的规定进行会计处理。

第五章　衔接规定

第二十一条　首次采用本准则的企业应当根据本准则的规定对其合营安排进行重新评估，确定其分类。

第二十二条　合营企业重新分类为共同经营的，合营方应当在比较财务报表最早期间期初终止确认以前采用权益法核算的长期股权投资，以及其他实质上构成对合营企业净投资的长期权益；同时根据比较财务报表最早期间期初采用权益法核算时使用的相关信息，确认本企业在共同经营中的利益份额所产生的各项资产(包括商誉)和负债，所确认资产和负债的账面价值与其计税基础之间存在暂时性差异的，应当按照《企业会计准则第18号——所得税》的规定进行会计处理。

确认的各项资产和负债的净额与终止确认的长期股权投资以及其他实质上构成对合营企业净投资的长期权益的账面金额存在差额的，应当按照下列规定处理：

(一)前者大于后者的，其差额应当首先抵减与该投资相关的商誉，仍有余额的，再调增比较财务报表最早期间的期初留存收益。

(二)前者小于后者的，其差额应当冲减比较财务报表最早期间的期初留存收益。

第六章　附　则

第二十三条　本准则自2014年7月1日起施行。

企业会计准则第41号
——在其他主体中权益的披露

（财会〔2014〕16号）

第一章　总　则

第一条　为了规范在其他主体中权益的披露，根据《企业会计准则——基本准则》，制定本准则。

第二条　企业披露的在其他主体中权益的信息，应当有助于财务报表使用者评估企业在其他主体中权益的性质和相关风险，以及该权益对企业财务状况、经营成果和现金流量的影响。

第三条　本准则所指的在其他主体中的权益，是指通过合同或其他形式能够使企业参与其他主体的相关活动并因此享有可变回报的权益。参与方式包括持有其他主体的股权、债权，或向其他主体提供资金、流动性支持、信用增级和担保等。企业通过这些参与方式实现对其他主体的控制、共同控制或重大影响。其他主体包括企业的子公司、合营安排（包括共同经营和合营企业）、联营企业以及未纳入合并财务报表范围的结构化主体等。

结构化主体，是指在确定其控制方时没有将表决权或类似权利作为决定因素而设计的主体。

第四条　本准则适用于企业在子公司、合营安排、联营企业和未纳入合并财务报表范围的结构化主体中权益的披露。

企业同时提供合并财务报表和母公司个别财务报表的，应当在合并财务报表附注中披露本准则要求的信息，不需要在母公司个别财务报表附注中重复披露相关信息。

第五条　下列各项的披露适用其他相关会计准则：

（一）离职后福利计划或其他长期职工福利计划，适用《企业会计准则第9号——职工薪酬》。

（二）企业在其参与的但不享有共同控制的合营安排中的权益，适用《企业会计准则第37号——金融工具列报》。但是，企业对该合营安排具有重大影响或该合营安排是结构化主体的，适用本准则。

(三)企业持有的由《企业会计准则第 22 号——金融工具确认和计量》规范的在其他主体中的权益，适用《企业会计准则第 37 号——金融工具列报》。但是，企业在未纳入合并财务报表范围的结构化主体中的权益，以及根据其他相关会计准则以公允价值计量且其变动计入当期损益的在联营企业或合营企业中的权益，适用本准则。

第二章　重大判断和假设的披露

第六条　企业应当披露对其他主体实施控制、共同控制或重大影响的重大判断和假设，以及这些判断和假设变更的情况，包括但不限于下列各项：

(一)企业持有其他主体半数或以下的表决权但仍控制该主体的判断和假设，或者持有其他主体半数以上的表决权但并不控制该主体的判断和假设。

(二)企业持有其他主体 20%以下的表决权但对该主体具有重大影响的判断和假设，或者持有其他主体 20%或以上的表决权但对该主体不具有重大影响的判断和假设。

(三)企业通过单独主体达成合营安排的，确定该合营安排是共同经营还是合营企业的判断和假设。

(四)确定企业是代理人还是委托人的判断和假设。

第七条　企业应当披露按照《企业会计准则第 33 号——合并财务报表》被确定为投资性主体的重大判断和假设，以及虽然不符合《企业会计准则第 33 号——合并财务报表》有关投资性主体的一项或多项特征但仍被确定为投资性主体的原因。企业(母公司)由非投资性主体转变为投资性主体的，应当披露该变化及其原因，并披露该变化对财务报表的影响，包括对变化当日不再纳入合并财务报表范围子公司的投资的公允价值、按照公允价值重新计量产生的利得或损失以及相应的列报项目。企业(母公司)由投资性主体转变为非投资性主体的，应当披露该变化及其原因。

第三章　在子公司中权益的披露

第八条　企业应当在合并财务报表附注中披露企业集团的构成，包括子公司的名称、主要经营地及注册地、业务性质、企业的持股比例(或类似权益比例，下同)等。

子公司少数股东持有的权益对企业集团重要的，企业还应当在合并财务报表附注中披露下列信息：

(一)子公司少数股东的持股比例。子公司少数股东的持股比例不同于其持有的表决权比例的，企业还应当披露该表决权比例。

(二) 当期归属于子公司少数股东的损益以及向少数股东支付的股利。

(三) 子公司在当期期末累计的少数股东权益余额。

(四) 子公司的主要财务信息。

第九条 使用企业集团资产和清偿企业集团债务存在重大限制的，企业应当在合并财务报表附注中披露下列信息：

(一) 该限制的内容，包括对母公司或其子公司与企业集团内其他主体相互转移现金或其他资产的限制，以及对企业集团内主体之间发放股利或进行利润分配、发放或收回贷款或垫款等的限制。

(二) 子公司少数股东享有保护性权利、并且该保护性权利对企业使用企业集团资产或清偿企业集团负债的能力存在重大限制的，该限制的性质和程度。

(三) 该限制涉及的资产和负债在合并财务报表中的金额。

第十条 企业存在纳入合并财务报表范围的结构化主体的，应当在合并财务报表附注中披露下列信息：

(一) 合同约定企业或其子公司向该结构化主体提供财务支持的，应当披露提供财务支持的合同条款，包括可能导致企业承担损失的事项或情况。

(二) 在没有合同约定的情况下，企业或其子公司当期向该结构化主体提供了财务支持或其他支持，应当披露所提供支持的类型、金额及原因，包括帮助该结构化主体获得财务支持的情况。其中，企业或其子公司当期对以前未纳入合并财务报表范围的结构化主体提供了财务支持或其他支持并且该支持导致企业控制了该结构化主体的，还应当披露决定提供支持的相关因素。

(三) 企业存在向该结构化主体提供财务支持或其他支持的意图的，应当披露该意图，包括帮助该结构化主体获得财务支持的意图。

第十一条 企业在其子公司所有者权益份额发生变化且该变化未导致企业丧失对子公司控制权的，应当在合并财务报表附注中披露该变化对本企业所有者权益的影响。

企业丧失对子公司控制权的，应当在合并财务报表附注中披露按照《企业会计准则第 33 号——合并财务报表》计算的下列信息：

(一) 由于丧失控制权而产生的利得或损失以及相应的列报项目。

(二) 剩余股权在丧失控制权日按照公允价值重新计量而产生的利得或损失。

第十二条 企业是投资性主体且存在未纳入合并财务报表范围的子公司、并对该子公司权益按照公允价值计量且其变动计入当期损益的，应当在财务报表附注中对该情况予以说明。同时，对于未纳入合并财务报表范围的子公司，企业应当披露下列信息：

(一) 子公司的名称、主要经营地及注册地。

(二) 企业对子公司的持股比例。持股比例不同于企业持有的表决权比例的，企业还应当披露该表决权比例。企业的子公司也是投资性主体且该子公司存在未纳入合并财务报表范围的下属子公司的，企业应当按照上述要求披露该下属子公司的相关信息。第十三条　企业是投资性主体的，对其在未纳入合并财务报表范围的子公司中的权益，应当披露与该权益相关的风险信息：

(一)该未纳入合并财务报表范围的子公司以发放现金股利、归还贷款或垫款等形式向企业转移资金的能力存在重大限制的，企业应当披露该限制的性质和程度。

(二)企业存在向未纳入合并财务报表范围的子公司提供财务支持或其他支持的承诺或意图的，企业应当披露该承诺或意图，包括帮助该子公司获得财务支持的承诺或意图。

在没有合同约定的情况下，企业或其子公司当期向未纳入合并财务报表范围的子公司提供财务支持或其他支持的，企业应当披露提供支持的类型、金额及原因。

(三)合同约定企业或其未纳入合并财务报表范围的子公司向未纳入合并财务报表范围、但受企业控制的结构化主体提供财务支持的，企业应当披露相关合同条款，以及可能导致企业承担损失的事项或情况。在没有合同约定的情况下，企业或其未纳入合并财务报表范围的子公司当期向原先不受企业控制且未纳入合并财务报表范围的结构化主体提供财务支持或其他支持，并且所提供的支持导致企业控制该结构化主体的，企业应当披露决定提供上述支持的相关因素。

第四章　在合营安排或联营企业中权益的披露

第十四条　存在重要的合营安排或联营企业的，企业应当披露下列信息：

(一)合营安排或联营企业的名称、主要经营地及注册地。

(二)企业与合营安排或联营企业的关系的性质，包括合营安排或联营企业活动的性质，以及合营安排或联营企业对企业活动是否具有战略性等。

(三)企业的持股比例。持股比例不同于企业持有的表决权比例的，企业还应当披露该表决权比例。

第十五条　对于重要的合营企业或联营企业，企业除了应当按照本准则第十四条披露相关信息外，还应当披露对合营企业或联营企业投资的会计处理方法，从合营企业或联营企业收到的股利，以及合营企业或联营企业在其自身财务报表中的主要财务信息。

企业对上述合营企业或联营企业投资采用权益法进行会计处理的，上述主要财务信息应当是按照权益法对合营企业或联营企业相关财务信息调整后的金额；同时，企业应当披露将上述主要财务信息按照权益法调整至企业对合营企业或联营企业投资账面价值的调节过程。企业对上述合营企业或联营企业投资采用权益法进行会计处理但该投资存在公开报价的，还应当披露其公允价值。

第十六条 企业在单个合营企业或联营企业中的权益不重要的，应当分别就合营企业和联营企业两类披露下列信息：

(一)按照权益法进行会计处理的对合营企业或联营企业投资的账面价值合计数。

(二)对合营企业或联营企业的净利润、终止经营的净利润、其他综合收益、综合收益等项目，企业按照其持股比例计算的金额的合计数。

第十七条 合营企业或联营企业以发放现金股利、归还贷款或垫款等形式向企业转移资金的能力存在重大限制的，企业应当披露该限制的性质和程度。

第十八条 企业对合营企业或联营企业投资采用权益法进行会计处理，被投资方发生超额亏损且投资方不再确认其应分担合营企业或联营企业损失份额的，应当披露未确认的合营企业或联营企业损失份额，包括当期份额和累积份额。

第十九条 企业应当单独披露与其对合营企业投资相关的未确认承诺，以及与其对合营企业或联营企业投资相关的或有负债。

第二十条 企业是投资性主体的，不需要披露本准则第十五条和第十六条规定的信息。

第五章 在未纳入合并财务报表范围的结构化主体中权益的披露

第二十一条 对于未纳入合并财务报表范围的结构化主体，企业应当披露下列信息：

(一)未纳入合并财务报表范围的结构化主体的性质、目的、规模、活动及融资方式。

(二)在财务报表中确认的与企业在未纳入合并财务报表范围的结构化主体中权益相关的资产和负债的账面价值及其在资产负债表中的列报项目。

(三)在未纳入合并财务报表范围的结构化主体中权益的最大损失敞口及其确定方法。企业不能量化最大损失敞口的，应当披露这一事实及其原因。

(四)在财务报表中确认的与企业在未纳入合并财务报表范围的结构化主体中权益相关的资产和负债的账面价值与其最大损失敞口的比较。企业发起设立未纳入合并财务报表范围的结构化主体，但资产负债表日在该结构化主体中没有权益的，企业不需要披露上述(二)至(四)项要求的信息，但应当披露企业作为该结构化主体发起人的认定依据，并分类披露企业当期从该结构化主体获得的收益、收益类型，以及转移至该结构化主体的所有资产在转移时的账面价值。

第二十二条 企业应当披露其向未纳入合并财务报表范围的结构化主体提供财务支持或其他支持的意图，包括帮助该结构化主体获得财务支持的意图。在没有合同约定的情况下，企业当期向结构化主体(包括企业前期或当期持有权益的结构化主体)提供财务支持或其他支持的，还应当披露提供支持的类型、金额及原因，包括帮助该结构化主体获得财务支持的情况。

第二十三条 企业是投资性主体的，对受其控制但未纳入合并财务报表范围的结构化主体，应当按照本准则第十二条和第十三条的规定进行披露，不需要按照本章规定进行披露。

第六章 衔接规定

第二十四条 企业比较财务报表中披露的本准则施行日之前的信息与本准则要求不一致的，应当按照本准则的规定进行调整，但有关未纳入合并财务报表范围的结构化主体的披露要求除外。

第七章 附 则

第二十五条 本准则自 2014 年 7 月 1 日起施行。

企业会计准则第 42 号——持有待售的非流动资产、处置组和终止经营

（2017 年 4 月 28 日　财会〔2017〕13 号）

第一章　总　则

第一条　为了规范企业持有待售的非流动资产或处置组的分类、计量和列报，以及终止经营的列报，根据《企业会计准则——基本准则》，制定本准则。

第二条　本准则的分类和列报规定适用于所有非流动资产和处置组。

处置组，是指在一项交易中作为整体通过出售或其他方式一并处置的一组资产，以及在该交易中转让的与这些资产直接相关的负债。处置组所属的资产组或资产组组合按照《企业会计准则第 8 号——资产减值》分摊了企业合并中取得的商誉的，该处置组应当包含分摊至处置组的商誉。

第三条　本准则的计量规定适用于所有非流动资产，但下列各项的计量适用其他相关会计准则：

（一）采用公允价值模式进行后续计量的投资性房地产，适用《企业会计准则第 3 号——投资性房地产》。

（二）采用公允价值减去出售费用后的净额计量的生物资产，适用《企业会计准则第 5 号——生物资产》。

（三）职工薪酬形成的资产，适用《企业会计准则第 9 号——职工薪酬》。

（四）递延所得税资产，适用《企业会计准则第 18 号——所得税》。

（五）由金融工具相关会计准则规范的金融资产，适用金融工具相关会计准则。

（六）由保险合同相关会计准则规范的保险合同所产生的权利，适用保险合同相关会计准则。

处置组包含适用本准则计量规定的非流动资产的，本准则的计量规定适用于整个处置组。处置组中负债的计量适用相关会计准则。

第四条　终止经营，是指企业满足下列条件之一的、能够单独区分的组成部分，且该组成部分已经处置或划分为持有待售类别：

(一)该组成部分代表一项独立的主要业务或一个单独的主要经营地区。

(二)该组成部分是拟对一项独立的主要业务或一个单独的主要经营地区进行处置的一项相关联计划的一部分。

(三)该组成部分是专为转售而取得的子公司。

第二章 持有待售的非流动资产或处置组的分类

第五条 企业主要通过出售(包括具有商业实质的非货币性资产交换，下同)而非持续使用一项非流动资产或处置组收回其账面价值的，应当将其划分为持有待售类别。

第六条 非流动资产或处置组划分为持有待售类别，应当同时满足下列条件：

(一)根据类似交易中出售此类资产或处置组的惯例，在当前状况下即可立即出售。

(二)出售极可能发生，即企业已经就一项出售计划做出决议且获得确定的购买承诺，预计出售将在一年内完成。有关规定要求企业相关权力机构或者监管部门批准后方可出售的，应当已经获得批准。

确定的购买承诺，是指企业与其他方签订的具有法律约束力的购买协议，该协议包含交易价格、时间和足够严厉的违约惩罚等重要条款，使协议出现重大调整或者撤销的可能性极小。

第七条 企业专为转售而取得的非流动资产或处置组，在取得日满足“预计出售将在一年内完成”的规定条件，且短期(通常为 3 个月)内很可能满足持有待售类别的其他划分条件的，企业应当在取得日将其划分为持有待售类别。

第八条 因企业无法控制的下列原因之一，导致非关联方之间的交易未能在一年内完成，且有充分证据表明企业仍然承诺出售非流动资产或处置组的，企业应当继续将非流动资产或处置组划分为持有待售类别：

(一)买方或其他方意外设定导致出售延期的条件，企业针对这些条件已经及时采取行动，且预计能够自设定导致出售延期的条件起一年内顺利化解延期因素。

(二)因发生罕见情况，导致持有待售的非流动资产或处置组未能在一年内完成出售，企业在最初一年内已经针对这些新情况采取必要措施且重新满足了持有待售类别的划分条件。

第九条 持有待售的非流动资产或处置组不再满足持有待售类别划分条件的，企业不应当继续将其划分为持有待售类别。

部分资产或负债从持有待售的处置组中移除后，处置组中剩余资产或负债新组成的处置组仍然满足持有待售类别划分条件的，企业应当将新组成的处置组划分为持有待售类别，否则应当将满足持有待售类别划分条件的非流动资产单独划分为持有待售类别。

第十条 企业因出售对子公司的投资等原因导致其丧失对子公司控制权的，无论出售后企业是否保留部分权益性投资，应当在拟出售的对子公司投资满足持有待售类别划分条件时，在母公司个别财务报表中将对子公司投资整体划分为持有待售类别，在合并财务报表中将子公司所有资产和负债划分为持有待售类别。

第十一条 企业不应当将拟结束使用而非出售的非流动资产或处置组划分为持有待售类别。

第三章 持有待售的非流动资产或处置组的计量

第十二条 企业将非流动资产或处置组首次划分为持有待售类别前，应当按照相关会计准则规定计量非流动资产或处置组中各项资产和负债的账面价值。

第十三条 企业初始计量或在资产负债表日重新计量持有待售的非流动资产或处置组时，其账面价值高于公允价值减去出售费用后的净额的，应当将账面价值减记至公允价值减去出售费用后的净额，减记的金额确认为资产减值损失，计入当期损益，同时计提持有待售资产减值准备。

第十四条 对于取得日划分为持有待售类别的非流动资产或处置组，企业应当在初始计量时比较假定其不划分为持有待售类别情况下的初始计量金额和公允价值减去出售费用后的净额，以两者孰低计量。除企业合并中取得的非流动资产或处置组外，由非流动资产或处置组以公允价值减去出售费用后的净额作为初始计量金额而产生的差额，应当计入当期损益。

第十五条 企业在资产负债表日重新计量持有待售的处置组时，应当首先按照相关会计准则规定计量处置组中不适用本准则计量规定的资产和负债的账面价值，然后按照本准则第十三条的规定进行会计处理。

第十六条 对于持有待售的处置组确认的资产减值损失金额，应当先抵减处置组中商誉的账面价值，再根据处置组中适用本准则计量规定的各项非流动资产账面价值所占比重，按比例抵减其账面价值。

第十七条 后续资产负债表日持有待售的非流动资产公允价值减去出售费用后的净额增加的，以前减记的金额应当予以恢复，并在划分为持有待售类别后确认的资产减值损失金额内转回，转回金额计入当期损益。划分为持有待售类别前确认的资产减值损失不得转回。

第十八条 后续资产负债表日持有待售的处置组公允价值减去出售费用后的净额增加的，以前减记的金额应当予以恢复，并在划分为持有待售类别后适用本准则计量规定的非流动资产确认的资产减值损失金额内转回，转回金额计入当期损益。已抵减的商誉账面价值，以及适用本准则计量规定的非流动资产在划分为持有待售类别前确认的资产减值损失不得转回。

第十九条 持有待售的处置组确认的资产减值损失后续转回金额，应当根据处置组中除商誉外适用本准则计量规定的各项非流动资产账面价值所占比重，按比例增加其账面价值。

第二十条 持有待售的非流动资产或处置组中的非流动资产不应计提折旧或摊销，持有待售的处置组中负债的利息和其他费用应当继续予以确认。

第二十一条 非流动资产或处置组因不再满足持有待售类别的划分条件而不再继续划分为持有待售类别或非流动资产从持有待售的处置组中移除时，应当按照以下两者孰低计量：

(一)划分为持有待售类别前的账面价值，按照假定不划分为持有待售类别情况下本应确认的折旧、摊销或减值等进行调整后的金额。

(二)可收回金额。

第二十二条 企业终止确认持有待售的非流动资产或处置组时，应当将尚未确认的利得或损失计入当期损益。

第四章 列 报

第二十三条 企业应当在资产负债表中区别于其他资产单独列示持有待售的非流动资产或持有待售的处置组中的资产，区别于其他负债单独列示持有待售的处置组中的负债。持有待售的非流动资产或持有待售的处置组中的资产与持有待售的处置组中的负债不应当相互抵销，应当分别作为流动资产和流动负债列示。

第二十四条 企业应当在利润表中分别列示持续经营损益和终止经营损益。不符合终止经营定义的持有待售的非流动资产或处置组，其减值损失和转回金额及处置损益应当作为持续经营损益列报。终止经营的减值损失和转回金额等经营损益及处置损益应当作为终止经营损益列报。

第二十五条 企业应当在附注中披露下列信息：

(一)持有待售的非流动资产或处置组的出售费用和主要类别，以及每个类别的账面价值和公允价值。

(二)持有待售的非流动资产或处置组的出售原因、方式和时间安排。

(三)列报持有待售的非流动资产或处置组的分部。

(四)持有待售的非流动资产或持有待售的处置组中的资产确认的减值损失及其转回金额。

（五）与持有待售的非流动资产或处置组有关的其他综合收益累计金额。

（六）终止经营的收入、费用、利润总额、所得税费用（收益）和净利润。

（七）终止经营的资产或处置组确认的减值损失及其转回金额。

（八）终止经营的处置损益总额、所得税费用（收益）和处置净损益。

（九）终止经营的经营活动、投资活动和筹资活动现金流量净额。

（十）归属于母公司所有者的持续经营损益和终止经营损益。非流动资产或处置组在资产负债表日至财务报告批准报出日之间满足持有待售类别划分条件的，应当作为资产负债表日后非调整事项进行会计处理，并按照本条（一）至（三）的规定进行披露。

企业专为转售而取得的持有待售的子公司，应当按照本条（二）至（五）和（十）的规定进行披露。

第二十六条　对于当期首次满足持有待售类别划分条件的非流动资产或处置组，不应当调整可比会计期间资产负债表。

第二十七条　对于当期列报的终止经营，企业应当在当期财务报表中，将原来作为持续经营损益列报的信息重新作为可比会计期间的终止经营损益列报，并按照本准则第二十五条（六）、（七）、（九）、（十）的规定披露可比会计期间的信息。

第二十八条　拟结束使用而非出售的处置组满足终止经营定义中有关组成部分的条件的，应当自停止使用日起作为终止经营列报。

第二十九条　企业因出售对子公司的投资等原因导致其丧失对子公司控制权，且该子公司符合终止经营定义的，应当在合并利润表中列报相关终止经营损益，并按照本准则第二十五条（六）至（十）的规定进行披露。

第三十条　企业应当在利润表中将终止经营处置损益的调整金额作为终止经营损益列报，并在附注中披露调整的性质和金额。可能引起调整的情形包括：

（一）最终确定处置条款，如与买方商定交易价格调整额和补偿金。

（二）消除与处置相关的不确定因素，如确定卖方保留的环保义务或产品质量保证义务。

（三）履行与处置相关的职工薪酬支付义务。

第三十一条　非流动资产或处置组不再继续划分为持有待售类别或非流动资产从持有待售的处置组中移除的，企业应当在当期利润表中将非流动资产或处置组的账面价值调整金额作为持续经营损益列报。企业的子公司、共同经营、合营企业、联营企业以及部分对合营企业或联营企业的投资不再继续划分为持有待售类别或从持有待售的处置组中移除的，企业应当在当期财务报表中相应调整各个划分为持有待售类别后可比会计期间的比较数据。企业应当在附注中披露下列信息：

（一）企业改变非流动资产或处置组出售计划的原因。

（二）可比会计期间财务报表中受影响的项目名称和影响金额。

第三十二条 终止经营不再满足持有待售类别划分条件的，企业应当在当期财务报表中，将原来作为终止经营损益列报的信息重新作为可比会计期间的持续经营损益列报，并在附注中说明这一事实。

第五章 附 则

第三十三条 本准则自2017年5月28日起施行。

对于本准则施行日存在的持有待售的非流动资产、处置组和终止经营，应当采用未来适用法处理。

财会讲堂

企业会计准则汇编与详解

■ 徐克哲 主编　■ 中华会计网校 组编

目　录

下　册

第一章　基本准则

第一节　基本准则概述

基本准则是《企业会计准则》的重要组成部分，是根据《中华人民共和国会计法》和其他有关法律、行政法规来制定的。会计准则是制定会计核算制度和组织会计核算的基本规范。我国《企业会计准则》包括基本会计准则、具体会计准则和解释等部分。2006年2月15日，财政部发布了包括1项基本准则和38项具体准则在内的企业会计准则体系，实现了与国际财务报告准则的趋同。该企业会计准则体系自2007年1月1日起首先在上市公司施行，目前已在几乎所有大中型企业和金融企业执行。为了规范企业会计确认、计量和报告行为，保证会计信息质量，财政部又印发了若干企业会计准则解释等规范性文件。

为了适应我国企业和资本市场发展的实际需要，实现我国企业会计准则与国际财务报告准则的持续趋同，企业会计准则每年都在不断修订和发布新的内容。目前我国企业会计准则体系由1项基本准则、42项具体准则、应用指南和解释等构成。基本准则在整个准则体系中起到统驭的作用，主要规范财务报告目标、会计基本假定、会计基本原则、会计要素的确认和计量等。具体准则又分为一般业务准则、特殊行业的特定业务准则和报告准则三类。而具体准则的应用指南主要对会计科目的设置、会计分录的编制和报表的填报等操作层面的内容予以示范性指导。

2014年7月29日，财政部又对《企业会计准则——基本准则》进行了修订，其中主要是对第四十二条第五项关于公允价值的重新表述，即“(五)公允价值。在公允价值计量下，资产和负债按照市场参与者在计量日发生的有序交易中，出售资产所能收到或者转移负债所需支付的价格计量。”

第二节　基本准则的主要内容

一、财务会计的目标

财务报告的目标是向财务报告使用者提供与企业财务状况、经营成果和现金流量等有关的会计信息，反映企业管理层受托责任履行情况，有助于财务会计报告使用者做出经济决策。

财务会计报告使用者包括投资者、债权人、政府及其有关部门和社会公众等。

二、会计基本假设

会计基本假设是指组织会计核算工作应具备的前提条件，也是会计准则中规定的各种程序和方法适用的前提条件，包括会计主体、持续经营、会计分期和货币计量等。

三、会计基础

企业一般应当以权责发生制为基础进行会计确认、计量和报告。凡是当期已经实现的收入和已经发生或应当负担的费用，不论款项是否收付，都应当作为当期的收入和费用；凡是不属于当期的收入和费用，即使款项已在当期收付，都不应作为当期的收入和费用。权责发生制以权利取得和义务完成作为收入和费用发生的标志，有助于正确计算企业的经营成果。

在我国会计实务中，还存在一种与权责发生制相对应的收入和费用的确认方法，称为收付实现制。收付实现制是以收到或支付现金作为确认收入和费用的依据。

四、会计要素及其确认

会计要素是会计核算的具体对象，也是组成企业财务报表的基本单位。企业应当按照交易或者事项的经济特征确定会计要素。我国《企业会计准则》规定的财务会计要素包括资产、负债、所有者权益、收入、费用和利润六项。资产、负债和所有者权益是组成资产负债表的会计要素；收入、费用和利润是组成利润表的会计要素。

会计确认是指将符合会计要素定义及其确认标准的项目纳入资产负债表和利润表的过程。它涉及以文字和金额表述一个项目并将该金额包括在资产负债表或利润表的总额中。符合确认标准的项目，应当在资产负债表或利润表内得到确认。确认一个符合会计要素定义的项目应满足下列两个基本条件。

(1)与该项目有关的未来经济利益很可能流入或流出主体。

(2)对该项目的成本或价值能够可靠地加以计量。

五、会计计量属性

会计计量是指为了在资产负债表和利润表内确认和列示财务报表的要素而确定其金额的过程。企业在将符合确认条件的会计要素登记入账并列报于会计报表及其附注时，应当按照规定的会计计量属性进行计量，确定其金额。会计计量属性反映的是会计要素金额的确定基础，主要包括历史成本、可变现净值、重置成本、现值和公允价值。

企业在对会计要素进行计量时，一般应当采用历史成本，采用重置成本、可变现净值、现值、公允价值计量的，应当保证所确定的会计要素金额能够取得并可靠计量。

六、会计信息质量要求

为了规范企业财务会计确认、计量和报告行为，保证会计信息质量，我国《企业会计准则》根据多年来的企业会计实践和理论研究成果，同时借鉴国际会计惯例，确立了我国企业会计信息的质量要求，主要有可靠性、相关性、可理解性、可比性、实质重于形式、重要性、谨慎性和及时性的要求。

七、财务报告

财务报告是指企业对外提供的，反映企业某一特定日期的财务状况和某一会计期间的经营成果、现金流量等会计信息的文件。财务报告包括财务报表和其他应当在财务报告中披露的相关信息和资料。财务报表至少应当包括资产负债表、利润表、现金流量表等报表及其附注。财务报告分为年度财务报告和中期财务报告。小企业编制的会计报表可以不包括现金流量表。

第二章　存货

第一节　存货概述

一、存货的概念及构成

存货是指企业在日常活动中持有以备出售的产成品或商品、处在生产过程中的在产品、在生产过程或提供劳务过程中耗用的材料和物料等。

存货区别于固定资产等非流动资产的最基本的特征是，企业持有存货的最终目的是为了出售，包括可供直接出售的产成品、商品等以及需经过进一步加工后出售的原料等。例如，房地产开发企业开发的商品房就属于存货，而对于一般企业而言就属于固定资产。

企业的存货通常包括以下内容。

(1)原材料。指企业在生产过程中经加工改变其形态或性质并构成产品、主要实体的各种原料及主要材料、辅助材料、外购半成品(外购件)、修理用备件(备品备件)、包装材料、燃料等。为建造固定资产等各项工程而储备的各种材料，虽然同属于材料，但是由于用于建造固定资产等各项工程不符合存货的定义，因此不能作为企业的存货进行核算。

(2)在产品。指企业正在制造尚未完工的产品，包括正在各个生产工序加工的产品和已加工完毕但尚未检验或已检验但尚未办理入库手续的产品。

(3)半成品。指经过一定生产过程并已检验合格交付半成品仓库保管，但尚未制造完工成为产成品，仍需进一步加工的中间产品。

(4)产成品。指工业企业已经完成全部生产过程并验收入库，可以按照合同规定的条件送交订货单位或者可以作为商品对外销售的产品。企业接受外来原材料加工制造的代制品和为外单位加工修理的代修品，制造和修理完成验收入库后，应视同企业的产成品。

(5)商品。指商品流通企业外购或委托加工完成验收入库用于销售的各种商品。

(6)周转材料。指企业能够多次使用、但不符合固定资产定义的材料，如为了包装本企业商品而储备的各种包装物，各种工具、管理用具、玻璃器皿、劳动保护用品以及在经营过程中周转使用的容器等低值易耗品和建造承包商的钢模板、木模板、脚手架等其他周转材料。但是，周转材料符合固定资产定义的，应当作为固定资产处理。

存货必须在符合定义的前提下，同时满足下列两个条件，才能予以确认。一是与该存货有关的经济利益很可能流入企业，二是该存货的成本能够可靠计量。

二、存货会计核算涉及的主要会计科目(见表2-1)

表2-1 存货会计核算涉及的主要会计科目表

科目名称	核算的主要内容
材料采购	核算企业采用计划成本进行材料日常核算而购入材料的采购成本
在途物资	核算企业采用实际成本(或进价)进行材料、商品等物资的日常核算、货款已付尚未验收入库的在途物资的采购成本
原材料	核算企业库存的各种材料，包括原料及主要材料、辅助材料、外购半成品(外购件)、修理用备件(备品备件)、包装材料、燃料等的计划成本或实际成本
材料成本差异	核算企业采用计划成本进行日常核算的材料计划成本与实际成本的差额
库存商品	核算企业库存的各种商品的实际成本(或进价)或计划成本(或售价)，包括库存产成品、外购商品、存放在门市部准备出售的商品、发出展览的商品以及寄存在外的商品等
发出商品	核算企业未满足收入确认条件但已发出商品的实际成本(或进价)或计划成本(或售价)
商品进销差价	核算企业采用售价进行日常核算的商品售价与进价之间的差额
委托加工物资	核算企业委托外单位加工的各种材料、商品等物资的实际成本
周转材料	核算企业周转材料的计划成本或实际成本，包括包装物、低值易耗品，以及企业(建造承包商)的钢模板、木模板、脚手架等
生产成本	核算企业进行工业性生产发生的各项生产成本，包括生产各种产品(产成品、自制半成品等)、自制材料、自制工具、自制设备等
制造费用	核算企业生产车间(部门)为生产产品和提供劳务而发生的各项间接费用
劳务成本	核算企业对外提供劳务发生的成本
存货跌价准备	核算企业存货的跌价准备的计提和恢复
代理业务资产	核算企业不承担风险的代理业务形成的资产，包括受托理财业务进行的证券投资和受托贷款等
代理业务负债	核算企业不承担风险的代理业务收到的款项，包括受托投资资金、受托贷款资金等

第二节 案例分析与操作指南

一、存货的初始计量

【案例1】外购存货成本的计量。资料：

甲公司为增值税一般纳税人，本期购入一批材料，收到增值税专用发票上注明的价款总额为100万元，增值税税额为16万元，发生运输费、装卸费和保险费共计5万元。所购材料到达后，企业验收发现商品短缺15%，其中合理损失5%，另10%短缺尚待查明原因。试确定甲公司购进该批材料的实际成本。

【分析】一般纳税人购入存货时发生的增值税进项税额不计入存货成本，合理损失计入存货成本，发生的非正常损失在发生时计入当期损益。

甲公司购进该批材料的实际成本=100+5-(100+5)×10%=94.5(万元)

【操作指南】企业取得存货应当按照成本进行计量。存货成本包括采购成本、加工成本和使存货达到目前场所和状态所发生的其他成本三个组成部分。

外购存货的成本即存货的采购成本，指企业物资从采购到入库前所发生的全部支出，包括购买价款、相关税费、运输费、装卸费、保险费以及其他可归属于存货采购成本的费用。

商品流通企业在采购商品过程中发生的运输费、装卸费、保险费以及其他可归属于存货采购成本的费用等进货费用，应计入所购商品成本。在实务中，企业也可以将发生的运输费、装卸费、保险费以及其他可归属于存货采购成本的费用等进货费用先进行归集，期末，按照所购商品的存销情况进行分摊。对于已销售商品的进货费用，计入主营业务成本；对于未售商品的进货费用，计入期末存货成本。商品流通企业采购商品的进货费用金额较小的，可以在发生时直接计入当期销售费用。

【案例2】特定商品的相关会计处理。资料：

2018年10月30日，甲公司向乙公司订购的印有甲公司标志、为促销宣传准备的保温杯100个到货并收到相关增值税专用发票，价税合计2万元，以银行存款支付。该保温杯按计划于2018年11月向客户及潜在客户派发。甲公司对订购该批保温杯所发生的支出应如何进行会计处理？

【分析】企业采购用于广告营销活动的特定商品取得时应计入当期损益。

借：销售费用　　20000

　　贷：银行存款　　20000

【操作指南】在确定存货成本的过程中，下列费用不应当计入存货成本，而应当在其发生时计入当期损益：(1)非正常消耗的直接材料、直接人工及制造费用，应计入当期损益，不得计入存货成本。(2)仓储费用，指企业在采购入库后发生的储存费用，应计入当期损益。但是，在生产过程中为达到下一个生产阶段所必需的仓储费用则应计入存货成本。(3)不能归属于使存货达到目前场所和状态的其他支出，不符合存货的定义和确认条件，应在发生时计入期损益，不得计入存货成本。(4)企业采购用于广告营销活动的特定商品，向客户预付货款未取得商品时，应作为预付账款进行会计处理，待取得相关商品时计入当期损益。

二、发出存货的计量

【案例3】发出存货的计量方法。资料：

甲公司2018年12月份有关A商品收、发、存情况如下：(1)1日，结存300件，单位成本为2万元。(2)8日，购入200件，单位成本为2.2万元。(3)10日，发出400件。(4)20日，购入300件，单位成本为2.3万元。(5)28日，发出200件。(6)31日，购入200件，单位成本为2.5万元。要求：采用先进先出法计算A商品2018年12月份发出存货的成本和期末结存存货的成本。

【分析】本月可供发出存货成本=300×2+200×2.2+300×2.3+200×2.5=2230(万元)

本月发出存货成本=(300×2+100×2.2)+(100×2.2+100×2.3)=1270(万元)

本月月末结存存货成本=2230-1270=960(万元)

【操作指南】对于性质和用途相似的存货，应当采用相同的成本计算方法确定发出存货的成本。企业在确定发出存货的成本时，可以采用先进先出法、移动加权平均法、月末一次加权平均法和个别计价法等方法。现行会计准则不允许采用后进先出法确定发出存货的成本。

三、存货的期末计量

【案例4】成本与可变现净值孰低法的计算方法。资料：

某企业有甲、乙两大类A、B、C、D四种存货，各种存货分别按三种计算方式确定期末存货的账面价值，如表2-2所示。

表2-2　期末存货成本与可变现净值比较

单位：元

项目	成本	可变现净值	单项比较法	分类比较法	总额比较法
甲类存货	10000	9600		9600	
A存货	4000	3200	3200		
B存货	6000	6400	6000		
乙类存货	20000	20800		20000	
C存货	8000	9200	8000		
D存货	12000	11600	11600		
总计	30000	30400	28800	29600	30000

【分析】由表2-2可知，单项比较法确定的期末存货账面价值最低，为28800元；分类比较法次之，为29600元；总额比较法最高，为30000元。相应地，计提的存货跌价准备分别为1200元、400元、0。

【操作指南】存货跌价准备通常应当按单个存货项目计提。在某些情况下，比如：①与在同一地区生产和销售的产品系列相关、具有相同或类似最终用途或目的，且难以与其他项目分开计量的存货，可以合并计提存货跌价准备；②对于数量繁多、单价较低的存货，可以按存货类别计提存货跌价准备。即企业按成本与可变现净值孰低法对存货计价时，有三种不同的计算方法可供选择，如表2-3所示。

表 2-3　成本与可变现净值孰低法的三种计算方法

方法	定义
1. 单项比较法	也称逐项比较法或个别比较法，指对库存的每一种存货的成本与可变现净值逐项进行比较，每项存货均取较低数确定期末的存货账面价值
2. 分类比较法	也称类比法，指按存货类别的成本与可变现净值进行比较，每类存货取其较低数确定存货的期末账面价值
3. 综合比较法	也称总额比较法，指按全部存货的总成本与可变现净值总额相比较，以较低数作为期末全部存货的账面价值

【案例 5】存货期末减值准备的计提。资料：

2018 年 12 月 31 日，甲公司期末库存 B 产品 600 台，单位成本为 9 万元，B 产品市场销售价格为每台 8.8 万元。甲公司已经与长期客户某企业签订一份不可撤销的销售合同，约定在 2019 年 1 月 10 日向该企业销售 B 产品 400 台，合同价格为每台 10 万元。向长期客户销售的 B 产品平均运杂费等销售税费为每台 0.6 万元；向其他客户销售的 B 产品平均运杂费等销售税费为每台 0.8 万元。2018 年年初 B 产品已计提“存货跌价准备”余额为 40 万元。2018 年年末甲公司应如何进行账务处理?

【分析】(1)B 产品签订合同部分 400 台。

可变现净值=400×(10-0.6)=3760(万元)

成本=400×9=3600(万元)

则签订合同部分不需要计提存货跌价准备。

(2)B 产品未签订合同部分 200 台。

可变现净值=200×(8.8-0.8)=1600(万元)

成本=200×9=1800(万元)

应计提存货跌价准备=(1800-1600)-40=160(万元)

(3)会计处理如下。

借：资产减值损失　　1600000

　　贷：存货跌价准备——B 产品　　1600000

【操作指南】资产负债表日，存货应当按照成本与可变现净值孰低计量。当存货成本低于可变现净值时，存货按成本计量；当存货成本高于可变现净值时，存货按可变现净值计量，同时按照成本高于可变现净值的差额计提存货跌价准备，计入当期损益。

为执行销售合同或者劳务合同而持有的存货，通常应当以产成品或商品的合同价格作为其可变现净值的计算基础。如果企业持有存货的数量多于销售合同订购数量，超出部分的存货可变现净值应当以产成品或商品的一般销售价格(即市场销售价格)作为计算基础。

【案例 6】存货报废毁损的处理。资料：

2018 年 10 月，乙公司为增值税一般纳税人，因管理不善毁损库存原材料一批，该批原材料实际成本为20000元，购入时已抵扣进项税额3200元。收回残料价值2000元，有关责任人赔偿20000元。该企业应如何进行账务处理？

【分析】该批因管理不善毁损原材料造成的损失净额

=20000+3200-2000-20000=1200(元)

会计处理如下。

(1)批准处理前。

借：待处理财产损溢——待处理流动资产损溢　　23200

　　贷：原材料　　20000

　　　　应交税费——应交增值税(进项税额转出)　　3200

(2)批准处理后。

借：原材料　　2000

　　其他应收款　　20000

　　管理费用　　1200

　　贷：待处理财产损溢——待处理流动资产损溢　　23200

【操作指南】期末盘盈或盘亏的存货，如在期末结账前未经批准，应在对外提供财务报告时先按上述规定进行处理，并在财务报表附注中做出说明，如果期后批准处理的金额与已处理的金额不一致，应按其差额调整会计报表相关项目的年初数。盘盈、盘亏、毁损的存货，报经批准后处理时：盘盈的存货，借记“待处理财产损溢——待处理流动资产损溢”科目，贷记“管理费用”科目；盘亏、毁损的存货，按处置收入或残料价值，借记“库存现金”“原材料”等科目，按可收回的保险赔偿或过失人赔偿，借记“其他应收款”等科目；其余损失，属于管理原因造成的，借记“管理费用”科目；属于自然灾害等非正常损失的，借记“营业外支出——非常损失”科目；最后贷记“待处理财产损溢——待处理流动资产损溢”科目。

四、首次执行日的会计处理

在首次执行时，需要进行以下几项工作。

1. 前后账目衔接

在首次执行日，企业应当根据《企业会计准则第38号——首次执行企业会计准则》第四条及其应用指南的规定，结合本单位的实际情况，对首次执行日前的存货项目及相关账目的各项余额进行分析，按照新准则规定重新分类、确认和计量，设置新旧会计科目余额对照表，结束旧账，建立新账，形成期初资产负债表存货余额，作为执行企业会计准则体系的起点。

2. 资本化借款费用的处理

处于生产过程中的、需要经过相当长时间才能达到预定可销售状态的存货(如飞机和船舶)，首次执行日之前未予资本化的借款费用，不应追溯调整；首次执行日及以后发生的借款费用，应当将符合《企业会计准则第17号——借款费用》资本化条件的部分予以资本化。

3. 具有融资性质的购销业务的处理

具有融资性质的购销业务是指超过正常信用条件延期付款(或收款)、实质上具有融资性质的购销业务。

对于首次执行日处于收款过程中采用递延收款方式、实质上具有融资性质的销售商品或提供劳务收入，如分期收款发出商品销售，首次执行日前已确认的收入和结转的成本不再追溯调整。在首次执行日后的第一个会计期间，企业应当将销售合同或协议剩余价款作为长期应收款，尚未收取的合同或协议价款的公允价值即现值确认为主营业务收入，两者的差额作为未实现融资收益，在剩余收款期限内按照实际利率法进行摊销，同时将分期收款发出商品转为当期损益。

首次执行日之前购买的存货在超过正常信用条件的期限内延期付款，实质上具有融资性质的，在首次执行日，企业应当以尚未支付的款项与其现值之间的差额，减少存货的账面价值，同时增加未确认融资费用。首次执行日后，企业应当以调整后的存货账面价值作为认定成本，未确认融资费用的按实际利率法进行摊销。

第三章　长期股权投资

第一节　长期股权投资概述

2014 年 3 月 13 日，财政部发布了《关于印发修订<企业会计准则第 2 号——长期股权投资>的通知》(财会〔2014〕14 号)，对 CAS2(2006)进行了整体修订。新修订的《企业会计准则第 2 号——长期股权投资》(2014)自 2014 年 7 月 1 日起在所有执行企业会计准则的企业范围内施行，鼓励在境外上市的企业提前执行，原 CAS2(2006)同时废止。

一、长期股权投资概念和范围

投资是企业为了获得收益或实现资本增值向被投资单位投放资金的经济行为。企业对外进行的投资，可以有不同的分类。从性质上划分，可以分为债权性投资与权益性投资等。权益性投资按对被投资单位的控制情况和影响程度划分，可以分为对子公司投资、对合营企业投资和对联营企业投资等。长期股权投资，是指投资方(或表述为“投资企业”)对被投资单位实施控制、重大影响的权益性投资，以及对其合营企业的权益性投资。

《企业会计准则第 2 号——长期股权投资》中的权益性投资，其范围包括：

(1)投资方能够对被投资单位实施控制的权益性投资，即对子公司投资。控制，是指投资方拥有对被投资单位的权力，通过参与被投资单位的相关活动而享有可变回报，并且有能力运用对被投资单位的权力影响其回报金额。

(2)投资方与其他合营方一同对被投资单位实施共同控制且对被投资单位净资产享有权利的权益性投资，即对合营企业投资。共同控制，是指按照相关约定对某项安排所共有的控制，并且该安排的相关活动必须经过分享控制权的参与方一致同意后才能决策。

(3)投资方对被投资单位具有重大影响的权益性投资，即对联营企业投资。重大影响，是指投资方对被投资单位的财务和经营政策有参与决策的权力，但并不能够控制或者与其他方一起共同控制这些政策的制定。实务中，较为常见的重大影响体现为在被投资单位的董事会或类似权力机构中派有代表，通过在被投资单位财务和经营决策制定过程中的发言权实施重大影响。投资方直接或通过子公司间接持有被投资单位 20%以上，但低于 50%的表决权股份时，一般认为对被投资单位具有重大影响，除非有明确的证据表明该种情况下不能参与被投资单位的生产经营决策，不形成重大影响。

《企业会计准则第2号——长期股权投资》规定：①该准则未予规范的其他权益性投资(即不具有控制、共同控制和重大影响的权益性投资)，投资性主体对不纳入合并财务报表的子公司的权益性投资，风险投资机构、共同基金以及类似主体(如投资联结保险产品)持有的、在初始确认时按《企业会计准则第22号——金融工具确认和计量》准则的规定确认为以公允价值计量且其变动计入当期损益的金融资产，适用《企业会计准则第22号——金融工具确认和计量》；②投资方对联营企业的权益性投资，其中一部分通过风险投资机构、共同基金、信托公司或包括投资风险基金在内的类似主体间接持有的，无论以上主体是否对这部分投资具有重大影响，投资方都可以按照《企业会计准则第22号——金融工具确认和计量》的有关规定，将间接持有的该部分投资划分为“以公允价值计量且其变动计入当期损益”的金融资产，但对其余直接持有的投资应采用权益法核算。

二、长期股权投资会计核算涉及的主要会计科目(见表3-1)

表3-1 长期股权投资会计核算涉及的主要会计科目表

科目名称	核算的主要内容
长期股权投资	核算按照被投资企业所持有的、采用成本法和权益法核算的长期股权投资，采用权益法核算时，应当分别以“投资成本”“损益调整”“其他权益变动”等进行明细核算
长期股权投资减值准备	按照被投资单位明细核算企业长期股权投资发生减值时计提的减值准备
投资收益	按照投资项目明细核算企业确认的投资收益或投资损失

第二节 案例分析与操作指南

一、长期股权投资的初始计量

(一)企业合并形成的长期股权投资

【案例1】同一控制下的企业合并形成的长期股权投资初始成本的确定。资料：

P、Q两公司同为S集团控制下的全资子公司，两公司在合并前采用相同的会计政策，假设2018年6月30日P公司通过定向发行1000万股普通股(每股面值为1元、市价为12元)作为合并对价，交换Q公司发行在外的全部股份，从而取得Q公司100%的股权，合并后Q公司仍维持其独立法人资格继续经营。不考虑合并费用。合并日，Q公司所有者权益的总额(即在S集团合并财务报表中的账面价值)为11000万元。

【分析】因Q公司在合并后维持其独立法人资格继续经营，则P公司在合并日应确认对Q公司的长期股权投资，其成本为合并日享有Q公司账面所有者权益的份额，账务处理如下。

借：长期股权投资　　110000000

　　贷：股本　　10000000

　　　　资本公积——股本溢价　　100000000

【操作指南】同一控制下的企业合并形成的长期股权投资，应当按照下列规定确定其初始投资成本。

(1)合并方以支付现金、转让非现金资产或承担债务方式作为合并对价的，应当将合并日按照所取得的被合并方所有者权益在最终控制方合并财务报表中的账面价值的份额，作为长期股权投资的初始投资成本。长期股权投资初始投资成本与支付的现金、转让的非现金资产以及所承担债务账面价值(含应缴纳的增值税，下同)之间的差额，应当调整资本公积(资本溢价或股本溢价)；资本公积(资本溢价或股本溢价)的余额不足冲减的，调整留存收益。

(2)合并方以发行权益性证券作为合并对价的，应当将合并日按照所取得的被合并方所有者权益在最终控制方合并财务报表中的账面价值的份额，作为长期股权投资的初始投资成本。按照发行股份的面值总额作为股本，长期股权投资初始投资成本与所发行股份面值总额之间的差额，应当调整资本公积(资本溢价或股本溢价)；资本公积(资本溢价或股本溢价)的余额不足冲减的，调整留存收益。

注意：在企业合并中，合并方为进行企业合并发生的各项直接相关费用，包括为进行企业合并而支付的审计、法律服务、评估咨询等中介费用以及其他相关管理费用，应当于发生时计入当期损益(管理费用)。与发行权益性工具作为合并对价直接相关的交易费用，应当冲减资本公积(资本溢价或股本溢价)，资本公积(资本溢价或股本溢价)不足冲减的，依次冲减盈余公积和未分配利润。与发行债务性工具作为合并对价直接相关的交易费用，应当计入债务性工具的初始确认金额。

【案例2】非同一控制下的企业合并形成的长期股权投资初始成本的确定。资料：

2018年7月1日，A公司定向向B公司原股东发行本公司股票200万股(每股面值1元，当前市价每股5.5元，不考虑股票发行费用)取得B公司90%的股权，取得该部分股权后能够控制B公司的生产经营决策。为核实B公司的资产价值，A公司聘请资产评估机构对B公司的资产进行评估，支付评估费用30万元。合并日B公司资产负债表中的账面价值与公允价值如表3-2所示。

表3-2　合并日B公司资产负债表中的账面价值与公允价值　　单位：元

项目	账面价值	公允价值
存货	2000000	1500000
固定资产(净值)	5000000	8000000
无形资产——专利权	120000	150000

续表

项目	账面价值	公允价值
资产合计	7120000	9650000
短期借款	500000	500000
股本	5000000	
资本公积	1000000	
盈余公积	300000	
未分配利润	320000	
负债及所有者权益合计	7120000	

【分析】若本例中A公司与B公司在合并前不存在任何关联方关系，应作为非同一控制下的企业合并处理。A公司对于合并形成的对B公司的长期股权投资，长期股权投资初始成本=2000000×5.5=11000000(元)。

账务处理如下。

借：长期股权投资　　11000000

　　管理费用　　300000

　　贷：银行存款　　300000

　　　　股本　　2000000

　　　　资本公积——股本溢价　　9000000

【操作指南】非同一控制下的企业合并下，购买方应当区别下列情况确定合并成本。

(1)一次交易实现非同一控制下的企业合并，企业合并成本包括购买方付出的资产、发生或承担的负债、发行的权益性工具或债务性工具的公允价值之和。作为企业合并对价付出的资产、发生或承担的负债在购买日的公允价值与其账面价值之间的差额，应作为资产处置损益，计入合并当期损益。

(2)通过多次交易分步实现非同一控制下的企业合并的，若属于一揽子交易的，合并方应当将各项交易作为一项取得控制权的交易进行会计处理；若不属于一揽子交易的，在购买方的个别财务报表中，应当按照原持有的股权投资的账面价值加上新增投资成本之和，作为改按成本法核算的初始投资成本，并按照长期股权投资核算方法转换的规定进行会计处理。

注意：购买方为企业合并发生的审计、法律服务、评估咨询等中介费用以及其他相关管理费用，应当于发生时计入当期损益(管理费用)；购买方作为合并对价发行的权益性工具或债务性工具的交易费用(如手续费、佣金等)，应当计入权益性工具或债务性工具的初始确认金额。

(二)其他方式取得的长期股权投资

【案例3】其他方式取得的长期股权投资初始成本的确定。资料：

甲公司2018年10月12日以每股1.4125元的价格购入A公司每股面值为1元的股

票400万股，占A公司总股本的40%，用银行存款实际支付价款5650000元，其中包括已宣告发放尚未支取的现金股利50000元。

【分析】长期股权投资初始成本 = 4000000×1.4125－50000 = 5600000(元)

账务处理如下。

借：长期股权投资——投资成本(A公司)　　5600000

　　应收股利　　50000

　　贷：银行存款　　5650000

【操作指南】除企业合并形成的长期股权投资以外，其他方式取得的长期股权投资，应当按照下列规定确定其初始投资成本。企业无论以何种方式取得长期股权投资，实际支付的价款或对价中包含的已宣告但尚未领取的现金股利或利润，应作为应收项目单独核算，不作为取得的长期股权投资的成本。

(1)以支付现金取得的长期股权投资，应当按照实际支付的购买价款作为初始投资成本。初始投资成本包括与取得长期股权投资直接相关的费用、税金及其他必要支出。

(2)以发行权益性证券取得的长期股权投资，应当按照发行权益性证券的公允价值作为初始投资成本。投资方所发行权益性证券(权益性工具)的公允价值，应按《企业会计准则第39号——公允价值计量》等相关准则确定。为发行权益性证券支付给有关证券承销机构等的手续费、佣金等与权益性证券发行直接相关的费用，不构成取得长期股权投资的成本。该部分费用应自权益性证券的溢价发行收入中扣除，溢价收入不足冲减的，应依次冲减盈余公积和未分配利润。

(3)投资者投入的长期股权投资，应当按照投资合同或协议约定的价值作为初始投资成本，但合同或协议约定价值不公允的除外(即此时以公允价值作为初始投资成本)。投资者投入的长期股权投资，是指投资者以其持有的对第三方的投资作为出资投入企业，接受投资的单位原则上应当按照投资各方在投资合同或协议中约定的价值作为取得投资的初始投资成本，投资方应当按照投资合同或协议约定的价值加上应支付的相关税费等，但有明确证据表明合同或协议中约定的价值不公允的除外。

注意：在确定投资者投入的长期股权投资的公允价值时，有关权益性投资存在活跃市场的，应当参照活跃市场中的市价确定其公允价值；不存在活跃市场，无法按照市场信息确定其公允价值的情况下，应当按照一定的估值技术等合理的方法确定的价值作为其公允价值。

(4)通过非货币性资产交换取得的长期股权投资，其初始投资成本应当按照《企业会计准则第7号——非货币性资产交换》的相关规定加以确定。

(5)通过债务重组取得的长期股权投资，其初始投资成本应当按照《企业会计准则第12号——债务重组》的相关规定加以确定。

二、长期股权投资的后续计量

新准则规定的长期股权投资后续计量方法依然分为成本法和权益法，但成本法和权益法的核算范围发生了较大的变化。

(一)成本法

【案例4】成本法会计核算。资料：

2018年1月1日，甲公司购入乙公司有表决权资本的65%，并准备长期持有，其投资成本为715000元。2018年4月25日，乙公司宣告分派2017年度的现金股利150000元。假设乙公司2018年1月1日股东权益合计为1800000元，2018年实现净利润600000元，甲公司如何进行会计处理？

【分析】(1)2018年1月1日投资时。

借：长期股权投资——股票投资(乙公司)　715000

　贷：银行存款　715000

(2)2018年4月25日宣告分派2017年度的现金股利时。

借：应收股利　(150000×65%)97500

　贷：投资收益　97500

(3)2018年12月31日，乙公司实现净利润600000元，甲公司不做会计处理。

【操作指南】成本法，是指投资按初始投资成本计价的方法。长期股权投资的成本法适用于投资方能够对被投资单位实施控制的长期股权投资。其账务处理如下。

(1)初始投资时，长期股权投资按照初始投资成本计量，除追加投资和收回投资外不得调整长期股权投资的账面价值。追加投资时，按照确认初始投资成本的方法确定追加投资的成本，并相应地调增长期股权投资的账面价值。

(2)除取得投资时实际支付的价款或对价中包含的已宣告但尚未发放的现金股利或利润外，投资方应将按照享有被投资单位宣告分派的现金股利或利润(不管是取得投资前还是取得投资后实现的)，确认为当期投资收益，借记“应收股利”等科目，贷记“投资收益”科目。

(3)子公司将未分配利润或盈余公积转增股本(实收资本)，且未向投资方提供等值现金股利或利润的选择权时，投资方并没有获得收取现金股利或利润的权力，该项交易通常属于子公司自身权益结构的重分类，投资方不应确认相应的投资收益。

(二)权益法

【案例5】初始投资成本的确定及调整。资料：

甲公司于2018年5月31日以银行存款1450000元投资乙公司普通股，占乙公司普通股的40%，甲公司按权益法核算对乙公司的投资。乙公司2018年5月31日经确认可辨认净资产的公允价值为3350000元。确定甲公司对乙公司长期股权投资的初始投资成本。

【分析】 初始投资时，甲公司应享有乙公司可辨认净资产公允价值的份额为1340000元(3350000×40%)。则初始投资成本1450000元大于应享有乙公司可辨认净资产公允价值的份额1340000元，差额为110000元，视为商誉，不调整已确认的初始投资成本。因此，甲公司5月31日投资时，应编制的会计分录如下。

借：长期股权投资——投资成本(乙公司) 1450000

贷：银行存款 1450000

【拓展】如果乙公司2018年5月31日的可辨认净资产公允价值为4000000元，甲公司对乙公司的初始投资成本、持股比例均不变，则初始投资成本1450000元小于应享有乙公司可辨认净资产公允价值的份额1600000元(4000000×40%)，差额150000元确认为营业外收入，甲公司5月31日长期股权投资入账时的会计分录如下。

借：长期股权投资——投资成本(乙公司) 1450000

贷：银行存款 1450000

借：长期股权投资——投资成本(乙公司) 150000

贷：营业外收入 150000

【操作指南】 采用权益法核算长期股权投资时，对于取得投资时投资成本与应享有被投资单位可辨认净资产公允价值份额之间的差额，应区别以下情况分别处理。

(1)长期股权投资的初始投资成本大于投资时应享有被投资单位可辨认净资产公允价值份额的，不调整已确认的初始投资成本。

(2)长期股权投资的初始投资成本小于投资时应享有被投资单位可辨认净资产公允价值份额的，调整增加长期股权投资的初始投资成本，并将其差额计入当期损益。进行会计处理时，按其差额借记“长期股权投资——投资成本”科目，贷记“营业外收入”科目。

【案例6】 投资损益的确认。资料：

甲公司于2018年1月1日取得对联营企业乙公司30%的股权，取得投资时被投资单位的固定资产公允价值为1000万元，账面价值为600万元，固定资产的预计使用年限为10年，净残值为0，按照年限平均法计提折旧。乙公司2018年度利润表中净利润为500万元，其中乙公司当期利润表中已按其账面价值计算扣除的固定资产折旧费用为60万元。甲公司采用权益法核算该项长期股权投资。不考虑所得税等因素影响，则甲公司2018年年末应确认如何确认投资损益。

【分析】 根据年限平均法，按照取得投资时固定资产的公允价值计算确定的折旧费用为100万元，按该固定资产的公允价值计算的净利润为460万元(500−40)，因此甲公司应确认的投资收益为138万元(460×30%)。

会计处理如下。

借：长期股权投资——损益调整(乙公司) 1380000

贷：投资收益 1380000

【操作指南】投资方取得长期股权投资后，应当按照应享有或应分担的被投资单位实现的净利润或发生净亏损的份额，确认为当期投资收益，同时调整长期股权投资的账面价值。以取得投资时被投资单位固定资产、无形资产等的公允价值为基础计提的折旧额或摊销额，以及有关资产以取得时的公允价值为基础计算的资产减值准备金额等对被投资单位净利润的影响进行调整后确认。

【案例7】逆流交易。资料：

甲公司于2018年1月取得乙公司20%有表决权股份，能够对乙公司施加重大影响。假定甲公司取得该项投资时，乙公司各项可辨认资产、负债的公允价值与其账面价值相同。2018年8月，乙公司将其成本为300万元的某商品以700万元的价格出售给甲公司，甲公司将取得的商品作为存货。至2018年资产负债表日，甲公司仍未对外出售该存货。乙公司2018年实现的净利润为3000万元。假定不考虑所得税因素。则甲公司2018年年末应确认如何确认投资损益。

【分析】甲公司在按照权益法确认应享有乙公司2018年净损益时。

(1)乙公司2018年抵销未实现内部交易损益后的净利润=3000-(700-300)=2600(万元)

(2)作会计处理。

借：长期股权投资——损益调整 (26000000×20%)5200000

贷：投资收益 5200000

假定在2019年，甲公司将该商品以700万元的价格向外部独立第三方出售，因该部分内部交易损益已经实现，甲公司在确认应享有乙公司2019年净损益时，应考虑将原未确认的该部分内部交易损益计入投资损益，即应在考虑其他因素计算确定的投资损益基础上调整增加80万(400×20%)。

【操作指南】对于联营企业或合营企业向投资方出售资产的逆流交易，在该交易存在未实现内部交易损益的情况下(即有关资产未对外部独立第三方出售)，投资方在采用权益法计算确认应享有联营企业或合营企业的投资损益时，应抵销该未实现内部交易损益的影响。当投资方自其联营企业或合营企业购买资产时，在将该资产出售给外部独立的第三方之前，不应确认联营企业或合营企业因该交易产生的损益中本企业应享有的部分。

因逆流交易产生的未实现内部交易损益，在未对外部独立第三方出售之前，体现在投资方持有资产的账面价值当中。

【案例8】顺流交易。资料：

甲公司持有乙公司有表决权股份的30%，能够对乙公司生产经营施加重大影响。

2015年11月，甲公司将其账面价值为600万元的商品以900万元的价格出售给乙公司，乙公司将取得的商品作为管理用固定资产核算，预计其使用寿命为10年、净残值为0。假定甲公司取得该项投资时，乙公司各项可辨认资产、负债的公允价值与其账面价值相同，两者在以前期间未发生过内部交易。乙公司2015年实现净利润为1000万元。假定不考虑所得税影响。

【分析】甲公司在该项交易中实现利润300万元(900-600)，其中的90万元(300×30%)是针对本公司持有的对联营企业乙公司的权益份额，在采用权益法计算确认投资损益时应予抵销，同时应考虑相关固定资产折旧对损益的影响。乙公司取得的该项固定资产在2015年度因计提折旧而对投资损益产生的影响为2.5万元(300÷10÷12×1)，因此甲公司确认投资损益=(10000000-3000000+25000)×30%=2107500(元)。

应当进行的会计处理如下。

借：长期股权投资——损益调整　　2107500

　贷：投资收益　　2107500

【操作指南】对于投资方向联营企业或合营企业出售资产的顺流交易，在该交易存在未实现内部交易损益的情况下(即有关资产未向外部独立第三方出售)，投资方在采用权益法计算确认应享有联营企业或合营企业的投资损益时，应抵销该未实现内部交易损益的影响，同时调整对联营企业或合营企业长期股权投资的账面价值。当投资方向联营企业或合营企业出售资产，同时有关资产由联营企业或合营企业持有时，投资方因出售资产应确认的损益仅限于与联营企业或合营企业其他投资者交易的部分。即在顺流交易中，投资方出售资产给其联营企业或合营企业产生的损益中，按照持股比例计算确定归属于本企业的部分不予确认。

注意：投资方与联营企业、合营企业之间发生投出或出售资产的交易构成业务的，应当按照《企业会计准则第20号——企业合并》《企业会计准则第33号——合并财务报表》的有关规定进行会计处理。

【案例9】被投资单位发生亏损的处理。资料：

甲公司2016年1月2日以土地使用权向乙公司投资，占乙公司有表决权股份的40%，其初始投资成本与应享有的乙公司可辨认净资产的公允价值份额相等。甲公司投资时，该项土地使用权的入账成本为1300000元；账面价值和公允价值相等，均为1100000元；已累计摊销200000元，未计提减值准备，假设不考虑相关税费。2016年乙公司全年实现净利润600000元；2017年3月宣告分派现金股利400000元；2017年乙公司全年净亏损3000000元；2018年乙公司全年实现净利润800000元。投资合同约定，如果乙公司发生亏损，甲公司无须承担额外损失义务。

【分析】根据上述资料，甲公司对乙公司投资的有关会计处理如下。

2016年1月2日，投资时。

借：长期股权投资——投资成本　　1100000
　　累计摊销——土地使用权　　200000
　　贷：无形资产——土地使用权　　1300000

2016 年 12 月 31 日，根据乙公司实现的净利润，甲公司确认投资收益时：

借：长期股权投资——损益调整　　240000
　　贷：投资收益　　240000

2017 年乙公司宣告分派现金股利时。

借：应收股利　　160000
　　贷：长期股权投资——损益调整　　160000

宣告分派现金股利后，甲公司“长期股权投资”科目的账面余额为 1180000 元。

2017 年 12 月 31 日，乙公司全年净亏损 3000000 元，甲公司按持股比例计算应承担的亏损额为 1200000 元(3000000×40%)，但因对乙公司“长期股权投资”科目的账面余额为 1180000 元，而长期股权投资的账面价值只能减记至零为限，未确认的亏损分担额为 20000 元(1200000-1180000)，该部分未确认的亏损分担额，应在备查簿中进行登记。

借：投资收益　　1180000
　　贷：长期股权投资——损益调整　　1180000

2018 年 12 月 31 日，因乙公司实现净利润 800000 元，按持股比例计算甲公司可享有 320000 元，按规定可享有的投资收益首先应当减去以前未确认的亏损分担额 20000 元，差额部分 300000 元，才可恢复长期股权投资的账面价值。

借：长期股权投资——损益调整　　300000
　　贷：投资收益　　300000

【操作指南】投资企业确认被投资单位发生的净亏损，应当以长期股权投资的账面价值以及其他实质上构成对被投资单位净投资的长期权益减记至零为限，投资企业负有承担额外损失义务的除外。这里，其他实质上构成对被投资单位净投资的长期权益，通常是指长期性的应收项目。比如，企业对被投资单位的长期债权，该债权没有明确的清收计划，且在可预见的未来期间不准备收回，实质上构成对被投资单位的净投资，但不包括投资方与被投资单位之间因销售商品、提供劳务等日常活动所产生的长期债权。

在确认应分担被投资单位发生的亏损时，应当按照以下顺序进行处理。

第一，冲减长期股权投资的账面价值。

第二，如果长期股权投资的账面价值不足以冲减的，应当以其他实质上构成对被投资单位净投资的长期权益账面价值为限继续确认投资损失，冲减长期应收项目等的账面价值。

第三，在进行上述处理后，按照投资合同或协议约定企业仍承担额外义务的，应按预计承担的义务确认预计负债，计入当期投资损失。

除上述情况外仍未确认的应分担损失，应在账外备查簿登记。

三、长期股权投资核算方法的转换

(一)公允价值计量转为权益法核算

【案例 10】公允价值计量转为权益法核算的会计处理。资料：

2017 年 2 月，A 公司以 600 万元现金自非关联方处取得 B 公司 10%的股权。A 公司根据《企业会计准则第 22 号——金融工具确认和计量》将其划分为以公允价值计量变动且其变动计入其他综合收益的金融资产。2018 年 1 月 2 日，A 公司又以 1200 万元的现金自另一非关联方处取得 B 公司 12%的股权，相关手续于当日完成。当日，B 公司可辨认净资产公允价值总额为 8000 万元，A 公司对 B 公司的以公允价值计量变动且其变动计入其他综合收益的金融资产的账面价值(等于公允价值)为 1000 万元，计入其他综合收益的累计公允价值变动为 400 万元。取得该部分股权后，按照 B 公司章程规定，A 公司能够对 B 公司施加重大影响，对该项股权投资转为采用权益法核算。不考虑相关税费等其他因素影响。假定按净利润 10%计提盈余公积。

【分析】本案例中，2018 年 1 月 2 日，A 公司原持有 10%股权的公允价值为 1000 万元，为取得新增投资而支付对价的公允价值为 1200 万元，因此，A 公司对 B 公司 22%股权的初始投资成本为 2200 万元。

A 公司对 B 公司新持股比例为 22%，应享有 B 公司可辨认净资产公允价值的份额为 1760 万元(8000×22%)。由于初始投资成本(2200 万元)大于应享有 B 公司可辨认净资产公允价值的份额(1760 万元)，因此，A 公司无须调整长期股权投资的成本。

2018 年 1 月 2 日，A 公司确认对 B 公司的长期股权投资时，做如下会计处理。

借：长期股权投资——投资成本　　22000000
　　贷：其他权益投资工具　　10000000
　　　　银行存款　　12000000
借：其他综合收益　　4000000
　　贷：盈余公积　　400000
　　　　利润分配——未分配利润　　3600000

【操作指南】原持有的对被投资单位的股权投资(不具有控制、共同控制或重大影响的)，按照《企业会计准则第 22 号——金融工具确认和计量》进行会计处理的，因追加投资等原因导致持股比例上升，能够对被投资单位施加共同控制或重大影响但不构成控制的，在转按权益法核算时，投资方应当按照《企业会计准则第 22 号——金融工具确认和计量》确定的原股权投资的公允价值加上为取得新增投资而应支付对价的公允价值，作为改按权益法核算的初始投资成本。原持有的股权投资分类为以公允价值计量且其变动计入当期损益的金融资产的，其公允价值与原账面价值之间的差额，计入改按权益法核算的当期损益；原持有的股权投资分类为以公允价值计量变动且其变动计入其他综合收益的金融资产的，其公允价值与原账面价值之间的差额，以及原计入其他综合收益的累计公允价值变动应当转入改按权益法核算的留存收益。同时将支付对价的公允价值与其账面价值的差额计入当期损益，并按资产的类别进行相应的会计处理。

然后，比较上述计算所得的初始投资成本，与按照追加投资后全新的持股比例计算确定的应享有被投资单位在追加投资日可辨认净资产公允价值份额之间的差额，前者大于后者的，不调整长期股权投资的账面价值；前者小于后者的，差额应调整长期股权投资的账面价值，并计入当期营业外收入。

(二)公允价值计量或权益法转为成本法核算

【案例 11】权益法转为成本法的会计处理。资料：

甲公司 2016 年 1 月 1 日对乙公司投资，占乙公司注册资本的 20%。甲公司采用权益法对乙公司进行核算。至 2015 年 12 月 31 日，甲公司对乙公司投资的账面价值为 300 万元，其中，投资成本为 200 万元，其他综合收益为 100 万元。2018 年 1 月 5 日，甲公司又用银行存款对乙公司追加投资 600 万元，取得乙公司 40%的股权。自此，甲公司持有乙公司 60%的股份，改为成本法核算。2018 年 3 月 1 日，乙公司宣布分派 2017 年度的现金股利 80 万元。

【分析】(1)将权益法下长期股权投资的账面价值，加上新增投资成本转为成本法下的初始投资成本。做如下会计处理。

借：长期股权投资——乙公司　　9000000

　　贷：长期股权投资——投资成本(乙公司)　　2000000

　　　　　　　　　　——其他综合收益(乙公司)　　1000000

　　　　银行存款　　6000000

原确认的其他综合收益 100 万元，不做会计处理。

(2)乙公司宣布分派现金股利时。

借：应收股利　　(800000×60%)480000

　　贷：投资收益　　480000

【操作指南】投资方原持有的对被投资单位不具有控制、共同控制或重大影响的按照《企业会计准则第 22 号——金融工具确认和计量》进行会计处理的权益性投资，或者原持有对联营企业、合营企业的长期股权投资，因追加投资等原因，能够对被投资单位实施控制的，应按企业合并形成的长期股权投资进行会计处理。

(1)在个别财务报表中，原持有的股权投资采用权益法核算的。因追加投资导致由权益法转为成本法，转换日应当以原持有的股权投资的账面价值加上新增投资成本之和，作为按成本法核算的初始投资成本。新增投资成本为支付对价的公允价值，公允价值与账面价值的差额计入新增投资的当期损益。

(2)原持有的股权投资采用《企业会计准则第22号——金融工具确认和计量》进行会计处理的(注：应在购买日先确认该股权投资已实现的公允价值变动)，原计入其他综合收益的累计公允价值变动应当全部转入改按成本法核算的当期留存收益。

(3)原持有的股权投资采用权益法核算的，已经确认的其他综合收益暂不进行会计处理，待处置该项投资时采用与被投资单位直接处置相关资产或负债相同的基础进行会计处理；已经确认的被投资单位除净损益、其他综合收益和利润分配以外的所有者权益其他变动暂不进行会计处理，待处置该项投资时相应转入处置期间的当期损益。

(三)权益法转为公允价值计量核算

【案例12】权益法转为公允价值计量的会计处理。资料：

甲公司持有乙公司30%的有表决权股份，能够对乙公司施加重大影响，对该股权投资采用权益法核算。2018年10月，甲公司将该项投资中的50%出售给非关联方，取得价款1800万元。相关手续于当日完成，甲公司无法再对乙公司施加重大影响，将剩余股权投资转为以公允价值计量且变动计入其他综合收益的金融资产。出售时，该项长期股权投资的账面价值为3200万元，其中投资成本为2600万元，损益调整为300万元，其他综合收益为200万元(性质为被投资单位的以公允价值计量且变动计入其他综合收益的债券类金融资产的累计公允价值变动)，除净损益、其他综合收益和利润分配外的其他所有者权益变动为100万元。剩余股权的公允价值为1800万元。不考虑相关税费等其他因素影响。则甲公司如何进行会计处理。

【分析】(1)确认有关股权投资的处置损益。

借：银行存款　18000000

　贷：长期股权投资(投资成本、损益调整、其他综合收益、其他权益变动)　16000000

　　投资收益　2000000

(2)由于终止采用权益法核算，将原确认的相关其他综合收益全部转入当期损益。

借：其他综合收益　2000000

　贷：投资收益　2000000

(3)由于终止采用权益法核算，将原计入资本公积的其他所有者权益变动全部转入当期损益。

借：资本公积——其他资本公积　1000000

　贷：投资收益　1000000

(4)剩余股权投资转为以公允价值计量且变动计入其他综合收益的金融资产，当天公允价值为1800万元，账面价值为1600万元，两者差异应计入当期投资收益。

借：其他权益投资工具　18000000

贷：长期股权投资(投资成本、损益调整、其他综合收益、其他权益变动)

16000000

投资收益　　2000000

【**操作指南**】原持有的对被投资单位具有共同控制或重大影响的长期股权投资，因部分处置等原因导致持股比例下降，不能再对被投资单位实施共同控制或重大影响的，应按处置比例结转应终止确认的长期股权投资账面价值；同时应改按《企业会计准则第22号——金融工具确认和计量》对剩余股权投资进行会计处理，其在丧失共同控制或重大影响之日的公允价值与账面价值之间的差额计入当期损益。原采用权益法核算的其他综合收益应当在终止采用权益法核算时，按其全额采用与被投资单位直接处置相关资产或负债相同的基础进行会计处理；因被投资单位除净损益、其他综合收益和利润分配以外的其他所有者权益变动而确认的所有者权益其他变动，应当在终止采用权益法核算时全部转入当期损益。若存在当初因追加投资而使核算方法转换为成本法时形成的未进行会计处理的“其他综合收益”和“所有者权益其他变动”、且在由成本法转为权益法时尚未结转的部分的，应比照上述方法全额予以结转。

(四)成本法转为权益法核算

【**案例13**】成本法转为权益法的会计处理。资料：

A公司原持有B公司60%的股权，能够对B公司实施控制。2018年11月6日，A公司对B公司的长期股权投资的账面价值为6000万元，未计提减值准备，A公司将其持有的对B公司长期股权投资中的1/3出售给非关联方，取得价款3600万元，当日被投资单位可辨认净资产公允价值总额为16000万元。相关手续于当日完成，A公司不再对B公司实施控制，但具有重大影响。A公司原取得B公司60%股权时，B公司可辨认净资产公允价值总额为9000万元(假定公允价值与账面价值相同)。自A公司取得对B公司长期股权投资后至部分处置投资前，B公司实现净利润5000万元。其中，自A公司取得投资日至2018年年初实现净利润4000万元。假定B公司一直未进行利润分配。除所实现净损益外，B公司未发生其他计入所有者权益的交易或事项。A公司按净利润的10%提取盈余公积。不考虑相关税费等其他因素影响。

【**分析**】本案例中，在出售20%的股权后，A公司对B公司的持股比例为40%，能对B公司施加重大影响。对B公司长期股权投资应由成本法改为按照权益法核算。有关会计处理如下。

(1)确认长期股权投资处置损益。

借：银行存款　　36000000

贷：长期股权投资　　20000000

投资收益　　16000000

(2)调整长期股权投资账面价值。

剩余长期股权投资的账面价值为4000万元，与原投资时应享有被投资单位可辨认净资产公允价值份额之间的差额400万元(4000-9000×40%)为商誉，该部分商誉的价值不需要对长期股权投资的成本进行调整。

处置投资以后按照持股比例计算享有被投资单位自购买日至处置投资日期初之间实现的净损益为1600万元(4000×40%)，应调整增加长期股权投资的账面价值，同时调整留存收益；处置期初至处置日之间实现的净损益为400万元(1000×40%)，应调整增加长期股权投资的账面价值，同时计入当期投资收益。企业应进行以下会计处理。

借：长期股权投资——损益调整　20000000

　贷：盈余公积　1600000

　　利润分配——未分配利润　14400000

　　投资收益　4000000

【操作指南】因处置投资等原因导致对被投资单位由能够实施控制转为具有重大影响或者与其他投资方一起实施共同控制的，首先应按处置投资的比例结转应终止确认的长期股权投资成本。若存在当初因追加投资而使核算方法转换为成本法时形成的未进行会计处理的“其他综合收益”和“所有者权益其他变动”的，应对“其他综合收益”和“所有者权益其他变动”按比例结转，结转的部分比照上述“权益法核算转公允价值核算”中的方法进行会计处理。

其次，比较剩余长期股权投资的成本与按照剩余持股比例计算原取得投资时应享有被投资单位可辨认净资产公允价值的份额，前者大于后者的，属于投资作价中体现的商誉部分，不调整长期股权投资的账面价值；前者小于后者的，在调整长期股权投资成本的同时，调整留存收益等。

对于原取得投资时至处置投资时(转为权益法核算)之间被投资单位实现净损益(扣除已宣告发放的现金股利和利润)中投资方应享有的份额，一方面应当调整长期股权投资的账面价值，同时，对于原取得投资时至处置投资当期期初被投资单位实现的净损益中应享有的份额，调整留存收益，对于处置投资当期期初至处置投资之日被投资单位实现的净损益中享有的份额，调整当期损益；在被投资单位其他综合收益变动中应享有的份额，在调整长期股权投资账面价值的同时，应当计入其他综合收益；除净损益、其他综合收益和利润分配外的其他原因导致被投资单位其他所有者权益变动中应享有的份额，在调整长期股权投资账面价值的同时，应当计入相应的所有者权益项目(资本公积——其他资本公积)。

(五)成本法转为公允价值计量核算

【案例14】成本法转为公允价值计量核算的会计处理。资料：

甲公司持有乙公司60%的有表决权股份，能够对乙公司实施控制，对该股权投资采用成本法核算。2015年10月，甲公司将该项投资中的80%出售给非关联方，取得价款

8000 万元。相关手续于当日完成。甲公司无法再对乙公司实施控制，也不能施加共同控制或重大影响，将剩余股权投资转为交易性金融资产。出售时，该项长期股权投资的账面价值为 8000 万元，剩余股权投资的公允价值为 2000 万元。不考虑相关税费等其他因素影响。

【分析】甲公司有关会计处理如下。

(1)确认有关股权投资的处置损益。

借：银行存款　　80000000

　　贷：长期股权投资　　64000000

　　　　投资收益　　16000000

(2)剩余股权投资转为以公允价值计量且变动计入其他综合收益的金融资产，当天公允价值为 2000 万元，账面价值为 1600 万元，两者差异应计入当期投资收益。

借：交易性金融资产　　20000000

　　贷：长期股权投资　　16000000

　　　　投资收益　　4000000

【操作指南】原持有的对被投资单位具有控制的长期股权投资，因部分处置等原因导致持股比例下降，不能再对被投资单位实施控制、共同控制或重大影响的，应按处置投资的比例结转应终止确认的长期股权投资成本；同时应改按《企业会计准则第 22 号——金融工具确认和计量》对剩余股权投资进行会计处理，在丧失控制之日的公允价值与账面价值之间的差额计入当期投资收益。若存在当初因追加投资而使核算方法转换为成本法时形成的未进行会计处理的“其他综合收益”和“所有者权益其他变动”的，应全额结转“其他综合收益”和“所有者权益其他变动”，并比照“权益法核算转公允价值核算”中的方法进行会计处理。

四、长期股权投资的处置

【案例 15】长期股权投资的处置的会计处理。资料：

甲公司拥有乙公司有表决权股份的 30%，对乙公司有重大影响。2015 年 12 月 31 日，甲公司出售乙公司的全部股权，所得价款 2300 万元存入银行。截至 2015 年年底，该项长期股权投资的账面价值为 2000 万元，其中投资成本为 1500 万元(假定投资成本即计税基础)，损益调整为 400 万元，其他综合收益为 200 万元(按比例享有的乙公司自用房地产转换为投资性房地产时确认的其他综合收益)，其他权益变动为 100 万元，长期股权投资减值准备为 200 万元。假设不考虑相关税费。

【分析】则甲公司应做如下会计处理。

借：银行存款　　23000000

　　长期股权投资减值准备　　2000000

贷：长期股权投资——投资成本(乙公司)　　15000000
　　　　　　　　——损益调整(乙公司)　　4000000
　　　　　　　　——其他综合收益(乙公司)　　2000000
　　　　　　　　——其他权益变动(乙公司)　　1000000
　　投资收益　　3000000

同时将原计入“其他综合收益”“资本公积——其他资本公积”科目的金额转入投资收益。

借：其他综合收益　　2000000
　　资本公积——其他资本公积　　1000000
　贷：投资收益　　3000000

【操作指南】投资方持有长期股权投资的过程中，由于各方面的考虑，决定将所持有的对被投资单位的股权全部或部分对外出售时，应相应结转与所售股权相对应的长期股权投资的账面价值，一般情况下，出售所得价款与处置长期股权投资账面价值之间的差额，应确认为处置损益。

投资方部分处置持有的长期股权投资仍持有剩余股权时，在转换日的会计处理应参照长期股权投资核算方法转换的内容。

投资方全部处置权益法核算的长期股权投资时，原权益法核算的相关其他综合收益应当在终止采用权益法核算时采用与被投资单位直接处置相关资产或负债相同的基础进行会计处理，因被投资单位除净损益、其他综合收益和利润分配以外的其他所有者权益变动而确认的所有者权益，应当在终止采用权益法核算时全部转入当期投资收益。

企业通过多次交易分步处置对子公司股权投资直至丧失控制权，如果上述交易属于一揽子交易的，应当将各项交易作为一项处置子公司股权投资并丧失控制权的交易进行会计处理；但是，在丧失控制权之前每一次处置价款与所处置的股权对应的长期股权投资账面价值之间的差额，在个别财务报表中，应当先确认为其他综合收益，到丧失控制权时再一并转入丧失控制权的当期损益。

五、长期股权投资期末计量

投资方应当关注长期股权投资的账面价值是否大于享有被投资单位所有者权益账面价值的份额等类似情况。出现类似情况时，投资方应当按照《企业会计准则第 8 号——资产减值》对长期股权投资进行减值测试，可收回金额低于长期股权投资账面价值的，应当计提减值准备。

企业应当设置“长期股权投资减值准备”科目，核算企业计提的长期股权投资减值准备。

资产负债表日，企业根据《企业会计准则第 8 号——资产减值》确定长期股权投资发生减值的，按应减记的金额，借记“资产减值损失”科目，贷记“长期股权投资减值准备”科目。处置长期股权投资时，应同时结转已计提的长期股权投资减值准备。

六、首次执行日的会计处理

按照《企业会计准则第 38 号——首次执行企业会计准则》的规定，长期股权投资在首次执行日的会计处理(报表项目衔接、期初调整方法、未来适用项目)有两个方面。

对于首次执行日的长期股权投资，应当分别下列情况处理。

1. 同一控制下企业合并产生的长期股权投资

根据《企业会计准则第 20 号——企业合并》，属于同一控制下企业合并产生的长期股权投资，尚未推销完毕的股权投资差额应全额冲销，并调整留存收益，以冲销股权投资差额后的长期股权投资账面余额作为首次执行日的认定成本。

根据《国际财务报告准则第 1 号——首次采用国际财务报告准则》的规定，认定成本是“在某一给定的日期，被用作成本或折余成本替代金额的金额。此后的折旧或摊销是在假定主体在给定日期以等于认定成本的成本初始确认资产或负债的基础上进行的”。

(1)对于首次执行日尚未摊销完毕的“长期股权投资—股权投资差额”科目是借方差额的会计处理如下。

借：利润分配——未分配利润(原结余的股权投资差额的借差金额)

　　贷：长期股权投资——股权投资差额(原结余的股权投资差额的借差金额)

(2)对于首次执行日尚未摊销完毕的“长期股权投资——股权投资差额”科目是贷方差额的会计处理如下。

借：长期股权投资——股权投资差额(原结余的股权投资差额的贷差金额)

　　贷：利润分配——未分配利润(原结余的股权投资差额的贷差金额)

(3)首次执行日的认定成本：以冲销股权投资差额后的长期股权投资账面余额作为首次执行日的认定成本。首次执行日成本在完成上述调整后，应进一步作会计处理如下。

借：长期股权投资——投资成本(首次执行日的认定成本)

　　贷：长期股权投资——投资成本(首次执行日调整前原制度下结余)

　　　　　　　　　　——损益调整(首次执行日调整前原制度下结余)

　　　　　　　　　　——投资准备(首次执行日调整前原制度下结余)

2. 其他采用权益法核算的长期股权投资

(1)存在股权投资贷方差额的，应冲销贷方差额，调整留存收益。

借：长期股权投资——股权投资差额

　　贷：利润分配——未分配利润

并以冲销贷方差额后的长期股权投资账面余额作为首次执行日的认定成本，并作会计处理如下。

借：长期股权投资——投资成本

贷：长期股权投资——投资成本、损益调整、投资准备

(2)存在股权投资借方差额的，应当按长期股权投资的账面余额作为首次执行日的认定成本，不做任何调整，其会计处理如下。

借：长期股权投资——投资成本(首次执行日的认定成本)

贷：长期股权投资——投资成本(次执行日调整前原制度下结余)

——损益调整(首次执行日调整前原制度下结余)

——投资准备(首次执行日调整前原制度下结余)

——股权投资差额(首次执行日调整前原制度下结余)

除了上述调整外，其他项目不应进行追溯调整，即应当采用未来适用法的处理方法。

第四章　投资性房地产

第一节　投资性房地产概述

一、投资性房地产的概念和范围

投资性房地产是指为赚取租金或资本增值，或者两者兼有而持有的房地产，主要包括已出租的建筑物、已出租的土地使用权、持有并准备增值后转让的土地使用权。

(1)已出租的建筑物和已出租的土地使用权，是指从租赁期开始日以经营租赁方式出租的建筑物和土地使用权，包括自行建造或开发完成后用于出租的房地产。其中，用于出租的建筑物是指企业拥有产权的建筑物；用于出租的土地使用权是指企业通过出让和转让方式取得的土地使用权。通常情况下，对企业持有以备经营出租的空置建筑物或在建建筑物，如董事会或类似机构做出书面决议，明确表明将其用于经营出租且持有意图短期内不再发生变化的，即使尚未签订租赁协议，也应视为投资性房地产。

(2)持有并准备增值后转让的土地使用权，是指企业取得的、准备增值后转让的土地使用权。按照国家有关规定认定的闲置土地，不属于持有并准备增值后转让的土地使用权。

(3)一项房地产，部分用于赚取租金或资本增值，部分用于生产商品、提供劳务或经营管理，用于赚取租金或资本增值的部分能够单独计量和出售的，可以确认为投资性房地产。

(4)企业将建筑物出租，按租赁协议向承租人提供的相关辅助服务在整个协议中不重大的，应当将该建筑物确认为投资性房地产。例如，企业将办公楼出租并向承租人提供保安、维修等辅助服务。

二、投资性房地产会计核算涉及的主要会计科目(见表4-1)

表4-1　投资性房地产会计核算涉及的主要会计科目

科目名称	核算的主要内容
投资性房地产	核算投资性房地产的价值，包括采用成本模式计量和公允价值模式计量的投资性房地产
其他业务收入	核算企业确认的除主营业务收入以外的其他经营活动实现的收入，如材料销售、包装物出租、投资性房地产出租等收入

续表

科目名称	核算的主要内容
公允价值变动损益	核算交易性金融资产、交易性金融负债，以及采用公允价值模式计量的投资性房地产、衍生工具、套期保值业务等公允价值变动形成的应计入当期损益的金额
其他业务成本	核算企业确认的除主营业务成本以外的其他经营活动实现的支出，如销售材料成本、包装物出租成本、投资性房地产的折旧(摊销)等
其他综合收益	核算企业根据其他会计准则规定未在当期损益中确认的各项利得和损失

第二节　案例分析与操作指南

一、投资性房地产的初始计量

【案例 1】外购的投资性房地产初始计量。资料：

甲企业购入一栋房屋，价款为 580 万元，款项以银行存款支付。购入后甲企业立即将该房屋对外出租，并预收租金 20 万元。假设不考虑其他相关税费，则甲企业应如何进行会计处理？

【分析】甲企业购入的该房屋应作为投资性房地产核算，初始成本为 580 万元。

借：投资性房地产——房屋　　5800000

　　贷：银行存款　　5800000

预收的租金不能作为其他业务收入。

借：银行存款　　200000

　　贷：预收账款　　200000

【操作指南】投资性房地产应当按照成本进行初始计量。投资性房地产的初始取得成本应根据以下不同取得方式分别确定。

(1)外购投资性房地产的成本，包括购买价款、相关税费和可直接归属于该资产的其他支出。

(2)自行建造投资性房地产的成本，由建造该项资产达到预定可使用状态前所发生的必要支出构成。

(3)以其他方式取得的投资性房地产的成本，按照相关《企业会计准则》的规定确定。

(4)与投资性房地产有关的后续支出，满足投资性房地产确认条件的，应当计入投资性房地产成本；不满足确认条件的，应当在发生时计入当期损益。

二、投资性房地产的后续计量

【案例 2】采用成本模式进行后续计量。资料：

乙企业上年年末购入一栋房屋后立即对外出租，价款为530万元，款项以银行存款支付，作为投资性房地产核算，采用成本模式进行后续计量。该房屋预计使用寿命为20年，预计净残值为50万元，采用直线法按年计提折旧，每年年末收取租金收入50万元。乙企业应如何进行会计处理？

【分析】每年计提的折旧额=(530-50)/20=24(万元)。

借：其他业务成本　　240000

　　贷：投资性房地产累计折旧　　240000

年末收到租金：

借：银行存款　　500000

　　贷：其他业务收入　　500000

【操作指南】投资性房地产的后续计量是指在资产负债表日采用一定的计量模式对投资性房地产价值进行的计量。根据采用的计量模式不同，投资性房地产的后续计量模式分为成本和公允价值两种计量模式。企业通常应当采用成本模式对投资性房地产进行计量。在成本模式下，企业应当按照《企业会计准则第4号——固定资产》和《企业会计准则第6号——无形资产》对已出租的建筑物或土地使用权进行计量，并计提折旧或摊销；如果存在减值迹象的，应当按照《企业会计准则第8号——资产减值》进行减值测试，计提相应的减值准备。

【案例3】采用公允价值模式后续计量。资料：

丙企业年初购入一栋房屋后立即对外出租，价款为500万元，款项以银行存款支付，作为投资性房地产核算，采用公允价值模式进行后续计量。年末该投资性房地产的公允价值为560万元，年末取得租金收入40万元。丙企业应如何进行会计处理？

【分析】由于该投资性房地产采用公允价值模式计量，因此期末会计处理如下。

借：投资性房地产——公允价值变动　　600000

　　贷：公允价值变动损益　　600000

年末收到租金时的会计处理如下。

借：银行存款　　400000

　　贷：其他业务收入　　400000

【操作指南】有确凿证据表明投资性房地产的公允价值能够持续可靠取得的，可以对投资性房地产采用公允价值模式进行后续计量。采用公允价值模式计量的投资性房地产，应当同时满足以下条件。

(1)投资性房地产所在地有活跃的房地产交易市场，意味着投资性房地产可以在房地产交易市场中直接交易。其中，所在地，一般是指投资性房地产所在的城市，对于大中城市，应当具体化为投资性房地产所在的城区。活跃市场，是指同时具有下列特征的市场：①市场内交易对象具有同质性；②可随时找到自愿交易的买方和卖方；③市场价格信息是公开的。

(2)企业能够从房地产交易市场上取得同类或类似房地产的市场价格及其他相关信息，从而对投资性房地产的公允价值做出科学合理的估计。这里所谓的同类或类似的房地产，对建筑物而言，是指所处地理位置和地理环境相同、性质相同、结构类型相同或相近、新旧程度相同或相近，可使用状况相同或相近的建筑物；对于土地使用权而言，是指同一城区、同一位置区域、所处地理环境相同或相近，可使用状况相同或相近的土地。

【案例4】后续计量模式的变更。资料：

甲公司决定将对外出租的一栋办公楼的后续计量模式由成本模式转换为公允价值模式计量。2019年1月1日，该办公楼的公允价值为800万元，购入时的成本为820万元，已计提折旧200万元，未计提减值准备。假设甲公司按净利润的10%计提盈余公积，不考虑所得税因素，则甲公司应如何进行会计处理？

【分析】投资性房地产后续计量由成本模式转换为公允价值模式时，应作为会计政策变更处理。计量模式变更时公允价值与账面价值的差额为800-(820-200)=180(万元)，调整期初留存收益。会计处理如下。

借：投资性房地产——成本	8000000	
投资性房地产累计折旧	2000000	
贷：投资性房地产		8200000
盈余公积		180000
利润分配——未分配利润		1620000

【操作指南】为了保证会计信息的可比性，企业对投资性房地产的计量模式一经确定，不得随意变更。只有在房地产市场比较成熟、能够满足采用公允价值模式条件的情况下，才允许对投资性房地产从成本模式变更为公允价值模式。

成本模式转为公允价值模式的，应当作为会计政策变更，按照《企业会计准则第28号——会计政策、会计估计变更和差错更正》处理。已采用公允价值模式计量的投资性房地产，不得从公允价值模式转为成本模式。

三、投资性房地产的转换

【案例5】将采用成本模式计量的投资性房地产转为自用房地产。资料：

2018年12月11日，甲公司一栋出租的办公楼到期，将其作为企业自用办公用房。该办公楼账面原值为620万元，已计提投资性房地产累计折旧280万元，采用成本模式计量。则甲公司收回该办公楼应如何进行会计处理？

【分析】

借：固定资产	6200000
投资性房地产累计折旧	2800000

贷：投资性房地产 6200000

累计折旧 2800000

【操作指南】将采用成本模式计量的投资性房地产转为自用房地产时，应按其在转换日的账面余额、累计折旧、减值准备，分别转入“固定资产”“累计折旧”“固定资产减值准备”科目或“无形资产”“累计摊销”“无形资产减值准备”科目。

【案例6】将作为存货的房地产转为采用成本模式计量的投资性房地产。资料：

2018年12月30日，阳光房地产开发企业与甲公司签订一项租赁协议，将自行开发的一幢办公楼出租给甲公司使用，起租日为2018年12月31日，租期为3年。2018年12月31日，该办公楼的账面余额为3800万元，未计提跌价准备。出租后采用成本模式进行后续计量。阳光房地产开发企业应如何进行会计处理？

【分析】借：投资性房地产 38000000

贷：开发产品 38000000

【操作指南】将作为存货的房地产改为采用成本模式计量的投资性房地产时，应按该存货在转换日的账面价值，借记“投资性房地产”科目，已计提跌价准备的，还应借记“存货跌价准备”科目，按其账面余额，贷记“开发产品”等科目。

【案例7】自用的建筑物或土地使用权转换为以成本模式计量的投资性房地产。资料：

2018年9月30日，乙公司将一栋自用的建筑物作为投资性房地产对外出租。经营租赁协议规定，起租日为2018年10月1日，租期为3年。2018年9月30日，该栋建筑物的账面余额为4300万元，已计提折旧1100万元。假设该企业所在地区没有活跃的房地产交易市场，采用成本模式进行后续计量，则乙公司应如何进行会计处理？

【分析】借：投资性房地产 43000000

累计折旧 11000000

贷：固定资产 43000000

投资性房地产累计折旧 11000000

【操作指南】将自用的建筑物或土地使用权转换为以成本模式计量的投资性房地产时，企业应当按该项建筑物或土地使用权在转换日的原价、累计折旧、减值准备，分别转入“投资性房地产”“投资性房地产累计折旧(摊销)”“投资性房地产减值准备”科目。按其账面余额，借记“投资性房地产”科目，贷记“固定资产”或“无形资产”科目；按已计提的折旧或摊销，借记“累计折旧”或“累计摊销”科目，贷记“投资性房地产累计折旧(摊销)”科目；原已计提减值准备的，借记“固定资产减值准备”或“无形资产减值准备”科目，贷记“投资性房地产减值准备”科目。

【案例8】采用公允价值模式计量的投资性房地产转换为自用房地产。资料：

2018年12月31日，由于租赁期满，丙公司收回原出租的办公楼正式投入自用。当日该办公楼的公允价值为7800万元，账面价值7700万元，其中：账面成本为7200万元，公允价值变动为500万元。该投资性房地产原采用公允价值模式计量，则丙公司应做的会计处理如下。

【分析】借：固定资产　78000000

　　贷：投资性房地产——成本　72000000

　　　　　　　　　——公允价值变动　5000000

　　　　公允价值变动损益　1000000

【操作指南】采用公允价值模式计量的投资性房地产转换为自用房地产时，应当以其转换当日的公允价值作为自用房地产的账面价值，公允价值与原账面价值之间的差额计入当期损益。在转换日，按该项投资性房地产的公允价值，借记“固定资产”“无形资产”科目，按该项投资性房地产的成本，贷记“投资性房地产——成本”科目，按该项投资性房地产的累计公允价值变动，贷记或借记“投资性房地产——公允价值变动”科目，按其差额，贷记或借记“公允价值变动损益”科目。

【案例9】作为存货的房地产转换为采用公允价值模式计量的投资性房地产。资料：

2018年10月20日，甲房地产开发公司与乙企业签订租赁协议，将其开发的一栋写字楼出租给乙企业。租赁期开始日为2018年11月1日。2018年11月1日该写字楼的账面余额为4600万元，未计提跌价准备，公允价值为4800万元。2018年12月31日，该项投资性房地产的公允价值为4900万元。甲房地产开发公司应如何进行会计处理?

【分析】(1)2018年11月1日。

借：投资性房地产——成本　48000000

　　贷：开发产品　46000000

　　　　其他综合收益　2000000

(2)2018年12月31日。

借：投资性房地产——公允价值变动　1000000

　　贷：公允价值变动损益　1000000

【操作指南】作为存货的房地产转换为采用公允价值模式计量的投资性房地产时，应当按该项房地产在转换日的公允价值，借记“投资性房地产——成本”科目；原已计提跌价准备的，借记“存货跌价准备”科目，按其账面余额，贷记“开发产品”等科目。同时，转换日的公允价值小于账面价值的，按其差额，借记“公允价值变动损益”科目；转换日的公允价值大于账面价值的，按其差额，贷记“其他综合收益”科目。待该项投资性房地产处置时，因转换计入其他综合收益的部分应转入当期损益，借记“其他综合收益”"科目，贷记“其他业务成本”科目。

【案例10】自用土地使用权或建筑物转换为采用公允价值模式计量的投资性房地产。资料：

2018年6月，甲企业打算搬迁至新建办公楼，由于原办公楼处于商业繁华地段，甲企业准备将其出租，以赚取租金收入。2018年10月30日，甲企业完成了搬迁工作，原办公楼停止自用，并与乙企业签订了租赁协议，将其原办公楼租赁给乙企业使用，租赁期开始日为2018年10月30日，租赁期限为3年。2018年10月30日，该办公楼原价为1.5亿元，已提折旧3000万元，公允价值为1亿元。假设甲企业对投资性房地产采用公允价值模式计量，则甲企业应如何进行会计处理?

【分析】会计处理如下。

借：投资性房地产——成本　100000000
　　公允价值变动损益　20000000
　　累计折旧　30000000
　　贷：固定资产　150000000

【操作指南】自用土地使用权或建筑物转换为采用公允价值模式计量的投资性房地产时，应当按该项土地使用权或建筑物在转换日的公允价值，借记“投资性房地产——成本”科目，按其账面余额，贷记“固定资产”或“无形资产”科目；按已计提的累计折旧或累计摊销，借记“累计折旧”或“累计摊销”科目，原已计提减值准备的借记“固定资产减值准备”或“无形资产减值准备”科目。转换日的公允价值小于账面价值的，按其差额，借记“公允价值变动损益”科目；转换日的公允价值大于账面价值的，按其差额，贷记“其他综合收益”科目。待该项投资性房地产处置时，因转换计入其他综合收益的部分应转入当期损益，借记“其他综合收益”科目，贷记“其他业务成本”科目。

四、投资性房地产的处置

【案例11】成本模式计量的投资性房地产处置。资料：

甲公司将一幢出租用房出售，取得收入3200万元，款项已存入银行。乙公司对该厂房采用成本模式计量，其账面原值为5600万元，已计提折旧3000万元，假定不考虑相关税费，则甲公司应如何进行会计处理?

【分析】会计处理如下。

借：银行存款　32000000
　　贷：其他业务收入　32000000

借：其他业务成本　26000000
　　投资性房地产累计折旧　30000000
　　贷：投资性房地产　56000000

【操作指南】成本模式计量的投资性房地产处置时，应按实际收到的金额，借记“银行存款”等科目，贷记“其他业务收入”科目。按该项投资性房地产的累计折旧或累计摊销，借记“投资性房地产累计折旧(摊销)”科目，按该项投资性房地产的账面余额，贷记“投资性房地产”科目，按其差额，借记“其他业务成本”科目。已计提减值准备的，还应同时结转减值准备。

【案例12】公允价值模式计量的投资性房地产处置。资料：

乙公司将一幢出租房出售，取得收入7200万元，款项已存入银行。企业对该投资性房地产采用公允价值模式计量。处置当日，出租房的成本和公允价值变动明细科目分别为6400万元和200万元(借方)，原自用转为出租时产生的其他综合收益为100万元，假定不考虑相关税费，则乙公司应如何进行会计处理？

【分析】会计处理如下。

借：银行存款　　72000000

　　贷：其他业务收入　　72000000

借：其他业务成本　　66000000

　　贷：投资性房地产——成本　　64000000

　　　　　　　　　　——公允价值变动　　2000000

借：公允价值变动损益　　2000000

　　贷：其他业务成本　　2000000

借：其他综合收益　　1000000

　　贷：其他业务成本　　1000000

【操作指南】公允价值模式计量的投资性房地产处置时，应按实际收到的金额，借记“银行存款”等科目，贷记“其他业务收入”科目。按该项投资性房地产的账面余额，借记“其他业务成本”科目，按其成本，贷记“投资性房地产——成本”科目，按其累计公允价值变动，贷记或借记“投资性房地产——公允价值变动”科目。同时，按该项投资性房地产的公允价值变动，借记或贷记“公允价值变动损益”科目，贷记或借记“其他业务成本”科目。按该项投资性房地产在转换日计入其他综合收益的金额，借记“其他综合收益”科目，贷记“其他业务成本”科目。

注意：对于将投资性房地产作为企业主营业务的，应通过“主营业务收入”“主营业务成本”科目核算相关的损益。

第五章　固定资产

第一节　固定资产概述

一、固定资产的概念及特征

固定资产，是指同时具有下列特征的有形资产：(1)为生产商品、提供劳务、出租或经营管理而持有的；(2)使用寿命超过一个会计年度。

从固定资产的定义看，固定资产具有以下三个特征。

(1)为生产商品、提供劳务、出租或经营管理而持有。企业持有固定资产的目的是为了生产商品、提供劳务、出租或经营管理，即企业持有的固定资产是企业的劳动工具或手段，而不是用于出售的产品。其中“出租”的固定资产，是指企业以经营租赁方式出租的机器设备类固定资产，不包括以经营租赁方式出租的建筑物，后者属于企业的投资性房地产，不属于固定资产。

(2)使用寿命超过一个会计年度。固定资产的使用寿命，是指企业使用固定资产的预计期间，或者该固定资产所能生产产品或提供劳务的数量。通常情况下，固定资产的使用寿命是指使用固定资产的预计期间，比如自用房屋建筑物的使用寿命表现为企业对该建筑物的预计使用年限。对于某些机器设备或运输设备等固定资产，其使用寿命表现为该固定资产所能生产产品或提供劳务的数量，例如，汽车或飞机等，按其预计行驶或飞行里程估计使用寿命。

(3)固定资产是有形资产。固定资产具有实物特征，这一特征将固定资产与无形资产区别开来。有些无形资产可能同时符合固定资产的其他特征，如无形资产为生产商品、提供劳务而持有，使用寿命超过一个会计年度，但是由于其没有实物形态，所以不属于固定资产。

由于企业的经营内容、经营规模等各不相同，固定资产的价值并无绝对标准，各企业应根据上述规定的固定资产的标准，结合本企业的具体情况加以确定。

企业应当根据《企业会计准则第4号——固定资产》，结合本企业的实际情况，制定固定资产目录，包括每类或每项固定资产的使用寿命、预计净残值、折旧方法等，并将其编制成册，经股东大会或董事会、经理(厂长)会议或类似机构批准，按照法律、行政法规等规定报送有关各方备案。固定资产目录一经确定不得随意变更，如需变更，仍应履行上述程序，并按《企业会计准则第 28 号——会计政策、会计估计变更和差错更正》的规定加以处理。

二、固定资产确认的条件

固定资产在同时满足以下两个条件时，才能加以确认。

(1)该固定资产包含的经济利益很可能流入企业。

(2)该固定资产的成本能够可靠计量。

企业对符合固定资产特征和确认条件的有形资产，应当确认为固定资产；不符合的确认为存货或其他有关资产。

对于企业的环保设备和安全设备等资产，虽然不能直接为企业带来经济利益，却有助于企业从相关资产获得经济利益，也应当确认为固定资产，但这类资产与相关资产的账面价值之和不能超过这两类资产可收回金额总额。对于固定资产的各组成部分，各自具有不同的使用寿命或者以不同的方式为企业提供经济利益，从而适用不同的折旧率或折旧方法的，应当单独确认为固定资产。

三、固定资产会计核算涉及的主要会计科目(表 5-1)

表 5-1　固定资产会计核算涉及的主要会计科目表

科目名称	核算的主要内容
固定资产	核算企业持有的固定资产原价，建造承包商的临时设施，以及企业购置计算机硬件所附带的、未单独计价的软件，也通过本科目核算；可按固定资产类别和项目进行明细核算
累计折旧	核算企业固定资产的累计折旧，可按固定资产的类别或项目进行明细核算
固定资产减值准备(在建工程减值准备)	核算企业固定资产(在建工程)的减值准备
在建工程	核算企业基建、更新改造等在建工程发生的支出，可按“建筑工程”“安装工程”“在安装设备”“待摊支出”以及单项工程等进行明细核算
固定资产清理	核算企业因出售、报废、毁损、对外投资、非货币性资产交换、债务重组等原因转出的固定资产价值以及在清理过程中发生的费用等，可按被清理的固定资产项目进行明细核算
待处理财产损溢	核算企业在清查财产过程中查明的各种财产盘盈、盘亏和损毁的价值，物资在运输途中发生的非正常短缺与损耗，也通过本科目核算，企业如有盘盈固定资产的，应作为前期差错记入“以前年度损益调整”科目；可按盘盈、盘亏的资产种类和项目进行明细核算
长期应付款	核算企业除长期借款和应付债券以外的其他各种长期应付款项，如以分期付款方式购入固定资产等发生的应付款项等，可按长期应付款的种类和债权人进行明细核算
管理费用	核算企业为组织和管理企业生产经营所发生的管理费用，企业(商品流通)管理费用不多的，可不设置本科目，本科目的核算内容可并入“销售费用”科目核算，企业生产车间(部门)和行政管理部门等发生的固定资产修理费用等后续支出，也在本科目核算；可按费用项目进行明细核算
财务费用	核算企业为筹集生产经营所需资金等而发生的筹资费用，为构建或生产满足资本化条件的资产发生的应予资本化的借款费用，在“在建工程”“制造费用”等科目核算，可按费用项目进行明细核算

续表

科目名称	核算的主要内容
其他业务成本	核算企业确认的除主营业务活动以外的其他经营活动所发生的支出，除主营业务活动以外的其他经营活动发生的相关税费，在“税金及附加”科目核算，采用成本模式计量投资性房地产的，其投资性房地产计提的折旧额或摊销额，也通过本科目核算，可按其他业务成本的种类进行明细核算
资产处置损益	核算企业因出售(包括视同出售)固定资产、无形资产等产生的净收益或净损失

第二节　案例分析与操作指南

一、固定资产的初始计量

【案例1】外购固定资产的初始计量。资料：

甲公司为增值税一般纳税人，2018年12月1日购入一台需要安装的生产用机器设备，取得的增值税专用发票上注明的设备价款为500000元、增值税税额为80000元，支付的运输费为2000元、增值税税额为200元，款项均已通过银行支付；安装设备时，领用本公司原材料一批，价值30000元，购进该批原材料时支付的增值税进项税额为4800元；支付安装工人的工资为4000元。假定不考虑其他相关税费。则甲公司应如何进行会计处理？

【分析】(1)支付设备价款、增值税、运输费合计为582200元。

借：在建工程——生产设备　502000

　　应交税费——应交增值税(进项税额)　80200

　　贷：银行存款　582200

(2)领用本公司原材料、支付安装工人工资等费用合计为34000元。

借：在建工程——生产设备　34000

　　贷：原材料　30000

　　　　应付职工薪酬　4000

(3)设备安装完毕达到预定可使用状态，固定资产的成本=502000+34000=536000(元)。

借：固定资产——生产设备　536000

　　贷：在建工程——生产设备　536000

【操作指南】企业外购固定资产的成本，包括购买价款、相关税费、使固定资产达到预定可使用状态前所发生的可归属于该项资产的运输费、装卸费、安装费和专业人员服务费等。

外购固定资产是否达到预定可使用状态，需要根据具体情况进行分析判断。如果购入不需安装的固定资产，购入后即可发挥作用，因此，购入后即可达到预定可使用状态。如果购入需安装的固定资产，只有安装调试后，达到设计要求或合同规定的标准，该项固定资产才可发挥作用，才意味着达到预定可使用状态。

在实务中，企业可能以一笔款项同时购入多项没有单独标价的资产。如果这些资产均符合固定资产的定义，并满足固定资产的确认条件，则应将各项资产单独确认为固定资产，并按各项固定资产公允价值的比例对总成本进行分配，分别确定各项固定资产的成本。如果以一笔款项购入的多项资产中还包括固定资产以外的其他资产，也应按类似的方法予以处理。

企业购入的固定资产分为不需要安装的固定资产和需要安装的固定资产两种情形。前者的取得成本为企业实际支付的购买价款、包装费、运杂费、保险费、专业人员服务费和相关税费(不含可抵扣的增值税进项税额)等，其账务处理为：按应计入固定资产成本的金额，借记“固定资产”科目，贷记“银行存款”“其他应付款”“应付票据”等科目；后者的取得成本是在前者取得成本的基础上，加上安装调试成本等，其账务处理为：按应计入固定资产成本的金额，先记入“在建工程”科目，安装完毕交付使用时再转入“固定资产”科目。

【案例 2】购买固定资产的价款超过正常信用条件延期支付的处理。资料：

2019 年 1 月 1 日，甲公司与乙公司签订一项购货合同，甲公司从乙公司购入一台需要安装的特大型设备。合同约定，甲公司采用分期付款方式支付价款。该设备价款共计 900 万元(不考虑增值税)，在 2019 年至 2023 年的 5 年内每半年支付 90 万元，每年的付款日期分别为当年 6 月 30 日和 12 月 31 日。

2019 年 1 月 1 日，设备如期运抵甲公司并开始安装。2019 年 12 月 31 日，设备达到预定可使用状态，发生安装费 398530.6 元，已用银行存款付讫。

假定甲公司适用的 6 个月折现率为 10%，(P/A，10%，10)= 6.1446。则甲公司应如何进行会计处理?

【分析】(1)购买价款的现值为

900000×(P/A，10%，10)= 900000×6.1446 = 5530140(元)。

2019 年 1 月 1 日甲公司的账务处理如下。

借：在建工程——XX 设备　　5530140

　　未确认融资费用　　3469860

　　贷：长期应付款——乙公司　　9000000

(2)确定信用期间未确认融资费用的分摊额，如表 5-2 所示。

表 5-2 未确认融资费用的分摊额

2019 年 1 月 1 日　　单位：元

日期	分期付款额	确认的融资费用	应付本金减少额	应付本金余额
①	②	③=期初⑤×10%	④=②-③	期末⑤=期初⑤-④
2019. 1. 1				5530140
2019. 6. 30	900000	553014	346986	5183154
2019. 12. 31	900000	518315. 4	381684. 6	4801469. 4
2020. 6. 30	900000	480146. 94	419853. 06	4381616. 34
2020. 12. 31	900000	438161. 63	461838. 37	3919777. 97
2021. 6. 30	900000	391977. 8	508022. 2	3411755. 77
2021. 12. 31	900000	341175. 58	558824. 42	2852931. 35
2022. 6. 30	900000	285293. 14	614706. 86	2238224. 47
2022. 12. 31	900000	223822. 45	676177. 55	1562046. 92
2023. 6. 30	900000	156204. 69	743795. 31	818251. 61
2023. 12. 31	900000	81748. 39 *	818251. 61	0
合计	9000000	3469860	5530140	0

* 尾数调整：81748. 39=900000-818251. 61，818251. 61 为最后一期应付本金余额。

(3)2019 年 1 月 1 日至 2019 年 12 月 31 日为设备的安装期间，但未确认融资费用的分摊额符合资本化条件，计入固定资产成本。

2019 年 6 月 30 日甲公司的账务处理如下。

借：在建工程——XX 设备　553014

　贷：未确认融资费用　553014

借：长期应付款——乙公司　900000

　贷：银行存款　900000

2019 年 12 月 31 日，该设备达到预计可使用状态。

固定资产的初始成本=5530140+553014+518315. 4+398530. 6=7000000(元)。

借：在建工程——XX 设备　518315. 4

　贷：未确认融资费用　518315. 4

借：长期应付款——乙公司　900000

　贷：银行存款　900000

借：在建工程——XX 设备　398530. 6

　贷：银行存款　398530. 6

借：固定资产——XX 设备　7000000

　贷：在建工程——XX 设备　7000000

(4)2020 年 1 月 1 日至 2023 年 12 月 31 日，该设备已经达到预定可使用状态，未确认融资费用的分摊额不再符合资本化条件，应计入当期损益。

2020 年 6 月 30 日，甲公司的账务处理如下。

借：财务费用　　480146.94

　　贷：未确认融资费用　　480146.94

借：长期应付款——乙公司　　900000

　　贷：银行存款　　900000

以后期间的账务处理与 2020 年 6 月 30 日基本相同，故此处略。

【操作指南】 企业购买固定资产通常在正常信用条件期限内付款，但也会发生超过正常信用条件购买固定资产的经济业务，如采用分期付款方式购买资产，且在合同中规定的付款期限比较长，超过了正常信用条件。在这种情况下，该项购货合同实质上具有融资性质，购入固定资产的成本不能以各期付款额之和确定，而应以各期付款额的现值之和确定。固定资产购买价款的现值，应当按照各期支付的价款选择恰当的折现率进行折现后的金额加以确定。折现率是反映当前市场货币时间价值和延期付款债务特定风险的利率，该折现率实质上是供货企业的必要报酬率。各期实际支付的价款之和与其现值之间的差额，在达到预定可使用状态之前符合《企业会计准则第 17 号——借款费用》中规定的资本化条件的，应当通过在建工程计入固定资产成本，其余部分应当在信用期间内确认为财务费用，计入当期损益。其账务处理为：购入固定资产时，按购买价款的现值，借记“固定资产”或“在建工程”等科目，按应支付的金额，贷记“长期应付款”科目，按其差额，借记“未确认融资费用”科目。

【案例 3】 自行建造的固定资产的初始计量。资料：

2018 年 2 月 1 日，甲公司以出包方式自行建造一生产车间，根据合同规定甲公司预先支付工程款 50 万元。2018 年 6 月 30 日，甲公司按照合同规定的进度款，以银行存款支付工程款 150 万元。2018 年 12 月 1 日，该工程达到预定可使用状态，甲公司以银行存款支付最后一笔工程款 200 万元。则甲公司应如何进行会计处理？

【分析】 2018 年 2 月 1 日，甲公司支付工程预付款时。

借：预付账款　　500000

　　贷：银行存款　　500000

2018 年 6 月 30 日，甲公司按照合同规定的进度款支付工程款时。

借：在建工程　　2000000

　　贷：银行存款　　1500000

　　　　预付账款　　500000

2018 年 12 月 1 日，该工程达到预定可使用状态时。

借：在建工程　　2000000

　　贷：银行存款　　2000000

借：固定资产　　4000000

　贷：在建工程　　4000000

【操作指南】 自行建造固定资产，是企业为了新建、改建、扩建固定资产或者对固定资产进行技术改造、设备更新而由企业自行建造的固定资产。

(1)自营方式建造固定资产。企业以自营方式建造固定资产，意味着企业自行组织工程物资采购、自行组织施工人员从事工程施工。实务中，企业较少采用自营方式建造固定资产，多数情况下采用出包方式。企业如有以自营方式建造固定资产，其成本应当按照直接材料、直接人工、直接机械施工费等计量。

企业为建造固定资产准备的各种物资应当按照实际支付的买价、运输费、保险费等相关税费作为实际成本，并按照各种专项物资的种类进行明细核算。工程完工后，剩余的工程物资转为本企业存货的，按其实际成本或计划成本进行结转。建设期间发生的工程物资盘亏、报废及毁损，减去残料价值以及保险公司、过失人等赔款后的净损失，计入所建工程项目的成本；盘盈的工程物资或处置净收益，冲减所建工程项目的成本。工程完工后发生的工程物资盘盈、盘亏、报废、毁损，计入当期损益。

建造固定资产领用工程物资、原材料或库存商品，应按其实际成本转入所建工程成本。自营方式建造固定资产应负担的职工薪酬、辅助生产部门为之提供的水、电、运输等劳务，以及其他必要支出等也应计入所建工程项目的成本。符合资本化条件，应计入所建造固定资产成本的借款费用按照《企业会计准则第17号——借款费用》的有关规定处理。

所建造的固定资产已达到预定可使用状态，但尚未办理竣工结算的，应当自达到预定可使用状态之日起，根据工程预算、造价或者工程实际成本等，按暂估价值转入固定资产，并按有关规定计提固定资产折旧。待办理竣工决算手续后再调整原来的暂估价值，但不需要调整原已计提的折旧额。

企业自营方式建造固定资产，发生的工程成本应通过“在建工程”科目核算，工程完工达到预定可使用状态时，从“在建工程”科目转入“固定资产”科目。

高危行业企业按照国家规定提取的安全生产费，应当计入相关产品的成本或当期损益，同时记入“专项储备”科目。企业使用提取的安全生产费形成固定资产的，应当通过“在建工程”科目归集所发生的支出，待安全项目完工达到预定可使用状态时确认为固定资产；同时，按照形成固定资产的成本冲减专项储备，并确认相同金额的累计折旧。该固定资产在以后期间不再计提折旧。

(2)出包方式建造固定资产。在出包方式下，企业通过招标方式将工程项目发包给建造承包商，由建造承包商(即施工企业)组织工程项目施工。企业要与建造承包商签订建造合同，企业是建造合同的甲方，负责筹集资金和组织管理工程建设，通常称为建设单位，建造承包商是建造合同的乙方，负责建筑安装工程施工任务。

企业以出包方式建造固定资产，其成本由建造该项固定资产达到预定可使用状态前所发生的必要支出构成，包括发生的建筑工程支出、安装工程支出以及需分摊计入各固定资产价值的待摊支出。建筑工程、安装工程支出，如人工费、材料费、机械使用费等由建造承包商核算。对于发包企业而言，建筑工程支出、安装工程支出是构成在建工程成本的重要内容，发包企业按照合同规定的结算方式和工程进度定期与建造承包商办理工程价款结算，结算的工程价款计入在建工程成本。待摊支出，是指在建设期间发生的，不能直接计入某项固定资产价值，而应由所建造固定资产共同负担的相关费用，包括为建造工程发生的管理费、可行性研究费、临时设施费、公证费、监理费、应负担的税金、符合资本化条件的借款费用、建设期间发生的工程物资盘亏、报废及毁损净损失以及负荷联合试车费等。企业为建造固定资产通过出让方式取得土地使用权而支付的土地出让金不计入在建工程成本，应确认为无形资产(土地使用权)。

在出包方式下，“在建工程”科目主要是企业与建造承包商办理工程价款的结算科目，企业支付给建造承包商的工程价款，作为工程成本通过“在建工程”科目核算。企业应按合理估计的工程进度和合同规定结算的进度款，借记“在建工程——建筑工程——××工程”“在建工程——安装工程——××工程”科目，贷记“银行存款”“预付账款”等科目。工程完成时，按合同规定补付的工程款，借记“在建工程”科目，贷记“银行存款”等科目。企业将需安装设备运抵现场安装时，借记“在建工程——在安装设备——××设备”科目，贷记“工程物资——××设备”科目；企业为建造固定资产发生的待摊支出，借记“在建工程——待摊支出”科目，贷记“银行存款”“应付职工薪酬”“长期借款”等科目。

【案例4】 存在弃置费用的固定资产。资料：

乙公司经国家批准于2019年1月1日建造完成核电站核反应堆并交付使用，建造成本为2500000万元，预计使用寿命为40年。该核反应堆将会对当地的生态环境产生一定的影响，根据法律规定，企业应在该项设施使用期满后将其拆除，并对造成的污染进行整治，预计发生弃置费用250000万元。假定适用的折现率为10%。核反应堆属于特殊行业的特定固定资产，确定其成本时应考虑弃置费用，(P/F，10%，40)= 0.0221。则乙公司应如何进行会计处理?

【分析】 (1)2019年1月1日，弃置费用的现值=250000×(P/F，10%，40)
= 250000×0.0221 = 5525(万元)。固定资产的成本=2500000+5525=2505525(万元)。

借：固定资产——××核反应堆　　25055250000

　　贷：在建工程——××核反应堆　　25000000000

　　　　预计负债——××核反应堆——弃置费用　　55250000

(2)第1年应负担的利息费用=55250000×10%=5525000(元)。

借：财务费用　　5525000

　　贷：预计负债——××核反应堆——弃置费用　　5525000

以后年度，企业应当按照实际利率法计算确定每年的财务费用，账务处理略。

【操作指南】对于特殊行业的特定固定资产，确定其初始成本时，还应考虑弃置费用。弃置费用通常是指根据国家法律和行政法规、国际公约等规定，企业承担的环境保护和生态恢复等义务所确定的支出，如核电站核设施等的弃置和恢复环境义务。

弃置费用的金额与其现值比较通常较大，需要考虑货币时间价值，对于这些特殊行业的特定固定资产，企业应当根据《企业会计准则第13号——或有事项》，按照现值计算确定应计入固定资产成本的金额和相应的预计负债。在固定资产的使用寿命内，按照预计负债的摊余成本和实际利率计算确定的利息费用，应当在发生时计入财务费用。一般工商企业的固定资产发生的报废清理费用不属于弃置费用，应当在发生时作为固定资产处置费用处理。

二、固定资产的后续计量

【案例5】固定资产折旧的计提。资料：

甲公司购入一台生产设备，原价为200万元，预计使用年限为5年，预计净残值率为5%；假设甲公司按照双倍余额递减法计提折旧，计算该设备每年应计提的折旧额。

【分析】年折旧率=2/5×100%=40%。

第一年应计提的折旧额=200×40%=80(万元)。

第二年应计提的折旧额=(200-80)×40%=48(万元)。

第三年应计提的折旧额=(200-80-48)×40%=28.8(万元)。

从第四年起改按年限平均法计提折旧：

第四、五年应计提的折旧额=(200-80-48-28.8-200×5%)/2=16.6(万元)。

【操作指南】影响固定资产折旧的基本因素或者说企业计算提取各期固定资产折旧的主要依据如下。

(1)固定资产的原值。固定资产的原值是指企业计提固定资产折旧时的基数，即固定资产取得时的入账价值或原价。

(2)固定资产的预计净残值。预计净残值是指假定固定资产预计使用寿命已满并处于使用寿命终了时的预期状态，企业目前从该项资产处置中获得的扣除预计处置费用后的金额。因此，在计算应计折旧额时，预计净残值应从固定资产原值中扣除。

(3)固定资产的使用寿命。固定资产的使用寿命是指企业使用固定资产的预计期间，或者该固定资产所能生产产品或提供劳务的数量。固定资产使用寿命的长短，直接影响到各期应计提的折旧额。企业确定固定资产使用寿命，应当考虑下列因素：①预计生产能力或实物产量；②预计有形损耗和无形损耗。如设备使用中发生磨损、房屋建筑物受到自然侵蚀等有形损耗；因新技术的出现而使现有的资产技术水平相对陈旧、市场需求变化使产品过时等无形损耗；③法律或者类似规定对资产使用的限制。

企业应当根据固定资产的性质和使用情况，合理确定固定资产的使用寿命和预计净残值。固定资产的使用寿命、预计净残值一经确定，不得随意变更。除非当企业按规定定期对固定资产的使用寿命进行复核时，发现固定资产的使用寿命的预期数与原先的估计数有重大差异，则应当调整固定资产折旧年限。

按照《企业会计准则第4号——固定资产》的规定，除以下情况外，企业应对所有固定资产计提折旧。

(1)已提足折旧仍继续使用的固定资产。

(2)按规定单独估价作为固定资产入账的土地。

在确定固定资产折旧范围时，还应注意以下几点。

(1)对已达到预定可使用状态的固定资产，无论是否交付使用，都应计提折旧。尚未办理竣工决算的，应当按照估计价值确认为固定资产，并计提折旧；待办理竣工决算手续后，再按实际成本调整原来的暂估价值，但不需要调整原已计提的折旧额。

(2)对符合固定资产确认条件的固定资产装修费用，应当在两次装修期间与固定资产剩余使用寿命两者中较短的期间内计提折旧。

(3)处于更新改造过程而停止使用的固定资产，符合固定资产确认条件的，应当转入在建工程，停止计提折旧；不符合固定资产确认条件的，不应转入在建工程，照提折旧。

(4)固定资产提足折旧后，不管能否继续使用，均不再计提折旧；提前报废的固定资产，也不再补提折旧。提足折旧，是指已经提足该项固定资产的应计折旧额。应计折旧额，是指应当计提折旧的固定资产的原价扣除其预计净残值后的金额，已计提减值准备的固定资产，还应当扣除已计提的固定资产减值准备累计金额。

企业应当根据与固定资产有关的经济利益的预期消耗方式，合理选择折旧方法。可选用的折旧方法包括年限平均法、工作量法、双倍余额递减法和年数总和法等。企业选用不同的固定资产折旧方法，将影响固定资产使用寿命期间内不同时期的折旧费用，因此，固定资产的折旧方法一经确定，不得随意变更。如需变更应当符合固定资产准则第十九条的规定。双倍余额递减法和年数总和法都属于加速折旧法，其特点是在固定资产使用的早期多提折旧，后期少提折旧，从而相对加快折旧的速度，目的是使固定资产成本在估计使用寿命内加快得到补偿。常见固定资产的计提方法如下。

(1)年限平均法。这种折旧方法假定固定资产依使用年限均匀损耗，按使用年限平均计提折旧，因此，在使用期内的各会计期间(年份或月份)计提的折旧额相等，折旧的积累额呈直线上升的趋势，故这种方法又称直线法。这种方法适用于在各个会计期间使用程度比较均衡的固定资产。其计算公式为

固定资产年折旧额=[固定资产原值-(预计残值收入-预计清理费用)]÷固定资产预计使用年限=(固定资产原值-预计净残值)÷固定资产预计使用年限

固定资产月折旧额=固定资产年折旧额÷12

在会计实务中，通常以折旧率这个相对数来反映固定资产在单位时间的折旧程度，每月应计提的折旧额，一般是根据固定资产的原值乘以月折旧率计算的。折旧率即一定期间内固定资产折旧额对固定资产原价的比率。其计算公式为

年折旧率=(固定资产年折旧额÷固定资产原值)×100%

月折旧率=年折旧率÷12

(2)工作量法又称作业量法，是根据固定资产在使用期间完成的总的工作量平均计算折旧的一种方法。工作量法和平均年限法都是平均计算折旧的方法，都属直线法。但是，工作量法是假定固定资产在使用期内依工作量均匀损耗，按工作量平均计算折旧，在一定期间内固定资产的工作量越多，其计提的折旧也就越多。因此，固定资产在各会计期间的工作量不同，其计提的折旧额也就不会相等。这与平均年限法又有所不同，这种方法适用于损耗程度与完成工作量成正比关系的固定资产，或者在使用期内不能均衡使用的固定资产。其计算公式为

单位工作量折旧额=(固定资产原值-预计净残值)÷预计总工作量

=[固定资产原值×(1-预计净残值率)]÷预计总工作量

月折旧额=单位工作量折旧额×当月实际完成工作量

(3)双倍余额递减法。是加速折旧法的一种，是按直线法折旧率的两倍，乘以固定资产在每个会计期间的期初账面净值计算折旧的方法。在计算折旧率时通常不考虑固定资产残值。

在不考虑预计残值时，其计算公式为

直线折旧率=(1÷预计使用年限)×100%

年折旧率(双倍直线折旧率)=(2÷预计使用年限)×100%

年折旧额=期初固定资产账面净值×双倍直线折旧率

月折旧率=双倍直线折旧率÷12

月折旧额=固定资产期初账面净值×月折旧率

或月折旧额=年折旧额÷12

由于采用双倍余额递减法在确定折旧率时不考虑固定资产净残值因素，因此，在采用这种方法时，应注意以下两点。

1)由于每年的折旧额是递减的，因而可能出现某年按双倍余额递减法所提折旧额小于按直线法计提的折旧额。当这一情况在某一折旧年度出现时，应改为按直线法计提折旧。通常在下列条件成立时，改为直线法计提折旧：

该年按双倍余额递减法计算的折旧额<(当期固定资产期初账面净值-预计净残值)÷剩余使用年限

2)各年计提折旧后，固定资产账面净值不能小于预计净残值。避免这一现象的方法

是：在可能出现此现象的那一年转换为直线法，即：将当年年初的固定资产账面净值减去预计净残值，其差额在剩余的使用年限中平均摊销。但在实际工作中，企业一般采用简化的办法，在固定资产预计使用年限到期前两年转换成直线法。

(4)年数总和法是以固定资产的原值减去预计净残值后的净额为基数，以一个逐年递减的分数为折旧率，计算各年固定资产折旧额的一种折旧方法。这种方法的特点是：计算折旧的基数是固定不变的，折旧率依固定资产尚可使用年限来确定，各年折旧率呈递减趋势，依此计算的折旧额也呈递减趋势。

年数总和法的各年折旧率，是以固定资产尚可使用年限作分子，以固定资产使用年限的逐年数字之和作分母。假定固定资产使用年限为 n 年，分母即为 1+2+3+…+n＝n×(n+1)/2。计算公式为

年折旧率＝尚可使用年限÷预计使用年限的逐年数字总和

＝(预计使用年限－已使用年限)÷预计使用年限的逐年数字总和

月折旧率＝年折旧率÷12

年折旧额＝(固定资产原值－预计净残值)×年折旧率

月折旧额＝(固定资产原值－预计净残值)×月折旧率

【案例 6】固定资产折旧的会计处理。资料：

甲公司 2019 年 1 月份各固定资产计提折旧费用分配表，如表 5-3 所示。

表 5-3　固定资产折旧费用分配表

2019 年 1 月　　单位：元

部门	费用科目	原值	月折旧率	月折旧额	合计
生产车间	机器设备	2000000	1.5%	30000	57000
	房屋建筑物	4500000	0.6%	27000	
机修车间	机器设备	200000	1.8%	3600	7800
	房屋建筑物	525000	0.8%	4200	
热力车间	机器设备	500000	1.3%	6500	9000
	房屋建筑物	500000	0.5%	2500	
管理部门	机器设备	100000	1.2%	1200	3000
	房屋建筑物	300000	0.6%	1800	
销售部门	专用设备	240000	0.5%	1200	1200
合计					78000

【分析】根据甲公司固定资产计提折旧费用分配表，应作的会计处理如下。

借：生产成本——辅助生产成本(机修)　　7800

　　　　　——辅助生产成本(热力)　　9000

　　制造费用　　57000

管理费用　3000

销售费用　1200

贷：累计折旧　78000

【**操作指南**】固定资产折旧通过“累计折旧”科目核算，该科目属资产类科目，是“固定资产”科目的备抵科目。贷方登记计提的固定资产折旧额和增加固定资产时而相应增加的折旧额；借方登记因出售、报废清理、盘亏等原因减少固定资产时转销的所提折旧额；余额在贷方，表示企业现有固定资产的累计折旧额。

固定资产应当按月计提折旧。通常对当月增加的固定资产，当月不提折旧，从下月起计提折旧；对当月减少的固定资产，当月照提折旧，从下月起不提折旧。固定资产提足折旧后，不论是否继续使用，均不再提取折旧；提前报废的固定资产，也不再补提折旧。所谓提足折旧，是指已经提足该项固定资产应提的折旧总额。应提的折旧总额为固定资产原价减去预计残值加上预计清理费用或销售费用。

已达到预定可使用状态，但尚未办理竣工决算的固定资产，应当按照估计价值确认为固定资产，并计提折旧；待办理竣工决算手续后，再按实际成本调整原来的暂估价值，但不需要调整原已计提的折旧额。

每月计提的固定资产折旧费，应根据用途计入相关资产的成本或者当期损益，借记“制造费用”“销售费用”“管理费用”“其他业务成本”“研发支出”等科目，贷记“累计折旧”科目。在会计实务中，每月固定资产折旧的计算是通过编制“固定资产折旧计算表”进行的。折旧计算表是在上月计提折旧的基础上，对上月固定资产的增减情况进行调整后计算当月应计提的折旧。本月应计提折旧额计算公式为

本月应计提折旧额=上月应计提折旧额+上月增加的固定资产应计提折旧额-上月减少的固定资产应计提折旧额

固定资产折旧计算表可以由会计部门编制，也可以由各使用部门编制，最后由会计部门按固定资产使用部门进行汇总编制固定资产折旧汇总表，据以编制记账凭证。

【**案例7**】固定资产后续支出的资本化。资料：

甲公司有关固定资产更新改造的资料如下。

(1)2016年12月31日，该公司自行建成了一条生产线，建造成本为1136000元，采用年限平均法计提折旧，预计净残值率为3%，预计使用寿命为6年。

(2)2019年1月1日，由于生产的产品适销对路，现有生产线的生产能力已难以满足公司生产发展的需要，但若新建生产线则建设周期过长。甲公司决定对现有生产线进行改扩建，以提高其生产能力。假定该生产线未发生减值。

(3)2019年1月1日至3月31日，经过三个月的改扩建，完成了对这条生产线的改扩建工程，达到预定可使用状态前共发生支出537800元，全部以银行存款支付。

(4)该生产线改扩建工程达到预定可使用状态后，大大提高了生产能力，预计将其

使用寿命延长4年，即为10年。假定改扩建后的生产线的预计净残值为改扩建后固定资产账面价值的3%，折旧方法仍为年限平均法。

(5)为简化计算过程，整个过程不考虑其他相关税费；公司按年度计提固定资产折旧。

甲公司应如何进行账务处理?

【分析】本例中，生产线改扩建后，生产能力大大提高，能够为企业带来更多的经济利益，改扩建的支出金额也能可靠计量，因此后续支出符合固定资产的确认条件，应计入固定资产的成本。有关的账务处理如下。

(1)固定资产后续支出发生前，该条生产线的应计折旧额=1136000×(1-3%)=1101920(元)。

年折旧额=1101920÷6=183653.33(元)。

2017年和2018年两年计提固定资产折旧的账务处理如下。

借：制造费用　183653.33

　贷：累计折旧　183653.33

(2)2019年1月1日，固定资产的账面价值=1136000-183653.33×2=768693.34(元)。

固定资产转入改扩建时。

借：在建工程——××生产线　768693.34

　　累计折旧　367306.66

　贷：固定资产——××生产线　1136000

(3)2019年1月1日至3月31日，发生改扩建工程支出。

借：在建工程——××生产线　537800

　贷：银行存款　537800

(4)2019年3月31日，生产线改扩建工程达到预定可使用状态，固定资产的入账价值=768693.34+537800=1306493.34(元)。

借：固定资产——××生产线　1306493.34

　贷：在建工程——××生产线　1306493.34

(5)2019年3月31日，转为固定资产后，按重新确定的使用寿命、预计净残值和折旧方法计提折旧。

应计折旧额=1306493.34×(1-3%)=1267298.54(元)。

月折旧额=1267298.54/(7×12+9)=13626.87(元)。

年折旧额=13626.87×12=163522.44(元)。

2019年应计提的折旧额=13626.87×9=122641.83(元)。

借：制造费用　122641.83

贷：累计折旧　122641.83

【操作指南】 固定资产的后续支出是指固定资产使用过程中发生的更新改造支出、修理费用等。后续支出的处理原则为：符合资本化条件的，应当计入固定资产成本或其他相关资产的成本，同时将被替换部分的账面价值扣除；不符合资本化条件的，应当计入当期损益。

(1)资本化的后续支出。

固定资产发生可资本化的后续支出时，企业一般应将该固定资产的原价、已计提的累计折旧和减值准备转销，将固定资产的账面价值转入在建工程，并在此基础上重新确定固定资产原价。当固定资产转入在建工程时，应停止计提折旧。在固定资产发生的后续支出完工并达到预定可使用状态时，再从在建工程转为固定资产，并按重新确定的固定资产原价、使用寿命、预计净残值和折旧方法计提折旧。固定资产发生的可资本化的后续支出，通过“在建工程”科目核算。

企业发生的某些固定资产后续支出可能涉及替换原固定资产的某组成部分，当发生的后续支出符合固定资产确认条件时，应将其计入固定资产成本，同时将被替换部分的账面价值扣除。这样可以避免将替换部分的成本和被替换部分的成本同时计入固定资产成本，导致固定资产成本高估。企业对固定资产进行定期检查发生的大修理费用，符合资本化条件的，可以计入固定资产成本或其他相关资产的成本，不符合资本化条件的，应当费用化，计入当期损益。固定资产在定期大修理期间，照提折旧。

(2)费用化的后续支出。

与固定资产有关的修理费用等后续支出，不符合资本化条件的，应当根据不同情况分别在发生时计入当期管理费用或销售费用。

三、固定资产的处置

【案例8】 固定资产清理。资料：

乙公司是增值税一般纳税人，2018年12月5日，乙公司决定处置一项固定资产，该固定资产原值为240万元，已计提折旧180万元、已计提减值准备20万元，处置过程中用银行存款支付清理费用5万元，取得变价收入为10万元，假定不考虑其他相关税费。则乙公司应如何进行会计处理?

【分析】 应确认的处置损益=10-(240-180-20)-5=-35(万元)。

(1)固定资产账面价值转出。

借：固定资产清理　40

　　累计折旧　180

　　固定资产减值准备　20

　　贷：固定资产　240

(2)支付清理费用。

借：固定资产清理　　5

　　贷：银行存款　　5

(3)结转固定资产清理净损益。

借：银行存款　　10

　　资产处置损益　　35

　　贷：固定资产清理　　45

【操作指南】固定资产的处置包括固定资产的出售、报废和毁损、对外投资、非货币性资产交换、债务重组等。固定资产满足下列条件之一的，应当予以终止确认。

(1)该固定资产处于处置状态。固定资产处于处置状态是指该固定资产不再用于生产商品、提供劳务、出租或经营管理，已不再符合固定资产的定义，应予终止确认。

(2)该固定资产预期通过使用或处置不能产生经济利益。如果一项固定资产预期通过使用或处置不能再产生经济利益，就不再符合固定资产的定义和确认条件，应予终止确认。

企业持有待售的固定资产，应当对其预计净残值进行调整。持有待售的固定资产，是指在当前状况下仅根据出售同类固定资产的惯例就可以直接出售且极可能出售的，如已经与买主签订了不可撤销的销售协议等。企业对于持有待售的固定资产，应当调整该项固定资产的预计净残值，使该项固定资产的预计净残值能够反映其公允价值减去处置费用后的金额，但不得超过符合持有待售条件时该项固定资产的原账面价值，原账面价值高于预计净残值的差额，应作为资产减值损失计入当期损益。持有待售的固定资产从划归为持有待售之日起停止计提折旧。

企业出售、转让、报废固定资产或发生固定资产毁损，应当将处置收入扣除账面价值和相关税费后的金额计入当期损益。固定资产的账面价值是固定资产成本扣减累计折旧和累计减值准备后的金额。

为了核算企业因出售、报废和毁损、对外投资、非货币性资产交换、债务重组等固定资产处置原因转入清理的固定资产价值以及在清理过程中所发生的清理费用和清理收入等，企业应设置“固定资产清理”科目，该科目借方反映被清理固定资产账面价值、清理过程中发生的费用及其相关税费；贷方反映收回出售固定资产的价款、残料价值和变价收入以及应由保险公司或过失人赔偿的损失等；期末余额，反映企业尚未清理完毕固定资产的价值以及清理净损益(清理收入减去清理费用)。该科目应按照被清理的固定资产项目进行明细核算。

企业因出售、转让、报废和毁损、对外投资、融资租赁、非货币性资产交换、债务重组等处置固定资产，其会计处理一般经过以下五个步骤。

1. 固定资产转入清理

固定资产转入清理时，按该项固定资产账面价值，借记“固定资产清理”科目，按已计提的累计折旧，借记“累计折旧”科目，原已计提减值准备的，借记“固定资产减值准备”科目，按其账面余额，贷记“固定资产”科目。

2. 发生清理费用

固定资产清理过程中发生的有关费用以及应支付的相关税费，借记“固定资产清理”科目，贷记“银行存款”“应交税费”等科目。

3. 出售收入和残料的处理

企业收回出售固定资产的价款、残料价值和变价收入等，应冲减清理支出。按实际收到的出售价款以及残料变价收入等，借记“银行存款”“原材料”等科目，贷记“固定资产清理”科目。

4. 保险赔偿的处理

企业计提或收到的应由保险公司或过失人赔偿的损失，应冲减清理支出，借记“其他应收款”“银行存款”等科目，贷记“固定资产清理”科目。

5. 清理净损益的处理

固定资产清理完成的净损失，属于生产经营期间正常的处理损失，借记“资产处置损益”科目，贷记“固定资产清理”科目；属于生产经营期间由于自然灾害等非正常原因造成的损失，借记“营业外支出”科目，贷记“固定资产清理”科目。固定资产清理完成后的净收益，借记“固定资产清理”科目，贷记“资产处置损益”科目。

另外，企业因固定资产盘亏造成的损失，应当计入当期损益。

企业对于盘亏的固定资产，按其账面价值，借记“待处理财产损溢”科目，按已提折旧，借记“累计折旧”科目，按该项固定资产已计提的减值准备，借记“固定资产减值准备”科目，按固定资产原价，贷记“固定资产”科目；盘亏的损失在报经批准处理时，借记“营业外支出——盘亏损失”科目。

四、首次执行日的会计处理

1. 前后账目要衔接

在首次执行日，企业应当根据《企业会计准则第38号——首次执行企业会计准则》第四条及其应用指南，结合本单位的实际情况，对首次执行日前的固定资产项目及相关账目的各项余额进行分析，按照新准则规定重新分类、确认和计量，设置新旧会计科目余额对照表，结束旧账，建立新账，形成期初资产负债表固定资产余额，作为执行企业会计准则体系的起点。

需要注意的是，企业应该对照《企业会计准则第3号——投资性房地产》区分企业持有的该类资产。

2. 弃置费用的处理

在首次执行日，对于满足预计负债确认条件且该日之前尚未计入资产成本的弃置费用，应当增加该项资产成本，并确认相应的负债；同时将补提的折旧（折耗）调整留存收益。因为税法不承认税前列支预提的弃置费用，因此应当按照《企业会计准则第18号——所得税》进行递延税款的处理。

在计算弃置费用折现值时，选择该项资产初始确认开始至首次执行日期间适用的折现率，以该项预计负债折现后的金额增加资产成本，据此计算确认应补提的资产折旧（或油气资产的折耗），同时调整期初留存收益。折现率的选择应当考虑货币的时间价值和相关期间通货膨胀等因素的影响。

3. 资本化借款费用的处理

处于建设过程中的需要经过相当长时间才能达到预定可使用状态的固定资产（如飞机和船舶），首次执行日之前未予资本化的借款费用，不应追溯调整；首次执行日及以后发生的借款费用，应当将符合《企业会计准则第17号——借款费用》资本化条件的部分予以资本化。

4. 具有融资性质的购销业务的处理

首次执行日之前购买的固定资产在超过正常信用条件的期限内延期付款，实质上具有融资性质的，在首次执行日，企业应当以尚未支付的款项折现后的现值与固定资产账面价值的差额，减少固定资产的账面价值，同时增加未确认融资费用。首次执行日后，企业应当以调整后的固定资产账面价值作为认定成本，未确认融资费用按照实际利率法进行摊销。

第六章　生物资产

第一节　生物资产概述

一、生物资产概念及特征

生产资产是指与农业生产相关的、有生命的(即活的)动物和植物。有生命的动物和植物具有能够进行生物转化的能力。生物转化是指导致生物资产质量或数量发生变化的生长、蜕化、生产和繁殖的过程。其中，生长是指动物或植物体积、重量的增加或者质量的提高，例如，农作物从种植开始到收获前的过程；蜕化是指动物或植物产出量的减少或质量的退化，例如，奶牛产奶能力的不断下降；生产是指动物或植物本身产出农产品，例如，蛋鸡产蛋、奶牛产奶、果树产水果等；繁殖是指产生新的动物或植物，例如，奶牛产牛犊、母猪生小猪等。

这种生物转化能力是其他通常意义上的资产(如存货、固定资产、无形资产等)所不具有的，也正是生物资产的特性。因此，生物资产的形态、价值以及产生经济利益的方式，都会随着自身的出生、成长、衰老、死亡等自然规律和生产经营活动的变化而变化，尽管其在所处生命周期中的不同阶段而具有类似于常规资产(存货或固定资产)的特点。但是其会计处理与存货、固定资产等常规资产有所不同。因此有必要对生物资产的确认、计量和披露等会计处理进行单独规范，以更准确地反映企业的生物资产信息。

生物资产具有以下特征。

(一)生物资产是有生命的动物或植物

将生物资产定义为“有生命的动物和植物”，意味着一旦原有动植物停止其生命活动就不再是“生物资产”。这一界限对生物资产和农产品进行了本质的区分。

农产品与生物资产密不可分，当其附着在生物资产上时，作为生物资产的一部分，不需要单独进行会计处理，而当其从生物资产上收获时开始，离开生物资产这一母体，一般具有鲜活、易腐的特点，因此应该区别于工业企业一般意义上的产品单独核算。基于此，生物资产准则对收获时点的农产品的会计处理进行了规范，即应该采用规定的方法，从消耗性生物资产或生产性生物资产生产成本中转出，确认为收获时点的农产品的成本；而收获时点之后的农产品的加工、销售等会计处理，应该适用《企业会计准则第1号——存货》。

（二）生物资产与农业生产密切相关

生物资产准则所称“农业”是广义的范畴，即“农林牧渔”，包括种植业、畜牧养殖业、林业和水产业等行业。企业从事农业生产就是要增强生物转化能力，最终获得更多的符合市场需要的农产品。例如，种植业作物的生长和收获而获得稻谷、小麦等农产品的活动过程；畜牧养殖业试验和收获而获得肉产品、经济林木的生产和管理获得水果等的活动过程；水产业中的养殖获得水产品等活动过程，都属于将生物资产转化为农产品的活动。

农业生产与收获时点的农产品密切相关，但必须与对收获后的农产品进行加工的活动（以下简称“加工活动”）严格区分。农业生产活动针对的是有生命的生物资产，而加工活动针对的是收获后的农产品，例如，将绵羊产出的羊毛加工成毛毯、将收获的甘蔗加工成蔗糖、将奶牛产出的牛奶加工成奶酪、将从果树采摘的水果加工成水果罐头、将用材林采伐下的原木用于盖厂房等。因此，加工活动并不包含在生物资产准则所指的农业生产范畴之内。

二、生物资产的分类

为了会计核算的方便，生物资产通常分为消耗性生物资产、生产性生物资产和公益性生物资产三大类。

（一）消耗性生物资产

消耗性生物资产，是指为出售而持有的，或在将来收获为农产品的生物资产。消耗性生物资产是劳动对象，包括生长中的大田作物、蔬菜、用材林以及存栏等待售的牲畜等。消耗性生物资产通常是一次性消耗并终止其服务能力或未来经济利益，因此在一定程度上具有存货的特征，应当作为存货在资产负债表中列报。

（二）生产性生物资产

生产性生物资产，是指为产出农产品、提供劳务或出租等目的而持有的生物资产。生产性生物资产具备自我生长性，能够在持续的基础上予以消耗并在未来的一段时间内保持其服务能力或未来经济利益，属于劳动手段，包括经济林、薪炭林、产畜和役畜等。

与消耗性生物资产相比较，生产性生物资产的最大不同在于，生产性生物资产具有能够在生产经营中长期、反复使用，从而不断地产出农产品或者是长期役用的特征。消耗性生物资产收获农产品之后，该资产就不复存在；而生产性生物资产产出农产品之后，该资产仍然保留，并可以在未来期间继续产出农产品。因此，通常认为生产性生物资产在一定程度上具有固定资产的特征，例如，果树每年产出水果、奶牛每年产奶等。

一般而言，生产性生物资产通常需要生长到一定阶段才开始具备生产的能力。根据其是否具备生产能力（即是否达到预定生产经营目的），可以对生产性生物资产进行进一步划分。所谓达到预定生产经营目的，是指生产性生物资产进入正常生产期，可以多年连续稳定产出农产品、提供劳务或出租。由此，生产性生物资产可以划分为未成熟和成熟两类，前者指尚未达到预定生产经营目的、还不能够多年连续稳定产出农产品、提供劳务或出租的生产性生物资产，例如，尚未开始挂果的果树、尚未开始产奶的奶牛等；后者则指已经达到预定生产经营目的的生产性生物资产。

(三)公益性生物资产

公益性生物资产，是指以防护、环境保护为主要目的的生物资产，包括防风固沙林、水土保持林和水源涵养林等。公益性生物资产与消耗性生物资产和生产性生物资产有本质不同。后两者的目的是为了直接给企业带来经济利益，而公益性生物资产主要是出于防护、环境保护等目的，尽管其不能直接给企业带来经济利益，但具有服务潜能，有助于企业从相关资产获得经济利益，如防风固沙林和水土保持林能带来防风固沙、保持水土的效能，风景林具有美化环境、休息游览的效能等，因此应当确认为生物资产，并且应当单独核算。

三、生物资产会计核算涉及的主要会计科目(见表6-1)

表6-1　生物资产会计核算涉及的主要会计科目表

科目名称	核算的主要内容
消耗性生物资产	核算企业(农业)持有的消耗性生物资产的实际成本
生产性生物资产	核算企业(农业)持有的生产性生物资产的原价，可按“未成熟生产性生物资产”和“成熟生产性生物资产”进行明细核算
生产性生物资产累计折旧	核算企业(农业)持有的生产性生物资产的累计折旧
公益性生物资产	核算企业(农业)持有的公益性生物资产的实际成本

第二节　案例分析与操作指南

一、生物资产的初始计量

【案例1】外购生物资产的初始成本的计量。资料：

2019年1月8日，从事饲养业的甲农业公司购入10头实行分群核算的种猪，支付的购买价款为20000元，发生的运输费为5000元、保险费为400元、装卸费为200元，款项全部以银行存款支付。假定不考虑其他相关税费。则甲农业公司应如何进行会计处理?

【分析】甲农业公司购买的10头种猪的成本=20000+5000+400+200=25600(元)。

借：生产性生物资产　　25600

　　贷：银行存款　　25600

【案例 2】 外购生物资产的初始成本的分摊。资料：

2019 年 2 月，甲农业企业从市场上一次性购买了 6 头种牛、15 头种猪和 600 头猪苗，单价分别为 4000 元、1400 元和 250 元，支付的价款共计 195000 元，此外，发生的运输费为 4500 元、保险费为 3000 元、装卸费为 2250 元，款项全部以银行存款支付。则甲农业企业应如何进行会计处理？

【分析】（1）确定应分摊的运输费、保险费和装卸费。

分摊比例＝(4500+3000+2250)÷195000＝5%。

6 头种牛应分摊＝6×4000×5%＝1200(元)。

15 头种猪应分摊＝15×1400×5%＝1050(元)。

600 头猪苗应分摊＝600×250×5%＝7500(元)。

（2）确定种牛、种猪和猪苗的入账价值。

6 头种牛的入账价值＝6×4000+1200＝25200(元)。

15 头种猪的入账价值＝15×1400+1050＝22050(元)。

600 头猪苗的入账价值＝600×250+7500＝157500(元)。

甲农业企业的账务处理如下。

借：生产性生物资产——种牛　　25200

　　　　　　　　　——种猪　　22050

　　消耗性生物资产——猪苗　　157500

　　贷：银行存款　　204750

【操作指南】 无论是消耗性生物资产、生产性生物资产还是公益性生物资产，外购的生物资产的成本包括购买价款、相关税费、运输费、保险费以及可直接归属于购买该资产的其他支出。其中，可直接归属于购买该资产的其他支出包括场地整理费、装卸费、栽植费和专业人员服务费等。企业外购的生物资产，按应计入生物资产成本的金额，借记“消耗性生物资产”“生产性生物资产”或“公益性生物资产”科目，贷记“银行存款”“应付账款”“应付票据”等科目。企业一笔款项一次性购入多项生物资产时，购买过程中发生的相关税费、运输费、保险费等可直接归属于购买该资产的其他支出，应当按照各项生物资产的价款比例进行分配，分别确定各项生物资产的成本。

【案例 3】 自行营造的生物资产的初始成本的计量。资料：

乙公司 2018 年 7 月使用一台拖拉机翻耕土地 100 公顷用于小麦和玉米的种植，其中 60 公顷种植玉米、40 公顷种植小麦。该拖拉机原值为 60300 元，预计净残值为 300 元，按照工作量法计提折旧，预计可以翻耕土地 6000 公顷。则乙公司应如何进行会计处理？

【分析】 应当计提的拖拉机折旧＝(60300−300)÷6000×100＝1000(元)。

玉米应当分配的机械作业费＝1000÷(60+40)×60＝600(元)。

小麦应当分配的机械作业费＝1000÷(60+40)×40＝400(元)。

乙公司的账务处理如下。

借：消耗性生物资产——玉米　　600

　　　　　　　　　——小麦　　400

　贷：累计折旧　　1000

【操作指南】对于企业自行营造的生物资产，应当按照不同的种类核算，分别按照消耗性生物资产、生产性生物资产和公益性生物资产确定其取得的成本，并分别借记“消耗性生物资产”“生产性生物资产”或“公益性生物资产”科目，贷记“银行存款”等科目。

对于自行栽培、营造、繁殖或养殖的消耗性生物资产而言，其成本确定的一般原则是按照自行繁殖或营造(即培育)过程中发生的必要支出确定，既包括直接材料、直接人工、其他直接费，也包括应分摊的间接费用。

(1)不同种类消耗性生物资产的成本构成。

①自行栽培的农作物和蔬菜的成本，包括在收获前耗用的种子、肥料、农药等材料费、人工费和应分摊的间接费用等必要支出。

②自行营造的林木类消耗性生物资产的成本，包括郁闭前发生的育林费、抚育费、园林设施费、良种试验费、调查设计费和应分摊的间接费用等必要支出。

③自行繁殖的育肥畜的成本，包括出售前发生的饲料费、人工费和应分摊的间接费用等必要支出。

④水产养殖的动物和植物的成本，包括在出售或入库前耗用的苗种、饲料、肥料等材料费、人工费和应分摊的间接费用等必要支出。

(2)林木类消耗性生物资产成本确定的特殊问题。

①郁闭及郁闭度的概念。郁闭是林木类消耗性生物资产成本确定中的一个重要界限。郁闭为林学概念，通常是指一块林地上的林木的树干、树冠生长达到一定标准，林木成活率和保持率达到一定的技术规程要求。郁闭通常指林木类消耗性资产的郁闭度达0.20以上(含0.20)。郁闭度是指森林中乔木树冠遮蔽地面的程度，它是反映林分密度的指标，以林地树冠垂直投影面积与林地面积之比表示，以十分数表示，完全覆盖地面为1。根据联合国粮农组织规定，郁闭度达0.20以上(含0.20)的为郁闭林[其中一般以0.20~0.70(不含0.70)为中度郁闭，0.70以上(含0.70)为密郁闭；0.20以下(不含0.20)的为疏林(即未郁闭林)]。

不同林种、不同林分等对郁闭度指标的要求有所不同，比如，生产纤维原料的工业原材料林木一般要求郁闭度相对较高；而以培育珍贵大径材为主要目标的林木要求郁闭度相对较低。企业应当结合历史经验数据和自身实际情况，确定林木类消耗性生物资产的郁闭度及是否达到郁闭。各类林木类消耗性生物资产的郁闭度一经确定，不得随意变更。

②林木类消耗性生物资产郁闭前的相关支出应予资本化，郁闭后的相关支出计入当期费用。郁闭是判断消耗性生物资产相关支出(包括借款费用)资本化或者是费用化的时点。郁闭之前的林木类消耗性生物资产处在培植阶段，需要发生较多的造林费、抚育费、营林设施费、良种试验费、调查设计费相关支出，这些支出应予以资本化计入成本；郁闭之后的林木类消耗性生物资产进入稳定的生长期，基本上可以比较稳定地成活，主要依靠林木本身的自然生长，一般只需要发生较少的管护费用，从重要性和谨慎性考虑应当计入当期费用。

【案例 4】自行繁殖、营造的生产性生物资产初始计量。资料：

甲企业自 2010 年开始自行营造 100 公顷橡胶树，当年发生种苗费 189000 元，平整土地和定植所需的机械作业费 55500 元，定植当年抚育发生肥料及农药费 250500 元、人员工资等 450000 元。该橡胶树达到正常生产期为 6 年，从定植后至 2016 年共发生管护费用 2415000 元，以银行存款支付。则甲企业应如何进行会计处理?

【分析】甲企业的账务处理如下。

借：生产性生物资产——未成熟生产性生物资产(橡胶树)　945000

　　贷：原材料——种苗　189000

　　　　　　　——肥料及农药　250500

　　　　应付职工薪酬　450000

　　　　累计折旧　55500

借：生产性生物资产——未成熟生产性生物资产(橡胶树)　2415000

　　贷：银行存款　2415000

因此，该 100 公顷橡胶树的成本如下。

189000+55500+250500+450000+2415000＝3360000(元)

借：生产性生物资产——成熟生产性生物资产(橡胶树)　3360000

　　贷：生产性生物资产——未成熟生产性生物资产(橡胶树)　3360000

【操作指南】对自行繁殖、营造的生产性生物资产而言，如企业自己繁育的奶牛、种猪，自行营造的橡胶树、果树、茶树等，其成本确定的一般原则是按照其达到预定生产经营目的前发生的必要支出确定，包括直接材料、直接人工、其他直接费用和应分摊的间接费用。自行营造的林木类生产性生物资产的成本，包括达到预定生产经营目的前发生的造林费、抚育费、营林设施费、良种试验费、调查设计费用和应分摊的间接费用等必要支出；自行繁殖的产畜和役畜的成本，包括达到预定生产经营目的(成龄)前发生的饲料费、人工费和应分摊的间接费用等必要支出。达到预定生产经营目的是区分生产性生物资产成熟和未成熟的分界点，同时也是判断其相关费用停止资本化的时点，是区分其是否具备生产能力，从而是否计提折旧的分界点。

企业应当根据具体情况结合正常生产期的确定，对生产性生物资产是否达到预定生产经营目的进行判断。例如，一般就海南橡胶园而言，同林段内离地100厘米处、树围50厘米以上的芽接胶树，占林段总株数的50%以上时，该橡胶园就属于进入正常生产期，即达到预定生产经营目的。

生产性生物资产在达到预定生产经营目的之前发生的必要支出在“生产性生物资产——未成熟生产性生物资产”科目归集。未成熟生产性生物资产达到预定生产经营目的时，按其账面余额，借记“生产性生物资产——成熟生产性生物资产”科目，贷记“生产性生物资产——未成熟生产性生物资产”科目，未成熟生产性生物资产已计提减值准备的，还应同时结转已计提的减值准备。生产性生物资产在达到预定生产经营目的之前，其用途一般是已经确定的，如尚未开始挂果的果树、未开始产奶的奶牛等；但是，如果其未来用途不确定，应当作为消耗性生物资产核算和管理，待确定用途后，再按照用途转换进行处理。

注意：天然林等天然起源的生物资产，仅在企业有确凿证据表明能够拥有或者控制该生物资产时，才能予以确认。天然起源的生物资产公允价值通常无法可靠地取得，应当按照名义金额确定生物资产的成本，同时计入当期损益，名义金额为1元人民币，即借记“生产性生物资产”“消耗性生物资产”“公益性生物资产”等科目，贷记“营业外收入”科目。

二、生物资产的相关后续支出

【案例5】生物资产的相关后续支出的计量。资料：

2018年10月，甲林业有限责任公司对某用材林进行择伐补植，应支付临时人员工资15000元，领用材料20000元。甲林业有限责任公司应如何进行会计处理？

【分析】甲林业有限责任公司的账务处理如下。

借：消耗性生物资产——用材林　　35000

　　贷：应付职工薪酬　　15000

　　　　原材料　　20000

【操作指南】生物资产相关的后续支出如下。

1. 生物资产郁闭或达到预定生产经营目的之后的管护费用

管护费用是指为了维持郁闭后的消耗性林木资产或公益性生物资产的正常存在或为了维持已经达到预定生产经营目的的成熟生产性生物资产进行正常生产而发生的有关费用，如为果树剪枝发生的费用、为果树灭虫发生的人工和药物费用、对产奶奶牛的饲养管理费用等。

生物资产在郁闭或达到预定生产经营目的之前，经过培植或饲养，其价值能够继续增加，因此饲养、管护费用应资本化计入生物资产成本；而生物资产在郁闭或达到预定生产经营目的后，为了维护或提高其使用效能，需要对其进行管护、饲养等，但此时的生物资产能够产出农产品，带来现实的经济利益，因此所发生的这类后续支出应当予以费用化，计入当期损益。借记“管理费用”科目，贷记“银行存款”等科目。

2. 林木类生物资产补植

在林木类生物资产的生长过程中，为了使其更好地生长，往往需要进行择伐、间伐或抚育更新性质采伐(这些采伐并不影响林木的郁闭状态)并且在采伐之后进行相应的补植。在这种情况下发生的后续支出，应当予以资本化，计入林木类生物资产的成本。借记“消耗性生物资产”“生产性生物资产”或“公益性生物资产”科目，贷记“库存现金”“银行存款”“其他应付款”等科目。

【案例6】采用成本模式计量的生物资产的后续计量。资料：

甲林业有限责任公司下属的乙林班统一组织培植管护一片森林，2018年12月，发生森林管护费用共计40000元，其中人员工资20000元，尚未支付；使用库存肥料1000元；管护设备折旧4000元。管护总面积为5000公顷，其中作为用材林的杨树林共计4000公顷，已郁闭的占75%，其余的尚未郁闭；作为水土保持林的马尾松共计1000公顷，已全部郁闭。假定管护费用按照森林面积比例进行分配。甲林业有限责任公司应如何进行会计处理？

【分析】未郁闭杨树林应分配共同费用的比例＝4000×(1－75%)÷5000＝20%。

已郁闭杨树林应分配共同费用的比例＝4000×75%÷5000＝60%。

已郁闭马尾松应分配共同费用的比例＝1000÷5000＝20%。

未郁闭杨树林应分配的共同费用＝40000×20%＝8000(元)。

已郁闭杨树林应分配的共同费用＝40000×60%＝24000(元)。

已郁闭马尾松应分配的共同费用＝40000×20%＝8000(元)。

甲公司的账务处理如下。

借：消耗性生物资产——用材林(杨树)	8000	
管理费用	32000	
贷：应付职工薪酬		20000
原材料		16000
累计折旧		4000

【操作指南】在我国，处于不同生长阶段的各类生物资产的公允价值一般难以取得，因此生物资产准则规定一般应当采用历史成本对生物资产进行后续计量，但有确凿证据表明其公允价值能够持续可靠地取得的除外。

生物资产采用历史成本进行计量的情况下，消耗性生物资产按成本减累计跌价准备计量；未成熟的生产性生物资产按成本减累计减值准备计量，成熟的生产性生物资产按成本减累计折旧及累计减值准备计量；公益性生物资产按成本计量。

成熟的生产性生物资产进入正常生产期，可以多年连续稳定产出农产品，提供劳务或出租。因此，应当按期计提折旧，以便与其给企业带来的经济利益流入相配比。例如，已经开始挂果的苹果树的折旧额与从苹果树上采摘的苹果取得的收入相配比，役牛每期的折旧额与其犁地为企业带来的经济利益流入相配比等。

生产性生物资产的折旧，是指在生产性生物资产的使用寿命内，按照确定的方法对应计折旧额进行系统分摊。其中，应计折旧额是指应当计提折旧的生产性生物资产的原价扣除预计净残值后的余额；如果已经计提减值准备，还应当扣除已计提的生产性生物资产减值准备累计金额。预计净残值是指预计生产性生物资产使用寿命结束时，在处置过程中所发生的处置收入扣除处置费用后的余额。

(1)需要计提折旧的生产性生物资产的范围。

当期增加的成熟生产性生物资产应当计提折旧，一旦提足折旧，不论能否继续使用，均不再计提折旧。

(2)预计生产性生物资产的使用寿命。

企业确定生产性生物资产的使用寿命，应当考虑下列因素：①该资产的预计产出能力或实物产量；②该资产的预计有形损耗，如产畜和役畜衰老、经济林老化等；③该资产的预计无形损耗，如因新品种的出现而使现有的生产性生物资产的产出能力和产出农产品的质量等方面相对下降、市场需求的变化使生产性生物资产产出的农产品相对过时等。

在实务中，企业应在考虑这些因素的基础上，结合不同生产性生物资产的具体情况做出判断，例如，在考虑林木类生产性生物资产的使用寿命时，可以考虑诸如温度、湿度和降雨量等生物特征、灌溉特征、嫁接和修剪程序、植物的种类和分类、植物的株间距、所使用初生主根的类型、采摘或收割的方法、所生产产品的预计市场需求等。在相同的环境下，同样的生产性生物资产的预计使用寿命应该基本相同。

(3)生产性生物资产的折旧方法。

生物资产准则规定了企业可选用的折旧方法包括年限平均法、工作量法和产量法等。在具体运用时，企业应当根据生产性生物资产的具体情况，合理选择相应的折旧方法。

(4)合理确定生产性生物资产的使用寿命、预计净残值和折旧方法。

企业应当结合本企业的具体情况，根据生产性生物资产的类别，制定适合本企业的生产性生物资产目录、分类方法。对于达到预定经营目的的生产性生物资产，还应根据生产性生物资产的性质、使用情况和有关经济利益的预期消耗方式，合理确定生产性生物资产的使用寿命、预计净残值和折旧方法，作为进行生产性生物资产核算的依据。

企业制定的生产性生物资产目录、分类方法、预计使用寿命、预计净残值、折旧方法等，应当编制成册，并按照管理权限，经股东大会或董事会，或经理(场长)会议或类似机构批准，按照法律、行政法规的规定报送有关各方备案，同时备置于企业所在地，以供投资者等有关各方查阅。企业已经确定并对外报送，或备置于企业所在地的有关生产性生物资产目录、分类方法、预计净残值、预计使用寿命、折旧方法等，一经确定不得随意变更，如需变更，应仍然按照上述程序，经批准后报送有关各方备案，并在报表附注中予以说明。

此外，生物资产准则规定，企业至少应当于每年年度终了对生产性生物资产的使用寿命、预计净残值和折旧方法进行复核。如果生产性生物资产的使用寿命或预计净残值的预期数与原先估计数有差异的，或者有关经济利益预期消耗方式有重大改变的，企业应当作为会计估计变更，按照《企业会计准则第28号——会计政策、会计估计变更和差错更正》的规定进行会计处理，调整生产性生物资产的使用寿命或预计净残值或者改变折旧方法。

(5)生产性生物资产计提折旧的账务处理。

企业应当按期对达到预定生产经营目的的生产性生物资产计提折旧，并根据受益对象分别计入将收获的农产品成本、劳务成本、出租费用等。对成熟生产性生物资产按期计提折旧时，借记“农业生产成本”“管理费用”等科目，贷记“生产性生物资产累计折旧”科目。

【案例7】采用公允价值模式计量的生物资产的后续计量。资料：

2018年12月31日，乙农业公司某生产性生物资产账面余额为23000元，公允价值为22000元；某消耗性生物资产账面余额为12000元，公允价值为14000元；某公益性生物资产账面余额为2100元，公允价值为2300元。假定乙农业公司对生物资产采用公允价值计量，不考虑其他因素。乙农业公司应如何进行会计处理？

【分析】乙农业公司的会计处理如下。

借：公允价值变动损益　　1000

　　贷：生产性生物资产　　1000

借：消耗性生物资产　　2000

　　公益性生物资产　　200

　　贷：公允价值变动损益　　2200

【操作指南】生物资产通常按照成本计量，但有确凿证据表明其公允价值能够持续可靠取得的除外。对于采用公允价值计量的生物资产，应当同时满足下列两个条件。

(1)生物资产有活跃的交易市场，即该生物资产能够在交易市场中直接交易。从我国目前的情况而言，生长中的生物资产尚不存在活跃市场，可验证的市场价格尚难以取得，比如生长中的果园、生长中的林木等。因此，企业在对生物资产应用公允价值时应当特别注意。

(2)能够从交易市场上取得同类或类似生物资产的市场价格及其他相关信息，从而对生物资产的公允价值做出科学合理的估计。同类或类似的生物资产，是指品种相同、质量等级相同或类似、生长时间相同或类似、所处气候和地理环境相同或类似的有生命的动物和植物。这一规定表明，企业能够客观而非主观随意地使用公允价值。

在公允价值模式下，企业不再对生物资产计提折旧和减值准备，应当以资产负债表日生物资产的公允价值减去估计销售时所发生费用后的净额计量，各期变动计入当期损益。一般情况下，企业对生物资产的计量模式一经确定，不得随意变更。

三、生物资产的收获的会计处理

【案例8】消耗性生物资产收获农产品的会计处理。资料：

甲种植企业2019年1月入库小麦20吨，成本为12000元。甲企业应如何进行会计处理？

【分析】甲企业的账务处理如下。

借：农产品——小麦　　12000

　贷：消耗性生物资产——小麦　　12000

【操作指南】生物资产的收获，是指消耗性生物资产生长过程的结束，如收割小麦、采伐用材林等，以及农产品从生产性生物资产上分离，如从苹果树上采摘下苹果、奶牛产出牛奶、绵羊产出羊毛等。从消耗性生物资产上收获农产品后，消耗性生物资产自身完全转为农产品而不复存在，如肉猪宰杀后的猪肉、收获后的蔬菜、用材林采伐后的木材等，企业应当将收获时点消耗性生物资产的账面价值结转为农产品的成本。借记“农产品”科目，贷记“消耗性生物资产”科目，已计提跌价准备的，还应同时结转跌价准备，借记“存货跌价准备——消耗性生物资产”科目；对于不通过入库直接销售的鲜活产品等，按实际成本，借记“主营业务成本”科目。

【案例9】生产性生物资产收获农产品的会计处理。资料：

甲奶牛养殖企业2016年1月发生奶牛(已进入产奶期)的饲养费用如下：领用饲料5000千克，共计1200元，应付饲养人员工资3000元，以现金支付防疫费500元。甲奶牛养殖企业应如何进行会计处理？

【分析】甲奶牛养殖企业的账务处理如下。

借：生产成本——农业生产成本(牛奶)　　4700

　贷：原材料　　1200

　　　应付职工薪酬　　3000

　　　库存现金　　500

【案例10】生产性生物资产收获过程中间接费用的分摊。资料：

甲农场利用温床培育丝瓜、西红柿两种秧苗，温床费用为3200元，其中丝瓜占用温床 40 格，生长期为 30 天；西红柿占用温床 10 格，生长期为 40 天。秧苗育成移至温室栽培后，发生温室费用 15200 元，其中丝瓜占用温室 1000 平方米，生长期为 70 天；西红柿占用温室 1500 平方米，生长期为 80 天。两种蔬菜发生的直接生产费用为 3000 元，其中丝瓜 1360 元，西红柿 1640 元。应负担的间接费用共计 4500 元，采用直接费用比例法分配。甲农场应如何分摊间接费用?

【分析】有关计算如下。

丝瓜应分配的温床费用 = 3200÷(40×30+10×40)×40×30 = 2400(元)。

丝瓜应分配的温室费用 = 15200÷(1000×70+1500×80)×1000×70 = 5600(元)。

丝瓜应分配的间接费用 = 4500÷(1360+1640)×1360 = 2040(元)。

西红柿应分配的温床费用 = 3200÷(40×30+10×40)×10×40 = 800(元)。

西红柿应分配的温室费用 = 15200÷(1000×70+1500×80)×1500×80 = 9600(元)。

西红柿应分配的间接费用 = 4500÷(1360+1640)×1640 = 2460(元)。

【操作指南】生产性生物资产具备自我生长性，能够在生产经营中长期、反复使用，从而不断产出农产品。从生产性生物资产上收获农产品后，生产性生物资产这一母体仍然存在，如奶牛产出牛奶、从果树上采摘下水果等。农业生产过程中发生的各项生产费用，按照经济用途可以分为直接材料、直接人工等直接费用以及间接费用，企业应当区别处理。

(1)农产品收获过程中发生的直接材料、直接人工等直接费用，直接计入相关成本核算对象，借记“农业生产成本——农产品”科目，贷记“库存现金”“银行存款”“原材料”“应付职工薪酬”“生产性生物资产累计折旧”等科目。

(2)农产品收获过程中发生的间接费用，如材料费、人工费、生产性生物资产的折旧费等应分摊的共同费用，应当在生产成本归集，借记“农业生产成本——共同费用”科目，贷记“库存现金”“银行存款”“原材料”“应付职工薪酬”“生产性生物资产累计折旧”等科目；在会计期末按一定的分配标准，分配计入有关的成本核算对象，借记“农业生产成本——农产品”科目，贷记“农业生产成本——共同费用”科目。

在实务中，常用的间接费用分配方法通常以直接费用或直接人工为基础，直接费用比例法以生物资产或农产品相关的直接费用为分配标准，直接人工比例法以直接从事生产的工人工资为分配标准，除此之外，还可以直接材料、生产工时等为基础进行分配，企业可以根据实际情况加以选用。

【案例 11】消耗性生物资产的成本结转。资料：

甲畜牧养殖企业 2018 年 12 月月末养殖的肉猪账面余额为 24000 元，共计 40 头；6 月 6 日花费 7000 元新购入一批肉猪养殖，共计 10 头；6 月 30 日屠宰并出售肉猪 20 头，支付临时工屠宰费用 100 元，出售取得价款 16000 元；6 月份共发生饲养费用 500 元(其中，应付专职饲养员工资 300 元，饲料 200 元)。甲企业采用移动加权平均法结转成本，甲畜牧养殖企业应如何进行会计处理？

【分析】平均单位成本=(24000+7000+500)÷(40+10)=630(元)。

出售猪肉的成本=630×20=12600(元)。

借：消耗性生物资产——肉猪　　7000
　　贷：银行存款　　7000
借：消耗性生物资产——肉猪　　500
　　贷：应付职工薪酬　　300
　　　　原材料　　200
借：农产品——猪肉　　12700
　　贷：消耗性生物资产　　12600
　　　　库存现金　　100
借：库存现金　　16000
　　贷：主营业务收入　　16000
借：主营业务成本　　12700
　　贷：农产品——猪肉　　12700

【操作指南】在收获时点企业应当将该时点归属于某农产品生产成本的账面价值结转为农产品的成本，借记“农产品”科目，贷记“农业生产成本——农产品”科目。具体的成本结转方法包括加权平均法、个别计价法、蓄积量比例法、轮伐期年限法等。企业可以根据实际情况选用合适的成本结转方法，但是一经确定，不得随意变更。

蓄积量比例法、轮伐期年限法、折耗率法等方法都是林业中通常使用的方法，具有林业的特殊性，以下分别介绍。

(1)蓄积量比例法。

蓄积量比例法以达到经济成熟可供采伐的林木为“完工”标志，将包括已成熟和未成熟的所有林木按照完工程度(林龄、林木培育程度、费用发生程度等)折算为达到经济成熟可供采伐的林木总体蓄积量，然后，按照当期采伐林木的蓄积量占折算的林木总体蓄积量的比例，确定应该结转的林木资产成本。该方法主要适用于择伐方式和林木资产由于择伐更新使其价值处于不断变动的情况。

(2)轮伐期年限法。

轮伐期年限法将林木原始价值按照可持续经营的要求，在其轮伐期的年份内平均摊销，并结转林木资产成本。其中，轮伐期是指将一块林地上的林木均衡分批、轮流采伐一次所需要的时间(通常以年为单位计算)。其计算公式为

某期应结转的林木资产成本=林木资产原值÷轮伐期

(3)折耗率法。

折耗率法也是林业上常用的方法之一。该方法按照采伐林木所消耗林木蓄积量占到

采伐为止预计该地区、该树种可能达到的总蓄积量比例摊销，结转所采伐林木资产成本。其计算公式为

采伐的林木应摊销的林木资产价值=折耗率×所采伐林木的蓄积量

折耗率=林木资产总价值÷到采伐为止预计的总蓄积量

其中的折耗率应分树种、地区分别测算；林木资产总价值是指该地区、该树种的营造林历史成本总和；预计总蓄积量是指到采伐为止预计该地区、该树种可能达到的总蓄积量。

四、生物资产的减值

【案例12】生物资产减值会计处理。资料：

甲农业企业种植玉米150公顷，已发生成本330000元。2018年7月遭受冰雹，致使玉米严重受灾，期末玉米的可变现净值估计为300000元。则甲农业企业应如何进行会计处理？

【分析】甲农业企业的账务处理如下。

借：资产减值损失——消耗性生物资产(玉米)　　30000

　　贷：存货跌价准备——消耗性生物资产(玉米)　　30000

【操作指南】生物资产准则规定，企业至少应当于每年年度终了对消耗性生物资产和生产性生物资产进行检查，有确凿证据表明上述生物资产发生减值的，应当计提生物资产跌价准备或减值准备。企业首先应当注意消耗性生物资产和生产性生物资产是否有发生减值的迹象，如有，在此基础上计算确定消耗性生物资产的可变现净值或生产性生物资产的可收回金额。

生物资产准则对消耗性生物资产和生产性生物资产的减值采取了易于判断的方式，即企业至少应当于每年年度终了对消耗性生物资产和生产性生物资产进行检查，有确凿证据表明在遭受自然灾害、病虫害、动物疫病侵袭或市场需求变化等原因的情况下，上述生物资产才可能存在减值迹象。具体来说，消耗性生物资产和生产性生物资产存在下列情形之一的，通常表明可变现净值或可收回金额低于账面价值。

(1)因遭受火灾、旱灾、水灾、冻灾、台风、冰雹等自然灾害，造成消耗性生物资产或生产性生物资产发生实体损坏，影响该资产的进一步生长或生产，从而降低其产生经济利益的能力。

(2)因遭受病虫害或者疯牛病、禽流感、口蹄疫等动物疫病的侵袭，造成消耗性生物资产或生产性生物资产的市场价格大幅度持续下跌，并且在可预见的未来无回升的希望。

(3)因消费者偏好改变而使企业的消耗性生物资产或生产性生物资产收获的农产品的市场需求发生变化，导致市场价格逐渐下跌。与工业产品不同，一般情况下技术进步

不会对生物资产的价值产生明显的影响。

(4)因企业所处经营环境，如动植物检验检疫标准等发生重大变化，从而对企业产生不利影响，导致消耗性生物资产或生产性生物资产的市场价格逐渐下跌。

(5)其他足以证明消耗性生物资产或生产性生物资产实质上已经发生减值的情形。

【案例13】生物资产减值会计处理。资料：

2018年10月，甲企业的橡胶园曾遭受过一次台风袭击，12月31日，甲企业对橡胶园进行检查时认为可能发生减值。该橡胶园销售净价总额为1200000元，尚可使用5年，预计在未来5年内产生的现金净流量分别为400000元、360000元、320000元、250000元、20000元(其中最后一年的现金流量已经考虑使用寿命结束时进行处置的现金净流量)。该橡胶园2018年12月31日的账面价值为1500000元，以前年度没有计提过减值准备。经测算该橡胶园的未来现金流量的现值为1346271元。则甲企业应如何进行会计处理?

【分析】由于该橡胶园的未来现金流量的现值1346271元>销售净价1200000元，因此该橡胶园的可收回金额为1346271元。

应计提的减值准备=1500000-1346271=153729(元)。

甲企业的账务处理如下。

借：资产减值损失——生产性生物资产(橡胶)　153729

　　贷：生产性生物资产减值准备——橡胶　153729

【操作指南】消耗性生物资产的可变现净值或生产性生物资产的可收回金额低于其账面价值时，企业应当按照可变现净值或可收回金额低于账面价值的差额，计提生物资产跌价准备或减值准备，借记“资产减值损失”科目，贷记“存货跌价准备——消耗性生物资产”或“生产性生物资产减值准备”科目。

消耗性生物资产的可变现净值是指在日常活动中，消耗性生物资产的估计售价减去至出售时估计将要发生的成本、估计的销售费用以及相关税费后的金额，其确定应当遵循《企业会计准则第1号——存货》。生产性生物资产的可收回金额根据其公允价值减去处置费用后的净额与资产预计未来现金流量的现值两者之间较高者确定，应当遵循《企业会计准则第8号——资产减值》。

企业在每年年度终了对消耗性生物资产进行检查时，如果消耗性生物资产减值的影响因素已经消失的，减记金额应当予以恢复，并在原已计提的跌价准备金额内转回，转回的金额计入当期损益，借记“存货跌价准备——消耗性生物资产”科目，贷记“资产减值损失”科目。

此外，值得注意的是，根据《企业会计准则第8号——资产减值》的规定，生产性生物资产减值准备一经计提，不得转回。

注意：公益性生物资产不计提减值准备。对于公益性生物资产而言，由于其持有目的与消耗性生物资产和生产性生物资产有本质不同，主要是出于防护、环境保护等特殊公益性目的，具有非经营性的特点，因此，公益性生物资产不计提减值准备。

五、生物资产的处置

【案例 14】生物资产的出售。资料：

甲畜牧养殖企业于 2019 年 1 月将育成的 40 头仔猪出售给乙食品加工厂，价款总额为 20000 元，货款尚未收到。出售时仔猪的账面余额为 12000 元，未计提跌价准备。则甲畜牧养殖企业应如何进行会计处理？

【分析】甲畜牧养殖企业的账务处理如下。

借：应收账款——乙食品加工厂　　20000
　　贷：主营业务收入　　20000
借：主营业务成本　　12000
　　贷：消耗性生物资产——育肥猪　　12000

【操作指南】生物资产出售时，企业应按实际收到的金额，借记“银行存款”等科目，贷记“主营业务收入”等科目；应按其账面余额，借记“主营业务成本”等科目，贷记“生产性生物资产”“消耗性生物资产”等科目，已计提跌价准备、减值准备或折旧的，还应同时结转跌价准备、减值准备或累计折旧。

【案例 15】生物资产的盘亏或死亡、毁损。资料：

甲企业于 2016 年 8 月 4 日丢失 3 头种牛，账面原值为 11600 元，已经计提折旧 600 元；8 月 29 日经查实，饲养员赵某应赔偿 3000 元。则甲企业应如何进行会计处理？

【分析】甲企业的账务处理如下。

借：待处理财产损溢　　11000
　　生产性生物资产累计折旧　　600
　　贷：生产性生物资产——种牛　　11600
借：其他应收款——赵某　　3000
　　管理费用　　8000
　　贷：待处理财产损溢　　11000

【操作指南】生物资产盘亏或死亡、毁损时，应当将处置收入扣除其账面价值和相关税费后的余额先记入“待处理财产损溢”科目，待查明原因后，根据企业的管理权限，经股东大会、董事会、经理(场长)会议或类似机构批准后，在期末结账前处理完毕。生物资产因盘亏或死亡、毁损造成的损失，在减去过失人或者保险公司等的赔款和残余价值之后，计入当期管理费用；属于自然灾害等非常损失的，计入营业外支出。

【案例 16】生物资产转换 1。资料：

甲企业自行繁殖的 200 头种猪转为育肥猪，此批种猪的账面原价为 500000 元，已经计提的累计折旧为200000元，已经计提的资产减值准备为30000元。则甲企业应如何进行会计处理?

【分析】 甲企业的账务处理如下。

借：消耗性生物资产——育肥猪　　270000

　　生产性生物资产累计折旧　　200000

　　生产性生物资产减值准备　　30000

　　贷：生产性生物资产——成熟生产性生物资产(种猪)　　500000

【案例17】 生物资产转换2。资料：

2019年1月，由于区域生态环境的需要，甲林业有限责任公司的12公顷造纸原料林(杨树)被划为防风固沙林，仍由公司负责管理，该林的账面余额为80000元，已经计提的跌价准备为5000元。则甲林业有限责任公司应如何进行会计处理?

【分析】 甲林业有限责任公司的账务处理如下。

借：公益性生物资产——防风固沙林(杨树)　　75000

　　存货跌价准备——消耗性生物资产　　5000

　　贷：消耗性生物资产——造纸原料林(杨树)　　80000

【案例18】 生物资产转换3。资料：

2019年1月，甲林业有限责任公司根据所属区域的林业发展规划相关政策调整，将以马尾松为主的800公顷防风固沙林，全部转为以采脂为目的的商林，该马尾松的账面价值为2000000元。其中，已经具备采脂条件的为600公顷，账面价值为1600000元，其余的尚不具备采脂条件。2019年2月，甲林业有限责任公司根据国家政策规定，将100公顷作为防风固沙林的杨树转为造纸原料的商品林，该杨树账面余额为180000元。则甲林业有限责任公司应如何进行会计处理?

【分析】 甲林业有限责任公司的账务处理如下。

借：生产性生物资产——成熟生产性生物资产(马尾松)　　1600000

　　　　　　　　　——未成熟生产性生物资产(马尾松)　　400000

　　贷：公益性生物资产防风固沙林(马尾松)　　2000000

借：消耗性生物资产——造纸原料林(杨树)　　180000

　　贷：公益性生物资产——防风固沙林(杨树)　　180000

【操作指南】 生物资产改变用途后的成本应当按照改变用途时的账面价值确定，也就是说，将转出生物资产的账面价值作为转入资产的实际成本。通常包括如下情况。

(1)产畜或役畜淘汰转为育肥畜，或者林木类生产性生物资产转为林木类消耗性生物资产时，按转群或转变用途时的账面价值，借记“消耗性生物资产”科目，按已计提的累计折旧，借记“生产性生物资产累计折旧”科目，按其账面余额，贷记“生产性生物资产”科目。已计提减值准备的，还应同时结转已计提的减值准备。育肥畜转为产畜或役畜，或者林木类消耗性生物资产转为林木类生产性生物资产时，应按其账面余额，借记“生产性生物资产”科目，贷记“消耗性生物资产”科目。已计提跌价准备的，还应同时结转跌价准备。

(2)消耗性生物资产、生产性生物资产转为公益性生物资产时，应当按照相关准则规定，考虑其是否发生减值，发生减值时，应首先计提减值准备，并以计提减值准备后的账面价值作为公益性生物资产的入账价值。转换时应按其账面价值，借记“公益性生物资产”科目，按已计提的生产性生物资产累计折旧，借记“生产性生物资产累计折旧”科目，按已计提的减值准备，借记“存货跌价准备”“生产性生物资产减值准备”科目，按账面余额，贷记“消耗性生物资产”“生产性生物资产”科目。

(3)公益性生物资产转为消耗性生物资产或生产性生物资产时，应按其账面余额借记“消耗性生物资产”或“生产性生物资产”科目，贷记“公益性生物资产”科目。

第七章　无形资产

第一节　无形资产概述

一、无形资产的概念及特征

无形资产是指企业拥有或者控制的没有实物形态的可辨认非货币性资产。无形资产包括专利权、非专利技术、商标权、著作权、土地使用权、特许权等。

(1)专利权是指专利发明人经过专利申请获得批准，从而得到法律保护的对某一产品的设计、造型、配方、结构、制造工艺或程序等拥有的专门权利。根据《中华人民共和国专利法》规定，专利权分为发明专利和实用新型及外观设计专利两种，自申请日起计算，发明专利权的期限为20年，实用新型及外观设计专利权的期限为10年。发明者在取得专利权后，在有效期限内将享有专利的独占权。

(2)非专利技术是指专利权未经申请的没有公开的专门技术、工艺规程、经验和产品设计等。非专利技术因其未经法定机关按法律程序批准和认可，所以不受法律保护。非专利技术没有法律上的有效年限，只有经济上的有效年限。

(3)商标权是商标所有者在某类指定的产品或商品上使用的特定名称或图案即商标，依法注册登记后，取得的受法律保护的独家使用权利。商标是用来辨认特定商品和劳务的标记，代表着企业的一种信誉，从而具有相应的经济价值。根据《中华人民共和国商标法》规定，注册商标的有效期限为10年，期满可依法延长。

(4)著作权又称版权，指作者对其创作的文学、科学和艺术作品依法享有的某些特殊权利。著作权包括两方面的权利，即精神权利(人身权利)和经济权利(财产权利)。前者指作品署名、发表作品、确认作者身份、保护作品的完整性、修改已经发表的作品等权利，包括发表权、署名权、修改权和保护作品完整权；后者指以出版、表演、广播、展览、录制唱片、摄制影片等方式使用作品，以及因授权他人使用作品而获得经济利益的权利。

(5)土地使用权是某一企业按照法律规定所取得的在一定时期对国有土地进行开发、利用和经营的权利。根据法律规定，在我国境内的土地都属于国家或集体所有，任何单位和个人不得侵占、买卖、出租或非法转让。国家和集体可以依照法定程序对土地使用权实行有偿出让，企业也可以依照法定程序取得土地使用权，或将已取得的土地使用权依法转让。企业取得土地使用权的方式大致有划拨取得、外购取得、投资者投入取得等。

(6)特许权又称特许经营权、专营权，指企业在某一地区经营或销售某种特定商品的权利或是一家企业接受另一家企业使用其商标、商号、技术秘密等权利。前者一般是由政府机构授权准许企业使用或在一定地区享有经营某种业务的特权，如烟草专卖权；后者指企业间依照签订的合同，有期限或无期限使用另一家企业的某些权利，如连锁店分店使用总店的名称等。

上述各项无形资产具有如下共同特征。

(1)无形资产不具有实物形态。无形资产通常表现为某种权利、技术或获取超额利润的综合能力。它没有实物形态，却能够为企业带来未来经济利益，或使企业获取超额收益。不具有实物形态是无形资产区别于其他资产的显著特征。无形资产引起的未来经济利益可能包括销售产品和提供劳务的收入，或企业使用该无形资产而“节约”的成本或获得的其他利益。例如，在生产工序中使用知识产权，可能会降低未来生产成本，而不是增加未来收入。

(2)无形资产是可辨认的。将无形资产定义为可辨认的，主要是与商誉清楚地区分开来。企业合并中取得的商誉代表了购买者为了从不能单独辨认并独立确认的资产中获得预期未来经济利益而进行的支付。这些未来经济利益可能产生于取得的可辨认资产之间的协同作用，也可能产生于购买者在企业合并中准备支付的但却不符合在财务报表上确认条件的资产。

资产满足下列条件之一的，符合无形资产定义中的可辨认性标准。

1)能够从企业中分离或者划分出来，并能单独或者与相关合同、资产或负债一起，用于出售、转移、授予许可、租赁或者交换。

2)源自合同性权利或其他法定权利，无论这些权利是否可以从企业或其他权利和义务中转移或者分离。

(3)无形资产属于非货币性长期资产。区别于货币性资产和非货币性流动资产，无形资产的另一个显著特征在于，其属于非货币性长期资产。因此，无形资产不仅仅是没有实物形态，而且还应是非货币性长期资产。作为长期资产应能在超过企业的一个营业周期内为企业创造经济利益，有些虽然具有无形资产的其他特性，却不能在超过一个经营周期内为企业服务的资产，不能作为无形资产核算。

(4)无形资产的可控制性。当企业有权获得潜在资源产生的未来经济利益，并能约束其他方获取这些利益，说明企业控制了该资产。企业控制无形资产产生未来经济利益的能力，一般来自可强制执行的法定权利，也可以采用其他方法来控制未来经济利益。如果某项资源产生未来经济利益的能力缺乏法定权利来保护或其他方式来控制，则不能确认为无形资产。如企业可能拥有一定的客户基础或市场份额，并由于为建立客户关系和信赖付出了努力而期望这些客户继续与其进行商业往来，但是这种与客户的关系或客户对企业的信赖往往缺乏法定权利来保护，企业无法对其进行控制，所以，如客户基础、市场份额、客户关系和客户信赖等项目，通常不作为无形资产。

商誉是企业合并成本大于合并取得被购买方各项可辨认资产、负债公允价值份额的差额，其存在无法与企业自身分离，不具有可辨认性。企业自创的商誉以及未满足无形资产确认条件的其他项目，不能作为企业的无形资产。

二、无形会计核算涉及的主要会计科目(见表 7-1)

表 7-1 无形资产会计核算涉及的主要会计科目表

科目名称	核算的主要内容
无形资产	核算企业持有的无形资产成本，包括专利权、非专利技术、商标权、著作权、土地使用权等
累计摊销	核算企业对使用寿命有限的无形资产计提的累计摊销
无形资产减值准备	核算企业无形资产的减值准备
研发支出	核算企业进行研究和开发无形资产过程中发生的各项支出

第二节 案例分析与操作指南

一、无形资产的初始成本的计量

【案例 1】外购无形资产的初始成本的计量。资料：

2019 年 1 月 8 日，甲公司从乙公司购买一项商标权，由于甲公司资金周转比较紧张，经与乙公司协商采用分期付款方式支付款项。合同规定，该项商标权总计 600 万元，每年年末付款 300 万元，2 年付清。假定银行同期贷款利率为 6%，2 年期年金现值系数为 1.8334，不考虑相关税费。则甲公司应如何进行会计处理？

【分析】无形资产现值=3000000×1.8334=5500200(元)。

未确认融资费用=6000000-5500200=499800(元)。

第 1 年应确认的融资费用=5500200×6%=330012(元)。

第 2 年应确认的融资费用=499800-330012=169788(元)。

甲公司的会计处理如下。

借：无形资产——商标权　　5500200

　　未确认融资费用　　499800

　　贷：长期应付款　　6000000

第 1 年年底付款时。

借：长期应付款　　3000000
　　贷：银行存款　　3000000
借：财务费用　　330012
　　贷：未确认融资费用　　330012

第2年年底付款时。

借：长期应付款　　3000000
　　贷：银行存款　　3000000
借：财务费用　　169788
　　贷：未确认融资费用　　169788

【操作指南】外购无形资产的成本，包括购买价款、相关税费，以及直接归属于使该项资产达到预定用途所发生的其他支出。

如果购买无形资产的价款超过正常信用条件延期支付，实质上具有融资性质的，无形资产的成本以购买价款的现值为基础确定。实际支付的价款与购买价款的现值之间的差额，除按照《企业会计准则第17号——借款费用》规定应予资本化的以外，应当在信用期间内计入当期损益。

外购的无形资产，按应计入无形资产成本的金额，借记“无形资产”科目，贷记“银行存款”等科目。购入无形资产超过正常信用条件延期支付价款，实质上具有融资性质的，应按所购无形资产购买价款的现值，借记“无形资产”科目，按应支付的金额，贷记“长期应付款”科目，按其差额，借记“未确认融资费用”科目。

注意：新准则和应用指南指出，企业取得的土地使用权通常应确认为无形资产，但改变土地使用权用途，用于赚取租金或资本增值的，应当将其转为投资性房地产。

自行开发建造厂房等建筑物，相关的土地使用权与建筑物应当分别进行处理。外购土地及建筑物支付的价款应当在建筑物与土地使用权之间进行分配；难以合理分配的，应当全部作为固定资产。企业（房地产开发）取得土地用于建造对外出售的房屋建筑物的，相关的土地使用权账面价值应当计入所建造的房屋建筑物成本。

【案例2】自行开发的无形资产的初始成本的计量。资料：

乙企业自行研究开发一项新产品专利技术，在研究开发过程中发生材料费400000元、人工工资100000元，以及其他费用300000元，以银行存款支付，总计800000元，其中，符合资本化条件的支出为500000元，期末，该专利技术已经达到预定用途。则乙企业应如何进行会计处理？

【分析】有关会计处理如下。

借：研发支出——费用化支出　　300000
　　　　　　——资本化支出　　500000
　　贷：原材料　　400000

　　　应付职工薪酬　　　　　　　　　　　　　　　　　　　　100000
　　　银行存款　　　　　　　　　　　　　　　　　　　　　　300000

期末。

借：管理费用　　　　　　　　　　　　　　　　　　300000
　　无形资产　　　　　　　　　　　　　　　　　　500000
　　贷：研发支出——费用化支出　　　　　　　　　　　　　　300000
　　　　　　　　——资本化支出　　　　　　　　　　　　　　500000

【操作指南】企业自行进行的无形资产研究开发项目，区分为研究阶段与开发阶段。

研究阶段，是指为获取新的技术和知识等进行的有计划的调查，研究阶段是探索性的，为进一步开发活动进行资料及相关方面的准备，已进行的研究活动将来是否会转入开发阶段、开发后是否会形成无形资产等均具有较大的不确定性。例如，为了获取知识而进行的活动，研究成果或其他知识的应用研究、评价和最终选择，材料、设备、产品、工序、系统或服务替代品的研究，新的或经改进的材料、设备、产品、工序、系统或服务的可能替代品的配制、设计、评价和最终选择等，均属于研究活动。

相对于研究阶段而言，开发阶段应当已完成研究阶段的工作，在很大程度上已具备形成一项新产品或新技术的基本条件。比如，生产前或使用前的原型和模型的设计、建造和测试，含新技术的工具、夹具、模具和冲模的设计，不具有商业性生产经济规模的试生产设施的设计、建造和运营，新的或经改造的材料、设备、产品、工序、系统或服务所选定的替代品的设计、建造和测试等，均属于开发活动。

根据《企业会计准则》规定，企业内部研究开发项目发生的支出，按下列规定处理。

(1)企业研究阶段的支出全部费用化，计入当期损益(管理费用)。

(2)开发阶段的支出符合资本化条件的，才能确认为无形资产；不符合资本化条件的计入当期损益(管理费用)。

(3)无法区分研究阶段支出和开发阶段支出的，应当将其所发生的研发支出全部费用化，计入当期损益(管理费用)。

对于企业内部开发项目发生的开发支出，同时满足下列条件的，应当确认为无形资产。

1. 完成该无形资产以使其能够使用或出售在技术上具有可行性

判断无形资产的开发在技术上是否具有可行性，应当以目前阶段的成果为基础，并提供相关证据和材料，证明企业进行开发所需的技术条件等已经具备，不存在技术上的障碍或其他不确定性。比如，企业已经完成了全部计划、设计和测试活动，这些活动是使资产能够达到设计规划书中的功能、特征和技术所必需的活动，或经过专家鉴定等。

2. 具有完成该无形资产并使用或出售的意图

企业能够说明其开发无形资产的目的。

3. 无形资产产生经济利益的方式

无形资产能够为企业带来未来经济利益，应当对运用该无形资产生产产品的市场情况进行可靠预计，以证明所生产的产品存在市场并能够带来经济利益的流入，或能够证明市场上存在对该类无形资产的需求。

4. 有足够的技术、财务资源和其他资源支持，以完成该无形资产的开发，并有能力使用或出售该无形资产

企业能够证明无形资产开发所需的技术、财务和其他资源，以及获得这些资源的相关计划。例如，企业自有资金不足以提供支持的，是否存在外部其他方面的资金支持，如银行等金融机构愿意为该无形资产的开发提供所需资金的声明等。

5. 归属于该无形资产开发阶段的支出能够可靠计量

企业对研究开发的支出应当能够单独核算，比如，直接发生的研发人员工资、材料费，以及相关设备折旧费等能够对象化；同时从事多项研究开发活动的，所发生的支出能够按照合理的标准在各项研究开发活动之间进行分配。研发支出无法明确分配的，应当计入当期损益，不计入开发活动的成本。

为了核算企业进行研究与开发无形资产过程中发生的各项支出，企业应设置"研发支出"科目，该科目为成本类科目，借方登记实际发生的研发支出，贷方登记转为无形资产和管理费用的金额，借方余额反映企业正在进行的研究开发项目中满足资本化条件的支出。企业应当按照研究开发项目，分"费用化支出"与"资本化支出"进行明细核算。

企业自行开发无形资产发生的研发支出，不满足资本化条件的，借记"研发支出——费用化支出"科目，满足资本化条件的，借记"研发支出——资本化支出"科目，贷记"原材料""银行存款""应付职工薪酬"等科目。

企业以其他方式取得的正在进行的研究开发项目，应按确定的金额，借记"研发支出——资本化支出"科目，贷记"银行存款"等科目。以后发生的研发支出，比照上述企业自行开发无形资产发生的研发支出进行处理。

企业研究开发项目达到预定用途形成无形资产的，应按"研发支出——资本化支出"科目的余额，借记"无形资产"科目，贷记"研发支出——资本化支出"科目。

期末，企业应将研发支出科目归集的费用化支出金额转入"管理费用"科目，借记"管理费用"科目，贷记"研发支出——费用化支出"科目。

【相关链接】研究开发费用的税前加计扣除政策

第一，《关于完善研究开发费用税前加计扣除政策的通知》(财税〔2015〕119号)

根据《中华人民共和国企业所得税法》及其实施条例有关规定，为进一步贯彻落实《中共中央国务院关于深化体制机制改革加快实施创新驱动发展战略的若干意见》精神，更好地鼓励企业开展研究开发活动(以下简称研发活动)和规范企业研究开发费用(以下简称研发费用)加计扣除优惠政策执行，现就企业研发费用税前加计扣除有关问题通知

如下。

一、研发活动及研发费用归集范围

本通知所称研发活动，是指企业为获得科学与技术新知识，创造性运用科学技术新知识，或实质性改进技术、产品(服务)、工艺而持续进行的具有明确目标的系统性活动。

(一)允许加计扣除的研发费用

企业开展研发活动中实际发生的研发费用，未形成无形资产计入当期损益的，在按规定据实扣除的基础上，按照本年度实际发生额的75%，从本年度应纳税所得额中扣除；形成无形资产的，按照无形资产成本的175%在税前摊销。研发费用的具体范围包括：

1. 人员人工费用。

直接从事研发活动人员的工资薪金、基本养老保险费、基本医疗保险费、失业保险费、工伤保险费、生育保险费和住房公积金，以及外聘研发人员的劳务费用。

2. 直接投入费用。

(1)研发活动直接消耗的材料、燃料和动力费用。

(2)用于中间试验和产品试制的模具、工艺装备开发及制造费，不构成固定资产的样品、样机及一般测试手段购置费，试制产品的检验费。

(3)用于研发活动的仪器、设备的运行维护、调整、检验、维修等费用，以及通过经营租赁方式租入的用于研发活动的仪器、设备租赁费。

3. 折旧费用。

用于研发活动的仪器、设备的折旧费。

4. 无形资产摊销。

用于研发活动的软件、专利权、非专利技术(包括许可证、专有技术、设计和计算方法等)的摊销费用。

5. 新产品设计费、新工艺规程制定费、新药研制的临床试验费、勘探开发技术的现场试验费。

6. 其他相关费用。

与研发活动直接相关的其他费用，如技术图书资料费、资料翻译费、专家咨询费、高新科技研发保险费，研发成果的检索、分析、评议、论证、鉴定、评审、评估、验收费用，知识产权的申请费、注册费、代理费，差旅费、会议费等。此项费用总额不得超过可加计扣除研发费用总额的10%。

7. 财政部和国家税务总局规定的其他费用。

(二)下列活动不适用税前加计扣除政策

1. 企业产品(服务)的常规性升级。

2. 对某项科研成果的直接应用，如直接采用公开的新工艺、材料、装置、产品、服务或知识等。

3. 企业在商品化后为顾客提供的技术支持活动。

4. 对现存产品、服务、技术、材料或工艺流程进行的重复或简单改变。

5. 市场调查研究、效率调查或管理研究。

6. 作为工业(服务)流程环节或常规的质量控制、测试分析、维修维护。

7. 社会科学、艺术或人文学方面的研究。

二、特别事项的处理

1. 企业委托外部机构或个人进行研发活动所发生的费用，按照费用实际发生额的80%计入委托方研发费用并计算加计扣除，受托方不得再进行加计扣除。委托外部研究开发费用实际发生额应按照独立交易原则确定。

委托方与受托方存在关联关系的，受托方应向委托方提供研发项目费用支出明细情况。

企业委托境外机构或个人进行研发活动所发生的费用，不得加计扣除。

2. 企业共同合作开发的项目，由合作各方就自身实际承担的研发费用分别计算加计扣除。

3. 企业集团根据生产经营和科技开发的实际情况，对技术要求高、投资数额大，需要集中研发的项目，其实际发生的研发费用，可以按照权利和义务相一致、费用支出和收益分享相配比的原则，合理确定研发费用的分摊方法，在受益成员企业间进行分摊，由相关成员企业分别计算加计扣除。

4. 企业为获得创新性、创意性、突破性的产品进行创意设计活动而发生的相关费用，可按照本通知规定进行税前加计扣除。

创意设计活动是指多媒体软件、动漫游戏软件开发，数字动漫、游戏设计制作；房屋建筑工程设计(绿色建筑评价标准为三星)、风景园林工程专项设计；工业设计、多媒体设计、动漫及衍生产品设计、模型设计等。

三、会计核算与管理

1. 企业应按照国家财务会计制度要求，对研发支出进行会计处理；同时，对享受加计扣除的研发费用按研发项目设置辅助账，准确归集核算当年可加计扣除的各项研发费用实际发生额。企业在一个纳税年度内进行多项研发活动的，应按照不同研发项目分别归集可加计扣除的研发费用。

2. 企业应对研发费用和生产经营费用分别核算，准确、合理归集各项费用支出，对划分不清的，不得实行加计扣除。

四、不适用税前加计扣除政策的行业

1. 烟草制造业。

2. 住宿和餐饮业。

3. 批发和零售业。

4. 房地产业。

5. 租赁和商务服务业。

6. 娱乐业。

7. 财政部和国家税务总局规定的其他行业。

上述行业以《国民经济行业分类与代码(GB/T 4754—2011)》为准，并随之更新。

五、管理事项及征管要求

1. 本通知适用于会计核算健全、实行查账征收并能够准确归集研发费用的居民企业。

2. 企业研发费用各项目的实际发生额归集不准确、汇总额计算不准确的，税务机关有权对其税前扣除额或加计扣除额进行合理调整。

3. 税务机关对企业享受加计扣除优惠的研发项目有异议的，可以转请地市级(含)以上科技行政主管部门出具鉴定意见，科技部门应及时回复意见。企业承担省部级(含)以上科研项目的，以及以前年度已鉴定的跨年度研发项目，不再需要鉴定。

4. 企业符合本通知规定的研发费用加计扣除条件而在2016年1月1日以后未及时享受该项税收优惠的，可以追溯享受并履行备案手续，追溯期限最长为3年。

5. 税务部门应加强研发费用加计扣除优惠政策的后续管理，定期开展核查，年度核查面不得低于20%。

六、执行时间

本通知自2016年1月1日起执行。《国家税务总局关于印发〈企业研究开发费用税前扣除管理办法(试行)〉的通知》(国税发〔2008〕116号)和《财政部 国家税务总局关于研究开发费用税前加计扣除有关政策问题的通知》(财税〔2013〕70号)同时废止。

第二，《国家税务总局关于企业研究开发费用税前加计扣除政策有关问题的公告》(国家税务总局公告2015年第97号)

根据《中华人民共和国企业所得税法》及其实施条例(以下简称税法)、《财政部国家税务总局科技部关于完善研究开发费用税前加计扣除政策的通知》(财税〔2015〕119号，以下简称《通知》)规定，现就落实完善研究开发费用(以下简称研发费用)税前加计扣除政策有关问题公告如下。

一、研究开发人员范围

企业直接从事研发活动人员包括研究人员、技术人员、辅助人员。研究人员是指主要从事研究开发项目的专业人员；技术人员是指具有工程技术、自然科学和生命科学中一个或一个以上领域的技术知识和经验，在研究人员指导下参与研发工作的人员；辅助人员是指参与研究开发活动的技工。企业外聘研发人员是指与本企业签订劳务用工协议

(合同)和临时聘用的研究人员、技术人员、辅助人员。

二、研发费用归集

(一)加速折旧费用的归集

企业用于研发活动的仪器、设备，符合税法规定且选择加速折旧优惠政策的，在享受研发费用税前加计扣除时，就已经进行会计处理计算的折旧、费用的部分加计扣除，但不得超过按税法规定计算的金额。

(二)多用途对象费用的归集

企业从事研发活动的人员和用于研发活动的仪器、设备、无形资产，同时从事或用于非研发活动的，应对其人员活动及仪器设备、无形资产使用情况做必要记录，并将其实际发生的相关费用按实际工时占比等合理方法在研发费用和生产经营费用间分配，未分配的不得加计扣除。

(三)其他相关费用的归集与限额计算

企业在一个纳税年度内进行多项研发活动的，应按照不同研发项目分别归集可加计扣除的研发费用。在计算每个项目其他相关费用的限额时应当按照以下公式计算：

其他相关费用限额=《通知》第一条第一项允许加计扣除的研发费用中的第1项至第5项的费用之和×10%/(1-10%)。

当其他相关费用实际发生数小于限额时，按实际发生数计算税前加计扣除数额；当其他相关费用实际发生数大于限额时，按限额计算税前加计扣除数额。

(四)特殊收入的扣减

企业在计算加计扣除的研发费用时，应扣减已按《通知》规定归集计入研发费用，但在当期取得的研发过程中形成的下脚料、残次品、中间试制品等特殊收入；不足扣减的，允许加计扣除的研发费用按零计算。

企业研发活动直接形成产品或作为组成部分形成的产品对外销售的，研发费用中对应的材料费用不得加计扣除。

(五)财政性资金的处理

企业取得作为不征税收入处理的财政性资金用于研发活动所形成的费用或无形资产，不得计算加计扣除或摊销。

(六)不允许加计扣除的费用

法律、行政法规和国务院财税主管部门规定不允许企业所得税前扣除的费用和支出项目不得计算加计扣除。

已计入无形资产但不属于《通知》中允许加计扣除研发费用范围的，企业摊销时不得计算加计扣除。

三、委托研发

企业委托外部机构或个人开展研发活动发生的费用，可按规定税前扣除；加计扣除时按照研发活动发生费用的80%作为加计扣除基数。委托个人研发的，应凭个人出具的发票等合法有效凭证在税前加计扣除。

企业委托境外研发所发生的费用不得加计扣除，其中受托研发的境外机构是指依照外国和地区(含港澳台)法律成立的企业和其他取得收入的组织。受托研发的境外个人是指外籍(含港澳台)个人。

四、不适用加计扣除政策行业的判定

《通知》中不适用税前加计扣除政策行业的企业，是指以《通知》所列行业业务为主营业务，其研发费用发生当年的主营业务收入占企业按税法第六条规定计算的收入总额减除不征税收入和投资收益的余额50%(不含)以上的企业。

五、核算要求

企业应按照国家财务会计制度要求，对研发支出进行会计处理。研发项目立项时应设置研发支出辅助账，由企业留存备查；年末汇总分析填报研发支出辅助账汇总表，并在报送《年度财务会计报告》的同时随附注一并报送主管税务机关。研发支出辅助账、研发支出辅助账汇总表可参照本公告所附样式(见附件)编制。

六、申报及备案管理

(一)企业年度纳税申报时，根据研发支出辅助账汇总表填报研发项目可加计扣除研发费用情况归集表(见附件)，在年度纳税申报时随申报表一并报送。

(二)研发费用加计扣除实行备案管理，除“备案资料”和“主要留存备查资料”按照本公告规定执行外，其他备案管理要求按照《国家税务总局关于发布〈企业所得税优惠政策事项办理办法〉的公告》(国家税务总局公告2015年第76号)的规定执行。

(三)企业应当不迟于年度汇算清缴纳税申报时，向税务机关报送《企业所得税优惠事项备案表》和研发项目文件完成备案，并将下列资料留存备查。

1. 自主、委托、合作研究开发项目计划书和企业有权部门关于自主、委托、合作研究开发项目立项的决议文件。

2. 自主、委托、合作研究开发专门机构或项目组的编制情况和研发人员名单。

3. 经科技行政主管部门登记的委托、合作研究开发项目的合同。

4. 从事研发活动的人员和用于研发活动的仪器、设备、无形资产的费用分配说明(包括工作使用情况记录)。

5. 集中研发项目研发费决算表、集中研发项目费用分摊明细情况表和实际分享收益比例等资料。

6.“研发支出”辅助账。

7. 企业如果已取得地市级(含)以上科技行政主管部门出具的鉴定意见，应作为资料留存备查。

8. 省税务机关规定的其他资料。

七、后续管理与核查

税务机关应加强对享受研发费用加计扣除优惠企业的后续管理和监督检查。每年汇算清缴期结束后应开展核查，核查面不得低于享受该优惠企业户数的20%。省级税务机关可根据实际情况制订具体核查办法或工作措施。

八、执行时间

本公告适用于2016年度及以后年度企业所得税汇算清缴。

第三，《关于企业委托境外研究开发费用税前加计扣除有关政策问题的通知》(财税〔2018〕64号)

为进一步激励企业加大研发投入，加强创新能力开放合作，现就企业委托境外进行研发活动发生的研究开发费用(以下简称研发费用)企业所得税前加计扣除有关政策问题通知如下。

一、委托境外进行研发活动所发生的费用，按照费用实际发生额的80%计入委托方的委托境外研发费用。委托境外研发费用不超过境内符合条件的研发费用三分之二的部分，可以按规定在企业所得税前加计扣除。

上述费用实际发生额应按照独立交易原则确定。委托方与受托方存在关联关系的，受托方应向委托方提供研发项目费用支出明细情况。

二、委托境外进行研发活动应签订技术开发合同，并由委托方到科技行政主管部门进行登记。相关事项按技术合同认定登记管理办法及技术合同认定规则执行。

三、企业应在年度申报享受优惠时，按照《国家税务总局关于发布修订后的〈企业所得税优惠政策事项办理办法〉的公告》(国家税务总局公告2018年第23号)的规定办理有关手续，并留存备查以下资料。

(一)企业委托研发项目计划书和企业有权部门立项的决议文件。

(二)委托研究开发专门机构或项目组的编制情况和研发人员名单。

(三)经科技行政主管部门登记的委托境外研发合同。

(四)“研发支出”辅助账及汇总表。

(五)委托境外研发银行支付凭证和受托方开具的收款凭据。

(六)当年委托研发项目的进展情况等资料。

企业如果已取得地市级(含)以上科技行政主管部门出具的鉴定意见，应作为资料留存备查。

四、企业对委托境外研发费用以及留存备查资料的真实性、合法性承担法律责任。

五、委托境外研发费用加计扣除其他政策口径和管理要求按照《财政部国家税务总局科技部关于完善研究开发费用税前加计扣除政策的通知》(财税〔2015〕119号)、《财政部税务总局科技部关于提高科技型中小企业研究开发费用税前加计扣除比例的通知》(财税〔2017〕34号)、《国家税务总局关于企业研究开发费用税前加计扣除政策有关问题的公告》(国家税务总局公告2015年第97号)等文件规定执行。

六、本通知所称委托境外进行研发活动不包括委托境外个人进行的研发活动。

七、本通知自2018年1月1日起执行。财税〔2015〕119号文件第二条中"企业委托境外机构或个人进行研发活动所发生的费用，不得加计扣除"的规定同时废止。

第四，《关于提高研究开发费用税前加计扣除比例的通知》(财税〔2018〕99号)

为进一步激励企业加大研发投入，支持科技创新，现就提高企业研究开发费用(以下简称研发费用)税前加计扣除比例有关问题通知如下。

一、企业开展研发活动中实际发生的研发费用，未形成无形资产计入当期损益的，在按规定据实扣除的基础上，在2018年1月1日至2020年12月31日期间，再按照实际发生额的75%在税前加计扣除；形成无形资产的，在上述期间按照无形资产成本的175%在税前摊销。

二、企业享受研发费用税前加计扣除政策的其他政策口径和管理要求按照《财政部国家税务总局科技部关于完善研究开发费用税前加计扣除政策的通知》(财税〔2015〕119号)、《财政部税务总局科技部关于企业委托境外研究开发费用税前加计扣除有关政策问题的通知》(财税〔2018〕64号)、《国家税务总局关于企业研究开发费用税前加计扣除政策有关问题的公告》(国家税务总局公告2015年第97号)等文件规定执行。

【案例3】其他方式取得无形资产的初始成本的计量。资料：

丙有限责任公司接受A公司以其所拥有的专利权作为出资，双方协议约定的价值为80万元，按照市场情况估计其公允价值为70万元，已办妥相关手续。则丙有限责任公司应如何进行会计处理?

【分析】该无形资产的入账价值为700000元。

借：无形资产　　700000

　　资本公积　　100000

　　贷：实收资本　　800000

【操作指南】投资者投入的无形资产成本，按投资合同或协议约定的价值确定，但合同或协议约定价值不公允的除外。借记"无形资产"科目，贷记"实收资本"或"股本"等科目。

企业通过接受政府补助、非货币性资产交换、债务重组、企业合并等方式取得的无形资产，在后面章节里单独讲述，这里不再赘述。

二、无形资产的后续计量

【案例4】使用寿命有限的无形资产的摊销。资料：

甲企业2017年1月1日购入两项无形资产：一项是专门用于新产品的生产的专利权，以银行存款支付价款200000元，估计该专利权使用寿命是8年；另一项是商标权，以银行存款支付价款300000元，估计该商标权使用寿命是10年。假定这两项无形资产的净残值均为零，并按直线法摊销。则甲企业应如何进行会计处理？

【分析】外购的专利权的估计使用寿命为8年，表明该项无形资产是使用寿命有限的无形资产，且该项无形资产用于产品生产，因此，应当将其摊销金额计入相关产品的制造成本。外购的商标权的估计使用寿命为10年，表明该项无形资产同样也是使用寿命有限的无形资产，而商标权的摊销金额通常直接计入当期管理费用。

专利权年摊销额=200000÷8=25000(元)。

商标权年摊销额=300000÷10=30000(元)。

甲企业的账务处理如下。

(1)取得无形资产时。

借：无形资产——专利权　200000

　　　　　——商标权　300000

　贷：银行存款　500000

(2)按年摊销时。

借：制造费用——专利权　25000

　　管理费用——商标权　30000

　贷：累计摊销　55000

如果甲企业2018年12月31日根据科学技术发展的趋势判断，2017年购入的该项专利权在4年后将被淘汰，不能再为企业带来经济利益，决定对其再使用4年后不再使用。为此，甲公司应当在2018年12月31日据此变更该项专利权的估计使用寿命，并按会计估计变更进行处理。

【操作指南】企业摊销某项无形资产时，首先应于取得该项无形资产时判断其使用寿命。无形资产的使用寿命为有限的，应当估计该使用寿命的年限或者构成使用寿命的产量等类似计量单位数量；无法预见无形资产为企业带来经济利益期限的，应当视为使用寿命不确定的无形资产。

企业持有的无形资产，通常来源于合同性权利或是其他法定权利，且合同规定或法律规定有明确的使用年限。

来源于合同性权利或其他法定权利的无形资产，其使用寿命不应超过合同性权利或其他法定权利的期限；如果合同性权利或其他法定权利能够在到期时因续约等延续，且有证据表明企业续约不需要付出大额成本，续约期应当计入使用寿命。合同或法律没有规定使用寿命的，企业应当综合各方面情况判断，以确定无形资产能为企业带来未来经济利益的期限。比如，与同行业的情况进行比较、参考历史经验，或聘请相关专家进行论证等。

企业确定无形资产的使用寿命，应当考虑以下因素。

(1)该资产通常的产品寿命周期、可获得的类似资产使用寿命的信息。

(2)技术、工艺等方面的现实情况及对未来发展的估计。

(3)以该资产生产的产品或服务的市场需求情况。

(4)现在或潜在的竞争者预期采取的行动。

(5)为维持该资产产生未来经济利益的能力预期的维护支出，以及企业预计支付有关支出的能力。

(6)对该资产的控制期限，使用的法律或类似限制，如特许使用期间、租赁期间等。

(7)与企业持有的其他资产使用寿命的关联性等。

按照上述方法仍无法合理确定无形资产为企业带来经济利益期限的，该项无形资产应作为使用寿命不确定的无形资产。

使用寿命有限的无形资产，其应摊销金额应当在使用寿命内系统合理地摊销。

无形资产的应摊销金额为其成本扣除预计残值后的金额。已计提减值准备的无形资产，还应扣除已计提的无形资产减值准备累计金额。使用寿命有限的无形资产，其残值应当视为零，但下列情况除外。

(1)有第三方承诺在无形资产使用寿命结束时购买该无形资产。

(2)可以根据活跃市场得到预计残值信息，并且该市场在无形资产使用寿命结束时很可能存在。

摊销期限应当自无形资产可供使用时起，至不再作为无形资产确认时止。

企业选择的无形资产摊销方法，应当反映与该项无形资产有关的经济利益的预期消耗方式。无法可靠确定预期消耗方式的，应当采用直线法摊销。

无形资产的摊销金额一般应确认为当期损益，计入管理费用。某项无形资产包含的经济利益通过所生产的产品或其他资产实现的，无形资产的摊销金额可以计入产品或其他资产成本。为了核算企业对使用寿命有限的无形资产计提的累计摊销，应设置“累计摊销”科目，该科目属于资产类科目，是“无形资产”科目的备抵科目。贷方登记计提的无形资产摊销额；借方登记因出售、报废转销无形资产成本时转出的已计提累计摊销额；余额在贷方，表示企业现有使用寿命有限的无形资产的累计摊销额。该科目应按无形资产项目进行明细核算。

企业应对使用寿命有限的无形资产，根据其使用寿命，采用一定的摊销方法，按月计提无形资产摊销。企业按月计提无形资产摊销，应借记“管理费用”“其他业务成本”等科目，贷记“累计摊销”科目。

企业取得的土地使用权通常应确认为无形资产，但改变土地使用权的用途、用于出租或增值目的时，应当将其转为投资性房地产。在土地上自行开发建造厂房等地上建筑物时，土地使用权与地上建筑物应当分别进行摊销和提取折旧。但下列情况除外。

(1)房地产开发企业取得土地用于建造对外出售的房屋建筑物的，相关的土地使用权应当计入所建造的房屋建筑物成本。

(2)企业外购的房屋建筑物支付的价款应当在地上建筑物与土地使用权之间进行分配；难以分配的，应当全部作为固定资产，并按照《企业会计准则第4号——固定资产》的规定进行处理。

【案例5】 使用寿命不确定的无形资产的减值。资料：

2018年1月1日，A公司购入一项市场领先的畅销产品的商标，成本为60万元，该商标按照法律规定还有5年的使用寿命，但是在保护期届满时，A公司可每10年以较低的手续费申请延期，同时，A公司有充分的证据表明其有能力申请延期。此外，有关的调查表明，根据产品生命周期、市场竞争等方面情况综合判断，该商标将在不确定的期间内为企业带来现金流量。2018年年底，A公司对该商标按照资产减值的原则进行减值试，经测试表明该商标已发生减值，该商标的公允价值为40万元。则A公司应如何进行会计处理？

【分析】 根据上述情况，该商标可视为使用寿命不确定的无形资产，在持有期间内不需要进行摊销。2018年年底计提的减值准备=600000-400000=200000(元)。则A公司的账务处理如下。

(1)购入商标时。

借：无形资产——商标权　　600000

　　贷；银行存款　　600000

(2)年末发生减值时。

借：资产减值损失　　200000

　　贷：无形资产减值准备——商标权　　200000

【操作指南】 使用寿命不确定的无形资产不应摊销。企业至少应当于每年年度终了，对使用寿命有限的无形资产的使用寿命及摊销方法进行复核。无形资产的使用寿命及摊销方法与以前估计不同的，应当改变摊销期限和摊销方法。同时，企业应当在每个会计期间对使用寿命不确定的无形资产的使用寿命进行复核。如果有证据表明无形资产的使用寿命是有限的，应当估计其使用寿命，并按规定处理。

三、无形资产的处置

【案例6】 出售无形资产的会计处理。资料：

甲公司(系增值税一般纳税人)购入一项专利权，取得的增值税专用发票上注明的专利权价款为120000元，进项税额为7200元。作无形资产入账，确定的摊销期限为10年；甲公司在购入该项专利权使用18个月后又将其所有权出售给其他单位，取得含税价款106000元(增值税率为6%)，该项专利权未计提减值准备。假定这项专利权的净残值为零，并按直线法摊销。则甲公司应如何进行会计处理？

【分析】(1)购入专利权时。

借:无形资产——专利权 120000

应交税费——应交增值税(进项税额) 7200

贷:银行存款 127200

(2)按月摊销时。

借:管理费用 1000

贷:累计摊销——专利权 1000

(3)出售时。

借:银行存款 106000

资产处置损益——处置非流动资产损失 2000

累计摊销——专利权 18000

贷:无形资产——专利权 120000

应交税费——应交增值税(销项税额) 6000

【操作指南】企业出售无形资产时,表明放弃无形资产的所有权,应按实际收到的金额,借记"银行存款"等科目,按已计提的累计摊销,借记"累计摊销"科目,原已计提减值准备的,借记"无形资产减值准备"科目,按应支付的相关税费,贷记"应交税费"等科目,按其账面余额,贷记"无形资产"科目,按其差额,贷记"资产处置损益——处置非流动资产利得"科目或借记"资产处置损益——处置非流动资产损失"科目。

无形资产预期不能为企业带来经济利益的,应当将该无形资产的账面价值予以转销。

当无形资产预期不能为企业带来经济利益的,应按已计提的累计摊销,借记"累计摊销"科目,原已计提减值准备的,借记"无形资产减值准备"科目,按其账面余额,贷记"无形资产"科目,按其差额,借记"营业外支出"科目。

四、首次执行日的会计处理

1. 前后账目衔接

在首次执行日,企业应当根据《企业会计准则第38号——首次执行企业会计准则》第四条及其应用指南,结合本单位的实际情况,对首次执行日前的无形资产项目及相关账目的各项余额进行分析,按照新准则规定重新分类、确认和计量,设置新旧会计科目余额对照表,结束旧账,建立新账,形成期初资产负债表中无形资产余额,作为执行企业会计准则体系的起点。对于存在商誉的企业,原在无形资产中列报的应当进行重分类,单独列报。

2. 正在开发的无形资产

对于首次执行日企业正在开发过程中的内部开发项目,已经费用化的开发支出,不应追溯调整；根据新准则及相关解释规定，首次执行日及以后发生的开发支出，符合无形资产确认条件的，应当予以资本化。

对于处在开发阶段的内部开发项目，首次执行日之前未予资本化的借款费用，不应追溯调整；上述尚未完成开发或尚未完工的各项资产，首次执行日及以后发生的借款费用，应当将符合《企业会计准则第17号——借款费用》资本化条件的部分予以资本化。

3. 超过正常信用条件延期付款、实质上具有融资性质的无形资产购置业务

首次执行日之前购买的无形资产在超过正常信用条件的期限内延期付款，实质上具有融资性质的，首次执行日之前已计提的摊销额，不再追溯调整；在首次执行日，企业应当以尚未支付的款项折现后的现值与无形资产账面价值的差额，减少资产的账面价值，同时增加未确认融资费用。首次执行日后，企业应当以调整后的资产账面价值作为认定成本并以此为基础进行摊销，未确认融资费用按照实际利率法进行摊销。

第八章　非货币性资产交换

第一节　非货币性资产交换概述

一、非货币性资产交换概念及特征

（一）非货币性资产的概念

资产按未来经济利益流入(表现形式是货币金额)是否固定或可确定，分为货币性资产和非货币性资产。非货币性资产是相对于货币性资产而言的。货币性资产，是指企业持有的货币资金和将以固定或可确定的金额收取的资产，包括现金、银行存款、应收账款和应收票据以及债权投资等。非货币性资产是指货币性资产以外的资产，包括存货(原材料、包装物、低值易耗品、库存商品、委托加工物资、委托代销商品等)、固定资产、无形资产、长期股权投资、投资性房地产、在建工程、工程物资等。

非货币性资产有别于货币性资产的最基本特征是其在将来为企业带来的经济利益(即货币金额)是不固定的或不可确定的。如果资产在将来为企业带来的经济利益(即货币金额)是固定的或可确定的，则该资产是货币性资产；反之，如果资产在将来为企业带来的经济利益(即货币金额)是不固定的或不确定的，则该资产是非货币性资产。例如，企业持有固定资产的主要目的是用于生产经营，通过折旧方式将其磨损价值转移到产品成本中，然后通过产品销售获利，固定资产在将来为企业带来的经济利益(即货币金额)是不固定的或不可确定的，因此，固定资产属于非货币性资产。

（二）非货币性资产交换的概念

非货币性资产交换，是指交易双方主要以存货、固定资产、无形资产和长期股权投资等非货币性资产进行的交换，该交换一般不涉及货币性资产，或只涉及少量货币性资产即补价。从非货币性资产交换的定义可以看出，非货币性资产交换具有如下特征：

第一，非货币性资产交换的交易对象主要是非货币性资产。企业用货币性资产(如现金、银行存款)来交换非货币性资产(如存货、固定资产等)的交易最为普遍，比如以现金购入固定资产、以现金偿还借款等；但是在有些情况下，企业为了满足各自生产经营的需要，同时减少货币性资产的流入和流出，而进行非货币性资产交换交易。比如，A 企业需要 B 企业闲置的生产设备，B 企业需要 A 企业生产的产品，双方在货币性资产短缺的情况下，可能会出现非货币性资产交换的交易行为。

第二，非货币性资产交换是以非货币性资产进行交换的行为。交换，通常是指一个企业和另一个企业之间的互惠转让，通过转让，企业以让渡其他资产或劳务或者承担其他义务而取得资产或劳务(或偿还负债)。非互惠的非货币性资产转让不属于本章所述的非货币性资产交换，如企业捐赠非货币性资产等。

第三，非货币性资产交换一般不涉及货币性资产，但有时也可能涉及少量的货币性资产。

(三)非货币性资产交换的认定

非货币性资产交换准则规定，认定涉及少量货币性资产的交换为非货币性资产交换，通常以补价占整个资产交换金额的比例是否低于25%作为参考比例。具体来说：从收到补价的企业来看，收到的货币性资产占换出资产公允价值(或占换入资产公允价值和收到的货币性资产之和)的比例低于25%的，视为非货币性资产交换；从支付补价的企业来看，支付的货币性资产占换入资产公允价值(或占换出资产公允价值与支付的货币性资产之和)的比例低于25%的，视为非货币性资产交换；如果上述比例高于25%(含25%)的，则视为货币性资产交换，适用《企业会计准则第14号——收入》等相关准则的规定。

二、商业实质的判断

非货币性资产交换具有商业实质，是换入资产能够采用公允价值计量的重要条件之一。在确定资产交换是否具有商业实质时，企业应当重点考虑由于发生了该项资产交换预期使企业未来现金流量发生变动的程度，通过比较换出资产和换入资产预计产生的未来现金流量或其现值，确定非货币性资产交换是否具有商业实质。只有当换出资产和换入资产预计未来现金流量或其现值两者之间的差额较大时，才能表明交易的发生使企业经济状况发生了明显改变，非货币性资产交换因而具有商业实质。

(一)判断条件

企业发生的非货币性资产交换，符合下列条件之一的，视为具有商业实质。

(1)换入资产的未来现金流量在风险、时间和金额方面与换出资产显著不同，通常包括但不仅限于以下几种情况。

1)未来现金流量的风险、金额相同，时间不同。比如，某企业以一批存货换入一项设备，因存货流动性强，能够在较短的时间内产生现金流量，设备作为固定资产要在较长的时间内为企业带来现金流量，两者产生现金流量的时间相差较大，则可以判断上述存货与固定资产的未来现金流量显著不同，因而该两项资产的交换具有商业实质。

2)未来现金流量的时间、金额相同，风险不同。比如，A企业以其用于经营出租的一幢公寓楼，与B企业同样用于经营出租的一幢公寓楼进行交换，两幢公寓楼的租期、每期租金总额均相同，但是A企业是租给一家财务及信用状况良好的企业(该企业租用该公寓是给其单身职工居住)，B 企业的客户则都是单个租户，相比较而言，A 企业取得租金的风险较小，B 企业由于租给散户，租金的取得依赖于各单个租户的财务和信用状况。因此，两者现金流量流入的风险或不确定性程度存在明显差异，则两幢公寓楼的未来现金流量显著不同，因而可判断该两项资产的交换具有商业实质。

3)未来现金流量的风险、时间相同，金额不同。比如，某企业以一项商标权换入另一企业的一项专利技术，预计两项无形资产的使用寿命相同，在使用寿命内预计为企业带来的各期未折现现金流量总额相同，但是换入的专利技术是新开发的，预计开始阶段产生的未来现金流量明显少于后期，而该企业拥有的商标每年产生的现金流量比较均衡，两者产生未折现的现金流量金额在各期分布差异明显，则上述商标权与专利技术的未来现金流量显著不同，因而该两项资产的交换具有商业实质。

(2)换入资产与换出资产的预计未来现金流量现值不同，且其差额与换入资产和换出资产的公允价值相比是重大的。

企业如按照上述第一个条件难以判断某项非货币性资产交换是否具有商业实质，即可根据第二个条件，通过计算换入资产和换出资产的预计未来现金流量现值，进行比较后判断。资产预计未来现金流量现值，应当按照资产在持续使用过程和最终处置时预计产生的未来现金流量，根据企业自身而不是市场参与者对资产特定风险的评价，选择恰当的折现率对预计未来现金流量折现后的金额加以确定，即国际财务报告准则所称的“主体特定价值”。

从市场参与者的角度分析，换入资产和换出资产预计未来现金流量在风险、时间和金额方面可能相同或相似，但是，鉴于换入资产的性质和换入企业经营活动的特征等因素，换入资产与换入企业其他现有资产相结合，能够比换出资产产生更大的作用，使换入企业受该换入资产影响的经营活动部分产生的现金流量，与换出资产明显不同，即换入资产对换入企业的使用价值与换出资产对该企业的使用价值明显不同，使换入资产预计未来现金流量现值与换出资产发生明显差异，因而表明该两项资产的交换具有商业实质。

(二)交换涉及的资产类别与商业实质的关系

企业在判断非货币性资产交换是否具有商业实质时，还可以从资产是否属于同一类别进行分析，因为不同类非货币性资产因其产生经济利益的方式不同，一般来说其产生的未来现金流量风险、时间和金额也不相同，因而不同类非货币性资产之间的交换是否具有商业实质，通常较易判断。不同类非货币性资产是指在资产负债表中列示的不同大类的非货币性资产，比如存货、固定资产、投资性房地产、生物资产、长期股权投资、无形资产等都是不同类别的资产。例如，企业以一项用于出租的投资性房地产交换一项固定资产自用，属于不同类非货币性资产交换，在这种情况下，企业就将未来现金流量由每期产生的租金流，转化为该项资产独立产生、或包括该项资产的资产组协同产生的现金流。通常情况下，由定期租金带来的现金流量与用于生产经营的固定资产产生的现金流量在风险、时间和金额方面有所差异，因此，该两项资产的交换应当视为具有商业实质。

同类非货币性资产交换是否具有商业实质，通常较难判断。企业应当重点关注的是换入资产和换出资产为同类资产的情况，同类资产产生的未来现金流量既可能相同，也可能显著不同，它们之间的交换因而可能具有商业实质，也可能不具有商业实质。比如，A企业将自己拥有的一幢建筑物，与B企业拥有的在同一地点的另一幢建筑物相交换，两幢建筑物的建造时间、建造成本等均相同，但两者未来现金流量的风险、时间和金额可能不同。

通常情况下，商品用于交换具有类似性质和相等价值的商品，这种非货币性资产交换不产生损益，这种情况通常发生在某些特定商品上，比如石油或牛奶，供应商为满足特定地区对这类商品的即时需要，在不同的地区交换各自的商品(存货)。比如A石油销售公司有部分客户在B石油销售公司的所在地，B公司有部分客户在A公司所在地，为了满足两地客户的即时需求，A公司将其相同型号、容量和价值的石油供应给B公司在A公司所在地的客户，同样，B公司也将相同型号、容量和价值的石油供应给A公司在B公司所在地的客户，这样的非货币性资产交换不具有商业实质，因此不能确认损益。

(三)关联方之间交换资产与商业实质的关系

在确定非货币性资产交换是否具有商业实质时，企业应当关注交易各方之间是否存在关联方关系。关联方关系的存在可能导致发生的非货币性资产交换不具有商业实质。

第二节　案例分析与操作指南

一、以公允价值计量的会计处理

【案例1】不涉及补价的情况。资料：

2018年12月，A公司以生产经营过程中使用的一台设备交换B打印机公司生产的一批打印机，换入的打印机作为固定资产管理。A、B公司均为增值税一般纳税人，适用的增值税税率为16%。设备的账面原价为150万元，在交换日已计提累计折旧为45万元，公允价值为90万元。打印机的账面价值为110万元，在交换日的市场价格为90万元，计税价格等于市场价格。B公司换入A公司的设备是生产打印机过程中需要使用的设备。假设A公司此前没有为该项设备计提减值准备，整个交易过程中，除支付该项设备的运杂费15000元外，没有发生其他相关税费。假设B公司此前也没有为库存打印机计提存货跌价准备，其在整个交易过程中没有发生除增值税以外的其他税费。则交易双方应如何进行会计处理？

【分析】整个资产交换过程没有涉及收付货币性资产，因此，该项交换属于非货币性资产交换。本例对A公司来讲，换入的打印机是经营过程中必需的资产，对B公司来讲换入的设备是生产打印机过程中必须使用的机器，两项资产交换后对换入企业的特定价值显著不同，两项资产的交换具有商业实质；同时，两项资产的公允价值都能够可靠计量，符合以公允价值计量的两个条件，因此，A公司和B公司均应当以换出资产的公允价值为基础，确定换入资产的成本，并确认产生的损益。

A公司的账务处理如下。

换入打印机的增值税进项税额=900000×16%=144000(元)。

换出设备的增值税销项税额=900000×16%=144000(元)。

借：固定资产清理　1050000
　　累计折旧　450000
　　贷：固定资产——设备　1500000

借：固定资产清理　15000
　　贷：银行存款　15000

借：固定资产——打印机　900000
　　应交税费——应交增值税(进项税额)　144000
　　资产处置损益　165000
　　贷：固定资产清理　1065000
　　　　应交税费——应交增值税(销项税额)　144000

B公司的账务处理如下。

根据增值税的有关规定，企业以库存商品换入其他资产，视同销售行为发生，应计算增值税销项税，缴纳增值税。

换出打印机的增值税销项税额=900000×16%=144000(元)。

换入设备的增值税进项税额=900000×16%=144000(元)。

借：固定资产——设备　900000
　　应交税费——应交增值税(进项税额)　144000
　　贷：主营业务收入　900000
　　　　应交税费——应交增值税(销项税额)　144000

借：主营业务成本　1100000
　　贷：库存商品——打印机　1100000

【操作指南】非货币性资产交换具有商业实质且公允价值能够可靠计量的，应当以换出资产的公允价值和应支付的相关税费作为换入资产的成本，除非有确凿证据表明换入资产的公允价值比换出资产公允价值更加可靠。

在以公允价值计量的情况下，不论是否涉及补价，只要换出资产的公允价值与其账面价值不相同，就一定会涉及损益的确认，因为非货币性资产交换损益通常是换出资产公允价值与换出资产账面价值的差额，通过非货币性资产交换予以实现。

非货币性资产交换的会计处理，视换出资产的类别不同而有所区别。

(1)换出资产为存货的，应当视同销售处理，根据《企业会计准则第14号——收入》的规定确定交易价格，确认销售收入，同时结转销售成本，确认的收入和结转的成本之间的差额在利润表中作为营业利润的构成部分予以列示。

(2)换出资产为固定资产、无形资产的，换出资产公允价值和换出资产账面价值的差额，计入资产处置损益。

(3)换出资产为长期股权投资的，换出资产公允价值和换出资产账面价值的差额，计入投资收益。

换入资产与换出资产涉及相关税费的，如换出存货视同销售计算的销项税额，换入资产作为存货应当确认的可抵扣增值税进项税额等，按照相关税收规定计算确定。

【案例2】涉及补价的情况。资料：

甲公司以其积压的原材料A一批换取乙公司的设备B一台，该批原材料A的账面成本为40万元，不含税售价为35万元，已提存货跌价准备4万元；该台设备B的账面原值为50万元，累计折旧为10万元，公允价值为30万元，已计提减值准备5万元；乙公司向甲公司支付补价5.8万元(不含税补价为5万元)。甲、乙公司为增值税一般纳税人，适用增值税税率为16%，均开具增值税专用发票一张。甲公司将换入的设备B作为固定资产管理，乙公司将换入的原材料A作为库存材料管理。设备B涉及的增值税作为进项税额可以抵扣，且整个交易过程没有发生增值税以外的其他相关税费。则交易双方应如何进行会计处理?

【分析】甲公司的账务处理如下。

(1)由于收到的补价与换出资产的公允价值的比例=5÷35×100%=14.29%，小于25%，因此这一交换行为属于非货币性资产交换。

(2)换出原材料A的增值税销项税额=35×16%=5.6(万元)。

(3)换入设备B的增值税进项税额=30×16%=4.8(万元)。

(4)会计分录如下。

借：银行存款	58000	
固定资产	300000	
应交税费——应交增值税(进项税额)	48000	
贷：其他业务收入		350000
应交税费——应交增值税(销项税额)		56000

借：其他业务成本　400000
　　贷：原材料　400000
借：存货跌价准备　40000
　　贷：其他业务成本　40000

乙公司的账务处理如下。

换入原材料 A 的增值税进项税额＝35×16%＝5.6(万元)。

换出设备 B 的增值税销项税额＝30×16%＝4.8(万元)。

借：固定资产清理　350000
　　累计折旧　100000
　　固定资产减值准备　50000
　　贷：固定资产　500000
借：原材料　350000
　　应交税费——应交增值税(进项税额)　56000
　　资产处置损益　50000
　　贷：银行存款　58000
　　　　固定资产清理　350000
　　　　应交税费——应交增值税(销项税额)　48000

【操作指南】在涉及补价的情况下，支付补价方收到的资产的成本，按换出资产的公允价值加上支付的补价和应支付的相关税费确定，并将换出资产的公允价值与换出资产的账面价值之间的差额计入当期损益。

在涉及补价的情况下，收到补价方收到的资产的成本，按换出资产的公允价值减去收到的补价再加上应支付的相关税费确定，并将换出资产的公允价值与换出资产的账面价值之间的差额计入当期损益。

二、以账面价值计量的会计处理

【案例 3】以换出资产账面价值计量的会计处理。资料：

丙公司拥有一台专有设备，设备账面原价为 450 万元，已计提折旧 330 万元，丁公司拥有一项长期股权投资，账面价值为 90 万元，两项资产均未计提减值准备。丙公司决定以其专有设备交换丁公司的长期股权投资，该专有设备是生产某种产品必需的设备。由于专有设备系当时专门制造、性质特殊，其公允价值不能可靠计量；丁公司拥有的长期股权投在活跃市场中没有报价，其公允价值也不能可靠计量。经双方商定，丁公司向丙公司支付了 20 万元补价。假定交易不考虑相关税费。则交易双方应如何进行会计处理？

【分析】该项资产交换涉及收付货币性资产，即补价 20 万元。对丙公司而言，收到的补价 20 万元÷换出产账面价值 120 万元=16.7%<25%。因此，该项交换属于非货币性资产交换，丁公司的情况也类似。由于两项资产的公允价值不能可靠计量，因此，丙、丁公司换入资产的成本均应当按照换出资产的账面价值确定。

丙公司的账务处理如下。

借：固定资产清理　　1200000
　　累计折旧　　3300000
　　贷：固定资产——专有设备　　4500000

借：长期股权投资　　1000000
　　银行存款　　200000
　　贷：固定资产清理　　1200000

丁公司的账务处理如下。

借：固定资产——专有设备　　1100000
　　贷：长期股权投资　　900000
　　　　银行存款　　200000

由于整个非货币性资产交换是以账面价值为基础计量的，支付补价方和收到补价方均不确认损益。

【操作指南】非货币性资产交换不具有商业实质，或者虽然具有商业实质但换入资产和换出资产的公允价值均不能可靠计量的，应当以换出资产账面价值为基础确定换入资产成本，无论是否支付补价，均不确认损益。

一般来讲，如果换入资产和换出资产的公允价值都不能可靠计量时，该项非货币性资产交换通常不具有商业实质，因为在这种情况下，很难比较两项资产产生的未来现金流量在时间、风险和金额方面的差异，很难判断两项资产交换后对企业经济状况改变所起的不同效用。因而，此类资产交换通常不具有商业实质。

三、涉及多项非货币性资产交换的会计处理

【案例 4】以公允价值计量的情况。资料：

甲公司和乙公司均为增值税一般纳税人，适用的增值税税率均为 16%。2019 年 1 月，为适应业务发展的需要，经协商，甲公司决定以生产经营过程中使用的机器设备和专用货车换入乙公司生产经营过程中使用的小汽车和客运汽车。甲公司设备的账面原价为 1800 万元，在交换日已计提累计折旧为 300 万元，公允价值为 1350 万元；货车的账面原价为 600 万元，在交换日已计提累计折旧为 480 万元，公允价值为 100 万元。乙公司小汽车的账面原价为 1300 万元，在交换日已计提累计折旧为 690 万元，公允价值为 709.5 万元；客运汽车的账面原价为 1300 万元，在交换日已计提累计折旧为 680 万元，公允价值为 700 万元。乙公司另外向甲公司支付银行存款 46.98 万元，其中包括由于换

出和换入资产公允价值不同而支付的补价40.5万元，以及换出资产销项税额与换入资产进项税额的差额6.48万元。

假定甲公司和乙公司都没有为换出资产计提减值准备；甲公司换入乙公司的小汽车、客运汽车作为固定资产使用和管理；乙公司换入甲公司的设备、货车也作为固定资产使用和管理。甲公司和乙公司上述交易涉及的增值税进项税额按照税法规定可抵扣且已得到认证；不考虑其他相关税费。则交易双方应如何进行会计处理?

【分析】本例涉及收付货币性资产，应当计算甲公司收到的货币性资产占甲公司换出公允价值总的比例，40.5÷(1350+100)=2.79%<25%。因此认定这一涉及多项资产的交换行为属于非货币性资产交换。

甲公司的账务处理如下。

(1)根据税法的有关规定。

换出设备的增值税销项税额=1350×16%=216(万元)。

换出货车的增值税销项税额=100×16%=16(万元)。

换入小汽车、客运汽车的增值税进项税额=(709.5+700)×16%=225.52(万元)。

(2)计算换入资产、换出资产公允价值总额。

换出资产公允价值总额=1350+100=1450(万元)。

换入资产公允价值总额=709.5+700=1409.5(万元)。

(3)计算换入资产总成本。

换入资产总成本=换出资产公允价值一收取的补价+应支付的相关税费=1450-40.5+0=1409.5(万元)。

(4)计算确定换入各项资产的公允价值占换入资产公允价值总额的比例。

小汽车公允价值占换入资产公允价值总额的比例=709.5÷1409.5=50.34%。

客运汽车公允价值占换入资产公允价值总额的比例=700÷1409.5=49.66%。

(5)计算确定换入各项资产的成本。

小汽车的成本=1409.5×50.34%=709.5(万元)。

客运汽车的成本=1409.5×49.66%=700(万元)。

(6)会计分录如下。

借：固定资产清理	16200000	
累计折旧	7800000	
贷：固定资产——设备		18000000
——货车		600000
借：固定资产——小汽车	7095000	
——客运汽车	7000000	
应交税费——应交增值税(进项税额)	2255200	

银行存款　469800

资产处置损益　1700000

贷：固定资产清理　16200000

应交税费——应交增值税（销项税额）　2320000

乙公司的账务处理如下。

（1）根据税法的有关规定。

换入货车的增值税进项税额=100×16%=16（万元）。

换入设备的增值税进项税额=1350×16%=216（万元）。

换出小汽车、客运汽车的增值税销项税额=（709.5+700）×16%=225.52（万元）。

（2）计算换入资产、换出资产公允价值总额。

换入资产公允价值总额=1350+100=1450（万元）。

换出资产公允价值总额=709.5+700=1409.5（万元）。

（3）确定换入资产总成本。

换入资产总成本=换出资产公允价值+支付的补价+应支付的相关税费=1409.5+40.5+0=1450（万元）。

（4）计算确定换入各项资产的公允价值占换入资产公允价值总额的比例。

设备公允价值占换入资产公允价值总额的比例=1350÷1450=93.1%。

货车公允价值占换入资产公允价值总额的比例=100÷1450=6.9%。

（5）计算确定换入各项资产的成本。

设备的成本=1450×93.1%=1350（万元）。

货车的成本=1450×6.9%=100（万元）。

（6）会计分录如下。

借：固定资产清理　12300000

累计折旧　13700000

贷：固定资产——小汽车　13000000

——客运汽车　13000000

借：固定资产——设备　13500000

——货车　1000000

应交税费——应交增值税（进项税额）　2320000

贷：固定资产清理　12300000

应交税费——应交增值税（销项税额）　2255200

银行存款　469800

资产处置损益　1795000

【操作指南】 企业以一项非货币性资产同时换入另一企业的多项非货币性资产，或同时以多项非货币性资产换入另一企业的一项非货币性资产，或以多项非货币性资产同时换入多项非货币性资产，也可能涉及补价。涉及多项资产的非货币性资产交换，企业无法将换出的某一资产与换入的某一特定资产相对应。与单项非货币性资产之间的交换一样，涉及多项资产的非货币性资产交换的计量，企业也应当首先判断是否符合以公允价值计量的两个条件，再分别情况确定各项换入资产的成本。

资产交换具有商业实质、且各项换出资产和各项换入资产的公允价值均能够可靠计量。在这种情况下，换入资产的总成本应当按照换出资产的公允价值总额为基础确定，除非有确凿证据表明换入资产的公允价值总额更加可靠。各项换入资产的成本，应当按照各项换入资产的公允价值占换入资产公允价值总额的比例，对换入资产总成本进行分配，确定各项换入资产的成本。

资产交换具有商业实质、且换入资产的公允价值能够可靠计量、但换出资产的公允价值不能可靠计量。在这种情况下，换入资产的总成本应当按照换入资产的公允价值总额为基础确定，各项换入资产的成本，应当按照各项换入资产的公允价值占换入资产公允价值总额的比例，对换入资产总成本进行分配，确定各项换入资产的成本。

【案例5】以账面价值计量的情况。资料：

2019年1月，甲公司因经营战略发生较大转变，产品结构发生较大调整，原生产产品的专有设备、专利技术等已不符合生产新产品的需要，经与乙公司协商，将其专用设备连同专利技术与乙公司正在建造过程中的一幢建筑物、及对丙公司的长期股权投资进行交换。甲公司换出专有设备的账面原价为1200万元，已提折旧750万元；专利技术账面原价为450万元，已摊销金额为270万元。乙公司在建工程截止到交换日的成本为525万元，对丙公司的长期股权投资账面余额为150万元。由于甲公司持有的专有设备和专利技术市场上已不多见，因此公允价值不能可靠计量。乙公司的在建工程因完工程度难以合理确定，其公允价值不能可靠计量，由于丙公司不是上市公司，乙公司对丙公司长期股权投资的公允价值也不能可靠计量。假定甲、乙公司均未对上述资产计提减值准备，假定不考虑相关税费等因素。则交易双方应如何进行会计处理?

【分析】本例不涉及收付货币性资产，属于非货币性资产交换。由于换入资产、换出资产的公允价值均不能可靠计量，甲、乙公司均应当以换出资产账面价值总额作为换入资产的成本，各项换入资产的成本，应当按各项换入资产的账面价值占换入资产账面价值总额的比例分配后确定。甲公司的账务处理如下。

(1)计算换入资产、换出资产账面价值总额。

换入资产账面价值总额=525+150=675(万元)。

换出资产账面价值总额=(1200-750)+(450-270)=630(万元)。

(2)确定换入资产总成本。

换入资产总成本=630(万元)。

(3)计算各项换入资产账面价值占换入资产账面价值总额的比例。

在建工程账面价值占换入资产账面价值总额的比例=525÷675=77.78%。

长期股权投资账面价值占换入资产账面价值总额的比例=150÷675=22.22%。

(4)确定各项换入资产成本。

在建工程成本=630×77.78%=490.014(万元)。

长期股权投资成本=630×22.22%=139.986(万元)。

(5)会计分录如下。

借：固定资产清理　　4500000
　　累计折旧　　7500000
　　贷：固定资产——专有设备　　12000000
借：在建工程　　4900140
　　长期股权投资　　1399860
　　累计摊销　　2700000
　　贷：固定资产清理　　4500000
　　　　无形资产——专利技术　　4500000

乙公司的账务处理如下。

(1)计算换入资产、换出资产账面价值总额。

换入资产账面价值总额=(1200-750)+(450-270)=630(万元)。

换出资产账面价值总额=525+150=675(万元)。

(2)确定换入资产总成本。

换入资产总成本=675(万元)。

(3)计算各项换入资产账面价值占换入资产账面价值总额的比例。

专有设备账面价值占换入资产账面价值总额的比例=450÷630=71.43%。

专利技术账面价值占换入资产账面价值总额的比例=180÷630=28.57%。

(4)确定各项换入资产成本。

专有设备成本=675×71.43%=482.1525(万元)。

专利技术成本=675×28.57%=192.8475(万元)。

(5)会计分录如下。

借：固定资产——专有设备　　4821525
　　无形资产——专利技术　　1928475
　　贷：在建工程　　5250000
　　　　长期股权投资　　1500000

【操作指南】资产交换具有商业实质、且换出资产的公允价值能够可靠计量、但换入资产的公允价值不能可靠计量。在这种情况下，换入资产的总成本应当按照换出资产的公允价值总额为基础确定，各项换入资产的成本，应当按照各项换入资产的原账面价值占换入资产原账面价值总额的比例，对按照换出资产公允价值总额确定的换入资产总成本进行分配，确定各项换入资产的成本。

资产交换不具有商业实质、或换入资产和换出资产的公允价值均不能可靠计量。在这种情况下，换入资产的总成本应当按照换出资产的账面价值总额为基础确定，各项换入资产的成本，应当按照各项换入资产的原账面价值占换入资产原账面价值总额的比例，对按照换出资产账面价值总额为基础确定的换入资产总成本进行分配，确定各项换入资产的成本。

第九章　资产减值

第一节　资产减值概述

一、资产减值概念及范围

资产减值是指企业资产的可收回金额低于其账面价值时，即表明资产发生了减值。当资产发生减值时企业应当确认资产减值损失，并把资产的账面价值减记至可收回金额。资产的主要特征之一是它必须能够为企业带来经济利益的流入，如果资产不能够为企业带来经济利益或者带来的经济利益低于其账面价值，那么，该资产就不能再予确认，或者不能再以原账面价值予以确认，否则不符合资产的定义，也无法反映资产的实际价值，其结果会导致企业资产虚增和利润虚增，从而影响会计信息使用者做出正确的投资决策。

企业所有的资产在发生减值时，原则上都应当对所发生的减值损失及时加以确认和计量，因此，资产减值包括所有资产的减值。但是，由于有关资产特性不同，其减值会计处理也有所差别，因而所适用的具体准则也不尽相同。例如，存货、消耗性生物资产的减值分别适用《企业会计准则第 1 号——存货》和《企业会计准则第 5 号——生物资产》；递延所得税资产、融资租赁中出租人未担保余值等资产的减值，分别适用《企业会计准则第 18 号——所得税》和《企业会计准则第 21 号——租赁》；采用公允价值后续计量的投资性房地产和由《企业会计准则第 22 号——金融工具确认和计量》所规范的金融资产的减值，分别适用《企业会计准则第 3 号——投资性房地产》和《企业会计准则第 22 号——金融工具确认和计量》。除上述资产以外的资产，适用资产减值准则。这些资产通常属于非流动资产，具体包括：(1)对子公司、联营企业和合营企业的长期股权投资；(2)采用成本模式进行后续计量的投资性房地产；(3)固定资产；(4)生产性生物资产；(5)无形资产；(6)商誉；(7)探明石油天然气矿区权益和井及相关设施。

二、资产减值的迹象与测试

(一)资产减值迹象的判断

企业在资产负债表日应当判断资产是否存在可能发生减值的迹象，主要可从外部信息来源和内部信息来源两方面加以判断。存在下列迹象的，表明固定资产、无形资产等资产可能发生了减值。

(1)资产的市价当期大幅度下跌，其跌幅明显高于因时间的推移或者正常使用而预计的下跌。

(2)企业经营所处的经济、技术或者法律等环境，以及资产所处的市场在当期或者将在近期发生重大变化，从而对企业产生不利影响。

(3)市场利率或者其他市场投资报酬率在当期已经提高，从而影响企业计算资产预计未来现金流量现值的折现率，导致资产可收回金额大幅度降低。

(4)有证据表明资产已经陈旧过时或者其实体已经损坏。

(5)资产已经或者将被闲置、终止使用，或者计划提前处置。

(6)企业内部报告的证据表明资产的经济绩效已经低于或者将低于预期，如资产所创造的净现金流量或者实现的营业利润(或者亏损)远远低于(或者高于)预计金额等。

(7)其他表明资产可能已经发生减值的迹象。

因企业合并所形成的商誉和使用寿命不确定的无形资产，无论是否存在减值迹象，至少每年年末都应当进行减值测试。

需要说明的是，上述列举的资产减值迹象并不能穷尽所有的减值迹象，企业应当根据实际情况来认定资产可能发生减值的迹象。

(二)资产减值的测试

如果有确凿证据表明资产存在减值迹象的，应当进行减值测试，估计资产的可收回金额。资产存在减值迹象是资产是否需要进行减值测试的必要前提，但是以下资产除外，即因企业合并形成的商誉和使用寿命不确定的无形资产，对于这些资产，无论是否存在减值迹象，都应当至少于每年年度终了进行减值测试。其原因是，因企业合并所形成的商誉和使用寿命不确定的无形资产在后续计量中不再进行摊销，但是考虑到这些资产的价值和产生的未来经济利益有较大的不确定性，为了避免资产价值高估，及时确认商誉和使用寿命不确定的无形资产的减值损失，如实反映企业财务状况和经营成果，对于这些资产，企业至少应当于每年年度终了进行减值测试。另外，对于尚未达到可使用状态的无形资产，由于其价值具有较大的不确定性，也应当每年进行减值测试。

企业在判断资产减值迹象以决定是否需要估计资产可收回金额时，应当遵循重要性原则。根据这一原则，企业资产存在下列情况的，可以不估计其可收回金额。

(1)以前报告期间的计算结果表明，资产可收回金额远高于其账面价值，之后又没有发生消除这一差异的交易或者事项的，企业在资产负债表日可以不重新估计该资产的可收回金额。

(2)以前报告期间的计算与分析表明，资产可收回金额对于资产减值准则中所列示的一种或者多种减值迹象反应不敏感，在本报告期间又发生了这些减值迹象的，在资产负债表日企业可以不因为上述减值迹象的出现而重新估计该资产的可收回金额。比如在当期市场利率或者其他市场投资报酬率提高的情况下，如果企业计算资产未来现金流量现值时所采用的折现率不大可能受到该市场利率或者其他市场投资报酬率提高的影响；或者即使会受到影响，但以前期间的可收回金额敏感性分析表明，该资产预计未来现金流量也很可能相应增加，因而不大可能导致资产的可收回金额大幅度下降的，企业可以不必对资产可收回金额进行重新估计。

三、资产减值会计核算涉及的主要会计科目(见表 9-1)

表 9-1　资产减值会计核算涉及的主要会计科目表

科目名称	核算的主要内容
坏账准备	核算企业应收账款等的坏账准备，可按应收款项的类别进行明细核算
贷款损失准备	核算企业(银行)贷款的减值准备，可按计提贷款损失准备的资产类别进行明细核算
存货跌价准备	核算企业存货的跌价准备，可按存货项目或类别进行明细核算
长期股权投资减值准备	核算企业长期股权投资的减值准备，可按被投资单位进行明细核算
固定资产减值准备	核算企业固定资产的减值准备，可按固定资产项目进行明细核算
无形资产减值准备	核算企业无形资产的减值准备，可按无形资产项目进行明细核算
商誉减值准备	核算企业商誉的减值准备
资产减值损失	核算企业计提各项资产减值准备所形成的损失，可按资产减值损失的项目进行明细核算

四、资产减值可回收金额的计量

企业资产存在减值迹象的，应当估计其可收回金额，然后将所估计的资产可收回金额与其账面价值相比较，以确定资产是否发生了减值，以及是否需要计提资产减值准备并确认相应的减值损失。在估计资产可收回金额时，原则上应当以单项资产为基础，如果企业难以对单项资产的可收回金额进行估计的，应当以该资产所属的资产组为基础确定资产组的可收回金额。本章中的资产除特别指明外，既包括单项资产，也包括资产组。

在估计资产可收回金额时，应当遵循重要性原则，即以前报告期间的计算结果表明，资产可收回金额显著高于其账面价值，之后又没有消除这一差异的交易或者事项，资产负债表日可以不重新估计该资产的可收回金额。以前报告期间的计算与分析表明，资产可收回金额相对于某种减值迹象反应不敏感，在本报告期间又发生了该减值迹象的，可以不因该减值迹象的出现而重新估计该资产的可收回金额。

资产的可收回金额应当根据资产的公允价值减去处置费用后的净额与资产预计未来现金流量的现值两者之间较高者确定。

(一)资产的公允价值减去处置费用后净额的确定

资产的公允价值减去处置费用后的净额，应当分别按是否存在资产销售协议和活跃市场处理。

(1)对于存在资产销售协议的，应当根据公平交易中销售协议价格减去可直接归属于该资产处置费用的金额确定。

处置费用包括与资产处置有关的法律费用、相关税费、搬运费，以及为使资产达到可销售状态所发生的直接费用等。

(2)对于不存在销售协议但存在资产活跃市场的，应当按照该资产的市场价格减去处置费用后的金额确定。

资产的市场价格通常应当根据资产的买方出价确定。

(3)在销售协议和资产活跃市场均不存在的情况下，应当以可获取的最佳信息为基础，估计资产的公允价值减去处置费用后的净额，该净额可以参考同行业类似资产的最近交易价格或者结果进行估计。

(二)资产预计未来现金流量现值的确定

资产预计未来现金流量的现值，应当按照资产在持续使用过程中和最终处置时所产生的预计未来现金流量，选择恰当的折现率对其进行折现后的金额加以确定。预计资产未来现金流量的现值，应当综合考虑资产的预计未来现金流量、使用寿命和折现率等因素。

1. 预计未来现金流量

(1)预计的资产未来现金流量的内容。

预计的资产未来现金流量应当包括下列各项。

①资产持续使用过程中预计产生的现金流入。

②为实现资产持续使用过程中产生的现金流入所必需的预计现金流出(包括为使资产达到预定可使用状态所发生的现金流出)。该现金流出应当是可直接归属于或者可通过合理和一致的基础分配到资产中的现金流出。

③资产使用寿命结束时，处置资产所收到或者支付的净现金流量。该现金流量应当是在公平交易中，熟悉情况的交易双方自愿进行交易时，企业预期可从资产的处置中获取或者支付的、减去预计处置费用后的金额。

预计资产的未来现金流量，应当以资产的当前状况为基础，不应当包括与将来可能会发生的、尚未做出承诺的重组事项或者与资产改良有关的预计未来现金流量，也不应当包括筹资活动产生的现金流入或者流出以及与所得税收付有关的现金流量。

企业已经承诺重组的，在确定资产的未来现金流量的现值时，预计的未来现金流入和流出数，应当反映重组所能节约的费用和由重组所带来的其他利益，以及因重组所导致的估计未来现金流出数。其中重组所能节约的费用和由重组所带来的其他利益，通常应当根据企业管理层批准的最近财务预算或者预测数据进行估计；因重组所导致的估计未来现金流出数应当根据《企业会计准则第 13 号——或有事项》的规定所确认的因重组所发生的预计负债金额进行估计。

(2)企业预计资产未来现金流量的基础。

企业预计资产未来现金流量应建立在以下基础上。

①预计资产未来现金流量时，企业管理层应当在合理和有依据的基础上对资产剩余使用寿命内整个经济状况进行最佳估计。企业管理层应当通过分析过去预计现金流量和实际现金流量的差额产生的原因，来评价目前预计现金流量所依据假设的合理性。

②预计资产的未来现金流量，应当以经企业管理层批准的最近财务预算或者预测数据，以及该预算或者预测期之后年份稳定的或者递减的增长率为基础。企业管理层如能证明递增的增长率是合理的，可以以递增的增长率为基础。建立在预算或者预测基础上的预计现金流量最多涵盖5年，企业管理层如能证明更长的期间是合理的，可以涵盖更长的期间。

③在对预算或者预测期之后年份的现金流量进行预计时，所使用的增长率除了企业能够证明更高的增长率是合理的之外，不应当超过企业经营的产品、市场、所处的行业或者所在国家或者地区的长期平均增长率，或者该资产所处市场的长期平均增长率。

(3)预计资产未来现金流量的方法。

预计资产未来现金流量，通常应当根据资产未来每期最有可能产生的现金流量进行预测。采用期望现金流量法更为合理的，应当采用期望现金流量法预计资产未来现金流量。采用期望现金流量法，资产未来现金流量应当根据每期现金流量期望值进行预计，每期现金流量期望值，按照各种可能情况下的现金流量乘以相应的发生概率加总计算。

(4)预计资产未来现金流量应当考虑的因素。

①预计未来现金流量和折现率，应当在一致的基础上考虑因一般通货膨胀而导致物价上涨因素的影响。如果折现率考虑了这一影响因素，资产预计未来现金流量也应当考虑；折现率没有考虑这一影响因素的，预计未来现金流量也不应考虑。

②预计资产未来现金流量，应当分析以前期间现金流量预计数与实际数差异的情况，以评判预计当期现金流量依据假设的合理性。通常应当确保当期预计现金流量依据的假设与前期实际结果相一致。

③预计资产未来现金流量应当以资产的当前状况为基础，不应包括与将来可能会发生的、尚未做出承诺的重组事项或者与资产改良有关的预计未来现金流量。但未来发生的现金流出是为了维持资产正常运转或者资产原定正常产出水平所必需的，预计资产未来现金流量时应当将其考虑在内。

④预计在建工程、开发过程中的无形资产等资产的未来现金流量，应当包括预期为使该类资产达到预定可使用或可销售状态而发生的全部现金流出。

⑤资产的未来现金流量受内部转移价格影响的，应当采用在公平交易的前提下企业管理层能够达成的最佳的未来价格估计数进行预计。

2. 折现率

折现率是反映当前市场货币时间价值和资产特定风险的税前利率。该折现率是企业在购置或者投资资产时所要求的必要报酬率。在预计资产的未来现金流量时已经对资产特定风险的影响做了调整的，估计折现率不需要考虑这些特定风险。如果用于估计折现率的基础是税后的，应当将其调整为税前的折现率。

折现率的确定通常应当以该资产的市场利率为依据。该资产的利率无法从市场获得的，可以使用替代利率估计折现率。替代利率可以根据加权平均资金成本、增量借款利率或者其他相关市场借款利率做适当调整后确定。调整时，应当考虑与资产预计现金流量有关的特定风险以及其他有关政治风险、货币风险和价格风险等。

估计资产未来现金流量现值，通常应当使用单一的折现率。资产未来现金流量的现值对未来不同期间的风险差异或者利率的期间结构反应敏感的，应当在未来各不同期间采用不同的折现率。

3. 资产预计未来现金流量现值的计算

资产未来现金流量的现值，应当根据该资产预计的未来现金流量和折现率在资产剩余使用寿命内予以折现后的金额确定。计算公式为

资产预计未来现金流量现值＝$\sum$[第 t 年预计资产未来现金流量÷(1+折现率)^t]

应当注意的是，如果预计资产的未来现金流量涉及外币的，应当以该资产所产生的未来现金流量的结算货币为基础，按照该货币适用的折现率计算资产的现值；然后将该外币现值按照计算资产未来现金流量现值当日的即期汇率进行折算。

第二节　案例分析与操作指南

一、资产减值损失的确认与计量

【案例 1】资产减值损失的确认与计量。资料：

甲公司 2017 年年末对 A 装置进行减值测试。A 装置原值为 20000 万元，累计折旧为 5440 万元，2017 年年末账面价值为 14560 万元，预计尚可使用 6 年。假定 A 装置的公允价值减去处置费用后的净额难以确定，但 A 装置能独立生产产品并带来收入，因此，甲公司通过计算其未来现金流量的现值确定可收回金额。甲公司在考虑了与 A 装置有关的货币时间价值和特定风险因素后，确定 10%为该资产的最低必要报酬率，并将其作为计算未来现金流量现值时使用的折现率。甲公司根据历史资料和发展趋势，估计 A 装置在 2018 年至 2023 年每年预计未来现金流量。

根据上述资料，甲公司编制资产预计未来现金流量现值计算表，如表 9-2 所示(表

中现值系数可根据公式计算或者直接查复利现值系数表取得)。则甲公司应如何进行会计处理?

表 9-2 资产预计未来现金流量现值计算表

年度	预计未来现金流量(万元)	现值系数(折现率为 10%)	预计未来现金流量的现值(万元)
2018	2500	0.9091	2273
2019	2460	0.8264	2033
2020	2380	0.7513	1788
2021	2360	0.683	1612
2022	2390	0.6209	1484
2023	2470	0.5645	1394
合计	14560	—	10584

【分析】根据表 9-2 预测计算的结果,甲公司 A 装置预计未来现金流量的现值为 10584 万元,以此作为可收回金额,而 A 装置的账面价值为 14560 万元,则甲公司 2017 年末应将 A 装置账面价值高于可收回金额的差额 3976 万元确认为当期资产减值损失,并计提相应的减值准备。

则甲公司 2017 年年末应编制如下会计分录。

借:资产减值损失 39760000

贷:固定资产减值准备 39760000

【操作指南】企业在对资产进行减值测试后,如果可收回金额的计量结果表明,资产的可收回金额低于其账面价值的,应当将资产的账面价值减记至可收回金额,减记的金额确认为资产减值损失,计入当期损益,同时,计提相应的资产减值准备。这样,企业当期确认的减值损失应当反映在其利润表中,而计提的资产减值准备应当作为相关资产的备抵项目,反映于资产负债表中,从而夯实企业资产价值,避免利润虚增,如实反映企业的财务状况和经营成果。

为了正确核算企业确认的资产减值损失和计提的资产减值准备,企业应当设置“资产减值损失”科目,按照资产类别进行明细核算,反映各类资产在当期确认的资产减值损失金额;同时,应当根据不同的资产类别,分别设置“固定资产减值准备”“在建工程减值准备”“投资性房地产减值准备”“无形资产减值准备”“商誉减值准备”“长期股权投资减值准备”“生产性生物资产减值准备”等科目。

当企业确定资产发生了减值时,应当根据需确认的资产减值金额,借记“资产减值损失”科目,贷记“固定资产减值准备”“在建工程减值准备”“投资性房地产减值准备”“无形资产减值准备”“商誉减值准备”“长期股权投资减值准备”“生产性生物资产减值准备”等科目。在期末,企业应当将“资产减值损失”科目余额转入“本年利润”科目,结转后该科目应当没有余额。各资产减值准备科目累积每期计提的资产减值准备，直至相关资产被处置时才予以转出。

【案例2】确认资产减值损失后计提折旧或摊销的会计处理。资料：

2×15年1月1日，甲公司以银行存款120万元外购取得B特许权这一无形资产。根据相关约定，甲公司取得的B特许权预计可使用年限为6年，预计净残值为0，B特许权成本按直线法在6年内摊销。2×16年12月31日，由于与B特许权相关的经济因素发生不利变化，致使B特许权发生价值减损。甲公司据此估计其可收回金额为35万元。假设不考虑所得税及其他相关税费的影响；无形资产的预计使用年限保持不变。则甲公司应如何进行会计处理？(无须做购入时的处理)

【分析】根据上述资料，B特许权取得后，甲公司在整个使用年限的会计分录如下。

(1)2×15年、2×16年摊销B特许权无形资产账面价值。

借：管理费用　　200000

　　贷：累计摊销　　200000

(2)2×16年计提B特许权无形资产减值准备。

借：资产减值损失　　450000

　　贷：无形资产减值准备——B特许权减值准备　　450000

(3)2×17至2×20年各年摊销B特许权无形资产账面价值。

借：管理费用　　87500

　　贷：累计摊销　　87500

(4)2×20年12月31日，转销“无形资产——B特许权”科目和“无形资产减值准备——B特许权减值准备”科目的余额。

借：无形资产减值准备——B特许权减值准备　　450000

　　累计摊销　　750000

　　贷：无形资产——B特许权　　1200000

【操作指南】资产减值损失确认后，减值资产的折旧或者摊销费用应当在未来期间做相应调整，以使该资产在剩余使用寿命内，系统地分摊调整后的资产账面价值(扣除预计净残值)。比如，固定资产计提了减值准备后，固定资产账面价值将根据计提的减值准备相应抵减，因此，固定资产在未来计提折旧时，应当以新的固定资产账面价值为基础计提每期折旧。

注意：考虑到固定资产、无形资产、商誉等资产发生减值后，一方面价值回升的可能性比较小，通常属于永久性减值；另一方面从会计信息稳健性要求考虑，为了避免确认资产重估增值和操纵利润，资产减值损失一经确认，在以后会计期间不得转回。以前期间计提的资产减值准备，需要等到资产处置时才可转出。

二、资产组减值的会计处理

【案例3】资产组的认定。资料：

甲企业生产某单一产品，并且只拥有A、B、C三家工厂。三家工厂分别位于三个不同的国家，而三个国家又位于三个不同的洲。工厂A生产一种组件，由工厂B或者C进行组装，最终产品由B或者C销往世界各地，比如工厂B的产品可以在本地销售，也可以在C所在洲销售(如果将产品从B运到C所在洲更加方便的话)。

B和C的生产能力合在一起尚有剩余，并没有被完全利用。B和C生产能力的利用程度依赖于甲企业对于销售产品在两地之间的分配。如何分别认定与A、B、C有关的资产组？

【分析】假定A生产的产品(即组件)存在活跃市场，则A很可能可以认定为一个单独的资产组，原因是它生产的产品尽管主要用于B或者C，但是，由于该产品存在活跃市场，可以带来独立的现金流量，因此，通常应当认定为一个单独的资产组。在确定其未来现金流量的现值时，公司应当调整其财务预算或预测，将未来现金流量的预计建立在公平交易的前提下，以A所生产产品的未来价格作为其最佳估计数，而不是其内部转移价格。

对于B和C而言，即使B和C组装的产品存在活跃市场，由于B和C的现金流入依赖于产品在两地之间的分配，B和C的未来现金流入不可能单独地确定。因此，B和C组合在一起是可以认定的、可产生基本上独立于其他资产或者资产组的现金流入的资产组合。B和C应当认定为一个资产组。在确定该资产组未来现金流量的现值时，公司也应当调整其财务预算或预测，将未来现金流量的预计建立在公平交易的前提下，以从A所购入产品的未来价格作为其最佳估计数，而不是其内部转移价格。

【操作指南】根据规定，如果有迹象表明一项资产可能发生减值的，企业应当以单项资产为基础估计其可收回金额。但是，在企业难以对单项资产的可收回金额进行估计的情况下，应当以该资产所属的资产组为基础确定资产组的可收回金额。因此，资产组的认定就显得十分重要。资产组是企业可以认定的最小资产组合，其产生的现金流入应当基本上独立于其他资产或者资产组。资产组应当由创造现金流入相关的资产组成。

资产组的认定，应当以资产组产生的主要现金流入是否独立于其他资产或者资产组的现金流入为依据。因此，资产组能否独立产生现金流入是认定资产组的最关键因素。比如，企业的某一生产线、营业网点、业务部门等，如果能够独立于其他部门或者单位等创造收入、产生现金流，或者其创造的收入和现金流入绝大部分独立于其他部门或者单位的，并且属于可认定的最小的资产组合的，通常应将该生产线、营业网点、业务部门认定为一个资产组。

资产组的认定，应当考虑企业管理层对生产经营活动的管理或者监控方式(如是按照生产线、业务种类还是按照地区或者区域等)和对资产的持续使用或者处置的决策方式等。比如企业各生产线都是独立生产、管理和监控的，那么各生产线很可能应当认定为单独的资产组；如果某些机器设备是相互关联、互相依存的，其使用和处置是一体化决策的，那么，这些机器设备很可能应当认定为一个资产组。

注意：资产组一经确定后，在各个会计期间应当保持一致，不得随意变更。即资产组的各项资产构成通常不能随意变更。

【案例4】资产组减值的会计处理。资料：

XYZ公司有一条甲生产线，该生产线生产光学器材，由A、B、C三部机器构成，成本分别为400000元、600000元、1000000元。使用年限均为10年，净残值为零，以年限平均法计提折旧。各机器均无法单独产生现金流量，但整条生产线构成完整的产销单位，属于一个资产组。2018年甲生产线所生产的光学产品有替代产品上市，到年底，导致公司光学产品的销路锐减40%，因此，对甲生产线进行减值测试。

2018年12月31日，A、B、C三部机器的账面价值分别为200000元、300000元、500000元。估计A机器的公允价值减去处置费用后的净额为150000元，B、C机器都无法合理估计其公允价值减去处置费用后的净额以及未来现金流量的现值。

整条生产线预计尚可使用5年。经估计其未来5年的现金流量及其恰当的折现率后，得到该生产线预计未来现金流量的现值为600000元。由于公司无法合理估计生产线的公允价值减去处置费用后的净额，公司以该生产线预计未来现金流量的现值为其可收回金额。则XYZ公司应如何进行减值测试？

【分析】鉴于在2018年12月31日该生产线的账面价值为1000000元，而其可收回金额为600000元，生产线的账面价值高于其可收回金额，因此，该生产线已经发生了减值，公司应当确认减值损失400000元，并将该减值损失分摊到构成生产线的三部机器中。由于A机器的公允价值减去处置费用后的净额为150000元，因此，A机器分摊了减值损失后的账面价值不应低于150000元。具体分摊过程如表9-3所示。

表9-3 XYZ公司减值损失分摊表

项目	机器A	机器B	机器C	整个生产线(资产组)
账面价值	200000	300000	500000	1000000
可收回金额				600000
减值损失				400000
减值损失分摊比例	20%	30%	50%	
分摊减值损失	50000 *	120000	200000	370000
分摊后账面价值	150000	180000	300000	
尚未分摊的减值损失				30000
二次分摊比例		37.5%	62.5%	

续表

项目	机器 A	机器 B	机器 C	整个生产线(资产组)
二次分摊减值损失		11250	18750	30000
二次分摊后应确认减值损失总额		131250	218750,	400000
二次分摊后账面价值	150000	168750	281250	600000

＊按照分摊比例，机器 A 应当分摊减值损失 80000 元(400000×20%)，但由于机器 A 的公允价值减去处置用后的净额为 150000 元，因此，机器 A 最多只能确认减值损失 50000 元(200000－150000)，未能分摊的减值损失 3000 元(80000－50000)，应当在机器 B 和机器 C 之间进行再分摊。

【操作指南】 资产组减值测试的原理与单项资产是一致的，即企业需要预计资产组的可收回金额和计算资产组的账面价值，并将两者进行比较，如果资产组的可收回金额低于其账面价值的，表明资产组发生了减值损失，应当予以确认。

根据减值测试的结果，资产组(包括资产组组合，有关总部资产或者商誉的减值测试时涉及)的可收回金额如低于其账面价值的，应当确认相应的减值损失。减值损失金额应当按照以下顺序进行分摊。

首先，抵减分摊至资产组中商誉的账面价值。

然后，根据资产组中除商誉之外的其他各项资产的账面价值所占比重，按比例抵减其他各项资产的账面价值。

以上资产账面价值的抵减，应当作为各单项资产(包括商誉)的减值损失处理，计入当期损益。抵减后的各资产的账面价值不得低于以下三者之中最高者：该资产的公允价值减去处置费用后的净额(如可确定的)、该资产预计未来现金流量的现值(如可确定的)和零。因此而导致的未能分摊的减值损失金额，应当按照相关资产组中其他各项资产的账面价值所占比重进行分摊。

【案例 5】 商誉的减值测试及会计处理。资料：

假设 A 企业从 2015 年 1 月 1 日开始执行新的企业准则，在 2016 年 1 月 1 日以 2400 万元的价格收购了 B 企业 80%股权。在购买日，B 企业可辨认资产的公允价值为 2250 万元，没有负债和或有负债。A 企业在合并财务报表中确认：

商誉 600 万元(2400－2250×80%)；

B 企业可辨认净资产 2250 万元；

少数股东权益 450 万元(2250×20%)。

假定 B 企业所有资产被认定为一个资产组，且该资产组包括商誉。需要至少于每年年度终了进行减值测试。

假定 B 企业可辨认资产按 10 年进行折旧或者摊销，B 企业 2016 年年末可辨认净资产的账面价值为 2025 万元。

【分析】 (1)企业商誉的减值测试过程如下。

一是确定在合并报表中 B 企业资产组在 2016 年年末的账面价值。

合并报表中反映 B 企业的账面价值=2025+600=2625(万元)。

计算归属于少数股东权益的商誉价值=(2400÷80%-2250)×20%=150(万元)。

二是经计算确定 B 企业资产组在 2016 年年末的可收回金额为 1500 万元。

三是比较 B 企业资产组的账面价值与可收回金额，确认减值损失为 1275 万元(2625+150-1500)，2016 年年末商誉资产减值测试如表 9-4 所示。

表 9-4　2016 年年末商誉资产减值测试表

单位：万元

项目	A 企业商誉	B 企业可辨认净资产	合计
2016 年 1 月 1 日账面原值	600	2250	2850
2016 年累计折旧	–	225	225
2016 年年末账面价值	600	2025	2650
未确认少数股东权益	150	–	150
账面价值调整	750	2025	2775
可收回金额			1500
减值损失			1275

公司应当首先将 1275 万元减值损失分摊到商誉减值损失，其中分摊到少数股东权益的为 150 万元，归属于母公司的商誉减值损失为 600 万元，剩余的 525 万元在 B 企业各项可辨认资产之间进行分摊(见表 9-5)。

表 9-5　2016 年年末可辨认资产减值分摊表

单位：万元

项目	商誉	可辨认净资产	合计
商誉	600	2250	2850
累计折旧	–	225	225
账面价值总额	600	2025	2625
减值损失分摊	600	525	1125
减值后的账面价值	0	1500	1500

(2)商誉减值的账务处理。

借：资产减值损失——商誉减值损失　　6000000

　　贷：商誉减值准备　　6000000

(3)归属于 B 企业可辨认资产的 525 万元减值损失还需要做进一步分摊。

假定 B 企业 2016 年年末可辨认资产包括两项：一项固定资产账面价值为 1500 万元；另一项无形资产账面价值为 525 万元。525 万元的减值损失应当在上述两项资产之间进行分摊(结果万元取整)。

固定资产应分摊的减值损失=525×1500÷2025=389(万元)。

无形资产应分摊的减值损失=525×525÷2025=136(万元)。

账务处理如下。

借：资产减值损失——固定资产减值损失　　3890000
　　　　　　　　——无形资产减值损失　　1360000
　贷：固定资产减值准备　　3890000
　　　无形资产减值准备　　1360000

【操作指南】企业合并所形成的商誉，至少应当在每年年度终了进行减值测试。由于商誉难以独立产生现金流量，因此，商誉应当结合与其相关的资产组或者资产组组合进行减值测试。为了达到资产减值测试的目的，对于因企业合并形成的商誉的账面价值，应当自购买日起按照合理的方法分摊至相关的资产组；难以分摊至相关的资产组的，应当将其分摊至相关的资产组组合。这些相关的资产组或者资产组组合应当是能够从企业合并的协同效应中受益的资产组或者资产组组合，但不应当大于按照《企业会计准则第35号——分部报告》和《企业会计准则解释第3号》所确定的报告分部。

企业在对包含商誉的相关资产组或者资产组组合进行减值测试时，如与商誉相关的资产组或者资产组组合存在减值迹象的，应当首先对不包含商誉的资产组或者资产组组合进行减值测试，计算可收回金额，并与相关账面价值相比较，确认相应的减值损失。其次，再对包含商誉的资产组或者资产组组合进行减值测试，比较这些相关资产组或者资产组组合的账面价值(包括所分摊的商誉的账面价值部分)与其可收回金额，如相关资产组或者资产组组合的可收回金额低于其账面价值的，应当就其差额确认减值损失，减值损失金额应当首先抵减分摊至资产组或者资产组组合中商誉的账面价值。最后，根据资产组或者资产组组合中除商誉之外的其他各项资产的账面价值所占比重，按比例抵减其他各项资产的账面价值。与资产减值测试的处理一样，以上资产账面价值的抵减，也都应当作为各单项资产(包括商誉)的减值损失处理，计入当期损益。抵减后的各资产的账面价值不得低于以下三者之中最高者：该资产的公允价值减去处置费用后的净额(如可确定的)、该资产预计未来现金流量的现值(如可确定的)和零。因此而导致的未能分摊的减值损失金额，应当按照相关资产组或者资产组组合中其他各项资产的账面价值所占比重进行分摊。

由于按照《企业会计准则第20号——企业合并》的规定，因企业合并所形成的商誉是母公司根据其在子公司所拥有的权益而确认的商誉，子公司中归属于少数股东的商誉并没有在合并财务报表中予以确认。因此，在对与商誉相关的资产组或者资产组组合进行减值测试时，由于其可收回金额的预计包括归属于少数股东的商誉价值部分，为了使减值测试建立在一致的基础上，企业应当调整资产组的账面价值，将归属于少数股东权益的商誉包括在内，然后，根据调整后的资产组账面价值与其可收回金额进行比较，以确定资产组(包括商誉)是否发生了减值。

上述资产组如发生减值的，应当首先抵减商誉的账面价值，但由于根据上述方法计算的商誉减值损失包括了应由少数股东权益承担的部分，而少数股东权益拥有的商誉价值及其减值损失都不在合并财务报表中反映，合并财务报表只反映归属于母公司的商誉减值损失，因此，应当将商誉减值损失在可归属于母公司和少数股东权益之间按比例进行分摊，以确认归属于母公司的商誉减值损失。

三、首次执行日的会计处理

1. 执行新准则后报表项目的变化

根据《企业会计准则第30号——财务报表列报》第七条第二款资产项目按扣除减值准备后的净额列示，不属于抵销。财务报表在列示资产项目时按扣除计提资产减值准备后的净额列示，在利润表中增列“资产减值损失”项目。

2. 首次执行日的会计调整

(1)相关规定。根据《企业会计准则第38号——首次执行企业会计准则》第十三条规定，在首次执行日对商誉进行减值测试，对发生减值的，应当以计提减值准备后的金额确认，并调整留存收益。

(2)会计调整方法。对商誉减值的处理应该采用追溯调整法进行调整，调整分录如下。

借：利润分配——未分配利润

　　盈余公积

　　贷：商誉减值准备

第十章　职工薪酬

第一节　职工薪酬概述

一、职工薪酬的概念及分类

职工薪酬，是指企业为获得职工提供的服务或终止劳动合同关系而给予的各种形式的报酬。企业提供给职工配偶、子女、受赡养人、已故员工遗属及其他受益人等的福利，也属于职工薪酬。职工薪酬主要包括短期薪酬、离职后福利、辞退福利和其他长期职工福利。

这里所指的“职工”主要包括：①与企业订立劳动合同的所有人员，含全职、兼职和临时职工；②虽未与企业订立劳动合同、但由企业正式任命的人员，如董事会成员、监事会成员等；③在企业的计划和控制下，虽未与企业订立劳动合同或未由企业正式任命，但向企业所提供服务与职工所提供服务类似的人员，包括通过企业与劳务中介公司签订用工合同而向企业提供服务的人员。

(一)短期薪酬

短期薪酬，是指企业在职工提供相关服务的年度报告期间结束后12个月内需要全部予以支付的职工薪酬，因解除与职工的劳动关系给予的补偿除外(属于辞退福利)。

具体包括以下方面。

1. 职工工资、奖金、津贴和补贴

职工工资、奖金、津贴和补贴，是指企业按照构成工资总额的计时工资、计件工资、支付给职工的超额劳动报酬等的劳动报酬，为了补偿职工特殊或额外的劳动消耗和因其他特殊原因支付给职工的津贴，以及为了保证职工工资水平不受物价影响支付给职工的物价补贴等。其中，企业按照短期奖金计划向职工发放的奖金属于短期薪酬，按照长期奖金计划向职工发放的奖金属于其他长期职工福利。

企业应按照劳动工资制度的规定，根据考勤记录、工时记录、产量记录、工资标准、工资等级等编制“工资单”(亦称工资结算单、工资表、工资计算表等)。会计部门应将“工资单”进行汇总，编制“工资汇总表”，办理工资结算。

2. 职工福利费

职工福利费是指企业向职工提供的生活困难补助、丧葬补助费、抚恤费、职工异地安家费、防暑降温费等职工福利支出。

3. 社会保险费

医疗保险费、工伤保险费和生育保险费等社会保险费是指企业按照国家规定的基准和比例计算，向社会保险经办机构缴存的医疗保险费、工伤保险费和生育保险费等。

4. 住房公积金

住房公积金是指企业按照国家《住房公积金管理条例》规定的基准和比例计算，向住房公积金管理机构缴存的住房公积金。

5. 工会经费和职工教育经费

工会经费和职工教育经费是指企业为了改善职工文化生活、为职工学习先进技术和提高文化水平和业务素质，用于开展工会活动和职工教育及职业技能培训等的支出。企业应当在职工为其提供服务的会计期间，按工资总额的一定比例计提。

6. 短期带薪缺勤

带薪缺勤是指企业支付工资或提供补偿的职工缺勤，即指职工虽然缺勤但企业仍向其支付报酬的安排，包括年休假、病假、短期伤残、婚假、产假、丧假、探亲假等。长期带薪缺勤属于其他长期职工福利。

带薪缺勤分为累积带薪缺勤和非累积带薪缺勤。累积带薪缺勤，是指带薪缺勤权利可以结转下期的带薪缺勤，本期尚未用完的带薪缺勤权利可以在未来期间使用。非累积带薪缺勤，是指带薪缺勤权利不能结转下期的带薪缺勤，本期尚未用完的带薪缺勤权利将予以取消，并且职工离开企业时也无权获得现金支付。

7. 短期利润分享计划

短期利润分享计划是指因职工提供服务而与职工达成的基于利润或其他经营成果提供薪酬的协议。长期利润分享计划属于其他长期职工福利。

8. 非货币性福利

非货币性福利通常是指企业提供给职工的实物福利、服务性福利、优惠性福利等。其主要包括：企业以自产产品或外购商品发放给职工作为福利，将企业拥有的资产或租赁的资产无偿提供给职工使用，为职工无偿提供医疗保健服务，向职工提供企业支付了一定补贴的商品或服务，如以低于成本的价格向职工出售住房等。

9. 其他短期薪酬

其他短期薪酬是指除上述八种薪酬以外的其他为获得职工提供的服务而给予的短期薪酬。

(二)离职后福利

离职后福利是指企业为获得职工提供的服务而在职工退休或与企业解除劳动关系后，提供的各种形式的报酬和福利，短期薪酬和辞退福利除外。

离职后福利包括退休福利(如养老金和一次性的退休支付)及其他离职后福利(如离

职后失业保险和离职后医疗保障)。

企业应当按照承担的风险和义务情况，将离职后福利计划分类为设定提存计划和设定受益计划。

离职后福利计划是指企业与职工就离职后福利达成的协议，或者企业为向职工提供离职后福利制定的规章或办法等。其中，设定提存计划，是指向独立的基金缴存固定费用(如企业缴纳的养老保险、失业保险等)后，企业不再承担进一步支付义务的离职后福利计划；设定受益计划，是指除设定提存计划以外的离职后福利计划。

(三)辞退福利

辞退福利是指企业在职工劳动合同到期之前解除与职工的劳动关系，或者为鼓励职工自愿接受裁减而给予职工的补偿。

辞退福利主要包括以下内容。

(1)在职工劳动合同尚未到期前，不论职工本人是否愿意，企业决定解除与职工的劳动关系而给予的补偿。

(2)在职工劳动合同尚未到期前，为鼓励职工自愿接受裁减而给予的补偿，职工有权利选择继续在职或接受补偿离职。

辞退福利通常采取解除劳动关系时一次性支付补偿的方式，也采取在职工不再为企业带来经济利益后，将职工工资支付到辞退后未来某一期间的方式。

企业应当根据辞退福利的定义和包括的内容，区分辞退福利与正常退休的养老金。辞退福利是在职工与企业签订的劳动合同到期前，企业根据法律与职工本人或职工代表(如工会)签订的协议，或者基于商业惯例，承诺当其提前终止对职工的雇佣关系时支付的补偿，引发补偿的事项是辞退，因此，企业应当在辞退职工时进行辞退福利的确认和计量。职工在正常退休时获得的养老金，是其与企业签订的劳动合同到期时，或者职工达到了国家规定的退休年龄时获得的退休后生活补偿金额，引发补偿的事项是职工在职时提供的服务，而不是退休本身，因此，企业应当在职工提供服务的会计期间进行养老金的确认和计量。

另外，职工虽然没有与企业解除劳动合同，但未来不再为企业提供服务，不能为企业带来经济利益，企业承诺提供实质上具有辞退福利性质的经济补偿的，如发生“内退”的情况，在其正式退休日期之前应当比照辞退福利处理，在其正式退休日期之后，应当按照离职后福利处理。

(四)其他长期职工福利

其他长期职工福利是指除短期薪酬、离职后福利、辞退福利之外所有的职工薪酬，包括长期带薪缺勤、长期残疾福利、长期利润分享计划等。

二、职工薪酬会计核算涉及的主要会计科目(见表 10-1)

表 10-1　职工薪酬会计核算涉及的主要会计科目表

科目名称	核算的主要内容
应付职工薪酬——工资	核算企业根据有关规定计提的应付给职工的工资
应付职工薪酬——职工福利费	核算企业根据有关规定计提应付的职工福利费
应付职工薪酬——社会保险费	核算企业根据有关规定计提应付的社会保险费
应付职工薪酬——住房公积金	核算企业根据有关规定计提应付的住房公积金
应付职工薪酬——工会经费	核算企业根据有关规定计提应付的工会经费
应付职工薪酬——职工教育经费	核算企业根据有关规定计提应付的职工教育经费
应付职工薪酬——辞退福利费	核算企业根据有关规定计提应付的辞退福利费

第二节　案例分析与操作指南

一、短期薪酬的确认与计量

【案例 1】货币性短期薪酬的会计处理。资料：

甲公司 2018 年 11 月应付工资总额为 100000 元。其中：生产部门直接生产人员工资 40000 元，生产部门管理人员工资 15000 元；管理部门人员工资 21000 元；销售部门人员工资 10000 元；建造厂房人员工资 6000 元；内部开发存货管理系统人员工资 8000 元。该公司发生职工福利费 2000 元，其中：生产部门直接生产人员福利费 800 元，生产部门管理人员福利费 300 元；管理部门人员福利费 420 元；销售部门人员福利费 200 元；建造厂房人员福利费 120 元；内部开发存货管理系统人员福利费 160 元。

11 月 30 日，公司按照职工工资总额的 10%分别计提医疗保险费和住房公积金，按工资总额的 2%和 2.5%计提工会经费和职工教育经费。另外，应由企业代扣代缴职工个人应负担的住房公积金为 10000 元，个人所得税为 1500 元。假定该公司的存货管理系统已经处于开发阶段，并符合资本化标准。公司当月发生的职工薪酬费用应在下月初支付。则甲公司 11 月应如何进行会计处理？

【分析】甲公司 2018 年 11 月确认应付职工薪酬时应进行如下会计处理。

①工资分配进成本、费用时。

借：生产成本	40000
制造费用	15000
管理费用	21000
销售费用	10000

在建工程 6000
研发支出——资本化支出 8000
贷：应付职工薪酬——工资 100000

②发生职工福利费时。

借：生产成本 800
制造费用 300
管理费用 420
销售费用 200
在建工程 120
研发支出——资本化支出 160
贷：应付职工薪酬——职工福利费 2000

③按工资总额10%分别计算应缴纳的医疗保险费和住房公积金时。

借：生产成本 8000
制造费用 3000
管理费用 4200
销售费用 2000
在建工程 1200
研发支出——资本化支出 1600
贷：应付职工薪酬——社会保险费 10000
——住房公积金 10000

④按工资总额2%和2.5%分别计提工会经费和职工教育经费时。

借：生产成本 1800
制造费用 675
管理费用 945
销售费用 450
在建工程 270
研发支出——资本化支出 360
贷：应付职工薪酬——工会经费 2000
——职工教育经费 2500

⑤代扣代缴职工个人应负担的住房公积金和个人所得税时。

借：应付职工薪酬——工资 11500
贷：其他应付款——应付住房公积金 10000
应交税费——应交个人所得税 1500

【操作指南】 企业应当在职工为其提供服务的会计期间，将实际发生的短期薪酬确认为负债，并计入当期损益，其他《企业会计准则》要求或允许计入资产成本的除外。

(1)企业发生的职工工资、津贴和补贴等短期薪酬，应当根据职工提供服务情况和工资标准等计算应计入职工薪酬的工资总额，并按照受益对象计入当期损益或相关资产成本。

(2)企业发生的职工福利费，应当在实际发生时根据实际发生额计入当期损益或相关资产成本。职工福利费为非货币性福利的，应当按照公允价值计量。公允价值不能可靠取得的，可以采用成本计量。

(3)企业为职工缴纳的医疗保险费、工伤保险费、生育保险费等社会保险费和住房公积金，以及按规定提取的工会经费和职工教育经费，应当在职工为其提供服务的会计期间，根据规定的计提基础和计提比例计算确定相应的职工薪酬金额，并确认相应负债，按照受益对象，计入当期损益或相关资产成本。

(4)企业应当在职工提供服务从而增加了其未来享有的带薪缺勤权利时，确认与累积带薪缺勤相关的职工薪酬，并以累积未行使权利而增加的预期支付金额计量。对于确认当期已行使权利的累积带薪缺勤，因相应的薪酬已经包括在当期的薪酬金额中，因此，不必额外作相应的计量。

企业应当在职工实际发生缺勤的会计期间确认与非累积带薪缺勤相关的职工薪酬。由于企业确认的职工享有的与非累积带薪缺勤权利相关的职工薪酬，通常已经包括在企业每期向职工发放的工资等薪酬中，因此，不必额外作相应的计量。

货币性短期薪酬是企业以货币形式发放的职工薪酬，主要有工资、职工福利、社会保险费、住房公积金、工会经费、职工教育经费等。企业实际发生短期薪酬时，借记“生产成本”“制造费用”“管理费用”“销售费用”等科目，贷记“应付职工薪酬”科目；待到发放时，借记“应付职工薪酬”科目，贷记“银行存款”等科目。

【案例2】非货币性短期薪酬(企业以自产产品或外购商品作为福利发放给职工)的会计处理。资料：

乙公司是一家食品加工企业，有职工100名，其中生产工人70名，管理人员30名。2×16年4月，乙公司以其生产的大礼包食品作为福利发放给职工，每人1份。该大礼包的单位成本为240元，单位售价(计税价格)为300元，适用的增值税税率为16%。则乙公司应如何进行会计处理?

【分析】发放非货币性福利时。

借：应付职工薪酬——非货币性福利　　34800

　　贷：主营业务收入　　30000

　　　　应交税费——应交增值税(销项税额)　　4800

借：主营业务成本　　24000

　　贷：库存商品　　24000

分配非货币性福利时：

本月应确认的非货币性福利=300×100×(1+16%)=34800(元)。

其中：

生产工人非货币性福利=300×70×(1+16%)=24360(元)。

管理人员非货币性福利=300×30×(1+16%)=10440(元)。

借：生产成本　　24360

　　管理费用　　10440

　　贷：应付职工薪酬——非货币性福利　　34800

【操作指南】企业以自产产品或外购商品作为福利发放给职工。企业以自产产品作为福利发放给职工，应当按照该产品的公允价值和相关税费计入职工薪酬和相应的成本费用中，并确认主营业务收入，同时结转成本，根据《中华人民共和国增值税暂行条例实施细则》第四条第五项的规定，纳税人将自产、委托加工的货物用于集体福利或者个人消费的应视同销售货物，按规定计算纳税。企业以外购商品作为福利发放给职工，应当按照该商品的公允价值和相关税费，计量应计入成本费用的职工薪酬金额，根据《增值税暂行条例》第十条第一项规定，用于集体福利或者个人消费的购进货物的进项税额不得从销项税额中抵扣。核算时通过“应付职工薪酬”科目归集当期应计入成本费用的非货币性职工薪酬金额，据以计算完整准确的人工成本金额。

【案例3】非货币性短期薪酬(企业为职工无偿提供租赁住房等)的会计处理。资料：

丙公司有部门经理5人，公司为每人免费提供公司名下的轿车1辆；副总经理以上3人，公司为每人提供租赁的高级公寓1套。这些资产的所有权不转移，只提供使用权。假定每辆轿车每月计提折旧3000元，每套公寓每月的租金是4000元。则丙公司应如何进行会计处理？

【分析】则丙公司每月应进行如下会计处理。

每月应确认非货币性职工薪酬=3000×5+4000×3=27000(元)。

借：管理费用　　27000

　　贷：应付职工薪酬——非货币性福利　　27000

借：应付职工薪酬——非货币性福利　　27000

　　贷：累计折旧　　15000

　　　　其他应付款　　12000

【操作指南】企业将拥有或租赁的房屋等资产无偿提供给职工使用。企业应当根据受益对象，将自有房屋等资产的每期折旧额或租赁房屋等资产的每期应支付的租金确认为应付职工薪酬，并计入相关的成本费用。具体如下所述。

企业无偿向职工提供住房等资产使用的，按应计提的折旧额，借记“应付职工薪酬”科目，贷记“累计折旧”科目；同时按受益对象，借记“管理费用”等科目，贷记“应付职工薪酬”科目。

租赁住房等资产供职工无偿使用的，按每期应支付的租金，借记“应付职工薪酬”科目，贷记“其他应付款”等科目；同时按受益对象，借记“管理费用”等科目，贷记“应付职工薪酬”科目。

注意：难以认定受益对象的非货币性福利，全部直接计入当期管理费用和应付职工薪酬。

【案例4】累积带薪缺勤的会计处理。资料：

甲公司从2018年1月1日起实行累积带薪缺勤制度。该制度规定：每名职工每年可享受12个工作日带薪休假，休假权利可以向后结转2个日历年度。在第2年年末，公司将对职工未使用的带薪休假权利支付现金。假定该公司每名职工平均每月工资为2000元，每名职工每月工作日为20个，每个工作日平均工资为100元。以公司1名直接参与生产的职工为例，则甲公司应如何进行会计处理？

【分析】①假定2018年1月，该名职工没有休假。公司应当在职工为其提供服务的当月，累积相当于1个工作日工资的带薪休假义务，并进行如下会计处理。

借：生产成本　　2100
　　贷：应付职工薪酬——工资　　2000
　　　　　　　　　——累积带薪缺勤　　100

②假定2018年2月，该名职工休了1天假。公司应当在职工为其提供服务的当月，累积相当于1个工作日工资的带薪休假义务，反映职工使用累积权利的情况，并进行如下会计处理。

借：生产成本　　2100
　　贷：应付职工薪酬——工资　　2000
　　　　　　　　　——累积带薪缺勤(计提本期休假)　　100
借：应付职工薪酬——累积带薪缺勤　　100
　　贷：生产成本(使用上期休假)　　100

③假定2年后，该名职工有5个工作日未使用带薪休假，公司以现金支付了未使用的带薪休假。

借：应付职工薪酬——累积带薪缺勤　　500
　　贷：库存现金　　500

【操作指南】当职工提供了服务从而增加了其享受的未来带薪缺勤的权利时，企业就产生了一项义务，应当予以确认；职工累积未使用的权利在其离开企业时是否有权获得现金支付，不影响义务的确认，但影响计量的义务金额。

如果职工在离开企业时不能获得现金支付，则企业应当根据资产负债表日因累积未使用权利而导致的预期支付的追加金额，作为累积带薪缺勤费用进行预计。如果职工在离开企业时能够获得现金支付，企业就应当确认企业必须支付的、职工全部累积未使用权利的金额。

【案例5】非累积带薪缺勤的会计处理。资料：

乙公司2018年5月有2名销售人员放弃15天的婚假，假设平均每名职工每个工作日工资为200元，月工资为6000元。该公司实行非累积带薪缺勤货币补偿制度，补偿金额为放弃带薪休假期间平均日工资的2倍，则乙公司应如何进行会计处理？

【分析】乙公司应进行如下会计处理。

借：销售费用 24000

贷：应付职工薪酬——工资 (2×6000)12000

——非累积带薪缺勤 (2×15×200×2)12000

实际补偿时一般随工资同时支付。

借：应付职工薪酬——工资 12000

——非累积带薪缺勤 12000

贷：银行存款 24000

【操作指南】根据我国《劳动法》规定，国家实行带薪年休假制度，劳动者在法定休假日和婚丧假期间以及依法参加社会活动期间，用人单位应当依法支付工资。因此，我国企业职工休婚假、产假、丧假、探亲假、病假期间的工资通常属于非累积带薪缺勤。由于职工提供服务本身不能增加其能够享受的福利金额，企业应当在职工缺勤时确认负债和相关资产成本或当期损益。实务中，一般是在缺勤期间计提应付工资时一并处理。

【案例6】短期利润分享计划的会计处理。资料：

丙公司为了鼓励本公司高级管理人员为其提供服务，制订了短期利润分享计划。该计划规定，在实行短期利润分享计划的年度，管理人员只要在公司工作满一整年即可获得奖金。假定2018年没有管理人员离开公司，公司应支付的奖金总额为当年净利润的4%，并于2018年年末以银行存款支付。公司当年净利润为1500万元。则丙公司应如何进行会计处理？

【分析】则丙公司2018年12月31日应做如下会计处理。

借：管理费用 600000

贷：应付职工薪酬——利润分享计划 600000

借：应付职工薪酬——利润分享计划 600000

贷：银行存款 600000

【操作指南】企业为了鼓励职工长期为其提供服务，可能制订利润分享计划，规定当职工在企业工作了特定年限后，能够享有按照企业净利润的一定比例计算的奖金。实务中，实行工效挂钩的企业根据企业经济效益增长的实际情况提取的工资，类似于利润分享计划。但是，这类计划是按照企业实现净利润的一定比例确定享受的福利，与企业经营业绩挂钩，仍然是由于职工提供服务而产生的，不是由企业与其所有者之间的交易而产生的，因此，企业应当将短期利润分享计划作为费用处理(按受益对象进行分担，或根据相关《企业会计准则》，作为资产成本的一部分)，不能作为净利润的分配。

二、离职后福利的确认与计量

【案例7】设定提存计划的会计处理。资料：

甲企业为管理人员设立了一项企业年金：每月该企业按照每个管理人员工资的5%向独立于甲企业的年金基金缴存企业年金，年金基金将其计入该管理人员个人账户并负责资金的运作。该管理人员退休时可以一次性获得其个人账户的累积额，包括公司历年来的缴存额以及相应的投资收益。企业除了按照约定向年金基金缴存之外不再负有其他义务，既不享有缴存资金产生的收益，也不承担投资风险。因此，该福利计划为设定提存计划。2018年，按照计划安排，该企业向年金基金缴存的金额为100万元。则甲企业应如何进行会计处理？

【分析】其会计分录如下。

	借方	贷方
借：管理费用	1000000	
贷：应付职工薪酬		1000000
借：应付职工薪酬	1000000	
贷：银行存款		1000000

【操作指南】设定提存计划，是指向独立的基金缴存固定费用后，企业不再承担进一步支付义务的离职后福利计划。设定提存计划的会计处理比较简单，因为企业在每一期间的义务取决于该期间将要提存的金额。因此，在计量义务或费用时不需要精算假设，通常也不存在精算利得或损失。

企业应在资产负债表日确认为换取职工在会计期间内为企业提供的服务而应付给设定提存计划的提存金，并作为一项费用计入当期损益或相关资产成本。

【案例8】设定受益计划的会计处理。资料：

假设甲企业在2014年1月1日设立了一项设定受益计划，并于当日开始实施。该设定受益计划具体规定如下。

(1)甲企业向所有在职员工提供统筹外补充退休金，这些职工在退休后每年可以额外获得12万元退休金，直至去世。

(2)职工获得该额外退休金基于自该计划开始日期为公司提供的服务，而且应当自该设定受益计划开始日期起一直为公司服务至退休。为简化起见，假定符合计划的职工为100人，当前平均年龄为40岁，退休年龄为60岁，还可以为公司服务20年。假定在退休前无人离职，退休后平均剩余寿命为15年。假定适用的折现率为10%，并且假定不考虑未来通货膨胀影响等其他因素。

计算设定受益计划义务及其现值如表 10-2 所示。计算职工服务期间每期服务成本如表 10-3 所示。

表 10-2 计算设定受益计划义务及其现值 单位：万元

	退休后第 1 年	退休后第 2 年	退休后第 3 年	退休后第 4 年	……	退休后第 14 年	退休后第 15 年
(1)当年支付	1200	1200	1200	1200	……	1200	1200
(2)折现率	10%	10%	10%	10%	……	10%	10%
(3)复利现值系数	0.9091	0.8264	0.7513	0.6830	……	0.2633	0.2394
(4)退休时点现值=(1)×(3)	1091	992	902	820	……	316	287
(5)退休时点现值合计	9127						

表 10-3 计算职工服务期间每期服务成本 单位：万元

服务年份	服务第 1 年	服务第 2 年	……	服务第 19 年	服务第 20 年
福利归属			……		
——以前年度	0	456.35	……	8214.3	8670.65
——当年	456.35	456.35	……	456.35	456.35
——以前年度+当年	456.35	912.7	……	8670.65	9127
初期义务	0	74.62	……	6788.68	7882.41
利息	0	7.46	……	678.87	788.24
当期服务成本	74.62*	82.08**		414.86***	456.35
期末义务	74.62	164.16		7882.41	9127****

*74.62=456.35/(1+10%)^{19}

**82.08=456.35/(1+10%)^{18}

***414.86=456.35/(1+10%)

****含尾数调整

则甲企业应如何进行会计处理？

【分析】服务第 1 年至第 20 年的账务处理如下。

服务第 1 年年末，甲企业的账务处理如下。

借：管理费用(或相关资产成本) 746200

　　贷：应付职工薪酬——设定受益计划义务 746200

服务第 2 年年末，甲企业的账务处理如下。

借：管理费用(或相关资产成本) 820800

　　贷：应付职工薪酬——设定受益计划义务 820800

借：财务费用(或相关资产成本) 74600

　　贷：应付职工薪酬——设定受益计划义务 74600

服务第 3 年至第 20 年，以此类推处理。

【操作指南】设定受益计划是指除设定提存计划以外的离职后福利计划。两者的区分取决于计划的主要条款和条件所包含的经济实质。在设定提存计划下，企业的法定义务是以企业同意向基金的缴存额为限，职工所取得的离职后福利金额取决于向离职后福利计划或保险公司支付的提存金金额，以及提存金所产生的投资回报，从而精算风险(即福利将少于预期)和投资风险(即投资的资产将不足以支付预期的福利)实质上要由职工来承担。

在设定受益计划下，企业的义务是为现在及以前的职工提供约定的福利，并且精算风险和投资风险实质上由企业来承担，因此，如果精算或者投资的实际结果比预期差，则企业的义务可能会增加。

当企业通过以下方式负有法定义务时，该计划就是一项设定受益计划。

(1)计划福利公式不仅仅与提存金金额相关，且要求企业在资产不足以满足该公式的福利时提供进一步的提存金。

(2)通过计划间接地或直接地对提存金的特定回报做出担保。

设定受益计划可能是不注入资金的，或者可能全部或部分地企业(有时由其职工)向法律上独立于报告主体的企业或者基金，以缴纳提存金形式注入资金，并由其向职工支付福利。到期时已注资福利的支付不仅取决于基金的财务状况和投资业绩，而且取决于企业补偿基金资产短缺的能力和意愿。企业实质上承担着与计划相关的精算风险和投资风险。因此，设定受益计划所确认的费用并不一定是本期应付的提存金金额。企业如果存在一项或多项设定受益计划的，对于每一项计划应当分别进行会计处理。

三、辞退福利的确认与计量

【案例9】辞退福利的会计处理。资料：

甲公司为一家空调制造企业，2015年9月，为了能够在下一年度顺利实施转产，甲公司管理层制定了一项辞退计划。计划规定：从2016年1月1日起，企业将以职工自愿的方式，辞退其柜式空调生产车间的职工。辞退计划的详细内容，包括拟辞退的职工所在部门、数量、各级别职工能够获得的补偿以及计划大体实施的时间等均已与职工沟通，并达成一致意见，辞退计划已于当年12月10日经董事会正式批准，辞退计划将于下一个年度内实施完毕。该项辞退计划的详细内容如表10-4所示。

表10-4 辞退计划的详细内容

所属部门	职位	辞退数量/人	工龄/年	每人补偿金额/万元
空调车间	车间主任 副主任	10	1~10	10
			10~20	20
			20~30	30

续表

所属部门	职位	辞退数量/人	工龄/年	每人补偿金额/万元
空调车间	高级技工	50	1~10	8
			10~20	18
			20~30	28
	一般技工	100	1~10	5
			10~20	15
			20~30	25
合计		160		

2015 年 12 月 31 日，企业预计各级别职工拟接受辞退职工数量的最佳估计数(最可能发生数)及其应支付的补偿如表 10-5 所示。

表 10-5 各级别职工拟接受辞退职工数量的最佳估计数及其应支付的补偿

所属部门	职位	辞退数量/人	工龄/年	接受数量/人	每人补偿额/万元	补偿金额/万元
空调车间	车间主任副主任	10	1~10	5	10	50
			10~20	2	20	40
			20~30	1	30	30
	高级技工	50	1~10	20	8	160
			10~20	10	18	180
			20~30	5	28	140
	一般技工	100	1~10	50	5	250
			10~20	20	15	300
			20~30	10	25	250
合计		160		123		1400

则甲公司应如何进行会计处理?

【分析】按照《企业会计准则第 13 号——或有事项》有关计算最佳估计数的方法，预计接受辞退的职工数量可以根据最可能发生的数量确定。愿意接受辞退职工的最可能数量为 123 名，预计补偿，总额为 1400 万元，则企业在 2015 年(辞退计划是 2015 年 12 月 10 日由董事会批准)应进行如下账务处理。

借：管理费用　　14000000

　贷：应付职工薪酬——辞退福利　　14000000

【操作指南】辞退福利，是指企业在职工劳动合同到期之前解除与职工的劳动关系，或者为鼓励职工自愿接受裁减而给予职工的补偿。辞退福利被视为职工福利的单独类别，是因为导致义务产生的事项是终止雇佣而不是职工的服务。职工福利的形式并不决定其是为了换取服务还是换取终止职工的雇佣而提供。辞退福利通常一整笔支付，但有时也包括通过职工福利计划间接或直接提高离职后福利，或者在职工不再为企业带来经济利益后，将职工工资支付到辞退后未来某一期末等方式。

辞退福利包括两方面的内容：一是在职工劳动合同尚未到期前，不论职工本人是否愿意，企业决定解除与职工的劳动关系而给予的补偿；二是在职工劳动合同尚未到期前，为鼓励职工自愿接受裁减而给予的补偿，职工有权利选择继续在职或接受补偿离职。

辞退福利还包括当公司控制权发生变动时，对辞退的管理层人员进行补偿的情况。企业向职工提供辞退福利的，应当在下列两者孰早日确认辞退福利产生的职工薪酬负债，并计入当期损益。

(1)企业不能单方面撤回因解除劳动关系计划或裁减建议所提供的辞退福利时。

(2)企业确认与涉及支付辞退福利的重组相关的成本或费用时。

企业有详细、正式的重组计划并且该重组计划已对外公告时，表明已经承担了重组义务。重组计划包括重组涉及的业务、主要地点、需要补偿的职工人数及其岗位性质、预计重组支出、计划实施时间等。

实施职工内部退休计划的，企业应当比照辞退福利处理。在内部退休计划符合《企业会计准则第9号——职工薪酬》规定的确认条件时，企业应当按照内部退休计划规定，将自职工停止提供服务日至正常退休日期间、企业拟支付的内退职工工资和缴纳的社会保险费等，确认为应付职工薪酬，一次性计入当期损益，不能在职工内退后各期分期确认因支付退职工工资和为其缴纳社会保险费等产生的义务。

企业应当按照辞退计划条款的规定，合理预计并确认辞退福利产生的职工薪酬负债，并具体考虑下列情况。

(1)对于职工没有选择权的辞退计划，企业应当根据计划条款规定拟解除劳动关系的职工数量、每一职位的辞退补偿等确认职工薪酬负债。

(2)对于自愿接受裁减建议的辞退计划，由于接受裁减的职工数量不确定，企业应当根据《企业会计准则第13号——或有事项》规定，预计将会接受裁减建议的职工数量，根据预计的职工数量和每一职位的辞退补偿等确认职工薪酬负债。

(3)对于辞退福利预期在其确认的年度报告期间期末后12个月内完全支付的辞退福利，企业应当适用短期薪酬的相关规定。

(4)对于辞退福利预期在年度报告期间期末后12个月内不能完全支付的辞退福利，企业应当适用其他长期职工福利的相关规定，即实质性辞退工作在1年内实施完毕但补偿款项超过1年支付的辞退计划，企业应当选择恰当的折现率，以折现后的金额计量应计入当期损益的辞退福利金额。

四、其他长期职工福利的确认与计量

【案例10】其他长期职工福利的会计处理。资料：

甲是A公司一名员工，在2015年1月1日内部退休(50岁)，将于2019年12月31日正式退休(55岁)。假设在每年年末应支付给甲员工的内退工资和福利费5万元，并假定折现率为6%。则甲公司应如何进行会计处理?

【分析】2015年1月1日，由于甲员工内退，未来5年不为A公司创造价值，但公司承诺支付25万元。按照资产负债观，内退日应将未来5年薪酬现值确认为负债。

应付职工薪酬现值 $=5\times(1+6\%)^{-1}+5\times(1+6\%)^{-2}+5\times(1+6\%)^{-3}+5\times(1+6\%)^{-4}+5\times(1+6\%)^{-5}$

$=4.72+4.45+4.20+3.96+3.74$

$=21.07$(万元)。

借：管理费用 210700

　　未确认融资费用 39300

　　贷：应付职工薪酬 250000

在2015年1月末资产负债表中，应列示应付职工薪酬21.07万元，因为应付职工薪酬期末摊余成本=应付职工薪酬账面余额25-未确认融资费用账面余额3.93=21.07(万元)。

从2015年开始，应确认利息费用，见表10-6所示。

表10-6　各年利息费用计算表　　单位：万元

日期	支付的职工薪酬	利息费用(6%)	归还的本金	应付职工薪酬摊余成本(本金)
2015年1月1日				21.07
2015年12月31日	5(本+息)	1.26	3.74	17.33
2016年12月31日	5(本+息)	1.04	3.96	13.37
2017年12月31日	5(本+息)	0.80	4.20	9.17
2018年12月31日	5(本+息)	0.55	4.45	4.72
2019年12月31日	5(本+息)	0.28	4.72	0

根据上表，2015年12月31日确认利息费用。

借：财务费用 12600

　　贷：未确认融资费用 12600

2015年年末支付内退工资和福利。

借：应付职工薪酬 50000

　　贷：银行存款 50000

2016年12月31日确认利息费用。

借：财务费用 10400

　　贷：未确认融资费用 10400

2016年年末支付内退工资和福利。

借：应付职工薪酬 50000

　　贷：银行存款 50000

2017 年 12 月 31 日确认利息费用。

借：财务费用　　8000

　　贷：未确认融资费用　　8000

2017 年年末支付内退工资和福利。

借：应付职工薪酬　　50000

　　贷：银行存款　　50000

2018 年 12 月 31 日确认利息费用。

借：财务费用　　5500

　　贷：未确认融资费用　　5500

2018 年年末支付内退工资和福利。

借：应付职工薪酬　　50000

　　贷：银行存款　　50000

2019 年 12 月 31 日确认利息费用。

借：财务费用　　2800

　　贷：未确认融资费用　　2800

2019 年年末支付内退工资和福利。

借：应付职工薪酬　　50000

　　贷：银行存款　　50000

第十一章　企业年金基金

第一节　企业年金基金概述

一、企业年金基金的概念

企业年金，是指企业及其职工在依法参加基本养老保险的基础上，自愿建立的补充养老保险制度，是社会保障体系的重要组成部分。企业年金采取自愿原则，国家给予税收政策支持，实行完全积累制，采用个人账户管理和市场化运作，其费用由企业和职工个人共同缴纳。

企业年金基金，是指根据依法制定的企业年金计划筹集的资金及其投资运营由企业和职工个人共同缴纳收益形成的企业补充养老保险基金，由此可以看出，企业年金基金由两部分组成：一是企业和职工依照企业年金计划规定的缴费，即企业年金基金本金；二是企业年金基金投资运营而形成的收益。

我国企业年金采用信托型管理模式，实行以信托关系为核心，以委托代理关系为补充的治理结构，企业和职工作为委托人将企业年金基金财产委托给受托人管理运作，是一种信托行为。企业年金基金作为一种信托财产，独立于委托人、受托人、账户管理人、托管人、投资管理人和其他为企业年金基金提供服务的自然人、法人或其他组织的固有财产及其管理的其他财产，应当作为独立的会计主体，进行确认、计量和披露。

二、企业年金基金的特征

企业年金基金具有以下特征：一是企业年金基金具有长期性、安全性、稳定性，以及追求长期稳定的投资回报；二是企业年金基金只能用于履行企业补充养老保险的义务，不能支付给企业自己的债权人，也不能返还给企业；三是企业年金基金必须存入企业年金专户，企业年金基金的管理、运用或其他情形取得的财产和收益，应当归入企业年金基金；四是企业年金基金不属于委托人等各管理当事人的清算财产；五是企业年金基金不得与各管理当事人自身债务相抵消。

企业年金既是一项重要的经济制度，也是一项十分重要的社会制度。企业年金基金作为职工退休后的“养命钱”，关系到每一位职工的切身利益和社会的和谐稳定，客观上要求企业年金基金日常管理和投资运营必须遵循谨慎、分散风险的原则。企业年金基金管理各方当事人包括委托人、受托人、账户管理人、托管人、投资管理人和中介服务机构等。受托人、托管人和投资管理人根据各自的职责，设置相应的会计科目和账户，对企业年金基金交易或事项进行会计处理。

第二节　案例分析与操作指南

一、企业年金基金缴费和初始取得投资时的会计处理

【案例1】企业年金基金缴费的会计处理。资料：

2019年1月5日，某企业年金基金收到缴费350万元，其中企业缴费200万元、职工个人缴费150万元，存入企业年金账户，实收金额与提供的缴费总额账单核对无误。按该企业年金计划约定，企业缴费200万元中，归属个人账户金额为110万元，另90万元的权益归属条件尚未实现，则该企业年金基金应进行的账务处理？

【分析】借：银行存款　3500000

贷：企业年金基金——个人账户结余(个人缴费)　1500000

——个人账户结余(企业缴费)　1100000

——企业账户结余(企业缴费)　900000

【操作指南】为了核算企业年金基金收到缴费等业务，企业年金基金作为独立的会计主体，应当设置“企业年金基金”“银行存款”等科目。“企业年金基金”科目核算企业年金基金资产的来源和运用，应按个人账户结余、企业账户结余、净收益、个人账户转入、个人账户转出，以及支付受益人待遇等设置相应的明细科目，本科目期末贷方余额，反映企业年金基金净值。企业年金基金银行账户主要有资金账户、证券账户等。资金账户包括银行存款账户、结算备付金账户等，其中银行存款账户又包括受托财产托管账户、委托投资资产托管账户。证券账户包括证券交易所证券账户和全国银行间市场债券托管账户等收到企业及职工个人缴费时，按实际收到的金额，借记“银行存款”科目，贷记“企业年金基金——个人账户结余”“企业年金基金——企业账户结余”科目。

企业年金基金收到缴费后，如需账户管理人核对后确认，可先通过“其他应付款——企业年金基金供款”科目核算，确认后再转入“企业年金基金”科目。

【案例2】企业年金基金初始取得投资的会计处理。资料：

2018年9月1日，某企业年金基金通过证券交易所购入分期付息一次还本国债500手，每手债券面值为1000元，成交金额600000元(含已到付息期但尚未领取的利息40000元)，另发生手续费、佣金等相关税费2000元。票面年利率为3.56%，则该基金应如何进行会计处理？

【分析】(1)交易日(T 日，即 9 月 1 日)与证券登记结算机构清算应付证券款时。

借：交易性金融资产——成本(债券) 560000

应收利息 40000

交易费用 2000

贷：证券清算款 602000

(2)资金交收日(T+1 日，即 9 月 2 日)与证券登记结算机构交付资金时。

借：证券清算款 602000

贷：结算备付金 602000

【操作指南】适用《企业会计准则第 22 号——金融工具确认和计量》。企业年金基金投资运营的会计核算一般需要设置“交易性金融资产”“公允价值变动损益”“证券清算款”“结算备付金”“交易保证金”“投资收益”“交易费用”“应收利息”“应收股利”“应收红利”及“本期收益”等科目。

【案例 3】企业年金基金初始取得投资的会计处理。资料：

2018 年 4 月 1 日，某企业年金基金通过证券交易所以每股 10. 3 元的价格购入 A 股票 10 万股(其中每股含已经宣告但尚未发放的现金股利 0. 3 元)，成交金额为 103 万元，另发生券商佣金、印花税等 2 万元。则该企业年金基金如何应进行账务处理?

【分析】(1)交易日(T 日，即 4 月 1 日)与证券登记结算机构清算应付证券款时。

借：交易性金融资产——成本(A 股票) 1000000

应收收利——A 股票 30000

交易费用 20000

贷：证券清算款 1050000

(2)资金交收(T+1 日，即 4 月 2 日)与证券登记结算机构交付资金时。

借：证券清算款 1050000

贷：结算备付金 1050000

【操作指南】企业年金基金初始取得投资的交易日，以支付的价款(不含支付的价款中所包含的、已到付息期但尚未领取的利息或已宣告但尚未发放的现金股利、基金红利)计入投资的成本，借记“交易性金融资产——成本”科目，按发生的交易费用及相关税费直接计入当期损益，借记“交易费用”科目，按支付的价款中所包含的、已到付息期但尚未领取的利息或已宣告但尚未发放的现金股利、红利，借记“应收利息”“应收股利”或“应收红利”科目，贷记“证券清算款”“银行存款”等科目。资金交收日，按实际清算的金额，借记“证券清算款”科目，贷记“结算备付金”“银行存款”等科目。

二、企业年金基金投资持有期间及估值日的账务处理

【案例 4】沿用【案例 2】投资持有期间的账务处理。资料：

该企业年金基金持有国债期间，按债券票面价值和票面利率计提债券利息。假设1年按365日计算，每日计提利息，票面年利率为3.56%。则该企业年金基金应如何进行账务处理？

【分析】 每日应计利息=500000×3.56%÷365=48.77(元)。

借：应收利息　　48.77

　　贷：投资收益　　48.77

债券除息日(T日)，借记“证券清算款”科目，贷记“应收利息”科目。资金交收日(T+1日)，借记“结算备付金”科目，贷记“证券清算款”科目。

【案例5】 沿用【案例3】投资持有期间的账务处理。资料：

2018年4月5日，企业年金基金收到购买A股票时已宣告的现金股利，该上市公司发放A股票的现金股利为每股0.3元，合计3万元。则该企业年金基金应如何进行账务处理？

【分析】 借：结算备付金　　30000

　　贷：应收股利　　30000

【操作指南】 企业年金基金投资持有期间，被投资单位宣告发放的现金股利，或资产负债表日按债券票面利率计算的利息收入，应确认为投资收益，借记“应收股利”“应收利息”或“应收红利”科目，贷记“投资收益”科目。期末，将“投资收益”科目余额转入“本期收益”科目。

【案例6】 沿用【案例5】投资持有期间估值日的账务处理。资料：

2018年4月12日，企业年金基金持有的A股票证券交易所收盘价为每股11元。在估值日和资产负债表日，企业年金基金持有的上市流通的债券、基金、股票等交易性金融资产，以其估值日在证券交易所挂牌的市价(平均价或收盘价)估值；估值日无交易的以最近交易日的市价估值。则该企业年金基金应如何进行账务处理？

【分析】 估值日公允价值与上估值日公允价值的差额=(11-10)×100000=100000(元)。

借：交易性金融资产——公允价值变动(A股票)　　100000

　　贷：公允价值变动损益　　100000

【操作指南】 根据企业年金基金准则的规定，企业年金基金的投资应当按日估值，或至少按周进行估值。也就是说，每个工作日结束时，或者每周四或周五工作日结束时为估值日。估值日对投资进行估值时，应当以估值日的公允价值计量。公允价值与上一估值日公允价值的差额，计入当期损益，并以此调整原账面价值。借记或贷记“交易性金融资产——公允价值变动”科目，贷记或借记“公允价值变动损益”科目。

三、投资处置的账务处理

【案例7】 沿用【案例6】投处置的账务处理。资料：

2018 年 5 月 30 日，该企业年金基金出售 A 股票 5 万股，每股市价 13 元，成交总额为 65 万元，另发生券商佣金、印花税等 1800 元。则企业年金基金应如何进行账务处理?

【分析】 成交总额扣减佣金、印花税等为应收证券清算款，共计金额 648200 元(650000-1800)。

(1)交易日(T 日，即 5 月 30 日)与证券登记结算机构清算应收证券款时。

借：证券清算款　648200

　　交易费用　1800

　　贷：交易性金融资产——成本(A 股票)　500000

　　　　　　　　　　——公允价值变动(A 股票)　50000

　　　　投资收益　100000

(2)资金交收日(T+1 日，即 5 月 31 日)与证券登记结算机构交付资金时。

借：结算备付金　648200

　　贷：证券清算款　648200

【操作指南】 在处置企业年金基金投资时，应在交易日按照卖出投资所取得的价款与其账面价值(买入价)的差额，确定为投资收益。出售股票时，按应收金额，借记“证券清算款”科目，按买入时原账面价值(初始买价)贷记“交易性金融资产——成本”科目，按持有过程中确认的公允价值变动金额，借记或贷记“交易性金融资产——公允价值变动”科目，按出售股票成交价总额与账面价值的差额，作为投资处置收益金额，贷记或借记“投资收益”科目。因债券、基金、股票的交易比较频繁，出售债券、基金、股票等证券时，其投资成本应一并结转。出售证券成本的计算方法可采用加权平均法、移动加权平均法和先进先出法等，成本计算方法一经确定，不得随意变更。

四、企业年金基金收入的账务处理

【案例 8】 存款利息收入的账务处理。资料：

2018 年 9 月 1 日，某企业年金基金在商业银行的存款本金为 1500000 元。假设 1 年按 365 天计算，银行存款年利率为 1.98%，每季季末结息，则该企业年金基金应如何进行账务处理?

【分析】 该企业年金基金逐日估值：

每日银行存款应计利息 = 存款本金 × 年利率 ÷ 365 = 1500000 × 1.98% ÷ 365 = 81.37(元)。

(1)每日计提存款利息时。

借：应收利息　81.37

　　贷：存款利息收入　81.37

(2)每季收到存款利息时(假设每季收息 7425 元)。

借：银行存款　　7425

　　贷：应收利息　　7425

【操作指南】企业年金基金收入，是指企业年金基金在投资营运中所形成的经济利益的流入，企业年金基金收入能够带来企业年金基金资产的增加，也可能使企业年金基金负债减少，或两者兼而有之。企业年金基金应每日或每周计算、确认基金收入，并进行账务处理。

企业年金基金收入由以下项目构成：存款利息收入；买入返售证券收入；公允价值变动收益；投资收益；风险准备金补亏等其他收入。

存款利息收入包括活期存款、定期存款、结算备付金和交易保证金等利息收入。根据企业年金基金会计准则及其应用指南的规定，企业年金基金应按日或至少按周确认存款利息收入，并按存款本金和适用利率计提的金额入账。按日或按周计提银行存款、结算备付金存款等利息时，借记“应收利息”科目，贷记“存款利息收入”科目。

买入返售证券业务，是指企业年金基金与其他企业以合同或协议的方式，按一定价格买入证券，到期日再按合同规定的价格将该批证券返售给其他企业，以获取利息收入的证券业务。根据企业年金基金准则及其应用指南的规定，企业年金基金应于买入证券时，按实际支付的价款确认为一项资产，在融券期限内按照买入返售证券价款和协议约定的利率逐日或每周计提的利息确认买入返售证券收入。企业年金基金应设置“买入返售证券”“买入返售证券收入”等科目，对买入返售证券业务进行账务处理。买入证券付款时，按实际支付的款项，借记“买入返售证券——××证券”科目，贷记“结算备付金”科目。计提利息时，借记“应收利息”科目，贷记“买入返售证券收入”科目。买入返售证券到期时，按实际收到的金额借记“结算备付金”科目；按买入时的价款，贷记“买入返售证券”科目；按已计未收利息，贷记“应收利息”科目；按本期应计利息，记入“买入返售证券收入”科目。期末将“买入返售证券收入”科目余额转入“本期收益”科目。

【案例9】其他收入的账务处理。资料：

2019年1月10日，某企业年金基金估值时确认当日亏损25万元，按规定将企业年金基金投资管理风险准备金25万元用于补亏。已知：该企业年金基金按日估值；投资管理人提取的风险准备金结余60万元。则该企业年金基金应如何进行账务处理？

【分析】借：银行存款　　250000

　　贷：其他收入——风险准备金补亏　　250000

【操作指南】其他收入，是指除上述收入以外的收入，如风险准备金补亏。根据《企业年金基金管理试行办法》的规定，投资管理人应当按当期收取的投资管理人管理费的一定比例提取企业年金基金投资管理风险准备金，由托管人专户存储，专项用于弥补企业年金基金投资亏损。企业年金基金投资管理风险准备金提取比例为20%，余额达到投资管理企业年金基金净资产的10%时可不再提取。企业年金基金取得投资管理风险准备金用于补亏时，应当按照实际收到金额计入其他收入。

五、企业年金基金费用的账务处理

【案例10】企业年金基金费用的账务处理。资料：

2019年2月1日，某企业年金基金市值为10000000元。投资管理合同中约定：投资管理费年费率为基金净值(市值)的1.2%；受托管理合同和托管合同中均约定：受托人管理费和托管人管理费年费率均为基金净值(市值)的0.2%。1年按365天计算，按日估值。则企业年金基金应如何进行账务处理？

【分析】当日应计提的投资管理费＝基金净值×年费率÷当年天数

＝10000000×1.2%÷365＝328.77(元)。

当日应计提的受托人管理费＝基金净值×年费率÷当年天数

＝10000000×0.2%÷365＝54.79(元)。

当日应计提的托管人管理费＝基金净值×年费率÷当年天数

＝10000000×0.2%÷365＝54.79(元)。

借：投资管理人管理费——××投资管理人　　328.77

　　贷：应付投资管理人管理费　　328.77

借：受托人管理费——××受托人　　54.79

　　贷：应付受托人管理费　　54.79

借：托管人管理费——××托管人　　54.79

　　贷：应付托管人管理费　　54.79

【操作指南】企业年金基金费用，是指企业年金基金在投资营运等日常活动中所发生的经济利益的流出。企业年金基金费用可能表现为企业年金基金资产的减少，或企业年金基金负债的增加，或两者兼而有之。企业年金基金每日或每周确认、计算基金费用，并进行相应的账务处理。

企业年金基金费用由以下项目构成：交易费用；受托人管理费；托管人管理费；投资管理人管理费；卖出回购证券支出；其他费用。

交易费用，是指企业年金基金在投资运营中发生的手续费、佣金以及相关税费，包括支付给代理机构、咨询机构、券商的手续费和佣金以及相关税费等其他必要支出，企业年金基金应设置“交易费用”科目，按照实际发生的金额，借记“交易费用”科目，贷记“证券清算款”等科目。

受托人管理费、托管人管理费和投资管理人管理费，是指根据企业年金计划或管理费合同文件规定的比例，提取的相应管理费。根据《企业年金基金管理试行办法》的规定，受托人、托管人提取的管理费均不得高于企业年金基金净值的0.2%，投资管理人提取的管理费不得高于企业年金基金净值的1.2%，企业年金基金应当设置“受托人管理费”“托管人管理费”“投资管理人管理费”“应付受托人管理费”“应付托管人管理费”“应付投资管理人管理费”等科目，对发生的上述管理费，分别进行账务处理。

企业年金基金计提相关费用时，应当按照应付的实际金额，借记“受托人管理费”“托管人管理费”“投资管理人管理费”科目，同时确认为负债，贷记“应付受托人管理费”“应付托管人管理费”“应付投资管理人管理费”科目。支付相关管理费用时，借记“受托人管理费”“托管人管理费”“投资管理人管理费”科目，贷记“银行存款”等科目。期末，将“受托人管理费”“托管人管理费”“投资管理人管理费”科目的借方余额全部转入“本期收益”科目。

卖出回购证券业务，是指企业年金基金与其他企业以合同或协议的方式，按照一定价格卖出证券，到期日再按合同约定的价格买回该批证券，以获得一定时期内资金的使用权的证券业务。根据企业年金基金准则及其应用指南的规定，企业年金基金应在融资期限内，按照卖出回购证券价款和协议约定的利率每日或每周确认、计算卖出回购证券支出。

企业年金基金应设置“卖出回购证券支出”“卖出回购证券款”等科目，对卖出回购证券业务进行账务处理，卖出证券收到价款时，按实际收到价款，借记“结算备付金”科目，同时确认一笔负债，贷记“卖出回购证券款——××证券”科目。证券持有期内计提利息时，按计提的金额，借记“卖出回购证券支出”科目，贷记“应付利息”科目。到期回购时，按卖出证券时实际收款金额，借记“卖出回购证券款——××证券”科目，按应计提未到期的卖出回购证券利息，借记“应付利息”科目，按借贷方差额，借记“卖出回购证券支出”科目，按实际支付的款项，贷记“结算备付金”科目。期末将“卖出证券支出”科目余额转入“本年收益”科目。

【案例11】其他费用的账务处理。资料：

2019年1月1日，某企业年金基金市值为8亿元，该日发生信息披露费5000元，假设按日估值。则该企业年金基金应如何进行账务处理？

【分析】借：其他费用　　5000

　　贷：银行存款　　5000

【操作指南】其他费用，是指除上述费用以外的其他各项费用，包括注册登记费、上市年费、信息披露费、审计费用、律师费用等，根据现行法律制度的规定，基金管理各方当事人因未履行义务导致的费用支出或资产的损失以及处理与基金运作无关的事项发生的费用不得列入企业年金基金费用。

企业年金基金应当设置“其他费用”等科目，按费用种类设置明细账，对发生的其他费用进行账务处理。发生其他费用时，应按实际发生的金额，借记“其他费用”科目，贷记“银行存款”等科目。如发生的其他费用金额较大，比如大于基金净值十万分之一，也可以采用待摊或预提的方法，待摊或预提计入基金损益，但一经采用，不得随意变更，且年末一般无余额。

(1)采用待摊方法时，发生时，借记“待摊费用”科目，贷记“银行存款”科目；摊销时，借记“其他费用”科目，贷记“待摊费用”科目。

(2)采用预提方法的，预提时，借记“其他费用”科目，贷记“预提费用”科目；支付费用时，借记“预提费用”科目，贷记“银行存款”科目。期末。应将“其他费用”科目的借方余额全部转入“本期收益”。

六、企业年金待遇给付及其账务处理

【案例12】企业年金待遇给付及其账务处理。资料：

2018年11月5日，某企业年金基金根据企业年金计划和委托人指令，支付退休人员企业年金待遇，金额共计70000元。则该企业年金基金应如何进行账务处理？

【分析】(1)计算、确认给付企业年金待遇时。

借：企业年金基金——支付受益人待遇　　70000

　贷：应付受益人待遇　　70000

(2)支付受益人待遇时。

借：应付受益人待遇——支付受益人待遇　　70000

　贷：银行存款　　70000

【操作指南】企业年金待遇，是指企业年金计划受益人符合退休年龄等法定条件时，应当享受的企业年金养老待遇。企业年金计划受益人，是指参加企业年金计划并享有受益权的职工及其继承人。企业年金养老待遇支付水平受到缴费金额、缴费时间、投资运营收益情况等因素的影响。企业年金待遇给付方式，由企业年金计划约定，分次或一次支付。

企业年金待遇给付一般流程如下。

(1)委托人向受托人发送企业年金待遇支付或转移的通知。

(2)受托人通知账户管理人计算支付企业年金待遇。

(3)账户管理人将计算支付企业年金待遇结果反馈受托人，并与受托人核对。

(4)受托人核对后通知托管人和投资管理人进行份额赎回。

(5)受托人根据账户管理人提供的待遇支付表，通知托管人支付或转移金额。托管人将相应资金划入受托人指定的专用账户，并向受托人和账户管理人报告。

(6)受托人指令账户管理人进行待遇支付的账户处理，账户管理人与托管人提供的支付结果核对，扣减个人账户资产，并向受益人提供年金基金的最终账户数据或向新年金计划移交账户资料。

借记“企业年金基金——支付受益人待遇”科目，贷记“应付受益人待遇”科目；支付款项时，借记“应付受益人待遇”科目，贷记“银行存款”科目。

此外，根据企业年金基金准则的规定，因职工调离企业而发生的个人账户转出金额，相应减少基金净资产。因职工调入企业而发生的个人账户转入金额，相应增加基金净资产。企业年金基金应设置"企业年金基金——个人账户转入""企业年金基金——个人账户转出"等科目，按受益人设置明细账进行账务处理。

七、企业年金基金净资产、净收益及其账务处理

企业年金基金净资产又称年金基金净值，是指企业年金基金受益人在企业年金基金财产中享有的经济利益，其金额等于企业年金基金资产减去基金负债后的余额。

企业年金基金净资产=期初净资产+本期净收益+收取企业缴费+收取职工个人缴费+个人账户转入-支付受益人待遇-个人账户转出。

企业年金基金净收益，是指企业年金基金在一定会计期间已实现的经营成果，其金额等于本期收入减本期费用的余额。其中，本期收入包括存款利息收入、买入返售证券收入、公允价值变动收益、投资收益和其他收入等。本期费用包括交易费用、受托人管理费、投资管理人管理费、卖出回购证券支出和其他费用等。企业年金基金净收益直接影响基金净值的变动。

需要说明的是，企业年金基金资产不仅包括委托给投资管理人管理的资产，还包括未委托给投资管理人管理的其他现金资产。

企业年金基金净值增长率，是当期基金净值与前期基金净值的差额除以前期基金财产净值的比例。计算公式为

企业年金基金净值增长率=(当期基金净资产-前期基金净资产)÷前期基金净资产×100%。

企业年金基金账户管理人根据企业年金基金净值和净值增长率，按日或按周足额记入企业年金基金企业账户和个人账户。在收益记入日，账户管理人根据托管人提供的、经受托人复核的企业年金基金净值和净值增长率，并根据企业账户和职工个人账户前期余额，计算本期各账户应计入的投资运营收益。

其计算公式为

个人账户本期余额=个人账户前期余额×(1+企业年金基金净值增长率)。

企业账户本期余额=企业账户前期余额×(1+企业年金基金净值增长率)。

根据企业年金基金准则的规定，资产负债表日，应当将当期企业年金基金各项收入和费用结转至净资产，并根据企业年金计划按期将运营收益分配记入企业和职工个人账户。

企业年金基金应设置"本期收益"等科目。"本期收益"科目核算本期实现的基金净收益(或净亏损)。期末，结转企业年金基金净收益时，将"存款利息收入""买入返售证券收入""公允价值变动收益""投资收益""其他收入"等科目的余额转入"本期收益"科

目贷方；将“交易费用”“受托人管理费”“托管人管理费”“投资管理人管理费”“卖出回购证券支出”“其他费用”等科目的余额转入“本期收益”科目借方。“本期收益”科目余额，即为企业年金基金净收益(或净亏损)。净收益转入企业年金基金时，借记“本期收益”科目，贷记“企业年金基金——净收益”科目；如为净亏损，做相反分录。将净收益按企业年金计划约定的比例转入个人和企业账户时，借记“企业年金基金——净收益”科目，贷记“企业年金基金——个人账户结余”“企业年金基金——企业账户结余”科目。

八、企业年金基金财务报表的编制

(一)企业年金基金财务报表编报主体

根据《企业年金基金管理试行办法》的规定，受托人负责编制企业年金基金管理和财务会计报告。这就是说，受托管理企业年金基金的企业年金理事会或符合国家规定的养老金管理公司等法人受托机构是编报企业年金基金财务报表的法定责任人，应当按照企业年金基金会计准则的规定，负责编制和对外报告企业年金基金财务报表。现行相关法规规定，受托人应当在年度结束后45日向委托人和监管机构提交经会计师事务所审计的企业年金基金年度财务报告。

此外，为了保证企业年金基金财务报表的真实和完整，托管人、投资管理人还要定期向受托人提供相关信息。现行相关法规规定，托管人在每季度结束10日内向受托人提交季度企业年金基金财务报告，并在年度结束后30日内向受托人提交经会计师事务所审计的年度企业年金基金财务报告。投资管理人在每季度结束后10日内向受托人提交经托管人确认的季度企业年金基金投资组合报告；并应当在年度结束后30日内向受托人提交经托管人确认的年度企业年金基金投资管理报告。账户管理人应当在每季度结束后10日内向受托人提交季度企业年金基金账户管理报告，并应当在年度结束后30日内向受托人提交年度企业年金基金账户管理报告。

(二)企业年金基金财务报表构成

企业年金基金财务报表，是指企业年金基金对外提供的反映基金某一特定日期财务状况、一定会计期间的经营成果和净资产变动情况的书面文件。企业年金基金财务报表包括以下几部分内容。

1. 资产负债表

资产负债表，是指反映企业年金基金在某一特定日期的财务状况，应当按资产、负债和净资产分类列示。资产类项目至少应当列示下列信息：货币资金、应收证券清算款、应收利息、买入返售证券、其他应收款、债券投资、基金投资、股票投资、其他投资、其他资产。负债类项目至少应当列示下列信息：应付证券清算款、应付受益人待遇、应付受托人管理费、应付托管人管理费、应付投资管理人管理费、应交税费、卖出回购证券款、应付利息、应付佣金、其他应付款。净资产类项目列示企业年金基金净值。

2. 净资产变动表

净资产变动表，是指反映企业年金基金在一定会计期间的净资产增减变动情况的财务报表。净资产变动表应当列示下列信息：①期初净资产；②本期净资产增加数；③本期净资产减少数；④期末净资产。其中，本期净资产增加数包括本期收入、收取企业缴费、收取职工个人缴费、个人账户转入。本期收入由存款利息收入、买入返售证券收入、公允价值变动收益、投资处置收益、其他收入构成。本期净资产减少数，包括本期费用、支付受益人待遇、个人账户转出。其中，本期费用由交易费用、受托人管理费用、托管人管理费用、卖出回购证券支出、其他费用构成。

3. 附注

附注，是指对资产负债表、净资产变动表中列示项目的文字描述或明细资料，以及对未能在报表中列示其他业务和事项进行的说明。企业年金基金资产负债表、净资产变动表和附注的格式、列示内容参见企业年金基金准则。

(三)企业年金基金财务报表编制

1. 资产负表的编制说明

(1)“货币资金”项目，反映期末存放在金融机构的各种款项，应根据“银行存款”“结算备付金”“交易保证金”等科目的期末余额填列。

(2)“应收证券清算款”项目，反映期末尚未收回的证券清算款，应根据“证券清算款”科目所属明细科目期末借方余填列。

(3)“应收利息”项目，反映期末尚未收回的各项利息，应根据“应收利息”科目期末余额填列。

(4)“买入返售证券”项目，反映期末已经买入但尚未到期返售证券的实际成本，应根据“买入返售证券”科目期末余额填列。

(5)“其他应收款”项目，反映除应收证券清算款、应收利息、应收红利、应收股利以外的，期末尚未收回的其他各种应收款、暂付款项等，应根据“其他应收款”等科目的期末余额分析计算填列。

(6)“债券投资”项目，反映期末持有债券投资的公允价值，应根据“交易性金融资产”及其明细科目的期末余额分析填列。

(7)“基金投资”项目，反映期末持有基金投资的公允价值，应根据“交易性金融资产”及其明细科目的期末余额分析填列。

(8)“股票投资”项目，反映期末持有股票投资的公允价值，应根据“交易性金融资产”及其明细科目的期末余额分析填列。

(9)“其他投资”项目，反映期末持有的除上述投资以外的资产的公允价值，应根据“交易性金融资产”等相关科目的期末余额分析填列。

(10)“其他资产”项目，反映除上述资产以外的其他资产，应根据“交易性金融资产”等相关科目的期末余额分析填列。“应收红利”“应收股利”科目期末余额也填列在此项目。

(11)“应付证券清算款”项目，反映期末尚未支付的证券清算款，应根据“证券清算款”科目所属明细科目期末余额填列。

(12)“应付受益人待遇”项目，反映期末尚未支付受益人待遇的款项，应根据“应付受益人待遇”科目所属明细科目期末余额填列。

(13)“应付受托人管理费”项目，反映期末尚未支付受托人的管理费用，应根据“应付受托人费用”科目期末余额填列。

(14)“应付托管人管理费”项目，反映期末尚未支付托管人的管理费用，应根据“应付托管人管理费”科目期末余额计算填列。

(15)“应付投资管理人管理费”项目，反映期末尚未支付投资管理人的管理费用，应根据“应付投资管理人管理费”科目期末余额计算填列。

(16)“应交税费”项目，反映期末应交未交的相关税费，应根据“应交税费”科目的期末余额填列。

(17)“卖出回购证券款”项目，反映已经卖出但尚未到期回购的证券款，应根据“卖出回购证券款”科目的期末余额填列。

(18)“应付利息”项目，反映期末尚未支付的各项利息，应根据“应付利息”科目期末余额填列。

(19)“应付佣金”项目，反映期末尚未支付券商的佣金，应根据“应付佣金”科目的期末余额填列。

(20)“其他应付款”项目，反映除上述负债以外的其他负债，如暂收款、多收的款项等。应根据“其他应付款”等有关科目期末余额分析填列。

(21)“企业年金基金净值”项目，反映期末企业年金基金净值，应根据“企业年金基金”及其明细科目分析填列。

2. 净资产变动表的编制说明

(1)“期初净资产”项目，反映企业年金基金期初净值，应根据上期期末“企业年金基金”及其明细科目贷方余额分析填列。

(2)“存款利息收入”项目，反映本期存放金融机构各种存款的利息收入，应根据“存款利息收入”科目期末结转“本期收益”科目的数额填列。

(3)“买入返售证券收入”项目，反映本期买入返售证券业务而实现的利息收入，应根据“买入返售证券收入”科目期末结转“本期收益”科目的数额填列。

(4)“公允价值变动收益”项目，反映本期持有债券、基金、股票等投资的公允价值变动情况，应根据“公允价值变动损益”科目期末结转“本期收益”科目的数额填列。

(5)“投资处置收益”项目，反映本期投资处置时实现的收益，以及投资持有期间收到被投资单位发放的现金股利、红利，或按债券票面利率计算的利息收入。应根据“投资收益”科目期末结转“本期收益”科目的数额分析填列。

(6)“其他收入”项目，反映本期除以上收入外的其他收入，应根据“其他收入”科目期末结转“本期收益”科目的数额填列。

(7)“收取的企业缴费”项目，反映本期收到的企业缴费，应根据“企业年金基金”及其明细科目的余额分析填列。

(8)“收取的职工个人缴费”项目，反映本期收到的职工个人缴费，应根据“企业年金基金”及其明细科目的余额分析填列。

(9)“个人账户转入”项目，反映本期从其他企业调入本企业职工个人账户转入的金额，应根据“企业年金基金——个人账户转入”科目的余额填列。

(10)“交易费用”项目，反映本期投资运营中发生的手续费、佣金及其他必要支出，应根据“交易费用”科目期末结转“本期收益”科目的数额填列。

(11)“受托人管理费”项目，反映本期按照合同约定计提的受托人管理费用，应根据“受托人管理费”科目期末结转“本期收益”科目的数额填列。

(12)“托管人管理费”项目，反映本期按照合同约定计提的托管人管理费用，应根据“托管人管理费”科目期末结转“本期收益”科目的数额填列。

(13)“投资管理人管理费”项目，反映本期按照合同约定计提的投资管理人管理费用，应根据“投资管理人管理费”科目期末结转“本期收益”科目的数额填列。

(14)“卖出回购证券支出”项目，反映本期发生的卖出回购证券业务的支出，应根据“卖出回购证券款”科目期末结转“本期收益”科目的数额填列。

(15)“其他费用”项目，反映本期除上述费用之外的其他各项费用，应根据“其他费用”科目期末结转“本期收益”科目的数额填列。

(16)“支付受益人待遇”项目，反映本期支付受益人待遇的金额，应根据“企业年金基金”及其明细科目的期末余额填列。

(17)“个人账户转出”项目，反映本期企业职工调出、离职等原因从个人账户转出的金额，应根据“企业年金基金——个人账户转出”科目的期末余额填列。

3. 附注披露内容和要求

根据企业年金基金准则及其应用指南的规定，企业年金基金在附注中应当披露下列内容。

(1)企业年金计划的主要内容及重大变化。

(2)企业年金基金管理各方当事人(包括委托人、受托人、托管人、投资管理人、账户管理人、中介机构等)名称、注册地、组织形式、总部地址、业务性质和主要经营活动。

(3)财务报表的编制基础。

(4)遵循企业年金基金准则的声明。

(5)重要会计政策和会计估计。

(6)会计政策和会计估计变更及差错更正的说明。包括会计政策、会计估计变更和差错更正的内容、理由、影响数或影响数不能合理确定的理由等。

(7)投资种类、金额及公允价值的确定方法。

(8)各类投资占投资总额的比例。

(9)报表重要项目的说明，包括货币资金、买入返售证券、债券投资、基金投资、股票投资、其他投资、卖出回购证券款、收取企业缴费、收取职工个人缴费、个人账户转入、支付受益人待遇、个人账户转出等。在具体编制时，可参照财务报表列报及其应用指南列示的“证券公司报表附注”的披露格式和要求。

(10)企业年金基金净收益，包括本期收入、本期费用的构成。

(11)资产负债表日后事项、关联方关系及其交易的说明等。

(12)企业年金基金投资组合情况、风险管理政策，以及可能使投资价值受到重大影响的其他事项。

九、新准则的税收应用

2001 年 3 月 8 日，《国务院关于印发完善城镇社会保障体系试点方案的通知》(国发〔2000〕42 号)中规定：部分经济效益好的企业为职工建立的补充养老保险，缴纳额在工资总额 4%以内的部分，准予在缴纳企业所得税前全额扣除。

2003 年 2 月，财政部下发的《关于企业为职工购买保险有关财务处理问题的通知》(财企〔2003〕61 号)中规定，有条件的企业可为职工建立补充养老保险。辽宁等完善城镇社会保障体系试点地区的企业，提取额在工资总额 4%以内的部分，作为劳动费列入成本费用；非试点地区的企业，从应付福利费中列支，但不得因此导致应付福利费发生赤字。

《财政部、国家税务总局关于完善城镇社会保障体系试点中有关所得税政策问题的通知》(财税〔2001〕9 号)也明确：①部分经济效益好的企业为职工建立的补充养老保险，应纳额在工资总额 4%以内的部分，以及企业为职工建立的补充医疗保险，提取额在工资总额 4%以内的部分，准予在缴纳企业所得税前全额扣除。该项政策适用于在辽宁全省以及其他省、自治区、直辖市按《通知》规定的试点地区。②非试点地区企业为职工建立补充医疗保险，继续执行国务院《关于建立城镇职工基本医疗保险制度的决定》(国发〔1998〕44 号)确定的标准，提取额在工资总额 4%以内的部分，从职工福利费中列支，福利费不足列支的部分，经同级财政部门核准后列入成本，准予在缴纳企业所得税前全额扣除。

国家对于补充养老保险在2003年之前，仅允许在试点地区税前扣除。2003年，国家税务总局为协调会计与税法之间的差异，制定并颁布了《关于执行〈企业会计制度〉需要明确的有关所得税问题的通知》(国税发〔2003〕45号)，该文件规定补充养老保险符合标准的部分允许在税前扣除，并规定了税务处理的基本原则：①企业为全体雇员按国务院或省级人民政府规定的比例或标准缴纳的补充养老保险和补充医疗保险，可以在税前扣除。②企业为全体雇员按国务院或省级人民政府规定的比例或标准补缴的基本或补充养老、医疗和失业保险，可在补缴当期直接扣除；金额较大的，主管税务机关可要求企业在不低于3年的期间内分期均匀扣除。

如果单位为个人支付的补充养老保险超过国务院或省级人民政府规定的比例或标准的，应该在缴纳企业所得税时进行纳税调整。《中华人民共和国所得税法实施条例》(2005年12月19日修订)对于单位为个人缴付和个人缴付的基本养老保险，允许从纳税义务人的应纳税所得额中扣除。但对于补充养老保险，没有进一步明确。按照国家的税法精神，对于补充养老保险凡在省级人民政府规定标准范围以内的部分，也应该属于免税的个人所得，也允许从纳税义务人的应纳税所得额中扣除。

《关于单位为员工支付有关保险缴纳个人所得税问题的批复》(国税函〔2005〕3318号)规定：对企业为员工支付各项免税之外的保险金，应在企业向保险公司缴付时(即该保险归入被保险人的保险财产)并入员工当期的工资收入，按“工资、薪金所得”项目计征个人所得税，税款由企业负责代扣代缴。

《财政部、国家税务总局关于个人所得税有关问题的批复》(财税〔2005〕194号)进一步明确了“关于单位为个人办理补充养老保险退保后个人所得税及企业所得税的处理问题”，即当单位为职工个人购买商业性补充养老保险等，在办理投保手续时应作为个人所得税的“工资、薪金所得”项目，按税法规定缴纳个人所得税。当然，补充养老保险计入工资、薪金总额后超过计税工资标准的，也要进行所得税纳税调整。

因各种原因退保，个人未取得实际收入的，已缴纳的个人所得税应予以退回。这一方面遏制了利用补充养老保险避税的问题，另一方面规定退保时个人所得税应予退税，也体现了个人所得税的公平征收原则。

第十二章 股份支付

第一节 股份支付概述

一、股份支付的概念

股份支付，是“以股份为基础的支付”的简称，是指企业为获取职工和其他方提供服务而授予权益工具或者承担以权益工具为基础确定的负债的交易。

股份支付具有以下特征：一是股份支付是企业与职工或其他方之间发生的交易。以股份为基础的支付可能发生在企业与股东之间、合并交易中的合并方与被合并方之间或者企业与其职工之间，只有发生在企业与其职工或向企业提供服务的其他方之间的交易，才可能符合股份支付的定义。二是股份支付是以获取职工或其他方服务为目的的交易。企业在股份支付交易中旨在获取其职工或其他方提供的服务(费用)或取得这些服务的权利(资产)。企业获取这些服务或权利的目的是用于其正常生产经营，不是转手获利等。三是股份支付交易的对价或其定价与企业自身权益工具未来的价值密切相关。股份支付交易与企业与其职工间其他类型交易的最大不同，是交易对价或其定价与企业自身权益工具未来的价值密切相关。在股份支付中，企业要么向职工支付其自身权益工具，要么向职工支付一笔现金，而其金额高低取决于结算时企业自身权益工具的公允价值。对价的特殊性可以说是股份支付定义中最突出的特征。企业自身权益工具包括会计主体本身、母公司和同一集团内的其他会计主体的权益工具。

二、股份支付的四个主要环节

典型的股份支付通常涉及四个主要环节：授予、可行权、行权和出售。

授予日是指股份支付协议获得批准的日期。其中“获得批准”，是指企业与职工或其他方就股份支付的协议条款和条件已达成一致，该协议获得股东大会或类似机构的批准。这里的“达成一致”是指，在双方对该计划或协议内容充分形成一致理解的基础上，均接受其条款和条件。如果按照相关法规的规定，在提交股东大会或类似机构之前存在必要程序或要求，则应履行该程序或满足该要求。

可行权日是指可行权条件得到满足、职工或其他方具有从企业取得权益工具或现金权利的日期。有的股份支付协议是一次性可行权，有的则是分批可行权。只有已经可行权的股票期权，才是职工真正拥有的“财产”，才能去择机行权。从授予日至可行权日的时段，是可行权条件得到满足的期间，因此称为“等待期”，又称“行权限制期”。

行权日是指职工和其他方行使权利、获取现金或权益工具的日期。例如，持有股票期权的职工行使了以特定价格购买一定数量本公司股票的权利，该日期即为行权日。行权是按期权的约定价格实际购买股票，一般是在可行权日之后至期权到期日之前的可选择时段内行权。

出售日是指股票的持有人将行使期权所取得的期权股票出售的日期。按照我国法规规定，用于期权激励的股份支付协议，应在行权日与出售日之间设立禁售期，其中国有控股上市公司的禁售期不得低于两年。

三、股份支付工具的主要类型

按照股份支付的方式和工具类型，主要可划分为两大类、四小类。

(一)以权益结算的股份支付

以权益结算的股份支付，是指企业为获取服务而以股份或其他权益工具作为对价进行结算的交易。以权益结算的股份支付最常用的工具有两类：限制性股票和股票期权。

限制性股票是指职工或其他方按照股份支付协议规定的条款和条件，从企业获得一定数量的本企业股票。企业授予职工一定数量的股票，在一个确定的等待期内或在满足特定业绩指标之前，职工出售股票要受到持续服务期限条款或业绩条件的限制。

股票期权是指企业授予职工或其他方在未来一定期限内以预先确定的价格和条件购买本企业一定数量股票的权利。

(二)以现金结算的股份支付

以现金结算的股份支付，是指企业为获取服务而承担的以股份或其他权益工具为基础计算的交付现金或其他资产的义务的交易。以现金结算的股份支付最常用的工具有两类：模拟股票和现金股票增值权。

股票增值权和模拟股票，是用现金支付模拟的股权激励机制，即与股票挂钩，但用现金支付。除不需实际行权和持有股票之外，现金股票增值权的运作原理与股票期权是一样的，都是一种增值权形式的与股票价值挂钩的薪酬工具。除不需实际授予股票和持有股票之外，模拟股票的运作原理与限制性股票是一样的。

第二节 案例分析与操作指南

一、以权益结算的股份支付

【案例1】以附有业绩条件的授予，说明其权益性工具数量的变化。资料：

第1年年初，A公司对于在销售部工作的100名雇员每人授予了股份期权。如果雇员一直在公司服务，同时如果特定产品的销售量每年至少增长5%的话，将于第3年年末给予股份期权。如果产品销售量平均每年增长5%~10%，每1名雇员将取得100份股份期权。如果产品销售量平均每年增长10%~15%，每1名雇员将取得200份股份期权。如果产品销售量平均每年增长15%或更多，每1名雇员将取得300份股份期权。

在授予日，A公司估计每一股份期权的公允价值是20元。A公司也估计产品销售平均每年增长10%~15%，因此预计一直在公司服务的每1名雇员都将被给予300份股份期权。在加权平均可能性的基础上，公司也估计3年中将有20%的雇员离开。

第1年年末，7名雇员离开，公司仍然预计3年中总共将有20名雇员离开。因此，公司预计3年中会有80名雇员一直在公司服务。产品销售增长了12%，同时，公司预计在未来的2年中维持着这一增长率。第2年年末，又有5名雇员离开，到此为止总共有12名雇员离开。公司现在预计仅有3名雇员将在第3年离开，因此，预计3年中共有15名雇员离开，因而会有85名雇员一直留在公司。产品销售增长了18%，导致2年平均增长15%。公司现在预计3年的平均增长率为15%或更高，因此预计每1名销售部的雇员将于第3年年末取得300份的股份期权。第3年年末，又有2名雇员离开。因此，3年中共有14名雇员离开，同时有86名雇员一直留在公司。公司的销售量3年平均增长16%。因此，86名雇员中的每1位都取得了300份股份期权。则该公司每年的当期薪酬费用和累计薪酬费用为多少？

【分析】 按规定条件的计算如表12-1所示。

表12-1　薪酬费用计算表

单位：元

年份	计　　算	当期薪酬费用	累计薪酬费用
1	80×200×20×1÷3	106667	106667
2	(85×300×20×2÷3)-106667	233333	340000
3	(86×300×20×3÷3)-340000	176000	516000

【案例2】 以附有业绩条件的授予，说明其行权价格的变化。资料：

第1年年初，公司授予高级行政人员10000份股份期权，附有要求行政人员3年内受雇于公司的条件。行权价格是40元。然而，如果3年中公司收益平均每年至少增长10%，行权价格将降为30元。在授予日，公司估计当行权价格为30元时，股份期权的公元价值为每份期权16元。当行权价格为40元时，估计股份期权的公允价值为每份期权12元。

第1年，公司收益增长12%，同时公司预计在未来2年收益以同样的比率增长。因此，公司预计能够达到收益目标，同时股份期权的行权价格将为30元。

第2年，公司收益增长13%，同时公司继续预计能够达到收益目标。

第3年，公司收益仅增长3%，因此没有达到收益目标。行政人员完成了3年服务，因此满足服务条件。因为没有达到收益目标，给予的10000份股份期权具有40元的行权价格。

对规定的应用如下：因为行权价格取决于非市场条件的业绩条件的结果，在估计授予日股份期权的公允价值时没有考虑业绩条件的影响(即行权价格为40元的可能性和行权价格为30元的可能性)。相反，公司应估计在授予日每种情况中股份期权的公元价值(即40元的行权价格和30元的行权价格)，同时最终修正交易金额以反映业绩条件的结果。则该公司每年的当期薪酬费用和累计薪酬费用为多少?

【分析】按规定条件的计算如表12-2所示。

表12-2　薪酬费用计算表

单位：元

年份	计　　算	当期薪酬费用	累计薪酬费用
1	10000×16×1÷3	53333	53333
2	(10000×16×2÷3)-53333	53334	106667
3	(10000×12×3÷3)-106667	13333	120000

【案例3】附服务年限条件的权益结算股份支付。资料：

A公司为一上市公司。2017年1月1日，公司向其200名管理人员每人授予100股股票期权，这些职员从2017年1月1日起在该公司连续服务3年，即可以5元每股购买100股A公司股票，从而获益。公司估计该期权在授予日的公允价值为18元。

第一年有20名职员离开A公司，A公司估计三年中离开的职员的比例将达到20%；第二年又有10名职员离开公司，公司将估计的职员离开比例修正为15%；第三年又有15名职员离开。则A公司应如何进行会计处理?

【分析】(1)费用和资本公积计算过程如表12-3所示。

表12-3　费用和资本公积计算过程表

单位：元

年份	计　算	当期费用	累计费用
2017	200×100×(1-20%)×18×1/3	96000	96000
2018	200×100×(1-15%)×18×2/3-96000	108000	204000
2019	155×100×18 -204000	75000	279000

(2)账务处理如下。

1)2017年1月1日。

授予日不作账务处理。

2)2017年12月31日。

借：管理费用　　96000

　　贷：资本公积——其他资本公积　　96000

3)2018年12月31日。

借：管理费用 108000

贷：资本公积——其他资本公积 108000

4)2019 年 12 月 31 日。

借：管理费用 75000

贷：资本公积——其他资本公积 75000

5)假设全部 155 名职员都在 2020 年 12 月 31 日行权，A 公司股份面值为 1 元。

借：银行存款 77500

资本公积——其他资本公积 279000

贷：股本 15500

资本公积——股本溢价 341000

【操作指南】股份支付的会计处理必须以完整、有效的股份支付协议为基础。

(一)授予日

除了立即可行权的股份支付外，无论权益结算的股份支付还是现金结算的股份支付，企业在授予日均不做会计处理。

(二)等待期内每个资产负债表日

企业应当在等待期内的每个资产负债表日，将取得职工或其他方提供的服务计入成本费用，同时确认所有者权益或负债。对于附有市场条件的股份支付，只要职工满足了其他所有非市场条件，企业就应当确认已取得的服务。

在等待期内，业绩条件为非市场条件的，如果后续信息表明需要调整对可行权情况的估计的，应对前期估计进行修改。

在等待期内每个资产负债表日，企业应将取得的职工提供的服务计入成本费用，计入成本费用的金额应当按照权益工具的公允价值计量。

对于权益结算的涉及职工的股份支付，应当按照授予日权益工具的公允价值计入成本费用和资本公积(其他资本公积)，不确认其后续公允价值变动；对于现金结算的涉及职工的股份支付，应当按照每个资产负债表日权益工具的公允价值重新计量，确定成本费用和应付职工薪酬。

对于授予的存在活跃市场的期权等权益工具，应当按照活跃市场中的报价确定其公允价值。对于授予的不存在活跃市场的期权等权益工具，应当采用期权定价模型等估值技术确定其公允价值。

在等待期内每个资产负债表日，企业应当根据最新取得的可行权职工人数变动等后续信息做出最佳估计，修正预计可行权的权益工具数量。在可行权日，最终预计可行权权益工具的数量应当与实际可行权工具的数量一致。

根据上述权益工具的公允价值和预计可行权的权益工具数量，计算截至当期累计应确认的成本费用金额，再减去前期累计已确认金额，作为当期应确认的成本费用金额。

(三)可行权日之后

(1)对于权益结算的股份支付，在可行权日之后不再对已确认的成本费用和所有者权益总额进行调整。企业应在行权日根据行权情况，确认股本和股本溢价，同时结转等待期内确认的资本公积(其他资本公积)。

(2)对于现金结算的股份支付，企业在可行权日之后不再确认成本费用，负债(应付职工薪酬)公允价值的变动应当计入当期损益(公允价值变动损益)。

【案例4】附非市场业绩条件的权益结算股份支付。资料：

2017年1月1日，A公司向其100名管理人员每人授予100份股票期权：第一年年末的可行权条件为公司净利润增长率达到20%；第二年年末的可行权条件为公司净利润两年平均增长15%；第三年年末的可行权条件为公司净利润三年平均增长10%。每份期权在2017年1月1日的公允价值为24元。

2017年12月31日，A公司净利润增长了18%，同时有8名管理人员离开，公司预计20 18年将以同样速度增长，因此预计将于2018年12月31日可行权。另外，公司预计2018年12月31日又将有8名管理人员离开。

2018年12月31日，A公司净利润仅增长了10%，因此无法达到可行权状态。另外，实际有10名管理人员离开，预计第三年将有12名管理人员离开，预计2019年末可以达到行权条件。

2019年12月31日，A公司净利润增长了8%，三年平均增长率为12%，因此达到可行权状态。当年有8名管理人员离开。

则该公司每年确认的费用为多少?

【分析】按照股份支付会计准则，本例中的可行权条件是一项非市场业绩条件。

第一年年末，虽然没能实现净利润增长20%的要求，但公司预计下年将以同样速度增长，因此能实现两年平均年增长15%的要求。所以公司将其预计等待期调整为2年。由于有8名管理人员离开，公司同时调整了期满(两年)后预计可行权期权的数量。

第二年年末，虽然两年实现15%增长的目标再次落空，但公司仍然估计能够在第三年取得较理想的业绩，从而实现3年平均增长10%的目标。所以公司将其预计等待期调整为3年。由于第二年有10名管理人员离开，高于预计数字，因此公司相应调增了第三年预计离开的人数。

第三年年末，目标实现，实际离开人数为8人。公司根据实际情况确定累计费用，并据此确认了第三年费用。

费用和资本公积计算过程如表12-4所示。

表 12-4 费用和资本公积计算过程表 单位：元

年份	计 算	当期费用	累计费用
2017	(100-8-8)×100×24×1/2	100800	100800
2018	(100-8-10-12)×100×24×2/3-100800	11200	112000
2019	(100-8-10-8)×100×24—112000	65600	177600

【操作指南】业绩条件是指职工或其他方完成规定服务期限且企业已达到特定业绩目标才可行权的条件，具体包括市场条件和非市场条件。市场条件是指行权价格、可行权条件以及行权可能性与权益工具的市场价格相关的业绩条件，如股份支付协议中关于股价上升至何种水平职工或其他方可相应取得多少股份的规定。企业在确定权益工具在授予日的公允价值时，应考虑股份支付协议中规定的市场条件和非可行权条件的影响；市场条件和非可行权条件是否得到满足，不影响企业对预计可行权情况的估计。

非市场条件是指除市场条件之外的其他业绩条件，如股份支付协议中关于达到最低盈利目标或销售目标才可行权的规定。对于可行权条件为业绩条件的股份支付，在确定权益工具的公允价值时，应考虑市场条件的影响，只要职工满足了其他所有非市场条件，企业就应当确认已取得的服务。

二、以现金结算的股份支付

【案例 5】以现金结算的股份支付。资料：

2012 年 11 月，B 公司董事会批准了一项股份支付协议。协议规定，2013 年 1 月 1 日，公司为其 200 名中层以上管理人员每人授予 100 份现金股票增值权，这些管理人员必须在该公司连续服务 3 年，即可自 2015 年 12 月 31 日起根据股价的增长幅度行权获得现金。该股票增值权应在 2017 年 12 月 31 日之前行使完毕。B 公司估计，该股票增值权在负债结算之前每一个资产负债表日以及结算日的公允价值和可行权后的每份股票增值权现金支出额如表 12-5 所示。

表 12-5 每份股票增值权公允价值和现金支出额 单位：元

年份	公允价值	支付现金
2013	14	
2014	15	
2015	18	16
2016	21	20
2017		25

第 1 年有 20 名管理人员离开 B 公司，B 公司估计以后 2 年中还将有 15 名管理人员离开；第 2 年又有 10 名管理人员离开 B 公司，公司估计还将有 10 名管理人员离开；第 3 年又有 15 名管理人员离开。假定：第 3 年年末有 70 人行使了股票增值权，第 4 年年

末有50人行使了股票增值权，第5年年末剩余35人全部行使了股票增值权。

【分析】(1)费用和应付职工薪酬计算过程如表12-6所示。

表12-6　费用和应付职工薪酬计算过程

单位：元

年　份	负债计算(1)	支付现金(2)	当期费用(3)
2013	(200-35)×100×14×1/3=77000		77000
2014	(200-40)×100×15×2/3=160000		83000
2015	(200-45-70)×100×18=153000	70×100×16=112000	105000
2016	(200-45-70-50)×100×21=73500	50×100×20=100000	20500
2017	73500-73500=0	35×100×25=87500	14000
总　额		299500	299500

其中：本期(3)=本期(1)-上期(1)+本期(2)

(2)会计处理如下。

①2013年1月1日。

授予日不做处理。

②2013年12月31日。

借：管理费用　77000

　　贷：应付职工薪酬——股份支付　77000

③2014年12月31日。

借：管理费用　83000

　　贷：应付职工薪酬——股份支付　83000

④2015年12月31日。

借：管理费用　105000

　　贷：应付职工薪酬——股份支付　105000

借：应付职工薪酬——股份支付　112000

　　贷：银行存款　112000

⑤2016年12月31日。

借：公允价值变动损益　20500

　　贷：应付职工薪酬——股份支付　20500

借：应付职工薪酬——股份支付　100000

　　贷：银行存款　100000

⑥2017年12月31日。

借：公允价值变动损益　14000

　　贷：应付职工薪酬——股份支付　14000

借：应付职工薪酬——股份支付　87500

贷：银行存款　87500

【操作指南】以现金结算的股份支付，是指企业为获取服务承担以股份或其他权益工具(仅指企业自身权益工具)为基础计算确定的交付现金或其他资产义务的交易。

股份支付的确认和计量，应当以真实、完整、有效的股份支付协议为基础。

以现金结算的股份支付，应当按照企业承担的以股份或其他权益工具为基础计算确定的负债的公允价值计量。

授予后立即可行权的以现金结算的股份支付，应当在授予日以企业承担负债的公允价值计入相关成本或费用，相应增加负债。

完成等待期内的服务或达到规定业绩条件以后才可行权的以现金结算的股份支付，在等待期内的每个资产负债表日，应当以对可行权情况的最佳估计为基础，按照企业承担负债的公允价值金额，将当期取得的服务计入成本或费用和相应的负债。

在资产负债表日，后续信息表明企业当期承担债务的公允价值与以前估计不同的，应当进行调整，并在可行权日调整至实际可行权水平。

企业在可行权日之后不再确认由换入服务引起的成本费用增加，但应当在相关负债结算前的每个资产负债表日以及结算日，对负债的公允价值重新计量，其变动计入当期损益(公允价值变动损益)。

三、首次执行日的会计处理

1. 相关规定

《企业会计准则第 11 号——股份支付》第七条规定，企业在可行权日之后不再对已确认的相关成本或费用和所有者权益总额进行调整。《企业会计准则第 38 号——首次执行企业会计准则》第十条规定：(1)对于可行权日在首次执行日或之后的股份支付，应当根据《企业会计准则第 11 号——股份支付》的规定，按照权益工具、其他方服务或承担的以权益工具为基础计算确定的负债的公允价值，将应计入首次执行日之前等待期的成本、费用金额调整留存收益，相应增加所有者权益或负债。(2)首次执行日之前可行权的股份支付，不应追溯调整。

2. 会计调整方法

(1)采用未来适用法的处理方法。

采用未来适用法时，作正常会计处理。

(2)采用追溯调整法的处理方法。

①以权益结算的股份支付。

借：期初未分配利润

　　相应资产(如存货、无形资产、固定资产)

　　贷：资本公积

②以现金结算的股份支付。

借：期初未分配利润

相应资产(如存货、无形资产、固定资产)

贷：长期应付款

3. 过渡到新准则说明的披露

(1)报表比较信息的披露。

披露企业执行当期和上年同期的报表比较信息。

(2)相关附注的披露。

资本公积——股份支付披露：“公司自 2007 年 1 月 1 日首次采用《企业会计准则第 11 号——股份支付》，根据该准则，公司对已执行的《××管理层激励计划》进行追溯调整，调减期初留存收益×××元，调增资本公积×××元。”

长期应付款及其他科目如上述资本公积披露方式，或做相关索引披露。

第十三章 债务重组

第一节 债务重组概述

一、债务重组的概念

债务重组，是指在债务人发生财务困难的情况下，债权人按照其与债务人达成的协议或法院的裁定做出让步的事项。债务重组定义中的“债务人发生财务困难”，是指债务人出现资金周转困难或经营陷入困境，导致其无法或者没有能力按原定条件偿还债务；“债权人做出让步”是指债权人同意发生财务困难的债务人现在或者将来以低于重组债务账面价值的金额或者价值偿还债务。“债权人做出让步”的情形主要包括债权人减免债务人部分债务本金或者利息、降低债务人应付债务的利率等。债务人发生财务困难，是债务重组的前提条件，而债权人做出让步是债务重组的必要条件。

二、债务重组的方式

债务重组主要有以下几种方式。

(1)以资产清偿债务，是指债务人转让其资产给债权人以清偿债务的债务重组方式。债务人通常用于偿债的资产主要有现金、存货、金融资产、固定资产、无形资产等。这里的现金，是指货币资金，即库存现金、银行存款和其他货币资金，在债务重组的情况下，以现金清偿债务，通常是指以低于债务的账面价值的现金清偿债务，如果以等量的现金偿还所欠债务，则不属于本章所指的债务重组。

(2)债务转为资本，是指债务人将债务转为资本，同时债权人将债权转为股权的债务重组方式。但债务人根据转换协议，将应付可转换公司债券转为资本的，则属于正常情况下的债务转资本，不能作为债务重组处理。

债务转为资本时，对股份有限公司而言为将债务转为股本；对其他企业而言，是将债务转为实收资本。债务转为资本的结果是，债务人因此而增加股本(或实收资本)，债权人因此而增加股权。

(3)修改其他债务条件，是指修改不包括上述第一、二种情形在内的债务条件进行债务重组的方式，如减少债务本金、降低利率、免去应付未付的利息等。

(4)以上三种方式的组合，是指采用以上三种方法共同清偿债务的债务重组形式。

例如，以转让资产清偿某项债务的一部分，另一部分债务通过修改其他债务条件进行债务重组。主要包括以下可能的方式。

(1)债务的一部分以资产清偿，另一部分则转为资本。

(2)债务的一部分以资产清偿，另一部分则修改其他债务条件。

(3)债务的一部分转为资本，另一部分则修改其他债务条件。

(4)债务的一部分以资产清偿，一部分转为资本，另一部分则修改其他债务条件。

在债务重组中涉及的金融负债和金融资产等只有在满足《企业会计准则第 22 号——金融工具确认和计量》《企业会计准则第 23 号——金融资产转移》等相关规定的终止确认条件时，才能终止确认。

这里的债务重组指的是持续经营条件下的债务重组。债务重组的前提是债务人发生财务困难，结果是债权人做出让步。非债务人发生财务困难，或者非债权人做出让步的情况下发生的，不属于债务重组的范畴。这里的“债务重组”也不包括债务人在非持续经营条件下的债务重组，如处于清算或改组时的债务重组。

第二节　案例分析与操作指南

一、以资产清产债务

【案例 1】以现金清偿债务的会计处理。资料：

2018 年 12 月 10 日，光明公司销售一批材料给长江公司，不含税价格为 200000 元，适用的增值税税率为 16%，货款尚未收到。2019 年 1 月 20 日，长江公司财务发生困难，无法按合同规定偿还债务，经双方协议，光明公司同意减免长江公司 40000 元债务，余额用银行存款立即偿清。光明公司已对该债权计提了 10000 元坏账准备金。则双方应如何进行会计处理?

【分析】(1)长江公司应确认债务重组利得=232000-192000=40000(元)。

账务处理如下。

借：应付账款　　232000

　贷：银行存款　　192000

　　营业外收入——债务重组利得　　40000

(2)光明公司应确认债务重组损失=232000-192000-10000=30000(元)。

账务处理如下。

借：银行存款　　192000

　坏账准备　　10000

营业外支出——债务重组损失 30000

贷：应收账款 232000

【操作指南】以现金清偿债务的，债务人应将重组债务的账面价值与实际支付的现金之间的差额，确认为债务重组利得计入营业外收入。债权人应将重组债权的账面余额与收到的现金之间的差额，确认为债务重组损失计入营业外支出；债权人已对债权计提减值准备的，应当先将该差额冲减减值准备，减值准备不足以冲减的部分，计入营业外支出；多计提的减值准备，冲减"信用减值损失"。

注意：上述债务的"账面价值"如有利息的，还应加上应计未付利息，如长期借款；有溢(折)价的，还应加上尚未摊销的溢价或减去尚未摊销的折价(如应付债券，下同)。

债务人按应付债务的账面余额，借记"应付账款"等科目，按实际支付的金额，贷记"银行存款"等科目，按其差额，贷记"营业外收入——债务重组利得"科目；债权人应按实际收到的金额，借记"银行存款"等科目，按应收债权已计提的坏账准备，借记"坏账准备"科目，按应收债权的账面余额，贷记"应收账款"等科目，按其差额，借记"营业外支出——债务重组损失"科目。

在债权人已对重组债权计提了坏账准备的情况下，如果实际收到的现金金额大于重组债权的账面价值，债权人应按实际收到的现金，借记"银行存款"等科目，按重组债权已计提的坏账准备，借记"坏账准备"科目，按该项重组债权的账面余额，贷记"应收账款"等科目，按其差额，贷记"信用减值损失"科目。

【案例 2】以库存商品清偿债务的会计处理。资料：

华强公司欠三星公司购货款 800000 元。经协商，华强公司以其产品偿还债务，该产品的公允价值(即计税价格)为 600000 元，实际成本为 400000 元，未计提存货跌价准备。两公司均为增值税一般纳税人，适用的增值税税率为 16%。三星公司对应收华强公司货款未计提坏账准备，接受华强公司以产品偿还债务时，将该产品作为商品入库。不考虑其他相关税费，则双方应如何进行会计处理？

【分析】(1)华强公司应确认债务重组利得 = 800000 - 600000 - 96000 = 104000(元)。

账务处理如下。

借：应付账款——三星公司 800000

贷：主营业务收入 600000

应交税费——应交增值税(销项税额) 96000

营业外收入——债务重组利得 104000

借：主营业务成本 400000

贷：库存商品 400000

(2)三星公司应确认债务重组损失 = 800000 - 600000 - 96000 = 104000(元)。

账务处理如下。

借：库存商品　　600000

　　应交税费——应交增值税(进项税额)　　96000

　　营业外支出——债务重组损失　　104000

　　贷：应收账款——华强公司　　800000

【操作指南】以非现金资产清偿债务的，债务人应将重组债务的账面价值与转让的非现金资产公允价值之间的差额，确认为债务重组利得计入营业外收入。转让的非现金资产公允价值与其账面价值的差额，如非现金资产为存货的，应当视同销售处理，以其公允价值确认收入，同时结转相应的成本。

其中，非现金资产的账面价值，一般为其账面余额扣除其资产减值准备后的金额。

债务人在转让非现金资产的过程中发生的一些相关税费，如资产评估费、运杂费等，直接计入资产转让损益。对于增值税应税项目，如债权人不向债务人另行支付增值税，则债务重组利得应为重组债务的账面价值与转让的非现金资产公允价值和该非现金资产的增值税销项税额之间的差额；如债权人向债务人另行支付增值税，则债务重组利得应为重组债务的账面价值与转让的非现金资产公允价值之间的差额。

以非现金资产偿还债务的，债权人应将重组债权的账面余额与受让的非现金资产的公允价值之间的差额，确认为债务重组损失计入营业外支出。债权人已对债权计提减值准备的，应当先将该差额冲减减值准备，冲减后仍有差额的，记入"营业外支出——债务重组损失"科目；冲减后减值准备仍有余额的，应予以转回并抵减当期的信用减值损失。债权人收到非现金资产时，应对受让的非现金资产按其公允价值入账，发生的有关运杂费、保险费等，也计入相关资产的入账价值。对于增值税应税项目，如债权人不向债务人另行支付增值税，则增值税进项税额可以作为冲减重组债权的账面余额处理；如债权人向债务人另行支付增值税，则增值税进项税额不能作为冲减重组债权的账面余额处理。

1. 债务人的会计处理

债务人应按应付债务的账面余额，借记"应付账款"等科目，按用于清偿债务的非现金资产的公允价值，贷记"其他业务收入""主营业务收入""固定资产清理"等科目，按应缴的增值税税额，贷记"应交税费——应交增值税(销项税额)"科目，按其差额，贷记"营业外收入——债务重组利得"科目。

债务人结转用于清偿债务的非现金资产的账面价值、支付应付的相关税费的账务处理参见相关章节。

2. 债权人的会计处理

债权人应按接受的非现金资产的公允价值和支付的相关税费，借记"原材料""库存商品""固定资产""无形资产""长期股权投资"等科目，按可抵扣的增值税税额，借记"应交税费——应交增值税(进项税额)"科目，按重组债权已计提的坏账准备，借记"坏账准备”科目，按重组债权的账面余额，贷记“应收账款”等科目，按应支付的相关税费，贷记“银行存款”“应交税费”等科目，按其差额，借记“营业外支出——债务重组损失”科目或贷记“信用减值损失”科目。

【案例 3】以固定资产清偿债务的会计处理。资料：

华诚公司于 2018 年 12 月 1 日从长青公司购入一批材料，货款为 400000 元，由于公司发生财务困难，至 2019 年 2 月 3 日尚未支付货款。经与长青公司协商，长青公司同意华诚公司以一台设备偿还债务。该项设备的账面原价为 400000 元，已提折旧 80000 元，计提的减值准备为 5000 元，公允价值为 325000 元。长青公司对该项应收账款提取坏账准备 20000 元。不考虑相关税费，则双方应如何进行会计处理?

【分析】(1)华诚公司应确认债务重组利得 = 400000 - 325000 = 75000(元)。

账务处理如下。

借：固定资产清理　　315000
　　累计折旧　　80000
　　固定资产减值准备　　5000
　　贷：固定资产　　400000
借：应付账款——长青公司　　400000
　　贷：固定资产清理　　325000
　　　　营业外收入——债务重组利得　　75000
借：固定资产清理　　10000
　　贷：资产处置损益　　10000

(2)长青公司应确认债务重组损失 = 400000 - 325000 - 20000 = 55000(元)。账务处理如下。

借：固定资产　　325000
　　坏账准备　　20000
　　营业外支出——债务重组损失　　55000
　　贷：应收账款　　400000

【操作指南】以非现金资产清偿债务的，债务人应将重组债务的账面价值与转让的非现金资产公允价值之间的差额，确认为债务重组利得计入营业外收入。转让的非现金资产公允价值与其账面价值的差额，如非现金资产为固定资产、无形资产的，其公允价值和账面价值的差额，计入资产处置收益。如非现金资产为长期股权投资、金融资产(其他权益工具投资除外)的，其公允价值和账面价值的差额，计入投资收益。

【案例 4】以长期股权投资清偿债务的会计处理。资料：

2018 年 12 月 30 日，光明公司销售一批材料给长江公司(与光明公司属非关联方)，含税价为 280000 元。2019 年 3 月 1 日，长江公司资金周转暂时发生困难，经双方协议，光明公司同意长江公司将其拥有的丙公司长期股权投资用于抵偿债务。该项长期股权投资(长江公司采用成本法核算)的公允价值为230000元，账面余额为260000元，已计提的相关减值准备为40000元，长江公司转让该项长期股权投资时发生相关费用4000元，光明公司对该项债权提取了60000元坏账准备。假定不考虑其他相关税费。则双方应如何进行会计处理?

【分析】(1)长江公司应确认债务重组利得=280000-230000=50000(元)。

账务处理如下。

借：应付账款　280000

　　长期股权投资减值准备　40000

　　贷：长期股权投资——丙公司　260000

　　　　营业外收入——债务重组利得　50000

　　　　银行存款　4000

　　　　投资收益　6000

(2)光明公司应确认债务重组损失=0(按公式计算的结果是280000-60000-230000=-10000(元)，即冲减信用减值损失10000元，所以债务重组损失是0)。账务处理如下。

借：长期股权投资——丙公司　230000

　　坏账准备　60000

　　贷：应收账款　280000

　　　　信用减值损失　10000

【操作指南】以非现金资产清偿债务的，债务人应将重组债务的账面价值与转让的非现金资产公允价值之间的差额，确认为债务重组利得计入营业外收入。转让的非现金资产公允价值与其账面价值的差额，如非现金资产为长期股权投资、金融资产(其他权益工具投资除外)的，其公允价值和账面价值的差额，计入投资收益。

二、债务转为资本

【案例5】2018年3月15日，光明公司销售一批材料给长江公司(股份有限公司，且与光明公司属非关联方)，同时收到长江公司签发并承兑的一张面值200000元、年利率为5%、6个月期、到期还本付息的银行承兑汇票。9月15日，长江公司与光明公司协商，以其普通股抵偿票据。长江公司用于抵债的普通股为20000股，股票市价为每股8元。假定双方适用的印花税税率均为2‰，均以银行存款支付；光明公司将该项股权划分为以公允价值计量且其变动计入当期损益的金融资产；不考虑其他相关税费。则双方应如何进行会计处理?

【分析】(1)长江公司应确认债务重组利得=205000-140000-20000=45000(元)。

会计分录如下。

借：应付票据 205000
　贷：营业外收入——债务重组利得 45000
　　股本 20000
　　资本公积——股本溢价 140000
借：管理费用 320
　贷：银行存款 320

(2)光明公司应确认债务重组损失=205000-140000-20000=45000(元)。

会计分录如下。

借：交易性金融资产 160000
　投资收益 320
　营业外支出——债务重组损失 45000
　贷：应收票据 205000
　　银行存款 320

【操作指南】 以债务转为资本清偿债务的，债务人应将重组债务的账面价值与债权人放弃债权而享有股份(或股权，下同)的公允价值总额之间的差额，确认为债务重组利得计入营业外收入，将股份的面值总额(或股权份额，下同)确认为股本(或者实收资本)，股份的公允价值总额与股本(或者实收资本)之间的差额确认为资本公积。债权人应当将享有股份的公允价值确认为对债务人的投资，重组债权的账面余额与股份的公允价值之间的差额，确认为债务重组损失计入营业外支出。债权人对债权计提减值准备的，应当先将差额冲减减值准备，冲减后仍有差额的，计入营业外支出(债务重组损失)；冲减后减值准备仍有余额的，应予转回并抵减当期的信用减值损失。

债务人应按应付债务的账面价值，借记“应付账款”等科目，按债务的账面价值与债权人因放弃债权而享有股份的公允价值之间的差额，贷记“营业外收入——债务重组利得”科目，按债权人因放弃债权而享有的股份的面值，贷记“实收资本”科目或“股本”科目，按公允价值与账面价值的差额，贷记“资本公积——资本溢价(或股本溢价)”科目；债权人应按应享有股份的公允价值，借记“交易性金融资产”“长期股权投资”等科目，按该项重组债权已计提的坏账准备，借记“坏账准备”科目，按重组债权的账面余额，贷记“应收账款”等科目，按其差额，借记“营业外支出——债务重组损失”科目或贷记“信用减值损失”科目。

债务转为资本，债务人发生的一些税费，与股票发行直接相关的手续费等，可以作为抵减资本公积处理；其他税费，可以直接计入当期损益，如印花税等。债权人发生的相关税费，分别按《企业会计准则第 2 号——长期股权投资》或者《企业会计准则第 22 号——金融工具确认和计量》等的规定进行处理。

三、修改其他债务条件

【案例6】一般修改其他债务条件的会计处理。资料：

海星公司2016年12月31日应付昌河公司票据的账面余额为208000元，其中，8000元为累计未付的利息，票面年利率为8%。由于海星公司连年亏损，资金困难，不能偿付应于2016年12月31日前支付的应付票据。经双方协商，于2017年1月1日进行债务重组。昌河公司同意将债务本金减至160000元，免去债务人2016年12月31日前所欠的全部利息；将利率从8%降低到5%，并将债务到期日延长至2018年12月31日，利息按年支付。假设昌河公司已对该项债权计提坏账准备52000元，现行类似债权资产市场折现率为5%。根据计算，债务重组后债务的公允价值(即现值)为160000元。则双方应如何进行会计处理？

【分析】(1)海星公司应进行如下账务处理。

①债务重组日。

借：应付票据　208000

　贷：应付账款——昌河公司(债务重组)　160000

　　营业外收入——债务重组利得　48000

②2017年12月31日支付利息。

借：财务费用　8000

　贷：银行存款　8000

③2018年12月31日偿还本金和最后一年利息。

借：应付账款——昌河公司(债务重组)　160000

　财务费用　8000

　贷：银行存款　168000

(2)昌河公司应进行如下账务处理。

①债务重组日。

借：应收账款——海星公司(债务重组)　160000

　坏账准备　52000

　贷：应收票据　208000

　　信用减值损失　4000

②2017年12月31日收到利息8000元。

借：银行存款　8000

　贷：财务费用　8000

③2018年12月31日收回本金和最后一年利息。

借：银行存款　168000

贷：应收账款——海星公司(债务重组)　160000

　　财务费用　8000

【操作指南】“修改其他债务条件”，通常指延长债务偿还期限、延长债务偿还期限并减少债务本金或债务利息等。其中，延长债务偿还期限并减少债务本金或债务利息，既包括在重组日债权人豁免债务人的债务本金或债务利息，也包括重组日之后债权人豁免债务人的债务本金或债务利息。

以修改其他债务条件进行债务重组的，债务人应当将修改其他债务条件后债务的公允价值作为重组后债务的入账价值。重组债务的账面价值与重组后债务的入账价值之间的差额，确认为债务重组利得计入营业外收入。以修改其他债务条件进行债务重组的，债权人应当将修改其他债务条件后的债权的公允价值作为重组后债权的账面价值，重组债权的账面余额与重组后债权的账面价值之间的差额，确认为债务重组损失计入营业外支出。债权人已对债权计提减值准备的，应当先将该差额冲减减值准备，冲减后仍有差额的，计入营业外支出(债务重组损失)；冲减后减值准备仍有余额的，应予转回并抵减当期的信用减值损失。

【案例7】存在或有应付金额的修改其他债务条件的会计处理。资料：

金达公司2016年1月1日与海通商业银行协商并达成协议，将海通商业银行于2×13年1月1日贷给金达公司的3年期、年利率为9%、本金为5000000元的贷款进行债务重组，海通商业银行同意将贷款延长至2018年12月31日，年利率降至6%，免除积欠的利息450000元，本金减至4200000元，利息按年支付；同时规定，债务重组后的第1年起若当年有盈利，则年利率恢复至9%，若无盈利，仍维持6%的年利率。假设海通商业银行对该项贷款没有计提贷款损失准备，现行贴现率为6%。金达公司估计在债务重组后第1年很可能盈利。根据计算，债务重组后债务的公允价值(即现值)为4200000元。则双方应如何进行会计处理?

【分析】(1)金达公司应做如下账务处理。

①债务重组日，金达公司应确认预计负债的金额=4200000×(9%-6%)×3=378000(元)。

借：长期借款　5450000

　　贷：长期借款——债务重组　4200000

　　　　预计负债——债务重组　378000

　　　　营业外收入——债务重组利得　872000

②2016年12月31日支付利息时。

若金达公司2016年度没有盈利，但估计2017年度很可能盈利，则会计分录如下。

借：财务费用　252000

　　贷：银行存款　252000

借：预计负债　126000

　　贷：营业外收入——债务重组利得　126000

若金达公司2016年度有盈利，则会计分录如下。

借：财务费用　252000

　　预计负债　126000

　　贷：银行存款　378000

③2017年12月31日支付利息时，其会计分录与2016年相同。

④2018年12月31日支付借款本息时。

支付借款本金的会计分录为

借：长期借款——债务重组　4200000

　　贷：银行存款　4200000

支付借款利息的会计分录与2016年相同。

(2)海通商业银行应做如下账务处理。

①债务重组日。

借：贷款——债务重组　4200000

　　营业外支出——债务重组损失　1250000

　　贷：贷款　5000000

　　　　应收利息　450000

②2016年12月31日收到利息时。

若金达公司2016年度没有盈利，按6%计算利息，则会计分录如下。

借：银行存款　252000

　　贷：利息收入　252000

若金达公司2016年度有盈利，按9%计算利息，则会计分录如下。

借：银行存款　378000

　　贷：利息收入　378000

③2017年12月31日收到利息时，其会计分录与2016年相同。

④2018年12月31日收回贷款本金及其利息时

收回贷款本金的会计分录如下。

借：银行存款　4200000

　　贷：贷款——债务重组　4200000

收回贷款利息的会计分录与2016年相同。

【操作指南】修改后的债务条款如涉及或有应付金额，且该或有应付金额符合《企业会计准则第13号——或有事项》中有关预计负债确认条件的，债务人应将该或有应付金额确认为“预计负债”，并根据《企业会计准则第13号——或有事项》的规定确定其金额。重组债务的账面价值与重组后债务的入账价值和预计负债金额之和的差额，应确认为债务重组利得，计入营业外收入。

或有应付金额，是指需要根据未来某种事项出现而发生的应付金额，而且该未来事项的出现具有不确定性。比如，债务重组协议规定，债务人在债务重组后一定期间内，其业绩改善到一定程度或者符合一定要求(如扭亏为盈、摆脱财务困境等)，则应向债权人额外支付一定金额。当债务人承担的或有应付金额符合预计负债确认条件时，应当将该或有应付金额确认为预计负债。或有应付金额在后期没有发生的，企业应当冲销前期已确认的预计负债，同时确认营业外收入(债务重组利得)。需要说明的是，在附有或有应付金额的债务重组方式下，债务人应当在每期末，按照或有事项确认和计量要求，确定其最佳估计数，期末所确定的最佳估计数与原预计数的差额，计入营业外收入(债务重组利得)。

债务人应按应付债务的账面余额，借记"应付账款"等科目，按修改其他债务条件后债务的公允价值，贷记"应付账款"等科目，按确认的或有应付金额，贷记"预计负债"科目，按其差额，贷记"营业外收入——债务重组利得"科目。

修改后的债务条款中涉及或有应收金额的，债权人不应当确认或有应收金额，不得将其计入重组后债权的账面价值。或有应收金额，是指需要根据未来某种事项出现而发生的应收金额，而且该未来事项的出现具有不确定性。

债权人应按修改其他债务条件后的债权的公允价值，借记"应收账款"等科目，按重组债权已计提的坏账准备，借记"坏账准备"科目，按重组债权的账面余额，贷记"应收账款"等科目，按其差额，借记"营业外支出——债务重组损失"科目或贷记"信用减值损失"科目。

四、混合重组

【案例 8】混合重组的会计处理。资料：

深广公司销售一批商品给红星公司(非股份有限公司，与深广公司属非关联方)，价款为 1170000 元(含增值税)。债务到期时，因深广公司财务发生困难，红星公司与深广公司商议进行债务重组。重组协议如下：红星公司支付现金 200000 元；以账面价值为 250000 元、累计摊销为 50000 元的无形资产和吸收深广公司对红星公司股权投资 600000 元抵偿债务 800000 元；深广公司豁免债务 70000 元，余下债务 1 年后偿付；红星公司没有对用于抵债的无形资产计提减值准备，深广公司也没有对重组债权计提坏账准备。经测定红星公司用于偿债的无形资产的公允价值为 200000 元，深广公司拟长期持有对红星公司的股权投资，不考虑交易过程中的任何税费。则双方应如何进行会计处理?

【分析】(1)红星公司的会计处理。

指定修改其他债务条件的重组债务金额 = 1170000 - 200000 - 200000 - 600000 = 170000

(元)。

重组后该项债务的公允价值=170000-70000=100000(元)。

会计分录如下。

借：应付账款　　1170000

　　累计摊销　　50000

　　资产处置损益　　50000

　　贷：银行存款　　200000

　　　　无形资产　　300000

　　　　实收资本　　600000

　　　　应付账款——债务重组　　100000

　　　　营业外收入——债务重组利得　　70000

(2)深广公司的会计处理如下。

借：银行存款　　200000

　　长期股权投资　　600000

　　无形资产　　200000

　　应收账款——债务重组　　100000

　　营业外支出——债务重组损失　　70000

　　贷：应收账款　　1170000

【操作指南】债务重组以现金清偿债务、非现金资产清偿债务、债务转为资本、修改其他债务条件等方式的组合进行的，债务人应当依次以支付的现金、转让的非现金资产公允价值、债权人享有股份的公允价值冲减重组债务的账面价值，再按修改其他债务条件方式的规定处理；债权人应当依次以收到的现金、接受的非现金资产公允价值、债权人享有股份的公允价值冲减重组债权的账面余额，再按修改其他债务条件方式的规定处理。

第十四章　或有事项

第一节　或有事项概述

一、或有事项及其特征

或有事项是指过去的交易或者事项形成的，其结果须由某些未来事项的发生或不发生才能决定的不确定事项。常见的或有事项主要包括未决诉讼或仲裁、债务担保、产品质量保证(含产品安全保证)、承诺、亏损合同、重组义务、环境污染整治、修改其他债务条件方式的债务重组等。

或有事项与不确定性联系在一起，但在会计处理过程中存在的不确定性并不都形成或有事项，如固定资产折旧，虽然存在固定资产使用年限和残值等不确定性，但由于固定资产的原价本身是确定的，其价值最终转移到产品中去也是确定的，因而固定资产折旧不是或有事项。其他的如固定资产大修理、正常维护等，还有如计提存货跌价准备、资产减值准备、金融资产减值准备等，均不属于或有事项。或有事项具有以下基本特征。

(1)由过去交易或事项形成，是指或有事项的现存状况是过去交易或事项引起的客观存在。比如，未决诉讼虽然是正在进行中的诉讼，但该诉讼是企业因过去的经济行为导致起诉其他单位或被其他单位起诉。这是现存的一种状况而不是未来将要发生的事项。未来可能发生的自然灾害、交通事故、经营亏损等，不属于或有事项。

(2)结果具有不确定性，是指或有事项的结果是否发生具有不确定性，或者或有事项的结果预计将会发生，但发生的具体时间或金额具有不确定性。比如，债务担保事项的担保方到期是否承担和履行连带责任，需要根据被担保方债务到期时能否按时还款加以确定。这一事项的结果在担保协议达成时具有不确定性。

(3)由未来事项决定，是指或有事项的结果只能由未来不确定事项的发生或不发生才能决定。比如，债务担保事项只有在被担保方到期无力还款时，企业(担保方)才履行连带责任。

二、预计负债的确认

根据《企业会计准则第13号——或有事项》的规定，与或有事项相关的义务同时满足下列三个条件的，应当确认为预计负债。

(1)该义务是企业承担的现时义务。

(2)履行该义务很可能导致经济利益流出企业。

(3)该义务的金额能够可靠计量。

“该义务是企业承担的现时义务”是指与或有事项相关的义务是在企业当前条件下已承担的义务，而非潜在义务。企业没有其他现实的选择，只能履行该义务，如法律要求企业履行、有关各方合理预期企业应当履行等。

“履行该义务很可能导致经济利益流出企业”是指履行与或有事项相关的现时义务时，导致经济利益流出企业的可能性超过50%。

或有负债，是指过去的交易或者事项形成的潜在义务，其存在须通过未来不确定事项的发生或不发生予以证实；或过去的交易或者事项形成的现时义务，履行该义务不是很可能导致经济利益流出企业或该义务的金额不能可靠计量。

或有资产，是指过去的交易或者事项形成的潜在资产，其存在须通过未来不确定事项的发生或不发生予以证实。

三、预计负债的计量

预计负债应当按照履行相关现时义务所需支出的最佳估计数进行初始计量。

最佳估计数的确定分两种情况考虑。第一，如果所需支出存在一个连续范围(或区间，下同)，且该范围内各种结果发生的可能性相同的，最佳估计数应当按照该范围内的中间值确定，即最佳估计数应按该范围的上、下限金额的平均数确定。例如：某公司售出产品发生的保修费用为销售额的1%—1.5%，则最佳估计数的比例应为销售额的1.25%。第二，在其他情况下，最佳估计数应按涉及的项目多少分别确定：①或有事项涉及单个项目的，按照最可能发生金额确定。例如：某公司涉及一起诉讼，根据类似案件的经验以及公司所聘律师的意见判断，该公司在该起诉讼中胜诉的可能性有30%，败诉的可能性有70%，如果败诉将要赔偿50万元，在这种情况下，该公司应确认的负债金额(最佳估计数)应为最可能发生金额50万元。②或有事项涉及多个项目的，按照各种可能结果及相关概率计算确定。例如：某公司本年销售甲产品5000万元，根据产品质量保证条款的规定，产品售出1年内，如发生正常质量问题，企业将负责免费修理。根据公司以往经验，如果出现小的质量问题则发生的修理费为销售额的2%，而出现较大的质量问题则发生的修理费为销售额的5%。据预测，本年度售出的产品中有85%不会发生质量问题，有10%将发生较小的质量问题，有5%将发生较大的质量问题。据此，本年度末该公司应确认的负债金额(最佳估计数)= 5000×2%×10%+5000×5%×5% = 22.5(万元)。

当企业清偿预计负债所需支出全部或部分预期由第三方补偿的，补偿金额只有在基本确定能够收到时才能作为资产单独确认，而且确认的补偿金额不应当超过预计负债的账面价值，并且不能作为预计负债的扣减进行处理。例如，发生交通事故等情况时，可以从保险公司获得合理的补偿；在某些索赔诉讼中，企业可以通过反诉的方式对索赔人或第三方另行提出赔偿要求；在债务担保业务中，企业履行担保义务的同时，通常可以向被担保企业提出额外追偿要求。

第二节　案例分析与操作指南

一、产品质量保证

【案例 1】产品质量保证的会计处理。资料：

华宝公司是生产和销售空调器的企业。本年第 1 季度销售 A 型空调器 5000 台，每台售价 8000 元。华宝公司 A 型空调器的质量保证条款规定：产品在售出 2 年内如出现非意外事件造成的故障和质量问题，公司免费负责保修。根据以往经验，发生的保修费一般为销售额的 1%—3%。则华宝公司应如何进行会计处理？

【分析】华宝公司在第 1 季度应确认的产品质量保证负债金额为 800000 元[(5000×8000)×(1%+3%)÷2]，应编制会计分录如下。

借：销售费用——产品质量保证　　800000

　　贷：预计负债——产品质量保证　　800000

若华宝公司在第 1 季度实际以银行存款支出的 A 型空调器维修费为 50000 元，则应编制如下会计分录。

借：预计负债——产品质量保证　　50000

　　贷：银行存款　　50000

【操作指南】产品质量保证是企业为了树立信誉、扩大销售、提高市场竞争能力所采取的对于出售的产品附有的各种各样的质量保证，如对售出产品实行“三包”，即包退、包换和包修等措施。产品的质量问题通常在所难免，所以伴随企业对售出产品的质量保证而发生的费用，如修理费用等，其发生的可能性是相当肯定的，其发生的金额往往也可以根据以往经验合理预计，因此产品质量保证通常可以确认为一项预计负债。通常可以在产品售出后，根据产品质量保证条款的规定、产品的销售额以及预计质量保证费用的最佳估计数确认产品质量保证负债金额，在确认时，应借记“销售费用——产品质量保证”科目，贷记“预计负债——产品质量保证”科目；平时，实际发生产品质量保证费用时，应借记“预计负债——产品质量保证”科目，贷记“银行存款”等科目。

注意：产品质量保证负债核算时，如果发现保证费用的实际发生额与预计数相差较大，应及时对预计比例进行调整；企业针对特定批次产品确认预计负债，在保修期结束时，应将“预计负债——产品质量保证”余额冲销，不留余额；已对其确认预计负债的产品，如企业不再生产，则应在相应的产品质量保证期满后，将“预计负债——产品质量保证”余额冲销，不留余额。

二、未决诉讼

【案例2】未决诉讼的会计处理。资料：

2017年11月20日，华通公司从A银行取得一笔信用贷款5000万元，期限为1年，年利率为7.2%。2018年11月20日，华通公司的贷款(本金和利息)到期。华通公司具有还款能力，但因与A银行之间存在其他经济纠纷，而未按时归还A银行的贷款。A银行遂与华通公司协商，但未达成协议，于2018年12月20日向法院提起诉讼。截至2018年12月31日，法院尚未对A银行提起的诉讼进行审理。2018年12月31日，华通公司对此诉讼案件进行分析，认为如无特殊情况，本公司很可能败诉，为此不仅要偿还贷款本息，还需要支付罚息和承担诉讼费等费用。假设华通公司预计将要支付的罚息、诉讼费等费用估计为50万—60万元，其中包括对方支付的诉讼费5万元，则华通公司应如何进行会计处理？

【分析】华通公司在2018年12月31日应确认的负债为55万元[(50+60)÷2]，编制会计分录如下。

借：管理费用——诉讼费　　50000
　　营业外支出——罚息支出　　500000
　　贷：预计负债——未决诉讼　　550000

【操作指南】企业在经营活动中经常会涉及经济诉讼、仲裁等案件，但这些审理中的诉讼、仲裁事项将对企业的财务状况和经营成果产生多大影响，企业因此要承担多大风险，具有不确定性。如果这些未决诉讼引起的相关义务符合预计负债确认条件、预计败诉的可能性属于“很可能”、要发生的诉讼等费用也能可靠预计，则企业应将预计要发生的支出确认为预计负债，借记“营业外支出”“管理费用”等科目，贷记“预计负债——未决诉讼”科目；因败诉实际支付诉讼等费用时，应借记“预计负债——未决诉讼”科目，贷记“银行存款”等科目。

应当注意的是，对于未决诉讼，企业当期实际发生的诉讼损失金额与已计提的相关预计负债之间的差额，应分情况处理。

第一，企业在前期资产负债表日，依据当时实际情况和所掌握的证据合理预计了预计负债，应当将当期实际发生的诉讼损失金额与已计提的相关预计负债之间的差额直接计入或冲减当期营业外支出。

第二，企业在前期资产负债表日，依据当时实际情况和所掌握的证据，原本应当能够合理估计诉讼损失，但企业所做的估计却与当时的事实严重不符(如未合理预计损失或不恰当地多计或少计损失)，应当按照重大会计差错更正的方法进行处理。

第三，企业在前期资产负债表日，根据当时实际情况和所掌握的证据，确实无法合理预计诉讼损失，因而未确认预计负债，则在该项损失实际发生的当期，直接计入当期营业外支出。

第四，资产负债表日后至财务报告批准报出日之间发生的需要调整或说明的未决诉讼，按照资产负债表日后事项的有关规定进行会计处理。

三、对外担保事项

【案例3】 对外担保事项的会计处理。资料：

2018年12月31日，甲公司涉及一项未决诉讼，预计很可能败诉。甲公司若败诉，需承担诉讼费10万元并支付赔款300万元，但基本确定可从保险公司获得60万元的补偿。2018年12月31日，甲公司因该诉讼应如何进行账务处理?

【分析】 甲公司因该诉讼应确认预计负债的金额为300+10=310(万元)。基本确定能从第三方收到的补偿金额确认为其他应收款，不影响预计负债的确认金额。相关会计分录如下。

借：管理费用　　10
　　营业外支出　　300
　　贷：预计负债　　310
借：其他应收款　　60
　　贷：营业外支出　　60

【操作指南】 企业对外提供担保可能产生的负债，如果符合预计负债的确认条件，应当确认为预计负债。

(1)在担保涉及诉讼的情况下，如果企业已被判决败诉，则应当按照法院判决的应承担的损失金额，确认为其他应付款，并计入当期营业外支出(不含诉讼费，实际发生的诉讼费应计入当期的“管理费用”科目，下同)；如果已判决败诉，但企业正在上诉，或者经上一级法院裁定暂缓执行，或者由上一级法院发回重审等，企业应当在资产负债表日，根据已有判决结果合理估计可能产生的损失金额，确认为预计负债，并计入当期营业外支出；如果法院尚未判决，企业应向其律师或法律顾问等咨询，估计败诉的可能性，以及败诉后可能发生的损失金额，并取得有关书面意见。如果败诉的可能性大于胜诉的可能性，并且损失金额能够合理估计的，应当在资产负债表日将预计担保损失金额，确认为预计负债，并计入当期营业外支出。

(2)企业当期实际发生的担保诉讼损失金额与已计提的相关预计负债之间的差额，应分别以下情况处理。

①企业在前期资产负债表日，依据当时实际情况和所掌握的证据，合理预计了预计负债，应当将当期实际发生的担保诉讼损失金额与已计提的相关预计负债之间的差额，直接计入当期营业外支出。

②企业在前期资产负债表日，依据当时实际情况和所掌握的证据，原本应当能够合理估计并确认和计量因担保诉讼所产生的损失，但企业所做的估计却与当时的事实严重不符(如未合理预计损失或不恰当地多计或少计损失)，应当视为滥用会计估计，按照重大会计差错更正的方法进行会计处理。

③企业在前期资产负债表日，依据当时实际情况和所掌握的证据，确实无法合理确认和计量因担保诉讼所产生的损失，因而未确认预计负债的，则在该项损失实际发生的当期，直接计入当期营业外支出。

(3)资产负债表日后至财务报告批准报出日之间发生的需要调整或说明的担保诉讼事项，按照《企业会计准则第29号——资产负债表日后事项》的有关规定进行会计处理。

四、待执行合同变成亏损合同事项

【案例4】待执行合同变成亏损合同事项的会计处理。资料：

甲公司于2018年9月与乙公司签订合同，在2019年4月销售100件商品，单位成本估计为1100元，合同单价1600元；如4月未交货，延迟交货的商品单价降为1000元。2018年12月，甲公司因生产线损坏，尚未投入生产，估计在2019年5月交货。该合同为不可撤销。则甲公司应如何进行会计处理?

【分析】该合同为亏损合同，且不存在标的资产。

(1)2018年12月31日，甲公司应进行会计处理如下。

借：营业外支出　　(100×100)10000

　　贷：预计负债　　10000

(2)2019年5月，该产品生产完工后，将已确认的预计负债冲减产品成本。

借：预计负债　　10000

　　贷：库存商品　　10000

【操作指南】待执行合同是指合同各方尚未履行任何合同义务，或部分履行了同等义务的合同。企业与其他方签订的尚未履行或部分履行了同等义务的合同，如商品买卖合同、劳务合同、租赁合同等，均属于待执行合同。

亏损合同是指履行合同义务不可避免会发生的成本超过预期经济利益的合同。

根据《企业会计准则第13号——或有事项》的规定，待执行合同变成亏损合同的，该亏损合同产生的义务满足预计负债确认条件的，应当确认为预计负债。预计负债的计量反映了退出该合同的最低净成本，即履行该合同的成本与未能履行该合同而发生的补偿或处罚两者之中的较低者。

企业在履行合同义务过程中，如发生的成本预期将超过与合同相关的未来流入的经济利益的，待执行合同即变成了亏损合同，此时，如果与该合同相关的义务无须支付任何补偿即可撤销，通常不存在现时义务，不应确认预计负债。如果与该合同相关的义务不可撤销，企业就存在了现时义务，同时满足该义务很可能导致经济利益流出企业和金额能够可靠计量的，通常应当确认预计负债。

待执行合同变成亏损合同时，企业拥有部分或全部合同标的资产的，应当先对标的资产进行减值测试并按规定确认减值损失，如预计亏损超过该减值损失，应将超过部分确认为预计负债。企业没有合同标的资产的，亏损合同相关义务满足规定条件时，应当确认为预计负债。

五、重组事项

【案例 5】重组事项的会计处理。资料：

2018 年 12 月，甲公司计划于 2019 年 2 月重组旗下 A 事业部，预计重组义务为 100000 元。则甲公司应如何进行账务处理?

【分析】2018 年 12 月 31 日，甲公司应进行会计处理如下。

借：营业外支出——预计负债　　100000

　　贷：预计负债　　100000

【操作指南】重组是指企业制定和控制的，将显著改变企业组织形式、经营范围或经营方式的计划实施行为。属于重组的事项主要包括：

(1)出售或终止企业的部分经营业务。

(2)对企业的组织结构进行较大调整。

(3)关闭企业的部分营业场所，或将营业活动由一个国家或地区迁移到其他国家或地区。

重组不同于企业合并和债务重组。重组通常是企业内部资源的调整和组合，谋求现有资产效能的最大化；企业合并是在不同企业之间的资本重组和规模扩张；债务重组是债权人对债务人做出让步，债务人减轻债务负担，债权人尽可能减少损失。

根据《企业会计准则第 13 号——或有事项》的规定，同时存在下列情况时，表明企业承担了重组义务。

(1)有详细、正式的重组计划，包括重组涉及的业务、主要地点、需要补偿的职工人数及其岗位性质、预计重组支出、计划实施时间等。

(2)该重组计划已对外公告，重组计划已开始实施，或已向受其影响的各方通告了该计划的主要内容，从而使各方形成了对该企业将实施重组的合理预期。

根据《企业会计准则第 13 号——或有事项》的规定，企业承担的重组义务满足预计负债确认条件的，应当确认为预计负债，并计入当期管理费用。

企业应当按照与重组有关的直接支出确定预计负债金额，计入当期损益。直接支出不包括留用职工岗前培训、市场推广、新系统和营销网络投入等支出。

由于企业在计量预计负债时，不应当考虑预期处置相关资产的利得或损失，在计量与重组义务相关的预计负债时，不考虑处置相关资产(厂房、店面，有时是一个事业部整体)可能形成的利得或损失，即使资产的出售构成重组的一部分也是如此。这些利得或损失应当单独确认。

六、首次执行日的会计处理

1. 相关规定

《企业会计准则第 38 号——首次执行企业会计准则》第七条规定：在首次执行日，对于符合预计负债确认条件且该日之前尚未计入固定资产成本的弃置费用，应当增加该项资产成本和负债；同时，将应补提的折旧调整留存收益。第十一条规定：在首次执行日，企业应当按照《企业会计准则第 13 号——或有事项》的规定，将在该日之前已成为亏损合同和符合确认条件的重组义务，确认为预计负债，并调整留存收益。

2. 会计调整方法

不适合采用未来适用法的处理方法，而应采用追溯调整法的处理方法。

(1)补计应计入固定资产成本的弃置费用和相应折旧。在首次执行日，对于满足预计负债条件且该日之前尚未计入固定资产成本的弃置费用，应当增加该项资产成本和负债，借记“固定资产”科目，贷记“预计负债”科目。同时，将应补提的折旧调整留存收益，借记“利润分配——未分配利润”科目，贷记“累计折旧”科目。

(2)补计亏损合同及符合确认条件的重组义务。在首次执行日，对于在该日之前已成为预计亏损合同及符合确认条件的重组义务，应当增加负债并调整留存收益，借记“利润分配——未分配利润”科目，贷记“预计负债”科目。

3. 过渡到新准则的说明和披露

(1)报表比较信息的披露(执行当期和上年同期)。比较信息的调整，如追溯调整固定资产弃置费用、补计首次执行日前已成为亏损合同和符合确认条件的重组义务。

(2)相关附注的披露。要求说明会计政策的变更。

第十五章　收入

第一节　收入概述

一、收入概念

收入是指企业在日常活动中形成的、会导致所有者权益增加的、与所有者投入资本无关的经济利益的总流入。其中，日常活动是指企业为完成其经营目标所从事的经常性活动以及与之相关的其他活动。工业企业制造并销售产品、商品流通企业销售商品、咨询公司提供咨询服务、软件公司为客户开发软件、安装公司提供安装服务、建筑企业提供建造服务等，均属于企业的日常活动。企业按照本章确认收入的方式应当反映其向客户转让商品(或提供服务，以下简称转让商品)的模式，收入的金额应当反映企业因转让这些商品(或服务，以下简称商品)而预期有权收取的对价金额。

客户，是指与企业订立合同以向该企业购买其日常活动产出的商品并支付对价的一方。如果合同对方与企业订立合同的目的是共同参与一项活动(如合作开发一项资产)，合同对方和企业一起分担(或分享)该活动产生的风险(或收益)，而不是获取企业日常活动产出的商品，则该合同对方不是企业的客户，企业与其签订的该份合同也不属于本章收入的核算范围。

二、适用范围

本准则适用于所有与客户之间的合同，但下列各项除外：一是由《企业会计准则第2号——长期股权投资》《企业会计准则第22号——金融工具确认和计量》《企业会计准则第23号——金融资产转移》《企业会计准则第24号——套期会计》《企业会计准则第33号——合并财务报表》以及《企业会计准则第40号——合营安排》规范的金融工具及其他合同权利和义务，分别适用上述相应准则；二是由《企业会计准则第21号——租赁》规范的租赁合同，适用《企业会计准则第21号——租赁》；三是由保险合同相关会计准则规范的保险合同，适用保险合同相关会计准则。根据上述规定，企业对外出租资产收取的租金、进行债权投资收取的利息、进行股权投资取得的现金股利等，不适用本准则。企业以存货换取客户的存货、固定资产、无形资产等，按照本准则的规定进行会计处理；其他非货币性资产交换，按照《企业会计准则第7号——非货币性资产交换》的规定进行会计处理。企业处置固定资产、无形资产等，在确定处置时点以及计量处置损益时，按照本准则的有关规定进行处理。

此外，当企业与客户之间的合同部分属于本准则规范范围，而其他部分属于上述其他企业会计准则规范范围时，如果上述其他企业会计准则明确规定了如何对合同中的一个或多个组成部分进行区分或初始计量，企业应当首先按照这些规定进行处理，并将按照上述其他准则进行初始计量的合同组成部分的金额排除在本准则规定的交易价格之外；否则，企业应当按照本准则对合同中的一个或多个组成部分进行区分和初始计量。

三、收入会计核算涉及的主要会计科目(见表 15-1)

表 15-1　收入会计核算涉及的主要会计科目表

科目名称	核算的主要内容
主营业务收入	(1)核算企业确认的销售商品、提供服务等主营业务的收入，可按主营业务的种类进行明细核算。 (2)主要账务处理。 ①企业在履行了合同中的单项履约义务时，应按照已收或应收的合同价款，加上应收取的增值税额，借记“银行存款”“应收账款”“应收票据”“合同资产”等科目，按应确认的收入金额，贷记本科目，按应收取的增值税额，贷记“应交税费——应交增值税(销项税额)”“应交税费——待转销项税额”等科目。 ②合同中存在企业为客户提供重大融资利益的，企业应按照应收合同价款，借记“长期应收款”等科目，按照假定客户在取得商品控制权时即以现金支付而需支付的金额(即现销价格)确定的交易价格，贷记本科目，按其差额，贷记“未实现融资收益”科目；合同中存在客户为企业提供重大融资利益的，企业应按照已收合同价款，借记“银行存款”等科目，按照假定客户在取得商品控制权时即以现金支付的应付金额(即现销价格)确定的交易价格，贷记“合同负债”等科目，按其差额，借记“未确认融资费用”科目。涉及增值税的，还应进行相应的处理。 ③企业收到的对价为非现金资产时，应按该非现金资产在合同开始日的公允价值，借记“存货”“固定资产”“无形资产”等有关科目，贷记本科目。涉及增值税的，还应进行相应的处理。 (3)期末，应将本科目的余额转入“本年利润”科目，结转后本科目应无余额
其他业务收入	(1)核算企业确认的除主营业务活动以外的其他经营活动实现的收入，按其他业务的种类进行明细核算。包括出租固定资产、出租无形资产、出租包装物和商品、销售材料、用材料进行非货币性交换(非货币性资产交换具有商业实质且公允价值能够可靠计量)或债务重组等实现的收入。企业(保险)经营受托管理业务收取的管理费收入，也通过本科目核算。 (2)其主要账务处理参见“主营业务收入”科目。 (3)期末，应将本科目的余额转入“本年利润”科目，结转后本科目应无余额
主营业务成本	(1)核算企业确认销售商品、提供服务等主营业务收入时应结转的成本，可按主营业务的种类进行明细核算。 (2)主要账务处理。 期末，企业应根据本期销售各种商品、提供各种服务等实际成本，计算应结转的主营业务成本，借记本科目，贷记“库存商品”“合同履约成本”等科目。采用计划成本或售价核算库存商品的，平时的营业成本按计划成本或售价结转，月末，还应结转本月销售商品应分摊的产品成本差异或商品进销差价。 (3)期末，应将本科目的余额转入“本年利润”科目，结转后本科目无余额

续表

科目名称	核算的主要内容
其他业务成本	(1)核算企业确认的除主营业务活动以外的其他经营活动所发生的支出，可按其他业务成本的种类进行明细核算。包括销售材料的成本、出租固定资产的折旧额、出租无形资产的摊销额、出租包装物的成本或摊销额等。除主营业务活动以外的其他经营活动发生的相关税费，在“税金及附加”科目核算。采用成本模式计量投资性房地产的，其投资性房地产计提的折旧额或摊销额，也通过本科目核算。 (2)其他业务成本的主要账务处理。企业发生的其他业务成本，借记本科目，贷记“原材料”“周转材料”等科目。 (3)期末，应将本科目的余额转入“本年利润”科目，结转后本科目无余额
合同履约成本	(1)核算企业为履行当前或预期取得的合同所发生的、不属于其他企业会计准则规范范围且按照本准则应当确认为一项资产的成本。企业因履行合同而产生的毛利不在本科目核算。可按合同，分别“服务成本”“工程施工”等进行明细核算。 (2)合同履约成本的主要账务处理。企业发生上述合同履约成本时，借记本科目，贷记“银行存款”“应付职工薪酬”“原材料”等科目；对合同履约成本进行摊销时，借记“主营业务成本”“其他业务成本”等科目，贷记本科目。涉及增值税的，还应进行相应的处理。 (3)本科目期末借方余额，反映企业尚未结转的合同履约成本
合同履约成本减值准备	(1)核算与合同履约成本有关的资产的减值准备，可按合同进行明细核算。 (2)合同履约成本减值准备的主要账务处理。与合同履约成本有关的资产发生减值的，按应减记的金额，借记“资产减值损失”科目，贷记本科目；转回已计提的资产减值准备时，做相反的会计分录。 (3)本科目期末贷方余额，反映企业已计提但尚未转销的合同履约成本减值准备
合同取得成本	(1)核算企业取得合同发生的、预计能够收回的增量成本，可按合同进行明细核算。 (2)合同取得成本的主要账务处理。企业发生上述合同取得成本时，借记本科目，贷记“银行存款”“其他应付款”等科目；对合同取得成本进行摊销时，按照其相关性借记“销售费用”等科目，贷记本科目。涉及增值税的，还应进行相应的处理。 (3)本科目期末借方余额，反映企业尚未结转的合同取得成本
合同取得成本减值准备	(1)核算与合同取得成本有关的资产的减值准备，可按合同进行明细核算。 (2)合同取得成本减值准备的主要账务处理。与合同取得成本有关的资产发生减值的，按应减记的金额，借记“资产减值损失”科目，贷记本科目；转回已计提的资产减值准备时，做相反的会计分录。 (3)本科目期末贷方余额，反映企业已计提但尚未转销的合同取得成本减值准备
应收退货成本	(1)核算销售商品时预期将退回商品的账面价值，扣除收回该商品预计发生的成本(包括退回商品的价值减损)后的余额，可按合同进行明细核算。 (2)应收退货成本的主要账务处理。企业发生附有销售退回条款的销售的，应在客户取得相关商品控制权时，按照已收或应收合同价款，借记“银行存款”“应收账款”“应收票据”“合同资产”等科目，按照因向客户转让商品而预期有权收取的对价金额(即不包含预期因销售退回将退还的金额)，贷记“主营业务收入”“其他业务收入”等科目，按照预期因销售退回将退还的金额，贷记“预计负债——应付退货款”等科目；结转相关成本时，按照预期将退回商品转让时的账面价值，扣除收回该商品预计发生的成本(包括退回商品的价值减损)后的余额，借记本科目，按照已转让商品转让时的账面价值，贷记“库存商品”等科目，按其差额，借记“主营业务成本”“其他业务成本”等科目。涉及增值税的，还应进行相应处理。 (3)本科目期末借方余额，反映企业预期将退回商品转让时的账面价值，扣除收回该商品预计发生的成本(包括退回商品的价值减损)后的余额，在资产负债表中按其流动性计入“其他流动资产”或“其他非流动资产”项目
合同资产	(1)核算企业已向客户转让商品而有权收取对价的权利。仅取决于时间流逝因素的权利不在本科目核算。应按合同进行明细核算。 (2)合同资产的主要账务处理。企业在客户实际支付合同对价或在该对价到期应付之前，已经向客户转让了商品的，应当按因已转让商品而有权收取的对价金额，借记本科目或“应收账款”科目，贷记“主营业务收入”“其他业务收入”等科目；企业取得无条件收款权时，借记“应收账款”等科目，贷记本科目。涉及增值税的，还应进行相应的处理

续表

科目名称	核算的主要内容
合同资产减值准备	(1)核算合同资产的减值准备，应按合同进行明细核算。 (2)合同资产减值准备的主要账务处理。合同资产发生减值的，按应减记的金额，借记“资产减值损失”科目，贷记本科目；转回已计提的资产减值准备时，做相反的会计分录。 (3)本科目期末贷方余额，反映企业已计提但尚未转销的合同资产减值准备
合同负债	(1)核算企业已收或应收客户对价而应向客户转让商品的义务，目应按合同进行明细核算。 (2)合同负债的主要账务处理。企业在向客户转让商品之前，客户已经支付了合同对价或企业已经取得了无条件收取合同对价权利的，企业应当在客户实际支付款项与到期应支付款项孰早时点，按照该已收或应收的金额，借记“银行存款”“应收账款”“应收票据”等科目，贷记本科目；企业向客户转让相关商品时，借记本科目，贷记“主营业务收入”“其他业务收入”等科目。涉及增值税的，还应进行相应的处理。企业因转让商品收到的预收款适用本准则进行会计处理时，不再使用“预收账款”科目及“递延收益”科目。 (3)本科目期末贷方余额，反映企业在向客户转让商品之前，已经收到的合同对价或已经取得的无条件收取合同对价权利的金额

第二节　案例分析与操作指南

一、收入的确认和计量

(一)收入确认的条件

【案例1】收入确认的条件。资料：

甲房地产开发公司与乙公司签订合同，向其销售一栋建筑物，合同价款为100万元。该建筑物的成本为60万元，乙公司在合同开始日即取得了该建筑物的控制权。根据合同约定，乙公司在合同开始日支付了5%的保证金5万元，并就剩余95%的价款与甲公司签订了不附追索权的长期融资协议，如果乙公司违约，甲公司可重新拥有该建筑物，即使收回的建筑物不能涵盖所欠款项的总额，甲公司也不能向乙公司索取进一步的赔偿。乙公司计划在该建筑物内开设一家餐馆。在该建筑物所在的地区，餐饮行业面临激烈的竞争，但乙公司缺乏餐饮行业的经营经验。则甲公司将收到的5万元保证金，是否可以确认为一项收入？

【分析】乙公司计划以该餐馆产生的收益偿还甲公司的欠款，除此之外并无其他的经济来源，乙公司也未对该笔欠款设定任何担保。如果乙公司违约，甲公司虽然可重新拥有该建筑物，但即使收回的建筑物不能涵盖所欠款项的总额，甲公司也不能向乙公司索取进一步的赔偿。因此，甲公司对乙公司还款的能力和意图存在疑虑，认为该合同不满足合同价款很可能收回的条件。甲公司应当将收到的5万元确认为一项负债。甲公司应进行的会计处理如下。

借：银行存款　　　　50000

贷：合同负债　　50000

【操作指南】收入确认和计量大致分为五步：第一步，识别与客户订立的合同；第二步，识别合同中的单项履约义务；第三步，确定交易价格；第四步，将交易价格分摊至各单项履约义务；第五步，履行各单项履约义务时确认收入。其中，第一步、第二步和第五步主要与收入的确认有关，第三步和第四步主要与收入的计量有关。

首先识别与客户订立的合同。合同是指双方或多方之间订立有法律约束力的权利义务的协议，包括书面形式、口头形式以及其他可验证的形式(如隐含于商业惯例或企业以往的习惯做法中等)。

收入确认的原则。企业应当在履行了合同中的履约义务，即在客户取得相关商品控制权时确认收入。取得相关商品控制权，是指能够主导该商品的使用并从中获得几乎全部的经济利益，也包括有能力阻止其他方主导该商品的使用并从中获得经济利益。取得商品控制权包括以下三个要素：即能力、主导该商品的使用、能够获得几乎全部的经济利益。

企业与客户之间的合同同时满足下列条件的，企业应当在客户取得相关商品控制权时确认收入：(1)合同各方已批准该合同并承诺将履行各自义务；(2)该合同明确了合同各方与所转让的商品(或提供的服务，以下简称转让的商品)相关的权利和义务；(3)该合同有明确的与所转让的商品相关的支付条款；(4)该合同具有商业实质，即履行该合同将改变企业未来现金流量的风险、时间分布或金额；(5)企业因向客户转让商品而有权取得的对价很可能收回。在进行上述判断时，需要注意以下三点。

一是，合同约定的权利和义务是否具有法律约束力，需要根据企业所处的法律环境和实务操作进行判断，包括合同订立的方式和流程、具有法律约束力的权利和义务的时间等。对于合同各方均有权单方面终止完全未执行的合同，且无需对合同其他方做出补偿的，企业应当视为该合同不存在。其中，完全未执行的合同，是指企业尚未向客户转让任何合同中承诺的商品，也尚未收取且尚未有权收取已承诺商品的任何对价的合同。

二是，合同具有商业实质，是指履行该合同将改变企业未来现金流量的风险、时间分布或金额。关于商业实质，应按照非货币性资产交换中有关商业实质的说明进行判断。

三是，企业在评估其因向客户转让商品而有权取得的对价是否很可能收回时，仅应考虑客户到期时支付对价的能力和意图(即客户的信用风险)。企业在进行判断时，应当考虑是否存在价格折让。存在价格折让的，应当在估计交易价格时进行考虑。企业预期很可能无法收回全部合同对价时，应当判断其原因是客户的信用风险还是企业向客户提供了价格折让所致。

对于不能同时满足上述收入确认的五个条件的合同，企业只有在不再负有向客户转让商品的剩余义务(例如，合同已完成或取消)，且已向客户收取的对价(包括全部或部分对价)无须退回时，才能将已收取的对价确认为收入；否则，应当将已收取的对价作为负债进行会计处理。其中，企业向客户收取无须退回的对价的，应当在已经将该部分对价所对应的商品的控制权转移给客户，并且已不再向客户转让额外的商品且不再负有此类义务时，将该部分对价确认为收入；或者，在相关合同已经终止时将该部分对价确认为收入。

【案例 2】符合收入确认条件的后续评估。资料：

甲公司与乙公司签订合同，将一项专利技术授权给乙公司使用，并按其使用情况收取特许权使用费。甲公司评估认为，该合同在合同开始日时满足合同确认收入的五个条件。该专利技术在合同开始日即授权给乙公司使用。在合同开始日后的第一年内，乙公司每季度向甲公司提供该专利技术的使用情况报告，并在约定的期间内支付特许权使用费。在合同开始日后的第二年内，乙公司继续使用该专利技术，但是乙公司的财务状况下滑，融资能力下降，可用现金不足，因此，乙公司仅按合同支付了当年第一季度的特许权使用费，而后三个季度仅按名义金额付款。在合同开始日后的第三年内，乙公司继续使用甲公司的专利技术，但是，甲公司得知，乙公司已经完全丧失了融资能力，且流失了大部分客户，因此，乙公司的付款能力进一步恶化，信用风险显著升高。

【分析】该合同在合同开始日时满足收入确认的前提条件，因此，甲公司在乙公司使用该专利技术的行为发生时，按照约定的特许权使用费确认收入。合同开始日后的第二年，由于乙公司的信用风险升高，甲公司在确认收入的同时，按照金融资产减值的要求对乙公司的应收款项进行减值测试。合同开始日后的第三年，由于乙公司的财务状况恶化，信用风险显著升高，甲公司对该合同进行了重新评估，认为“企业因向客户转让商品而有权取得的对价很可能收回”这一条件不再满足，因此，甲公司不再确认特许权使用费收入，同时对现有应收款项是否发生减值继续进行评估。

【操作指南】对于在合同开始日即满足上述收入确认条件的合同，企业在后续期间无须对其进行重新评估，除非有迹象表明相关事实和情况发生重大变化。对于不满足上述收入确认条件的合同，企业应当在后续期间对其进行持续评估，以判断其能否满足这些条件。企业如果在合同满足相关条件之前已经向客户转移了部分商品，当该合同在后续期间满足相关条件时，企业应当将在此之前已经转移的商品所分摊的交易价格确认为收入。通常情况下，合同开始日，是指合同开始赋予合同各方具有法律约束力的权利和义务的日期，即合同生效日。

(二)识别与客户订立的合同

【案例 3】合同的合并。资料：

A 酒店与 B 公司于 2018 年 3 月 3 日签订了一份会议室租赁合同，每天 5000 元共 4 天。一份增加会议室投影仪、音响、会议主持和会务服务等内容的合同，在原租赁合同的基础上，每天增加 500 元。

【分析】 A 酒店与 B 公司签订的两份合同的商业目的一样，都是服务于客户的会议；两份合同的价格构成了承办会议的总收入；两份合同的义务又必须同时履行，其形成了单项履约义务。因此应将两份合同合并，成为一项办理“会议服务”的合同。

【操作指南】 企业与同一客户(或该客户的关联方)同时订立或在相近时间内先后订立的两份或多合同份合同，在满足下列条件之一时，应当合并为一份合同进行会计处理：(1)该两份或多份合同基于同一商业目的而订立并构成一揽子交易。(2)该两份或多份合同中的一份合同的对价金额取决于其他合同的定价或履行情况。(3)该两份或多份合同中所承诺的商品(或每份合同中所承诺的部分商品)构成单项履约义务。

注意：没有商业实质的非货币性资产交换，无论何时，均不应确认收入。从事相同业务经营的企业之间，为便于向客户或潜在客户销售而进行的非货币性资产交换也不确认收入。

【案例 4】 合同的变更。资料：

2017 年 1 月 15 日，乙建筑公司和客户签订了一项总金额为 1000 万元的固定造价合同，在客户自有土地上建造一幢办公楼，预计合同总成本为 700 万元。假定该建造服务属于在某一时段内履行的履约义务，并根据累计发生的合同成本占合同预计总成本的比例确定履约进度。截至 2017 年年末，乙公司累计已发生成本 420 万元，履约进度为 60%(420/700)。因此，乙公司在 2017 年确认收入 600 万元(1000×60%)。

2018 年年初，合同双方同意更改该办公楼屋顶的设计，合同价格和预计总成本因此而分别增加 200 万元和 120 万元。

【分析】 由于合同变更后拟提供的剩余服务与在合同变更日或之前已提供的服务不可明确区分(即该合同仍为单项履约义务)，因此，乙公司应当将合同变更作为原合同的组成部分进行会计处理。合同变更后的交易价格为 1200 万元(1000+200)，乙公司重新估计的履约进度为 51.2%[420/(700+120)]，乙公司在合同变更日应额外确认收入 14.4 万元(51.2%×1200-600)。

【操作指南】 合同变更，是指经合同各方同意对原合同范围或价格(或两者)做出的变更。企业应当区分下列三种情形对合同变更分别进行会计处理。

(1)合同变更部分作为单独合同并行会计处理的情形。合同变更增加了可明确区分的商品及合同价款，且新增合同价款反映了新增商品单独售价的，应当将该合同变更作为一份单独的合同进行会计处理。判断新增合同价款是否反映了新增商品的单独售价时，应当考虑为反映该特定合同的具体情况而对新增商品价格所做的适当调整。

(2)合同变更作为原合同终止及新合同订立进行会计处理的情形。合同变更不属于上述第(1)种情形，且在合同变更日已转让商品与未转让商品之间可明确区分的，应当视为原合同终止，同时，将原合同未履约部分与合同变更部分合并为新合同进行会计处理。新合同的交易价格应当为下列两项金额之和：一是原合同交易价格中尚未确认为收入的部分(包括已从客户收取的金额);二是合同变更中客户已承诺的对价金额。

(3)合同变更部分作为原合同的组成部分进行会计处理的情形。合同变更不属于上述第(1)种情形,且在合同变更日已转让商品与未转让商品之间不可明确区分的,应当将该合同变更部分作为原合同的组成部分,在合同变更日重新计算履约进度,并调整当期收入和相应成本等。

如果在合同变更日未转让商品为上述第(2)和第(3)种情形的组合,企业应当按照上述第(2)或第(3)种情形中更为恰当的一种方式对合同变更后尚未转让(或部分未转让)商品进行会计处理。

(三)识别合同中的单项履约义务

【案例5】 识别合同中的单项履约义务。资料:

某物业管理公司与客户签订一份服务合同,合同期限为一年,打包价格为150万元,合同内容包括保洁服务、保安服务和设备维护服务,以及清扫道路积雪服务。

【分析】 按照履约义务的定义,合同中的每一项服务都属于可明确区分商品,因此都可以作为一项单独履约义务。但是,保洁服务、保安服务和设备维护服务实质相同,每一项服务均满足在某一时段内履行履约义务的条件,而且可采用相同方法确定其履约进度,所以应当将保洁服务、保安服务和设备维护服务合并作为一个单项履约义务。对于清扫道路积雪服务,由于只有在冬天清扫且清扫时间短暂,因而该项服务与保洁服务、保安服务和设备维护服务的实质不相同,转让模式也不相同,因此应将清扫道路积雪服务作为一个单项履约义务。

【操作指南】 合同开始日,企业应当对合同进行评估,识别该合同所包含的各单项履约义务,并确定各单项履约义务是在某一时段内履行,还是在某一时点履行,然后,在履行了各单项履约义务时分别确认收入。企业向客户转让一系列实质相同且转让模式相同的、可明确区分商品的承诺,也应当作为单项履约义务。转让模式相同,是指每一项可明确区分商品均满足在某一时段内履行履约义务的条件,且采用相同方法确定其履约进度。满足下列条件之一的,属于在某一时段内履行履约义务;否则,属于在某一时点履行履约义务。

(1)客户在企业履约的同时即取得并消耗企业履约所带来的经济利益。

(2)客户能够控制企业履约过程中在建的商品。

(3)企业履约过程中所产出的商品具有不可替代用途,且该企业在整个合同期间内有权就累计至今已完成的履约部分收取款项。

(四)确定交易价格

【案例6】 确定交易价格。资料:

2018年10月1日,甲公司签订合同,为一只股票型基金提供资产管理服务,合同期限为3年。甲公司所能获得的报酬包括两部分:一是每季度按照季度末该基金净值的

1%收取管理费，该管理费不会因基金净值的后续变化而调整或被要求退回；二是该基金在三年内的累计回报如果超过10%，则甲公司可以获得超额回报部分的20%作为业绩奖励。在2018年12月31日：该基金的净值为5亿元。假定不考虑相关税费影响。

【分析】甲公司在该项合同中收取的管理费和业绩奖励均为可变对价，其金额极易受到股票价格波动的影响，这是在甲公司影响范围之外的，虽然甲公司过往有类似合同的经验，但是该经验在确定未来市场表现方面并不具有预测价值。因此，在合同开始日，甲公司无法对其能够收取的管理费和业绩奖励进行估计，不满足累计已确认的收入金额极可能不会发生重大转回的条件。

2018年12月31日，甲公司重新估计该合同的交易价格时，影响该季度管理费收入金额的不确定性已经消除，甲公司确认管理费收入500万元(50000×1%)。甲公司未确认业绩奖励收入，这是因为，该业绩奖励仍然会受到基金未来累计回报的影响，有关将可变对价计入交易价格的限制条件仍然没有得到满足。甲公司应当在后续的每一资产负债表日，估计业绩奖励是否满足上述条件，以确定其收入金额。

【操作指南】交易价格是指企业因向客户转让商品而预期有权收取的对价金额。企业代第三方收取的款项(例如增值税)以及企业预期将退还给客户的款项，应当作为负债进行会计处理，不计入交易价格。合同标价并不一定代表交易价格，企业应当根据合同条款，并结合以往的习惯做法等确定交易价格。企业在确定交易价格时，应当假定将按照现有合同的约定向客户转让商品，且该合同不会被取消、续约或变更。交易价格如下。

(1)可变对价。企业与客户的合同中约定的对价金额可能会因折扣、价格折让、返利、退款、奖励积分、激励措施、业绩奖金、索赔等因素而变化。每一资产负债表日，企业应当重新估计应计入交易价格的可变对价金额，包括重新评估将估计的可变对价计入交易价格是否受到限制，以如实反映报告期末存在的情况以及报告期内发生的情况变化。

(2)合同中存在的重大融资成分。当合同各方以在合同中(或者以隐含的方式)约定的付款时间为客户或企业就该交易提供了重大融资利益时，合同中即包含了重大融资成分。如果在合同开始日，企业预计客户取得商品控制权与客户支付价款间隔不超过一年的，可以不考虑合同中存在的重大融资成分。企业应当对类似情形下的类似合同一致地应用这一简化处理方法。

(3)非现金对价。非现金对价包括实物资产、无形资产、股权、客户提供的广告服务等。客户支付非现金对价的，通常情况下，企业应当按照非现金对价在合同开始日的公允价值确定交易价格。非现金对价公允价值不能合理估计的，企业应当参照其承诺向客户转让商品的单独售价间接确定交易价格。

(五)将交易价格分摊至各单项履约义务

【案例7】将交易价格分摊至各单项履约义务。资料：

2017年3月1日，甲公司与客户签订合同，向其销售A、B两项商品，A商品的单独售价为6000元；B商品的单独售价为24000元，合同价款为25000元。合同约定，A商品于合同开始日交付，B商品在一个月之后交付，只有当两项商品全部交付之后，甲公司才有权收取25000元的合同对价。假定A商品和B商品分别构成单项履约义务，其控制权在交付时转移给客户。上述价格均不包含增值税，且假定不考虑相关税费影响。则甲公司应如何进行会计处理?

【分析】分摊至A商品的合同价款为5000元[6000/(6000+24000)×25000]，分摊至B商品的合同价款为20000元[24000/(6000+24000)×25000]。甲公司的账务处理如下。

(1)交付A商品时。

借：合同资产　　5000

　贷：主营业务收入　　5000

(2)交付B商品时。

借：应收账款　　25000

　贷：合同资产　　5000

　　　主营业务收入　　20000

【操作指南】当合同中包含两项或多项履约义务时，为了使企业分摊至每一单项履约义务的交易价格能够反映其因向客户转让已承诺的相关商品(或提供已承诺的相关服务)而预期有权收取的对价金额，企业应当在合同开始日，按照各单项履约义务所承诺商品的单独售价的相对比例，将交易价格分摊至各单项履约义务。

合同资产，是指企业已向客户转让商品而有权收取对价的权利，且该权利取决于时间流逝之外的其他因素。应收款项是企业无条件收取合同对价的权利，该权利应当作为应收款项单独列示。二者的区别在于，应收款项代表的是无条件收取合同对价的权利，即企业仅仅随着时间的流逝即可收款，而合同资产并不是一项无条件收款权，该权利除了时间流逝之外，还取决于其他条件(例如，履行合同中的其他履约义务)才能收取相应的合同对价。因此，与合同资产和应收款项相关的风险是不同的，应收款项仅承担信用风险，而合同资产除信用风险之外，还可能承担其他风险，如履约风险等。合同资产的减值的计量、列报和披露应当按照相关金融工具准则的要求进行会计处理。

【案例8】分摊合同折价。资料：

甲公司与客户签订合同，向其销售A、B、C三种产品，合同总价款为120万元，这三种产品构成3个单项履约义务。企业经常单独出售A产品，其可直接观察的单独售价为50万元；B产品和C产品的单独售价不可直接观察，企业采用市场调整法估计B产品的单独售价为25万元，采用成本加成法估计C产品的单独售价为75万元。甲公司经常以50万元的价格单独销售A产品，并经常将B产品和C产品组合在一起以70万元的价格销售。假定上述价格均不包含增值税。

【分析】这三种产品的单独售价合计为 150 万元，而该合同的价格为 120 万元，因此该合同的折扣为 30 万元。由于甲公司经常将 B 产品和 C 产品组合在一起以 70 万元的价格销售，该价格与其单独售价的差额为 30 万元，与该合同的折扣一致，而 A 产品单独销售的价格与其单独售价一致，证明该合同的折扣仅应归属于 B 产品和 C 产品。因此，在该合同下，分摊至 A 产品的交易价格为 50 万元，分摊至 B 产品和 C 产品的交易价格合计为 70 万元，甲公司应当进一步按照 B 产品和 C 产品的单独售价的相对比例将该价格在二者之间进行分摊。因此，各产品分摊的交易价格分别为：A 产品为 50 万元，B 产品为 17.5 万元(25/100×70)，C 产品为 52.5 万元(75/100×70)。

【操作指南】合同折扣是指合同中各单项履约义务所承诺商品的单独售价之和高于合同交易价格的金额。对于合同折扣，企业应当在各单项履约义务之间按比例分摊。有确凿证据表明合同折扣仅与合同中一项或多项(而非全部)履约义务相关的，企业应当将该合同折扣分摊至相关一项或多项履约义务。

同时满足下列条件时，企业应当将合同折扣全部分摊至合同中的一项或多项(而非全部)履约义务：(1)企业经常将该合同中的各项可明确区分的商品单独销售或者以组合的方式单独销售；(2)企业也经常将其中部分可明确区分的商品以组合的方式按折扣价格单独销售；(3)上述第(2)项中的折扣与该合同中的折扣基本相同，且针对每一组合中的商品的分析为将该合同的全部折扣归属于某一项或多项履约义务提供了可观察的证据。有确凿证据表明合同折扣仅与合同中的一项或多项(而非全部)履约义务相关，且企业采用余值法估计单独售价的，企业应当首先在该一项或多项(而非全部)履约义务之间分摊合同折扣，然后再采用余值法估计单独售价。

【案例 9】分摊可变对价。资料：

甲公司与乙公司签订合同，将其拥有的两项专利技术 X 和 Y 授权给乙公司使用。假定两项授权均构成单项履约义务，且都属于在某一时点履行的履约义务。合同约定，授权使用 X 的价格为 80 万元，授权使用 Y 的价格为乙公司使用该专利技术所生产的产品销售额的 3%。X 和 Y 的单独售价分别为 80 万元和 100 万元。甲公司估计其就授权使用 Y 而有权收取的特许权使用费为 100 万元。假定上述价格均不包含增值税。

【分析】该合同中包含固定对价和可变对价，其中，授权使用 X 的价格为固定对价，且与其单独售价一致，授权使用 Y 的价格为乙公司使用该专利技术所生产的产品销售额的 3%，属于可变对价，该可变对价全部与授权使用 Y 能够收取的对价有关，且甲公司估计基于实际销售情况收取的特许权使用费的金额接近 Y 的单独售价。因此，甲公司将可变对价部分的特许权使用费金额全部由 Y 承担符合交易价格的分摊目标。

【操作指南】合同中包含可变对价的，该可变对价可能与整个合同相关，也可能仅与合同中的某一特定组成部分有关，后者包括两种情形：一是可变对价可能与合同中的一项或多项(而非全部)履约义务有关；二是可变对价可能与企业向客户转让的构成单项履约义务的一系列可明确区分商品中的一项或多项(而非全部)商品有关。

同时满足下列条件的，企业应当将可变对价及可变对价的后续变动额全部分摊至与之相关的某项履约义务，或者构成单项履约义务的一系列可明确区分商品中的某项商品。

(1)可变对价的条款专门针对企业为履行该项履约义务或转让该项可明确区分商品所做的努力(或者是履行该项履约义务或转让该项可明确区分商品所导致的特定结果)；

(2)企业在考虑了合同中的全部履约义务及支付条款后，将合同对价中的可变金额全部分摊至该项履约义务或该项可明确区分商品符合分摊交易价格的目标。对于不满足上述条件的可变对价及可变对价的后续变动额，以及变对价及其后续变动额中未满足上述条件的剩余部分，企业应当按照分摊交易价格的一般原则，将其分摊至合同中的各单项履约义务。对于已履行的履约义务，其分摊的可变对价后续变动额应当调整变动当期的收入。

(六)履行各单项履约义务时确认收入

【案例10】在某一时段内履行的收入的确认。资料：

乙公司为一家建筑公司，2018年1月15日，乙公司和客户签订了一项总金额为800万元的固定造价合同，在客户自有土地上建造一幢办公楼，预计合同总成本为650万元。建设期为2年，客户每月末按当月工程进度向乙公司支付工程款。如果客户终止合同，已完成建造部分的厂房归客户所有。判断乙公司为客户签订的建造合同是否属于在某一时段内履行的履约义务。

【分析】由于建筑施工是一项连续的、长时间的服务，因此乙公司和客户签订的固定造价合同的承诺是一项单独履约义务，而且是在某一时段内履行的履约义务，企业应当在提供该服务的期间内确认收入。

【操作指南】企业应当在履行了合同中的履约义务，即客户取得相关商品控制权时确认收入。企业应当根据实际情况，首先判断履约义务是否满足在某一时段内履行的条件，如不满足，则该履约义务属于在某一时点履行的履约义务。对于在某一时段内履行的履约义务，企业应当选取恰当的方法来确定履约进度；对于在某一时点履行的履约义务，企业应当综合分析控制权转移的迹象，判断其转移时点。

满足下列条件之一的，属于在某一时段内履行的履约义务，相关收入应当在该履约义务履行的期间内确认。(1)客户在企业履约的同时即取得并消耗企业履约所带来的经济利益。(2)客户能够控制企业履约过程中在建的商品。(3)企业履约过程中所产出的商品具有不可替代用途，且该企业在整个合同期间内有权就累计至今已完成的履约部分收取款项。

具有不可替代用途，是指因合同限制或实际可行性限制，企业不能轻易地将商品用于其他用途。有权就累计至今已完成的履约部分收取款项，是指在由于客户或其他方原因终止合同的情况下，企业有权就累计至今已完成的履约部分收取能够补偿其已发生成本和合理利润的款项，并且该权利具有法律约束力。

【案例11】在某一时段内履行的收入的确认。资料：

甲公司是一家造船企业，与乙公司签订了一份船舶建造合同，按照乙公司的具体要求设计和建造船舶。甲公司在自己的厂区内完成该船舶的建造，乙公司无法控制在建过程中的船舶。甲公司如果想把该船舶出售给其他客户，需要发生重大的改造成本。双方约定，如果乙公司单方面解约，乙公司需向甲公司支付相当于合同总价30%的违约金，且建造中的船舶归甲公司所有。假定该合同仅包含一项履约义务，即设计和建造船舶。判断甲公司为乙公司设计和建造船舶是否属于在某一时段内履行的履约义务。

【分析】船舶是按照乙公司的具体要求进行设计和建造的，甲公司需要发生重大的改造成本将该船舶改造之后才能将其出售给其他客户，因此，该船舶具有不可替代用途。然而，如果乙公司单方面解约，仅需向甲公司支付相当于合同总价30%的违约金，表明甲公司无法在整个合同期间内都有权就累计至今已完成的履约部分收取能够补偿其已发生成本和合理利润的款项。因此，甲公司为乙公司设计和建造船舶不属于在某一时段内履行的履约义务。

【操作指南】企业在整个合同期间内有权就累计至今已完成的履约部分收取款项。有权就累计至今已完成的履约部分收取款项，是指在由于客户或其他方原因终止合同的情况下，企业有权就累计至今已完成的履约部分收取能够补偿其已发生成本和合理利润的款项，并且该权利具有法律约束力。需要强调的是，合同终止必须是由于客户或其他方(即由于企业未按照合同承诺履约之外的其他原因)而非企业自身的原因所致，在整个合同期间内的任一时点，企业均应当拥有此项权利。企业在进行判断时，需要注意以下五点。

一是，企业有权就累计至今已完成的履约部分收取的款项应当大致相当于累计至今已经转移给客户的商品的售价，即该金额应当能够补偿企业已经发生的成本和合理利润。其中，合理的利润补偿并非一定是该合同的整体毛利水平，以下两种情形都属于合理的利润补偿：第一，根据合同终止前的履约进度对该合同的毛利水平进行调整后确定的金额作为利润补偿金额；第二，如果该合同的毛利水平高于企业同类合同的毛利水平，以企业从同类合同中能够获取的合理资本回报或者经营毛利作为利润补偿金额。

二是，企业有权就累计至今已完成的履约部分收取款项，并不意味着企业拥有随时可行使的无条件收款权。当合同约定客户在约定的某一时点、重要事项完成的时点或者整个合同完成之后才支付合同价款时，企业并没有取得收款的权利。在判断其是否满足本要求时，应当考虑，在整个合同期间内的任一时点，假设由于客户或其他方原因导致合同提前终止时，企业是否有权主张该收款权利，即有权要求客户补偿其截至目前已完成的履约部分应收取的款项。

三是，当客户只有在某些特定时点才能要求终止合同，或者根本无权终止合同时终止了合同(包括客户没有按照合同约定履行其义务)时，如果合同条款或法律法规赋予了企业继续执行合同(即企业继续向客户转移合同中承诺的商品并要求客户支付对价)的权利，则表明企业有权就累计至今已完成的履约部分收取款项。

四是，企业在进行相关判断时，不仅要考虑合同条款的约定，还应当充分考虑所处的法律环境(包括适用的法律法规、以往的司法实践以及类似案例的结果等)是否对合同条款形成了补充，或者会凌驾于合同条款之上。例如，在合同没有明确约定的情况下，相关的法律法规等是否支持企业主张相关的收款权利；以往的司法实践是否表明合同中的某些条款没有法律约束力；在以往的类似合同中，企业虽然拥有此类权利，却在考虑了各种因素之后没有行使该权利，这是否会导致企业主张该权利的要求在当前的法律环境下不被支持等。

五是，企业和客户在合同中约定的具体付款时间表并不一定意味着，企业有权就累计至今已完成的履约部分收取款项。企业需要进一步评估，合同中约定的付款时间表，是否使企业在整个合同期间内的任一时点，在由于除企业自身未按照合同承诺履约之外的其他原因导致合同终止的情况下，均有权就累计至今已完成的履约部分收取能够补偿其成本和合理利润的款项。

【案例 12】在某一时段内履行的履约义务的收入确认方法——产出法。资料：

甲公司与客户签订合同，为该客户拥有的一条铁路更换 100 根铁轨，合同价格为 10 万元(不含税价)。截至 2017 年 12 月 31 日，甲公司共更换铁轨 60 根，剩余部分预计在 2018 年 3 月 31 日之前完成。该合同仅包含一项履约义务，且该履约义务满足在某一时段内履行的条件。假定不考虑其他情况。则甲公司 2017 应如何进行会计处理?

【分析】甲公司提供的更换铁轨的服务属于在某一时段内履行的履约义务，甲公司按照已完成的工作量确定履约进度。因此，截至 2017 年 12 月 31 日，该合同的履约进度为 60%(60/100)，甲公司应确认的收入为 6 万元(10×60%)。会计处理如下。

借：合同资产　　60000

　贷：主营业务收入　　60000

【操作指南】对于在某一时段内履行的履约义务，企业应当在该段时间内按照履约进度确认收入，履约进度不能合理确定的除外。企业应当采用恰当的方法确定履约进度，以使其如实反映企业向客户转让商品的履约情况。企业应当考虑商品的性质，采用产出法或投入法确定恰当的履约进度，并且在确定履约进度时应当扣除那些控制权尚未转移给客户的商品和服务。

产出法主要是根据已转移给客户的商品对于客户的价值确定履约进度，主要包括按照实际测量的完工进度、评估已实现的结果、已达到的里程碑、时间进度、已完工或交付的产品等确定履约进度的方法。企业在评估是否采用产出法确定履约进度时，应当考虑所选择的产出指标是否能够如实地反映向客户转移商品的进度。产出法是直接计量已完成的产出，一般能够客观地反映履约进度。当产出法所需要的信息可能无法直接通过观察获得，或者为获得这些信息需要花费很高的成本时，可采用投入法。

【案例13】在某一时段内履行的履约义务的收入确认方法——投入法。资料：

2018年10月，甲公司与客户签订合同，为客户装修一栋办公楼并安装一部电梯，合同总金额为100万元。甲公司预计的合同总成本为80万元，其中包括电梯的采购成本30万元。2018年12月，甲公司将电梯运达施工现场并经过客户验收，客户已取得对电梯的控制权，但是根据装修进度，预计到2019年2月才会安装该电梯。截至2018年12月，甲公司累计发生成本40万元，其中包括支付给电梯供应商的采购成本30万元以及因采购电梯发生的运输和人工等相关成本5万元。

假定该装修服务(包括安装电梯)构成单项履约义务，并属于在某一时段内履行的履约义务，甲公司是主要责任人，但不参与电梯的设计和制造；甲公司采用成本法确定履约进度。上述金额均不含增值税。则甲公司2018年应如何确认收入和成本？

【分析】截至2018年12月，甲公司发生成本40万元(包括电梯采购成本30万元以及因采购电梯发生的运输和人工等相关成本5万元)，甲公司认为其已发生的成本和履约进度不成比例，因此需要对履约进度的计算做出调整，将电梯的采购成本排除在已发生成本和预计总成本之外。在该合同中电梯不构成单项履约义务，其成本相对于预计总成本而言是重大的，甲公司是主要责任人，但是未参与该电梯的设计和制造，客户先取得了电梯的控制权，随后才接受与之相关的安装服务，因此，甲公司在客户取得该电梯控制权时，按照该电梯采购成本的金额确认转让电梯产生的收入。

因此，2018年12月该合同的履约进度为20%[(40-30)/(80-30)]，应确认的收入和成本金额分别为44万元[(100-30)×20%+30]和40万元[(80-30)×20%+30]。

【操作指南】投入法主要是根据企业履行履约义务的投入确定履约进度，主要包括以投入的材料数量、花费的人工工时或机器工时、发生的成本和时间进度等投入指标确定履约进度。当企业从事的工作或发生的投入是在整个履约期间内平均发生时，按照直线法确认收入是合适的。由于企业的投入与向客户转移商品的控制权之间未必存在直接的对应关系，因此，企业在采用投入法时，应当扣除那些虽然已经发生、但是未导致向客户转移商品的投入。实务中，企业通常按照累计实际发生的成本占预计总成本的比例(即成本法)确定履约进度，累计实际发生的成本包括企业向客户转移商品过程中所发生的直接成本和间接成本，如直接人工、直接材料、分包成本以及其他与合同相关的成本。企业在采用成本法确定履约进度时，可能需要对已发生的成本进行适当调整的情形如下。

(1)已发生的成本并未反映企业履行其履约义务的进度，如因企业生产效率低下等原因而导致的非正常消耗，包括非正常消耗的直接材料、直接人工及制造费用等，除非企业和客户在订立合同时已经预见会发生这些成本并将其包括在合同价款中。

(2)已发生的成本与企业履行其履约义务的进度不成比例。如果企业已发生的成本与履约进度不成比例，企业在采用成本法时需要进行适当调整。当企业在合同开始日就能够预期将满足下列所有条件时企业在采用成本法时不应包括该商品的成本，而是应当按照其成本金额确认收入：一是该商品不构成单项履约义务；二是客户先取得该商品的控制权，之后才接受与之相关的服务；三是该商品的成本占预计总成本的比重较大；四是企业自第三方采购该商品，且未深入参与其设计和制造，对于包含该商品的履约义务而言，企业是主要责任人。

【案例 14】在某一时点履行的履约义务的收入确认。资料：

A 公司生产并销售笔记本电脑。2017 年，A 公司与零售商 B 公司签订销售合同，向其销售 1 万台电脑。由于 B 公司的仓储能力有限，无法在 2017 年年底之前接收该批电脑，双方约定 A 公司在 2018 年按照 B 公司的指令按时发货，并将电脑运送至 B 公司指定的地点。2017 年 12 月 31 日，A 公司共有上述电脑库存 1.2 万台，其中包括 1 万台将要销售给 B 公司的电脑。然而，这 1 万台电脑和其余 2000 台电脑一起存放并统一管理，并且彼此之间可以互相替换。A 公司是否应将这 1 万台电脑确认为收入？

【分析】尽管是由于 B 公司没有足够的仓储空间才要求 A 公司暂不发货，并按照其指定的时间发货，但是这 1 万台电脑与 A 公司的其他产品可以互相替换，且未单独存放保管，A 公司在向 B 公司交付这些电脑之前，能够将其提供给其他客户或者自行使用。因此，这 1 万台电脑在 2017 年 12 月 31 日不满足“售后代管商品”安排下确认收入的条件。

【操作指南】当一项履约义务不属于在某一时段内履行的履约义务时，应当属于在某一时点履行的履约义务。对于在某一时点履行的履约义务，企业应当在客户取得相关商品控制权时点确认收入。在判断客户是否已取得商品控制权时，企业应当考虑下列迹象：(1)企业就该商品享有现时收款权利，即客户就该商品负有现时付款义务。(2)企业已将该商品的法定所有权转移给客户，即客户已拥有该商品的法定所有权。(3)企业已将该商品实物转移给客户，即客户已实物占有该商品。(4)企业已将该商品所有权上的主要风险和报酬转移给客户，即客户已取得该商品所有权上的主要风险和报酬。(5)客户已接受该商品。企业在判断是否已经将商品的控制权转移给客户时，应当考虑客户是否已接受该商品，特别是客户的验收是否仅仅是一个形式。一般企业应当在客户完成验收接受该商品时才能确认收入。实务中，定制化程度越高的商品，可能越难证明客户验收仅仅是一个形式。此外，如果企业将商品发送给客户供其试用或者测评，且客户并未承诺在试用期结束前支付任何对价，则在客户接受该商品或者在试用期结束之前，该商品的控制权并未转移给客户。(6)其他表明客户已取得商品控制权的迹象。

注意：在上述迹象中，并没有哪一个或哪几个迹象是决定性的，企业应当根据合同条款和交易实质进行分析，综合判断其是否以及何时将商品的控制权转移给客户，从而确定收入确认的时点。此外，企业应当从客户的角度进行评估，而不应当仅考虑企业自身的看法。

二、合同成本

【案例15】合同履约成本。资料：

甲公司与乙公司签订合同，为其信息中心提供管理服务，合同期限为5年。在向乙公司提供服务之前，甲公司设计并搭建了一个信息技术平台供其内部使用，该信息技术平台由相关的硬件和软件组成。甲公司需要提供设计方案，将该信息技术平台与乙公司现有的信息系统对接，并进行相关测试。该平台并不会转让给乙公司，但是将用于向乙公司提供服务。甲公司为该平台的设计、购买硬件和软件以及信息中心的测试发生了成本。除此之外，甲公司专门指派两名员工负责向乙公司提供服务。则甲公司为履行合同发生的以上成本如何进行会计处理？

【分析】甲公司为履行合同发生的上述成本中，购买硬件和软件的成本应当分别按照固定资产和无形资产进行会计处理；设计服务成本和信息中心的测试成本不属于其他章节的规范范围，但是这些成本与履行该合同直接相关，并且增加了甲公司未来用于履行履约义务(即提供管理服务)的资源，如果甲公司预期该成本可通过未来提供服务收取的对价收回，则甲公司应当将这些成本确认为一项资产。甲公司向两名负责该项目的员工支付的工资费用，虽然与向乙公司提供服务有关，但是由于其并未增加企业未来用于履行履约义务的资源，因此，应当于发生时计入当期损益。

【操作指南】企业为履行合同可能会发生各种成本，企业在确认收入的同时应当对这些成本进行分析，属于存货、固定资产、无形资产等规范范围的，应当按照相关章节进行会计处理；不属于其他章节规范范围且同时满足下列条件的，应当作为合同履约成本确认为一项资产：(1)该成本与一份当前或预期取得的合同直接相关。预期取得的合同应当是企业能够明确识别的合同。(2)该成本增加了企业未来用于履行(或持续履行)履约义务的资源。(3)该成本预期能够收回。

企业应当在下列支出发生时，将其计入当期损益：一是管理费用，除非这些费用明确由客户承担。二是非正常消耗的直接材料、直接人工和制造费用(或类似费用)，这些支出为履行合同发生，但未反映在合同价格中。三是与履约义务中已履行(包括已全部履行或部分履行)部分相关的支出，即该支出与企业过去的履约活动相关。四是无法在尚未履行的与已履行(或已部分履行)的履约义务之间区分的相关支出。

【案例16】合同取得成本。资料：

甲公司是一家咨询公司，其通过竞标赢得了一个新客户，为取得和该客户的合同，甲公司发生下列支出：(1)聘请外部律师进行尽职调查的支出为15000元；(2)因投标发生的差旅费为10000元；(3)销售人员佣金为5000元，甲公司预期这些支出未来能够收回。此外，甲公司根据其年度销售目标、整体盈利情况及个人业绩等，向销售部门经理支付年度奖金10000元。分析上述支出是否属于增量成本。

【分析】甲公司向销售人员支付的佣金属于为取得合同发生的增量成本，应当将其作为合同取得成本确认为一项资产。甲公司聘请外部律师进行尽职调查发生的支出、为投标发生的差旅费，无论是否取得合同都会发生，不属于增量成本，因此，应当于发生时直接计入当期损益。甲公司向销售部门经理支付的年度奖金也不是为取得合同发生的增量成本，这是因为该奖金发放与否以及发放金额还取决于其他因素(包括公司的盈利情况和个人业绩)，其并不能直接归属于可识别的合同。

【操作指南】企业为取得合同发生的增量成本预期能够收回的，应当作为合同取得成本确认为一项资产。增量成本，是指企业不取得合同就不会发生的成本，例如销售佣金等。为简化实务操作，该资产摊销期限不超过一年的，可以在发生时计入当期损益。企业采用该简化处理方法的，应当对所有类似合同一致采用。企业为取得合同发生的、除预期能够收回的增量成本之外的其他支出，例如，无论是否取得合同均会发生的差旅费、投标费、为准备投标资料发生的相关费用等，应当在发生时计入当期损益，除非这些支出明确由客户承担。

实务中，涉及合同取得成本的安排可能会比较复杂，例如，合同续约或合同变更时需要支付额外的佣金、企业支付的佣金金额取决于客户未来的履约情况或者取决于累计取得的合同数量或金额等，企业需要运用判断，对发生的合同取得成本进行恰当的会计处理。企业因现有合同续约或发生合同变更需要支付的额外佣金，也属于为取得合同发生的增量成本。

三、关于特定交易的会计处理

【案例17】附有销售退回条款的销售。资料：

甲公司是一家健身器材销售公司。2018年11月1日，甲公司向乙公司销售5000件健身器材，单位销售价格为500元，单位成本为400元，开出的增值税专用发票上注明的销售价格为250万元，增值税额为40万元。健身器材已经发出，但款项尚未收到。根据协议约定，乙公司应于2018年12月31日之前支付货款，在2019年3月31日之前有权退还健身器材。甲公司根据过去的经验，估计该批健身器材的退货率约为20%。在2018年12月31日，甲公司对退货率进行了重新评估，认为只有10%的健身器材会被退回。甲公司为增值税一般纳税人，健身器材发出时纳税义务已经发生，实际发生退回时取得税务机关开具的红字增值税专用发票。假定健身器材发出时控制权转移给乙公司，则甲公司应如何进行会计处理？

【分析】甲公司的账务处理如下。

(1)2018 年 11 月 1 日发出健身器材时。

借：应收账款　2900000

　贷：主营业务收入　2000000

　　预计负债——应付退货款　500000

　　应交税费——应交增值税(销项税额)　400000

借：主营业务成本　1600000

　应收退货成本　400000

　贷：库存商品　2000000

(2)2018 年 12 月 31 日前收到货款时。

借：银行存款　2900000

　贷：应收账款　2900000

(3)2018 年 12 月 31 日，甲公司对退货率进行重新评估。

借：预计负债——应付退货款　250000

　贷：主营业务收入　250000

借：主营业务成本　200000

　贷：应收退货成本　200000

(4)2019 年 3 月 31 日发生销售退回，实际退货量为 400 件，退货款项已经支付。

借：库存商品　160000

　应交税费——应交增值税(销项税额)　32000

　预计负债——应付退货款　250000

　贷：应收退货成本　160000

　　主营业务收入　50000

　　银行存款　232000

借：主营业务成本　40000

　贷：应收退货成本　40000

【操作指南】对于附有销售退回条款的销售，企业应当在客户取得相关商品控制权时，按照因向客户转让商品而预期有权收取的对价金额(即不包含预期因销售退回将退还的金额)确认收入，按照预期因销售退回将退还的金额确认负债；同时，按照预期将退回商品转让时的账面价值，扣除收回该商品预计发生的成本(包括退回商品的价值减损)后的余额，确认为一项资产，按照所转让商品转让时的账面价值，扣除上述资产成本的净额结转成本。

每一资产负债表日，企业应当重新估计未来销售退回情况，如有变化，应当作为会计估计变更进行会计处理。

【案例 18】附有质量保证条款的销售业务处理。资料：

某企业是电脑制造商和销售商，与甲公司签订了销售一批电脑的合同，合同约定：电脑销售价款为360万元，同时提供“延长保修”服务，即从法定质保90天到期之后的3年内该企业将对任何损坏的部件进行保修或更换。该批电脑和“延长保修”服务各自的单独售价分别为320万元和40万元。该批电脑的成本为144万元。而且基于其自身经验，该企业预计维修在法定型质保的90天保修期内出现损坏的部件将花费2万元。假设企业在交付电脑时全额收取款项，不考虑相关税费，则该企业应如何进行会计处理？

【分析】该销售合同存在销售电脑和“延长保修”服务两项履约义务，分摊的交易价格分别为：销售电脑320万元，“延长保修”服务40万元。

(1)交付电脑时。

借：银行存款　　3600000

　　贷：主营业务收入　　3200000

　　　　合同负债　　400000

借：主营业务成本　　1440000

　　贷：库存商品　　1440000

借：销售费用　　20000

　　贷：预计负债——产品质量保证　　20000

(2)“延长保修”分期确认收入时(可以用直线法)。

借：合同负债　　400000

　　贷：主营业务收入　　400000

【操作指南】对于附有质量保证条款的销售，企业应当评估该质量保证是否在向客户保证所销售商品符合既定标准之外提供了一项单独的服务。企业提供额外服务的，应当作为单项履约义务，按照上述规定进行会计处理；否则，质量保证责任应当按照《企业会计准则第13号——或有事项》规定进行会计处理。在评估质量保证是否在向客户保证所销售商品符合既定标准之外提供了一项单独的服务时，企业应当考虑该质量保证是否为法定要求、质量保证期限以及企业承诺履行任务的性质等因素。客户能够选择单独购买质量保证的，该质量保证构成单项履约义务。

【案例19】附有客户额外购买选择权的销售。资料：

2017年1月1日甲公司开始推行一项奖励积分计划。根据该计划，客户在甲公司每消费10元可获得1个积分，每个积分从次月开始在购物时可以抵减1元。截至2017年1月31日客户共消费100000元，获得10000个积分，根据历史经验，甲公司估计该积分的兑换率为95%。假定上述金额均不包含增值税等的影响，则甲公司应如何进行会计处理？

【分析】甲公司认为其授予客户的积分为客户提供了一项重大权利，应当作为一项单独的履约义务。客户购买商品的单独售价合计为100000元，考虑积分的兑换率，甲公司估计积分的单独售价为 9500 元(1×10000×95%)。甲公司按照商品和积分单独售价的相对比例对交易价格进行分摊，具体如下。

分摊至商品的交易价格=[100000/(100000+9500)]×100000=91324(元)。

分摊至积分的交易价格=[9500/(100000+9500)]×100000=8676(元)。

因此，甲公司应当在商品的控制权转移时确认收入 91324 元，同时确认合同负债 8676 元。

借：银行存款　　100000

　　贷：主营业务收入　　91324

　　　　合同负债　　8676

截至 2017 年 12 月 31 日，客户共兑换了 4500 个积分，甲公司对该积分的兑换率进行了重新估计，仍然预计客户总共将会兑换 9500 个积分。因此，甲公司以客户兑换的积分数占预期将兑换的积分总数的比例为基础确认收入。

兑换积分应当确认的收入=4500/9500×8676=4110(元)。

剩余未兑换的积分价值=8676-4110=4566(元)，仍然作为合同负债。

借：合同负债　　4110

　　贷：主营业务收入　　4110

截至 2018 年 12 月 31 日，客户累计兑换了 8500 个积分。甲公司对该积分的兑换率进行了重新估计，预计客户总共将会兑换 9700 个积分。

兑换积分应当确认的收入=8500/9700×8676-4110=3493(元)。

剩余未兑换的积分价值=8676-4110—3493=1073(元)，仍然作为合同负债。

借：合同负债　　3493

　　贷：主营业务收入　　3493

【操作指南】对于附有客户额外购买选择权的销售，企业应当评估该选择权是否向客户提供了一项重大权利。企业提供重大权利的，应当作为单项履约义务，按照本节有关交易价格分摊的要求将交易价格分摊至该履约义务，在客户未来行使购买选择权取得相关商品控制权时，或者该选择权失效时，确认相应的收入。客户额外购买选择权的单独售价无法直接观察的，企业应当综合考虑客户行使和不行使该选择权所能获得的折扣的差异、客户行使该选择权的可能性等全部相关信息后，予以合理估计。

额外购买选择权的情况包括销售激励、客户奖励积分、未来购买商品的折扣券以及合同续约选择权等。对于附有客户额外购买选择权的销售，企业应当评估该选择权是否向客户提供了一项重大权利。如果客户只有在订立了一项合同的前提下才取得了额外购买选择权，并且客户行使该选择权购买额外商品时，能够享受到超过该地区或该市场中其他同类客户所能够享有的折扣，则通常认为该选择权向客户提供了一项重大权利。该选择权向客户提供了重大权利的，应当作为单项履约义务。在考虑授予客户的该项权利是否重大时，应根据其金额和性质综合进行判断。

客户虽然有额外购买商品选择权，但客户行使该选择权购买商品时的价格反映了这些商品单独售价的，不应被视为企业向该客户提供了一项重大权利。为简化实务操作，当客户行使该权利购买的额外商品与原合同下购买的商品类似，且企业将按照原合同条款提供该额外的商品时，例如企业向客户提供续约选择权，企业可以无须估计该选择权的单独售价，而是直接把其预计将提供的额外商品的数量以及预计将收取的相应对价金额纳入原合同，并进行相应的会计处理。

【案例20】涉及知识产权许可的销售业务处理。资料：

甲俱乐部就其名称和队徽向客户授予许可证。客户为一家服装设计公司，有权在一年内在包括T恤、帽子、杯子和毛巾在内的各个项目上使用该俱乐部的名称和队微。因提供许可证，俱乐部将收取固定对价200万元以及按使用队名和队徽的项目的售价5%收取特许权使用费。客户预期甲俱乐部将继续参加比赛并保持队伍的竞争力。假设客户每月销售100万元，不考虑相关税费，则该俱乐部应如何进行会计处理？

【分析】该授予合同只有一个履约义务，且在一年内履行。合同交易价格为200万元，需要分12个月平均分摊确认；与销售量对应的5%特许权使用费，初始无法计量，不能计入交易价格。收到合同固定对价时。

借：银行存款　　2000000

　　贷：合同负债　　2000000

月末，按实际发生的销售额计算确认的特许权使用费＝100×5%＝5(万元)。

借：合同负债　　(2000000/12)166667

　　应收账款　　50000

　　贷：主营业务收入　　216667

【操作指南】企业向客户授予知识产权许可的，应当按照“识别合同中的单项履约义务”的要求，评估该知识产权许可是否构成单项履约义务，构成单项履约义务的，应当进一步确定其是在某一时段内履行还是在某一时点履行。企业向客户授予知识产权许可，同时满足下列条件时，应当作为在某一时段内履行的履约义务确认相关收入；否则，应当作为在某一时点履行的履约义务确认相关收入：(1)合同要求或客户能够合理预期企业将从事对该项知识产权有重大影响的活动；(2)该活动对客户将产生有利或不利影响；(3)该活动不会导致向客户转让某项商品。

企业向客户授予知识产权许可，并约定按客户实际销售或使用情况收取特许权使用费的，应当在下列两项孰晚的时点确认收入：(1)客户后续销售或使用行为实际发生；(2)企业履行相关履约义务。

【案例21】售后回购。资料：

甲公司向乙公司销售一台设备，销售价格为200万元，同时双方约定两年之后，甲公司将以120万元的价格回购该设备。假定不考虑货币时间价值等其他因素影响。

【分析】根据合同，甲公司在两年后回购该设备，乙公司并未取得该设备的控制权。不考虑货币时间价值等影响，该交易的实质是乙公司支付了80万元(200-120)的对价取得了该设备2年的使用权。因此，甲公司应当将该交易作为租赁交易进行会计处理。

售后回购，是指企业销售商品的同时承诺或有权选择日后再将该商品(包括相同或几乎相同的商品，或以该商品作为组成部分的商品)购回的销售方式。对于不同类型的售后回购交易，企业应当区分下列两种情形分别进行会计处理。

(1)企业因存在与客户的远期安排而负有回购义务或企业享有回购权利的，表明客户在销售时点并未取得相关商品控制权，企业应当作为租赁交易或融资交易进行相应的会计处理。其中，回购价格低于原售价的，应当视为租赁交易；回购价格不低于原售价的，应当视为融资交易，在收到客户款项时确认金融负债，并将该款项和回购价格的差额在回购期间内确认为利息费用等。企业到期未行使回购权利的，应当在该回购权利到期时终止确认金融负债，同时确认收入。

(2)企业负有应客户要求回购商品义务的，应当在合同开始日评估客户是否具有行使该要求权的重大经济动因。客户具有行使该要求权重大经济动因的，企业应当将售后回购作为租赁交易或融资交易，按照上述第1种情形进行会计处理；否则，企业应当将其作为附有销售退回条款的销售交易进行会计处理。在判断客户是否具有行权的重大经济动因时，企业应当综合考虑各种相关因素，包括回购价格与预计回购时市场价格之间的比较，以及权利的到期日等。例如，如果回购价格明显高于该资产回购时的市场价值，则表明客户有行权的重大经济动因。

【案例22】无须退回的初始费。资料：

甲公司经营一家会员制健身俱乐部。甲公司与客户签订了为期2年的合同，客户入会之后可以随时在该俱乐部健身。除俱乐部的年费2000元之外，甲公司还向客户收取了50元的入会费，用于补偿俱乐部为客户进行注册登记、准备会籍资料以及制作会员卡等初始活动所花费的成本。甲公司收取的入会费和年费均无须返还。

【分析】甲公司承诺的服务是向客户提供健身服务，而甲公司为会员入会所进行的初始活动并未向客户提供其所承诺的服务，而只是一些内部行政管理性质的工作。因此，甲公司虽然为补偿这些初始活动向客户收取了50元入会费，但是该入会费实质上是客户为健身服务所支付的对价的一部分，应当作为健身服务的预收款，与收取的年费一起在2年内分摊确认为收入。

【操作指南】企业在合同开始(或接近合同开始)日向客户收取的无须退回的初始费(如俱乐部的入会费等)应当计入交易价格。企业应当评估该初始费是否与向客户转让已承诺的商品相关。该初始费与向客户转让已承诺的商品相关，并且该商品构成单项履约义务的，企业应当在转让该商品时，按照分摊至该商品的交易价格确认收入；该初始费与向客户转让已承诺的商品相关，但该商品不构成单项履约义务的，企业应当在包含该商品的单项履约义务履行时，按照分摊至该单项履约义务的交易价格确认收入；该初始费与向客户转让已承诺的商品不相关的，该初始费应当作为未来将转让商品的预收款，在未来转让该商品时确认为收入。

企业收取了无须退回的初始费且为履行合同应开展初始活动，但这些活动本身并没有向客户转让已承诺的商品的，例如，企业为履行会员健身合同开展了一些行政管理性质的准备工作，该初始费与未来将转让的已承诺商品相关，应当在未来转让该商品时确认为收入，企业在确定履约进度时不应考虑这些初始活动；企业为该初始活动发生的支出应按照本节合同成本部分的要求确认为一项资产或计入当期损益。

现将特殊交易的会计处理总结如表 15-2 所示。

表 15-2　特殊交易及应用指引

特定交易	应用指引
附有销售退回条款的销售	退货负债以及相关资产的确认与计量
附有质量保证条款的销售	判断质量保证是否构成单独的履约义务
主要责任人与代理人	向客户转让前是否拥有相关商品的控制权(判断的主要依据)
附有客户额外购买权的销售	该选择权是否为一项重大权利
知识产权许可证的授予	区分许可是否一段时间内的履约义务
售后回购交易	企业有远期安排下的回购义务或有回购选择权的，控制权没有转移，销售视回购价格是否低于原售价作为租赁或融资交易处理；客户有要求企业回购的权利的，根据其是否有行权的重大经济动因，分别按上述远期安排下的原则或附销售退回条款的销售处理
预收款无须退回	判断客户放弃权利的可能性以及企业预期有权获得的与之相关的金额
无须退回的初始费	判断其是否与已承诺商品相关以及相关商品是否单项履约义务

四、建造合同的会计处理

【案例 23】建造合同的会计处理。资料：

2018 年 1 月 1 日，甲建筑公司与乙公司签订了一项大型设备建造工程合同，根据合同，该工程的造价为 6300 万元，工程期限为 1 年半，甲公司负责工程的施工及全面管理，乙公司按照第三方工程监理公司确认的工程完工量，每半年与甲公司结算一次；预计 2019 年 6 月 30 日竣工；预计可能发生的总成本为 4000 万元。假定该建造工程整体构成单项履约义务，并属于在某一时段履行的履约义务，甲公司采用成本法确定履约进度，增值税税率为 10%，不考虑其他相关因素。2018 年 6 月 30 日，工程累计实际发生成本 1500 万元，甲公司与乙公司结算合同价款 2500 万元，甲公司实际收到价款 2000 万元；2018 年 12 月 31 日，工程累计实际发生成本 3000 万元，甲公司与乙公司结算合同价款 1100 万元，甲公司实际收到价款 1000 万元；2019 年 6 月 30 日，工程累计实际发生成本4100万元，乙公司与甲公司结算了合同竣工价款2700万元，并支付剩余工程款3300万元，上述价款均不含增值税额。假定甲公司与乙公司结算时即发生增值税纳税义务，乙公司在实际支付工程价款的同时支付其对应的增值税款。针对上述业务甲公司应如何进行会计处理？（答案中的金额以万元表示）

【分析】甲公司的账务处理如下。

(1)2018年1月1日至6月30日实际发生工程成本时。

借：合同履约成本　1500

　贷：原材料、应付职工薪酬等　1500

(2)2018年6月30日。

履约进度＝1500/4000＝37.5%。

合同收入＝6300×37.5%＝2362.5(万元)。

借：合同结算——收入结转　2362.5

　贷：主营业务收入　2362.5

借：主营业务成本　1500

　贷：合同履约成本　1500

借：应收账款　2750

　贷：合同结算——价款结算　2500

　　应交税费——应交增值税(销项税额)　250

借：银行存款　2200

　贷：应收账款　2200

当日，“合同结算”科目的余额为贷方137.5万元(2500－2362.5)，表明甲公司已经与客户结算但尚未履行履约义务的金额为137.5万元，由于甲公司预计该部分履约义务将在2018年内完成，因此，应在资产负债表中作为合同负债列示。

(3)2018年7月1日至12月31日实际发生工程成本时。

借：合同履约成本　1500

　贷：原材料、应付职工薪酬等　1500

(4)2018年12月31日。

履约进度＝3000/4000＝75%。

合同收入＝6300×75%－2362.5＝2362.5(万元)。

借：合同结算——收入结转　2362.5

　贷：主营业务收入　2362.5

借：主营业务成本　1500

　贷：合同履约成本　1500

借：应收账款　1210

贷：合同结算——价款结算 1100

应交税费——应交增值税(销项税额) 110

借：银行存款 1100

贷：应收账款 1100

当日，“合同结算”科目的金额为借方 1125 万元(2362.5-1100-137.5)，表明甲公司已经履行履约义务但尚未与客户结算的金额为 1125 万元，由于该部分金额将在 2019 年内结算，因此，应在资产负债表中作为合同资产列示。

(5)2019 年 1 月 1 日至 6 月 30 日实际发生工程成本时。

借：合同履约成本 1100

贷：原材料、应付职工薪酬等 1100

(6)2019 年 6 月 30 日。

由于合同当日已竣工结算，其履约进度 100%

合同收入=6300-2362.5-2362.5=1575(万元)。

借：合同结算——收入结转 1575

贷：主营业务收入 1575

借：主营业务成本 1100

贷：合同履约成本 1100

借：应收账款 2970

贷：合同结算——价款结算 2700

应交税费——应交增值税(销项税额) 270

借：银行存款 3630

贷：应收账款 3630

当日，“合同结算”科目的金额为 0(1125+1575-2700)。

【操作指南】 新收入准则采用了“五步法”收入确认模型来确认和计量收入，不再区分销售商品、提供劳务和建造合同等具体交易形式，而是按照统一的收入确认模型来确认收入。在该模型下，建造合同的会计核算也发生变化，体现在“合同资产”“合同负债”“合同履约成本”和“合同结算”等会计科目的变化上。

第三节 本准则修订的主要内容

为了适应社会主义市场经济发展需要，规范收入的会计处理，提高会计信息质量，根据《企业会计准则——基本准则》，我国财政部于 2017 年 7 月对《企业会计准第 14 号——收入》进行了修订。在境内外同时上市的企业以及在境外上市并采用国际财务报告准则或企业会计准则编制财务报表的企业，自2018年1月1日起施行；其他境内上市企业，自2020年1月1日起施行；执行企业会计准则的非上市企业，自2021年1月1日起施行。同时，允许企业提前执行。修订的主要内容如下。

(1)将现行收入和建造合同两项准则纳入统一的收入确认模型。

现行收入准则和建造合同准则在某些情形下边界不够清晰，可能导致类似的交易采用不同的收入确认方法，从而对企业财务状况和经营成果产生重大影响。新收入准则要求采用统一的收入确认模型来规范所有与客户之间的合同产生的收入，并且就“在某一时段内”还是“在某一时点”确认收入提供具体指引，有助于更好地解决目前收入确认时点的问题，提高会计信息可比性。

(2)以控制权转移替代风险报酬转移作为收入确认时点的判断标准。

现行收入准则要求区分销售商品收入和提供劳务收入，并且强调在将商品所有权上的主要风险和报酬转移给购买方时确认销售商品收入，实务中有时难以判断。新收入准则打破商品和劳务的界限，要求企业在履行合同中的履约义务，即客户取得相关商品(或服务)控制权时确认收入，从而能够更加科学合理地反映企业的收入确认过程。

(3)对于包含多重交易安排的合同的会计处理提供更明确的指引。

现行收入准则对于包含多重交易安排的合同仅提供了非常有限的指引，具体体现在收入准则第十五条以及企业会计准则讲解中有关奖励积分的会计处理规定。这些规定远远不能满足当前实务需要。新收入准则对包含多重交易安排的合同的会计处理提供了更明确的指引，要求企业在合同开始日对合同进行评估，识别合同所包含的各单项履约义务，按照各单项履约义务所承诺商品(或服务)的单独售价的相对比例将交易价格分摊至各单项履约义务，进而在履行各单项履约义务时确认相应的收入，有助于解决此类合同的收入确认问题。

(4)对于某些特定交易(或事项)的收入确认和计量给出了明确规定。

新收入准则对于某些特定交易(或事项)的收入确认和计量给出了明确规定。例如，区分总额和净额确认收入、附有质量保证条款的销售、附有客户额外购买选择权的销售、向客户授予知识产权许可、售后回购、无须退还的初始费等，这些规定将有助于更好地指导实务操作，从而提高会计信息的可比性。

第十六章　政府补助

第一节　政府补助概述

一、政府补助的概念

政府补助是指企业从政府无偿取得货币性资产或非货币性资产。其主要形式包括政府对企业的无偿拨款、税收返还、财政贴息，以及无偿给予非货币性资产等。通常情况下，直接减征、免征、增加计税抵扣额、抵免部分税额等不涉及资产直接转移的经济资源，不适用政府补助准则。但是，部分减免税款需要按照政府补助准则进行会计处理。例如，属于一般纳税人的加工型企业根据税法规定招用自主就业退役士兵，并按定额扣减增值税的，应当将减征的税额计入当期损益，借记“应交税金——应交增值税(减免税额)”科目，贷记“其他收益”科目。还需要说明的是，增值税出口退税不属于政府补助。根据税法规定，在对出口货物取得的收入免征增值税的同时，退付出口货物前道环节发生的进项税额，增值税出口退税实际上是政府退回企业事先垫付的进项税，所以不属于政府补助。

二、政府补助的特征

(1)政府补助是来源于政府的经济资源。政府主要是指行政事业单位及类似机构。对企业收到的来源于其他方的补助，如有确凿证据表明政府是补助的实际拨付者，其他方只是起到代收代付的作用，则该项补助也属于来源于政府的经济资源。例如，某集团公司母公司收到一笔政府补助款，有确凿证据表明该补助款实际的补助对象为该母公司下属子公司，母公司只是起到代收代付的作用，在这种情况下，该补助款属于对子公司的政府补助。

(2)政府补助是无偿的，即企业取得来源于政府的经济资源，不需要向政府交付商品或服务等对价。无偿性是政府补助的基本特征。这一特征将政府补助与政府作为企业所有者投入的资本、政府购买服务等互惠性交易区别开来。政府如以企业所有者身份向企业投入资本，享有相应的所有权权益，政府与企业之间是投资者与被投资者的关系，属于互惠交易。

三、政府补助的分类

确定了来源于政府的经济利益属于政府补助后，还应当对其进行恰当的分类。根据政府补助准则规定，政府补助应当划分为与资产相关的政府补助和与收益相关的政府补助，这是因为两类政府补助给企业带来经济利益或者弥补相关成本或费用的形式不同，从而在具体账务处理上存在差别。

1. 与资产相关的政府补助

与资产相关的政府补助，是指企业取得的、用于购建或以其他方式形成长期资产的政府补助。通常情况下，相关补助文件会要求企业将补助资金用于取得长期资产。长期资产将在较长的期间内给企业带来经济利益，会计上有两种处理方法可供选择：一是将与资产相关的政府补助确认为递延收益，随着资产的使用而逐步结转入损益；二是将补助冲减资产的账面价值，以反映长期资产的实际取得成本。

2. 与收益相关的政府补助

与收益相关的政府补助，是指除与资产相关的政府补助之外的政府补助。此类补助主要是用于补偿企业已发生或即将发生的费用或损失。受益期相对较短，所以通常在满足补助所附条件时计入当期损益或冲减相关成本。

第二节　案例分析与操作指南

一、与资产相关的政府补助

【案例 1】与资产相关的政府补助的会计处理。资料：

按照国家有关政策，企业购置环保设备可以申请补贴以补偿其环保支出。甲企业于 2018 年 1 月向政府有关部门提交了 210 万元的补助申请，作为对其购置环保设备的补贴。2018 年 3 月 15 日，甲企业收到了政府补贴款 210 万元。2018 年 4 月 20 日，甲企业购入不需安装的环保设备，实际成本为 480 万元，使用寿命 10 年，采用直线法计提折旧(不考虑净残值)。假设 2026 年 4 月，甲企业的这台设备发生毁损。不考虑相关税费，则甲企业应如何进行账务处理?

【分析】方法一：甲企业选择总额法进行会计处理。

(1)2018 年 3 月 15 日实际收到财政拨款，确认递延收益。

借：银行存款　　2100000

　　贷：递延收益　　2100000

(2)2018 年 4 月 20 日购入设备。

借：固定资产　4800000

　　贷：银行存款　4800000

(3)自2018年5月起每个月末计提折旧(计入制造费用)，同时分摊递延收益。

借：制造费用　40000

　　贷：累计折旧　40000

借：递延收益　17500

　　贷：其他收益　17500

(4)假设2026年4月设备毁损，同时转销递延收益余额。

借：固定资产清理　960000

　　累计折旧　3840000

　　贷：固定资产　4800000

借：递延收益　420000

　　贷：固定资产清理　420000

借：营业外支出　540000

　　贷：固定资产清理　540000

方法二：甲企业选择净额法进行会计处理。

(1)2018年3月15日实际收到财政拨款，确认递延收益。

借：银行存款　2100000

　　贷：递延收益　2100000

(2)2018年4月20日购入设备。

借：固定资产　4800000

　　贷：银行存款　4800000

借：递延收益　2100000

　　贷：固定资产　2100000

(3)自2018年5月起每个月末计提折旧(计入制造费用)，同时分摊递延收益。

借：制造费用　22500

　　贷：累计折旧　22500

(4)假设2026年4月设备毁损时。

借：固定资产清理　540000

　　累计折旧　2160000

　　贷：固定资产　2700000

借：营业外支出　540000

　　贷：固定资产清理　540000

【操作指南】与资产相关的政府补助。企业通常先收到补助资金，再按照政府要求将补助资金用于购建固定资产或无形资产等长期资产。企业在收到补助资金时，有两种会计处理方法可供选择：一是总额法，即按照补助资金的金额借记有关资产科目，贷记“递延收益”科目；然后在相关资产使用寿命内按合理、系统的方法分期计入损益。如果企业先收到补助资金，再购建长期资产，则应当在开始对相关资产计提折旧或摊销时开始将递延收益分期计入损益；如果企业先开始购建长期资产，再收到补助资金，则应当在相关资产的剩余使用寿命内按照合理、系统的方法将递延收益分期计入损益。企业对与资产相关的政府补助选择总额法后，为避免出现前后方法不一致的情况，结转递延收益时不得冲减相关成本费用，而是将递延收益分期转入其他收益或营业外收入，借记“递延收益”科目，贷记“其他收益”或“营业外收入”科目。相关资产在使用寿命结束时或结束前被处置(出售、转让、报废等)，尚未分摊的递延收益余额应当一次性转入资产处置当期的损益，不再予以递延。二是净额法，将补助冲减相关资产账面价值，企业按照扣减了政府补助后的资产价值对相关资产计提折旧或进行摊销。

据《企业会计准则——基本准则》的要求，同一企业不同时期发生的相同或者相似的交易或者事项，应当采用一致的会计政策，不得随意变更。确需变更的，应当在附注中说明。企业应当根据经济业务的实质，判断某 一类政府补助业务应当采用总额法还是净额法，通常情况下，对同类或类似政府补助业务只能选用一种方法，同时，企业对该业务应当一贯地运用该方法，不得随意变更。

实务中存在政府无偿给予企业长期非货币性资产的情况，如无偿给予的土地使用权和天然起源的天然林等。对无偿给予的非货币性资产，企业在收到时，应当按照公允价值借记有关资产科目，贷记“递延收益”科目，在相关资产使用寿命内按合理、系统的方法分期计入损益，借记“递延收益”科目，贷记“其他收益”或“营业外收入”科 目。对以名义金额计量的政府补助，在取得时计入当期损益。

二、与收益有关的政府补助

【案例 2】用于补偿企业以后期间的相关成本费用或损失的会计处理。资料：

甲企业于 2016 年 3 月 15 日与企业所在地地方政府签订合作协议，根据协议约定，当地政府将向甲企业提供 1000 万元奖励资金，用于企业的人才激励和人才引进奖励，甲企业必须按年向当地政府报送详细的资金使用计划并按规定用途使用资金。协议同时还约定，甲企业自获得奖励起 10 年内注册地址不迁离本区，否则政府有权追回奖励资金。甲企业于 2016 年 4 月 10 日收到 1000 万元补助资金，分别在 2016 年 12 月、2017 年 12 月、2018 年 12 月使用了 400 万元、300 万元和 300 万元，用于发放给总裁级别类高管年度奖金。甲企业采用净额法核算政府补助。则甲企业应如何进行会计处理?

【分析】本案例中，甲企业应当在实际收到补助资金时应当先判断是否满足递延收益确认条件。如果客观情况表明甲企业在未来 10 年内离开该地区的可能性很小，比如通过成本效益分析认为甲企业迁离该地区的成本大大高于收益，则甲企业在收到补助资金时应当计入“递延收益”科目，实际按规定用途使用补助资金时，再计入当期损益。甲企业选择净额法对此类补助进行会计处理，其账务处理如下。

2016 年 4 月 10 日甲企业实际收到补贴资金。

借：银行存款　　10000000

　　贷：递延收益　　10000000

2016 年 12 月、2017 年 12 月、2018 年 12 月甲企业将补贴资金发放高管奖金，相应结转递延收益。

2016 年 12 月。

借：递延收益　　4000000

　　贷：管理费用　　4000000

2017 年 12 月。

借：递延收益　　3000000

　　贷：管理费用　　3000000

2018 年 12 月。

借：递延收益　　3000000

　　贷：管理费用　　3000000

【操作指南】如果企业在收到补助资金时暂时无法确定能否满足政府补助所附条件（即在未来 10 年内不得离开该地区），则应当将收到的补助资金先记入“其他应付款”科目，待客观情况表明企业能够满足政府补助所附条件后再转入“递延收益”科目。

对于与收益相关的政府补助，企业应当选择采用总额法或净额法进行会计处理。选择总额法的，应当计入其他收益或营业外收入。选择净额法的，应当冲减相关成本费用或营业外支出。用于补偿企业以后期间的相关成本费用或损失的，在收到时应当先判断企业能否满足政府补助所附条件。根据政府补助准则的规定，只有满足政府补助确认条件的才能予以确认。客观情况通常表明企业能够满足政府补助所附条件，企业应当将补助确认为递延收益，并在确认相关费用或损失的期间计入当期损益或冲减相关成本。

【案例 3】用于补偿企业已发生的相关成本费用或损失的会计处理。资料：

乙企业销售其自主开发生产的动漫软件，按照国家有关规定，该企业的这种产品适用增值税即征即退政策，按 16%的税率征收增值税后，对其增值税实际税负超过 3%的部分，实行即征即退。乙企业 2018 年 8 月在进行纳税申报时，对归属 7 月的增值税即征即退提交退税申请，经主观税务机关审核后的退税额为 10 万元。软件企业即征即退增值税属于与企业的日常销售密切相关，属于与企业日常活动相关的政府补助。乙企业 2018 年 8 月申请退税并确定了增值税退税额。另外，乙企业 2018 年 11 月遭受重大自然灾害，并于 2018 年 12 月 20 日收到了政府补助资金 200 万元。乙企业采用总额法核算政府补助。则乙企业应如何进行账务处理?

【分析】(1)2018 年 8 月申请退税并确定了增值税退税额时。

借:其他应收款 100000

贷:其他收益 100000

(2)2018 年 12 月 20 日,乙企业实际收到自然灾害补助资金并选择按总额法进行会计处理时。

借:银行存款 2000000

贷:营业外收入 2000000

【操作指南】用于补偿企业已发生的相关成本费用或损失的,直接计入当期损益或冲减相关成本。这类补助通常与企业已经发生的行为有关,是对企业已发生的成本费用或损失的补偿,或是对企业过去行为的奖励。

三、政府补助的退回

【案例 4】接【案例 1】政府补助退回的会计处理。资料:

假设 2019 年 2 月,有关部门在对甲企业的检查中发现,甲企业不符合申请补助的条件,要求甲企业退回补助款。甲企业于当月退回了补助款 210 万元。则甲企业应如何进行会计处理?

【分析】方法一:甲企业选择总额法进行会计处理,应当结转递延收益,并将超出部分计入当期损益。因为以前期间计入其他收益,所以本案例中这部分退回的补助冲减应退回当期的其他收益。

2019 年 5 月甲企业退回补助助款时。

借:递延收益 1890000

其他收益 210000

贷:银行存款 2100000

方法二:甲企业选择净额法进行会计处理,应计算应补提的折旧,将这部分费用计入当期损益,相应调整固定资产的账面价值。

2019 年 5 月甲企业退回补助款时。

借:固定资产 2100000

其他收益 210000

贷:银行存款 2100000

累计折旧 210000

【操作指南】已计入损益的政府补助需要退回的,应当在需要退回的当期分情况按照以下规定进行会计处理:(1)初始确认时冲减相关资产账面价值的,调整资产账面价值;(2)存在相关递延收益的,冲减相关递延收益账面余额,超出部分计入当期损益;

(3)属于其他情况的，直接计入当期损益。此外，对于属于前期差错的政府补助退回，应当按照前期差错更正进行追溯调整。

四、特殊业务的会计处理

【案例5】综合性政府补助的会计处理。资料：

2018年6月15日，某市科技创新委员会与乙企业签订了科技计划项目合同书，拟对乙企业的新药临床研究项目提供研究补助资金。该项目总预算为600万元，其中，市科技创新委员会资助200万元，乙企业自筹400万元。政府资助的200万元用于补助设备费60万元，材料费15万元，测试化验加工费95万元，差旅费10万元，会议费5万元，专家咨询费8万元，管理费用7万元，本案例中除设备费外的其他各项费用都计入研究支出。市科技创新委员会应当在合同签订之日起30日内将资金拨付给乙企业。根据双方约定，乙企业应当按合同规定的开支范围，对市科技创新委员会资助的经费实行专款专用。项目实施期限为自合同签订之日起30个月，期满后乙企业如未通过验收，在该项目实施期满后3年内不得再向市政府申请科技补贴资金。乙企业于2018年7月10日收到补助资金，在项目期内按照合同约定的用途使用了补助资金，其中，乙企业于2018年7月25日按项目合同书的约定购置了相关设备，设备成本150万无，其中使用补助资金60万元，该设备使用年限为10年，采用直线法计提折旧(不考虑净残值)。假设不考虑相关税费，假设乙企业对收到的与资产相关的政府补助选择净额法进行会计处理。则乙企业应如何进行会计处理?

【分析】乙企业收到的政府补助是综合性项目政府补助，需要区分与资产相关的政府补助和与收益相关的政府补助并分别进行处理。乙企业的账务处理如下。

(1)2018年7月10日乙企业实际收到补贴资金时。

借：银行存款　　2000000

　　贷：递延收益　　2000000

(2)2018年7月25日购入设备。

借：固定资产　　1500000

　　贷：银行存款　　1500000

借：递延收益　　600000

　　贷：固定资产　　600000

(3)自2018年8月起每月末计提折旧，折旧费用计入研发支出。

每月应计提折旧=(1500000-600000)/10/12=7500(元)。

借：研发支出　　7500

　　贷：累计折旧　　7500

(4)对其他与收益相关的政府补助，乙企业应当按照相关经济业务的实质确定是计入其他收益还是冲减相关成本费用，在企业按规定用途实际使用补助资金时计入损益，或者在实际使用的当期期末根据当期累计使用的金额计入损益，借记“递延收益”科目，贷记有关损益科目。

【操作指南】特定业务的会计处理主要有以下内容。

(1)综合性项目政府补助同时包含与资产相关的政府补助和与收益相关的政府补助，企业需要将其进行分解并分别进行会计处理；难以区分的，企业应当将其整体归类为与收益相关的政府补助进行处理。

(2)政策性优惠贷款贴息。政策性优惠贷款贴息是政府为支持特定领域或区域发展，根据国家宏观经济形势和政策目标，对承贷企业的银行借款利息给予的补贴。企业取得政策性优惠贷款贴息的，应当区分财政将贴息资金拨付给贷款银行和财政将贴息资金直接拨付给企业两种情况，分别进行会计处理。

①财政将贴息资金拨付给贷款银行。

在财政将贴息资金拨付给贷款银行的情况下，由贷款银行以政策性优惠利率向企业提供贷款。这种方式下，受益企业按照优惠利率向贷款银行支付利息，没有直接从政府取得利息补助，企业可以选择下列方法之一进行会计处理：一是以实际收到的金额作为借款的入账价值，按照借款本金和该政策性优惠利率计算借款费用。通常情况下，实际收到的金额即为借款本金。二是以借款的公允价值作为借款的入账价值并按照实际利率法计算借款费用，实际收到的金额与借款公允价值之间的差额确认为递延收益，递延收益在借款存续期内采用实际利率法摊销，冲减相关借款费用。企业选择了上述两种方法之一后，应当一致地运用，不得随意变更。在这种情况下，向企业发放贷款的银行并不是受益主体，其仍然按照市场利率收取利息，只是一部分利息来自企业，另一部分利息来自财政贴息。所以金融企业发挥的是中介作用，并不需要确认与贷款相关的递延收益。

②财政将贴息资金直接拨付给受益企业。

财政将贴息资金直接拨付给受益企业，企业先按照同类贷款市场利率向银行支付利息，财政部门定期与企业结算贴息。在这种方式下，由于企业先按照同类贷款市场利率向银行支付利息，所以实际收到的借款金额通常就是借款的公允价值，企业应当将对应的贴息冲减相关借款费用。

第三节 本准则修订的主要内容

2017年5月，财政部发布了财办会〔2017〕15号文，对《企业会计准则第16号——政府补助》进行了修订。修订后的准则已于2017年6月12日起施行，并自2017年1月1日起采用未来适用法。本次修订的主要内容如下。

一、政府补助的范围

修订后的准则进一步强调了实质重于形式的原则，来源于政府的资源并不一定都是政府补助，来源于其他企业的也可能是政府补助，这需要根据经济实质来判断。因此在原有的基础上，增加了对政府补助特征的表述，以便于区分企业从政府取得的经济资源是政府补助、政府资本性投入还是政府购买服务。

二、与资产相关政府补助的摊销方式

修订后的准则明确与资产相关的政府补助，应当冲减相关资产的账面价值，或确认为递延收益，并在相关资产使用寿命内按合理、系统的方法分期计入损益。原准则要求与资产相关的政府补助均按照直线法摊销，但某些固定资产和无形资产本身的折旧摊销方法可能并不是直线法，与之相关的政府补助若简单按照直线法摊销，可能未必合理，修订后的准则对此进行了修改，从原来的直线法改为合理系统的方法，政府补助的摊销将更加合理。

三、关于财政贴息的会计处理

修订后的准则对财政贴息的会计处理做了更加详细的规定，对于财政将贴息资金直接拨付给贷款银行，再由贷款银行以优惠利率向企业提供贷款的方式，提供了两种方法供企业选择，既不违背国际趋同的原则，也允许企业选择简易方法，满足不同企业的现实需求。

四、在财务报表中的列报

修订后的准则允许企业根据经济业务的实质来判断政府补助在利润表中的列报科目。与企业日常活动相关的政府补助，计入其他收益或冲减相关成本费用。“其他收益”科目将在利润表中的“营业利润”项目之上单独列报。与企业日常活动无关的政府补助，计入营业外收支。原准则要求所有的政府补助在损益表中都计入营业外收入，修订后的准则要求企业区分收到的政府补助是否与其日常活动相关，并据此判断是否纳入营业利润之中。这一修订有利于部分行业合理反映其经营成果。此外，修订后的准则允许采用净额法列报也与国际准则更加趋同。

第十七章　借款费用

第一节　借款费用概述

一、借款费用的概念和内容

借款费用是指企业因借入资金所付出的代价，包括按照《企业会计准则第22号——金融工具确认和计量》规定的实际利率法计算确定的实际利息、费用(包括折价或者溢价的摊销和辅助费用)以及因外币借款而发生的汇兑差额等。具体来说，包括以下四项内容。

1. 因借款而发生的利息

因借款而发生的利息包括企业向银行或者其他金融机构等借入资金发生的利息、发行公司债券发生的利息，以及为购建或者生产符合资本化条件的资产而发生的带息债务所承担的利息等。

2. 因借款而发生的折价或溢价的摊销

因借款而发生的折价或者溢价主要是指发行债券等所发生的折价或者溢价，发行债券中的折价或者溢价，其实质是对债券票面利息的调整(即将债券票面利率调整为实际利率)，属于借款费用的范畴。

3. 因外币借款而发生的汇兑差额

因外币借款而发生的汇兑差额，是指由于汇率变动导致市场汇率与账面汇率出现差异，从而对外币借款本金及其利息的记账本位币金额所产生的影响金额。由于汇率的变化往往和利率的变化相联动，它是企业外币借款所需承担的风险，因此，因外币借款相关汇率变化所导致的汇兑差额属于借款费用的有机组成部分。

4. 因借款而发生的辅助费用

因借款而发生的辅助费用，是指企业在借款过程中发生的诸如手续费、佣金、印刷费等费用，由于这些费用是因安排借款而发生的，也属于借入资金所付出的代价，是借款费用的构成部分。

二、应予资本化的资产范围和借款范围

借款费用应予资本化的资产范围是符合资本化条件的资产，指需要经过相当长时间

的购建或者生产活动才能达到预定可使用或者可销售状态的固定资产、投资性房地产和存货等资产。建造合同成本、确认为无形资产的开发支出等在符合条件的情况下，也可以认定为符合资本化条件的资产。符合资本化条件的存货主要包括房地产开发企业开发的用于对外出售的房地产开发产品、企业制造的用于对外出售的大型机器设备等。这类存货通常需要经过相当长时间的建造或者生产过程，才能达到预定可销售状态。其中"相当长时间"，是指为资产的购建或者生产所必需的时间，通常为1年以上(含1年)。

应予资本化的借款范围包括专门借款和一般借款。其中专门借款，是指为购建或者生产符合资本化条件的资产而专门借入的款项，通常签订有标明该用途的借款合同；一般借款是指除专门借款之外的借款。

第二节　案例分析与操作指南

一、借款利息资本化金额的确认

【案例1】专门借款费用资本化金额的确定及会计处理。资料：

ABC公司于2017年1月1日正式动工兴建一幢办公楼，工期预计为1年零6个月，工程采用出包方式，分别于2017年1月1日、2017年7月1日和2018年1月1日支付工程进度款。

公司为建造办公楼于2017年1月1日借入专门借款2000万元，借款期限为3年，年利率为6%。另外在2017年7月1日又借入专门借款4000万元，借款期限为5年，年利率为7%。借款利息按年支付。(如无特别说明，本章案例中名义利率与实际利率均相同)

闲置借款资金均用于固定收益债券短期投资，该短期投资月收益率为0.5%。办公楼于2018年6月30日完工，达到预定可使用状态。公司为建造该办公楼的支出金额如表17-1所示。

表17-1　建造该办公楼的支出金额　　单位：万元

日　期	每期资产支出金额	累计资产支出金额	闲置借款资金用于短期投资金额
2017年1月1日	1500	1500	500
2017年7月1日	2500	4000	2000
2018年1月1日	1500	5500	500
总　计	5500		

则ABC公司2017年1月1日到2018年6月30日应如何进行账务处理?

【分析】由于ABC公司使用了专门借款建造办公楼，而且办公楼建造支出没有超过专门借款金额，因此公司2017年、2018年为建造办公楼应予资本化的利息金额计算如下。

（1）确定借款费用资本化期间为2017年1月1日—2018年6月30日。

（2）计算在资本化期间专门借款实际发生的利息金额：

2017年专门借款发生的利息金额=2000×6%+4000×7%×6/12=260（万元）。

2018年1月1日—6月30日专门借款发生的利息金额

=2000×6%×6/12+4000×7%×6/12=200（万元）。

（3）计算在资本化期间利用闲置的专门借款资金进行短期投资的收益：

2017年短期投资收益=500×0.5%×6+2000×0.5%×6=75（万元）。

2018年1月1日—6月30日短期投资收益=500×0.5%×6=15（万元）。

（4）由于在资本化期间，专门借款利息费用的资本化金额应当以其实际发生的利息费用减去将闲置的借款资金进行短期投资取得的投资收益后的金额确定，因此：

ABC公司2017年的利息资本化金额=260−75=185（万元）。

ABC公司2018年的利息资本化金额=200−15=185（万元）。

有关账务处理如下。

2017年12月31日。

借：在建工程	1850000	
应收利息（或银行存款）	750000	
贷：应付利息		2600000

2018年6月30日。

借：在建工程	1850000	
应收利息（或银行存款）	150000	
贷：应付利息		2000000

【案例2】接【案例1】一般借款费用资本化金额的确定及会计处理。资料：

假定ABC公司建造办公楼没有专门借款，占用的都是一般借款。ABC公司为建造办公楼占用的一般借款有两笔，具体如下。

（1）向A银行借入长期贷款2000万元，期限为2015年12月1日—2018年12月1日，年利率为6%，按年支付利息。

（2）发行公司债券1亿元，于2015年1月1日发行，期限为5年，年利率为8%，按年支付利息。

假定这两笔一般借款除了用于办公楼建设外，没有用于其他符合资本化条件的资产的购建或者生产活动。

假定全年按360天计算，其他资料沿用【案例1】。

则ABC公司2017年1月1日到2018年6月30日应如何进行账务处理？

【分析】在这种情况下，公司应当计算建造办公楼的累计资产支出加权平均数和所占用一般借款的加权平均利率作为资本化率，将两者相乘，计算求得当期应予资本化的借款利息金额。具体如下。

(1)计算累计资产支出加权平均数：

2017 年累计资产支出加权平均数=1500×360÷360+2500×180÷360=2750(万元)。

2018 年累计资产支出加权平均数=(4000+1500)×180÷360=2750(万元)。

(2)计算所占用一般借款资本化率：

一般借款资本化率(年)=(2000×6%+10000×8%)/(2000+10000)= 7.67%。

(3)计算每期利息资本化金额：

2017 年为建造办公楼的利息资本化金额=2750×7.67%=210.93(万元)。

2017 年实际发生的一般借款利息费用=2000×6%+10000×8%=920(万元)。

2018 年为建造办公楼的利息资本化金额=2750×7.67%=210.93(万元)。

2018 年 1 月 1 日—6 月 30 日实际发生的一般借款利息费用=2000×6%×180÷360+10000×8%×180÷360=460(万元)。

(4)根据上述计算结果，账务处理如下。

2017 年 12 月 31 日。

借：在建工程　　2109300

　　财务费用　　7090700

　　贷：应付利息　　9200000

2018 年 6 月 30 日。

借：在建工程　　2109300

　　财务费用　　2490700

　　贷：应付利息　　4600000

【操作指南】企业每期应予资本化的借款费用金额，包括当期应予资本化的利息、借款折价或溢价的摊销、辅助费用和汇兑差额。

1. 利息资本化金额的确定

按规定，利息资本化金额仅限于资本化期间内。应予资本化的利息金额根据借款的类别不同分为专门借款和一般借款。

(1)专门借款，为购建或者生产符合资本化条件的资产而借入专门借款的，应当以专门借款当期实际发生的利息费用，减去将尚未动用的借款资金存入银行取得的利息收入或进行暂时性投资取得的投资收益后的金额，确定为专门借款利息费用的资本化金额，在资本化期间，应当全部计入符合资本化条件的资产的成本，不计算借款资本化率。

(2)一般借款，在借款费用资本化期间内，为购建或者生产符合资本化条件的资产而占用了一般借款的，应当根据累计资产支出超过专门借款部分的资产支出加权平均数乘以所占用一般借款的资本化率，计算确定一般借款应予资本化的利息金额。一般借款应予资本化的利息金额应当按照下列公式计算：

一般借款利息费用资本化金额＝累计资产支出超过专门借款部分的资产支出加权平均数×所占用一般借款的资本化率

所占用一般借款的资本化率＝所占用一般借款加权平均利率＝所占用一般借款当期实际发生的利息之和÷所占用一般借款本金加权平均数

所占用一般借款本金加权平均数＝所占用每笔一般借款本金×每笔一般借款在当期所占用的当期天数

计算利息时，如果所涉及的借款存在折价或者溢价的，应当按照实际利率法确定每一会计期间应摊销的折价或者溢价金额，并调整每期利息金额。在实际利率法下，企业应当按照期初借款余额乘以实际利率计算确定每期借款利息费用。实际利率是企业在借款期限内未来应支付的利息和本金折现为借款当前账面价值的利率。如果按照名义(合同)利率和实际利率计算的每期利息费用相差不大的，可以按照名义利率计算确定每期借款利息。

注意：在资本化期间，每一会计期间的利息资本化金额，不应当超过当期相关借款实际发生的利息金额。

2. 借款辅助费用资本化金额的确定

应予资本化或计入当期损益的借款辅助费用的发生额，是根据《企业会计准则第22号——金融工具确认和计量》，按照实际利率法所确定的金融负债交易费用对每期利息费用的调整额。借款实际利率与合同利率差异较小的，也可以采用合同利率计算确定利息费用。专门借款与一般借款发生的辅助费用，均应按上述原则确定其发生额并进行处理。

3. 外币专门借款汇兑差额资本化金额的确定

出于简化核算的考虑，在资本化期间内，外币专门借款本金及其利息的汇兑差额应当予以资本化，计入符合资本化条件的资产成本；除外币专门借款之外的其他外币借款本金及其利息所产生的汇兑差额，应当作为财务费用计入当期损益。

二、借款费用资本化的暂停与停止

【案例3】借款费用资本化的暂停。资料：

某企业在北方某地建造某工程期间，遇上冰冻季节(通常为4个月)，工程施工因此中断，待冰冻季节过后方能继续施工。第二年开工后由于双方合同纠纷又导致工程停工1个月。试分析该工程借款费用的资本化问题。

【分析】由于该地区在施工期间出现较长时间的冰冻为正常情况，由此导致的施工中断是预见的不可抗力因素导致的中断，属于正常中断。在正常中断期间所发生的借款费用可以继续资本化，计入相关资产的成本。

第二年开工后由于双方合同纠纷又导致工程停工 1 个月，属于非正常中断。但中断时间没有超过 3 个月，因此在非正常中断期间所发生的借款费用可以继续资本化，计入相关资产的成本。

【操作指南】1. 借款费用资本化的暂停

符合资本化条件的资产在购建或者生产过程中发生了非正常中断，且中断时间连续超过 3 个月的，应当暂停借款费用的资本化。在中断期间发生的借款费用应当确认为费用，计入当期损益，直至资产的购建或者生产活动重新开始。如果中断是所购建或者生产的符合资本化条件的资产达到预定可使用或者可销售状态必要的程序，即正常中断，借款费用的资本化应当继续进行。

非正常中断，通常是由于企业管理决策上的原因或者其他不可预见的原因等所导致的中断。比如，企业因与施工方发生了质量纠纷，或者工程、生产用料没有及时供应，或者资金周转发生了困难，或者施工、生产发生了安全事故，或者发生了与资产购建、生产有关的劳动纠纷等原因，导致资产购建或者生产活动发生中断，均属于非正常中断。

非正常中断与正常中断有显著不同。正常中断通常仅限于因购建或者生产符合资本化条件的资产达到预定可使用或者可销售状态所必要的程序，或者事先可预见的不可抗力因素导致的中断。比如，某些工程建造到一定阶段必须暂停下来进行质量或者安全检查，检查通过后才可继续下一阶段的建造工作，这类中断是在施工前可以预见的，而且是工程建造必须经过的程序，属于正常中断。某些地区的工程在建造过程中，由于可预见的不可抗力因素(如雨季或冰冻季节等原因)导致施工出现停顿，也属于正常中断。比如，某企业在北方某地建造某工程期间，正遇冰冻季节，工程施工因此中断，待冰冻季节过后方能继续施工。由于该地区在施工期间出现较长时间的冰冻为正常情况，由此导致的施工中断是可预见的不可抗力因素导致的中断，也属于正常中断。

2. 借款费用资本化的停止

当所购建或生产符合资本化条件的资产达到预定可使用状态或者可销售状态时，应当停止其借款费用的资本化；以后发生的借款费用应当在发生时根据发生额确认为费用，计入当期损益。所购建或生产符合资本化条件的资产达到预定可使用状态或者可销售状态，可从下列三个方面进行判断。

(1)符合资本化条件的资产的实体建造(包括安装)或者生产工作已经全部完成，或者实质上已经完成。

(2)所购建或者生产的符合资本化条件的资产与设计要求、合同规定或者生产要求相符或者基本相符，即使有极个别与设计、合同或者生产要求不相符的地方，也不影响其正常使用或者销售。

(3)继续发生在所购建或生产的符合资本化条件的资产上的支出金额很少或者几乎不再发生。

购建或者生产符合资本化条件的资产需要试生产或者试运行的，在试生产结果表明资产能够正常生产出合格产品，或者试运行结果表明资产能够正常运转或者营业时，应当认为该资产已经达到预定可使用或者可销售状态。试生产或者试运行产生的收入与支出的差额，计入或者冲减借款费用。

如果购建或者生产的符合资本化条件的资产的各部分分别完工，且每部分在其他部分继续建造过程中可供使用或者可对外销售，且为使该部分资产达到预定可使用或可销售状态所必要的购建或者生产活动实质上已经完成的，应当停止与该部分资产相关的借款费用的资本化。

购建或者生产的资产的各部分分别完工，但必须等到整体完工后才可使用或者才可对外销售的，应当在该资产整体完工时停止借款费用的资本化。

三、外币专门借款汇兑差额资本化金额的确定

【案例4】外币专门借款汇兑差额资本化金额的确定及会计处理。资料：

甲公司于20×1年1月1日，为建造某工程项目专门以面值发行美元公司债券1000万元，年利率为8%，期限为3年，假定不考虑与发行债券有关的辅助费用、未发生专门借款的利息收入或投资收益。合同约定，每年1月1日支付当年利息，到期还本。

工程于20×1年1月1日开始实体建造，20×2年6月30日完工，达到预定可使用状态，期间发生的资产支出如下。

20×1年1月1日，支出200万美元。

20×1年7月1日，支出500万美元。

20×2年1月1日，支出300万美元。

公司的记账本位币为人民币，外币业务采用外币业务发生时当日的市场汇率折算。相关汇率如下。

20×1年1月1日，市场汇率为1美元=7.70元人民币。

20×l年12月31日，市场汇率为1美元=7.75元人民币。

20×2年1月1日，市场汇率为1美元=7.77元人民币。

20×2年6月30日，市场汇率为1美元=7.80元人民币。

则甲公司借款费用应如何进行账务处理?

【分析】本例中，公司计算外币借款汇兑差额资本化金额如下。

(1)计算20×l年汇兑差额资本化金额。

①债券应付利息=1000×8%×7.75=80×7.75=620(万元)。

账务处理如下。

借：在建工程　　6200000

　　贷：应付利息　　6200000

②外币债券本金及利息汇兑金额=1000×(7.75−7.70)+80×(7.75−7.75)=50(万元)。

账务处理如下。

借：在建工程　　500000

　　贷：应付债券　　500000

(2)20×2 年 1 月 1 日实际支付利息时，应当支付 80 万美元，折算成人民币为 621.60 万元。该金额与原账面金额之间的差额 1.60 万元应当继续予以资本化，计入在建工程成本。账务处理如下。

借：应付利息　　6200000

　　在建工程　　16000

　　贷：银行存款　　6216000

(3)计算 20×2 年 6 月 30 日汇兑差额资本化金额。

①债券应付利息=1000×8%×1/2×7.8=40×7.8=312(万元)。

账务处理如下。

借：在建工程　　3120000

　　贷：应付利息　　3120000

②外币债券本金及利息汇兑金额=1000×(7.80−7.75)+40×(7.80−7.80)=50(万元)。

账务处理如下。

借：在建工程　　500000

　　贷：应付债券　　500000

【操作指南】当企业为购建或者生产符合资本化条件的资产所借入的专门借款为外币借款时，由于企业取得外币借款日、使用外币借款日和会计结算日往往并不一致，而外汇汇率又在随时发生变化，因此，外币借款会产生汇兑差额。相应地，在借款费用资本化期间内，为购建固定资产而专门借入的外币借款所产生的汇兑差额，是购建固定资产的一项代价，应当予以资本化，计入固定资产成本。出于简化核算的考虑，在资本化期间内，外币专门借款本金及其利息的汇兑差额，应当予以资本化，计入符合资本化条件的资产的成本。而除外币专门借款之外的其他外币借款本金及其利息所产生的汇兑差额应当作为财务费用，计入当期损益。

四、首次执行日的会计处理

1. 相关规定

《企业会计准则第 38 号——首次执行企业会计准则》规定：编制期初资产负债表时，除按照本准则第五条至第十九条规定要求追溯调整的项目外，其他项目不应追溯调整。

2. 会计调整方法

采用未来适用法的处理方法。对于新准则生效日以前企业已经发生的借款费用，所采用的借款费用会计处理方法与新准则规定的方法不同的，不做追溯调整；对于新准则生效日以后发生的借款费用，应当按照新准则的规定进行会计处理。

3. 过渡到新准则的说明和披露

(1)报表比较信息的披露(执行当期和上年同期)。

(2)相关附注的披露。在会计政策及相关报表项目中披露。

五、税收应用

(一)借款费用的税务处理一般原则

税法所称的借款费用，是指纳税人为经营活动的需要承担的，与借入资金相关的利息费用，包括：(1)长期、短期借款的利息；(2)与债券相关的折价或溢价的摊销；(3)安排借款时发生的辅助费用的摊销；(4)与借入资金有关，作为利息费用调整额的外币借款产生的差额。税法对于借款费用也及分资本化和费用化的界限，对于资本化的借款费用不允许税前列支，对于计入财务费用等费用化的借款费用允许税前列支。《企业所得税税前扣除办法》(国税发〔2000〕84号)对借款费用的税务处理做出了规定，《国家税务总局关于执行〈企业会计制度〉需要明确的有关所得税问题的通知》(国税发〔2003〕45号)又对因投资而发生的借款费用的税务处理做出了修订。

对于借款费用，税法还限制纳税人从其关联方取得的借款。国税发〔2000〕84号文件规定："纳税人从关联方取得的借款金额超过其注册资本50%的，超过部分的利息支出，不得在税前扣除。"这一规定是为了防止纳税人利用高比率举债经营发挥利息抵税效应，从而规避税收。

(二)一般借款费用的税务处理

1. 借款费用的税务处理

(1)纳税人发生的经营性借款费用，符合利息水平限定条件的(即利息水平不超过同期同类银行利息的)，可以直接扣除。

《中华人民共和国企业所得税暂行条例》及其实施细则规定，纳税人在生产、经营期间向金融机构(包括保险企业、非银行金融机构)的利息支出，按照实际发生数扣除；向非金融机构借款的利息支出，不高于按照金融机构同类、同期贷款利率计算的数额以内的部分准予扣除。

(2)为购置、建造和生产固定资产、无形资产而发生的借款，在有关资产购建期间发生的借款费用，应作为资本性支出计入有关资产的成本；有关资产交付使用后发生的借款费用，可在发生当期扣除。

(3)纳税人借款未指明用途的，其借款费用应按经营性活动和资本性支出占用资金的比例，合理计算应计入有关资产成本的借款费用和可直接扣除的借款费用。

(4)纳税人经批准集资的利息支出，凡不高于同期、同类商业银行贷款利率的部分也允许扣除，超过部分不得扣除。纳税人逾期归还银行贷款，银行按规定加收的罚息，不属于行政性罚款，允许在所得税前扣除。

(5)企业在筹建期间发生的长期借款费用，除购置固定资产而发生的长期借款费用外，计入开办费。

(6)纳税人在付息日或买入国债后持有至到期时取得的利息收入，免征企业所得税；在付息日或持有国债到期之前交易取得的利息收入，按其成交后交割单列明的应计利息额免征企业所得税。

2. 为对外投资而借入资金的借款费用的税务处理

国税发〔2000〕45号文件规定：纳税人为对外投资而借入资金发生的借款费用，应计入有关投资的成本，不得作为纳税人的经营性费用在税前扣除。2003年，国家税务总局发布国税发〔2003〕45号文件，进一步明确：纳税人为对外投资而发生的借款费用符合《中华人民共和国企业所得税暂行条例》第六条和《企业所得税税前扣除办法》(国税发〔2000〕84号)第三十六条规定的，可以直接扣除，不需要资本化计入有关投资的成本。

这一规定改变了因对外投资而借入资金的借款费用的处理方法，允许作为当期费用直接在税前扣除。

3. 房地产业借款费用的税务处理

从事房地产开发业务的纳税人为开发房地产而借入资金所发生的借款费用，在房地产完工之前发生的，应计入有关房地产的开发成本。

(三)借款费用资本化的税务处理

税收在借款费用资本化方面的确认标准有特别的规定。税收上对购置、建造和生产固定资产、无形资产强调“交付使用前”所发生的借款费用应予资本化，对房地产开发强调“房地产完工之前”所发生的借款费用应予成本化。新准则规定，对“达到预定可使用状态”可从以下几个方面来判断。

第一，符合资本化条件的资产的实体建造(包括安装)或者生产工作已经全部完成或者实质上已经完成。

第二，所购建或者生产的符合资本化条件的资产与设计要求、合同规定或者生产要求相符或基本相符，即使有极个别与设计、合同或者生产要求不相符的地方，也不影响其正常使用或者销售。

第三，继续发生在所购建或者生产符合资本化条件的资产上的支出金额很少或者几乎不再发生。

第十八章　所得税

第一节　所得税概述

《中华人民共和国企业所得税法》第二十一条规定："在计算应纳税所得额时，企业财务、会计处理办法与税收法律、行政法规的规定不一致的，应当依照税收法律、行政法规的规定计算。"即企业的应纳税所得额的确定应当遵循国家有关税收法律、法规的规定，目的在于确定一定时期内纳税人应缴纳的税额。因此，企业的会计核算和税收处理分别遵循不同的原则，服务于不同的目的。

所得税会计的形成和发展是所得税法规和《企业会计准则》规定相互分离的必然结果，两者分离的程度和差异的种类、数量直接影响和决定了所得税会计处理方法。《企业会计准则第 18 号——所得税》确立了我国所得税会计采用资产负债表债务法，要求企业从资产负债表出发，通过比较资产负债表上列示的资产、负债按照《企业会计准则》规定确定的账面价值与按照税法规定确定的计税基础，对于两者之间的差异分别计算应纳税暂时性差异与可抵扣暂时性差异，确认相关的递延所得税负债与递延所得税资产，并在此基础上确定每一会计期间利润表中的所得税费用。

一、资产负债表债务法

资产负债表债务法较为完全地体现了资产负债观，在所得税的会计核算方面贯彻了资产、负债的界定。从资产负债表角度考虑，资产的账面价值代表的是企业在持续持有及最终处置某项资产的一定期间内，该项资产能够为企业带来的未来经济利益金额，而其计税基础代表的是在这特定期间内，就该项资产按照税法规定可以税前扣除的金额。当一项资产的账面价值小于其计税基础时，表明该项资产于未来期间产生的经济利益流入低于按照税法规定允许税前扣除的金额，产生可抵减未来期间应纳税所得额的因素，减少未来期间以应交企业所得税的方式流出企业的经济利益，应确认为递延所得税资产。反之，一项资产的账面价值大于其计税基础的，两者之间的差额将会于未来期间产生应税金额，增加未来期间的应纳税所得额及应交企业所得税，对企业形成经济利益流出的义务，应确认为递延所得税负债。

二、所得税会计的一般程序

企业除了在发生特殊交易或事项时，如企业合并，在确认因交易或事项取得的资产、负债时即应确认相关的所得税影响外，一般应于每一资产负债表日进行所得税的核算。企业进行所得税核算一般应遵循以下程序。

(1)按照相关《企业会计准则》规定确定资产负债表中除递延所得税资产和递延所得税负债以外的其他资产和负债项目的账面价值。资产、负债的账面价值是指企业按照相关《企业会计准则》的规定进行核算后在资产负债表中列示的金额。对于计提了减值准备资产的账面价值为其账面余额减去已计提的减值准备后的金额。例如，甲公司某项应收账款账面余额为2000万元，对此应收账款计提了200万元坏账准备，则其账面价值为1800万元。该应收账款在资产负债表中的列示金额也为1800万元。

(2)按照相关《企业会计准则》中对于资产和负债计税基础的确定方法，以相关的税收法律法规为基础，确定资产负债表中有关资产、负债项目的计税基础。

(3)比较资产、负债的账面价值与其计税基础，对于两者之间存在差异的，分析其产生的原因与性质，除《企业会计准则》规定的特殊情况外，分别应纳税暂时性差异与可抵扣暂时性差异并乘以企业所得税税率，从而确定资产负债表日递延所得税资产和递延所得税负债的应有金额，并与期初递延所得税资产和递延所得税负债的余额相比较，确定当期应予进一步确认的递延所得税资产和递延所得税负债金额或应予转销的金额，作为构成利润表中所得税费用的其中组成部分——递延所得税。

(4)按照相关的税收法律、法规的规定计算确定当期应纳税所得额，将应纳税所得额与适用的所得税税率计算的结果确认为当期应交所得税，作为利润表中应予确认的所得税费用的其中组成部分——当期所得税。

(5)确定利润表中的所得税费用。利润表中的所得税费用包括当期所得税和递延所得税两个组成部分，企业在计算确定了当期所得税和递延所得税后，两者之和(或之差)，即是利润表中的所得税费用。

三、所得税会计核算涉及的主要会计科目(见表18-1)

表18-1　所得税会计核算涉及的主要会计科目表

科目名称	核算的主要内容
递延所得税资产	核算企业确认的可抵扣暂时性差异产生的递延所得税资产
递延所得税负债	核算企业确认的应纳税暂时性差异产生的递延所得税负债
应交税费——应交所得税	核算企业按照税法规定计算应缴纳的企业所得税
所得税费用	核算企业确认的应从当期利润总额中扣除的所得税费用

第二节 案例分析与操作指南

一、资产的计税基础

【案例1】计提了资产减值准备的相关资产的计税基础。资料：

甲公司2018年12月31日应收账款余额为1000万元，该公司期末对应收账款计提了100万元的坏账准备。按税收法律、法规的规定，除国务院财政、税务主管部门规定的资产减值准备外，均不允许税前扣除。假设该公司期初应收账款及坏账准备的余额均为0。确定该应收账款的计税基础。

【分析】该应收账款在2018年资产负债表日的账面价值为900万元(1000-100)，由于坏账准备不允许税前扣除，其计税基础为1000万元，该计税基础与其账面价值之间产生100万元暂时性差异，在应收账款发生实质性损失时，会减少未来期间的应纳税所得额。

【操作指南】资产的计税基础是指企业收回资产账面价值过程中，按照税收法律、法规的规定计算应纳税所得额时可以自应税经济利益中抵扣的金额，即某项资产在未来期间计税时按照税收法律、法规规定可以税前扣除的金额。

资产在初始确认时，其计税基础一般为取得成本，即企业为取得某项资产支付的成本在未来期间准予税前扣除。在资产持续持有的过程中，其计税基础是指资产的取得成本减去以前期间按照税收法律、法规规定已经税前扣除的金额后的余额，该余额代表的是按照税法规定，就涉及的资产在未来期间计税时仍然可以税前扣除的金额。如固定资产在特定资产负债表日的计税基础是指其成本扣除按照税收法律、法规规定已在以前期间税前扣除的累计折旧额后的金额。

资产计提了减值准备后，其账面价值随之下降，但税收法律、法规规定在资产未发生实际损失之前，不允许进行税前扣除，即其计税基础不会因减值准备的计提而发生变化，从而造成了其因减值准备计提后的资产账面价值与计税基础之间的差异。

【案例2】以公允价值计量且其变动计入当期损益的金融资产的计税基础。资料：

甲公司于2018年11月1日，自公开市场取得一项权益性投资，支付价款100万元，并作为以公允价值计量且其变动计入当期损益的金融资产核算。假设该项权益性投资2018年12月31日的市值为120万元。确定该交易性金融资产的计税基础。

【分析】按税收法律、法规的规定对于交易性金融资产，持有期间公允价值的变动不计入应纳税所得额，在出售时一并计算计入应纳税所得额。该项交易性金融资产的期末市值为120万元，其按照《企业会计准则》规定进行核算在2018年资产负债表日的账面价值为120万元。因税法规定交易性金融资产在持有期间的公允价值变动不计入应纳税所得额，其在2018年资产负债表日的计税基础仍为原取得成本100万元。故该交易性金融资产的账面价值120万元与其计税基础100万元之间产生了20万元的暂时性差异，该暂时性差异在未来期间转回时会增加未来期间的应纳税所得额，导致企业应交企业所得税的增加。

【操作指南】按照《企业会计准则第22号——金融工具确认和计量》的规定，对于以公允价值计量且其变动计入当期损益的金融资产于某一会计期末的账面价值为其公允价值。按税收法律、法规的规定，企业以公允价值计量的金融资产，持有期间公允价值的变动不计入应纳税所得额，在实际处置或结算时，处置取得的价款扣除其历史成本后的差额应计入处置或结算期间的应纳税所得额，即以公允价值计量的金融资产在持有期间市价的波动在计税时不做考虑，有关金融资产在某会计期末的计税基础仍为其取得的实际成本，因此造成在公允价值变动的情况下，以公允价值计量的金融资产账面价值与计税基础之间存在差异。

企业持有以公允价值计量且其变动计入其他综合收益的金融资产计税基础的确定，与以公允价值计量且其变动计入当期损益的金融资产类似，可比照上述内容进行处理。

【案例3】固定资产的计税基础。资料：

甲公司于2016年12月以1200万元购入一项无须安装即可投入生产使用的设备，按照该项设备的预计使用情况，甲公司估计其可使用年限为10年，按照年限平均法计提折旧，预计净残值为0。假设税收法律、法规规定的折旧年限、折旧方法及净残值与会计规定相同。2018年12月31日甲公司估计该设备的可收回金额为900万元。确定该固定资产的计税基础。

【分析】该设备2018年12月31日计提减值准备前的账面价值 $=1200-1200\div10\times2=960$(万元)。

因估计该设备在2018年12月31日的可收回金额为900万元，故需计提减值准备60万元。

该设备在2018年12月31日的计税基础为960万元。该设备的账面价值900万元与其计税基础960万元之间产生了60万元差额。

【操作指南】按各种不同方式取得的固定资产，在初始确认时按照《企业会计准则》规定确定的入账价值一般等于计税基础。但由于《企业会计准则》与税收法律、法规的规定在折旧方法、折旧年限以及固定资产减值准备的提取等处理方面存在不同，在固定资产在持有期间进行后续计量时，会造成固定资产的账面价值与计税基础之间的差异。

(1)折旧方法、折旧年限的差异。按《企业会计准则》的规定，企业应当根据与固定资产有关的经济利益的预期消耗方式合理选择折旧方法，如可以按年限平均法计提折旧，也可以按照年数总和法、双倍余额递减法等加速折旧方法计提折旧。税收法律、法规规定，除某些按照规定可以加速折旧的固定资产外，可以税前扣除的折旧额一般应是按照年限平均法计提的折旧。此外会计处理时按照《企业会计准则》规定折旧年限是由企业根据固定资产的性质和使用情况合理确定的，但税法通常就每一类固定资产的折旧年限做出最低折旧年限的规定。若企业进行会计处理时确定的折旧年限与税收法律、法规规定的不同，也会造成固定资产持有期间账面价值与计税基础的差异。

(2)因计提固定资产减值准备产生的差异。在持有固定资产期间内，对固定资产计提了减值准备以后，因税收法律、法规规定企业计提的资产减值准备在资产发生实际损失前不允许税前扣除，从而造成了固定资产的账面价值与计税基础的差异。

【案例4】无形资产的计税基础。资料：

甲公司2018年为内部开发新技术发生研究开发支出共计1000万元，其中研究阶段支出为200万元，开发阶段符合资本化条件前发生的支出为200万元，符合资本化条件后至达到预定用途前发生的支出为600万元。税收法律、法规规定，企业研究开发支出未形成无形资产计入当期损益的，按照研究开发费用的75%加计扣除；形成无形资产的，按照无形资产成本的175%摊销。假定该内部开发形成的无形资产在当期期末已达到预定用途(尚未开始摊销)。确定该无形资产的计税基础。

【分析】甲公司2018年发生的该内部开发新技术发生的研究开发支出中，按照《企业会计准则》规定应予费用化的金额为400万元，期末形成无形资产的账面价值为600万元。

甲公司2018年发生的该内部开发新技术发生的研究开发支出为1000万元，按照税收法律、法规的规定可在当期税前扣除的金额为700万元(400+400×75%)。所形成无形资产在未来期间可予税前扣除的金额为1050万元，其计税基础为1050万元，形成暂时性差异450万元。

【操作指南】除内部研究开发形成的无形资产外，以其他方式取得的无形资产，初始确认时按照《企业会计准则》规定确定的入账价值与按照税收法律、法规规定确定的成本之间一般不存在差异。无形资产的账面价值与计税基础之间的差异主要存在于内部研究开发形成的无形资产、使用寿命不确定的无形资产是否需要摊销及无形资产减值准备的提取。

(1)对内部研究开发形成的无形资产，《企业会计准则》规定有关内部研究开发活动区分为研究和开发两个阶段。研究阶段的支出应当费用化，计入当期损益，开发阶段符合资本化条件以后至达到预定用途前发生的支出应当资本化，计入无形资产的成本。对于研究开发费用的税前扣除，税法中规定企业为开发新技术、新产品、新工艺发生的研究开发费用，未形成无形资产计入当期损益的，在按照规定可据实扣除的基础上，还可以按照研究开发费用的75%加计扣除；形成无形资产的，按照无形资产成本的175%摊销。如该无形资产的确认不是产生于合并交易、同时在确认时既不影响会计利润也不影响应纳税所得额，按照《企业会计准则第18号——所得税》的规定，不确认该暂时性差异的所得税影响。

(2)无形资产在后续计量时，会计与税收的差异主要存在于无形资产是否需要摊销及无形资产减值准备的提取。《企业会计准则》规定，应根据无形资产使用寿命情况区分为使用寿命有限的无形资产与使用寿命不确定的无形资产两类。对使用寿命不确定的无形资产，不要求摊销，但持有期间每年需进行减值测试。税收法律、法规规定，除外购商誉外，所有的无形资产(不论其使用寿命确定或不确定)成本均应在一定期间内摊销。即对于使用寿命不确定的无形资产，会计处理时不予摊销，但计税时可按照税收法律、法规的规定确定的摊销额允许税前扣除，从而造成该类无形资产的账面价值与计税基础的差异。

因计提无形资产减值准备产生的差异。在持有无形资产期间内，对无形资产计提了减值准备以后，因税收法律、法规规定企业计提的资产减值准备在资产发生实际损失前不允许税前扣除，从而造成了无形资产的账面价值与计税基础的差异。

【案例5】投资性房地产的计税基础。资料：

甲公司2018年1月1日将其所拥有自用的成本为2000万元的办公楼对外出租。该办公楼预计可使用年限为20年，采用年限平均法计提折旧，预计净残值为0。假设税收法律、法规规定的折旧方法、折旧年限及净残值与会计规定相同；同时税收法律、法规规定资产在持有期间公允价值的变动不计入应纳税所得额，待处置时一并计入应纳税所得额。转为投资性房地产前已使用5年。甲公司将其转为投资性房地产核算后，预计能够持续可靠取得公允价值，采用公允价值模式进行后续计量。2018年12月31日该办公楼的公允价值为1500万元。确定该投资性房地产的计税基础。

【分析】该投资性房地产在2018年12月31日的公允价值为1500万元。

该投资性房地产在2018年12月31日的计税基础$=2000-2000\div20\times6=1400$(万元)。

该投资性房地产的账面价值1500万元与其计税基础1400万元之间产生了100万元的暂时性差异。

【操作指南】企业持有的投资性房地产进行后续计量时，按照《会计准则第3号——投资性房地产》的规定，可以采用两种模式：第一种是成本模式，采用该模式计量时，投资性房地产的账面价值与计税基础的确定与固定资产、无形资产相同；第二种是在符合规定条件的情况下，可以采用公允价值模式，采用该模式计量时，投资性房地产计税基础的确定类似于固定资产或无形资产计税基础的确定。

二、负债的计税基础

【案例6】企业因销售商品提供售后服务等原因确认的预计负债的计税基础。资料：

甲公司2018年因销售产品承诺提供2年的保修服务，在当年度利润表中确认了100

万元的销售费用，同时确认为预计负债，当年度尚未发生任何保修支出。假设按照税收法律、法规规定，与产品售后服务相关的费用在实际发生时允许税前扣除。确定该预计负债的计税基础。

【分析】甲公司该项预计负债在2018年12月31日资产负债表中的账面价值为100万元。因税收法律、法规规定与产品保修相关的支出在未来期间实际发生时允许税前扣除，则甲公司该项负债的计税基础=账面价值-未来期间计算应纳税所得额时按照税法规定可予抵扣的金额=100-100=0。

甲公司该项预计负债的账面价值100万元与计税基础0之间产生了暂时性差异100万元。

【操作指南】负债的计税基础是指负债的账面价值减去未来期间计算应纳税所得额时按照税收法律、法规规定可予抵扣的金额。即：负债的计税基础=账面价值-未来期间计算应纳税所得额时按照税法规定可予抵扣的金额。

负债的确认与偿还一般不会影响企业的损益，也不会影响其应纳税所得额，未来期间计算应纳税所得额时按照税法规定可予抵扣的金额为零，计税基础即为账面价值。如短期借款、应付账款等。但在某些情况下，负债的确认也可能会影响企业的损益，进而影响不同期间的应纳税所得额，使得其计税基础与账面价值之间产生差额，如按照《企业会计准则》规定确认的某些预计负债。

按照《企业会计准则第13号——或有事项》规定，企业对于预计提供售后服务将发生的支出在满足有关确认条件时，销售当期即应确认为费用，同时确认预计负债。如果税收法律、法规规定，与销售产品相关的支出应于实际发生时税前扣除。因该类事项产生的预计负债在期末的计税基础为其账面价值与未来期间可税前扣除的金额之间的差额，即为0。

因其他交易或事项中确认的预计负债，应按照税收法律、法规规定的计税原则确定其计税基础。在某些情况下，因有些事项确认的预计负债，税收法律、法规规定其支出无论是否实际发生均不允许税前扣除，即未来期间按照税收法律、法规规定可予抵扣的金额为零，账面价值等于计税基础。

【案例7】预收账款的计税基础。资料：

甲公司于2018年12月20日自客户收到一笔合同预付款，金额为2500万元，作为预收账款核算。按照适用税法规定，该款项应计入取得当期应纳税所得额计算交纳所得税。确定该预收账款的计税基础。

【分析】该预收账款在甲公司2018年12月31日资产负债表中的账面价值为2500万元。该预收账款的计税基础=账面价值2500万元-未来期间计算应纳税所得额时按照税法规定可予抵扣的金额2500万元=0。

该项负债的账面价值2500万元与其计税基础0之间产生的2500万元暂时性差异.

该项暂时性差异的含义为在未来期间企业按照会计规定确认收入，产生经济利益流入时，因其在产生期间已经计算交纳了所得税，未来期间则不再计入应纳税所得额，从而会减少企业于未来期间的所得税税款流出。

【操作指南】企业在收到客户预付的款项时，因尚未符合收入确认条件，会计上仍将其确认为负债。税收法律、法规的规定中对于收入的确认原则一般与会计规定相同，即会计上未确认收入时，计税时一般也不计入应纳税所得额，该部分经济利益在未来期间计税时可予税前扣除的金额为0，计税基础等于账面价值。

在某些情况下，因不符合《企业会计准则》规定的收入确认条件未确认为收入的预收款项，但按照税收法律、法规规定应计入当期应纳税所得额时，有关预收账款的计税基础为0，即因其产生时已经计算缴纳企业所得税，未来期间可全额税前扣除。

【案例8】应付职工薪酬的计税基础。资料：

甲公司2018年12月计入成本费用的职工工资总额为300万元，至2018年12月31日尚未支付，仍体现在资产负债表中的应付职工薪酬中。假定按照税收法律、法规的规定，当期计入成本费用的300万元工资支出中，可予税前扣除的金额为200万元。确定该应付职工薪酬的计税基础。

【分析】甲公司2018年12月31日该项应付职工薪酬负债的账面价值为300万元。

甲公司2018年12月31日该项应付职工薪酬负债的计税基础=账面价值-未来期间计算应纳税所得额时按照税法规定可予抵扣的金额=300-0=300(万元)。

甲公司该项负债的账面价值300万元与其计税基础300万元相同，不形成暂时性差异。

【操作指南】《企业会计准则第9号——职工薪酬》规定，企业为获得职工提供的服务给予的各种形式的报酬以及其他相关支出均应作为企业的成本费用，在未支付之前确认为负债。税收法律、法规规定中对于企业实际发生的真实、合理的职工薪酬允许税前扣除，但税收法律、法规规定中如果规定了税前扣除标准的，按照《企业会计准则》规定计入成本费用的金额超过规定标准部分，应进行纳税调整。因超过部分在发生当期不允许税前扣除，在以后期间也不允许税前扣除，即该部分差额对未来期间计税不产生影响，所产生应付职工薪酬负债的账面价值等于计税基础。

【案例9】其他负债的计税基础。资料：

甲公司2018年12月因违反当地有关环保法规的规定，接到环保部门的处罚通知，要求其支付罚款500万元。税法规定，企业因违反国家有关法律法规支付的罚款和滞纳金，计算应纳税所得额时不允许税前扣除。至2018年12月31日，该项罚款尚未支付。确定该应支付罚款的计税基础。

【分析】应支付罚款产生的负责账面价值为500万元。

该项负债的计税基础=账面价值500万元-未来期间计算应纳税所得额时按照税法

规定可予抵扣的金额 0＝500 万元。

该项负债的账面价值 500 万元与其计税基础 500 万元相同，不形成暂时性差异，不会对未来期间的计税产生影响。

【操作指南】 企业的其他负债项目，如应交的罚款和滞纳金等，在尚未支付之前按照会计规定确认为费用，同时作为负债反映。但税收法律、法规规定，罚款和滞纳金不能税前扣除，即该部分费用无论是在发生当期还是在以后期间均不允许税前扣除，其计税基础为账面价值减去未来期间计税时可予税前扣除的金额之间的差额，即计税基础等于账面价值。

其他交易或事项产生的负债，其计税基础应当按照适用税收法律、法规的具体规定确定。

注意：除企业在正常生产经营活动过程中取得的资产和负债以外，对于某些特殊交易中产生的资产、负债，其计税基础的确定应遵从税收法律、法规规定，如企业合并过程中取得资产、负债计税基础的确定。

三、暂时性差异

【案例 10】 未作为资产、负债确认的项目产生的暂时性差异。资料：

甲公司 2018 年发生了 2000 万元广告费支出，发生时已作为销售费用计入当期损益。税法规定，该类支出不超过当年销售收入 15%部分允许当期税前扣除，超过部分允许向以后年度结转税前扣除。甲公司 2018 年实现销售收入 10000 万元。确定该事项的暂时性差异。

【分析】 该广告费在发生时已计入当期损益，不体现为期末资产负债表中的资产，其账面价值为 0。因按照税法规定，其当期税前列支有一定的标准限制，根据当期 A 公司销售收入 15%计算，当期税前扣除 1500 万元(10000×15%)，当期未予税前扣除的 500 万元可以向以后年度税前扣除，所以计税基础为 500 万元。

该项资产(视为资产)的账面价值 0 与其计税基础 500 万元之间产生了 500 万元的暂时性差异，该暂时性差异在未来期间可减少企业的应纳税所得额，为可抵扣暂时性差异，符合确认条件时，应确认相关的递延所得税资产。

【操作指南】 暂时性差异是指资产、负债的账面价值与其计税基础不同产生的差额。由于资产、负债的账面价值与其计税基础不同，产生了在未来收回资产或清偿负债的期间内，应纳税所得额增加或减少并导致未来期间应交所得税增加或减少的情况，形成企业的资产和负债，在相关暂时性差异发生当期，符合条件时应当确认相关的递延所得税资产和递延所得税负债。

根据暂时性差异对未来期间应纳税所得额的影响，可分为应纳税暂时性差异和可抵扣暂时性差异。某些交易或事项发生后按照税收法律、法规规定能够确定计税基础，但因不符合会计资产、负债确认条件而未体现为资产负债表中的资产或负债，如企业发生的符合条件的广告费和业务宣传费、职工教育经费等，其为零的账面价值与计税基础之间的差异也构成暂时性差异。

(1)应纳税暂时性差异是指在确定未来收回资产或清偿负债期间的应纳税所得额时，将导致产生应税金额的暂时性差异，即在未来期间不考虑该事项影响的应纳税所得额的基础上，由于该暂时性差异的转回，会进一步增加转回期间的应纳税所得额和应交企业所得税金额。在其产生当期应当确认相关的递延所得税负债。应纳税暂时性差异通常产生于以下情形。

①资产的账面价值大于其计税基础。一项资产的账面价值意味着企业在持续使用或最终出售该项资产时将取得的经济利益的总额，但计税基础意味着该项资产在未来期间可予税前扣除的总额。如果资产的账面价值大于其计税基础，则该项资产未来期间产生的经济利益不能全部税前抵扣，两者之间的差额需要缴税，产生了应纳税暂时性差异。②负债的账面价值小于其计税基础。一项负债的账面价值为企业预计在未来期间清偿该项负债时的经济利益流出，而其计税基础则是账面价值在扣除税收法律、法规规定未来期间允许税前扣除的金额之后的差额。负债的账面价值与其计税基础不同产生的暂时性差异，实质上是税收法律、法规规定就该项负债在未来期间可以税前扣除的金额(即与该项负债相关的费用支出在未来期间可予税前扣除的金额)。负债的账面价值小于其计税基础，则意味着就该项负债在未来期间可以税前抵扣的金额为负数，即应在未来期间应纳税所得额的基础上调增，增加未来期间的应纳税所得额和应交企业所得税金额，产生应纳税暂时性差异，应确认相关的递延所得税负债。

(2)可抵扣暂时性差异是指在确定未来收回资产或清偿负债期间的应纳税所得额时，将导致产生可抵扣金额的暂时性差异。该差异在未来期间转回时会减少转回期间的应纳税所得额，减少未来期间的应交企业所得税。在可抵扣暂时性差异产生当期，符合确认条件的情况下，应当确认相关的递延所得税资产。可抵扣暂时性差异通常产生于以下情形：①资产的账面价值小于其计税基础，即资产在未来期间产生的经济利益少，按照税法法律、法规规定允许税前扣除的金额多，那么账面价值与计税基础之间的差额，企业在未来期间可以减少应纳税所得额并减少应交企业所得税，形成可抵扣暂时性差异，在符合相关条件时，应当确认相关的递延所得税资产。②负债的账面价值大于其计税基础，负债产生的暂时性差异实质上是税收法律、法规规定就该项负债可以在未来期间税前扣除的金额。即：负债产生的暂时性差异=账面价值-计税基础，当一项负债的账面价值大于其计税基础时，意味着未来期间按照税收法律、法规规定与该项负债相关的全部或部分支出可以自未来应税经济利益中扣除，减少未来期间的应纳税所得额和应交企业所得税，产生可抵扣暂时性差异，符合相关确认条件时，应确认相关的递延所得税资产。

按照税收法律、法规规定允许用以后年度的应纳税所得额弥补的可弥补亏损及可结转以后年度的税款抵减，视同可抵扣暂时性差异处理。

案例10中，如企业发生的符合条件的广告费和业务宣传费支出，除另有规定外，不超过当年销售收入15%的部分准予扣除；超过部分准予在以后纳税年度结转扣除。该类费用在发生时按照会计准则规定即计入当期损益，不形成资产负债表中的资产，但按照税法规定可以确定其计税基础的，两者之间的差异也形成暂时性差异。即某些交易或事项发生以后，因为不符合资产、负债确认条件而未体现为资产负债表中的资产或负债，但按照税法规定能够确定其计税基础的，其账面价值零与计税基础之间的差异也构成暂时性差异。

【案例11】可抵扣亏损及税款抵减产生的暂时性差异。资料：

甲公司于2018年因政策性原因发生经营亏损2000万元，按照税法规定，该方损可用于抵减以后5个年度的应纳税所得额。该公司预计其于未来5年期间能够产生足够的应纳税所得额称补该亏损。确定该事项的暂时性差异。

【分析】该经营亏损不是资产，负债的账面价值与其计税基础不同产生的，但从性质上可以减少未来期间企业的应纳税所得额和应交所得税，属于可抵扣暂时性差异。企业预计未来期间能够产生足够的应纳税所得额利用该可抵扣亏损时，应确认相关的递延所得税资产。

【操作指南】按照税法规定可以结转以后年度的未弥补亏损及税款抵减，虽不是因资产、负债的账面价值与计税基础不同产生的，但与可抵扣暂时性差异具有同样的作用，均能够减少未来期间的应纳税所得额，进而减少未来期间的应交所得税，会计处理上视同可抵扣暂时性差异，符合条件的情况下，应确认与其相关的递延所得税资产。

四、递延所得税资产

【案例12】递延所得税资产的确认。资料：

甲企业进行内部研究开发所形成的无形资产成本为1200万元，因按照税法规定可于未来期间税前扣除的金额为2100万元，其计税基础为2100万元。是否确定该事项的递延所得税资产?

【分析】该项无形资产并非产生于企业合并，同时在初始确认时既不影响会计利润也不影响应纳税所得额，确认其账面价值和计税基础之间产生暂时性差异的所得税影响需要调整该项资产的历史成本，准则规定该种情况下不确认相关的递延所得税资产。

【操作指南】递延所得税资产产生于可抵扣暂时性差异。资产、负债的账面价值与其计税基础不同产生可抵扣暂时性差异的，在估计未来期间能够取得足够的应纳税所得额用以利用该可抵扣暂时性差异时，应当以很可能取得用来抵扣可抵扣暂时性差异的应纳税所得额为限，确认相关的递延所得税资产。

有关交易或事项发生时，对税前会计利润或是应纳税所得额产生影响的，所确认的递延所得税资产应作为利润表中所得税费用的调整；有关的可抵扣暂时性差异产生于直接计入所有者权益的交易或事项的，确认的递延所得税资产也应计入所有者权益；企业合并中取得的有关资产、负债产生的可抵扣暂时性差异，其所得税影响应相应调整合并中确认的商誉或是应计入合并当期损益的金额。

在可抵扣暂时性差异转回的未来期间内，企业无法产生足够的应纳税所得额用以利用可抵扣暂时性差异的影响，使得与可抵扣暂时性差异相关的经济利益无法实现的，则不应确认递延所得税资产；企业有明确的证据表明其于可抵扣暂时性差异转回的未来期间能够产生足够的应纳税所得额，进而利用可抵扣暂时性差异的，则应以很可能取得的应纳税所得额为限，确认相关的递延所得税资产。

某些情况下，企业发生的某项交易或事项不属于企业合并，并且交易发生时既不影响会计利润也不影响应纳税所得额，且该项交易中产生的资产、负债的初始确认金额与其计税基础不同，产生可抵扣暂时性差异的，《企业会计准则第 18 号——所得税》中规定在交易或事项发生时不确认相关的递延所得税资产。

五、递延所得税负债

【案例 13】递延所得税负债的确认。资料：

甲企业于 2017 年 12 月 6 日购入某项设备，取得成本为 500 万元，会计上采用年限平均法计提折旧，使用年限为 10 年，预计净残值为 0，因该资产常年处于强震动状态，计税时按双倍余额递减法计提折旧，使用年限及预计净残值与会计相同。甲企业适用的所得税税率为 25%。假定该企业不存在其他会计与税收处理的差异。甲企业是否应确认相关的递延所得税负债？

【分析】2018 年资产负债表日，该项固定资产按照会计规定计提的折旧额为 50 万元，计税时允许扣除的折旧额为 100 万元，则该固定资产的账面价值 450 万元与其计税基础 400 万元的差额构成应纳税暂时性差异，企业应确认相关的递延所得税负债。

【操作指南】递延所得税负债产生于应纳税暂时性差异。因应纳税暂时性差异在转回期间将增加企业的应纳税所得额和应交所得税，导致企业经济利益的流出，在其发生当期，构成企业应支付税金的义务，应作为负债确认并遵循以下原则。

(1)除《企业会计准则第 18 号——所得税》中明确规定可不确认递延所得税负债的情况以外，企业对于所有的应纳税暂时性差异均应确认相关的递延所得税负债。除与直接计入所有者权益的交易或事项以及企业合并中取得资产、负债相关的以外，在确认递延所得税负债的同时，应增加利润表中的所得税费用。

(2)不确认递延所得税负债的特殊情形。有些情况下，虽然资产、负债的账面价值与其计税基础不同，产生了应纳税暂时性差异，但出于各方面考虑，《企业会计准则第

18 号——所得税》中规定不确认相应的递延所得税负债，主要包括以下三种情况。

①商誉的初始确认。非同一控制下的企业合并中，企业合并成本大于合并中取得的被购买方可辨认净资产公允价值份额的差额，按照《企业会计准则》规定应确认为商誉。因会计与税收的划分标准不同，会计上作为非同一控制下的企业合并，但若税收法律、法规规定计税时作为特殊性税务处理的合并情形下，商誉的计税基础为零，其账面价值与计税基础之间的差额形成应纳税暂时性差异。对于商誉的账面价值与其计税基础不同产生的该应纳税暂时性差异，《企业会计准则》中规定不确认与其相关的递延所得税负债。

②除企业合并以外的其他交易或事项中，如果该项交易或事项发生时既不影响会计利润，也不影响应纳税所得额，则所产生的资产、负债的初始确认金额与其计税基础不同，形成应纳税暂时性差异的，交易或事项发生时不确认相应的递延所得税负债。

③与子公司、联营企业、合营企业投资等相关的应纳税暂时性差异，一般应确认相关的递延所得税负债，但同时满足以下两个条件的除外：一是投资企业能够控制暂时性差异转回的时间；二是该暂时性差异在可预见的未来很可能不会转回。满足上述条件时，投资企业可以运用自身的影响力决定暂时性差异的转回，如果不希望其转回，则在可预见的未来该项暂时性差异即不会转回，对未来期间不会产生所得税影响，无须确认相应的递延所得税负债。

对于采用权益法核算的长期股权投资，其账面价值与计税基础产生的暂时性差异是否应确认相关的所得税影响，应考虑该项投资的持有意图。

①如果企业拟长期持有该项投资，则因初始投资成本的调整产生的暂时性差异预计未来期间不会转回，对未来期间没有所得税影响；因确认投资损益产生的暂时性差异，如果在未来期间逐期分回现金股利或利润时免税，也不存在对未来期间的所得税影响；因确认应享有被投资单位其他权益的变动而产生的暂时性差异，在长期持有的情况下预计未来期间也不会转回，因此在这种情况下，对于采用权益法核算的长期股权投资账面价值与计税基础之间的差异，一般不确认相关的所得税影响。

②如果投资企业改变持有意图拟对外出售的情况下，按照税收法律、法规的规定，企业在转让或者处置投资资产时，投资资产的成本准予扣除。在持有意图由长期持有转变为拟近期出售的情况下，因长期股权投资账面价值与计税基础不同产生的有关暂时性差异，均应确认相关的所得税影响。

六、特殊交易或事项中涉及递延所得税

【案例 14】与直接计入所有者权益的交易或事项相关的所得税。资料：

甲公司适用的企业所得税税率为 25%。其持有一项成本为 100 万元的以公允价值计量且变动计入其他综合收益的其他债权投资，会计期末公允价值为 140 万元。假设甲公

司期初递延所得税资产和递延所得税负债不存在余额，且除此之外，不存在其他会计与税法之间的差异。则甲公司应如何进行会计处理？

【分析】(1)会计期末确认40万元(140-100)的公允价值变动。

借：其他债权投资　400000

　　贷：其他综合收益　400000

(2)确认应纳税暂时性差异的所得税影响。

借：其他综合收益　100000

　　贷：递延所得税负债　100000

【操作指南】与当期及以前期间直接计入所有者权益的交易或事项相关的当期所得税及递延所得税应当计入所有者权益。直接计入所有者权益的交易或事项主要有：会计政策变更采用追溯调整法或对前期差错更正采用追溯重述法调整期初留存收益、以公允价值计量且其变动计入其他综合收益的金融资产公允价值的变动金额、同时包含负债及权益成分的金融工具在初始确认时计入所有者权益、自用房地产转为采用公允价值模式计量的投资性房地产时公允价值大于原账面价值的差额计入其他综合收益等。

【案例15】与企业合并相关的递延所得税的会计处理。资料：

甲公司于2018年1月1日购买乙公司80%股权，形成非同一控制下企业合并。因会计准则规定的处理方法不同，在购买日产生可抵扣暂时性差异300万元。假定购买日及未来期间企业适用的所得税税率为25%。购买日，因预计未来期间没有足够的应纳税所得额，未确认与可抵扣暂时性差异相关的递延所得税资产75万元。购买日确认的商誉为50万元。

在购买日后6个月，甲公司预计能够产生足够的应纳税所得额用以抵扣企业合并时产生的可抵扣暂时性差异300万元，且该事实于购买日已经存在，则甲公司应如何进行会计处理？

【分析】借：递延所得税资产　750000

　　贷：商誉　500000

　　　　所得税费用　250000

假定，在购买日后6个月，甲公司根据新的事实预计能够产生足够的应纳税所得额用以抵扣企业合并时产生的可抵扣暂时性差异300万元，且该新的事实于购买日并不存在，则甲公司应进行会计处理如下。

借：递延所得税资产　750000

　　贷：所得税费用　750000

【操作指南】在企业合并中，购买方取得的可抵扣暂时性差异，比如，购买日取得的被购买方在以前期间发生的未弥补亏损等可抵扣暂时性差异，按照税法规定可以用于抵减以后年度应纳税所得额，但在购买日不符合递延所得税资产确认条件而不予以确认。购买日后12个月内，如取得新的或进一步的信息表明购买日的相关情况已经存在，预期被购买方在购买日可抵扣暂时性差异带来的经济利益能够实现的，应当确认相关的递延所得税资产，同时减少商誉，商誉不足冲减的，差额部分确认为当期损益；除上述情况以外，确认与企业合并相关的递延所得税资产，应当计入当期损益。

与股份支付相关的支出在按照会计准则规定确认为成本费用时，其相关的所得税影响应区别于税法的规定进行处理：如果税法规定与股份支付相关的支出不允许税前扣除，注意：因适用税收法律、法规的变化，导致企业在某一会计期间适用的所得税税率发生变化的，企业应对已确认的递延所得税资产和递延所得税负债按照新的税率进行重新计量。递延所得税资产和递延所得税负债的金额代表的是有关可抵扣暂时性差异或应纳税暂时性差异于未来期间转回时，导致应交企业所得税金额的减少或增加的情况。在适用税率变动的情况下，应对原已确认的递延所得税资产及递延所得税负债的金额进行调整，反映税率变化带来的影响。

除直接计入所有者权益的交易或事项产生的递延所得税资产及递延所得税负债，相关的调整金额应计入所有者权益以外，其他情况下因税率变化产生的调整金额应确认为变化当期的所得税费用(或收益)。

七、所得税费用

【案例16】所得税费用的会计处理。资料：

甲公司企业所得税税率为25%。2018年度利润表中利润总额为1000万元，递延所得税资产及递延所得税负债不存在期初余额。与企业所得税核算有关交易或事项如下。

(1)2018年期末对账面余额为240万元的存货计提存货跌价准备40万元。按税法规定，存货跌价准备不允许当期税前扣除。

(2)2018年期末持有的交易性金融资产市值600万元，其成本为400万元。按税法规定，以公允价值计量的金融资产持有期间市值变动无须计入应纳税所得额。

(3)2018年6月因未及时纳税申报，缴纳税收滞纳金10万元。

(4)2018年1月开始对一项2017年12月以600万元购入无须安装即可投入使用的固定资产采用双倍余额递减法计提折旧，使用年限为10年，净残值为0。按税法规定，应按年限平均法计提折旧。假设税法规定的该固定资产的使用年限及净残值与会计规定一致。

除上述交易或事项外，会计处理与税法规定一致。

则甲公司2018年应如何进行账务处理？

【分析】(1)2018年度应纳税所得额=1000+40−200+10+(600×2/10−600/10)=910(万元)。

(2)2018年度应纳税所得税额=910×25%=227.5(万元)。

(3)2018 年度递延所得税资产 = 100×25% = 25(万元)。

(4)2018 年度递延所得税负债 = 200×25% = 50(万元)。

(5)2018 年度递延所得税 = 50−25 = 25(万元)。

(6)2018 年度利润表中应确认的所得税费用 = 227.5+25 = 252.5(万元)。

借：所得税费用　　2525000

　　递延所得税资产　　250000

　　贷：应交税费——应交所得税　　2275000

　　　　递延所得税负债　　500000

甲公司 2018 年资产负债表相关项目金额及其计税基础如表 18-2 所示。

表 18-2　甲公司 2018 年资产负债表相关项目金额及其计税基础　单位：元

项目	账面价值	计税基础	差异	
			应纳税暂时性差异	可抵扣暂时性差异
存货	2000000	2400000		400000
交易性金融资产	6000000	4000000	2000000	
固定资产原价	6000000	6000000		
减：累计折旧	1200000	600000		
固定资产账面价值	4800000	5400000		600000
总计			2000000	1000000

此外企业根据税收优惠政策向税务部门申请获得退回的企业所得税，无论是在资产负债表日后、财务报告批准报出日之前收到，还是在财务报告批准报出日之后收到，一律应在实际收到时冲减收到当期的所得税费用，即借记“银行存款”科目，贷记“所得税费用——当期所得税”科目。

【操作指南】利润表中应予确认的所得税费用等于当期所得税和递延所得税之和。当期所得税是指企业按照税法规定计算确定的针对当期发生的交易和事项，应向税务部门缴纳的企业所得税金额，即应交企业所得税。当期所得税应以税收法律、法规等为基础计算确定。企业在计算确定当期企业所得税额时，对于当期发生的交易或事项，会计处理与税收处理存在不同的，应首先在会计利润的基础上，按照税收法律、法规的规定进行纳税调整后，计算得出当期应纳税所得额，其次按照应纳税所得额与适用的企业所得税税率乘积计算确定当期应纳企业所得税额。

递延所得税是指按照《企业会计准则第 18 号——所得税》规定应予确认的递延所得税资产和递延所得税负债金额，即递延所得税资产及递延所得税负债当期发生额的综合结果，但不包括计入所有者权益的交易或事项的所得税影响。即：

递延所得税=(递延所得税负债的期末余额−递延所得税负债的期初余额)−(递延所得税资产的期末余额−递延所得税资产的期初余额)

除某项交易或事项按照《企业会计准则》规定应当计入所有者权益的，由该交易或事项产生的递延所得税资产或递延所得税负债及其变化也应计入所有者权益，不构成利润表中的递延所得税费用(或收益)。和企业合并中取得的资产、负债，其账面价值与计税基础不同，应确认相关递延所得税的，该递延所得税的确认影响合并中产生的商誉或是计入当期损益的金额，不影响所得税费用。

除上述两种情况企业因确认递延所得税资产和递延所得税负债产生的递延所得税，通常应当计入所得税费用。

八、首次执行日的会计处理

(一)执行新准则后报表项目的变化

(1)取消“递延税款”科目。

(2)增加“递延所得税资产”科目，核算企业根据所得税准则确认的可抵扣暂时性差异产生的所得税资产。根据税法规定可用以后年度税前利润弥补的亏损产生的所得税资产，也在本科目核算。借方反映企业在确认相关资产、负债时，根据所得税准则应予确认的递延所得税资产和在资产负债表日递延所得税资产的应有余额大于本科目余额的差额；贷方反映当企业确认递延所得税资产的可抵扣暂时性差异情况发生转回时转回的所得税影响额、税率变动或开征新税调整的递延所得税资产、资产负债表日递延所得税资产的应有余额小于本科目余额的差额、在资产负债表日预计未来期间很可能无法获得足够的应纳税所得额用来抵扣可抵扣暂时性差异的金额等；余额反映尚未转回的递延所得税资产。

(3)增加“递延所得税负债”科目，核算企业根据所得税准则确认的应纳税暂时性差异产生的所得税负债。贷方反映企业在确认相关资产、负债时根据所得税准则应予确认的递延所得税负债、在资产负债表日递延所得税负债的应有余额大于本科目余额的差额；借方反映当企业确认递延所得税负债的应纳税暂时性差异情况发生转回时转回的所得税影响额、税率变动或开征新税调整的递延所得税负债、在资产负债表日递延所得税负债的应有余额小于本科目余额的差额；余额反映尚未转回的递延所得税负债。

(二)首次执行日的会计调整

1. 相关规定

《企业会计准则第38号——首次执行企业会计准则》第十二条和《企业会计准则第18号——所得税》规定，在首次执行日对资产、负债的账面价值与计税基础不同形成的暂时性差异的所得税影响应进行追溯调整，并将影响金额调整留存收益。

2. 会计调整方法

在首次执行新准则时，采用追溯调整法进行处理。

(1)如期初形成递延所得税资产，则进行以下账务处理。

借：递延所得税资产

　　贷：盈余公积

　　　　未分配利润

(2)如期初形成递延所得税负债，则进行以下账务处理。

借：盈余公积

　　未分配利润

　　贷：递延所得税负债

第十九章　外币折算

第一节　外币折算概述

一、外币业务的内容

(一)外币与外汇

外币有狭义和广义之分。狭义的外币是指本国货币以外的其他国家和地区的货币，包括各种纸币和铸币等。广义的外币是指所有以外国货币表示的，能够用于国际结算的支付手段，除了国外的纸币和铸币外，还包括企业所拥有的外国的有价证券、外币支付凭证、其他货币资金(如各种外币汇款、进出口贸易的外币性货款等)。从会计角度而言，外币就是指记账本位币以外的货币计量单位。记账本位币是指记账和编制财务报表所用的货币。按照我国现行会计制度的规定，企业一般以人民币作为记账本位币。如果企业的业务收支以外国货币为主，也可以选用某一种外国货币作为记账本位币。记账本位币以外的货币均为外币。

外汇是指以外币表示的用于国际结算的支付手段。根据《中华人民共和国外汇管理条例》规定，外汇的具体内容包括：①外国货币，含纸币和铸币；②外币有价证券，包括政府公债、国库券、公司债券、股票、息票等；③外币支付凭证，包括票据(支票、汇票、期票)、银行存款凭证、邮政储蓄凭证等；④其他外汇资金。黄金可以用作国际支付和结算的手段，执行世界货币的职能，所以，在许多国家也将其列入外汇范畴。

外汇概念和外币概念是有区别的。作为外汇必须是：①以外币表示的资产；②在国外能得到偿付的债权；③可以兑换成其他支付手段的外币资产。不能自由兑换成其他国货币的外币不能称为外汇。但在会计上识别外币的标志是看其是否是记账本位币以外的货币。另外，对外汇对企业来说，一般都表示成外币资金的来源，但外币除了表示外汇资金来源外，还可以作为一种计量单位，在企业并无实际发生外币收付业务时，也可能以外币计价和反映，这是外币业务会计的一个重要特点。

二、外币交易的内容

外币交易，是指以外币计价或者结算的交易。外币交易包括以下几种。

(1)买入或者卖出以外币计价的商品或者劳务。

(2)借入或者借出外币资金。

(3)其他以外币计价或者结算的交易，如外币兑换业务，即一种货币兑换为另一种货币的业务；投入外币资本业务，即投资人以外币作为资本投入企业的业务；等等。

三、外币业务的记账方法

企业外币业务记账方法的选择，与企业记账本位币的确定有密切关系。外币业务记账方法有两种：一种是外币统账制，另一种是外币分账制。企业可根据实际情况选择。

1. 外币统账制

外币统账制也称为“记账本位币制”，是以记账本位币作为统一记账金额的记账方法。在这种记账方法下，所有外币的收支，都应折算为记账本位币进行反映，外币金额只在账上作为补充资料进行反映。我国企业一般应以人民币作为记账本位币，所以，在外币统账制下，当企业发生外币业务时，一般按人民币统一设账，统一记录，外币业务的金额均要换算为人民币金额后入账反映，同时要设立不同外币种类的二级辅助账户，反映外币资金和外币债权、债务的增减情况。

外币统账制适用于涉及外币种类较少，而且外币收支业务不多的企业。本节主要介绍企业选择外币统账制所进行的外币业务核算。

2. 外币分账制

外币分账制又称原币记账制或分别记账制。在这种方法下，企业的记账本位币业务和外币业务均应分别设立账户反映，即有几种币种入账，就应设立几套账户。在发生外币业务时，以原币记账，而不立即折算为记账本位币记账。如果发生两种货币之间的兑换业务，应通过单独设置的“外币兑换”账户作为两种账户之间的桥梁来进行会计处理，分别与原币的对应账户构成借贷关系。到会计期末，再按一定汇率将各种外币账户的余额换算成记账本位币编制财务报表。各种外币的“外币兑换”账户期末余额按期末即期汇率折算成记账本位币金额，与记账本位币的“外币兑换”账户金额之间的差额，作为汇兑损益处理。

外币分账制适用于涉及外币种类较多，而且外币收支较大的企业，如商业银行等。

采用分账制记账方法，只是账务处理方法不同，但其产生的汇兑差额的确认、计量的结果和列报，应当与统账制处理结果一致。

第二节　案例分析与操作指南

一、外币业务的初始确认

【案例1】以外币购入固定资产的会计处理。资料：

乙公司的记账本位币为人民币，对外币交易采用交易日的即期汇率折算。2018 年 3 月 3 日，从境外丙公司购入不需要安装的设备一台，设备价款为 250000 美元，购入该设备当日的即期汇率为 1 美元=6.5 元人民币，适用的增值税税率为 16%，款项尚未支付，增值税以银行存款支付。则乙公司应如何进行会计处理？

【分析】有关会计分录如下。

借：固定资产——机器设备　　(250000×6.5)1625000

　　应交税费——应交增值税(进项税额)　　260000

　　贷：应付账款——丙公司(美元)　　1625000

　　　　银行存款　　260000

【应用指南】企业发生外币交易的，应在初始确认时采用交易日的即期汇率或即期汇率的近似汇率将外币金额折算为记账本位币金额。这里的即期汇率可以是外汇牌价的买入价或卖出价，也可以是中间价，在不与银行进行货币兑换的情况下，一般以中间价作为即期汇率。

【案例 2】以外币对外投资的会计处理。资料：

乙有限责任公司(以下简称“乙公司”)以人民币为记账本位币，2018 年 6 月 1 日，乙公司与美国甲公司签订投资合同，甲公司将向乙公司出资 2000000 美元，占乙公司注册资本的 23%；甲公司的出资款将在合同签订后一年内分两次汇到乙公司账上；合同约定汇率为 1 美元=6.5 元人民币。当日的即期汇率为 1 美元=6.45 元人民币。2018 年 9 月 10 日，乙公司收到甲公司汇来的第一期出资款，当日的即期汇率为 1 美元=6.35 元人民币。2018 年 12 月 25 日，乙公司收到甲公司汇来的第二期出资款，当日的即期汇率为 1 美元=6.4 元人民币。则乙公司应如何进行会计处理？

【分析】2018 年 9 月 10 日，有关会计分录如下。

借：银行存款——美元　　(1000000×6.35)6350000

　　贷：实收资本　　6350000

2018 年 12 月 25 日，有关会计分录如下。

借：银行存款——美元　　(1000000×6.4)6400000

　　贷：实收资本　　6400000

【操作指南】企业收到投资者以外币投入的资本，无论是否有合同约定汇率，均不采用合同约定汇率和即期汇率的近似汇率折算，而是采用交易日即期汇率折算，这样，外币投入资本与相应的货币性项目的记账本位币金额相等，不产生外币资本折算差额。

【案例 3】以外币兑换的会计处理。资料：

乙公司以人民币为记账本位币，对外币交易采用交易日的即期汇率折算。2×15 年 6 月 1 日，将 50000 美元到银行兑换为人民币，银行当日的美元买入价为 1 美元=6.55 元人民币，中间价为 1 美元=6.60 元人民币。则乙公司应如何进行会计处理？

【分析】企业与银行发生货币兑换，兑换所用汇率为银行的买入价，而通常记账所用的即期汇率为中间价，由于汇率变动而产生的汇兑差额计入当期财务费用。有关会计分录如下。

借：银行存款——人民币　　(50000×6.55)327500
　　财务费用——汇兑差额　　2500
　　贷：银行存款——美元　　(50000×6.6)330000

【操作指南】汇率又称“汇价”，指两种货币之间的比价，也就是一种货币兑换成另一种货币的比率。我国外汇汇率由中国人民银行公布市场汇价，即基准汇价(现公布人民币兑美元、日元、港元、欧元、英镑、林吉特、卢布七种货币的基准汇价)，各外汇指定银行以此为依据，在中国人民银行规定的浮动范围内自行挂牌，对客户买卖外汇。

汇率从银行买卖外汇的角度可分为买入汇率、卖出汇率和中间汇率。买入汇率是指银行向客户买入外币时所采用的汇率，亦称“买入价”。卖出汇率是指银行向客户出售外币时所采用的汇率，亦称“卖出价”。中间汇率是指银行买入汇率与卖出汇率的简单算术平均数。

我国企业外币业务会计主要采用现行汇率制度。外币交易应当在初始确认时，采用交易发生日的即期汇率将外币金额折算为记账本位币金额；也可以采用按照系统合理的方法确定的，与交易发生日即期汇率近似的汇率折算。

汇率的标价方法有两种：一种是直接标价法；另一种是间接标价法。在直接标价法下，外币数量固定，称为“基准货币”，本币数量变动，称为“报价货币”，表明单位外国货币可以兑换成多少本国货币。间接标价法与之相反，本币是“基准货币”，外币是“报价货币”，表明单位本国货币可以兑换成多少外国货币。我国的人民币汇率是采用直接标价法。

二、外币业务的期末调整或结算

【案例4】外币货币性项目的期末调整的会计处理。资料：

国内甲公司的记账本位币为人民币。2018年12月2日以30000港元购入乙公司H股10000股作为短期投资，当日汇率为1港元=1.2元人民币，款项已付。2018年12月31日，由于市价变动，当月购入的乙公司H股变为35000港元，当日1港元=1元人民币。

【分析】2018年12月2日，该公司应对上述交易应做以下处理。

借：交易性金融资产　　(30000×1.2)36000
　　贷：银行存款——港元　　36000

由于该项短期股票投资是从境外市场购入、以外币计价，在资产负债表日，不仅应考虑其港币市价的变动，还应一并考虑汇率变动的影响，上述交易性金融资产以资产负债表日的人民币35000元(35000×1)入账，与原账面价值36000元(即30000×1.2)的差额为-1000 元人民币，计入公允价值变动损益。相应的会计分录为：

借：公允价值变动损益　　1000

　贷：交易性金融资产　　1000

该 1000 元人民币包含甲公司所购 H 股公允价值变动以及人民币与港币之间汇率变动的双重影响。

【操作指南】货币性项目是指企业持有的货币资金和将以固定或可确定的金额收取的资产或者偿付的负债。货币性项目分为货币性资产和货币性负债。货币性资产包括现金、银行存款、应收账款、其他应收款、长期应收款等；货币性负债包括应付账款、其他应付款、长期应付款等。对于外币货币性项目，应当采用资产负债表日的即期汇率折算，因汇率波动而产生的汇兑差额作为财务费用，计入当期损益，同时调增或调减外币货币性项目的记账本位币金额；需要计提减值准备的，应当按资产负债表日的即期汇率折算后，再计提减值准备。

非货币性项目，是货币性项目以外的项目，包括存货、长期股权投资、固定资产、无形资产、实收资本、资本公积、其他综合收益等。

对于以历史成本计量的外币非货币性项目，除其外币价值发生变动外，已在交易发生日按当日即期汇率折算，资产负债表日不应改变其原记账本位币金额，不产生汇兑差额。

对于交易性金融资产等外币非货币性项目，其公允价值变动计入当期损益的，相应的汇率变动的影响也应当计入当期损益，但是以公允价值计量且其变动计入其他综合收益的外币非货币性金融资产形成的汇兑差额，应当计入其他综合收益。

【案例 5】外币货币性项目的期末调整的会计处理。资料：

某企业外币业务核算采用当月月初的市场汇率作为即期汇率近似汇率，并作为当月外币交易业务的折算汇率，按月计算汇兑损益。当年 5 月 1 日的市场汇率为 $1：¥7.1。当年 4 月 30 日的市场汇率为 $1：¥7.1，各外币账户当年 4 月 30 日的期末余额如表 19-1 所示。

表 19-1　各外币账户当年 4 月 30 日的期末余额

外币账户	外币余额(美元)	折算汇率	记账本位币金额(人民币元)
银行存款	100000	7.1	710000
应收账款——甲企业	10000	7.1	71000
应付账款——A 企业	10000	7.1	71000
短期借款	15000	7.1	106500

该企业 5 月份外币收支业务如下。

(1)5 日，收回甲企业货款 8000 美元。

(2)8 日，支付 A 企业货款 5000 美元。

(3)20 日，归还短期借款 10000 美元。

(4)23 日，出售甲企业产品一批，货款 25000 美元，货已发出，货款尚未收到。

根据上述业务资料，该企业应如何进行会计处理(不考虑增值税等相关税金)?

【分析】(1)借：银行存款(美元户) ($8000×7.1)56800

贷：应收账款——甲企业(美元户) ($8000×7.1)56800

(2)借：应付账款——A 企业(美元户) ($5000×7.1)35500

贷：银行存款(美元户) ($5000×7.1)35500

(3)借：短期借款(美元户) ($10000×7.1)71000

贷：银行存款(美元户) ($10000×7.1)71000

(4)借：应收账款——甲企业(美元户) ($25000×7.1)177500

贷：主营业务收入 177500

若当年 5 月 31 日的市场汇率为 $1 ∶ ¥7.05，则该企业调整各外币账户余额如表 19-2、表 19-3、表 19-4、表 19-5 所示。

表 19-2 银行存款(美元户)

摘　　要	美　元	汇　率	人民币元
期初余额(借)	100000	7.1	710000
借方发生额	8000	7.1	56800
贷方发生额	15000	7.1	106500
期末余额	93000		660300
期末调整	93000	7.05	655650
汇兑损益			4650(贷)

表 19-3 应收账款——甲企业(美元户)

摘　　要	美　元	汇　率	人民币元
期初余额(借)	10000	7.1	71000
借方发生额	25000	7.1	177500
贷方发生额	8000	7.1	56800
期末余额	27000		191700
期末调整	27000	7.05	190350
汇兑损益			1350(贷)

表 19-4 应付账款——A 企业(美元户)

摘　要	美　元	汇　率	人民币元
期初余额(贷)	10000	7.1	71000
贷方发生额	0	7.1	0
借方发生额	5000	7.1	35500
期末余额	5000		35500
期末调整	5000	7.05	35250
汇兑损益			250(借)

表 19-5 短期借款(美元户)

摘　要	美　元	汇　率	人民币元
期初余额(贷)	15000	7.1	106500
贷方发生额	0	7.1	0
借方发生额	10000	7.1	71000
期末余额	5000		35500
期末调整	5000	7.05	35250
汇兑损益			250(借)

根据对上述各外币账户的调整结果编制如下调整会计分录。

借：应付账款——A 企业(美元户) 250

　　短期借款(美元户) 250

　　财务费用 5500

　　贷：银行存款(美元户) 4650

　　　　应收账款——甲企业(美元户) 1350

【操作指南】 外币交易的核算，首先，应设置外币账户。企业应设置的外币账户主要包括外币现金、外币银行存款等货币资金账户，以及应收账款、应收票据、预付账款、短期借款、长期借款、应付账款、应付票据、应付职工薪酬、应付股利、预收账款等债权债务外币账户。在外币业务核算中涉及的如原材料、固定资产、实收资本等账户，属于非外币账户。企业应在涉及外币业务的账户中按外币种类分别设置明细账户，详细反映外币账款的收付结存情况。不允许开立现汇账户的企业，可以设置外币现金和外币银行存款以外的其他外币账户。

其次，企业对于发生的外币交易，应当将外币金额折算为记账本位币金额。外币交易应当在初始确认时，采用交易发生日的即期汇率将外币金额折算为记账本位币金额；当汇率变动不大时，为简化核算，也可以采用与交易发生日即期汇率近似的汇率折算。

即期汇率通常是指当日中国人民银行公布的人民币外汇牌价的中间价。企业发生的外币兑换业务或涉及外币兑换的交易事项，应当以交易实际采用的汇率，即银行买入价或卖出价折算。即期汇率的近似汇率是按照系统合理的方法确定的，与交易发生日即期汇率近似的汇率，通常是指当期平均汇率或加权平均汇率等。通常情况下，企业应当采用即期汇率进行折算。汇率波动不大的，也可以采用按照系统合理的方法确定的，与交易发生日即期汇率近似的汇率折算，但前后各期应当采用相同的方法确定当期的近似汇率。

最后，对于汇兑差额的会计处理，企业应在资产负债表日，按照规定分别对外币货币性项目和外币非货币性项目进行处理。

三、首次执行日的会计处理

1. 相关规定

按《企业会计准则第38号——首次执行企业会计准则》第四条规定，在首次执行日，外币折算准则中涉及会计政策变更的，不应追溯调整。

2. 会计调整方法

采用未来适用法的处理方法。

3. 过渡到新准则说明的披露

(1)报表比较信息的披露(执行当期和上年同期)。比较财务报表的编制按照新准则的规定处理。

(2)相关附注的披露。企业应在财务报表附注中披露开始执行新准则的日期及处理方法。

第二十章　企业合并

第一节　企业合并概述

一、企业合并的概念

企业合并是将两个或两个以上单独的企业合并形成一个报告主体的交易或事项。企业合并的结果通常是一个企业取得了对一个或多个业务的控制权。构成企业合并至少包括两层含义：

一是取得对一个或多个企业(或业务)的控制权。从实质重于形式的角度考虑，一方能够对另一方的生产经营决策实施控制，形成母子公司关系，就涉及控制权的转移，从合并财务报告角度形成报告主体的变化；交易或事项发生以后，一方能够控制另一方的全部净资产，被合并的企业在合并后失去其法人资格，也涉及控制权及报告主体的变化，形成企业合并。

二是被合并的企业必须构成业务。业务是指企业内部某些生产经营活动或资产负债的组合，该组合具有投入、加工处理和产出能力，能够独立计算其成本费用或所产生的收入。业务是有关资产和负债的组合，可以是一家法人企业，也可以是一家法人企业的分公司或分支机构，还可以是企业某个具体的生产车间或生产线。

企业合并关注的是报告主体的变化，即在合并前是多个不同的报告主体，在合并后将形成同一个报告主体，这个报告主体可以是单个法人形成的个别报告主体，也可以是多个法人形成的合并报告主体。

二、企业合并的方式

按合并完成后的被合并方法人主体是否丧失，企业合并分为控股合并、吸收合并和新设合并。

1. 控股合并

合并方(或购买方，下同)通过企业合并交易或事项取得对被合并方(或被购买方，下同)的控制权，企业合并后能够通过所取得的股权等主导被合并方的生产经营决策并自被合并方的生产经营活动中获益，被合并方在企业合并后仍维持其独立法人资格继续经营的，为控股合并。该类企业合并中，因合并方通过企业合并交易或事项取得了对被合并方的控制权，被合并方成为其子公司，在企业合并发生后，被合并方应当纳入合并方合并财务报表的编制范围，从合并财务报表角度，形成报告主体的变化。

控股合并交易形式有两种：一是通过股权购买的方式取得被合并企业控制权，属于存量股权交易，对于被合并方而言属于股东之间的交易，被合并方资产、负债和所有者权益并无变化，只是股东发生变化；二是通过新增股权的方式取得被合并企业控制权，属于新增股权交易，通常称为反向收购。以上两种方式的共同点在于被合并方在合并前后法人主体不会发生改变。

2. 吸收合并

合并方在企业合并中取得被合并方的全部净资产，并将有关资产、负债并入合并方自身的账簿和报表进行核算。企业合并后，注销被合并方的法人资格，由合并方持有合并中取得的被合并方的资产、负债，在新的基础上继续经营，该类合并为吸收合并。

吸收合并中，因被合并方在合并发生以后被注销，从合并方的角度需要解决的问题是，其在合并日(或购买日，下同)取得的被合并方有关资产、负债入账价值的确定，以及入账价值与其在合并时支付的对价之间差额的处理。

3. 新设合并

参与合并的各方在企业合并后法人资格均被注销，重新注册成立一家新的企业，由新注册成立的企业持有参与合并各企业的资产、负债，并在新的基础上经营，为新设合并。

《企业会计准则第 20 号——企业合并》将企业合并划分为同一控制下的企业合并和非同一控制下的企业合并(即除同一控制下的企业合并情况以外的其他企业合并)两种类型。

第二节　案例分析与操作指南

一、同一控制下的企业合并

【案例 1】同一控制下的企业合并的会计处理。资料：

甲、乙两家公司属于丙公司全资子公司。2018 年 6 月 30 日，为了拓展现有业务，甲公司通过吸收合并的方式取得乙公司所有资产和负债，甲公司向丙公司支付 2500 万元现金作为支付对价，在吸收合并日后(2018 年 6 月 30 日)甲公司办理了股权变更登记，乙公司办理注销登记。丙公司持有乙公司股权的账面价值为 500 万元(计税基础与账面价值保持一致)。不考虑合并日企业所得税事项。在合并日前，乙公司资产和负债的账面价值及公允价值如表 20-1 所示。

表 20-1　乙公司资产和负债账面价值及公允价值　　单位：万元

乙公司资产和负债	账面价值	可辨认净资产公允价值
货币资金	180	180
存货	102	120
应收账款	800	800
长期股权投资	860	700
固定资产	1200	1400
无形资产	200	400
资产合计	3342	3600
短期借款	900	900
应付账款	120	120
其他应付款	120	120
负债合计	1140	1140
实收资本	500	
资本公积	0	
盈余公积	702	
未分配利润	1000	
所有者权益合计	2202	

则甲公司、丙公司应如何进行会计处理？（假定甲公司的资本公积——资本溢价足够冲减）

【分析】（1）甲公司会计处理如下。

借：银行存款等　　1800000

　　库存商品等　　1020000

　　应收账款　　8000000

　　长期股权投资　　8600000

　　固定资产　　12000000

　　无形资产　　2000000

　　资本公积——资本溢价　　2980000

　　贷：短期借款　　9000000

　　　　应付账款　　1200000

　　　　其他应付款　　1200000

　　　　银行存款　　25000000

（2）丙公司会计处理如下。

借：银行存款　　25000000

　　贷：长期股权投资——乙公司　　5000000

投资收益　　20000000

【操作指南】同一控制下的吸收合并中，合并方主要涉及合并日取得被合并资产、负债入账价值的确定，以及合并中取得有关资产的入账价值与支付的合并对价账面价值之间差额的处理。

同一控制下的吸收合并中，合并方在合并日取得的被合并方净资产分为资产和负债进行会计核算，其入账价值为被合并方的原账面价值。合并方在合并中确认取得的被合并方的资产、负债仅限于被合并方账面上原已确认的资产和负债，合并中不产生新的资产和负债。同一控制下的企业合并，从最终控制方的角度，其在企业合并发生前后能够控制的净资产价值量并没有发生变化，因此即便是在合并过程中，取得的净资产入账价值与支付的合并对价账面价值之间存在差额，一般也不产生新的商誉因素，即不确认新的资产，但被合并方在企业合并前账面上原已确认的商誉应作为合并中取得的资产确认。

合并方在合并中取得的被合并方各项资产、负债应维持其在被合并方的原账面价值不变。被合并方在企业合并前采用的会计政策与合并方不一致的，应基于重要性原则，首先统一会计政策，即合并方应当按照本企业会计政策对被合并方资产、负债的账面价值进行调整，并以调整后的账面价值作为有关资产、负债的入账价值。进行上述调整的一个基本原因是将该项合并中涉及的合并方及被合并方作为一个整体对待，对于一个完整的会计主体，其对相关交易、事项应当采用相对统一的会计政策，在此基础上反映其财务状况和经营成果。

合并方在合并中取得的净资产的入账价值与为进行企业合并支付的对价账面价值之间的差额，不作为资产的处置收益，不影响合并当期利润表，因此，应当调整所有者权益相关项目，不计入企业合并当期损益。

同一控制下的企业合并本质上是两个或多个会计主体权益的整合。合并方在企业合并中取得的价值量相对于所放弃价值量之间存在差额的，应当调整所有者权益。在根据合并差额调整合并方的所有者权益时，合并方以发行权益性证券方式支付合并对价的，所确认净资产入账价值与发行股份面值总额的差额，应计入资本公积(资本溢价或股本溢价)，资本公积(资本溢价或股本溢价)的余额不足冲减的，相应冲减盈余公积和未分配利润；以支付现金、非现金资产方式进行的该类合并，所确认的净资产入账价值与支付的现金、非现金资产账面价值的差额，相应调整资本公积(资本溢价或股本溢价)，资本公积(资本溢价或股本溢价)的余额不足冲减的，应冲减盈余公积和未分配利润。

二、非同一控制下的企业合并

【案例2】接【案例1】非同一控制下的企业合并的会计处理。资料：

甲公司、乙公司和丙公司属于非关联方，其他条件不变。

则甲公司、丙公司应如何进行会计处理？

【分析】(1)甲公司会计处理如下。

借：银行存款等　　1800000
　　库存商品等　　1200000
　　应收账款　　8000000
　　长期股权投资　　7000000
　　固定资产　　14000000
　　无形资产　　4000000
　　商誉　　400000
　　贷：短期借款　　9000000
　　　　应付账款　　1200000
　　　　其他应付款　　1200000
　　　　银行存款　　25000000

(2)丙公司会计处理如下。

借：银行存款　　25000000
　　贷：长期股权投资——乙公司　　5000000
　　　　投资收益　　20000000

【操作指南】在非同一控制下的吸收合并中，合并双方形成了买方和卖方的关系，在购买法下，购买方用于支付对价的资产按照销售行为处理，按照公允价值确定资产的销售价格，公允价值和账面价值之间的差额为资产的处置收益，所购入的资产、负债和所有者权益也应当按照公允价值确定，支付对价公允价值高于可辨认净资产公允价值的金额为多支付的金额，为购买过程中所购买商誉的支付对价；支付对价公允价值小于可辨认净资产公允价值的金额为购买过程中产生的利得，需要确认营业外收入。

非同一控制下的企业合并，是参与合并的一方购买另一方或多方的交易，基本处理原则是购买法。

1. 确定购买方

采用购买法核算企业合并的首要前提是确定购买方，购买方的确定应以取得控制权为判断依据。购买方是指在企业合并中取得对另一方或多方控制权的一方。非同一控制下的企业合并中，一般应考虑企业合并合同、协议以及其他相关因素来确定购买方，从是否形成实质性控制角度分析企业是否取得控制权。

2. 确定购买日

购买日是购买方获得对被购买方控制权的日期，即企业合并交易进行过程中，发生控制权转移的日期。同时满足了以下条件时，一般可认为实现了控制权的转移，形成购买日。

(1)企业合并合同或协议已获股东大会等内部权力机构通过。如对于股份有限公司，其内部权力机构一般指股东大会。

(2)按照规定，合并事项如需要经过国家有关主管部门审批的，已获得相关部门的批准。

(3)参与合并各方已办理了必要的财产权交接手续。作为购买方，其通过企业合并无论是取得对被购买方的股权还是取得被购买方的全部净资产，能够形成与取得股权或净资产相关的风险和报酬的转移，一般需办理相关的财产权交接手续，从而从法律上保障有关风险和报酬的转移。

(4)购买方已支付了购买价款的大部分(一般应超过50%)，并且有能力、有计划支付剩余款项。

(5)购买方实际上已经控制了被购买方的财务和经营政策，享有相应的收益并承担相应的风险。

企业合并涉及一次以上交易的，例如，通过分阶段取得股份最终实现合并，企业应于每一交易日确认对被投资企业的各单项投资。“交易日”是指合并方或购买方在自身的账簿和报表中确认对被投资单位投资的日期。分步实现的企业合并中，购买日是指按照有关标准判断购买方最终取得对被购买企业控制权的日期。

3. 确定企业合并成本

企业合并成本包括购买方为进行企业合并支付的现金或非现金资产、发行或承担的债务、发行的权益性证券等在购买日的公允价值。

某些情况下，当企业合并合同或协议中规定视为未来或有事项的发生，购买方通过发行额外证券、支付额外现金或其他资产等方式追加合并对价，或者要求返还之前已经支付的对价。购买方应当将合并协议约定的或有对价作为企业合并转移对价的一部分，按照其在购买日的公允价值计入企业合并成本。或有对价符合金融负债或权益工具定义的，购买方应当将拟支付的或有对价确认为一项负债或权益；符合资产定义并满足资产确认条件的，购买方应当将符合合并协议约定条件的、对已支付的合并对价中可收回部分的权利确认为一项资产。

非同一控制下企业合并中发生的与企业合并直接相关的费用，包括为进行合并而发生的审计费用、律师服务费用、咨询费用等，与同一控制下企业合并进行过程中发生的有关费用处理原则一致，直接计入当期损益。这里所称合并中发生的各项直接相关费用，不包括与为进行企业合并发行的权益性证券或发行的债务相关的手续费、佣金等，该部分费用应比照同一控制下企业合并中类似费用的原则处理，即应抵减权益性证券的溢价发行收入或是计入所发行债务的初始确认金额。

4. 企业合并成本在取得的可辨认资产和负债之间的分配

非同一控制下的企业合并中，购买方取得了对被购买方净资产的控制权，视合并方式的不同，应分别在合并财务报表或个别财务报表中确认合并中取得的各项可辨认资产和负债。

(1)购买方在企业合并中取得的被购买方各项可辨认资产和负债，要作为本企业的资产、负债(或合并财务报表中的资产、负债)进行确认，在购买日，应当满足资产、负债的确认条件。有关的确认条件包括：①合并中取得的被购买方的各项资产(无形资产除外)，其所带来的未来经济利益预期能够流入企业且公允价值能够可靠计量的，应单独作为资产确认；②合并中取得的被购买方的各项负债(或有负债除外)，履行有关的义务预期会导致经济利益流出企业且公允价值能够可靠计量的，应单独作为负债确认。

(2)企业合并中取得无形资产的确认。购买方在企业合并中取得的无形资产应符合《企业会计准则第6号——无形资产》中对于无形资产的界定且其在购买日的公允价值能够可靠计量。按照《企业会计准则第6号——无形资产》的规定，没有实物形态的非货币性资产要符合无形资产的定义，关键要看其是否满足可辨认性标准，即是否能够从企业中分离或者划分出来，并能单独或者与相关合同、资产、负债一起，用于出售、转移、授予许可、租赁或者交换；或者应源自合同性权利或其他法定权利。

公允价值能够可靠计量的情况下，应区别于商誉单独确认的无形资产一般包括商标、版权及与其相关的许可协议、特许权、分销权等类似权利、专利技术、专有技术等。

(3)企业合并中产生或有负债的确认。为了尽可能反映购买方因为进行企业合并可能承担的潜在义务，对于购买方在企业合并时可能需要代被购买方承担的或有负债，在购买日，可能相关的或有事项导致经济利益流出企业的可能性还比较小，但其公允价值能够合理确定的情况下，即需要作为合并中取得的负债确认。

(4)企业合并中取得的资产、负债在满足确认条件后，应以其公允价值计量。对于被购买方在企业合并之前已经确认的商誉和递延所得税项目，购买方在对企业合并成本进行分配、确认合并中取得可辨认资产和负债时不应予以考虑。在按照规定确定了合并中应予确认的各项可辨认资产、负债的公允价值后，其计税基础与账面价值不同形成暂时性差异的，应当按照《企业会计准则第18号——所得税》的规定确认相应的递延所得税资产或递延所得税负债。

5. 企业合并成本与合并中取得的被购买方可辨认净资产公允价值份额差额的处理

购买方对于企业合并成本与确认的被购买方可辨认净资产公允价值份额的差额，应视以下情况分别处理。

(1)企业合并成本大于合并中取得的被购买方可辨认净资产公允价值份额的差额，应确认为商誉。视企业合并方式不同作不同的处理，控股合并情况下，该差额是指合并财务报表中应列示的商誉；吸收合并情况下，该差额是购买方在其账簿及个别财务报表中应确认的商誉。

商誉在确认以后，持有期间不要求摊销，企业应当按照《企业会计准则第8号——资产减值》的规定对其价值进行减值测试，对于可收回金额低于账面价值的部分，计提减值准备。减值准备计提以后不能转回。

(2)企业合并成本小于合并中取得的被购买方可辨认净资产公允价值份额的差额，应计入合并当期损益。

该种情况下，购买方要对合并中取得的资产、负债的公允价值、作为合并对价的非现金资产或发行的权益性证券等的公允价值进行复核，复核结果表明所确定的各项可辨认资产和负债的公允价值确定是恰当的，应将企业合并成本低于取得的被购买方可辨认净资产公允价值份额之间的差额，计入合并当期的营业外收入，并在财务报表附注中予以说明。

在吸收合并的情况下，上述企业合并成本小于合并中取得的被购买方可辨认净资产公允价值份额的差额，应计入购买方合并当期的个别利润表；在控股合并的情况下，上述差额应体现在购买方合并当期的合并利润表中，不影响购买方的个别利润表。

6. 企业合并成本或合并中取得的可辨认资产、负债公允价值的调整

按照购买法核算的企业合并，基本原则是确定公允价值，无论是作为合并对价付出的各项资产的公允价值，还是合并中取得被购买方各项可辨认资产、负债的公允价值，如果在购买日或合并当期期末，因各种因素影响无法合理确定的，合并当期期末，购买方应以暂时确定的价值为基础进行核算。

(1)购买日后12个月内对有关价值量的调整。

合并当期期末，对合并成本或合并中取得的可辨认资产、负债以暂时确定的价值对企业合并进行处理的情况下，自购买日算起12个月内取得进一步的信息表明需对原暂时确定的企业合并成本或所取得的可辨认资产、负债的暂时性价值进行调整的，应视同在购买日发生，进行追溯调整，同时对以暂时性价值为基础提供的比较报表信息，也应进行相关的调整。

(2)超过规定期限后的价值量调整。

自购买日算起12个月以后对企业合并成本或合并中取得的可辨认资产、负债价值的调整，应当按照《企业会计准则第28号——会计政策、会计估计变更和差错更正》的原则进行处理，即对企业合并成本、合并中取得可辨认资产、负债公允价值等进行的调整，应作为前期差错处理。

(3)在企业合并中，购买日取得的被购买方在以前期间发生的未弥补亏损等可抵扣暂时性差异，按照税法规定可以用于抵减以后年度应纳税所得额，但在购买日不符合递延所得税资产确认条件的，不应予以确认。购买日后12个月内，如果取得新的或进一步的信息表明相关情况在购买日已经存在，预期被购买方在购买日可抵扣暂时性差异带来的经济利益能够实现的，购买方应当确认相关的递延所得税资产，同时减少由该企业

合并所产生的商誉，商誉不足冲减的，差额部分确认为当期损益（所得税费用）。

三、首次执行日的会计处理

首次执行日的会计处理应与《企业会计准则第38号——首次执行企业会计准则》的要求相符。

1. 首次执行日长期股权投资的处理

(1)对于按照《企业会计准则第20号——企业合并》规定，属于同一控制下企业合并产生的长期股权投资，尚未摊销完毕的股权投资差额全额冲销，并调整留存收益，以冲销股权投资差额后的长期股权投资账面价值作为首次执行日的认定成本。

(2)除上述第(1)项以外的其他采用权益法核算的长期股权投资，存在股权投资贷方差额的，应冲销贷方差额，调整留存收益，并以冲销贷方差额后的长期股权投资账面价值作为首次执行日的认定成本；存在股权投资借方差额的，应当将长期股权投资的账面价值作为首次执行日的认定成本。

2. 首次执行日前发生的企业合并的处理

企业对于首次执行日之前发生的企业合并一般不应追溯调整，但下列项目除外：

(1)按照《企业会计准则第20号——企业合并》的规定，属于同一控制下企业合并，按照原规定已确认商誉的摊余价值，应当全额冲销，并调整留存收益。按照新准则的规定，属于非同一控制下企业合并的，应当将商誉在首次执行日的摊余价值作为认定成本，不再进行摊销。

(2)首次执行日之前发生的企业合并，合并合同或协议中约定根据未来事项的发生对合并成本进行调整的，如果首次执行日预计未来事项很可能发生并且对合并成本的影响金额能够可靠计量的，应当按照该影响金额调整已确认商誉的账面价值。

在首次执行日，企业应当按照《企业会计准则第8号——资产减值》的规定对商誉进行减值测试，发生减值的，应当以计提减值准备后的金额确认。

(3)因企业合并取得的资产、承担的负债的账面价值与其计税基础不同形成的暂时性差异，应当按照《企业会计准则第18号——所得税》的规定进行追溯调整。

第二十一章　租赁

第一节　租赁概述

一、租赁的概念

租赁，是指在一定期间内，出租人将资产的使用权让与承租人以获取对价的合同。

在合同开始日，企业应当评估合同是否为租赁或者包含租赁。如果合同中一方让渡了在一定期间内控制一项或多项已识别资产使用的权利以换取对价，则该合同为租赁或者包含租赁。除非合同条款和条件发生变化，企业无须重新评估合同是否为租赁或者包含租赁。

(1)承租人在租赁期开始日，应当对租赁确认使用权资产和租赁负债，短期租赁和低价值资产租赁除外。使用权资产，是指承租人可在租赁期内使用租赁资产的权利。租赁期开始日，是指出租人提供租赁资产使其可供承租人使用的起始日期。

(2)出租人应当在租赁开始日将租赁分为融资租赁和经营租赁。租赁开始日，是指租赁合同签署日与租赁各方就主要租赁条款做出承诺日中的较早者。融资租赁，是指实质上转移了与租赁资产所有权有关的几乎全部风险和报酬的租赁。其所有权最终可能转移，也可能不转移。经营租赁，是指除融资租赁以外的其他租赁。在租赁开始日后，出租人无需对租赁的分类进行重新评估，除非发生租赁变更。租赁资产预计使用寿命、预计余值等会计估计变更或发生承租人违约等情况变化的，出租人不对租赁的分类进行重新评估。

二、适用范围

除下列各项外，所有租赁均适用于该准则。

(1)承租人通过许可使用协议取得的电影、录像、剧本、文稿等版权、专利等项目的权利，以出让、划拨或转让方式取得的土地使用权，适用《企业会计准则第 6 号——无形资产》。

(2)出租人授予的知识产权许可，适用《企业会计准则第 14 号——收入》。

(3)勘探或使用矿产、石油、天然气及类似不可再生资源的租赁，承租人承租生物资产，采用建设经营移交等方式参与公共基础设施建设、运营的特许经营权合同。

第二节 案例分析与操作指南

一、租赁的识别、分拆和合并

【案例 1】实质性替换权。资料：

甲公司与某货物运输公司签订了一项 5 年合同，运输一定数量的货物。运输公司使用特殊规格的轨道车进行运输，并拥有大量类似的轨道车用于履行合同的要求。轨道车和相关运输工具在不用于运货时都存放在该运输公司的经营场所，与替换轨道车相关的成本相对于运输公司而言非常小。判断甲公司与某货物运输公司签订的该合同是否包含租赁？

【分析】本案例中，由于轨道车被存放在运输公司的经营场所，且拥有大量类似的轨道车，而且替换成本很低，所以运输公司替换轨道车的收益会超过替换轨道车的成本。因此该替换权具有实质性，该合同安排不包含租赁，就是一项运输服务。

【操作指南】为确定合同是否让渡了在一定期间内控制已识别资产使用的权利，企业应当评估合同中的客户是否有权获得在使用期间内因使用已识别资产所产生的几乎全部经济利益，并有权在该使用期间主导已识别资产的使用。已识别资产通常由合同明确指定，也可以在资产可供客户使用时隐性指定。但是，即使合同已对资产进行指定，如果资产的供应方在整个使用期间拥有对该资产的实质性替换权，则该资产不属于已识别资产。

同时符合下列条件时，表明供应方拥有资产的实质性替换权：(1)资产供应方拥有在整个使用期间替换资产的实际能力；(2)资产供应方通过行使替换资产的权利将获得经济利益。

企业难以确定供应方是否拥有对该资产的实质性替换权的，应当视为供应方没有对该资产的实质性替换权。如果资产的某部分产能或其他部分在物理上不可区分，则该部分不属于已识别资产，除非其实质上代表该资产的全部产能，从而使客户获得因使用该资产所产生的几乎全部经济利益。

存在下列情况之一的，可视为客户有权主导对已识别资产在整个使用期间内的使用：(1)客户有权在整个使用期间主导已识别资产的使用目的和使用方式。(2)已识别资产的使用目的和使用方式在使用期开始前已预先确定，并且客户有权在整个使用期间自行或主导他人按照其确定的方式运营该资产，或者客户设计了已识别资产并在设计时已预先确定了该资产在整个使用期间的使用目的和使用方式。

【案例 2】租赁的分拆和合并。资料：

甲公司(承租人)与乙公司(出租人)签订为期5年的使用石油钻塔的租赁合同。合同包括由乙公司提供维护服务和乙公司自行为石油钻塔购买的保险。甲公司每年支付的金额是40000元(3000元用于维修服务、500元用于保险费用)。甲公司能够确定，若有第三方提供类似的维修服务和保险费用，收费分别为4000元和500元。甲公司无法确定类似石油钻塔的可观察的单独租金，因为所有租赁服务都附带出租人提供的相关的维护服务。

【分析】本案例中，可观察的维护服务单独价格为4000元，但租赁没有可观察的单独价格，因此该合同包含租赁和非租赁部分。甲公司应该分拆合同包含的租赁和非租赁部分，确定租赁部分的金额为36500元(40000-3000-500)。但为简化处理，甲公司可以选择不分拆的，应当将各租赁部分及与其相关的非租赁部分分别合并为租赁，进行会计处理。

【操作指南】合同中同时包含多项单独租赁的，承租人和出租人应当将合同予以分拆，并分别按各项单独租赁进行会计处理。合同中同时包含租赁和非租赁部分的，承租人和出租人应当将租赁和非租赁部分进行分拆。但为简化处理，承租人可以按照租赁资产的类别选择是否分拆合同包含的租赁和非租赁部分。承租人选择不分拆的，应当将各租赁部分及与其相关的非租赁部分分别合并为租赁，进行会计处理。

同时符合下列条件的，使用已识别资产的权利构成合同中的一项单独租赁：(1)承租人可从单独使用该资产或将其与易于获得的其他资源一起使用中获利；(2)该资产与合同中的其他资产不存在高度依赖或高度关联关系。

企业与同一交易方或其关联方在同一时间或相近时间订立的两份或多份包含租赁的合同，在符合下列条件之一时，应当合并为一份合同进行会计处理：(1)该两份或多份合同基于总体商业目的而订立并构成一揽子交易，若不作为整体考虑则无法理解其总体商业目的。(2)该两份或多份合同中的某份合同的对价金额取决于其他合同的定价或履行情况。(3)该两份或多份合同让渡的资产使用权合起来构成一项单独租赁。

二、承租人的会计处理

【案例3】短期租赁和低价值资产租赁。资料：

甲公司因季节性经营管理活动的需要，2018年6月1日从乙公司租入一设备，租期为三个月，每月租金2000元。2018年6月1日甲公司一次性支付租金6000元，则甲公司应如何进行会计处理?

【分析】由于该租赁合同的租期不超过12个月，属于短期租赁。甲公司可以不确认使用权资产和租赁负债。会计处理如下。

2018年6月1日预付租金时。

借：其他应付款　　　　6000

贷：银行存款　　6000

2018年6、7、8月末。

借：管理费用　　2000

贷：其他应付款　　2000

【操作指南】短期租赁是指在租赁期开始日，租赁期不超过12个月的租赁。但包含购买选择权的租赁不属于短期租赁。低价值资产租赁是指单项租赁资产为全新资产时价值较低的租赁。低价值资产租赁的判定仅与资产的绝对价值有关，不受承租人规模、性质或其他情况影响。承租人转租或预期转租租赁资产的，原租赁不属于低价值资产租赁。

对于短期租赁和低价值资产租赁，承租人可以选择不确认使用权资产和租赁负债。做出该选择的，承租人应当将短期租赁和低价值资产租赁的租赁付款额，在租赁期内各个期间按照直线法或其他系统合理的方法计入相关资产成本或当期损益。其他系统合理的方法能够更好地反映承租人的受益模式的，承租人应当采用该方法。短期租赁发生租赁变更或者因租赁变更之外的原因导致租赁期发生变化的，承租人应当将其视为一项新租赁进行会计处理。

【案例4】使用权资产和租赁负债的初始计量。资料：

2019年1月1日，甲公司(承租人)签订一项租期10年、租用某建筑物的合同，到期时可续租5年。初始租赁期每年的付款额为50000元，续租的每年租赁付款额为55000元，均在每年初支付。为进行此项租赁，承租人发生初始直接成本20000元(其中，15000元支付给原租用该层楼的租户，5000元是支付给承办本次租赁的房产中介机构费)。为激励承租人租赁，出租人同意返还5000元的房产中介费。

在租赁期开始日，承租人认为不能合理确定是否行使租赁续租权，因而租赁期限为10年。该租赁的内含利率不能确定，承租人采用5%的年增量借款利率。确定甲公司该项租赁的使用权资产和租赁负债的初始计量金额。

【分析】租赁负债的初始金额=租赁期开始日尚未支付的租赁付款额的现值=50000×(P/A，9，5%)=50000×7.1078=355390(元)。

使用权资产初始金额=租赁负债的初始金额+在租赁期开始日支付的租赁付款额-租赁激励返还金额+承租人发生的初始直接费用+承租人为拆卸及移除租赁资产、复原租赁资产所在场地或将租赁资产恢复至租赁条款约定状态预计将发生的成本(无法删除空格)=355390+50000-5000+20000=420390(元)。

【操作指南】在租赁期开始日，承租人应当对租赁确认使用权资产和租赁负债，使用权资产，是指承租人可在租赁期内使用租赁资产的权利。租赁期开始日是指出租人提供租赁资产使其可供承租人使用的起始日期。租赁期是指承租人有权使用租赁资产且不可撤销的期间。承租人有续租选择权，即有权选择续租该资产，且合理确定将行使该选择权的，租赁期还应当包含续租选择权涵盖的期间。承租人有终止租赁选择权，即有权选择终止租赁该资产，但合理确定将不会行使该选择权的，租赁期应当包含终止租赁选择权涵盖的期间。

使用权资产应当按照成本进行初始计量。该成本包括：(1)租赁负债的初始计量金额；(2)在租赁期开始日或之前支付的租赁付款额，存在租赁激励的，扣除已享受的租赁激励相关金额；(3)承租人发生的初始直接费用；(4)承租人为拆卸及移除租赁资产、复原租赁资产所在场地或将租赁资产恢复至租赁条款约定状态预计将发生的成本。租赁激励是指出租人为达成租赁向承租人提供的优惠，包括出租人向承租人支付的与租赁有关的款项、出租人为承租人偿付或承担的成本等。初始直接费用是指为达成租赁所发生的增量成本。增量成本是指若企业不取得该租赁，则不会发生的成本。

租赁负债应当按照租赁期开始日尚未支付的租赁付款额的现值进行初始计量。在计算租赁付款额的现值时，承租人应当采用租赁内含利率作为折现率；无法确定租赁内含利率的，应当采用承租人增量借款利率作为折现率。租赁内含利率是指使出租人的租赁收款额的现值与未担保余值的现值之和等于租赁资产公允价值与出租人的初始直接费用之和的利率。承租人增量借款利率，是指承租人在类似经济环境下为获得与使用权资产价值接近的资产，在类似期间以类似抵押条件借入资金须支付的利率。

租赁付款额，是指承租人向出租人支付的与在租赁期内使用租赁资产的权利相关的款项，包括：(1)固定付款额及实质固定付款额，存在租赁激励的，扣除租赁激励相关金额；(2)取决于指数或比率的可变租赁付款额，该款项在初始计量时根据租赁期开始日的指数或比率确定；(3)购买选择权的行权价格，前提是承租人合理确定将行使该选择权；(4)行使终止租赁选择权需支付的款项，前提是租赁期反映出承租人将行使终止租赁选择权；(5)根据承租人提供的担保余值预计应支付的款项。

实质固定付款额是指在形式上可能包含变量但实质上无法避免的付款额。可变租赁付款额是指承租人为取得在租赁期内使用租赁资产的权利，向出租人支付的因租赁期开始日后的事实或情况发生变化(而非时间推移)而变动的款项。取决于指数或比率的可变租赁付款额包括与消费者价格指数挂钩的款项、与基准利率挂钩的款项和为反映市场租金费率变化而变动的款项等。担保余值是指与出租人无关的一方向出租人提供担保，保证在租赁结束时租赁资产的价值至少为某指定的金额。未担保余值是指租赁资产余值中，出租人无法保证能够实现或仅由与出租人有关的一方予以担保的部分。

三、出租人的会计处理。

【案例 5】出租人的会计处理。资料：

A 公司(出租人)2019 年 1 月 1 日与 B 公司签订租赁合同，将当日公允价值为 26 万元万的生产设备出租给 B 公司。合同规定：租赁期为自合同签订起 36 个月，每年年末支付租金10万元，2020年和2021年两年B公司每年按该生产设备所生产的产品的年销售收入的1%向A公司支付经营分享收入，租赁期满后该生产设备的所有权归B公司所有。假设该合同的内含利率为8%。试判断相对于A公司该租赁的类型，并确定租赁投资净额的金额。

【分析】由于租赁期满后该生产设备的所有权归B公司所有，所以A公司签订的该合同为融资租赁合同。

租赁投资净额=租赁收款额现值+未担保余值的现值=100000×(P/A，8%，3)=100000×2.5771=257710(元)。

2020年和2021年两年B公司每年按该生产设备所生产的产品的年销售收入的1%向A公司支付经营分享收入为可变租赁付款额(或有租金)，发生时直接计入当期损益。

【操作指南】出租人应当在租赁开始日将租赁分为融资租赁和经营租赁。一项租赁属于融资租赁还是经营租赁取决于交易的实质，而不是合同的形式。如果一项租赁实质上转移了与租赁资产所有权有关的几乎全部风险和报酬，出租人应当将该项租赁分类为融资租赁。一项租赁存在下列一种或多种情形的，通常分类为融资租赁：(1)在租赁期届满时，租赁资产的所有权转移给承租人。(2)承租人有购买租赁资产的选择权，所订立的购买价款与预计行使选择权时租赁资产的公允价值相比足够低，因而在租赁开始日就可以合理确定承租人将行使该选择权。(3)资产的所有权虽然不转移，但租赁期占租赁资产使用寿命的大部分。(4)在租赁开始日，租赁收款额的现值几乎相当于租赁资产的公允价值。(5)租赁资产性质特殊，如果不作较大改造，只有承租人才能使用。

(一)出租人对融资租赁的会计处理

在租赁期开始日，出租人应当对融资租赁确认应收融资租赁款，并终止确认融资租赁资产。出租人对应收融资租赁款进行初始计量时，应当以租赁投资净额作为应收融资租赁款的入账价值。租赁投资净额为未担保余值和租赁期开始日尚未收到的租赁收款额按照租赁内含利率折现的现值之和。

租赁收款额，是指出租人因让渡在租赁期内使用租赁资产的权利而应向承租人收取的款项，包括：(1)承租人需支付的固定付款额及实质固定付款额，存在租赁激励的，扣除租赁激励相关金额；(2)取决于指数或比率的可变租赁付款额，该款项在初始计量时根据租赁期开始日的指数或比率确定；(3)购买选择权的行权价格，前提是合理确定承租人将行使该选择权；(4)承租人行使终止租赁选择权需支付的款项，前提是租赁期反映出承租人将行使终止租赁选择权；(5)由承租人、与承租人有关的一方以及有经济能力履行担保义务的独立第三方向出租人提供的担保余值。

在转租的情况下，若转租的租赁内含利率无法确定，转租出租人可采用原租赁的折现率(根据与转租有关的初始直接费用进行调整)计量转租投资净额。

出租人应当按照固定的周期性利率计算并确认租赁期内各个期间的利息收入。出租人取得的未纳入租赁投资净额计量的可变租赁付款额应当在实际发生时计入当期损益。

生产商或经销商作为出租人的融资租赁，在租赁期开始日，该出租人应当按照租赁资产公允价值与租赁收款额按市场利率折现的现值两者孰低确认收入，并按照租赁资产账面价值扣除未担保余值的现值后的余额结转销售成本。生产商或经销商出租人为取得融资租赁发生的成本，应当在租赁期开始日计入当期损益。

(二)出租人对经营租赁的会计处理

在租赁期内各个期间，出租人应当采用直线法或其他系统合理的方法，将经营租赁的租赁收款额确认为租金收入。其他系统合理的方法能够更好地反映因使用租赁资产所产生经济利益的消耗模式的，出租人应当采用该方法。出租人发生的与经营租赁有关的初始直接费用应当资本化，在租赁期内按照与租金收入确认相同的基础进行分摊，分期计入当期损益。对于经营租赁资产中的固定资产，出租人应当采用类似资产的折旧政策计提折旧；对于其他经营租赁资产，应当根据该资产适用的企业会计准则，采用系统合理的方法进行摊销。出租人取得的与经营租赁有关的未计入租赁收款额的可变租赁付款额，应当在实际发生时计入当期损益。经营租赁发生变更的，出租人应当自变更生效日起将其作为一项新租赁进行会计处理，与变更前租赁有关的预收或应收租赁收款额应当视为新租赁的收款额。

第三节　本准则修订的主要内容

2018年12月13日，财政部发布了修订的《企业会计准则第21号——租赁》(财会〔2018〕35号)。在境内外同时上市的企业以及在境外上市并采用国际财务报告准则或企业会计准则编制财务报表的企业自2019年1月1日起施行；其他执行企业会计准则的企业自2021年1月1日起施行。本次准则修订的主要内容如下。

一、核心变化取消承租人关于融资租赁与经营租赁的分类

原准则要求承租人和出租人在租赁开始日，根据与资产所有权有关的全部风险和报酬是否转移，将租赁分为融资租赁和经营租赁。对于经营租赁，承租人在资产负债表中不确认其取得的资产使用权和租金支付义务，导致其财务报表无法全面反映因租赁交易取得的权利和承担的义务；而融资租赁与经营租赁会计处理的差异以及明线划分标准的存在，为实务中构建交易以符合特定租赁的定义创造了动力和机会，从而导致经济实质相同的交易会计处理迥异，降低了财务报表的可比性。修订后的准则取消承租人关于融资租赁与经营租赁的分类，要求承租人对所有租赁(选择简化处理的短期租赁和低价值资产租赁除外)确认使用权资产和租赁负债，并分别确认折旧和利息费用。在出租人方

面，基本沿袭了原租赁准则的会计处理规定，但改进了出租人的信息披露，要求出租人披露对其保留的有关租赁资产的权利所采取的风险管理战略、为降低相关风险所采取的措施等。

二、完善租赁的识别、分拆及合并等相关制度

原租赁准则下经营租赁与服务的会计处理方法类似，即使未准确区分也不会造成会计处理结果的重大差异。新准则要求承租人在资产负债表中确认经营租赁的相关权利和义务，从而使得租赁与服务的会计处理产生较大差异，在此背景下，准确识别租赁成为需厘清的重要问题。为此，修订后的准则引入了“控制”“已识别资产”等概念，对租赁的识别以及租赁与服务的区分制定了相关指导原则。此外，修订后的准则对同时包含租赁和非租赁部分的合同的分拆及合同对价分摊、租赁的合并等做出了规定。进一步完善了可变租赁付款额、租赁发生变更等情形的会计处理，并对短期租赁和低价值资产租赁的识别判断及会计处理做出了相应规定。

三、增加选择权重估和租赁变更情形下的会计处理

原租赁准则未对租赁期开始日后选择权重估或合同变更等情形下的会计处理做出明确规范，导致实务中多有争议且会计处理不统一。修订后的准则明确规定发生承租人可控范围内的重大事件或变化，且影响承租人是否合理确定将行使相应选择权的，承租人应当对其是否合理确定将行使续租选择权、购买选择权或不行使终止租赁选择权进行重新评估。

四、改进出租人的租赁分类原则及相关会计处理

修订后的准则总体上继承了原准则中有关出租人的会计处理规定，即保留了融资租赁与经营租赁的双重模型。在分类方面，修订后的准则强调了要依据交易的实质，而非合同的形式，有关融资租赁与经营租赁分类的规定更原则化，并增加了可能导致租赁被分类为融资租赁的其他判断迹象。同时，根据承租人会计处理的变化，调整了转租出租人对转租赁进行分类和会计处理的有关规定。此外，根据实务需要，增加了对生产商或经销商作为出租人的融资租赁的会计处理规定。

五、列示和信息披露要求

在承租人方面修订后的准则根据会计处理模型的变化，对租赁相关的使用权资产、租赁负债、折旧和利息、现金流出等在财务报表中的列示做出了明确规范，并在原准则的基础上对租赁相关的信息披露做了进一步调整完善。

在出租人方面，主要增加了部分信息披露要求，包括出租人对其所保留的租赁资产

相关权利进行风险管理的情况，融资租赁的销售损益、融资收益、与未纳入租赁投资净额的可变租赁付款额相关的收入，经营租赁的租赁收入等。

六、其他方面

调整售后租回交易会计处理并与收入准则衔接。根据《企业会计准则第 14 号——收入(2017)》的最新修订，修订后的准则对于售后租回交易的会计处理进行了相应调整。即，按照《企业会计准则第 14 号——收入》评估售后租回交易中的资产转让是否满足销售的条件：资产转让属于销售的，承租人(卖方)按原资产账面金额中与所保留使用权有关的部分确认和计量租回形成的使用权资产，并对转让至出租人的权利确认相关利得或损失，出租人按照适用的准则对资产购买进行会计处理，资产出租适用本准则；资产转让不属于销售的，承租人(卖方)继续确认被转让资产并将取得的转让价款确认为金融负债，出租人(买方)不确认被转让资产，所支付的转让价款确认为金融资产。

第二十二章　金融工具确认和计量

第一节　金融工具确认和计量概述

一、金融工具概念和种类

金融工具是指形成一方的金融资产并形成其他方的金融负债或权益工具的合同。金融工具包括金融资产、金融负债和权益工具。其中，合同的形式多种多样，可以是书面的，也可以不采用书面形式。实务中的金融工具合同通常采用书面形式。非合同的资产和负债不属于金融工具。例如，应交所得税是企业按照税收法规规定承担的义务，不是以合同为基础的义务，因此不符合金融工具定义。

(一)金融资产

金融资产是指企业持有的现金、其他方的权益工具以及符合下列条件之一的资产：

从其他方收取现金或其他金融资产的合同权利。例如，企业的银行存款、应收账款、应收票据和贷款等均属于金融资产。再如，预付账款不是金融资产，因其产生的未来经济利益是商品或服务，不是收取现金或其他金融资产的权利。

在潜在有利条件下，与其他方交换金融资产或金融负债的合同权利。例如，企业持有的看涨期权或看跌期权等。

将来须用或可用企业自身权益工具进行结算的非衍生工具合同，且企业根据该合同将收到可变数量的自身权益工具。

将来须用或可用企业自身权益工具进行结算的衍生工具合同，但以固定数量的自身权益工具交换固定金额的现金或其他金融资产的衍生工具合同除外。其中，企业自身权益工具不包括应当按照《企业会计准则第37号——金融工具列报》分类为权益工具的可回售工具或发行方仅在清算时才有义务向另一方按比例交付其净资产的金融工具，也不包括本身就要求在未来收取或交付企业自身权益工具的合同。

长期股权投资(即企业对外能够形成控制、共同控制和重大影响的股权投资)、货币资金(即现金、银行存款、其他货币资金)不在本准则内规范。

(二)衍生工具

金融工具还可以分为基础金融工具和衍生工具。衍生工具，是指属于金融工具准则范围并同时具备下列特征的金融工具或其他合同。

(1)其价值随特定利率、金融工具价格、商品价格、汇率、价格指数、费率指数、信用等级、信用指数或其他变量的变动而变动，变量为非金融变量(比如特定区域的地震损失指数、特定城市的气温指数等)的，该变量不应与合同的任何一方存在特定关系。

衍生工具的价值变动取决于标的变量的变化。例如，甲国内金融企业与乙境外金融企业签订了一份1年期利率互换合约，每半年末甲企业向乙企业支付美元固定利息、从乙公司收取以6个月美元LIBOR（浮动利率）计算确定的浮动利息，合约名义金额为1亿美元。合约签订时，其公允价值为零。假定合约签订半年后，浮动利率(6个月美元LIBOR)与合约签订时不同，甲企业将根据未来可收取的浮动利息现值扣除将支付的固定利息现值确定该合约的公允价值，合约的公允价值因浮动利率的变化而改变。

(2)不要求初始净投资，或者与对市场因素变化预期有类似反应的其他合同相比，要求较少的初始净投资。

企业从事衍生工具交易不要求初始净投资，通常指签订某项衍生工具合同时不需要支付现金。例如，某企业与其他企业签订一项将来买入债券的远期合同，就不需要在签订合同时支付将来购买债券所需的现金。但是，不要求初始净投资，并不排除企业按照约定的交易惯例或规则相应缴纳一笔保证金，比如企业进行期货交易时要求缴纳一定的保证金。缴纳保证金不构成一项企业解除负债的现时支付，因为保证金仅具有“保证”性质。

在某些情况下，企业在从事衍生工具交易也会遇到要求进行现金支付的情况，但该现金支付只是相对很少的初始净投资。例如，从市场上购入备兑认股权证，就需要先支付一笔款项。但相对于行权时购入相应股份所需支付的款项，此项支付往往是很小的。又如，企业进行货币互换时，通常需要在合同签订时支付某种货币表示的一笔款项，但同时也会收到以另一种货币表示的“等值”的一笔款项，无论是从该企业的角度，还是从其对手(合同的另一方)看，初始净投资均为零。

(3)在未来某一日期结算。

衍生工具在未来某一日期结算，表明衍生工具结算需要经历一段特定期间。衍生工具通常在未来某一特定日期结算，也可能在未来多个日期结算。例如，利率互换可能涉及合同到期前多个结算日期。另外，有些期权可能由于是价外期权而到期不行权，也是在未来日期结算的一种方式。

(三)金融负债

金融负债，是指企业符合下列条件之一的负债：①向其他方交付现金或其他金融资产的合同义务；②在潜在不利条件下，与其他方交换金融资产或金融负债的合同义务；③将来须用或可用企业自身权益工具进行结算的非衍生工具合同，且企业根据该合同将交付可变数量的自身权益工具；④将来须用或可用企业自身权益工具进行结算的衍生工具合同，但以固定数量的自身权益工具交换固定金额的现金或其他金融资产的衍生工具合同除外。企业对全部现有同类别非衍生自身权益工具的持有方同比例发行配股权、期权或认股权证，使之有权按比例以固定金额的任何货币换取固定数量的该企业自身权益工具的，该类配股权、期权或认股权证应当分类为权益工具。其中，企业自身权益工具不包括应按照特殊金融工具分类为权益工具的金融工具，也不包括本身就要求在未来收取或交付企业自身权益工具的合同。

(四)权益工具

权益工具，是指能证明拥有某个企业在扣除所有负债后的资产中的剩余权益的合同。在同时满足下列条件的情况下，企业应当将发行的金融工具分类为权益工具：①该金融工具应当不包括交付现金或其他金融资产给其他方，或在潜在不利条件下与其他方交换金融资产或金融负债的合同义务；②将来须用或可用企业自身权益工具结算该金融工具。如为非衍生工具，该金融工具应当不包括交付可变数量的自身权益工具进行结算的合同义务；如为衍生工具，企业只能通过以固定数量的自身权益工具交换固定金额的现金或其他金融资产结算该金融工具。其中，企业自身权益工具不包括应按照特殊金融工具分类为权益工具的金融工具，也不包括本身就要求在未来收取或交付企业自身权益工具的合同。

二、金融工具会计核算涉及的主要会计科目(见表22-1)

表22-1　金融工具会计核算涉及的主要会计科目表

科目名称	核算的主要内容
交易性金融资产	核算以公允价值计量且其变动计入当期损益的金融资产
债券投资	核算以摊余成本计量的金融资产
其他债券投资	核算以公允价值计量且其变动计入其他综合收益的除非交易性权益工具投资的金融资产
其他权益工具投资	以公允价值计量且其变动计入其他综合收益的非交易性权益工具投资
交易性金融负债	核算以公允价值计量且其变动计入当期损益的金融负债
应付债券	核算以摊余成本计量且不属于任何套期关系的一部分的金融负债
公允价值变动损益	核算企业交易性金融资产、交易性金融负债，以及采用公允价值模式计量的投资性房地产、衍生工具、套期保值业务等公允价值变动形成的应计入当期损益的利得或损失
投资收益	核算企业确认的投资收益或投资损失
其他综合收益	核算企业根据企业会计准则规定未在损益中确认的各项利得和损失扣除所得税影响后的净额，以及直接计入所有者权益的利得和损失

三、金融资产和金融负债的分类和重分类

金融资产和金融负债的分类是确认和计量的基础。企业应当根据其管理金融资产的业务模式和金融资产的合同现金流量特征，对金融资产进行合理的分类。金融资产一般划分为以下三类。

(1)以摊余成本计量的金融资产。

(2)以公允价值计量且其变动计入其他综合收益的金融资产。

(3)以公允价值计量且其变动计入当期损益的金融资产。同时，企业应当结合自身业务特点和风险管理要求，对金融负债进行合理的分类。对金融资产和金融负债的分类一经确定，不得随意变更。

(一)金融资产的分类

1. 关于企业管理金融资产的业务模式

(1)业务模式评估。

企业管理金融资产的业务模式，是指企业如何管理其金融资产以产生现金流量。业务模式决定企业所管理金融资产现金流量的来源是收取合同现金流量、出售金融资产还是两者兼有。

一个企业可能会采用多个业务模式管理其金融资产。例如，企业持有一组以收取合同现金流量为目标的投资组合，同时还持有另一组既以收取合同现金流量为目标又以出售该金融资产为目标的投资组合。

企业确定其管理金融资产的业务模式时，应当注意以下方面。

①企业应当在金融资产组合的层次上确定管理金融资产的业务模式，而不必按照单个金融资产逐项确定业务模式。金融资产组合的层次应当反映企业管理该金融资产的层次。有些情况下，企业可能将金融资产组合分拆为更小的组合，以合理反映企业管理该金融资产的层次。例如，企业购买一个抵押贷款组合，以收取合同现金流量为目标管理该组合中的一部分贷款，以出售为目标管理该组合中的其他贷款，则属于这种情况。

②企业应当以企业关键管理人员决定的对金融资产进行管理的特定业务目标为基础，确定管理金融资产的业务模式。企业的业务模式并非企业自愿指定，而是一种客观事实，通常可以从企业为实现其设定目标而开展的特定活动中得以反映。企业应当考虑在业务模式评估日可获得的所有相关证据，包括企业评价和向关键管理人员报告金融资产业绩的方式、影响金融资产业绩的风险及其管理方式以及相关业务管理人员获得报酬的方式(例如报酬是基于所管理资产的公允价值还是所收取的合同现金流量)。

③企业应当以客观事实为依据，确定管理金融资产的业务模式，不得以按照合理预期不会发生的情形为基础确定。例如，对于某金融资产组合，如果企业预期仅会在压力情形下将其出售，且企业合理预期该压力情形不会发生，则该压力情形不得影响企业．此外，如果金融资产实际现金流量的实现方式不同于评估业务模式时的预期(如企业出售的金融资产数量超出或少于在对资产做出分类时的预期)，只要企业在评估业务模式时已经考虑了当时所有可获得的相关信息，这一差异不构成企业财务报表的前期差错，也不改变企业在该业务模式下持有的剩余金融资产的分类。但是，企业在评估新的金融资产的业务模式时，应当考虑这些信息。

(2)以收取合同现金流量为目标的业务模式。

在以收取合同现金流量为目标的业务模式下，企业管理金融资产旨在通过在金融资产存续期内收取合同付款来实现现金流量，而不是通过持有并出售金融资产产生整体回报。

例如，甲企业购买了一个贷款组合，且该组合中有包含已发生信用减值的贷款。如果贷款不能按时偿付，甲企业将通过各类方式尽可能实现合同现金流量，例如通过邮件、电话或其他方法与借款人联系催收。同时，甲企业签订了一项利率互换合同，将贷款组合的利率由浮动利率转换为固定利率。

甲企业管理该贷款组合的业务模式是以收取合同现金流量为目标。即使甲企业预期无法收取全部合同现金流量(部分贷款已发生信用减值)，但并不影响其业务模式。此外，该公司签订利率互换合同也不影响贷款组合的业务模式。

(3)以收取合同现金流量和出售金融资产为目标的业务模式。

在以收取合同现金流量和出售金融资产为目标的业务模式下，企业的关键管理人员认为收取合同现金流量和出售金融资产对于实现其管理目标而言都是不可或缺的。例如，企业的目标是管理日常流动性需求同时维持特定的收益率，或将金融资产的存续期与相关负债的存续期进行匹配。

与以收取合同现金流量为目标的业务模式相比，此业务模式涉及的出售通常频率更高、价值更大。因为出售金融资产是此业务模式的目标之一，在该业务模式下不存在出售金融资产的频率或者价值的明确界限。

例如，甲银行持有金融资产组合以满足其每日流动性需求。甲银行为了降低其管理流动性需求的成本，高度关注该金融资产组合的回报。组合回报包括收取的合同付款和出售金融资产的利得或损失。甲银行管理该金融资产组合的业务模式以收取合同现金流量和出售金融资产为目标。

(4)其他业务模式。

如果企业管理金融资产的业务模式，不是以收取合同现金流量为目标，也不是既以收取合同现金流量又以出售金融资产来实现其目标，该金融资产应当分类为以公允价值计量且其变动计入当期损益的金融资产。例如，企业持有金融资产的目的是交易性的或者基于金融资产的公允价值做出决策并对其进行管理。在这种情况下，企业管理金融资产的目标是通过出售金融资产以实现现金流量。即使企业在持有金融资产的过程中会收取合同现金流量，企业管理金融资产的业务模式不是既以收取合同现金流量又以出售金融资产来实现其目标，因为收取合同现金流量对实现该业务模式目标来说只是附带性质的活动。

2. 关于金融资产的合同现金流量特征

金融资产的合同现金流量特征，是指金融工具合同约定的、反映相关金融资产经济特征的现金流量属性。企业分类为以摊余成本计量的金融资产和以公允价值计量且其变动计入其他综合收益的金融资产，其合同现金流量特征应当与基本借贷安排相一致。即相关金融资产在特定日期产生的合同现金流量仅为对本金和以未偿付本金金额为基础的利息的支付。

本金是指金融资产在初始确认时的公允价值，本金金额可能因提前还款等原因在金融资产的存续期内发生变动；利息包括对货币时间价值、与特定时期未偿付本金金额相关的信用风险，以及其他基本借贷风险、成本和利润的对价。其中，货币时间价值是利息要素中仅因为时间流逝而提供对价的部分，不包括为所持有金融资产的其他风险或成本提供的对价，但货币时间价值要素有时可能存在修正。在货币时间价值要素存在修正的情况下，企业应当对相关修正进行评估，以确定其是否满足上述合同现金流量特征的要求。此外，金融资产包含可能导致其合同现金流量的时间分布或金额发生变更的合同条款(如包含提前还款特征)的，企业应当对相关条款进行评估(如评估提前还款特征的公允价值是否非常小)，以确定其是否满足上述合同现金流量特征的要求。

3. 金融资产的具体分类

(1)金融资产同时符合下列条件的，应当分类为以摊余成本计量的金融资产。

企业管理该金融资产的业务模式是以收取合同现金流量为目标。

该金融资产的合同条款规定，在特定日期产生的现金流量，仅为对本金和以未偿付本金金额为基础的利息的支付。

例如，银行向企业客户发放的固定利率的贷款，在没有其他特殊安排的情况下，贷款的合同现金流量一般情况下可能符合仅为对本金和以未偿付本金金额为基础的利息支付的要求。如果银行管理该贷款的业务模式是以收取合同现金流量为目标，则该贷款应当分类为以摊余成本计量的金融资产。

企业一般应当设置“银行存款”“贷款”“应收账款”“债权投资”等科目核算分类为以摊余成本计量的金融资产。

(2)金融资产同时符合下列条件的，应当分类为以公允价值计量且其变动计入其他综合收益的金融资产。

①企业管理该金融资产的业务模式既以收取合同现金流量为目标又以出售该金融资产为目标。

②该金融资产的合同条款规定，在特定日期产生的现金流量，仅为对本金和以未偿付本金金额为基础的利息的支付。

例如，企业持有的普通债券的合同现金流量是到期收回本金及按约定利率在合同期间按时收取固定或浮动利息的权利。在没有其他特殊安排的情况下，普通债券的合同现金流量一般情况下可能符合仅为对本金和以未偿付本金金额为基础的利息支付的要求。如果企业管理该债券的业务模式既以收取合同现金流量为目标又以出售该债券为目标，则该债券应当分类为以公允价值计量且其变动计入其他综合收益的金融资产。

企业应当设置“其他债权投资”科目核算分类为以公允价值计量且其变动计入其他综合收益的金融资产。

(3)按照上述(1)和(2)分类为以摊余成本计量的金融资产和以公允价值计量且其变动计入其他综合收益的金融资产之外的金融资产，企业应当将其分类为以公允价值计量且其变动计入当期损益的金融资产。例如，企业持有的普通股股票的合同现金流量是收取被投资企业未来股利分配以及其清算时获得剩余收益的权利。由于股利及获得剩余收益的权利均不符合本金和利息的定义，因此企业持有的普通股股票应当分类为以公允价值计量且其变动计入当期损益的金融资产。

企业应当设置“交易性金融资产”科目核算以公允价值计量且其变动计入当期损益的金融资产。企业持有的直接指定为以公允价值计量且其变动计入当期损益的金融资产，也在本科目核算。

4. 金融资产分类的特殊规定

权益工具投资的合同现金流量评估一般不符合基本借贷安排，因此只能分类为以公允价值计量且其变动计入当期损益的金融资产。然而在初始确认时，企业可以将非交易性权益工具投资指定为以公允价值计量且其变动计入其他综合收益的金融资产，并按规定确认股利收入。该指定一经做出，不得撤销。企业投资其他上市公司股票或者非上市公司股权的，都可能属于这种情形。

初始确认时，企业可基于单项非交易性权益工具投资，将其指定为以公允价值计量且其变动计入其他综合收益的金融资产，其公允价值的后续变动计入其他综合收益，不需计提减值准备。除了获得的股利(明确代表投资成本部分收回的股利除外)计入当期损益外，其他相关的利得和损失(包括汇兑损益)均应当计入其他综合收益，且后续不得转入当期损益。当金融资产终止确认时，之前计入其他综合收益的累计利得或损失应当从其他综合收益中转出，计入留存收益。

需要注意的是，企业在非同一控制下的企业合并中确认的或有对价构成金融资产的，该金融资产应当分类为以公允价值计量且其变动计入当期损益的金融资产，不得指定为以公允价值计量且其变动计入其他综合收益的金融资产。

(二)金融负债的分类

1. 除下列各项外，企业应当将金融负债分类为以摊余成本计量的金融负债

(1)以公允价值计量且其变动计入当期损益的金融负债，包括交易性金融负债(含属于金融负债的衍生工具)和指定为以公允价值计量且其变动计入当期损益的金融负债。在非同一控制下的企业合并中，企业作为购买方确认的或有对价形成金融负债的，该金融负债应当按照以公允价值计量且其变动计入当期损益进行会计处理。

金融资产或金融负债满足下列条件之一的，表明企业持有该金融资产或承担该金融

负债的目的是交易性的。

①取得相关金融资产或承担相关金融负债的目的，主要是为了近期出售或回购。例如，企业以赚取差价为目的从二级市场购入的股票、债券和基金等或者发行人根据债务工具的公允价值变动计划在近期回购的有公开市场报价的债务工具。

②相关金融资产或金融负债在初始确认时属于集中管理的可辨认金融工具组合的一部分，且有客观证据表明近期实际存在短期获利模式。在这种情况下，即使组合中有某个组成项目持有的期限稍长也不受影响。其中，“金融工具组合”指金融资产组合或金融负债组合。

③相关金融资产或金融负债属于衍生工具。但符合财务担保合同定义的衍生工具以及被指定为有效套期工具的衍生工具除外。例如，未作为套期工具且公允价值为负的 利率互换，或者未作为套期工具的签出外汇期权。

(2)金融资产转移不符合终止确认条件或继续涉入被转移金融资产所形成的金融负债。对此类金融负债，企业应当按照本章第五节相关规定进行计量。

(3)部分财务担保合同，以及不属于以公允价值计量且其变动计入当期损益的金融负债的以低于市场利率贷款的贷款承诺。企业作为此类金融负债发行方的，应当在初始确认后按照损失准备金额以及初始确认金额扣除依据《企业会计准则第 14 号——收入》相关规定所确定的累计摊销额后的余额孰高进行计量。

2. 公允价值选择权

在初始确认时，为了提供更相关的会计信息，企业可以将一项金融资产、一项金融负债或者一组金融工具(金融资产、金融负债或者金融资产及负债)指定为以公允价值计量且其变动计入当期损益的金融资产或金融负债，但该指定应当满足下列条件之一。

(1)金融资产或金融负债能够消除或显著减少会计错配。例如，有些金融资产被分类为以公允价值计量且其变动计入当期损益的金融资产，但与之直接相关的金融负债却划分为以摊余成本进行后续计量的金融负债，从而导致会计错配。如果将以上金融负债直接指定为以公允价值计量且其变动计入当期损益类，那么这种会计错配就能够消除。企业拥有某金融资产且承担某金融负债，该金融资产和金融负债承担某种相同的风险(例如利率风险)，且各自的公允价值变动方向相反、趋于相互抵消。但是，其中只有部分金融资产或金融负债以公允价值计量且变动计入当期损益。套期会计有效性难以达到套期会计要求时，也会出现类似问题。在这些情况下，如果将所有这些资产和负债均进行公允价值指定，也可以消除会计错配现象。

企业拥有某金融资产且承担某金融负债，该金融资产和金融负债承担某种相同的风险，且各自的公允价值变动方向相反，趋于相互抵消。但是，因为这些金融资产或金融负债中没有一项是以公允价值计量且其变动计入当期损益的，不满足套期工具的条件，从而使企业不具备运用套期会计方法的条件。由于不能运用套期会计方法，从而出现在相关利得或损失的确认方面存在重大不一致。在这种情况下，如果将该金融资产和金融负债进行公允价值指定，则可以消除会计错配。

需要指出的是，对于上述情况，实务中企业可能难以做到将所涉及的金融资产和金融负债在同一时间进行公允价值指定。如果企业能够做到将每项相关交易在初始确认时予以公允价值指定，且能预期剩下的交易将会发生，那么合理的延迟是可以的。此外，公允价值选择权只能应用于一项金融工具的整体，不能是某一组成部分。

(2)根据正式书面文件载明的企业风险管理或投资策略，以公允价值为基础对金融负债组合或金融资产和金融负债组合进行管理和业绩评价，并在企业内部以此为基础向关键管理人员报告。以公允价值为基础进行管理的金融资产组合，由于其按照规定已经被分类为以公允价值计量且其变动计入损益的金融资产，因此，不需要将此条件的公允价值选择权应用于金融资产。此项条件着重企业日常管理和评价业绩的方式，而不是关注金融工具组合中各组成部分的性质。

企业将一项金融资产、一项金融负债或者一组金融工具(金融资产、金融负债或者金融资产及负债)指定为以公允价值计量且其变动计入当期损益的，一经做出不得撤销。

(三)金融工具的重分类

1. 金融工具重分类的原则

企业改变其管理金融资产的业务模式时，应当按照规定对所有受影响的相关金融资产进行重分类。企业对所有金融负债均不得进行重分类。所以，金融资产(即非衍生债权资产)可以在以摊余成本计量、以公允价值计量且其变动计入其他综合收益和以公允价值计量且其变动计入当期损益之间进行重分类。企业管理金融资产业务模式的变更是一种极其少见的情形。

企业对金融资产进行重分类，应当自重分类日起采用未来适用法进行相关会计处理，不得对以前已经确认的利得、损失(包括减值损失或利得)或利息进行追溯调整。重分类日，是指导致企业对金融资产进行重分类的业务模式发生变更后的首个报告期间的第一天。例如，甲上市公司决定于2018年3月22日改变某金融资产的业务模式，则重分类日为2018年4月1日(即下一个季度会计期间的期初)；乙上市公司决定于2018年10月15日改变某金融资产的业务模式，则重分类日为2019年1月1日。

例如，甲公司持有拟在短期内出售的某商业贷款组合。甲公司收购了一家资产管理公司(乙公司)，乙公司的业务模式是为收取合同现金流量而持有贷款。甲公司决定，对该商业贷款组合不再是为出售而持有，而是将该组合与资产管理公司持有的其他商业贷款一起管理，都是为收取合同现金流量而持有，则甲公司管理该商业贷款组合的业务模式发生了变更。

需要注意的是，企业业务模式的变更必须在重分类日之前生效。例如，某银行决定于2018年10月15日终止其零售抵押贷款业务，并在2019年1月1日对所有受影响的金融资产进行重分类。在2018年10月15日之后，该金融机构不应开展新的零售抵押贷款业务，或另外从事与之前零售抵押贷款业务模式相同的活动。

另外，如果企业管理金融资产的业务模式没有发生变更，而金融资产的条款发生变更但未导致终止确认时，不允许重分类。如果金融资产条款发生变更导致金融资产终止确认的，不属于重分类，企业应当终止确认原金融资产，同时按照变更后的条款确认一项新金融资产。

2. 金融资产重分类的计量

(1)以摊余成本计量的金融资产的重分类。

①企业将一项以摊余成本计量的金融资产重分类为以公允价值计量且其变动计入当期损益的金融资产的，应当按照该资产在重分类日的公允价值进行计量。原账面价值与公允价值之间的差额计入当期损益。

②企业将一项以摊余成本计量的金融资产重分类为以公允价值计量且其变动计入其他综合收益的金融资产的，应当按照该金融资产在重分类日的公允价值进行计量。原账面价值与公允价值之间的差额计入其他综合收益。该金融资产重分类不影响其实际利率和预期信用损失的计量。

(2)以公允价值计量且其变动计入其他综合收益的金融资产的重分类。

①企业将一项以公允价值计量其变动计入其他综合收益的金融资产重分类为以摊余成本计量的金融资产的，应当将之前计入其他综合收益的累计利得或损失转出，调整该金融资产在重分类日的公允价值，并以调整后的金额作为新的账面价值，即视同该金融资产一直以摊余成本计量。该金融资产重分类不影响其实际利率和预期信用损失的计量。

②企业将一项以公允价值计量且其变动计入其他综合收益的金融资产重分类为以公允价值计量且其变动计入当期损益的金融资产的，应当继续以公允价值计量该金融资产。同时，企业应当将之前计入其他综合收益的累计利得或损失从其他综合收益转入当期损益。

(3)以公允价值计量且其变动计入当期损益的金融资产的重分类。

企业将一项以公允价值计量且其变动计入当期损益的金融资产重分类为以摊余成本计量的金融资产的，应当以其在重分类日的公允价值作为新的账面余额。

企业将一项以公允价值计量且其变动计入当期损益的金融资产重分类为以公允价值计量且其变动计入其他综合收益的金融资产的，应当继续以公允价值计量该金融资产。

对以公允价值计量且其变动计入当期损益的金融资产进行重分类的，企业应当根据该金融资产在重分类日的公允价值确定其实际利率。同时，企业应当自重分类日起对该金融资产适用金融资产减值的相关规定，并将重分类日视为初始确认日。

四、金融负债和权益工具的区分

(一)金融负债和权益工具的区分

1. 金融负债和权益工具的区分的总体要求

按照《企业会计准则第37号——金融工具列报》要求，企业发行金融工具，应当按照该金融工具的合同条款及其所反映的经济实质而非法律形式，结合金融资产、金融负债和权益工具的定义，在初始确认时将该金融工具或其组成部分分类为金融资产、金融负债或权益工具。

(1)金融负债和权益工具的定义。

金融负债，是指企业符合下列条件之一的负债：①向其他方交付现金或其他金融资产的合同义务；②在潜在不利条件下，与其他方交换金融资产或金融负债的合同义务；③将来须用或可用企业自身权益工具进行结算的非衍生工具合同，且企业根据该合同将交付可变数量的自身权益工具；④将来须用或可用企业自身权益工具进行结算的衍生工具合同，但以固定数量的自身权益工具交换固定金额的现金或其他金融资产的衍生工具合同除外。企业对全部现有同类别非衍生自身权益工具的持有方同比例发行配股权、期权或认股权证，使之有权按比例以固定金额的任何货币换取固定数量的该企业自身权益工具的，该类配股权、期权或认股权证应当分类为权益工具。其中，企业自身权益工具不包括应按照特殊金融工具分类为权益工具的金融工具，也不包括本身就要求在未来收取或交付企业自身权益工具的合同。

权益工具，是指能证明拥有某个企业在扣除所有负债后的资产中的剩余权益的合同。在同时满足下列条件的情况下，企业应当将发行的金融工具分类为权益工具：①该金融工具应当不包括交付现金或其他金融资产给其他方，或在潜在不利条件下与其他方交换金融资产或金融负债的合同义务；②将来须用或可用企业自身权益工具结算该金融工具。如为非衍生工具，该金融工具应当不包括交付可变数量的自身权益工具进行结算的合同义务；如为衍生工具，企业只能通过以固定数量的自身权益工具交换固定金额的现金或其他金融资产结算该金融工具。其中，企业自身权益工具不包括应按照特殊金融工具分类为权益工具的金融工具，也不包括本身就要求在未来收取或交付企业自身权益工具的合同。

(2)区分金融负债和权益工具需考虑的因素。

①合同所反映的经济实质。在判断一项金融工具是否应划分为金融负债或权益工具时，应当以相关合同条款及其所反映的经济实质而非仅以法律形式为依据。对金融工具合同所反映经济实质的评估应基于合同的具体条款，合同条款以外的因素一般不予考虑。

②工具的特征。有些金融工具可能既有权益工具的特征，又有金融负债的特征。例

如，企业发行的某些优先股。因此，企业应当全面细致地分析此类金融工具各组成部分的合同条款，以确定其显示的是金融负债还是权益工具的特征，并进行整体评估，以判定整个工具应划分为金融负债、权益工具，还是既包括金融负债成分又包括权益工具成分的复合金融工具。

2. 金融负债和权益工具区分的基本原则

(1)是否存在无条件地避免交付现金或其他金融资产的合同义务。

1)如果企业不能无条件地避免以交付现金或其他金融资产来履行一项合同义务，则该合同义务符合金融负债的定义。实务中，常见的该类合同义务情形如下。

①不能无条件地避免的赎回，即金融工具发行方不能无条件地避免赎回此金融工具。如果一项合同(除分类为权益工具的特殊金融工具外)使发行方承担了以现金或其他金融资产回购自身权益工具的义务，即使发行方的回购义务取决于合同对手方是否行使回售权，发行方应当在初始确认时将该义务确认为一项金融负债，其金额等于回购所需支付金额的现值(如远期回购价格的现值、期权行权价格的现值或其他回售金额的现值)。如果发行方最终无须以现金或其他金融资产回购自身权益工具，应当在合同对手方回售权到期时将该项金融负债按照账面价值重分类为权益工具。

②强制付息，即金融工具发行方被要求强制支付利息。例如，一项以面值人民币1亿元发行的优先股要求每年按6%的股息率支付优先股股息，则发行方承担了支付未来每年6%股息的合同义务，应当就该强制付息的合同义务确认金融负债。又如，企业发行的一项永续债，无固定还款期限且不可赎回、每年按8%的利率强制付息。尽管该项工具的期限永续且不可赎回，但由于企业承担了以利息形式永续支付现金的合同义务，因此，符合金融负债的定义。

需要说明的是，对企业履行交付现金或其他金融资产的合同义务能力的限制(如无法获得外币、需要得到有关监管部门的批准才能支付或其他法律法规的限制等)，并不能解除企业就该金融工具所承担的合同义务，也不能表明该企业无须承担该金融工具的合同义务。

2)如果企业能够无条件地避免交付现金或其他金融资产，例如，能够根据相应的议事机制自主决定是否支付股息(即无支付股息的义务)，同时所发行的金融工具没有到期日且持有方没有回售权，或虽有固定期限但发行方有权无限期递延(即无支付本金的义务)，则此类交付现金或其他金融资产的结算条款不构成金融负债。如果发放股利由发行方根据相应的议事机制自主决定，则股利是累积股利还是非累积股利本身均不会影响该金融工具被分类为权益工具。

实务中，优先股等金融工具发行时还可能会附有与普通股股利支付相联结的合同条款。这类工具常见的联结条款包括“股利制动机制”“股利推动机制”等。“股利制动机制”的合同条款要求企业如果不宣派或支付(视具体合同条款而定，下同)优先股等金融工具的股利，则其也不能宣派或支付普通股股利。“股利推动机制”的合同条款要求企业如果宣派或支付普通股股利，则其也需宣派或支付优先股等金融工具的股利。如果优先股等金融工具所联结的是诸如普通股的股利，发行方根据相应的议事机制能够自主决定普通股股利的支付，则“股利制动机制”及“股利推动机制”本身均不会导致相关金融工具被分类为一项金融负债。

例如，甲公司发行了一项年利率为8%、无固定还款期限、可自主决定是否支付利息的不可累积永续债，其他合同条款如下(假定没有其他条款导致该工具分类为金融负债)：①该永续债嵌入了一项看涨期权，允许甲公司在发行第5年及之后以面值回购该永续债；②如果甲公司在第5年年末没有回购该永续债，则之后的票息率增加至12%(通常称为“票息递增”特征)；③该永续债票息在甲公司向其普通股股东支付股利时必须支付(即“股利推动机制”)。假设：甲公司根据相应的议事机制能够自主决定普通股股利的支付；该公司发行该永续债之前多年来均支付普通股股利。

尽管甲公司多年来均支付普通股股利，但由于甲公司能够根据相应的议事机制自主决定普通股股利的支付，并进而影响永续债利息的支付，对甲公司而言，该永续债并未形成支付现金或其他金融资产的合同义务；尽管甲公司有可能在第5年年末行使其回购权，但是甲公司并没有回购的合同义务，因此，该永续债应整体被分类为权益工具。

3)有些金融工具虽然没有明确地包含交付现金或其他金融资产义务的条款和条件，但有可能通过其他条款和条件间接地形成合同义务。

4)判断一项金融工具是划分为权益工具还是金融负债，不受下列因素的影响。

①以前实施分配的情况。

②未来实施分配的意向。

③相关金融工具如果没有发放股利对发行方普通股的价格可能产生的负面影响。

④发行方各种储备(即未分配利润等可供分配的权益)的金额。

⑤发行方对一段期间内的损益的预期。

⑥发行方是否有能力影响其当期损益。

(2)是否通过交付固定数量的自身权益工具结算。

如果一项金融工具须用或可用企业自身权益工具进行结算，企业需要考虑用于结算该工具的自身权益工具，是作为现金或其他金融资产的替代品，还是为了使该工具持有方享有在发行方扣除所有负债后的资产中的剩余权益。如果是前者，该工具是发行方的金融负债；如果是后者，该工具是发行方的权益工具。因此，对于以企业自身权益工具结算的金融工具，其分类需要考虑所交付的自身权益工具的数量是可变的还是固定的。

对于将来须用或可用企业自身权益工具结算的金融工具的分类，应当区分衍生工具还是非衍生工具。例如，甲公司发行了一项无固定期限、能够自主决定支付本息的可转换优先股。按相关合同规定，甲公司将在第5年年末将发行的该工具强制转换为可变数量的普通股。该可转换优先股是一项非衍生工具。又如，甲公司发行一项5年期分期付息到期还本，同时到期可转换为甲公司普通股的可转换债券。该可转换债券中嵌入的转换权是一项衍生工具。

1)基于自身权益工具的非衍生工具。

对于非衍生工具，如果发行方未来有义务交付可变数量的自身权益工具进行结算，则该非衍生工具是金融负债；否则，该非衍生工具是权益工具。

某项合同并不仅仅因为其可能导致企业交付自身权益工具而成为一项权益工具。企业可能承担交付一定数量的自身股票或其他权益工具的合同义务，如果将交付的企业自身权益工具数量是变化的，使得将交付的企业自身权益工具的数量乘以其结算时的公允价值恰好等于合同义务的金额，则无论该合同义务的金额是固定的，还是完全或部分地基于除企业自身权益工具的市场价格以外变量(例如，利率、某种商品的价格或某项金融工具的价格)的变动而变化，该合同应当分类为金融负债。

例如，甲公司与乙公司签订的合同约定，甲公司以100万元等值的自身权益工具偿还所欠乙公司债务。甲公司需偿还的负债金额100万元是固定的，但甲公司需交付的自身权益工具的数量随着其权益工具市场价格的变动而变动。在这种情况下，甲公司发行的该金融工具应当划分为金融负债。

又如，甲公司发行了名义金额人民币100万元的优先股，合同条款规定甲公司在3年后将优先股强制转换为普通股，转股价格为转股日前一工作日的该普通股市价。转股价格是变动的，未来须交付的普通股数量是可变的，实质可视作甲公司将在3年后使用自身普通股并按其市价履行支付优先股每股人民币100万元的义务。在这种情况下，该强制可转换优先股整体是一项金融负债。

在上述例子中，虽然企业通过交付自身权益工具来结算合同义务，该合同仍属于一项金融负债，而并非企业的权益工具，因为企业以可变数量的自身权益工具作为合同结算方式，该合同不能证明持有方享有发行方在扣除所有负债后的资产中的剩余权益。

2)基于自身权益工具的衍生工具。

对于衍生工具，如果发行方只能通过以固定数量的自身权益工具交换固定金额的现金或其他金融资产进行结算(即“固定换固定”原则)，则该衍生工具是权益工具；如果发行方以固定数量自身权益工具交换可变金额现金或其他金融资产，或以可变数量自身权益工具交换固定金额现金或其他金融资产，或以可变数量自身权益工具交换可变金额现金或其他金融资产，则该衍生工具应当确认为衍生金融负债或衍生金融资产。因此，除非满足“固定换固定”原则，否则将来须用或可用企业自身权益工具结算的衍生工具应分类为衍生金融负债或衍生金融资产。例如，发行在外的股票期权赋予了工具持有方以固定价格购买固定数量的企业股票的权利。该合同的公允价值可能会随着股票价格以及市场利率的波动而变动。但是，只要该合同的公允价值变动不影响结算时发行方可收取的现金或其他金融资产的金额，也不影响需交付的权益工具的数量，则发行方应将该股票期权作为一项权益工具处理。

运用上述“固定换固定”原则来判断会计分类的金融工具常见于可转换债券，具备转股条款的永续债、优先股等。实务中，转股条款呈现的形式可能纷繁复杂，发行方应审慎确定其合同条款及所反映的经济实质是否能够满足“固定换固定”原则。

3. 以外币计价的配股权、期权或认股权证

如果企业的某项合同是通过固定金额的外币(即企业记账本位币以外的其他货币)交换固定数量的自身权益工具进行结算，由于固定金额的外币代表的是以企业记账本位币计价的可变金额，因此不符合“固定换固定”原则。但是，对以外币计价的配股权、期权或认股权证提供了一个例外情况：企业对全部现有同类别非衍生自身权益工具的持有方同比例发行配股权、期权或认股权证，使之有权按比例以固定金额的任何货币交换固定数量的该企业自身权益工具的，该类配股权、期权或认股权证应当分类为权益工具。这是一个范围很窄的例外情况，不能以类推方式适用于其他工具(例如，以外币计价的可转换债券和并非按比例发行的配股权、期权或认股权证)。

例如，一家在多地上市的企业，向其所有的现有普通股股东提供每持有 2 股股份可购买其 1 股普通股的权利(配股比例为 2 股配 1 股)，配股价格为配股当日股价的 70%。由于该企业在多地上市，受到各地区当地的法规限制，配股权行权价的币种须与当地货币一致。由于企业是按比例向其所有同类普通股股东提供配股权，该配股权应当分类为权益工具。

4. 或有结算条款

附有或有结算条款的金融工具，指是否通过交付现金或其他金融资产进行结算，或者是否以其他导致该金融工具成为金融负债的方式进行结算，需要由发行方和持有方均不能控制的未来不确定事项(如股价指数、消费价格指数变动，利率或税法变动，发行方未来收入、净收益或债务权益比率等)的发生或不发生(或发行方和持有方均不能控制的未来不确定事项的结果)来确定的金融工具。对于附有或有结算条款的金融工具，发行方不能无条件地避免交付现金、其他金融资产或以其他导致该工具成为金融负债的方式进行结算的，应当分类为金融负债。但是，满足下列条件之一的，发行方应当将其分类为权益工具：①要求以现金、其他金融资产或以其他导致该工具成为金融负债的方式进行结算的或有结算条款几乎不具有可能性，即相关情形极端罕见、显著异常或几乎不可能发生；②只有在发行方清算时，才需以现金、其他金融资产或以其他导致该工具成为金融负债的方式进行结算；③特殊金融工具中分类为权益工具的可回售工具。

5. 结算选择权

对于存在结算选择权的衍生工具(例如，合同规定发行方或持有方能选择以现金净额或以发行股份交换现金等方式进行结算的衍生工具)，发行方应当将其确认为金融资

产或金融负债，但所有可供选择的结算方式均表明该衍生工具应当确认为权益工具的除外。

常见的结算选择权，例如，为防止附有转股权的金融工具的持有方行使转股权时导致发行方的普通股股东的股权被稀释，发行方会在衍生工具合同中要求加入一项现金结算选择权：发行方有权以等值于所应交付的股票数量乘以股票市价的现金金额支付给工具持有方，而不再发行新股。

如果转股权这样的衍生工具给予合同任何一方选择结算方式的权利，除非所有可供选择的结算方式均表明该衍生工具应当确认为权益工具，否则发行方应当将这样的转股权确认为衍生金融负债或衍生金融资产。

6. 合并财务报表中金融负债和权益工具的区分

在合并财务报表中对金融工具(或其组成部分)进行分类时，企业应考虑集团成员和金融工具的持有方之间达成的所有条款和条件，以确定集团作为一个整体是否由于该工具而承担了交付现金或其他金融资产的义务，或者承担了以其他导致该工具分类为金融负债的方式进行结算的义务。例如，某集团子公司发行一项金融工具，同时其母公司或集团其他成员与该工具的持有方达成了其他附加协议，母公司或集团其他成员可能对股份相关的支付金额(如股利)做出担保；或者另一集团成员可能承诺在该子公司不能支付预期款项时购买这些股份。在这种情形下，尽管集团子公司(发行方)在没有考虑这些附加协议的情况下，可能在其个别财务报表中对这项工具进行适当的分类，但是在合并财务报表中，集团成员与该工具的持有方之间的附加协议的影响意味着集团作为一个整体无法避免经济利益的转移。因此，合并财务报表应当考虑这些附加协议，以确保从集团整体的角度反映所签订的所有合同和相关交易。只要集团作为一个整体由于该工具承担了交付现金、其他金融资产或以其他导致该工具成为金融负债的方式进行结算的义务，则该工具(或其中与上述义务相关的部分)在合并财务报表中就应当归类为金融负债。

例如，甲公司为乙公司的母公司，其向乙公司的少数股东签出一份在未来6个月后以乙公司普通股为基础的看跌期权，如果6个月后乙公司股票价格下跌，乙公司少数股东有权要求甲公司无条件地以固定价格购入乙公司少数股东所持有的乙公司股份。在甲公司个别财务报表，由于该看跌期权的价值随着乙公司股票价格的变动而变动，并将于未来约定日期进行结算，因此，该看跌期权符合衍生工具的定义而确认为一项衍生金融负债。而在集团合并财务报表中，少数股东所持有的乙公司股份也是集团自身权益工具，由于看跌期权使集团整体承担了不能无条件地避免以现金或其他金融资产回购自身权益工具的合同义务，合并财务报表中应当将该义务确认为一项金融负债(尽管现金的支付取决于持有方是否行使期权)，其金额等于回购所需支付金额的现值。

(二)复合金融工具

企业应对发行的非衍生工具进行评估，以确定所发行的工具是否为复合金融工具。

企业所发行的非衍生工具可能同时包含金融负债成分和权益工具成分。对于复合金融工具，发行方应于初始确认时将各组成部分分别分类为金融负债、金融资产或权益工具。企业发行的一项非衍生工具同时包含金融负债成分和权益工具成分的，应于初始计量时先确定金融负债成分的公允价值(包括其中可能包含的非权益性嵌入衍生工具的公允价值)，再从复合金融工具公允价值中扣除负债成分的公允价值，作为权益工具成分的价值。

可转换债券等可转换工具可能被分类为复合金融工具。发行方对该类可转换工具进行会计处理时，应当注意以下四个方面。

(1)在可转换工具转换时，应终止确认负债成分，并将其确认为权益。原来的权益成分仍旧保留为权益(从权益的一个项目结转到另一个项目，如从“其他权益工具”转入“资本公积——资本或股本溢价”)。可转换工具转换时不产生损益。

(2)企业通过在到期日前赎回或回购而终止一项仍具有转换权的可转换工具时，应在交易日将赎回或回购所支付的价款，以及发生的交易费用分配至该工具的权益成分和负债成分。分配价款和交易费用的方法应与该工具发行时采用的分配方法一致。价款和交易费用分配后，所产生的利得或损失应分别根据权益成分和负债成分所适用的会计原则进行处理，分配至权益成分的款项计入权益，与债务成分相关的利得或损失计入损益。

(3)企业可能修订可转换工具的条款以促成持有方提前转换，例如，提供更有利的转换比率或在特定日期前转换则支付额外的对价。在条款修订日，对于持有方根据修订后的条款进行转换所能获得的对价的公允价值与根据原有条款进行转换所能获得的对价的公允价值之间的差额，企业应将其确认为一项损失。

(4)企业发行认股权和债权分离交易的可转换公司债券，所发行的认股权符合有关权益工具定义的，应当确认为一项权益工具(其他权益工具)，并以发行价格减去不附认股权且其他条件相同的公司债券公允价值后的净额进行计量。如果认股权持有方到期没有行权的，应当在到期时将原计入其他权益工具的部分转入资本公积(股本溢价)。

第二节　案例分析与操作指南

一、以摊余成本计量的金融资产

【案例1】 以摊余成本计量的金融资产取得的会计处理。资料：

甲公司2014年1月3日购入乙公司2014年1月1日发行的5年期固定利率债券，该债券每年付息一次，最后一年偿还本金并付最后一次利息，票面年利率为12%，债券面值为1000元，甲公司按1050元(含交易费用)的溢价价格购入800张，票款以银行存款付讫。则甲公司应如何进行账务处理?

【分析】 甲公司应将该金融资产划分为以摊余成本计量的金融资产。在2014年1月3日购入该债券时应编制如下会计分录。

借：债权投资——成本　800000

　　——利息调整　40000

　贷：银行存款　840000

【操作指南】 企业取得的以摊余成本计量的金融资产，应按该投资的面值，借记“债权投资——成本”科目，按支付的价款中包含的、已到付息期但尚未领取的利息，借记“应收利息”科目，按实际支付的金额，贷记“银行存款”等科目，按其差额，借记或贷记“债权投资——利息调整”科目。

【案例2】 接【案例1】以摊余成本计量的金融资产的利息调整和利息收入的会计处理。资料：

若甲公司投资乙公司债券发生的溢折价采用实际利率法进行摊销，并按年计算利息，则有关的计算如下。

【分析】 (1)投资时投资额=800×1050=840000(元)。

减：成本=800×1000=800000(元)。

债券溢价=840000-800000=40000(元)。

(2)年度终了按实际利率法计算利息调整额(溢价摊销额)和投资收益(利息)。

由于本案例中甲公司持有债券系分期付息债券，可根据“债券面值+债券溢价(或减去债券折价)=债券到期应收本金的贴现值+各期收取的债券利息的贴现值”公式，采用“插入法”计算确定实际利率如下。

根据上述公式，先按10%的利率测试：

800000×0. 620921+96000×3. 790787=860652>840000

上式中，0. 620921是根据“期终1元的现值表”查得的5年后收取的1元按10%利率贴现的贴现值；3. 790787是根据“年金1元的现值表”查得的5年中每年收取1元按10%的利率贴现的贴现值。

再按11%的利率测试：

800000×0. 593451+96000×3. 695897=829567<840000

上式中，0. 593451是根据“期终1元的现值表”查得的5年后收取的1元按11%利率贴现的贴现值；3. 695897是根据“年金1元的现值表”查得的5年中每年收取1元按11%的利率贴现的贴现值。

根据插入法计算实际利率：

实际利率=10%+(11%-10%)×(860652-840000)÷(860652-829567)=10. 66%

采用实际利率法计算的各期利息调整额，如表 22-2 所示。

表 22-2　债权投资(债券)利息调整计算表

单位：元

计息日期	应收利息	投资收益	债权投资——利息调整	债权投资成本
2014.1.1				840000
2014.12.31	96000	89544	6456	833544
2015.12.31	96000	88855.79	7144.21	826399.79
2016.12.31	96000	88094.22	7905.78	818494.01
2017.12.31	96000	87251.46	8748.54	809745.47
2018.12.31	96000	86254.53	9745.47(注)	800000
合　计	480000	440000	40000	—

注：利息调整最后一年的摊销额考虑计算过程中的保留小数关系，一般采用倒挤数确定，即本例中 2018 年 12 月 31 日的债权投资账面价值应该等于初始成本 800000 元。如果实际利率非常精确和计算时很精确的话，应该是初始成本 800000 元。

根据表 22-2 计算结果，各年年末应编制的会计分录如下。

2014 年 12 月 31 日，确认投资收益时。

借：应收利息　96000

　　贷：债权投资——利息调整　6456

　　　　投资收益　89544

收到利息时。

借：银行存款　96000

　　贷：应收利息　96000

如果该债券以后年度未发生减值，则以后各年的会计分录可根据表 22-2 所列数据，比照 2014 年 12 月 31 日所作会计分录编制。

债券到期收回债券本金和最后一期利息时。

借：银行存款　896000

　　贷：债权投资——成本　800000

　　　　应收利息　96000

【操作指南】以摊余成本计量的金融资产取得时发生的利息调整额实际上是企业长期债券投资等以摊余成本计量的金融资产取得时发生的溢折价。如果是溢折价购入的，则该债券当期的票面应计利息不等于当期的利息收益。购入债券时发生的溢价额，实际是企业预先垫付将来各期以较高利率多取得利息的代价；而购入债券时发生的折价额，实际是企业预先取得的以后各期少取得利息的补偿。因此，债券的溢折价应在持有期内分期摊销，调整各期的实际利息收入，即以当期的票面应计利息减去当期应分摊的溢价额或加上当期应分摊的折价额作为当期利息收入。

企业对长期债券投资等债权投资的溢折价摊销，应采用实际利率法。实际利率法，是指按照债权投资的实际利率计算其摊余成本及各期利息收入或利息费用的方法。实际利率，是指将债权投资在预期存续期间或适用的更短期间内的未来现金流量，折现为该债权投资当前账面价值所使用的利率。

采用实际利率法在计算实际利率时，如为分期付息债券，到期一次收回本金和最后一期利息的，应根据“债券面值+债券溢价(或减去债券折价)=债券到期应收本金的贴现值+各期收取的债券利息的贴现值”公式，并采用“插入法”计算得出。

对长期债券投资溢折价采用实际利率法进行摊销时，可采用如下计算公式：

溢折价的摊销额=每期按票面利率计算应计利息-债券的每期期初账面价值(摊余成本)×实际利率

资产负债表日，企业持有以摊余成本计量的金融资产在持有期间的主要账务处理如下。

未发生减值的债权投资如为分期付息、一次还本债券投资，应于资产负债表日按票面利率计算确定的应收未收利息，借记“应收利息”科目，按债权投资摊余成本和实际利率计算确定的利息收入，贷记“投资收益”科目，按其差额，借记或贷记“债权投资——利息调整”科目。

未发生减值的债权投资如为一次还本付息债券投资，应于资产负债表日按票面利率计算确定的应收未收利息，借记“债权投资——应计利息”科目，按债权投资摊余成本和实际利率计算确定的利息收入，贷记“投资收益”科目，按其差额，借记或贷记“债权投资——利息调整”科目。

收到取得债权投资支付的价款中包含的已到付息期但尚未领取的债券利息，借记“银行存款”等科目，贷记“应收利息”科目。

收到分期付息、一次还本债权投资持有期间支付的利息，借记“银行存款”等科目，贷记“应收利息”科目。

【案例 3】 接【案例 1】与【案例 2】以摊余成本计量的金融资产的处置与减值。资料：如果甲公司持有的乙公司债券在第 4 年，即 2017 年 12 月 31 日经检查，该批债券已发生减值，预计到期只能收回本息 500000 元。则甲公司应如何进行账务处理？

【分析】 甲公司 2017 年 12 月 31 日应进行如下处理。

该批债券预计未来现金流量现值=500000÷(1+10.66%)=451834.45(元)。

未提减值准备前债权投资的账面价值=809745.47(元)。

应计提减值准备=809745.47-451834.45=357911.02(元)。

计提减值准备的会计处理如下。

借：信用减值损失　　357911.02

　　贷：债权投资减值准备　　357911.02

2018 年 12 月 31 日(第 5 年末)，应做如下处理。

应收利息=96000(元)。

按实际利率计算的利息收益=(809745.47-357911.02)×10.66%=48165.55(元)。

差额=96000-48165.55=47834.45(元)。

借：应收利息　96000

　　贷：投资收益　48165.55

　　　　债权投资——利息调整　47834.45

此时，债权投资账面余额=809745.47-47834.45=761911.02(元)(同时，债权投资减值准备科目有余额357911.02元)。

实际收到本息500000元时。

借：银行存款　500000

　　债权投资减值准备　357911.02

　　债权投资——利息调整　38088.98

　　贷：债权投资——成本　800000

　　　　应收利息　96000

【操作指南】处置以摊余成本计量的金融资产时，应将所取得对价的公允价值与该投资账面价值之间的差额确认为投资收益。

出售以摊余成本计量的金融资产时，应按收到的金额，借记“银行存款”等科目，已计提减值准备的，借记“债权投资减值准备”科目，按其账面余额，贷记“债权投资(成本、利息调整、应计利息)”科目，按其差额，贷记或借记“投资收益”科目。

按照《企业会计准则第22号——金融工具确认和计量》规定将以摊余成本计量的金融资产重分类为以公允价值计量且变动计入其他综合收益的，应在重分类日按其公允价值，借记“其他债券投资”科目，已计提减值准备的，借记“债权投资减值准备”科目，按其账面余额，贷记“债权投资(成本、利息调整、应计利息)”科目，按其差额，贷记或借记“其他综合收益”科目。

资产负债表日，企业应对拥有的以摊余成本计量的金融资产进行检查，有客观证据表明所拥有的以摊余成本计量的金融资产发生减值的，应当根据其账面价值与预计未来现金流量现值之间差额计算确认减值损失，计提减值准备。

为了核算企业以摊余成本计量的金融资产发生减值时计提的减值准备，应设置“债权投资减值准备”总账科目，该科目贷方登记计提的减值准备，借方登记已计提减值准备的以摊余成本计量的金融资产价值以后又得以恢复的金额和转销的金额，期末贷方余额，反映企业已计提但尚未转销的以摊余成本计量的金融资产减值准备。该科目应当按照以摊余成本计量的金融资产类别和品种进行明细核算。

企业在资产负债表日，根据《企业会计准则第22号——金融工具确认和计量》确定以摊余成本计量的金融资产发生减值的，按应减记的金额，借记“信用减值损失”科目，贷记“债权投资减值准备”科目。已计提减值准备的以摊余成本计量的金融资产价值以后又得以恢复的，应在原已计提的减值准备金额内，按恢复增加的金额，借记“债权投资减值准备”科目，贷记“信用减值损失”科目。

二、以公允价值计量且其变动计入当期损益的金融资产

【案例 4】以公允价值计量且其变动计入当期损益的金融资产取得的会计处理。

资料：

某企业 2018 年 3 月 5 日以银行存款购入甲公司已宣告但尚未分派现金股利的股票 100000 股，作为以公允价值计量且其变动计入当期损益的金融资产，每股成交价 19.6 元，其中，0.4 元为已宣告但尚未分派的现金股利，股权登记日为 3 月 10 日。另支付相关税费等交易费用 8000 元。企业于 4 月 10 日收到甲公司发放的现金股利。则该企业应如何进行账务处理？

【分析】(1)3 月 5 日购入股票时。

借：交易性金融资产——成本　　1920000

　　投资收益　　8000

　　应收股利　　40000

　　贷：银行存款　　1968000

(2)4 月 10 日收到现金股利时。

借：银行存款　　40000

　　贷：应收股利　　40000

【操作指南】企业取得以公允价值计量且其变动计入当期损益的金融资产，应当按照取得时的公允价值作为初始确认金额，相关的交易费用在发生时计入当期损益。取得时所支付价款中包含的已宣告未发放的现金股利或债券利息，应当作为应收款项，单独列示。

企业取得以公允价值计量且其变动计入当期损益的金融资产时，按其公允价值(不含支付的价款中所包含的、已到付息期但尚未领取的利息或已宣告但尚未发放的现金股利)，借记“交易性金融资产——成本”科目，按发生的交易费用，借记“投资收益”科目，按已到付息期但尚未领取的利息或已宣告但尚未发放的现金股利，借记“应收利息”科目或“应收股利”科目，按实际支付的金额，贷记“银行存款”等科目。

【案例 5】以公允价值计量且其变动计入当期损益的金融资产期末的会计处理。

资料：

长城公司以公允价值计量且其变动计入当期损益的金融资产采用公允价值进行期末计量。假设该公司 2018 年 6 月 30 日拥有的以公允价值计量且其变动计入当期损益的金融资产的账面价值和公允价值的资料如表 22-3 所示。

表 22-3　2018 年 6 月 30 日金融资产的资料　　单位：元

项　目	2018 年 6 月 30 日		
	账面价值	公允价值	差额
交易性金融资产——债券			
甲企业债券	15100	13000	2100
乙企业债券	25000	21500	3500
丙企业债券	100350	101000	-650
小　计	140450	135500	4950
交易性金融资产——股票			
A 企业股票	60200	65000	-4800
B 企业股票	60100	54000	6100
小　计	120300	119000	1300
合　计	260750	254500	6250

则长城公司应如何进行账务处理?

【分析】 根据表 22-3 的资料，长城公司应在 2018 年 6 月 30 日编制如下会计分录。

借：公允价值变动损益　　6250

　贷：交易性金融资产——公允价值变动　　6250

长城公司 2018 年 6 月 30 日资产负债表上“交易性金融资产”的金额应为 254500 元，反映企业以公允价值计量且其变动计入当期损益的金融资产的公允价值。

【操作指南】 资产负债表日，以公允价值计量且其变动计入当期损益的金融资产的公允价值高于其账面余额的差额，借记“交易性金融资产——公允价值变动”科目，贷记“公允价值变动损益”科目；公允价值低于其账面余额的差额，作相反的会计分录。

【案例 6】 接【案例 5】以公允价值计量且其变动计入当期损益的金融资产处置的会计处理。资料：

长城公司于 2018 年 10 月 20 日将乙企业债券以 23000 元的价格全部出售(不考虑交易费用)，2018 年 12 月 31 日以公允价值计量且其变动计入当期损益的金融资产账面价值和公允价值资料如表 22-4 所示。

表 22-4　2018 年 12 月 31 日金融资产的资料　　单位：元

项目	2018 年 12 月 31 日		
	账面价值	公允价值	差额
交易性金融资产——债券			
甲企业债券	13000	16100	-3100
丙企业债券	101000	101150	-150

续表

项目	2018 年 12 月 31 日		
	账面价值	公允价值	差额
小 计	114000	117250	-3250
交易性金融资产——股票			
A 企业股票	65000	65200	-200
B 企业股票	54000	56900	-2900
小 计	119000	122100	-3100
合 计	233000	239350	-6350

则长城公司应如何进行账务处理？

【分析】根据表 22-4 的资料，长城公司应编制如下会计分录。

(1)2018 年 10 月 20 日，乙企业债券全部出售时。

借：银行存款　23000

　交易性金融资产——公允价值变动　3500

　贷：交易性金融资产——成本　25000

　　投资收益　1500

(2)2018 年 12 月 31 日，期末计量时。

借：交易性金融资产——公允价值变动　6350

　贷：公允价值变动损益　6350

长城公司 2018 年 12 月 31 日资产负债表上“交易性金融资产”的金额为 239350 元。

【操作指南】企业处置以公允价值计量且其变动计入当期损益的金融资产时，将处置时的该金融资产的公允价值与账面余额之间的差额确认为投资收益。

企业出售以公允价值计量且其变动计入当期损益的金融资产时，应按实际收到的金额，借记“银行存款”等科目，按该项金融资产的成本，贷记“交易性金融资产——成本”科目，按该项金融资产的公允价值变动，贷记或借记“交易性金融资产——公允价值变动”科目，按其差额，贷记或借记“投资收益”科目。

三、以公允价值计量且其变动计入其他综合收益的金融资产

【案例 7】以公允价值计量且其变动计入其他综合收益的金融资产的会计处理。

资料：

2015 年 1 月 1 日，甲公司支付价款 1000 万元(含交易费用)从上海证券交易所购入 A 公司同日发行的 5 年期公司债券 12500 份，债券票面价值总额为 1250 万元，票面年利率为 4.72%，于年末支付本年度债券利息(即每年利息为 59 万元)，本金在债券到期时一次性偿还。合同约定，该债券的发行方在遇到特定情况时可以将债券赎回，且不需要

为提前赎回支付额外款项。甲公司在购买该债券时，预计发行方不会提前赎回。甲公司根据其管理该债券的业务模式和该债券的合同现金流量特征，将该债券分类为以公允价值计量且其变动计入其他综合收益的金融资产。

其他资料如下。

2015 年 12 月 31 日，A 公司债券的公允价值为 1200 万元(不含利息)。

2016 年 12 月 31 日，A 公司债券的公允价值为 1300 万元(不含利息)。

2017 年 12 月 31 日，A 公司债券的公允价值为 1250 万元(不含利息)。

2018 年 12 月 31 日，A 公司债券的公允价值为 1200 万元(不含利息)。

2019 年 1 月 20 日，通过上海证券交易所出售了 A 公司债券 12500 份，取得价款 1260 万元。

假定不考虑所得税、减值损失等因素，则甲公司应如何进行会计处理?

【分析】首先计算该债券的实际利率 r：

$59\times(1+r)^{-1}+59\times(1+r)^{-2}+59\times(1+r)^{-3}+59\times(1+r)^{-4}+(59+1250)\times(1+r)^{-5}=1000$（万元）。

采用插值法，计算得出 r=10%。

A 公司债券的资料如表 22-5。

表 22-5　A 公司债券的资料　　单位：万元

日期	现金流入(A)	实际利息收入(B=期初D×10%)	已收回的本金(C=A-B)	摊余成本余额(D=期初D-C)	公允价值(E)	公允价值变动额(F=E-D-期初F)	公允价变动累计金额(G=期初G+F)
2015 年 1 月 1 日				1000	1000	0	0
2015 年 12 月 31 日	59	100	-41	1041	1200	159	159
2016 年 12 月 31 日	59	104	-45	1086	1300	55	214
2017 年 12 月 31 日	59	109	-50	1136	1250	- 100	114
2018 年 12 月 31 日	59	114	-55	1191	1200	-105	9
2019 年 1 月 20 日	0	69*	-69	1260	1260	-9	0
小计	236	496	-260	1260	—		
2019 年 1 月 20 日	1260	—	1260	0			
合计	1496	496	1000	0			

注：*尾数调整 1260+0-1191=69（万元）。

甲公司的有关账务处理如下。

(1)2015 年 1 月 1 日，购入 A 公司债券。

借：其他债权投资——成本　　12500000

　贷：银行存款　　10000000

　　其他债权投资——利息调整　　2500000

(2)2015年12月31日，确认A公司债券实际利息收入、公允价值变动，收到债券利息。

借：应收利息 590000
　　其他债权投资——利息调整 410000
　　贷：投资收益 1000000
借：银行存款 590000
　　贷：应收利息 590000
借：其他债权投资——公允价值变动 1590000
　　贷：其他综合收益——其他债权投资公允价值变动 1590000

(3)2016年12月31日，确认A公司债券实际利息收入、公允价值变动，收到债券利息。

借：应收利息 590000
　　其他债权投资——利息调整 450000
　　贷：投资收益 1040000
借：银行存款 590000
　　贷：应收利息 590000
借：其他债权投资——公允价值变动 550000
　　贷：其他综合收益——其他债权投资公允价值变动 550000

(4)2017年12月31日，确认A公司债券实际利息收入、公允价值变动，收到债券利息。

借：应收利息 590000
　　其他债权投资——利息调整 500000
　　贷：投资收益 1090000
借：银行存款 590000
　　贷：应收利息 590000
借：其他综合收益——其他债权投资公允价值变动 1000000
　　贷：其他债权投资——公允价值变动 1000000

(5)2018年12月31日，确认A公司债券实际利息收入、公允价值变动，收到债券利息。

借：应收利息 590000
　　其他债权投资——利息调整 550000
　　贷：投资收益 1140000
借：银行存款 590000
　　贷：应收利息 590000

借：其他综合收益——其他债权投资公允价值变动 1050000

　　贷：其他债权投资——公允价值变动 1050000

(6)2019 年 1 月 20 日，确认出售 A 公司债券实现的损益。

借：其他债权投资——利息调整 690000

　　贷：投资收益 690000

借：银行存款 12600000

　　投资收益 80000

　　贷：其他债权投资——成本 12500000

　　　　——公允价值变动 90000

　　　　——利息调整 90000

A 公司债券的成本=1250(万元)。

A 公司债券的利息调整余额=-250+41+45+50+54+69=9(万元)。

A 公司债券公允价值变动余额=159+55-100-105=9(万元)。

同时，应从其他综合收益中转出的公允价值累计金额为 9 万元。

借：其他综合收益——其他债权投资公允价值变动 90000

　　贷：投资收益 90000

【操作指南】分类为以公允价值计量且其变动计入其他综合收益的金融资产所产生的所有利得或损失，除减值损失或利得和汇兑损益之外，均应当计入其他综合收益，直至该金融 资产终止确认或被重分类。但是，采用实际利率法计算的该金融资产的利息应当计入当期损益。该金融资产计入各期损益的金额应当与视同其一直按摊余成本计量而计入各期损益的金额相等。

该金融资产终止确认时，之前计入其他综合收益的累计利得或损失应当从其他综合收益中转出，计入当期损益。

【案例 8】以公允价值计量且其变动计入其他综合收益的非交易性权益工具投资的会计处理。资料：

2017 年 5 月 6 日，甲公司支付价款 1016 万元(含交易费用 1 万元和已宣告未发放现金股利 15 万元)，购乙公司发行的股票 200 万股，公司有表决权股份的 0.5%。甲公司将其指定为以公允价值计量且其变动计入其他综合收益的非交易性权益工具投资。

2017 年 5 月 10 日，甲公司收到乙公司发放的现金股利 15 万元。

2017 年 6 月 30 日，该股票市价为每股 5.2 元。

2017 年 12 月 31 日，甲公司仍持有该股票；当日，该股票市价为每股 5 元。

2018 年 5 月 9 日，乙公司宣告发放股利 4000 万元。

2018 年 5 月 13 日，甲公司收到乙公司发放的现金股利。

2018 年 5 月 20 日，甲公司由于特殊原因，以每股 4.9 元的价格将股票全部转让。

假定不考虑其他因素，甲公司应做的账务处理。

【分析】(1)2017 年 5 月 6 日，购入股票。

借：应收股利 150000

其他权益工具投资——成本 10010000

贷：银行存款 10160000

(2)2017 年 5 月 10 日，收到现金股利。

借：银行存款 150000

贷：应收股利 150000

(3)2017 年 6 月 30 日，确认股票价格变动。

借：其他权益工具投资——公允价值变动 390000

贷：其他综合收益——其他权益工具投资公允价值变动 390000

(4)2017 年 12 月 31 日，确认股票价格变动。

借：其他综合收益——其他权益工具投资公允价值变动 400000

贷：其他权益工具投资——公允价值变动 400000

(5)2018 年 5 月 9 日，确认应收现金股利。

借：应收股利 200000

贷：投资收益 200000

(6)2018 年 5 月 13 日，收到现金股利。

借：银行存款 200000

贷：应收股利 200000

(7)2018 年 5 月 20 日，出售股票。

借：银行存款 9800000

其他权益工具投资——公允价值变动 10000

盈余公积——法定盈余公积 21000

利润分配——未分配利润 189000

贷：其他权益工具投资——成本 10010000

其他综合收益——其他权益工具投资公允价值变动 10000

【操作指南】指定为以公允价值计量且其变动计入其他综合收益的非交易性权益工具

投资，除了获得的股利(明确代表投资成本部分收回的股利除外)计入当期损益外，其他相关的利得和损失(包括汇兑损益)均应当计入其他综合收益，且后续不得转入当期损益。当其终止确认时，之前计入其他综合收益的累计利得或损失应当从其他综合收益中转出，计入留存收益。

四、金融负债

【案例9】以公允价值计量且其变动计入当期损益的金融负债的会计处理。资料：

2017年7月1日，甲公司经批准在全国银行间债券市场公开发行10亿元人民币短期融资券，期限为1年，票面年利率5.58%，每张面值为100元，到期一次还本付息。所募集资金主要用于公司购买生产经营所需的原材料及配套件等。公司将该短期融资券指定为以公允价值计量且其变动计入当期损益的金融负债。假定不考虑发行短期融资券相关的交易费用。

2017年12月31日，该短期融资券市场价格每张为120元(不含利息)；2018年3月31日，该短期融资券市场价格每张为110元(不含利息)；2018年6月30日，该短期融资券到期兑付完成。则甲公司应如何进行账务处理？(单位：万元；为简化处理，选择给出公允价值的日期进行账务处理)

【分析】(1)2017年7月1日，发行短期融资券。

借：银行存款 100000

　　贷：交易性金融负债——成本 100000

(2)2017年12月31日，年末确认公允价值变动和利息费用。

借：公允价值变动损益 20000

　　贷：交易性金融负债——公允价值变动 20000

借：投资收益 2790

　　贷：应付利息 2790

(3)2018年3月31日，季末确认公允价值变动和利息费用。

借：交易性金融负债——公允价值变动 10000

　　贷：公允价值变动损益 10000

借：投资收益 1395

　　贷：应付利息 1395

(4)2018年6月30日，短期融资券到期。

借：投资收益 1395

　　贷：应付利息 1395

借：交易性金融负债——成本 100000

　　　　　　　　——公允价值变动 10000

　　应付利息 5580

　　贷：银行存款 105580

　　　　投资收益 10000

【操作指南】企业应当按照以下原则对金融负债后续计量。

(1)以公允价值计量且其变动计入当期损益的金融负债，应当按照公允价值后续计量，相关利得或损失应当计入当期损益。

(2)金融资产转移不符合终止确认条件或继续涉入被转移金融资产所形成的金融负债。对此类金融负债，企业应当按照《企业会计准则第23号——金融资产转移》相关规定进行计量。

(3)不属于指定为以公允价值计量且其变动计入当期损益的金融负债的财务担保合同或没有指定为以公允价值计量且其变动计入当期损益并将以低于市场利率贷款的贷款承诺，企业作为此类金融负债发行方的，应当在初始确认后按照损失准备金额以及初始确认金额扣除依据《企业会计准则第14号——收入》相关规定所确定的累计摊销额后的余额孰高进行计量。

(4)上述金融负债以外的金融负债，应当按摊余成本后续计量。

【案例10】以摊余成本计量且不属于任何套期关系的一部分的金融负债的会计处理。资料：

甲公司于2014年1月1日折价发行了5年期面值为1250万元的公司债券，发行价格为1000万元，票面利率为4.72%，按年付息，到期一次还本(交易费用略)。假定公司发行债券募集的资金专门用于建造一条生产线，生产线从2014年1月1日开始建设，于2016年年底完工，达到预定可使用状态。则甲公司应如何进行会计处理?

【分析】(1)2014年1月1日发行债券时。

借：银行存款　　10000000

　　应付债券——利息调整　　2500000

　　贷：应付债券——面值　　12500000

(2)计算利息费用。

公司每年应支付的利息=1250×4.72%=59(万元)。假设该公司债券实际利率为r，由于$1000=59\times(1+r)^{-1}+59\times(1+r)^{-2}+59\times(1+r)^{-3}+59\times(1+r)^{-4}+(59+1250)\times(1+r)^{-5}$，由此计算得出r=10%。

则每年折价摊销表如表22-6所示。

表22-6　每年折价摊销表　　单位：万元

年　份	期初公司债券余额(A)	实际利息费用(B)(按10%计算)	每年支付现金(C)	期末公司债券摊余成本(D=A+B-C)
2014	1000	100	59	1041
2015	1041	104	59	1086
2016	1086	109	59	1136
2017	1136	114	59	1191
2018	1191	118(倒挤)	1250+59	0

会计处理如下。

2014 年 12 月 31 日。

借：在建工程 1000000

贷：应付利息 590000

应付债券——利息调整 410000

2015 年 12 月 31 日。

借：在建工程 1040000

贷：应付利息 590000

应付债券——利息调整 450000

2016 年 12 月 31 日。

借：在建工程 1090000

贷：应付利息 590000

应付债券——利息调整 500000

2017 年 12 月 31 日。

借：财务费用 1140000

贷：应付利息 590000

应付债券——利息调整 550000

2018 年 12 月 31 日。

借：财务费用 1180000

贷：应付利息 590000

应付债券——利息调整 590000

(3)2018 年 12 月 31 日到期偿还本金。

借：应付债券——面值 12500000

贷：银行存款 12500000

【操作指南】以摊余成本计量且不属于任何套期关系的一部分的金融负债所产生的利得或损失，应当在终止确认时计入当期损益或在按照实际利率法摊销时计入相关期间损益。

五、复合金融工具

【案例 11】发行可转换债券的会计处理。资料：

甲公司 2017 年 1 月 1 日按每份面值 1000 元发行了 2000 份可转换债券，取得总收入 2000000 元。该债券期限为 3 年，票面年利息为 6%，利息按年支付；每份债券均可在债券发行 1 年后的任何时间转换为 250 股普通股。甲公司发行该债券时，二级市场上与之类似但没有转股权的债券的市场利率为 9%。假定不考虑其他相关因素，甲公司将发行的债券划分为以摊余成本计量的金融负债。则甲公司应如何进行会计处理?

【分析】(1)先对负债成分进行计量,债券发行收入与负债成分的公允价值之间的差额则分配到权益成分,可转换公司债券金额分配如表 22-7 所示。

表 22-7 可转换公司债券金额分配表

单位:元

项目	金额
本金的现值: 第 3 年年末应付本金 2000000 元(复利现值系数为 0.7721835)	1544367
利息的现值: 3 年期内每年应付利息 120000 元(年金现值系数为 2.5312917)	303755
负债成分金额	1848122
权益成分金额	151878
债券发行总收入	2000000

(2)甲公司的账务处理如下。

2017 年 1 月 1 日,发行可转换债券。

借:银行存款　　2000000

　　应付债券——利息调整　　151878

　　贷:应付债券——面值　　2000000

　　　　其他权益工具　　151878

2017 年 12 月 31 日,计提和实际支付利息。

计提债券利息时。

借:财务费用　　166331

　　贷:应付利息　　120000

　　　　应付债券——利息调整　　46331

实际支付利息时。

借:应付利息　　120000

　　贷:银行存款　　120000

2018 年 12 月 31 日,计提和实际支付利息。

计提债券利息时。

借:财务费用　　170501

　　贷:应付利息　　120000

　　　　应付债券——利息调整　　50501

实际支付利息时。

借:应付利息　　120000

　　贷:银行存款　　120000

至此,转换前应付债券的摊余成本为 1944954 元(1848122+46331+50501)。

假定至2018年12月31日，甲公司股票上涨幅度较大，可转换债券持有方均将于当日将持有的可转换债券转为甲公司股份。由于甲公司对应付债券采用摊余成本后续计量，因此，在转换日，转换前应付债券的摊余成本应为1944954元，而权益成分的账面价值仍为151878元。同样是在转换日，甲公司发行股票数量为500000股。对此，甲公司的账务处理如下。

借：应付债券——面值　2000000

　　贷：应付债券——利息调整　55046

　　　　股本　500000

　　　　资本公积——股本溢价　1444954

借：其他权益工具　151878

　　贷：资本公积——股本溢价　151878

【操作指南】企业应对发行的非衍生工具进行评估，以确定所发行的工具是否为复合金融工具。企业所发行的非衍生工具可能同时包含金融负债成分和权益工具成分。对于复合金融工具，发行方应于初始确认时将各组成部分分别分类为金融负债、金融资产或权益工具。企业发行的一项非衍生工具同时包含金融负债成分和权益工具成分的，应于初始计量时先确定金融负债成分的公允价值(包括其中可能包含的非权益性嵌入衍生工具的公允价值)，再从复合金融工具公允价值中扣除负债成分的公允价值，作为权益工具成分的价值。

可转换债券等可转换工具可能被分类为复合金融工具。发行方对该类可转换工具进行会计处理时，应当注意以下方面。

(1)在可转换工具转换时，应终止确认负债成分，并将其确认为权益。原来的权益成分仍旧保留为权益(从权益的一个项目结转到另一个项目，如从“其他权益工具”转入“资本公积——资本或股本溢价”)。可转换工具转换时不产生损益。

(2)企业通过在到期日前赎回或回购而终止一项仍具有转换权的可转换工具时，应在交易日将赎回或回购所支付的价款以及发生的交易费用分配至该工具的权益成分和负债成分。分配价款和交易费用的方法应与该工具发行时采用的分配方法一致。价款和交易费用分配后，所产生的利得或损失应分别根据权益成分和负债成分所适用的会计原则进行处理，分配至权益成分的款项计入权益，与债务成分相关的利得或损失计入损益。

(3)企业可能修订可转换工具的条款以促成持有方提前转换，例如，提供更有利的转换比率或在特定日期前转换则支付额外的对价。在条款修订日，对于持有方根据修订后的条款进行转换所能获得的对价的公允价值与根据原有条款进行转换所能获得的对价的公允价值之间的差额，企业应将其确认为一项损失。

(4)企业发行认股权和债权分离交易的可转换公司债券，所发行的认股权符合有关权益工具定义的，应当确认为一项权益工具(其他权益工具)，并以发行价格减去不附认股权且其他条件相同的公司债券公允价值后的净额进行计量。如果认股权持有方到期没有行权的，应当在到期时将原计入其他权益工具的部分转入资本公积(股本溢价)。

六、金融工具的减值

(1)对于购买或源生的已发生信用减值的金融资产，企业应当在资产负债表日仅将自初始确认后整个存续期内预期信用损失的累计变动确认为损失准备。在每个资产负债表日，企业应当将整个存续期内预期信用损失的变动金额作为减值损失或利得计入当期损益。即使该资产负债表日确定的整个存续期内预期信用损失小于初始确认时估计现金流量所反映的预期信用损失的金额，企业也应当将预期信用损失的有利变动确认为减值利得。

(2)企业在前一会计期间已经按照相当于金融工具整个存续期内预期信用损失的金额计量了损失准备，但在当期资产负债表日，该金融工具已不再属于自初始确认后信用风险显著增加的情形的，企业应当在当期资产负债表日按照相当于未来12个月内预期信用损失的金额计量该金融工具的损失准备，由此形成的损失准备的转回金额应当作为减值利得计入当期损益。

(3)对于分类为以公允价值计量且其变动计入其他综合收益的金融资产，企业应当在其他综合收益中确认其损失准备，并将减值损失或利得计入当期损益，且不应减少该金融资产在资产负债表中列示的账面价值。

第三节　本准则修订的主要内容

2017年3月31日，财政部修订发布了金融工具相关会计准则，包括《企业会计准则第22号——金融工具确认和计量》《企业会计准则第23号——金融资产转移》和《企业会计准则第24号——套期会计》。主要的变化归纳如下。

(1)金融资产基于合同现金流量特征及业务模式分类为：以摊余成本计量的金融资产、以公允价值计量且其变动计入其他综合收益的金融资产和以公允价值计量且其变动计入当期损益的金融资产三大类。

(2)新准则引入新的金融资产减值模型，从已发生损失模型转变为预期损失模型，要求采用三阶段模型计提减值，即基于自金融工具初始确认后其信用风险是否显著增加，分别采用12个月内的预期信用损失或整个存续期内的预期信用损失，同时对于预期信用损失的计量要求采用前瞻性信息。

(3)新准则提升了套期会计的适用性，新的套期会计模型有助于套期会计更好地反映企业的风险管理活动。

新金融工具会计准则采用不同类型企业分阶段实施的方法，自2018年1月1日起在境内外同时上市的企业，以及在境外上市并采用国际财务报告准则或企业会计准则编制财务报告的企业施行，自2019年1月1日起在其他境内上市企业施行，自2021年1月1日起在执行企业会计准则的非上市企业施行，鼓励企业提前施行。

《企业会计准则第22号——金融工具确认和计量》修订的主要内容如下。

一、修订金融工具的分类与计量模式

(1)金融资产基于其合同现金流量特征及企业管理该等资产的业务模式分类为：以摊余成本计量的金融资产、以公允价值计量且其变动计入其他综合收益的金融资产和以公允价值计量且其变动计入当期损益的金融资产三大类别，取消了贷款和应收款项、持有至到期投资和可供出售金融资产原有分类。

(2)在金融负债方面，引入了针对自身信用风险变动引起的公允价值变动的特定列报方式。除此之外，金融负债的分类和计量与现行准则保持一致。

二、引入预期信用损失减值模型

(1)引入预期信用损失模型替代了现行准则中已发生损失模型。

(2)新减值模型适用于按摊余成本计量或以公允价值计量且其变动计入其他综合收益的债务工具、租赁应收款、合同资产，以及特定未提用的贷款承诺和财务担保合同。

(3)新减值模型要求采用三阶段模型，依据自初始确认后信用风险是否发生显著增加，信用损失准备按12个月内预期信用损失或者整个存续期的预期信用损失予以计提。

(4)对于应收款项、合同资产及租赁应收款存在简化方法，允许始终按照整个存续期预期信用损失确认减值准备。

(5)在初始确认时已发生信用减值的金融资产(如不良债务)则采用不同的方法。

三、简化嵌入衍生工具的处理

(1)混合合同包含的主合同属于金融资产的，应当将混合合同视为一个整体，基于分类标准进行分类与计量，不再分拆。

(2)如果混合合同包含的主合同属于金融负债或者并非属于新金融工具准则的范围，则与现行准则相同，需要评估嵌入衍生工具是否应当与主合同分拆。

四、调整非交易性权益工具投资的会计处理

允许企业将非交易性权益工具投资指定为以公允价值计量且其变动计入其他综合收益进行处理，但该指定不可撤销，且在处置时不得将原计入其他综合收益的累计公允价值变动额结转计入当期损益。

第二十三章　金融资产转移

第一节　金融资产转移概述

一、金融资产转移概念

金融资产(含单项或一组类似金融资产)转移，是指企业(转出方)将金融资产（或其现金流量)转让与或交付给该金融资产发行方以外的另一方(转入方)。比如，企业将持有的未到期商业票据向银行贴现，就属于金融资产转移。

企业金融资产转移，包括下列两种情形：一是将收取金融资产现金流量的权利转移给另一方，比如前述的将未到期票据向银行贴现；二是将金融资产转移给另一方，但保留收取金融资产现金流量的权利，并承担将收取的现金流量支付给最终收款方的义务，同时还应满足以下条件。

(1)从该金融资产收到对等的现金流量时，才有义务将其支付给最终收款方。企业发生短期垫付款，但有权全额收回该垫付款并按照市场利率计收利息的，视同满足本条件。

(2)根据合同约定，不能出售该金融资产或作为担保物，但可以将其作为对最终收款方支付现金流量的保证。

(3)有义务将收取的现金流量及时支付给最终收款方。企业无权将该现金流量进行再投资，但按照合同约定在相邻两次支付间隔期内将所收到的现金流量进行现金或现金等价物投资的除外。企业按照合同约定进行再投资的，应当将投资收益按照合同约定支付给最终收款方。

比如，甲商业银行将其信贷资产转移给特定目的信托，之后由特定目的信托以受让的信贷资产为基础发行证券(也称信托受益权凭证)，出售给相关投资者；投资者为取得该证券所支付的价款，又通过资金交割最后交付给甲银行。至此，资产证券化的资金完成了其第一次循环。此后，投资者的回报将通过信贷资产形成的现金流入支付，而这些现金流又通常是由甲银行代为收取的。甲银行作为服务商将得到一定的手续费或佣金，由此，完成资产证券化第二次资金循环。

二、金融资产终止确认的一般原则

金融资产转移涉及的会计处理，核心是金融资产转移是否符合终止确认条件。其中，金融资产终止确认是指企业将之前确认的金融资产从其资产负债表中予以转出。

鉴于金融资产转移交易的复杂性，企业有必要在分析判断金融资产转移是否符合金融资产终止条件前，着重关注两个方面：一是金融资产转移的转出方能否对转入方实施控制。如果能够实施控制，则表明转入方是转出方的子公司，从而应纳入转出方的合并财务报表。从合并财务报表的意义上，这种情况下的金融资产转移属于内部交易，不存在终止确认问题。因此，在判断金融资产转移是否符合终止确认条件时，应首先判断转入方是否是转出方的子公司。二是终止确认适用于金融资产一部分还是金融资产整体。金融资产的一部分满足下列条件之一的，企业应当将终止确认的规定适用于该金融资产部分，除此之外，企业应当将终止确认的规定适用于该金融资产整体。

(1)该金融资产部分仅包括金融资产所产生的特定可辨认现金流量。如企业就某债务工具与转入方签订一项利息剥离合同，合同规定转入方有权获得该债务工具利息现金流量，但无权获得该债务工具本金现金流量，终止确认的规定适用于该债务工具的利息现金流。

(2)该金融资产部分仅包括与该金融资产所产生的全部现金流量完全成比例的现金流量部分。如企业就某债务工具与转入方签订转让合同，合同规定转入方拥有获得该债务工具全部现金流量一定比例的权利，终止确认的规定适用于该债务工具全部现金流量一定比例的部分。

(3)该金融资产部分仅包括与该金融资产所产生的特定可辨认现金流量完全成比例的现金流量部分。如企业就某债务工具与转入方签订转让合同，合同规定转入方拥有获得该债务工具利息现金流量一定比例的权利，终止确认的规定适用于该债务工具利息现金流量一定比例的部分。

企业发生满足上述第 2 项或第 3 项条件的金融资产转移，且存在一个以上转入方的，只要企业转移的份额与金融资产全部现金流量或特定可辨认现金流量完全成比例即可，不要求每个转入方均持有成比例的份额。

三、符合终止确认条件的判断

企业收取金融资产现金流量的合同权利终止的，应当终止确认该金融资产。此外，企业已将金融资产所有权上几乎所有的风险和报酬转移给转入方的，也应当终止确认该金融资产。

金融资产转移是否符合终止确认条件，有时比较容易判断。比如，下列情况就表明已将金融资产所有权上几乎所有风险和报酬转移给了转入方，因而应当终止确认相关金融资产：(1)企业无条件出售金融资产；(2)企业出售金融资产，同时约定按回购日该金融资产的公允价值回购；(3)企业出售金融资产，同时与转入方签订看跌期权合同(即转入方有权将该金融资产返售给企业)或看涨期权合同(即转出方有权回购该金融资产)，且根据合同条款判断，该看跌期权或看涨期权为一项重大价外期权(即期权合约的条款设计，使得金融资产的转入方或转出方极小可能会行权)。

企业在评估金融资产所有权上风险和报酬的转移程度时，应当比较转移前后其所承担的该金融资产未来净现金流量金额及其时间分布变动的风险。

企业承担的金融资产未来净现金流量现值变动的风险没有因转移而发生显著变化的，表明该企业仍保留了金融资产所有权上几乎所有风险和报酬。如将贷款整体转移并对该贷款可能发生的所有损失进行全额补偿，或者出售一项金融资产但约定以固定价格或者售价加上出借人回报的价格回购。

企业承担的金融资产未来净现金流量现值变动的风险相对于金融资产的未来净现金流量现值的全部变动风险不再显著的，表明该企业已经转移了金融资产所有权上几乎所有风险和报酬。如无条件出售金融资产，或者出售金融资产且仅保留以其在回购时的公允价值进行回购的选择权。

企业通常不需要通过计算即可判断其是否转移或保留了金融资产所有权上几乎所有风险和报酬。在其他情况下，企业需要通过计算评估是否已经转移了金融资产所有权上几乎所有风险和报酬的，在计算和比较金融资产未来现金流量净现值的变动时，应当考虑所有合理、可能的现金流量变动，对于更可能发生的结果赋予更高的权重，并采用适当的市场利率作为折现率。

四、符合终止确认条件时的计量

(1)金融资产整体转移满足终止条件时，相关金融资产转移损益应按如下公式计算：

因转移收到的对价+原直接计入其他综合收益的公允价值变动累计利得(如为累计损失，应为减项)-所转移金融资产的账面价值=金融资产整体转移损益。

(2)企业转移了金融资产的一部分，且该被转移部分整体满足终止确认条件的，应当将转移前金融资产整体的账面价值，在终止确认部分和继续确认部分(在此种情形下，所保留的服务资产应当视同继续确认金融资产的一部分)之间，按照转移日各自的相对公允价值进行分摊，并将下列两项金额的差额计入当期损益。

1)终止确认部分在终止确认日的账面价值。

2)终止确认部分收到的对价，与原计入其他综合收益的公允价值变动累计额中对应终止确认部分的金额(涉及转移的金融资产为分类为以公允价值计量且其变动计入其他综合收益的金融资产的情形)之和。对价包括获得的所有新资产减去承担的所有新负债后的金额。

原计入其他综合收益的公允价值变动累计额中对应终止确认部分的金额，应当按照金融资产终止确认部分和继续确认部分的相对公允价值，对该累计额进行分摊后确定。

五、金融资产转移会计核算涉及的主要会计科目(见表 23-1)

表 23-1　金融资产转移会计核算涉及的主要会计科目表

科目名称	核算的主要内容
继续涉入资产	核算企业(转出方)对金融资产提供信用增进(如提供担保、持有次级权益)而继续涉入被转移金融资产时，企业所承担的最大可能损失金额(即企业继续涉入被转移金融资产的程度)
继续涉入负债	核算企业在金融资产转移中因继续涉入被转移资产而产生的义务

第二节　案例分析与操作指南

一、符合终止确认的情形

【案例 1】金融资产符合终止确认的会计处理。资料：

2018 年 9 月 1 日，甲公司销售一批商品给乙公司，开出的增值税专用发票上注明的销售价款为 300000 元，增值税销项税额为 48000 元，款项尚未收到。双方约定，乙公司应于 2018 年 12 月 31 日付款。2018 年 11 月 4 日，经与中国银行协商后约定：甲公司将应收乙公司的货款出售给中国银行，价款为 263000 元；在应收乙公司货款到期无法收回时，中国银行不能向甲公司追偿。甲公司根据以往经验，预计该批商品将发生的销售退回金额为 23200 元，其中，增值税销项税额为 3200 元，成本为 13000 元，实际发生的销售退回由甲公司承担。2018 年 12 月 3 日，甲公司收到乙公司退回的商品，价款为 23200 元。假定不考虑其他因素，甲公司应进行的会计处理?

【分析】甲公司与应收债权出售有关的账务处理如下。

(1)2018 年 11 月 4 日出售应收债权。

借：银行存款　263000
　　营业外支出　61800
　　其他应收款　23200
　　贷：应收账款　348000

(2)2018 年 12 月 3 日收到退回的商品。

借：主营业务收入　20000
　　应交税费——应交增值税(销项税额)　3200
　　贷：其他应收款　23200

借：库存商品　13000
　　贷：主营业务成本　13000

【操作指南】本案例涉及企业将应收债权不附追索权予以出售(处置应收债权的出售通常分为不附追索权的出售和附追索权出售)。不附追索权应收债权出售，其含义是：企业将其按照销售商品、提供劳务的销售合同所产生的应收债权出售给银行等金融机构，根据企业、债务人及银行等金融机构之间的协议，在所售应收债权到期无法收回时，银行等金融机构不能够向出售应收债权的企业进行追偿。在这种情况下，企业应将所售应收债权予以转销，结转计提的相关坏账准备，确认按协议约定预计将发生的销售退回、销售折让、现金折扣等，确认出售损益。

企业在出售应收债权的过程中如附有追索权，即在有关应收债权到期无法从债务人处收回时，银行等金融机构有权向出售应收债权的企业追偿，或按照协议约定，企业有义务按照约定金额自银行等金融机构回购部分应收债权，应收债权的坏账风险由售出应收债权的企业负担，则企业应按照以应收债权为质押取得借款的核算原则进行会计处理。

二、不符合终止确认的情形

【案例2】金融资产不符合终止确认的会计处理。资料：

甲企业销售一批商品给乙企业，货已发出，增值税专用发票上注明的商品价款为200000元，增值税销项税额为32000元。当日收到乙企业签发的不带息商业承兑汇票一张，该票据的期限为3个月。相关销售商品收入符合收入确认条件。则甲企业应如何进行会计处理?

【分析】甲企业的账务处理如下。

(1)销售实现时。

借：应收票据　　232000

　　贷：主营业务收入　　200000

　　　　应交税费——应交增值税(销项税额)　　32000

(2)3个月后，应收票据到期，甲企业收回款项232000元，存入银行。

借：银行存款　　232000

　　贷：应收票据　　232000

(3)如果甲企业在该票据到期前向银行贴现，且银行拥有追索权，则表明甲企业的应收票据贴现不符合金融资产终止确认条件，应将贴现所得确认为一项金融负债(短期借款)。假定甲企业贴现获得现金净额230200元，则甲企业有关账务处理如下。

借：银行存款　　230200

　　短期借款——利息调整　　1800

　　贷：短期借款——成本　　232000

贴现息1800元应在票据贴现期间采用实际利率法确认为利息费用。

【操作指南】 企业仍保留与所转移金融资产所有权上几乎所有的风险和报酬的，应当继续确认所转移金融资产整体，并将收到的对价确认为一项金融负债。

在继续确认被转移金融资产的情形下，金融资产转移所涉及的金融资产与所确认的相关金融负债不得相互抵消。在后续会计期间，企业应当继续确认该金融资产产生的收入(或利得)和该金融负债产生的费用(或损失)，不得相互抵消。

三、继续涉入的情形

【案例 3】 金融资产继续涉入的会计处理。资料：

甲银行持有一组住房抵押贷款，借款方可提前偿付。2018 年 1 月 1 日，该组贷款的本金和摊余成本均为 100000000 元，票面年利率和实际年利率均为 10%。经批准，甲银行拟将该组贷款转移给某信托机构(以下简称受让方)进行证券化。有关资料如下。

2018 年 1 月 1 日，甲银行与受让方签订协议，将该组贷款转移给受让方，并办理有关手续。甲银行收到款项 91150000 元，同时保留以下权利：(1)收取本金 10000000 元以及这部分本金按 10%的利率所计算确定利息的权利；(2)收取以 90000000 元为本金、以 0.5%为利率所计算确定利息(超额利差)的权利。受让人取得收取该组贷款本金中的 90000000 元以及这部分本金按 9.5%的利率收取利息的权利。根据双方签订的协议，如果该组贷款被提前偿付，则偿付金额按 1：9 的比例在甲银行和受让人之间进行分配。但是，如该组贷款发生违约，则违约金额从甲银行拥有的 10000000 元贷款本金中扣除，直到扣完为止。

2018 年 1 月 1 日，该组贷款的公允价值为 101000000 元，0.5%的超额利差的公允价值为 400000 元。则甲银行应进行的会计处理?

【分析】 甲银行的分析及会计处理如下。

(1)甲银行转移了该组贷款所有权相关的部分重大风险和报酬(如重大提前偿付风险)，但由于设立了次级权益(即内部信用增级)，因而也保留了所有权相关的部分重大风险和报酬，并且能够对留存的该部分权益实施控制。根据金融资产转移准则，甲银行应采用继续涉入法对该金融资产转移交易进行会计处理。

(2)甲银行收到的 91150000 元对价，由两部分构成：一部分是转移的 90%贷款及相关利息的对价，即 90900000 元(101000000×90%)；另一部分是因为使保留的权利次级化所取得的对价 250000 元。此外，由于超额利差的公允价值为 400000 元，从而甲银行的该项金融资产转移交易的信用增级相关的对价为 650000 元。

假定甲银行无法取得所转移该组贷款的 90%和 10%部分各自的公允价值，则甲银行所转移该组贷款的 90%部分形成的利得或损失计算如表 23-2 所示。

表 23-2 甲银行所转移该组贷款的 90%部分形成的利得或损失计算表 单位：元

项目	估计公允价值	百分比	分摊后的账面价值
已转移部分	9090000	90%	90000000
未转移部分	10100000	10%	10000000
合计	101000000	100%	100000000

甲银行该项金融资产转移形成的利得=90900000 -90000000=900000(元)。

(3)甲银行仍保留贷款部分的账面价值为 10000000 元。

(4)甲银行因继续涉入而确认资产的金额，按双方协议约定的、因信用增级使甲银行不能收到的现金流入最大值 10000000 元；另外，超额利差形成的资产 400000 元本质上也是继续涉入形成的资产。

因继续涉入而确认负债的金额，按因信用增级使甲银行不能收到的现金流入最大值 10000000 元和信用增级的公允价值总额 650000 元，两项合计为 10650000 元。

据此，甲银行在金融资产转移日应做账务处理如下。

借：存放同业 91150000

　　继续涉入资产——次级权益 10000000

　　　　　　　　——超额账户 400000

　　贷：贷款 90000000

　　　　继续涉入负债 10650000

　　　　其他业务收入 900000

(5)金融资产转移后，甲银行应根据收入确认原则，采用实际利率法将信用增级取得的对价 650000 元分期予以确认。此外，还应在资产负债表日对已确认资产确认可能发生的减值损失。比如，在 2018 年 12 月 31 日，已转移贷款发生信用损失 3000000 元，甲银行进行账务处理如下。

借：信用减值损失 3000000

　　贷：贷款损失准备——次级权益 3000000

借：继续涉入负债 3000000

　　贷：继续涉入资产——次级权益 3000000

【操作指南】企业既没有转移也没有保留金融资产所有权上几乎所有风险和报酬，且保留了对该金融资产控制的，应当按照其继续涉入被转移金融资产的程度继续确认该被转移金融资产，并相应确认相关负债。被转移金融资产和相关负债应当在充分反映企业因金融资产 转移所保留的权利和承担的义务的基础上进行计量。企业应当按照下列规定对相关负债进行计量：被转移金融资产以摊余成本计量的，相关负债的账面价值等于继续涉入被转移金融资产的账面价值减去企业保留的权利(如果企业因金融资产转移保留了相关权利)的摊余成本并加上企业承担的义务(如果企业因金融资产转移承担了相关义务）的摊余成本；相关负债不得指定为以公允价值计量且其变动计入当期损益的金融负债。

被转移金融资产以公允价值计量的，相关负债的账面价值等于继续涉入被转移金融资产的账面价值减去企业保留的权利（如果企业因金融资产转移保留了相关权利）的公允价值并加上企业承担的义务（如果企业因金融资产转移承担了相关义务）的公允价值，该权利和义务的公允价值应为按独立基础计量时的公允价值。

企业通过对被转移金融资产提供担保方式继续涉入的，应当在转移日按照金融资产的账面价值和担保金额两者的较低者，继续确认被转移金融资产，同时按照担保金额和担保合同的公允价值（通常是提供担保收到的对价）之和确认相关负债。担保金额是指企业所收到的对价中，可被要求偿还的最高金额。

在后续会计期间，担保合同的初始确认金额应当随担保义务的履行进行摊销，计入当期损益。被转移金融资产发生减值的，计提的损失准备应从被转移金融资产的账面价值中抵减。

企业按继续涉入程度继续确认的被转移金融资产以及确认的相关负债不应当相互抵消。企业应当对继续确认的被转移金融资产确认所产生的收入（或利得），对相关负债确认所产生的费用（或损失），两者不得相互抵消。继续确认的被转移金融资产以公允价值计量的，在后续计量时对其公允价值变动应根据《企业会计准则第 22 号——金融工具确认和计量》进行确认，同时相关负债公允价值变动的确认应当与之保持一致，且两者不得相互抵消。企业仅继续涉入所转移金融资产一部分的，应当将该部分金融资产视作一个整体，并在此基础上运用上述继续涉入会计处理原则。

第三节　本准则修订的主要内容

《企业会计准则第 23 号——金融资产转移》修订的主要变化在于，进一步明确金融资产转移的判断原则及其会计处理。在维持金融资产转移及其终止确认判断原则不变的前提下，修订后的准则对相关判断标准、过程及会计处理进行了梳理，突出金融资产终止确认的判断流程，对相关实务问题提供了更加详细的指引，增加了继续涉入情况下相关负债计量的相关规定，并对此情况下企业判断是否继续控制被转移资产提供更多指引，对不满足终止确认条件情况下转入方的会计处理和可能产生的对同一权利或义务的重复确认等问题进行了明确。

第二十四章　套期会计

第一节　套期会计概述

一、套期会计的概念及分类

套期(hedge)是指利用衍生金融工具价值的变化对企业现有的风险敞口进行对冲抵消，从而减少风险对自身利益的影响。因此，套期保值者(hedger)的目的在于减少他们所面临的风险，由于风险是一种不确定性，因减少风险意味着降低不确定性。套期保值的目的虽然是使最终结果更加确定，但它不一定会改进最终结果。

为达到将被套期项目和套期工具的公允价值或现金流量变动在同一会计期间相互抵消的目的，套期保值根据被套期项目的不同性质可划分为公允价值套期、现金流量套期和境外经营净投资套期三大类。

1. 公允价值套期

公允价值套期，是指对已确认资产或负债、尚未确认的确定承诺，或该资产、负债、尚未确认的确定承诺中可辨认部分的公允价值变动风险进行的套期。该类价值变动源于某类特定风险，且将影响企业的损益。

例如，通过签订一份将固定利率转换成浮动利率的利率互换，可以对因利率变动而引起的对固定利率债务公允价值变动风险进行套期。随着市场价格的上涨或者下跌，一份在未来以固定价格购买一定数量小麦的固定承诺可能给企业带来利得或者损失，企业可以通过买入一份卖出小麦的期权来对这样的风险进行套期。

2. 现金流量套期

现金流量套期，是指对现金流量变动风险进行的套期。该类现金流量变动源于与已确认资产或负债、很可能发生的预期交易有关的特定风险，且将影响企业的损益。

例如，某航空公司为以固定外汇金额购买飞机的未确认合同承诺中的未来外汇风险进行的套期；某供电企业以固定价格购买燃料的未确认合同承诺中的燃料价格变动进行的套期；如果利率水平发生变化，持有浮动利率债券的企业将遭受现金流量变动的风险，通过签订一份将浮动利率转换成固定利率的利率互换，可以对该利率风险进行套期保值。

3. 境外经营净投资套期

境外经营净投资套期，是指对境外经营净投资外汇风险进行的套期。境外经营净投资，是指企业在境外经营净资产中的权益份额。

例如，某企业在美国拥有一家子公司，净投资额为100万美元。即期汇率为1美元=6.90元人民币，并且估计美元汇率在半年之后会下降。为了防止因汇率下降而造成经济损失，该企业与某金融机构签订了一份6个月远期外汇合同，卖出100万美元，其远期汇率为1美元=6.80元人民币。上述套期就属于境外经营净投资套期。

二、套期工具与被套期项目

(一)套期工具

1. 符合条件的套期工具

套期工具，是指企业为进行套期而指定的、其公允价值或现金流量变动预期可抵消被套期项目的公允价值或现金流量变动的金融工具。企业可以作为套期工具的金融工具如下。

(1)以公允价值计量且其变动计入当期损益的衍生工具，但签出期权除外。企业只有在对购入期权(包括嵌入在混合合同中的购入期权)进行套期时，签出期权才可以作为套期工具。嵌入在混合合同中但未分拆的衍生工具不能作为单独的套期工具。

衍生工具通常可以作为套期工具。衍生工具包括远期合同、期货合同、互换和期权，以及具有远期合同、期货合同、互换和期权中一种或一种以上特征的工具等。例如，某企业为规避库存铜价格下跌的风险，可以卖出一定数量铜期货合同。其中，铜期货合同即是套期工具。

但是，衍生工具无法有效地对冲被套期项目风险的，不能作为套期工具。例如，企业的签出期权(除非该签出期权指定用于抵消购入期权)就不能作为套期工具，因为该期权的潜在损失可能大大超过被套期项目的潜在利得，从而不能有效地对冲被套期项目的风险。与此不同的是，购入期权的一方可能承担的损失最多就是期权费，而可能拥有的利得通常等于或大大超过被套期项目的潜在损失，因而购入期权的一方可以将购入的期权作为套期工具。

(2)以公允价值计量且其变动计入当期损益的非衍生金融资产或非衍生金融负债，但指定为以公允价值计量且其变动计入当期损益、且其自身信用风险变动引起的公允价值变动计入其他综合收益的金融负债除外。

对于指定为以公允价值计量且其变动计入当期损益、且其自身信用风险变动引起的公允价值变动计入其他综合收益的金融负债，由于没有将整体公允价值变动计入损益，不能作为合格的套期工具。此外，对于以公允价值计量且其变动计入其他综合收益的非交易性权益工具投资，因其公允价值变动不计入损益，也不能作为合格的套期工具。

（3）对于外汇风险套期，企业可以将非衍生金融资产（选择以公允价值计量且其变动计入其他综合收益的非交易性权益工具投资除外）或非衍生金融负债的外汇风险成分指定为套期工具。在企业集团内各企业的个别财务报表中，只有与该企业之外的对手方签订的合同才能被指定为套期工具。在合并财务报表层面，只有与企业集团之外的对手方签订的合同才能被指定为套期工具。

2. 套期工具的指定

（1）企业在确立套期关系时，应当将前述符合条件的金融工具整体指定为套期工具，因为企业对套期工具进行计量时，通常以该金融工具整体为对象，采用单一的公允价值基础对其进行计量。

（2）企业可以将套期工具的一定比例指定为套期工具，但不可以将套期工具剩余期限内某一时段的公允价值变动部分指定为套期工具。

（3）企业可以将两项或两项以上金融工具（或其一定比例）的组合指定为套期工具（包括组合内的金融工具形成风险头寸相互抵消的情形）。

对于一项由签出期权和购入期权组成的期权（如利率上下限期权），或对于两项或两项以上金融工具（或其一定比例）的组合，其在指定日实质上相当于一项净签出期权的，不能将其指定为套期工具。只有在对购入期权（包括嵌入在混合合同中的购入期权）进行套期时，净签出期权才可以作为套期工具。

3. 使用单一套期工具对多种风险进行套期

企业通常将单项套期工具指定为对一种风险进行套期。但是，如果对套期工具与被套期项目的不同风险敞口之间有具体指定关系，则一项套期工具可以被指定为对一种以上的风险进行套期。

此外，使用单一套期工具对多种风险进行套期时，被套期项目可以存在于不同的套期关系中。如果企业将单一套期工具指定为对多种风险进行套期，且企业对每一种被套期风险运用不同的套期会计（如分别运用公允价值套期和现金流量套期），则企业应当对与各类套期相关的套期工具公允价值变动进行分拆，并对每一类套期分别进行单独会计处理。

（二）被套期项目

1. 符合条件的被套期项目

被套期项目是指使企业面临公允价值或现金流量变动风险，且被指定为被套期对象的、能够可靠计量的项目。企业可以将下列单个项目、项目组合或其组成部分指定为被套期项目。

（1）已确认资产或负债。

（2）尚未确认的确定承诺。其中，确定承诺，是指在未来某特定日期或期间，以约定价格交换特定数量资源、具有法律约束力的协议；尚未确认，是指尚未在资产负债表中确认。

例如，甲公司为我国境内机器生产企业，采用人民币作为记账本位币。甲公司与境外某公司签订了一项设备购买合同，约定6个月后按固定的外币价格购入设备，即甲公司与境外公司达成了一项确定承诺。同时，甲公司签订了一份外币远期合同，以对该确定承诺产生的外汇风险进行套期。该确定承诺可以被指定为被套期项目，外币远期合同可以被指定为公允价值套期或现金流量套期中的套期工具。

(3)极可能发生的预期交易。预期交易，是指尚未承诺但预期会发生的交易。企业应当明确区分预期交易与确定承诺。

例如，预期交易：2018年5月1日，甲公司预期2个月后将购买200吨铜，用于2018年7月的生产。

确定承诺：2018年5月1日，甲公司签订了一份法律上具有约束力的采购协议，约定于2018年6月30日向乙公司以每吨6000美元的价格购买铜200吨。签订了法律上具有约束力的采购协议为确定承诺，而尚未承诺但预期会发生的交易为预期交易。

(4)境外经营净投资。境外经营净投资包括《企业会计准则第19号——外币交易》及其相关规定所定义的境外经营净投资及实质构成境外经营净投资的外币货币性项目。境外经营可以是企业的子公司、合营安排、联营企业或分支机构。在境内的子公司、合营安排、联营企业或分支机构，采用不同于企业记账本位币的，也视同境外经营。

企业既无计划也无可能在可预见的未来会计期间结算的长期外币货币性应收项目(含贷款)，应当视同实质构成境外经营净投资的外币货币性项目。而因销售商品或提供劳务等形成的期限较短的应收账款不构成境外经营净投资。

(5)项目组成部分。企业可以将已确认资产或负债、尚未确认的确定承诺、极可能发生的预期交易以及境外经营净投资等单个项目整体或者项目组合指定为被套期项目，企业也可以将上述单个项目或者项目组合的一部分(项目组成部分)指定为被套期项目。

2. 项目组成部分

项目组成部分是指小于项目整体公允价值或现金流量变动的部分，它仅反映其所属项目整体面临的某些风险，或仅反映一定程度的风险(例如对某项目的一定比例进行指定时)。企业只能将下列项目组成部分或其组合指定为被套期项目。

(1)项目整体公允价值或现金流量变动中仅由某一个或多个特定风险引起的公允价值或现金流量变动部分(风险成分)。在风险管理实务中，企业经常不是为了对被套期项目整体公允价值或现金流量变动进行套期，而仅为了对特定风险成分进行套期。允许对风险成分进行指定使企业能够更灵活地界定被套期风险。在将风险成分指定为被套期项目时，该风险成分应当能够单独识别并可靠计量。

在识别可被指定为被套期项目的风险成分时，企业应当基于该等风险及相关套期活动所发生的特定市场环境进行评估，并考虑因风险和市场而异的相关事实和情况。同时，企业应当考虑该风险成分是合同明确的风险成分，还是非合同明确的风险成分。非合同明确的风险成分可能是由于项目本身不构成合同(例如极可能发生的预期交易)，或者可能是合同中未明确该成分(例如确定承诺中仅包含一项单一价格，并未列明基于不同基础变量的定价公式)。

例如，甲公司与乙公司订立了一项以合同指定公式进行定价的长期天然气供应合同，该公式主要参考商品价格(例如柴油、燃油等)和其他因素(例如运输费等)对长期天然气进行定价。为了管理长期天然气供应合同涉及的长期天然气价格风险，甲公司利用柴油远期合同对该供应合同定价中的柴油组成部分进行套期，柴油组成部分的价格风险敞口属于合同明确的风险成分。根据长期天然气供应合同定价公式，柴油组成部分的价格风险敞口能够单独识别；由于市场上存在可交易的柴油远期合同，柴油组成部分的价格风险敞口能够可靠计量。因此，甲公司的长期天然气供应合同定价中的柴油组成部分的价格风险敞口(风险成分)可以作为符合条件的被套期项目。

(2)一项或多项选定的合同现金流量。在企业风险管理活动中，企业有时会对一项或多项选定的合同现金流量进行套期，例如，企业有一笔期限为10年、年利率8%、按年付息的长期银行借款，企业出于风险管理需要，对该笔借款产生的前5年应支付利息进行套期。按照规定，一项或多项选定的合同现金流量可以指定为被套期项目。

(3)项目名义金额的组成部分。项目名义金额的组成部分，是指项目整体金额或数量的特定部分，其可以是项目整体的一定比例部分，也可以是项目整体的某一层级部分。若某一层级部分包含提前还款权，且该提前还款权的公允价值受被套期风险变化影响的，企业不得将该层级指定为公允价值套期的被套期项目，但企业在计量被套期项目的公允价值时已包含该提前还款权影响的情况除外。

项目名义金额的组成部分包括项目整体的一定比例部分(如银行一项贷款的合同现金流量的50%部分)和项目整体的某一层级部分，其中，项目某一层级部分可以从已设定但开放式的总体中指定一个层级，也可以从已设定的名义金额中指定一个层级，例如，下列各项均属于项目某一层级部分。

①货币性交易量的一部分。例如，甲企业2018年1月实现首笔20万美元的出口销售之后，下一笔金额为20万美元的出口销售所产生的现金流量，可以作为指定的被套期项目。

②实物数量的一部分。例如，甲企业储藏在XYZ地的500万立方米的底层天然气，可以作为指定的被套期项目。

③实物数量或其他交易量的一部分。例如，甲炼化企业2018年6月购入的前1000桶石油，乙发电企业2018年6月售出的前100兆瓦小时的电力等，均可以作为指定的被套期项目。

④被套期项目的名义金额的某一层。例如，金额为1亿元人民币的确定承诺的最后

8000万元部分；金额为1亿元人民币的固定利率债券的底层2000万元部分；可按公允价值提前偿付的总金额为1亿元人民币（设定的名义金额为1亿元人民币）的固定利率债务的顶层3000万元部分。

3. 汇总风险敞口

企业可以将符合被套期项目条件的风险敞口与衍生工具组合形成的汇总风险敞口指定为被套期项目。在指定此类被套期项目时，企业应当评估该汇总风险敞口是否是由风险敞口与衍生工具相结合，从而产生了不同于该风险敞口的另一个风险敞口，并将其作为针对某项（或几项）特定风险的一个风险敞口进行管理。在这种情况下，企业可基于该汇总风险敞口指定被套期项目。

例如，甲企业利用合同期限为15个月的咖啡期货合同对在未来15个月后极可能发生的确定数量的咖啡采购进行套期，以防范基于美元的价格风险。出于风险管理目的，该极可能发生的咖啡采购和咖啡期货合同相结合可被视为一项15个月的固定金额的美元外汇风险敞口（即如同在未来15个月后发生的固定金额的美元现金流出）。

4. 被套期项目的组合

当企业出于风险管理目的对一组项目进行组合管理、且组合中的每一个项目（包括其组成部分）单独都属于符合条件的被套期项目时，可以将该项目组合指定为被套期项目。一组风险相互抵消的项目形成风险净敞口，一组风险不存在相互抵消的项目形成风险总敞口。只有当企业出于风险管理目的以净额为基础进行套期时，风险净敞口才符合运用套期会计的标准。判断企业是否以净额为基础进行套期应当基于事实，而不仅仅是声明或文件记录。因此，如果仅仅为了达到特定的会计结果却无法反映企业的风险管理策略和风险管理目标，企业不得运用以净额为基础的套期会计。净敞口套期必须是既定风险管理策略的组成部分，通常应当获得企业关键管理人员的批准。

在现金流量套期中，企业对一组项目的风险净敞口（存在风险头寸相互抵消的项目）进行套期时，仅可以将外汇风险净敞口指定为被套期项目，并且应当在套期指定中明确预期交易预计影响损益的报告期间，以及预期交易的性质和数量。

在运用套期会计时，在合并财务报表层面，只有与企业集团之外的对手方之间交易形成的资产、负债、尚未确认的确定承诺或极可能发生的预期交易才能指定为被套期项目；在合并财务报表层面，只有与企业集团之外的对手方签订的合同才能指定为套期工具。对于同一企业集团内的企业之间的交易，在企业个别财务报表层面可以运用套期会计，在企业集团合并财务报表层面不得运用套期会计，但下列情形除外。

（1）在合并财务报表层面，符合《企业会计准则第33号——合并财务报表》规定的投资性主体与其以公允价值计量且其变动计入当期损益的子公司之间的交易，可以运用套期会计。

（2）企业集团内部交易形成的货币性项目的汇兑收益或损失，不能在合并财务报表中全额抵消的，企业可以在合并财务报表层面将该货币性项目的外汇风险指定为被套期项目。

(3)企业集团内部极可能发生的预期交易，按照进行此项交易的主体的记账本位币以外的货币标价，且相关的外汇风险将影响合并损益的，企业可以在合并财务报表层面将该外汇风险指定为被套期项目。

三、套期保值会计核算涉及的主要会计科目(见表 24-1)

表 24-1　套期保值会计核算涉及的主要会计科目表

科目名称	核算的主要内容
套期工具	核算企业开展套期保值业务(包括公允价值套期、现金流量套期和境外经营净投资套期)套期工具公允价值变动形成的资产或负债
被套期项目	核算企业开展套期保值业务被套期项目公允价值变动形成的资产或负债
套期损益	核算企业开展套期保值业务套期工具公允价值变动形成的损益

第二节　案例分析与操作指南

一、公允价值套期

【案例 1】期货合同公允价值套期的会计处理。资料：

2018 年 1 月 1 日，ABC 公司为规避所持有 X 存货公允价值变动风险，与某金融机构签订了一项 X 期货合同，并将其指定为 2018 年上半年 X 存货价格变化引起的公允价值变动风险的套期。X 期货合同的标的资产与被套期项目存货在数量、质次、价格变动和产地方面相同。

2018 年 1 月 1 日，X 期货合同的公允价值为零，被套期项目(存货 X)的账面价值和成本均为 1000000 元，公允价值是 1100000 元。2018 年 1 月 31 日，X 期货合同的公允价值上涨了 25000 元，存货 X 的公允价值下降了 25000 元。2018 年 2 月 28 日，X 期货合同的公允价值下降了 15000 元，存货 X 的公允价值上升了 15000 元。当日，ABC 公司将存货 X 以 1090000 元的价格出售，并将 X 期货合同结算。

ABC 公司采用比率分析法评价套期有效性，即通过比较 X 期货合同和存货 X 的公允价值变动评价套期有效性。ABC 公司预期该套期完全有效。

假定不考虑衍生工具的时间价值、商品销售相关的增值税及其他因素，则 ABC 公司应如何进行账务处理?

【分析】ABC 公司的账务处理如下。

(1)2018年1月1日，指定X存货为被套期项目：

借：被套期项目——库存商品X　　1000000

　　贷：库存商品——X　　1000000

(2)2018年1月31日。

借：套期工具——X期货合同　　25000

　　贷：套期损益　　25000

借：套期损益　　25000

　　贷：被套期项目——库存商品X　　25000

(3)2018年2月28日。

借：套期损益　　15000

　　贷：套期工具——X期货合同　　15000

借：被套期项目——库存商品X　　15000

　　贷：套期损益　　15000

借：应收账款或银行存款　　1090000

　　贷：主营业务收入　　1090000

借：主营业务成本　　990000

　　贷：被套期项目——库存商品X　　990000

借：银行存款　　10000

　　贷：套期工具——X期货合同　　10000

注：由于ABC公司采用了套期策略，规避了存货公允价值变动风险，因此其存货公允价值下降没有对预期毛利额100000元(1100000-1000000)产生不利影响。

【操作指南】公允价值套期满足运用套期会计方法条件的，应当按照下列规定处理：

套期工具产生的利得或损失应当计入当期损益。如果套期工具是对选择以公允价值计量且其变动计入其他综合收益的非交易性权益工具投资(或其组成部分)进行套期的，套期工具产生的利得或损失应当计入其他综合收益。

被套期项目因被套期风险敞口形成的利得或损失应当计入当期损益，同时调整未以公允价值计量的已确认被套期项目的账面价值。被套期项目为分类为以公允价值计量且其变动计入其他综合收益的金融资产(或其组成部分)的，其因被套期风险敞口形成的利得或损失应当计入当期损益，其账面价值已经按公允价值计量，不需要调整；被套期项目为企业选择以公允价值计量且其变动计入其他综合收益的非交易性权益工具投资(或其组成部分)的，其因被套期风险敞口形成的利得或损失应当计入其他综合收益，其账面价值已经按公允价值计量，不需要调整。

被套期项目为尚未确认的确定承诺(或其组成部分)的，其在套期关系指定后因被套期风险引起的公允价值累计变动额应当确认为一项资产或负债，相关的利得或损失应当计入各相关期间损益。当履行确定承诺而取得资产或承担负债时，应当调整该资产或负债的初始确认金额，以包括已确认的被套期项目的公允价值累计变动额。

【案例 2】远期合同公允价值套期的会计处理。资料：

A 公司持有现行时价为 100000 元的甲类存货(假定存货的入账价值也为 100000 元)，2017 年 12 月 1 日，A 公司为了锁定该类存货 3 个月之后的价格，签订了一份承诺按 100000 元价格出售该类存货的 3 个月期的远期合同。2017 年 12 月 31 日，该类存货价格下降至 90000 元，但远期合同因此而获利 10000 元。2018 年 1 月 31 日，该类存货价格上升至 105000 元，但远期合同因此而损失 15000 元。假定不考虑远期合同的时间价值。则 A 公司应如何进行会计处理?

【分析】A 公司应进行的会计处理如下。

(1)2017 年 12 月 1 日，A 公司签订远期合同时，根据企业会计准则规定，对于签订的远期合同，A 公司可以只就即期价格变动将远期合同指定为套期工具。由于签订远期合同并未发生成本，因此，A 公司对该套期工具无须编制会计分录，但是，应把存货的账面价值转入被套期项目。

借：被套期项目——存货　　100000

　　贷：库存商品　　100000

(2)2017 年 12 月 31 日，套期工具所产生的利得 10000 元与被套期项目所产生的损失 10000 元刚好相互抵销，因此，该套期完全有效，适用公允价值套期会计。

借：公允价值变动损益　　10000

　　贷：被套期项目——存货　　10000

借：套期工具——远期合约　　10000

　　贷：公允价值变动损益　　10000

(3)2018 年 1 月 31 日，套期工具所产生的损失 15000 元与被套期项目所产生的利得 15000 元刚好相互抵销，因此，该套期仍然完全有效，也适用公允价值套期会计。

借：被套期项目——存货　　15000

　　贷：公允价值变动损益　　15000

借：公允价值变动损益　　15000

　　贷：套期工具——远期合约　　15000

二、现金流量套期

【案例 3】现金流量套期的会计处理。资料：

2018 年 1 月 1 日，甲公司预期在 2016 年 6 月 30 日将销售一批商品 X，数量为 100000 吨。为规避该预期销售有关的现金流量变动风险，甲公司于 2018 年 1 月 1 日与某金融机构签订了一项衍生工具合同 Y，且将其指定为对该预期商品销售的套期工具。

衍生工具Y的标的资产与被套期预期商品在数量、质次、价格变动和产地等方面相同，并且衍生工具Y的结算日和预期商品销售日均为2018年6月30日。

2018年1月1日，衍生工具Y的公允价值为零，商品的预期销售价格为1100000元。2018年6月30日，衍生工具Y的公允价值上涨了25000元，预期销售价格下降了25000元。当日，甲公司将商品X出售1075000元，并将衍生工具Y结算。

甲公司采用比率分析法评价套期有效性，即通过比较衍生工具Y和商品X预期销售价格变动评价套期有效性。甲公司预期该套期完全有效。

假定不考虑衍生工具的时间价值、商品销售相关的增值税及其他因素，则甲公司应如何进行账务处理？

【分析】(1)2018年1月1日，甲公司不进行账务处理。

(2)2018年6月30日，确认衍生工具的公允价值变动时。

借：套期工具——衍生工具Y　　25000

　贷：其他综合收益　　25000

(3)2018年6月30日，确认商品X的销售时。

借：应收账款或银行存款　　1075000

　贷：主营业务收入　　1075000

(4)2018年6月30日，确认衍生工具Y的结算时。

借：银行存款　　25000

　贷：套期工具——衍生工具Y　　25000

(5)2018年6月30日，确认将原计入其他综合收益的衍生工具公允价值变动转出，调整销售收入时。

借：其他综合收益　　25000

　贷：主营业务收入　　25000

【操作指南】(1)现金流量套期满足运用套期会计方法条件的，应当按照下列规定处理。

1)套期工具产生的利得或损失中属于套期有效的部分，作为现金流量套期储备，应当计入其他综合收益。现金流量套期储备的金额，应当按照下列两项的绝对额中较低者确定。

①套期工具自套期开始的累计利得或损失。

②被套期项目自套期开始的预计未来现金流量现值的累计变动额。

每期计入其他综合收益的现金流量套期储备的金额应当为当期现金流量套期储备的变动额。

2)套期工具产生的利得或损失中属于套期无效的部分(即扣除计入其他综合收益后的其他利得或损失)，应当计入当期损益。

(2)现金流量套期储备的金额，应当按照下列规定处理。

1)被套期项目为预期交易，且该预期交易使企业随后确认一项非金融资产或非金融负债的，或者非金融资产或非金融负债的预期交易形成一项适用于公允价值套期会计的确定承诺时，企业应当将原在其他综合收益中确认的现金流量套期储备金额转出，计入该资产或负债的初始确认金额。

2)其他现金流量套期，企业应当在被套期的预期现金流量影响损益的相同期间，将原在其他综合收益中确认的现金流量套期储备金额转出，计入当期损益。

3)如果在其他综合收益中确认的现金流量套期储备金额是一项损失，且该损失全部或部分预计在未来会计期间不能弥补的，企业应当在预计不能弥补时，将预计不能弥补的部分从其他综合收益中转出，计入当期损益。

(3)当企业对现金流量套期终止运用套期会计时，在其他综合收益中确认的累计现金流量套期储备金额，应当按照下列规定进行处理。

1)被套期的预期未来现金流量预期仍然会发生的，累计现金流量套期储备的金额应当予以保留，并按照前述现金流量套期储备的后续处理规定进行会计处理。

2)被套期的未来现金流量预期不再发生的，累计现金流量套期储备的金额应当从其他综合收益中转出，计入当期损益。被套期的未来现金流量预期不再极可能发生但可能预期仍然会发生，在预期仍然会发生的情况下，累计现金流量套期储备的金额应当予以保留，并按照前述现金流量套期储备的后续处理规定进行会计处理。

【案例4】现金流量套期的会计处理。资料：

A公司决定签订一份衍生合同，即衍生工具Z，对由100000个单位的甲商品预期销售所产生的现金流量变动进行套期，以规避甲商品价格波动的风险。A公司预期在期间1最后1天卖出100000个单位的甲商品。在期间1的第1天，A公司签订了衍生工具Z，并把其作为对预期销售中现金流量的套期。在衍生工具Z上，A公司既没有收到，也没有支付升水(也就是说，该衍生工具Z的公允价值为零)。该套期关系适用于现金流量套期。

在套期开始时，100000个单位的甲商品的预期销售价格是100000元，并希望能锁定该销售金额。在期间1的最后1天，衍生工具Z的公允价值增加了25000元，且100000个单位的甲商品的预期销售价格减少了25000元，因此，该套期关系是完全有效的。另外，100000个单位甲商品的出售和衍生工具Z的结算均发生在期间1的最后1天。

则A公司应如何进行账务处理?

【分析】A公司预期该套期交易中不存在无效性，理由在于：①衍生工具Z的交易量是100000个单位的甲商品，其预期销售的交易量也是100000个单位的甲商品；②衍生工具的标的是A公司预期销售的同样品种、等级甲商品的价格(假定在A公司的销售临界点送货)；③衍生工具Z的结算日是期间1的最后1天且预期销售有望在期间1的最后1天发生。

A公司的会计处理如下。

(1)在所有者权益中确认衍生工具Z的公允价值变动。

借：套期工具——衍生工具Z　　25000

　　贷：其他综合收益　　25000

(2)确认100000个单位甲商品的销售收入。

借：银行存款　　75000

　　贷：主营业务收入　　75000

(3)确认衍生工具的结算。

借：银行存款　　25000

　　　　贷：套期工具——衍生工具　　25000

(4)把衍生工具公允价值变动重新转入当期损益。

借：其他综合收益　　25000

　　贷：主营业务收入　　25000

表明，通过对由100000个单位甲商品预期销售所产生的现金流量变动而进行的套期交易，即使本期内甲商品的销售价格下降，A公司仍然得到了总计100000元的现金流量。

三、境外经营净投资套期

【案例5】2017年10月1日，XYZ公司(记账本位币为人民币)在其境外子公司FS有一项境外净投资外币5000万元(即FC5000万元)。为规避境外经营净投资外汇风险，XYZ公司与某境外金融机构签订了一项外汇远期合同，约定于2018年4月1日卖出FC5000万元。XYZ公司每季度对境外净投资余额进行检查，且依据检查结果调整对净投资价值的套期。其他有关资料如表24-2所示。

表24-2　汇率变动及远期合同公允价值的变动

日期	即期汇率(FC/元人民币)	远期汇率(FC/元人民币)	远期合同的公允价值/元
2017年10月1日	1.71	1.70	0
2017年12月31日	1.64	1.63	3430000
2018年3月31日	1.60	不适用	5000000

XYZ公司评价套期有效性时，将远期合同的时间价值排除在外。假定XYZ公司的上述套期会计方法的所有条件。

则XYZ公司应如何进行账务处理?

【分析】XYZ公司的账务处理如下。

(1)2017 年 10 月 1 日，将长期股权投资转入被套期项目。

借：被套期项目——长期股权投资　　85500000

　　贷：长期股权投资　　85500000

外汇远期合同的公允价值为零，不进行账务处理。

(2)2017 年 12 月 31 日，确认远期合同的公允价值变动。

借：套期工具——外汇远期合同　　3430000

　　财务费用——汇兑损益　　70000

　　贷：其他综合收益　　3500000

(3)2017 年 12 月 31 日，确认对子公司净投资的汇兑损益。

借：其他综合收益　　3500000

　　贷：被套期项目——境外经营净投资　　3500000

(4)2018 年 3 月 31 日，确认远期合同的公允价值变动。

借：套期工具——外汇远期合同　　1570000

　　财务费用——汇兑损益　　430000

　　贷：其他综合收益　　2000000

(5)2018 年 3 月 31 日，确认对子公司净投资的汇兑损益。

借：其他综合收益　　2000000

　　贷：被套期项目——境外经营净投资　　2000000

(6)2018 年 3 月 31 日，确认外汇远期合同的结算。

借：银行存款　　5000000

　　贷：套期工具——外汇远期合同　　5000000

注：境外经营净投资套期(类似现金流量套期)产生的利得在所有者权益中列示，直至子公司处置。

【操作指南】对境外经营净投资的套期，包括对作为净投资的一部分进行会计处理的货币性项目的套期，应当按照类似于现金流量套期会计的规定处理。

套期工具形成的利得或损失中属于有效套期的部分，应当计入其他综合收益。全部或部分处置境外经营时，上述计入其他综合收益的套期工具利得或损失应当相应转出，计入当期损益。

套期工具形成的利得或损失中属于无效套期的部分，应当计入当期损益。

第三节　本准则修订的主要内容

《企业会计准则第 24 号——套期会计》修订的主要内容如下。

一、拓宽套期工具和被套期项目的范围

允许将以公允价值计量且其变动计入当期损益的非衍生金融工具指定为套期工具。同时，增加了符合条件的被套期项目，包括非金融项目的风险组成部分，一组项目的风险总敞口和风险净敞口，包括衍生工具在内的汇总风险敞口等均可被指定为被套期项目。

二、改进套期有效性评估

修订的准则取消了现行准则中80%~125%的套期高度有效性量化指标及回顾性评估要求，仅需进行前瞻性测试，且可采用定性的方法，关注套期工具与被套期项目之间的经济关系。

三、引入套期关系“再平衡”机制

引入了套期关系“再平衡”机制，如果套期关系由于套期比率的原因而不再满足套期有效性要求，但指定该套期关系的风险管理目标没有改变的，企业可通过调整套期关系的套期比率，使其重新满足套期有效性要求，从而延续套期关系，而不必如现行准则所要求先终止现有的套期关系再重新指定套期关系。

四、增加期权时间价值的会计处理方法

引入了新的会计处理方法，期权时间价值的公允价值变动应当首先计入其他综合收益，后续的会计处理根据被套期项目的性质分别进行处理，减少了企业损益的波动性。

五、增加信用风险敞口的公允价值选择权

修订的准则允许企业对金融工具的信用风险敞口选择以公允价值计量且其变动计入当期损益的方式来进行会计处理，以实现信用风险敞口和信用衍生工具公允价值变动在损益表中的自然对冲，以此作为套期会计的一种替代。

第二十五章　原保险合同

第一节　原保险合同概述

一、原保险合同的概念及分类

1. 原保险合同的概念

保险合同，是指保险人与投保人约定保险权利义务关系，并承担源于投保人保险风险的协议。保险合同分为原保险合同和再保险合同。

原保险合同，是指保险人向投保人收取保费，对约定的可能发生的事故因其发生所造成的财产损失承担赔偿保险金责任，或者当被保险人死亡、伤残、疾病或者达到保险合同约定的年龄、期限时承担给付保险金责任的保险合同。

从保险合同的定义中可以看出，保险合同属于一种金融工具。IAS32 中将金融工具定义为“形成一个企业的金融资产并形成另一个企业的金融负债或权益性工具的合同”。

2. 原保险合同的划分

保险合同多种多样，各种合同所面临的风险也有很大的区别。如普通保险中包括财产保险、责任保险、信用保证保险等等，又可以细分成其他多种不同的险种。人寿保险中包括终身人寿保险、定期人寿保险、年金合同、人身意外伤害险、长期看护保险，以及投资连接保险、万能人寿保险、两全保险、分红保险等等。尽管普通保险合同和人寿保险合同都使保险公司面临风险，但是保险业会计研究风险的性质非常不同。不同国家对保险合同的分类也有不同的划分标准，如澳大利亚分为普通保险和人寿保险；我国按保险标的为财产保险和人身保险，人身保险中分为人寿保险、人身意外伤害险和健康保险；日本则分为损害保险和生命保险，损害保险中包括财产保险、意外保险和健康保险，生命保险只是人寿保险。因此，很难有一致的标准对保险合同做出划分。对于会计准则，有些国家分别不同的保险而制定不同的准则，对不同的保险合同，采用的会计模式不同。

根据美国财务准则公告第 60 号《保险企业会计处理及其披露》(Accounting and Reporting by Insurance Enterprise)的规定，保险合同被划分为短期保险合同和长期保险合同，短期保险合同与长期保险合同不是以保险合同年限的长短为划分依据的，主要是根据期限是否可以预知、风险是否平均于保险期间、保费是否可调整及保费是否经过平准化设计来进行划分。

二、原保险合同的确定

保险人与投保人签订的合同是否属于保险合同，应当在单项合同的基础上，根据合同条款判断保险人是否承担了保险风险。发生保险事故可能导致保险人承担赔付保险金责任的，应当确定保险人承担了保险风险。保险事故，是指保险合同约定的保险责任范围内的事故。

保险人与投保人签订的合同，使保险人既承担保险风险又承担其他风险的，应当分别下列情况进行处理。

(1)保险风险部分和其他风险部分能够区分，并且能够单独计量的，可以将保险风险部分和其他风险部分进行分拆。保险风险部分，确定为原保险合同；其他风险部分，不确定为原保险合同。

(2)保险风险部分和其他风险部分不能够区分，或者虽能够区分但不能够单独计量的，应当将整个合同确定为原保险合同。保险风险和其他风险的区别在于保险风险是指从合同持有人转移至合同签发人的除金融风险之外的风险。仅给签发人带来金融风险而不带来重大保险风险的合同不是原保险合同。

金融风险包括一系列金融变量和非金融变量。例如，某一特定地区的地震损失指数、某一特定城市的气温指数、对合同一方的资产造成损害或毁坏的火灾。

一些合同除了给签发人带来重大保险风险外，还给签发人带来金融风险。例如，很多人寿保险合同既向投保人保证最低收益率(产生金融风险)，又向投保人承诺死亡给付，死亡给付有时会大大超过投保人的账户余额(保险风险从而以死亡率风险的形式产生，此类合同是原保险合同)。

保险风险定义的是承保人从投保人处接收的风险。换言之，保险风险是从投保人转移至承保人之前已存在的风险。因此，由合同所产生的新的风险不是保险风险。

保险合同的定义提到对投保人的不利影响。该定义并没有限定承保人支付的金额应等于不利事项的财务影响。例如，该定义没有排除“以新换旧”的保险方式，即支付给投保人足够的款项，使其足以购置一项新资产来替换已损坏的旧资产。类似地，该定义没有限定定期人寿保险合同中的赔付应等于死者遗属遭受的财务损失，也没有排除赔付预定的金额，以量化因死亡或事故所造成的损失。

按原保险合同延长期是否承担赔付保险金责任对保险合同进行分类。保险合同延长期不承担赔付保险金责任的，应当确定为非寿险保险合同；保险合同延长期承担赔付保险金责任的，应当确定为寿险保险合同。

保险合同延长期，是指投保人自上一期保费到期日未缴纳保费，保险人仍承担赔付保险金责任的期间。

三、原保险合同会计核算涉及的主要会计科目(见表25-1)

表25-1　原保险合同会计核算涉及的主要会计科目表

科目名称	核算的主要内容
未到期责任准备金	核算保险企业提取的非寿险原保险合同未到期责任准备金
提取到期责任准备金	核算保险企业提取的非寿险原保合同期准备金
未决赔款准备金	核算保险企业提取的原保险合同责任未决赔款准备金
提取未决赔款准备金	核算保险企业按规定为非寿险保险合同提取的未决赔款准备金
手续费及佣金支出	核算保险企业按规定支付给代理保险业务的代理人的手续费及佣金
应付手续费及佣金	核算保险企业因保险代理业务而发生的应付未付的手续费及佣金支出

第二节　案例分析与操作指南

一、非寿险原保险合同

【案例1】非寿险原保险合同保费收入确认的会计处理。资料：

A公司与B公司签订一份非寿险保险合同，承保金额为3000万元，保险期限为1年，保险费费率为1%，B公司一次性将保费交到A公司。则A公司应如何进行会计处理?

【分析】A公司应编制会计分录如下。

借：银行存款　　300000

　贷：保费收入　　300000

【操作指南】保费收入是保险企业为承担一定的风险责任而向投保人收取的保险费，或者是投保人为将其风险转嫁给保险企业而支付的代价。保费收入是衡量保险业务发展规模的客观尺度，也是衡量保险企业有无发展潜力的重要依据。保费收入的多少，反映保险企业承保能力的大小和保险责任的大小。对于保费收入的理解，需要澄清以下几个基本概念。

1. 入账保费

保费收入一般指入账保费，即在会计核算上已确认在本期的保费收入。入账保费是保险企业因在一定时期内签发的保险单而收到或者尚未收到的保费总额。

2. 未赚保费

未赚保费又称未到期保费，是指在某一年度的入账保费中应当用于支付下年度所发生赔款的保费。由于保险业务一般是跨年度连续经营的，每个会计年度末进行决算时，当年签发的保险单有许多尚未到期，但这些保单有可能在下一个会计年度发生赔款支出，因此，当年的入账保费并不能全部用于支付当年发生的赔款支出。为此，保险企业应当提取一部分保费用于支付下一个会计年度要发生的赔款，从当年保费收入所提存的这部分资金就是未赚保费，实际上就是后面所说的未到期责任准备金。

3. 已赚保费

已赚保费又称已到期保费，是指某一会计年度中可以用于当年赔款支出的保费收入。在每个会计期间末，保险企业应将所收保费中在当期已承担了保险责任或者已终止合同的那部分保费作为已赚保费入账。已赚保费实际上应等于上一个会计年度转回的未赚保费加上本会计年度的入账保费，再减去本会计年度的未赚保费。由此可见，已赚保费才是保险企业的实际保费收入。

【案例 2】非寿险原保险合同预收保费收入确认的会计处理。资料：

2018 年 1 月 1 日，甲公司与王某签订一份家庭财产保险合同，保险金额为 1000000 元，保险期间为 1 年，保费为 1000 元。合同规定，甲公司自 2 月 1 日零时起开始承担保险责任。合同签订日，甲公司收到王某缴纳的全部保费并入在银行。则甲公司应如何进行账务处理？

【分析】(1)1 月 1 日，收到保费 1000 元时。

借：银行存款　1000

　　贷：预收保费　1000

(2)2 月 1 日，确认原保费收入 1000 元时。

借：预收保费　1000

　　贷：保费收入　1000

【操作指南】原保险合同收入的确认与传统商品销售收入的确认标准是不一样的，不再以控制权和风险以及报酬的转移作为标准，而是只要保险合同成立并且保险公司承担保险责任就可以予以确认，原因在于与保险合同收入有关的事项是未来的，而未来事项是否发生以及对收入的影响程度有多大均具有巨大的不确定性，并且保险企业会在整个保险期间承担保险风险。至于经济利益的流入的可能性以及收入计量的可靠性，与传统确认标准并没有差异。

值得注意的是，对于非寿险原保险合同和寿险原保险合同，保险人承担的保险风险不同，保费计量依据的假设不同，保费收入的计量方法也各不相同。

【案例 3】非寿险原保险合同分期收取保费收入确认的会计处理。资料：

2018 年 1 月 1 日，甲公司与丙公司签订一份工程保险合同，保险金额为 4000000 元，保险期间为 2018 年 1 月 1 日零时至 2019 年 12 月 31 日 24 时；保费总额为 4000 元，分 2 年于每年年初等额收取，合同生效当日，甲公司收到第一期保费并存入银行。则甲公司应如何进行账务处理？

【分析】(1)2018 年 1 月 1 日收到保费 2000 元，确认原保费收入 4000 元时。

借：银行存款　　2000

　　应收保费　　2000

　　贷：保费收入　　4000

(2)2019 年 1 月 1 日收取保费 2000 元时。

借：银行存款　　2000

　　贷：应收保费　　2000

【操作指南】保险公司接受投保人投保，首先要根据适用的保费标准和投保人的保险金额，计算投保人应纳的保费、经双方同意并签订合同后，如果保费收入确认的上述三个条件都得到满足，保险公司应当确认保费收入。由于非寿险原保险合同一般是签单生效，即保险合同一经签订，保险合同成立，保险公司开始承担保险责任；并且由于非寿险原保险合同期限一般较短，通常短于 1 年，保费金额可以确定，收取保费的可能性也通常大于不能收到保费的可能性，因此，在实际工作中，非寿险原保险合同一般是签单时确认保费收入。

但是，非寿险原保险合同也存在签单日与承担保险责任日不一致的情况，如货物运输保险合同，签订保险合同是一个日期，承担保险责任又是另一个日期。在这种情况下，签单日收取的保费作为预收款处理，待承担保险责任时再转作保费收入。此外，由于非寿险原保险合同存在不可预见的损失风险，例如，国家政治，政策风险，地震、洪水等巨灾风险，因此，有时会存在收取保费的可能性小于不能收取保费的可能性的情况，这种情况一旦出现，保险人不能确认保费收入，而在实际收到保费时确认收入。

【案例 4】储金业务保险合同的会计处理。资料：

A 保险公司会计部门收到业务部门转来的 3 年期家财两全险保户储金日结汇总表、储金收据以及银行储金专户收账通知，共计 2000000 元，预定年利率为 2.25%，不计算复利，3 年后一次性还本付息。则 A 公司应如何进行会计处理？

【分析】(1)收到保户储金，存入银行专户时。

借：银行存款——储金专户　　2000000

　　贷：保户储金——家财两全险　　2000000

(2)按预定年利率计算保户储金每年应计利息 45000 元(2000000×2.25%)，并转作保费收入时。

借：应收利息　　45000

　　贷：保费收入——家财两全险　　45000

(3)第 3 年，保单到期，将 3 年期专户存储的定期存单转为活期存款，并用银行存款归还保户储金时。

借：银行存款——活期户　　2135000

贷：银行存款——储金专户　　2000000

应收利息　　90000

保费收入——家财两全险　　45000

借：保户储金——家财两全险　　2000000

贷：银行存款——活期户　　2000000

【操作指南】对于非寿险原保险合同，保险人应当根据原保险合同约定的保费总额确定。由于非寿险原保险合同的期限一般比较短，所以一般不存在分期收取保费的情形，也就不存在分期确认的问题。

如果非寿险原保险合同的保费需要调整的，则保费收入应当按以下方法进行计量。

(1)如果最终保费金额能够合理估计，则保费收入应按估计保费金额来计量。如果以后估计金额发生变化的，则应及时进行调整。例如，对于暂保单，保险企业应当按照暂保单成立的时间以及约定的保费总额确定保费收入，当出具正式保单时，应按正式保单约定的保费总额及时调整保费收入。

(2)如果保险企业不能合理估计最终保费金额的，则应按照已发生的赔付成本(包括未决赔款准备金)总额确定，直至可以合理估计最终保费金额为止。

保户储金，是指保险企业以储户本金增值作为保费收入的保险业务而收到保户缴存的储金。保户储金具有保险和储蓄双重性质。在保险期满时，如果没有发生保险事故，则储金应退还给保户，因此，保户储金本身并不是保费收入，而是一项金融负债。保险企业在收到保户储金后，一般会将该保险储金存入银行或者进行债券投资，从银行获取的利息收入或者债券投资所取得的投资收益应作为保费收入，具体来说，保险企业在期末时根据保户储金平均余额乘以预定利率(或预定收益率)来计算当期的保费收入。

【案例5】非寿险原保险合同退保费的会计处理。资料：

A企业向B保险公司投保了财产保险综合险，由于厂址迁移外地，申请退保。根据业务部门转来的批单，应退还保费5000元，但A企业尚有700元的保费未交，B保险公司的会计部门开出转账支票支付A企业退保费4300元。则B保险公司应如何进行会计处理？

【分析】B公司应编制会计分录如下。

借：保费收入　　5000

贷：应收保费——A企业　　700

银行存款　　4300

【操作指南】原保险合同提前解除的，保险人应当按照原保险合同约定计算确定应退还投保人的金额，作为退保费，计入当期损益。

【案例6】未到期责任准备金的会计处理。资料：

2018年11月1日，甲公司确认丁公司投保的A财产保险合同保费收入48000元；

11 月 30 日，甲公司保险精算部门计算确定 A 财产保险合同未到期责任准备金余额为 44000 元；12 月 31 日，甲公司保险精算部门计算确定 A 财产保险合同未到期责任准备金余额为 40000 元。则甲公司应如何进行账务处理？

【分析】(1)11 月 1 日，确认原保费收入 48000 元时。

借：银行存款　　48000

　　贷：保费收入　　48000

(2)11 月 30 日，确认未到期责任准备金 44000 元时。

借：提取未到期责任准备金　　44000

　　贷：未到期责任准备金　　44000

(3)12 月 31 日，调减未到期责任准备金 4000 元(44000-40000)时。

借：未到期责任准备金　　4000

　　贷：提取未到期责任准备金　　4000

【操作指南】在保险合同中，保险公司并不因为收入的确认而转移了风险，相反，风险伴随收入的确认而产生，保险公司必须在整个投保期内对约定的保险事项承担保险责任。由于未来事件的发生具有巨大的不确定性，可能会极大地影响企业的财务状况，因此，基于谨慎性原则，保险公司应当提取各项准备金。原保险合同准备金包括未到期责任准备金、未决赔款准备金、寿险责任准备金和长期健康险责任准备金。

未到期责任准备金，是指保险人为尚未终止的非寿险保险责任提取的准备金，包括保险企业为保险期间在 1 年以内(含 1 年)的保险合同项下尚未到期的保险责任而提取的准备金，以及为保险期间在 1 年以上(不含 1 年)的保险合同项下尚未到期的保险责任而提取的长期责任准备金。

“未到期责任准备金”科目核算保险企业提取的非寿险原保险合同未到期责任准备金。该科目可按保险合同进行明细核算。该科目属于负债类科目，其贷方登记提取的未到期责任准备金，借方登记冲减的未到期责任准备金，余额在贷方，反映保险企业的未到期责任准备金。

“提取到期责任准备金”科目核算保险企业提取的非寿险原保合同到期准备金，该科目可按保险合同和险种进行明细核算。该科目属损益类科目，其借方登记提取的未到期责任准备金数额，贷方冲减已提取的未到期责任准备金数额，期末将该科目余额转入“本年利润”科目，结转后该科目无余额。保险企业在确认原保费收入的当期，应按保险精算确定的未到期责任准备金，借记该科目，贷记“未到期责任准备金”科目；资产负债表日，应按保险精算重新计算确定的未到期责任准备金与已确认的未到期责任准备金的差额，借记“未到期责任准备金”科目，贷记该科目；原保合同提前解除的，应按相关到期责任准备余额，借记“未到期责任准备金”科目，贷记该科目。

【案例 7】未到期责任准备金计提的会计处理。资料：

A公司全年1年期直接承保的保费收入为90000000元，按自留保费的50%的比例提取未到期责任准备金，即为45000000元(90000000×50%)并转回上年同期提存未到期责任准备金40000000元。则A公司应如何进行会计处理？

【分析】 A公司编制的会计分录如下。

(1)提取未到期责任准备金时。

借：提取未到期责任准备金　45000000

　　贷：未到期责任准备金　45000000

(2)将上年提存的未到期责任准备金转回时。

借：未到期责任准备金　40000000

　　贷：提取未到期责任准备金　40000000

【操作指南】 保险企业应当在确认非寿险保费收入的当期，按照保险精算确定的金额，提取未到期责任准金作为当期保费收入的调整，并确认未到期责任准备金负债，在资产负债表日，保险企业应当按照保险精算重新计算确定的未到期责任准备金余额与已提取的未到期责任准备金余额的差额，调整未到期责任准备金余额。

从性质上讲，未到期责任准备金属于未赚取的保费收入，确认未到期责任准备金就是确认未取的保费收入，随着时间的推移，保险风险在逐渐减少，未赚取的保费收入也随之转化为已赚取的保费收入。因此，在通常情况下，对同一尚未终止的非寿险保险责任而言，保险企业在资产负债表日按照保险精算重新计算确定的未到期责任准备金余额应当小于上一资产负债表日已确认的未到期责任准备金余额。为了真实地反映保险人当期期末未赚取的保费收入，保险企业应当在资产负债表日，按照保险精算重新计算确定的未到期责任准备金余额与已确认的未到期责任准备金余额的差额，对未到期责任准备金余额进行调整。

【案例8】 提取未决赔偿准备金。资料：

2018年5月31日，甲公司保险精算部门计算确定的某类财产保险合同未决赔款准备金金额为100000元，其中，已发生已报案未决赔款准备金为60000元，已发生未报案未决赔款准备金为20000元，理赔费用准备金为20000元。则甲公司应如何进行账务处理？

【分析】 借：提取未决赔款准备金　100000

　　贷：未决赔款准备金　100000

【操作指南】 未决赔偿准备金，是指保险人为非寿险保险事故已发生尚未结案的赔案提取的准备金。未决赔款准备金，包括已发生已报案未决赔款准备金、已发生未报案未决赔款准备金和理赔费用准备金。

(1)已发生已报案未决赔款准备金，是指保险人为非寿险保险事故已发生并已向保险人提出索赔、尚未结案的赔案提取的准备金。

(2)已发生未报案未决赔款准备金，是指保险人为非寿险保险事故已发生、尚未向保险人提出索赔的赔案提取的准备金。

(3)理赔费用准备金，是指保险人为非寿险保险事故已发生尚未结案的赔案可能发生的律师费、诉讼费、损失检验费、相关理赔人员薪酬等费用提取的准备金。对于理赔费用准备金，根据其与具体赔案之间的关系，又可分为直接理赔费用准备金和间接理赔费用准备金。直接理赔费用准备金，是指保险人为直接发生于具体赔案的律师费、诉讼费、损失检验费等提取的理赔费用准备金。间接理赔费用准备金，是指保险人为非直接发生于具体赔案的理赔人员薪酬等理赔勘查费用提取的理赔费用准备金。

投保人发生非寿险保险合同约定的保险事故当期，保险企业应按保险精算确定的未决赔款准备金，借记“提取未决赔款准备金”科目，贷记“未决赔款准备金”科目。对未决赔款准备金进行充足性测试，应按补提的保险责任准备金，借记“提取未决赔款准备金”科目，贷记“未决赔款准备金”科目，原保险合同保险人确定支付赔付款项金额或实际发生理赔费用的当期，应按冲减的相应保险责任准备金余额，借记“未决赔款准备金”科目，贷记“提取未决赔款准备金”科目。

【案例9】未决赔偿准备金的转回。资料：

A公司2018年末估算出当年家庭非寿险保险未决赔款准备金为：已发生已报案未决赔款准备金为240000元，已发生未报案未决赔款准备金为60000元。A公司据此提取未决赔款准备金并转回上年的提取额410000元。则甲公司应如何进行账务处理？

【分析】A公司编制的会计分录如下。

(1)提取未决赔款准备金时。

借：提取未决赔款准备金——已发生已报案未决赔款准备金　240000

　　　　　　　　　　　——已发生未报案未决赔款准备金　60000

　　贷：未决赔款准备金　300000

(2)转回上年的未决赔款准备金时。

借：未决赔款准备金　410000

　　贷：提取未决赔款准备金　410000

【操作指南】保险人与投保人签订原保险合同，向投保人收取保费，同时承担了在保险事故发生时向受益人赔付保险金的责任。对于非寿险原保险合同，在保险事故发生之前，保险人承担的向受益人赔付保险金的责任是一种潜在义务，不满足负债的确认条件，不应当确认为负债。保险事故一旦发生，保险人承担的向受益人赔付保险金的责任变成一种现时义务，满足负债的确认条件，应当确认为负债。因此，保险人应当在非寿险保险事故发生的当期，按照保险精算确定的未决赔款准备金金额，提取未决赔款准备金，并确认未决赔款准备金负债。

【案例10】手续费及佣金支出的会计处理。资料：

某保险代理人本月共收到机动车辆保险保费90000元，全部划到保险公司账户，保险公司按7%支付手续费6300元，代扣个人所得税50元，开出转账支票付讫，保险公司应如何编制会计分录？

【分析】(1)收到保费时。

借：银行存款 90000

贷：保费收入 90000

(2)支付手续费时。

借：手续费及佣金支出 6300

贷：银行存款 6250

应交税费——应交个人所得税 50

【操作指南】保险人在取得原保险合同过程中发生的手续费、佣金，应当在发生时计入当期损益。保险人在发生手续费和佣金支出时，借记“手续费及佣金支出”科目，贷记“银行存款”科目。期末，将“手续费及佣金支出”科转入“本年利润”科目，结转之后无余额。

【案例11】当时结案的赔款支出的会计处理。资料：

2018年4月12日，甲公司确定应赔偿张某投保的家庭财产保险款80000元，以银行存款支付。2018年4月30日，甲公司为该保险事故确认的未决款准备金金额为85000元，则甲公司应如何进行账务处理？

【分析】借：赔付支出 80000

贷：银行存款 80000

借：未决赔款准备金 85000

贷：提取未决赔款准备金 85000

【操作指南】对于非寿险原保险合同，保险人在发生保险事故当期，已经根据保险精算部门计算确定的未决赔款准备金，确认了未决赔款准备金负债，同时确认提取保险责任准备金，计入当期损益，保险人在确定了实际应支付偿款项金额的当期，首先应当将确定支付的赔偿款项金额计入当期赔付支出；其次，应当按照确定支付的赔偿款项金额，冲减相应的未决赔款准备金余额。

保险人将实际应支付的赔偿款确认为赔付支出单独核算，而不是直接冲减未决赔款准备金余额，主要是为了满足赔付率监管的需要，并与未决赔款准备金精算实务相衔接。在实务中，保险精算部门是根据有效保单定期计算未决赔款准备金余额，已决保单没有包括在有效保单内。在资产负债表日，会计部门根据保险精算结果按差额确认未决赔款准备金时，已经自动将已决保单相关的未决赔款准备金转销。

在处理案的过程中，有些赔案损失较大，且案情比较复杂，由于种种原因不能当时或短时间内核实损失，确定赔款金额。但为了尽快恢复投保单位或个人的生产经营和正常生活秩序，保险公司按估赔的一定比例，先预付一部分赔款，待核实结案时再一次性结清。一般来说，预赔款金额不得超过估损金额的50%，而且不能跨年度使用，结案率至少在85%以上。

【案例12】 代位追偿和损余物资的会计处理。资料：

2018年6月30日，A保险公司与B公司签订一份保险合同，对B公司仓库的一批存货进行投保，约定保险期限为1年，即至2019年6月30日，保险金额为5000万元，保费为500万元，保费于合同生效当日一次性支付，经精算后确定，A保险公司针对未到期责任准备金的提取金额为200万元。2018年8月5日，由于相邻的C公司发生意外火灾，并殃及了B公司的仓库，造成所投保的存货大部分毁损。A保险公司经定损后，确认存货毁损80%，金额为4000万元，A保险公司决定全额理赔4000万元。2018年9月25日，本案按照上述理赔方案结案，A保险公司同时收回毁损存货并享有了对C公司的代位追偿权。假设毁损存货残值为500万元，估计代位追偿可收回2000万元，而实际中，2018年10月，A保险公司转让存货的收入为600万元，2018年12月，从C公司收回补偿1800万元，则A保险公司应如何进行会计处理?

【分析】(1)2018年7月1日，A公司根据合同确认保费收入并提取准备金。

借：银行存款　　5000000

　　贷：保费收入　　5000000

借：提取未到期责任准备金　　2000000

　　贷：未到期责任准备金　　2000000

(2)2018年8月5日，提取未决赔款准备金4000万元。

借：提取未决赔款准备金　　40000000

　　贷：未决赔款准备金　　40000000

(3)2018年9月25日，结案赔付，并收回损余物资及确认代位追偿权。

借：赔付支出　　40000000

　　贷：银行存款　　40000000

冲回未决赔款准备金。

借：未决赔款准备金　　40000000

　　贷：提取未决赔款准备金　　40000000

收回损余物资时。

借：损余物资　　5000000

　　贷：赔付支出　　5000000

确认应收代位追偿款。

借：应收代位追偿款　　20000000

　　贷：赔付支出　　20000000

(4)2018年10月，处置损余物资时。

借：银行存款　6000000

　　贷：赔付支出　1000000

　　　　损余物资　5000000

(5)2018年12月，收到代位追偿款。

借：银行存款　18000000

　　赔付支出　2000000

　　贷：应收代位追偿款　20000000

【操作指南】为了核算保险企业按照原保险合同约定承担赔偿保险金责任后取得的损余物资成本，保险企业一般设置“损余物资”科目。该科目可按损余物资种类进行明细核算，期末余额在借方，反映企业承担赔偿保险金责任后取得的损余物资成本。损余物资发生减值的，可以单独设置“损余物资跌价准备”科目，比照“存货跌价准备”科目进行处理。损余物资的主要账务处理如下。

(1)企业承担赔偿保险金责任后取得的损余物资，按同类或类似资产的市场价格计算确定的金额，借记该科目，贷记“赔付支出”科目。

(2)处置损余物资时，按实际收到的金额，借记“库存现金”“银行存款”等科目，按其账面余额，贷记该科目，按其差额，借记或贷记“赔付支出”科目。已计提跌价准备的，还应同时结转跌价准备。

代位追偿款，是指保险人承担赔偿保险金责任后，依法从被保险人处取得代位追偿权向第三者责任人索赔而取得的赔款。保险人一般设置“应收代位追偿款”"科目，该科目核算保险人按照原保险合同约定承担赔付保险金责任后确认的代位追偿款。该科目可按被追偿单位(或个人)进行明细核算，期末余额在借方，反映保险人已确认尚未收回的代位追偿款。代位追偿款的主要账务处理如下。

(1)保险人承担赔付保险金责任后确认的代位追偿款，借记“应收代位追偿款”科目，贷记“赔付支出”科目。

(2)收回应收代位追偿款时，按实际收到的金额，借记“库存现金”“银行存款”等科目，按其账面余额，贷记“应收代位追偿款”科目，按其差额，借记或贷记“赔付支出”科目，已计提坏账准备的，还应同时结转坏账准备。

二、寿险原保险合同的会计核算

【案例13】保费收入的会计处理。资料：

李某向A保险公司投保个人养老金险，约定每月交费100元，2016年1月6日预交保费1200元。则A保险公司应编制的会计分录?

【分析】(1)预收保费时。

借：库存现金 1200
　　贷：保费收入 100
　　　　预收保费 1100

(2)以后每月将预收保费转为实现的保费收入时。

借：预收保费 100
　　贷：保费收入 100

【操作指南】寿险原保险合同收入的确认应当同时满足原保险合同保费收入确认的三个条件，与非寿险保险相同。由于人寿保险一般是收款生效，因此，一般是收到保费时确认保费收入。在采用分期收款方式收取保费的情况下，如果保费金额可以确定，而且收取保费的可能性也大于不能收取保费的可能性，可以于应收保费时确认保费收入，而不一定要在实际收到时再确认收入。在采用以保户储金利息作为保费收入的收款方式下，可以按期确认保费收入。

对于寿险原保险合同保费收入的计量，分期收取保费的，应当根据当期应收取的保费确定；一次性收取保险的，应当根据一次性应收取的保费确定。

【案例14】保险金给付的会计处理。资料：

投保人王某向A保险公司投保的保险金额为50000元的两全保险已期满，尚有8000元的保户质押贷款未归还，该笔贷款应付利息406元，A保险公司可将贷款及利息扣除后办理给付。则A保险公司应如何进行会计处理?

【分析】应编制会计分录如下。

借：赔付支出——满期给付 50000
　　贷：保户质押贷款 8000
　　　　利息收入 406
　　　　库存现金 41594

【操作指南】保险金给付是保险企业对投保人在保险期满或期中支付保险金，以及对保险期内发生保险责任范围内的意外事故按规定给付保险金，同一险种有不同版本的条款，给付的保险金可能不同，在审核领取人申请金额时应加以注意。投保人有借款的，应先结清借款。若在保险合同规定的缴费宽限期内给付时投保人有未缴保费的，应将其从应支付的保险金中扣除。相反，投保人有预交保费的，在给付保险金时应退还预交部分。保险金给付分为满期给付、死亡给付、伤残给付，医疗给付和年金给付等五种。

发生保险金给付时，借记“赔付支出”科目，贷记“库存现金”和“银行存款”等科目。若在保险金给付时贷款本息尚未还清，应将其从应支付保险金中扣除，按保单约定给付金额，借记“赔付支出”科目，按未收回的保户质押贷款本金，贷记“保户质押贷款”科目，按利息数，贷记“利息收入”科目，按实际支付的金额，贷记“库存现金”或“银行存款”等科目。若在保险合同规定的缴费宽限期内发生保险金给付时，应按应给付金额，借记“赔付支出”科目，按投保人未缴保费部分，贷记“保费收入”科目，按利息数，贷记“利息收入”科目，按实际支付的金额，贷记“库存现金”或“银行存款”等科目。若在保险金给付时保户存在预交保费，应将其退还给保户，按保单约定给付金额，借记“赔付支出”科目，按应退还给保户的金额，借记“预收保费”科目，按实际支付的金额，贷记“库存现金”或“银行存款”等科目。

【案例15】退保业务的会计处理。资料：

某养老保险保户因经济困难要求退保，退保金为7000元，但须扣除保户的2000元借款及其利息150元，A保险公司会计部门在审核无误之后以现金支付。则A公司应如何进行会计处理？

【分析】A保险公司应编制会计分录如下。

借：退保金　7000

　贷：保户质押贷款　2000

　　利息收入　150

　　库存现金　4850

【操作指南】退保业务，是指寿险和长期健康业务投保方在保险期未满时要求退还保单现金价值。在经济情况恶化时，许多保险单的所有者会行使退保权，人寿保险企业的资金运用由此而受到不利的影响，并且其他保险单所有者的利益也受到影响。保险单所有者在任何时候都可能行使退保权的规定，要求保险企业采取追求流动性的投资原则，因此，对退保者应当收取投资收益损失费。

支付退保金时，若有贷款本息未还清，以现金价值，借记“退保金”科目，按未收回的保户质押贷款本金，贷记“保户质押贷款”科目，按利息数，贷记“利息收入”科目，按实际支付的金额，贷记“库存现金”或“银行存款”等科目。

【案例16】提取寿险责任准备金的会计处理。资料：

A公司2018年12月31日提取寿险责任准备金62000000元，转回上年同期提存的寿险责任准备金58000000元。则A公司应如何进行会计处理？

【分析】A公司应编制会计分录如下。

(1)提存寿险责任准备金时。

借：提取寿险责任准备金　62000000

　贷：寿险责任准备金　62000000

(2)转回寿险责任准备金时。

借：寿险责任准备金　58000000

　贷：提取寿险责任准备金　58000000

(3)将提取和转回的寿险责任准备金结转至本年利润。

借：本年利润 62000000

贷：提取寿险责任准备金 62000000

借：提取寿险责任准备金 58000000

贷：本年利润 58000000

【操作指南】寿险原保险合同保险责任准备金，是指保险企业根据其售出的保单中约定的保险责任，在向受益人支付赔偿或给付以前公司提取的偿付准备。它是在任何时候为保证保险给付所需要准备的金额，是对保险单所有人的负债，也是寿险原保险合同的一项主要负债。对于寿险原保险合同，收取保险费在前，而履行给付保险金的义务在若干年之后。如果寿险准备金不充足，则会影响保险公司的偿付能力，从而危及被保险人的合法权益。为了保障保险客户的利益，促使保险公司安全经营，保险监管机构通过保险监管法规规定保险企业应提留准备金，以确保保险公司的最低偿付能力。

企业确认寿险保费收入，应按保险精算确定的寿险责任准备金、长期健康险责任准备金，借记“提取寿险责任准备金”“提取长期健康险责任准备金”科目，贷记“寿险责任准备金”“长期健康险责任准备金”科目。对寿险责任准备金和长期健康险责任准备金进行充足性测试，应按补提的保险责任准备金，借记“提取寿险责任准备金”“提取长期健康险责任准备金”科目，贷记“寿险责任准备金”“长期健康险责任准备金”科目。

原保险合同保险人确定支付赔付款项金额或实际发生理赔费用的当期，应按冲减的相应保险责任准备金余额，借记“寿险责任准备金”“长期健康险责任准备金”科目，贷记“提取寿险责任准备金”“提取长期健康险责任准备金”科目。

寿险原保险合同提前解除的，应按相关寿险责任准备金、长期健康险责任准备金余额，借记“寿险责任准备金”“长期健康险责任准备金”科目，贷记“提取寿险责任准备金”“提取长期健康险责任准备金”科目。

第二十六章　再保险合同

第一节　再保险合同概述

一、再保险合同的概念及种类

1. 再保险合同的概念

再保险合同，是指一个保险人（再保险分出人）分出一定的保费给另一个保险人（再保险接受人），再保险接受人对再保险分出人由原保险合同所引起的赔付成本以及其他相关费用进行补偿的保险合同。

2. 再保险合同的种类

（1）按再保险的方式分为比例再保险合同和非比例再保险合同，前者是以保险金额为基础的再保险合同；后者是以赔款金额为基础的再保险合同。

（2）按不同的分保安排可以分为临时再保险合同、合同再保险合同和预约再保险合同。

临时再保险合同：是根据业务需要临时选择再保险接受人，经协商达成协议，逐笔成交的分保合同。对于临时再保险的业务，再保险接受人没有义务一定接受。临时再保险是再保险合同发展的早期形式，但现在仍然采用。

合同再保险合同：是由再保险分出人和再保险接受人以预先签订合同的方式确定双方的权利和义务关系，在一定时期内对一宗或一类业务进行约定的分保合同。对于合同分保业务，再保险分出人和再保险接受人都没有选择余地，双方必须接受。

预约再保险合同：是介于合同再保险合同和临时再保险合同之间的一种再保险合同。对于合同中规定的业务，再保险分出人有权选择是否分出，一旦分出，再保险接受人必须接受，即预约再保险对再保险分出人有临时再保险合同性质，对再保险接受人有合同再保险合同性质。

二、再保险合同的主要内容

再保险合同的主要内容包括：再保险合同当事人的名称、地址；保险期限；执行条款，含再保险的方式、业务范围、地区范围及责任范围；除外责任；保险费的计算、支付方式及对原保险人的税收处理；手续费条款；赔款条款；账务条款，即账单编送及账务结算事宜；仲裁条款，规定再保险合同仲裁范围、仲裁地点、仲裁机构、仲裁程序和仲裁效力等；保险合同终止条款，规定终止合同的通知，订明特殊终止合同的情形；货币条款，规定自负责任额、分保责任额、保费和赔款使用的货币以及结付应用的汇率；保险责任的分担及除外责任；争议处理，包括仲裁和诉讼条款；赔款规定等。

三、再保险与原保险

1. 再保险与原保险的联系

再保险是保险人将原保险业务(即直接保险业务)分给其他保险人的过程。当原保险合同约定的保险事故发生时，再保险人按照再保险合同的规定对原保险人承担的损失给予补偿。可见，再保险与原保险具有十分密切的关系，两者相辅相成，相互促进。

(1)原保险是再保险的基础，再保险是由原保险派生的。从保险发展的历史上看，先有保险，后有再保险。再保险的产生和发展，是基于原保险人分散风险的需要。再保险是以原保险人承保的风险责任为保险标的，以原保险人的实际赔款和给付为摊赔条件的。所以，其保险责任、保险金额、保险期限等，都必须以原保险合同为基础，没有原保险就没有再保险。

(2)再保险是对原保险的保险，再保险支持和促进原保险的发展。保险人将自己所承保的一部分风险责任向再保险人分保，从而也将一部分风险责任转移给再保险人。当原保险人承保的保险标的发生损失时，再保险人必须按保险合同的规定分担相应的赔款。原保险人从再保险人那里摊回分保部分的赔款，有利于保障原保险人经营的安全和稳定。可见，再保险作为原保险的保险，是对原保险人所承保的风险的进一步分散，原保险人通过再保险可以控制自己的保险责任，扩大承保能力，从而支持和促进了原保险的发展。

2. 再保险与原保险的区别

原保险和再保险都是为了分散风险，补偿损失，但在保险经营中两者还是有很大的区别。

(1)保险关系的主体不同。原保险关系的主体是保险人与投保人或被保险人，体现了保险人与投保人之间的经济关系；而再保险关系的主体是原保险人与再保险人，再保险体现的是保险人之间的经济关系。

(2)保险标的不同。原保险的保险标的包括财产、人身、责任、信用以及有关的利益，既有财产保险、人身保险，也有责任保险和信用保险；而再保险的标的则是原保险人所承担的风险责任，是一种具有责任保险性质的保险。

(3)保险赔付的性质不同。原保险人在履行赔付职责时，对财产保险是损失补偿，而对人身保险则是给付补偿，所以原保险合同包括补偿性合同和给付性合同两种；而再保险人对原保险合同的分摊，无论是财产再保险还是人身再保险，都是对原保险人承担的风险损失的补偿，所以再保险合同均为补偿性合同。

3. 再保险是独立于原保险的保险

再保险是在原保险的基础上产生的，再保险合同必须以原保险合同的存在为前提。但是，再保险与原保险没有必然的连续性，再保险是一项独立的保险业务。首先，再保险合同不是原保险合同的从属合同，而是独立的合同，它与原保险合同没有任何法律上的继承关系。因为除了法定再保险外，原保险人是否办理再保险，哪些保险责任需要分保，分出多少，这完全是由原保险人根据自己的财务和经营状况自主决定的。其次，再保险是原保险人与再保险人之间订立再保险合同的经济行为，体现原保险人与再保险人之间的经济关系或法律关系，再保险合同只对原保险人和再保险人具有法律的约束力，再保险人只对原保险人负责，而与原保险合同中的投保人或被保险人没有任何法律关系。再保险人无权向投保人收取保费，投保人也无权向再保险人索赔。当合同约定的损失发生时，只能由原保险人向再保险人索取赔款。同时，原保险人也不得以再保险人未支付摊付的赔款为由，拖延或拒绝对原投保人履行赔偿责任。

第二节　案例分析与操作指南

一、分出业务

【案例1】 摊回分保费用的会计处理。资料：

甲公司与F保险股份有限公司(以下简称F公司)签订一份成数分保财产再保险合同，将约定的原保险业务向F公司办理分保。合同约定分保手续费采用浮动分保手续费率制，预付分保手续费费率为30%。假定甲公司对该再保险合同业务年度的业务进行结算时实际计算确定的分保手续费费率为35%，据此计算的分保手续费调整金额为800万元，并经F公司确认一致。此时，则甲公司调整分保手续费的账务处理。

【分析】 甲公司的会计分录如下。

借：应收分保账款——F公司　　8000000

　　贷：摊回分保费用　　8000000

假定再保险合同签订3年后甲公司按照合同约定计算出应向F公司收取的纯益手续费金额为144万元，双方确认一致的纯益手续费金额为140.4万元，甲公司应予双方确认一致时账务处理如下。

借：应收分保账款——F公司　　1404000

　　贷：摊回分保费用　　1404000

【操作指南】 分出业务的会计处理主要包括应收分保准备金、分出保费及摊回成本费用和存入分保保证金等。

保险企业在确认原保险合同保费收入的当期，应按再保险合同约定计算确定的分出保费金额，借记“分出保费”科目，贷记“应付分保账款”科目。在原保险合同提前解除的当期，应按再保险合同约定计算确定的分出保费的调整金额，借记“应付分保账款”科目，贷记“分出保费”科目。

对于超额赔款再保险等非比例再保险合同，应按再保险合同约定计算确定的分出保费金额，借记“分出保费”科目，贷记“应付分保账款”科目。调整分出保费时，借记或贷记“分出保费”科目，贷记或借记“应付分保账款”科目。再保险分出人应当在确认原保险合同保费收入的当期，按照相关再保险合同的约定，计算确定应向再保险接受人摊回的分保费用，计入当期损益。这里“摊回的分保费用”，是指摊回的分保手续费。再保险分出人应当在原保险合同提前解除的当期，按照相关再保险合同的约定，计算确定分出保费、回分保费的调整金额，计入当期损益；同时，转销相关应收分保准备金余额。

【案例 2】摊回赔付成本的会计核算。资料：

2018 年 1 月 31 日乙公司与客户刘某签订一份人身意外伤害保险合同，保险金额为 360 万元，自 2018 年 2 月 1 日零时起合同生效，保险期间为 1 年；刘某于合同生效当日一次性缴纳保险费 0.72 万元，乙公司开始承担保险责任并确认了保费收入。该份人身意外伤害保险合同属于乙公司与 E 保险股份有限公司(以下简称 E 公司)签订的溢额再保险合同约定的业务范围。该再保险合同约定：每一被保险人的意外险自留额为 100 万元，E 公司的分保额最高限额为 300 万元，分保手续费费率为 25%。

2018 年 7 月 10 日，被保险人刘某发生车祸死亡，乙公司确定该事故属于全额赔偿责任范围，于事故发生当月确认了赔付成本 360 万元。2018 年 7 月 29 日，乙公司向刘某家属支付了保险赔款，该保险事故结案。乙公司就上述业务计算出应向 E 公司分出的保费金额为 0.52 万元[0.72×(360-100)÷360]，分保手续费为 0.13 万元(0.52×25%)，应从 E 公司摊回赔款金额为 260 万元[360×(360-100)÷360]。则该公司应作的会计处理。

【分析】乙公司分出保费、摊回分保费用、推回赔付成本的账务处理如下。

(1)2018 年 2 月，确认分出保费及摊回分保费用时。

借：分出保费	5200	
贷：应付分保账款——E 公司		5200
借：应收分保账教——E 公司	1300	
贷：摊回分保费用		1300

(2)2018 年 7 月，确认应摊回的赔付成本时。

借：应收分保账款——E 公司	2600000	
贷：摊回赔付支出		2600000

【操作指南】 再保险分出人应当在确定支付赔付款项金额或实际发生理赔费用的当期，按照相关再保险合同的约定，计算确定应向再保险接受人回的赔付成本，计入当期损益。

(1)再保险分出人在确定支付赔付款项金额或实际发生理赔费用而确认原保险合同赔付成本的当期，应按相关再保险合同约定计算确定的应向再保险接受人摊回的赔付成本金额，借记“应收分保账款”科目，贷记“摊回赔付支出”科目。

(2)在因取得和处置损余物资、确认和收到应收代位追偿款等而调整原保险合同付成本的当期，应按相关再保险合同约定计算确定的摊回赔付成本的调整金额，借记或贷记“摊回赔付支出”科日，贷记或借记“应收分保账款”科目。

(3)对于超额赔款再保险等非比例再保险合同，计算确定应向再保险接受人摊回的赔付成本的，应按摊回的赔付成本金额，借记“应收分保账款”科目，贷记“摊回赔付支出”科目。

【案例3】 应收分保准备金的会计核算。资料：

2017年12月31日，甲保险股份有限公司(以下简称甲公司)与A保险股份有限公司(以下简称A公司)签订一份成数分保财险再保险合同，将合同规定范围内的原保险业务向A公司办理分保。合同约定，分保比例为10%：分保手续费以分出保费作为计算基础，分保手续费费率为25%；合同起期日为2018年1月1日，保险责任期间为1年。2018年1月1日，甲公司就该保险合同规定业务范围内的某企业财产保险合同确认保费收入12万元；1月31日，甲公司就该企业财产保险合同提取未到期责任准备金11万元；3月18日，该企业财产保险合同给定的保险事故发生，至3月31日尚未结案定损，甲公司就该合同提取未决赔款准备金7500万元。则甲公司应如何进行会计处理?

【分析】 甲公司确认应收分保准备金的会计处理如下。

(1)2018年1月31日，确认应收分保未到期责任准备金。

甲公司应确认的对A公司应收分保未到期责任准备金=11×10%=1.1(万元)。

借：应收分保未到期责任准备金　　11000

　　贷：提取未到期责任准备金　　11000

(2)2018年3月31日，确认应收分保未决赔款准备金。

甲公司应确认的对A公司应收分保未决赔款准备金=7500×10%=750(万元)。

借：应收分保合同准备金　　7500000

　　贷：摊回未决赔款准备金　　7500000

【操作指南】 再保险分出人应当在提取原保险合同未决赔偿准备金、寿险责任准备金、长期健康险责任准备金的当期，按照相关再保险合同的约定，计算确定应向再保险接受人摊回的相应准备金，确认为相应的应收分保准备金资产。

(1)企业在提取原保险合同保险责任准备金的当期，应按相关再保险合同约定计算确定的应向再保险接受人摊回的保险责任准备金，借记“应收分保合同准备金”科目，贷记“摊回未决赔款准备金”“摊回寿险责任准备金”和“摊回长期健康险责任准备金”科目。对原保险合同保险责任准备金进行充足性测试补提保险责任准备金，应按相关再保险合同约定计算确定的应收分保保险责任准备金的相应增加额，借记“应收分保合同准备金”科目，贷记“摊回未决赔款准备金”“摊回寿险责任准备金”和“摊回长期健康险责任准备金”科目。

(2)在确定支付赔付款项金额或实际发生理赔费用而冲减原保险合同相应保险责任准备金余额的当期，应按相关应收分保保险责任准备金的相应冲减金额，借记“摊回未决款准备金”“摊回寿险责任准备金”和“摊回长期健康险责任准备金”科目，贷记“应收分保合同准备金”科目

(3)在寿险原保险合同提前解除而转销相关寿险责任准备金、长期健康险责任准备金余额的当期，应按相关应收分保保险责任准备金余额，借记“摊回未决赔款准备金”“摊回寿险责任准备金”和“摊回长期健康险责任准备金”科目，贷记“应收分保合同准备金”科目。

【案例4】预付分出保费的会计处理。资料：

甲保险公司与乙保险公司签订货运险再保险合同，采取超额赔款再保险合同，再保险分出人自赔额为300万元，按照合同约定甲保险公司提前支付给乙保险公司分出保费200万元，按照超赔合同计算当期分出保费为600万元，实际发生赔款400万元。则甲保险公司应如何进行会计处理?

【分析】甲保险公司应编制会计分录如下。

(1)甲保险公司提前支付给乙公司的预付性质的分出保费时。

借：预付分出保费　　2000000

　　贷：银行存款　　2000000

(2)按照超赔合同计算当期分出保费时。

借：分出保费　　2000000

　　贷：应付分出保费　　2000000

借：应付分保账款　　6000000

　　贷：预付分出保费　　6000000

(3)摊回分保赔款时。

借：应收分保账款　　1000000

　　贷：摊回分保赔款　　1000000

【操作指南】预付分出保费，是指在超赔业务中，再保险分出人提前支付给再保险接受人的预付性质的分出保费。为了反映预付分出保费的发生情况，保险公司应设置“预付分出保费”科目。该科目属于资产类科目，其借方登记预付的分出保费，贷方登记

冲减的已预付的分出保费，余额在借方，反映尚未转销的预付分出保费款。该科目应按再保险接受人设置明细账。其主要会计处理如下。

①在超赔业务中，再保险分出人提前支付给再保险接受人的预付性质的分出保费时，借记“预付分出保费”科目，贷记“银行存款”科目。

②每期按照超赔合同计算或估算当期分出保费时，借记“应付分保账款”科目，贷记“预付分出保费”科目。

二、分入业务

【案例5】分保费收入的会计核算。资料：

某再保险公司起期之后，预估分保费收入1500万元，预估分保手续费500万元，两者之差为1000万元(假设符合债权、债务抵消条件，下同)，则该公司应如何进行会计处理?

【分析】其会计分录如下。

借：预估分保手续费　5000000
　　预估应收账款　10000000
　　贷：预估分保费收入　15000000

收到第一期账单，分保费收入为200万元，分保赔款为20万元，分保手续费为60万元，应收分保账款为120万元。则会计分录如下。

借：分保费用　600000
　　赔付支出　200000
　　应收分保账款　1200000
　　贷：保费收入　2000000

借：预估分保费收入　2000000
　　贷：预估分保手续费　600000
　　　　预估应收账款　1400000

以后各期收到账单时的会计处理与上述步骤同。

假设在实际账单基本收到后，累计已收到保费1600万元，手续费550万元，则需将业务累计数据与预估数据之间的差额调整至当期损益。则会计分录如下。

借：预估分保手续费　500000
　　预估应收账款　500000
　　贷：预估分保费收入　1000000

在此之后若还有保费：保费收入为10万元，手续费为2万元，赔款支出为20万元，则会计分录如下。

借：分保费用　20000

赔付支出　　200000

贷：保费收入　　100000

　　应付分保账款　　120000

【操作指南】再保险接受人在确认分保费收入时，一般也设置“保费收入”科目。保费收入的主要账务处理如下：对于确认的再保险合同分保费收入，借记“应收分保账款”科目，贷记“保费收入”科目。收到分保业务账单，按账单标明的金额对分保费收入进行调整，按调整增加额，借记“应收分保账款”科目，贷记“保费收入”科目；调整减少额作相反的会计分录。

分保费收入同时满足下列条件的，才能予以确认。

(1)再保险合同成立并承担相应保险责任。

再保险合同一般自签订日起成立，但自合同规定的起期日起才开始承担保险责任。因此，再保险合同的签订日与开始承担保险责任的日期可能一致，也可能不一致。

(2)与再保险合同相关的经济利益很可能流入。

对于再保险接受人而言，与再保险合同相关的经济利益为分保费。如果再保险接受人能够确定分保费收回的可能性大于不能收回的可能性，即分保费收回的可能性超过50%，则表明经济利益很可能流入，一般情况下，如果再保险分出人信用良好，能够按照合同规定如期发送分保业务账单，并能够按约定及时进行分保往来款项的结算，则意味着与再保险合同相关的经济利益很可能流入再保险接受人。

(3)与再保险合同相关的收入能够可靠计量。

由于再保险合同一般只是规定某一时期再保险所承保的业务范围和地区范围、自留额和分保额的计算基础、分保费及手续费的计算方法等，并不直接明确分保费的具体金额，分保费的具体金额往往要根据再保险分出人原保险合同保费收入金额来计算确定，因此，再保险接受人在判断“与再保险合同相关的收入能够可靠计量”条件时就产生了以下两种情况。

一是再保险接受人可以在每一会计期间对该期间的分保费收入金额做出合理估计。如果再保险接受人具有长期积累的丰富经验和大量数据资料，能够采用先进的估算方法，借助专门的技术手段，对再保险合同项下每一会计期间再保险分出人相关原保险合同保费收入进行估计，进而按照再保险合同约定计算出相关分保费收入金额，且该估计金额与收到的分保业务账单标明的分保费金额比较接近，则表明再保险接受人可以在每一会计期间对该期间内的分保费收入金额进行可靠计量。在这种情况下，如果分保费收入确认的其他条件均满足，再保险接受人应在每一会计期间按照估计金额确认当期分保费收入，并按照再保险合同约定计算确定当期分保费用，待后期收到该期间的分保业务账单时，再按照账单标明的金额进行调整，将调整金额计入调整当期的损益。按账单金额调整估计金额属于资产负债表日后事项的，按《企业会计准则第29号——资产负债表日后事项》进行处理。

二是再保险接受人只有收到分保业务账单时才能对分保费收入进行可靠计量。如果再保险接受人由于缺乏丰富的经验、数据、资料和先进的技术方法、手段，而无法对再保险合同项下每一会计期间分保费收入金额进行估计，或估计金额可能与实际金额产生重大差异，则表明再保险接受人只能于收到分保业务账单时才能对分保费收入进行可靠计量。在这种情况下，再保险接受人应当于收到分保业务账单时根据账单标明的金额确认分保费收入及相关的分保费用。

【案例6】分保费用的会计核算。资料：

2017年6月30日，A保险公司与B公司签订一份保险合同，对B公司仓库的一批存货进行投保，约定保险期限为1年，即至2018年6月30日，保险金额为5000万元，保费为500万元，保费于合同生效当日一次性支付，经精算后确定，A保险公司针对未到期责任准备金的提取金额为200万元。同时，A公司与D保险公司签订了一份比例再保险合同，约定D保险公司承担源于原保险合同的保险风险的40%，2018年8月5日，由于相邻的C公司发生意外火灾，并殃及了B公司的仓库，造成所投保的存货大部分毁损。A保险公司经定损后，确认存货毁损80%，金额为4000万元，A保险公司决定全额理赔4000万元。2018年9月25日，本案按照上述理赔方案结案，A保险公司同时收回毁损存货并享有了对C公司的代位追偿权。假设毁损存货残值为500万元，估计代位追偿可收回2000万元。而实际中，2018年10月，A保险公司转让存货的收入为600万元，2018年12月，从C公司收回补偿1800万元，假设该项再保险合同起期后，预估分保费收入160万元，预估分保手续费1.6万元，预估未到期责任准备金72万元，采用账单期分保费收入预估法。则D公司应如何进行会计处理?

【分析】D公司应编制会计分录如下。

(1)预估分保费收入、预估分保手续费及相应的未到期责任准备金。

借：预估应收账款　　1600000

　　贷：预估分保费收入　　1600000

借：预估分保手续费　　16000

　　贷：预估应付账款　　16000

借：提取预估未到期责任准备金——预估未到期责任准备金　　720000

　　贷：预估未到期责任准备金　　720000

(2)收到分保账单，编制与上述相反的会计分录冲销，同时根据分保账单确定分保费收入、分保手续费及未到期责任准备金。

借：应收分保账款　　2000000

　　贷：保费收入　　2000000

借：分保费用　　20000

贷：应付分保账款　　20000

借：提取未到期责任准备金　　800000

贷：未到期责任准备金　　800000

(3)确定应付的未决赔款准备金。

借：提取未决赔款准备金　　16000000

贷：未决赔款准备金　　16000000

(4)结案赔付并收回损余存货及确认代位追偿权。

①冲减应付的未决赔款准备金时。

借：未决赔款准备金　　16000000

贷：提取未决赔款准备金　　16000000

②分担赔付成本时。

借：赔付支出　　16000000

贷：应付分保账款　　16000000

③A 公司收到损余物资时。

借：应付分保账款　　2000000

贷：赔付支出　　2000000

④A 公司确认应收代位追偿款时。

借：应付分保账款　　8000000

贷：赔付支出　　8000000

⑤A 公司处置损余物资时。

借：应付分保账款　　400000

贷：赔付支出　　400000

⑥A 公司收到代位追偿款时。

借：赔付支出　　800000

贷：应付分保账款　　800000

【操作指南】分保费用，是指在保险公司承担分保业务过程中，应由再保险接受人承担的手续费、税款及各种杂项费用，其中，手续费包括分保手续费和纯益手续费，分保手续费按照再保险分出人与再保险接受人双方约定的比例计算，纯益手续费是再保险接受人同意在其取得的利润基础上付给再保险分出人一定比例的报酬，对于当年结清合同的纯益手续费，在期末合同结束后编制，当年不能结清合同的纯益手续费，在第二个期末编制，以后逐年调整。

在确认分保费用和纯益手续费时，再保险接受人应当设置“分保费用”科目以核算再保险接受人向再保险分出人支付的分保费用。该科目可按险种进行明细核算。期末，应将本科目余额转入“本年利润”科目，结转后本科目无余额。

再保险接受人应当在收到分保业务账单的当期，按照账单标明的分保赔付款项金额，作为分保赔付成本，计入当期损益；同时，冲减相应的分保准备金余额。

存出分保准备金，是指再保险分入业务按合同约定存出的分保准备金。再保险接受人应当在收到分保业务账单时，将账单标明的扣存本期分保保证金确认为存出分保保证金；同时，按照账单标明的返还上期扣存分保保证金转销相关存出分保保证金。再保险接受人应当根据相关再保险合同的约定，按期计算存出分保保证金利息，计入当期损益。

第二十七章　石油天然气开采

第一节　石油天然气开采概述

一、油气开采活动支出

石油天然气开采包括了矿区的取得、油气勘探、油气开发和油气生产等四个主要环节。因此，油气开采活动中发生的支出可以分为矿区取得支出、油气勘探支出、油气开发支出和油气生产成本四类。

1. 矿区取得支出

矿区取得支出，是指为了取得一个矿区的探矿权和采矿权(包括未探明和已探明)而发生的购买、租赁支出，包括探矿权价款、采矿权价款、土地使用权、签字费、租赁定金、购买支出、咨询顾问费、审计费以及与获得矿区有关的其他支出。

2. 油气勘探支出

油气勘探支出，是指为了识别可以进行勘查的区域和对特定区域探明或进一步探明油气储量而发生的地质调查、地球物理勘探、钻探探井和勘探型详探井、评价井和资料井以及维持未开发储量而发生的支出。物探支出可能发生在取得有关矿区之前，也可能发生在取得矿区之后。

3. 油气开发支出

油气开发支出，是指发生于为了获得探明储量和建造或更新用于采集、处理和现场储存油气的设施而发生的支出，包括开采探明储量的开发井的成本和生产设施的支出，这些生产设施诸如矿区输油管、分离器、处理器、加热器、储罐、提高采收率系统和附近的天然气加工设施。

4. 油气生产成本(操作成本)

油气生产成本，是指在油田把油气提升到地面，并对其进行收集、拉运、现场处理加工和储存的活动成本。这里所指的“生产成本”，并非取得、勘探、开发和生产过程中的所有成本，而是在井上进行作业和井的维护中所发生的相关成本。生产成本包括在井和设施上进行作业的人工费用、修理和维护费用、消耗的材料和供应品、相关税费等。

二、钻井勘探支出的资本化采用成果法

采用成果法对钻井勘探支出进行资本化，是指以矿区为成本归集和计算中心，只有

与发现探明经济可采储量相关的钻井物探支出才能资本化；如不能确定钻井勘探支出是否发现了探明经济可采储量，应在1年内对其暂时资本化；与发现探明经济可采储量不直接相关的支出，作为当期费用处理。

采用全部成本法对钻井勘探支出进行资本化，是指对勘探活动中发生的全部支出都加以资本化的一种方法，不论这些支出的发生是否导致了探明经济可采储量的发现。

两种方法的主要差异如表27-1所示。

表27-1 成果法与全部成本法的主要差异

项目	成果法下的处理	全部成本法下的处理
地质/地理研究支出	当期费用	资本化
矿区权益取得支出	暂时资本化，根据评估结果进行处理	资本化
钻井勘探支出	暂时资本化，根据评估结果进行处理	资本化
开发钻井支出	资本化	资本化
生产	当期费用	当期费用
折耗	以矿区或矿区组为成本中心；以账面价值为折耗基础；以探明经济可采储量或已开发探明经济可采储量为基础计算折耗率	以国家为成本中心，账面价值加未来开发支出为折耗基础；以已开发及未开发探明经济可采储量为基础计算折耗率

油气准则采用了类似成果法的做法。油气准则规定，钻井勘探支出在完井后，应分别以下情况处理。

(1)确定该井发现了探明经济可采储量的，应将钻探该井的支出结转为井及相关设施成本。

(2)确定未发现探明经济可采储量的，应将钻探该井的支出扣除净残值后计入当期损益。

(3)完井当时无法确定是否发现了探明经济可采储量的，应暂时资本化，但暂时资本化时间不应超过1年。

(4)完井1年后仍无法确定是否发现了探明经济可采储量的，应将暂时资本化的支出全部计入当期损益，除非同时满足以下条件：①该井已发现足够数量的储量，但要确定是否属于探明经济可采储量，还需实施进一步的勘探活动；②进一步的勘探活动已在实施中或已有明确计划并即将实施。

其中，“已有明确计划”，是指企业已在其内部管理活动中通过了该计划的实施，如已拨付资金，已制定出明确的时间表或事实计划并对所涉及人员进行了传达。

(5)直接归属于发现了探明经济可采储量的有效井段的钻井勘探支出结转为井及相关设施；无效井段支出计入当损益。

三、弃置义务的处理

企业在矿区内废弃井及相关设施的活动，受《环境保护法》等法律、法规的约束，有时还可能受与所在地利益相关方达成协议的约束，例如，在废弃时必拆移、清理设施、恢复生态环境等。因为资产的弃置义务与油气开发活动直接相关，因此油气准则规定，对于符合《企业会计准则第11号——或有事项》的弃置费用，按照现值计算确定应计入井及相关设施原价的金额和相应的预计负债。

在计入井及相关设施原价并确认为预计负债时，企业应在油气资产的使用寿命内，采用实际利率法确定各期间应负担的利息费用。

企业应在油气资产的使用寿命内的每一资产负债表日对弃置义务和预计负债进行复核。如有必要，企业应对其进行调整，使之反映当前最合理的估计。

四、油气资产折耗方法

油气准则规定企业应当采用产量法或年限平均法对井及相关设施和矿区权益计提折耗。

产量法又称单位产量法。该方法认为，资产的服务潜力随着使用程度而减退，特定矿区所发生的资本化成本与发现并开发该矿区的探明经济可采储量密切相关，每一产量单位应当承担相同比例的成本。按照产量法对油气资产计提折耗时，对矿区权益以探明经济可采储量为基础计提折耗，对井及相关设施以探明已开发经济可采储量为基础计提折耗，因此，油气资产按照产量法计提折耗比较符合该类资产价值损耗的特点。

年限平均法，是将资本化支出均衡地分摊到各会计期间。采用这种方法计算的每期油气资产折耗额相等。如果各期间油气产量相对比较稳定，按照年限平均法与按照产量法计提的油气资产折耗无显著差异。

例如，某油田开始几年年产量要高于随后几年的年产量，如果采用直线法，则开始几年单位产量的折旧比随后几年单位产量的折旧低。另外，随着油田中后期开采难度越来越大，由于单位变动成本增加，需要支出更多的设备维修费用。考虑这些生产后期单位生产成本上升的因素，年限平均法就可能歪曲企业的经营成果，即开始几年的利润比较大，而随后年份的利润较低。

五、油气准则所涉及资产的减值

油气准则中涉及的资产主要有矿区权益(包括探明矿区权益和未探明矿区权益)、井及相关设施和辅助设备及设施，对于这些资产的减值处理，应遵循以下规定。

(1)探明矿区权益、井及相关设施、辅助设备及设施的减值，按照《企业会计准则第8号——资产减值》处理。油气资产以矿区或矿区组作为资产组，按此进行减值测试，计提减值准备、井及相关设施计提折旧、折耗及摊销的基数应扣除已提取的井及相关设施减值准备。

(2)未探明矿区权益的减值应按照油气准则的规定，分别以下情况处理。

第一，按照单个矿区进行减值测试并计提准备的，除应每年进行减值测试外，其处理与《企业会计准则第 8 号——资产减值》规定的其他长期资产减值相同。

第二，按照矿区组进行减值测试并计提准备的，该减值损失不在不同的单个矿区权益之间进行分配，因为未探明的矿区权益中包含很大风险，分配到单个矿区没有实际意义。

第二节　案例分析与操作指南

一、矿区权益转让的会计处理

【案例 1】转让全部探明矿区权益的会计处理。资料：

甲石油公司转让了其拥有的矿区 A，其账面原值为 1000 万元，已计提减值准备 200 万元，目前账面价值为 800 万元，转让所得 900 万元。该公司采用产量法计提折耗，截至转让前未对矿区 A 进行开采，因此产量为零。则甲石油公司应如何进行会计处理？

【分析】甲公司应当将转让所得大于矿区权益账面价值的差额确认为收益。相关账务处理如下。

借：油气资产减值准备	2000000
银行存款	9000000
贷：油气资产——矿区权益	10000000
资产处置损益	1000000

如果转让所得为 700 万元，甲公司应当将转让所得小于矿区权益账面价值的差额确认为损失。相关账务处理如下。

借：油气资产减值准备	2000000
银行存款	7000000
资产处置损益	1000000
贷：油气资产——矿区权益	10000000

【操作指南】根据准则，企业应将转让所得与矿区权益账面价值之间的差额计入当期损益。

【案例 2】转让部分探明矿区权益的会计处理。资料：

甲石油公司转让了其拥有的矿区 B 中的 $20km^2$，转让部分的公允价值为 400 万元，转让所得 500 万元。整个矿区 B 的面积为 $50km^2$，账面原值为 1000 万元，已计提减值准备 200 万元，目前账面价值为 800 万元，公允价值为 900 万元。该公司采用产量法计提折耗，截至转让前未对矿区 B 进行开采，因此产量为零。则甲石油公司应如何进行会计处理?

【分析】甲公司转让部分矿区权益，且剩余矿区权益成本的收回不存在较大不确定性，因此应按照转让权益和保留权益的公允价值比例，计算确定已转让部分矿区权益账面价值：

400÷900×800=356(万元)。

随转让部分矿区转出的油气资产减值准备：

400÷900×200=89(万元)。

相关账务处理如下。

借：油气资产减值准备　　890000

　　银行存款　　5000000

　　贷：油气资产——矿区权益　　(3560000+890000)4450000

　　　　资产处置损益　　1440000

如果转让所得为300万元，相关账务处理如下。

借：油气资产减值准备　　890000

　　银行存款　　3000000

　　资产处置损益　　560000

　　贷：油气资产——矿区权益　　4450000

【操作指南】转让部分探明矿区权益，且该矿区权益以矿区组为基础计提减值准备。根据油气准则，企业应按照转让权益和保留权益的公允价值比例，计算确定已转让部分矿区权益账面价值，转让所得与已转让矿区权益账面价值的差额计入当期损益。

【案例3】转让全部未探明矿区权益，且该矿区权益单独计提减值准备的会计处理。

资料：

甲石油公司转让未探明矿区C，其账面原值为1000万元，已计提减值准备200万元，目前账面价值800万元，转让所得900万元。则甲石油公司应如何进行会计处理?

【分析】甲公司转让全部未探明矿区权益C，应当将转让所得大于矿区权益账面价值的差额确认为收益。相关账务处理如下。

借：油气资产减值准备　　2000000

　　银行存款　　9000000

　　贷：矿区权益　　10000000

　　　　资产处置损益　　1000000

如果转让所得为700万元，甲公司应当将转让所得小于矿区权益账面价值的差额确认为损失，相关账务处理如下。

借：油气资产减值准备　　2000000

　　银行存款　　7000000

资产处置损益　　1000000

贷：油气资产——矿区权益　　10000000

【操作指南】根据油气准则，企业应将转让全部未探明矿区权益的所得与矿区权益账面价值之间的差额计入损益。

【案例4】转让全部未探明矿区权益，且该矿区权益以矿区组为基础计提减值准备的会计处理。资料：

甲石油公司拥有的未探明矿区D1和D2在进行减值测试时构成一个矿区组。其中D1矿区权益账面原值为1000万，D2矿区权益账面原值为2000万元，矿区组已计提减值准备600万元，目前矿区组账面价值为2400万元。现甲公司转让矿区D1，转让所得1100万元。则甲石油公司应如何进行会计处理？

【分析】如果转让所得大于未探明D1矿区权益的账面原值，甲公司应将其差额确认为收益。相关账务处理如下。

借：银行存款　　11000000

贷：油气资产——矿区权益　　10000000

资产处置损益　　1000000

如果转让所得为900万元，转让所得小于未探明D1矿区权益的账面原值，甲公司应将转让所得冲减矿区组权益的账面价值。相关账务处理如下。

借：银行存款　　9000000

贷：油气资产——矿区权益　　9000000

【操作指南】转让全部未探明矿区权益，且该矿区权益以矿区组为基础计提减值准备。根据油气准则，如果转让所得大于未探明矿区权益的账面原值，应将其差额确认为收益；如果转让所得小于矿区账面原值，将转让所得冲减矿区组权益的账面价值，冲减至零为止。

【案例5】转让部分未探明矿区权益，且该矿区权益单独计提减值准备的会计处理。资料：

甲石油公司拥有的未探明矿区E，面积50km^2，其账面原值为1000万元，已计提减值准备200万元，目前账面价值为800万元。甲石油公司应如何进行会计处理？

【分析】(1)甲公司转让E矿区中的20km^2，转让所得为200万元。

因转让所得小于E矿区的账面价值(800万元)，故甲公司应将转让所得冲减被转让矿区权益账面价值。相关账务处理如下。

借：银行存款　　2000000

贷：油气资产——矿区权益　　2000000

(2)甲公司再次转让E矿区中的10km^2，转让所得为500万元。

因转让所得小于其账面价值(600万元)，故甲公司应将转让所得冲减被转让矿区权益账面价值，相关账务处理如下。

借：银行存款　　5000000

　　贷：油气资产——矿区权益　　5000000

(3)①如果甲公司转让E矿区剩下的20km^2，转让所得为400万元。

甲公司转让部分E矿区的所得大于该未探明矿区权益的账面价值(100万元)，应将其差额计入收益。相关账务处理如下。

借：油气资产减值准备　　2000000

　　银行存款　　4000000

　　贷：油气资产——矿区权益　　3000000

　　　　资产处置损益　　3000000

②如果甲公司转让E矿区剩余20km^2，转让所得为50万元。

甲公司转让E矿区的所得小于该未探明矿区权益的账面价值，应继续将转让所得冲减被转让矿区权益账面价值，冲减至零为止。

借：银行存款　　500000

　　贷：油气资产——矿区权益　　500000

根据油气准则规定，甲公司期末应对E矿区权益的剩余账面价值全额计提减值准备。计算减值损失为50万元[(1000-200)-200-500-50]，账务处理如下。

借：资产减值损失　　500000

　　贷：油气资产减值准备　　500000

【操作指南】根据油气准则，如果转让部分未探明矿区权益所得大于该未探明矿区权益的账面价值，应将其差额计入收益；如果转让所得小于其账面价值，应将转让所得冲减被转让矿区权益账面价值，冲减至零为止。

【案例6】转让部分未探明矿区权益，且该矿区权益以矿区组为基础计提减值准备的会计处理。资料：

甲石油公司拥有的未探明矿区F1和F2在进行减值测试时构成一个矿区组。其中F1账面原值1000万元，F2账面原值为2000万元，矿区组已经计提减值准备600万元，矿区组账面价值为2400万元。2016年4月和10月分别转让矿区F1的一部分，10月将整个矿区F1转让完毕。则甲石油公司应如何进行会计处理？

【分析】(1)4月，转让所得为500万元。

转让所得小于矿区F1的账面原值，甲公司应将转让所得冲减矿区组的账面价值。相关账务处理如下。

借：银行存款　　5000000

　　贷：油气资产——矿区权益　　5000000

(2)①10月，如果转让所得为600万元。

转让所得已经大于矿区 F1 的账面原值，甲公司应将其差额计入收益。

借：银行存款　6000000

　贷：油气资产——矿区权益　5000000

　　资产处置损益　1000000

②10 月，如果转让所得为 400 万元。

累计转让所得小于矿区 F1 的账面原值，甲公司应将转让所得继续冲减区组的账面价值。相关账务处理如下。

借：银行存款　4000000

　贷：油气资产——矿区权益　4000000

【操作指南】 根据油气准则，如果转让所得大于未探明矿区权益的账面原值，企业应将其差额计入收益；如果转让所得小于该未探明矿区权益的账面原值，企业应将转让所得冲减矿区组的账面价值，冲减至零为止。

二、产品分成合同的处理

由于油气开采活动需要大量投资，具有高风险、高投入和高回报的特征，因此石油公司经常采用合资、合作的方式开采油气。此外，在一些复杂地质条件下，开采油气通常需要采用专有的技术和工艺。例如，为确保资源国的利益，一些国家规定本国政府或国家石油公司应参与油气资源的勘探和开发活动。在各种因素的综合作用下，为了合理分担投资，规避各种政治、经济和经营风险，共享专有技术，提高开采效益，油气开采行业形成了不同形式的联合作业模式，共同开发油气资源。其中，产品分成合同是目前广泛采用的一种联合作业模式，这也是目前我国石油天然气资源对外合作经营的主要模式。

从实质上看，产品分成合同模式下的合同矿区应归属于共同控制资产。合同各方对联合账簿的投入按照自营油田的会计处理原则，确认在联合账簿中享有的油气资产份额和应承担的份额费用；从合同矿区取得的油气收入，均作为油气销售收入处理。

第二十八章　会计政策、会计估计变更和差错更正

第一节　会计政策、会计估计变更和差错更正概述

一、会计政策及其变更

（一）会计政策

会计政策，是指企业在会计确认、计量和报告中所采用的原则、基础和会计处理方法。其中，原则，是指按照企业会计准则规定的、适合企业会计核算的具体会计原则；基础，是指为了将会计原则应用于交易或者事项而采用的基础，如计量基础（即计量属性），包括历史成本、重置成本、可变现净值、现值和公允价值等；会计处理方法，是指企业在会计核算中按照法律、行政法规或者国家统一的会计制度等规定采用或者选择的、适合本企业的具体会计处理方法。会计政策具有以下特点。

第一，会计政策的选择性。会计政策是在允许的会计原则、计量基础和会计处理方法中做出指定或具体选择。由于企业经济业务的复杂性和多样化，某些经济业务在符合会计原则和计量基础的要求下，可以有多种会计处理方法，即存在不止一种可供选择的会计政策。例如，确定发出存货的实际成本时可以在先进先出法、加权平均法或者个别计价法中进行选择。

第二，会计政策应当在会计准则规定的范围内选择。在我国，会计准则和会计制度属于行政法规，会计政策所包括的具体会计原则、计量基础和具体会计处理方法由会计准则或会计制度规定，具有一定的强制性。企业必须在法规所允许的范围内选择适合本企业实际情况的会计政策，即企业在发生某项经济业务时，必须从允许的会计原则、计量基础和会计处理方法中选择出适合本企业特点的会计政策。

第三，会计政策的层次性。会计政策包括会计原则、计量基础和会计处理方法三个层次。例如，《企业会计准则第 13 号——或有事项》规定的以该义务是企业承担的现时义务、履行该义务很可能导致经济利益流出企业、该义务的金额能够可靠计量作为预计负债的确认条件就是确认预计负债要遵循的会计原则；会计基础是为将会计原则体现在

会计核算中而采用的计量基础，例如，《企业会计准则第 8 号——资产减值》中涉及的公允价值就是计量基础。会计原则、计量基础和会计处理方法三者是一个具有逻辑性的、密不可分的整体，通过这个整体，会计政策才能得以应用和落实。

企业应当披露采用的重要会计政策，不具有重要性的会计政策可以不予披露。判断会计政策是否重要，应当考虑与会计政策相关的项目的性质和金额。企业应当披露的重要会计政策主要包括发出存货成本的计量、长期股权投资的后续计量、投资性房地产的后续计量、固定资产的初始计量、生物资产的初始计量、无形资产的确认、非货币性资产交换的计量、收入的确认、借款费用的处理以及合并政策等。

（二）会计政策变更

会计政策变更，是指企业对相同的交易或者事项由原来采用的会计政策改用另一会计政策的行为。为保证会计信息的可比性，使财务报表使用者在比较企业一个以上期间的财务报表时，能够正确判断企业的财务状况、经营成果和现金流量的趋势。一般情况下，企业采用的会计政策，在每一会计期间和前后各期应当保持一致，不得随意变更。否则，势必削弱会计信息的可比性。但是，在下述两种情形下，企业可以变更会计政策。

第一，法律、行政法规或者国家统一的会计制度等要求变更。这种情况是指，按照法律、行政法规以及国家统一的会计制度的规定，要求企业采用新的会计政策，则企业应当按照法律、行政法规以及国家统一的会计制度的规定改变原会计政策，按照新的会计政策执行。例如，《企业会计准则第 1 号——存货》对发出存货实际成本的计价排除了后进先出法，这就要求执行企业会计准则体系的企业按照新规定，将原来以后进先出法核算发出存货成本改为准则规定可以采用的其他发出存货成本计价方法。

第二，会计政策变更能够提供更可靠、更相关的会计信息。由于经济环境、客观情况的改变，使企业原采用的会计政策所提供的会计信息，已不能恰当地反映企业的财务状况、经营成果和现金流量等情况。在这种情况下，应改变原有会计政策，按变更后新的会计政策进行会计处理，以便对外提供更可靠、更相关的会计信息。例如，企业一直采用成本模式对投资性房地产进行后续计量，如果企业能够从房地产交易市场上持续地取得同类或类似房地产的市场价格及其他相关信息，从而能够对投资性房地产的公允价值做出合理的估计，此时，企业可以将投资性房地产的后续计量方法由成本模式变更为公允价值模式。

对会计政策变更的认定，直接影响会计处理方法的选择。因此，在会计实务中，企业应当正确认定属于会计政策变更的情形。下列两种情况不属于会计政策变更。

第一，本期发生的交易或者事项与以前相比具有本质差别而采用新的会计政策。这是因为，会计政策是针对特定类型的交易或事项，如果发生的交易或事项与其他交易或事项有本质区别，那么，企业实际上是为新的交易或事项选择适当的会计政策，并没有改变原有的会计政策。例如，将自用的办公楼改为出租，不属于会计政策变更，而是采用新的会计政策。

第二，对初次发生的或不重要的交易或者事项采用新的会计政策。对初次发生的某类交易或事项采用适当的会计政策，并未改变原有的会计政策。例如，企业以前没有出租房产，现在有出租房产行为确认为投资性房地产，不是会计政策变更。至于对不重要的交易或事项采用新的会计政策，不按会计政策变更做出会计处理并不影响会计信息的可比性，所以也不作为会计政策变更。例如，企业原在生产经营过程中使用少量的低值易耗品，并且价值较低，故企业在领用低值易耗品时一次计入费用；该企业于近期投产新产品，所需低值易耗品比较多，且价值较大，企业对领用的低值易耗品处理方法改为五五摊销法。该企业低值易耗品在企业生产经营中所占的费用比例并不大，改变低值易耗品处理方法后，对损益的影响也不大，属于不重要的事项，会计政策在这种情况下的改变不属于会计政策变更。

二、会计估计及其变更

(一)会计估计

会计估计，是指企业对结果不确定的交易或者事项以最近可利用的信息为基础所做的判断。会计估计具有如下特点。

第一，会计估计的存在是由于经济活动中内在的不确定性因素的影响。在会计核算中，企业总是力求保持会计核算的准确性，但有些经济业务本身具有不确定性。例如，坏账、固定资产折旧年限、固定资产残余价值、无形资产摊销年限等，因而需要根据经验做出估计。

第二，进行会计估计时，往往以最近可利用的信息或资料为基础。企业在会计核算中，由于经营活动中内在的不确定性，不得不经常进行估计。一些估计的主要目的是为了确定资产或负债的账面价值，例如，坏账准备、担保责任引起的负债；另一些估计的主要目的是确定将在某一期间记录的收益或费用的金额，例如，某一期间的折旧、摊销的金额。企业在进行会计估计时，通常应根据当时的情况和经验，以一定的信息或资料为基础进行。但是，随着时间的推移、环境的变化，进行会计估计的基础可能会发生变化，因此，进行会计估计所依据的信息或者资料不得不经常发生变化。由于最新的信息是最接近目标的信息，以其为基础所做的估计最接近实际，所以进行会计估计时，应以最近可利用的信息或资料为基础。

第三，进行会计估计并不会削弱会计确认和计量的可靠性。企业为了定期、及时地提供有用的会计信息，将延续不断的经营活动人为划分为一定的期间，并在权责发生制的基础上对企业的财务状况和经营成果进行定期确认和计量。例如，在会计分期的情况下，许多企业的交易跨越若干会计年度，以至于需要在一定程度上做出决定：某一年度发生的开支，哪些可以合理地预期能够产生其他年度以收益形式表示的利益，从而全部或部分向后递延，哪些可以合理地预期在当期能够得到补偿，从而确认为费用。由于会计分期和货币计量的前提，在确认和计量过程中，不得不对许多尚在延续中、其结果尚未确定的交易或事项予以估计入账。

企业应当披露重要的会计估计，不具有重要性的会计估计可以不披露。判断会计估计是否重要，应当考虑与会计估计相关项目的性质和金额。企业应当披露的重要会计估计包括：(1)存货可变现净值的确定；(2)采用公允价值模式下的投资性房地产公允价值的确定；(3)固定资产的预计使用寿命与净残值；(4)固定资产的折旧方法；(5)生产性生物资产的预计使用寿命与净残值，各类生产性生物资产的折旧方法；(6)使用寿命有限的无形资产的预计使用寿命与净残值；(7)可收回金额按照资产组的公允价值减去处置费用后的净额确定的，确定公允价值减去处置费用后的净额的方法，可收回金额按照资产组预计未来现金流量的现值确定的，预计未来现金流量的确定；(8)合同完工进度的确定；(9)权益工具公允价值的确定；(10)债务人债务重组中转让的非现金资产的公允价值、由债务转成的股份的公允价值和修改其他债务条件后债务的公允价值的确定，债权人债务重组中受让的非现金资产的公允价值、由债权转成的股份的公允价值和修改其他债务条件后债权的公允价值的确定；(11)预计负债初始计量的最佳估计数的确定；(12)金融资产公允价值的确定；(13)承租人对未确认融资费用的分摊，出租人对未实现融资收益的分摊；(14)探明矿区权益、井及相关设施的折耗方法，与油气开采活动相关的辅助设备及设施的折旧方法；(15)非同一控制下企业合并成本的公允价值的确定；(16)其他重要会计估计。

(二)会计估计变更

会计估计变更，是指由于资产和负债的当前状况及预期经济利益和义务发生了变化，从而对资产或负债的账面价值或者资产的定期消耗金额进行调整。

由于企业经营活动中内在的不确定因素，许多财务报表项目不能准确地计量，只能进行估计，估计过程涉及以最近可以得到的信息为基础所做的判断。但是，估计毕竟是就现有资料对未来所做的判断，随着时间的推移，如果赖以进行估计的基础发生变化，或者由于取得了新的信息、积累了更多的经验或后来的发展可能不得不对估计进行修正，但会计估计变更的依据应当真实、可靠。会计估计变更的情形包括：

第一，赖以进行估计的基础发生了变化。企业进行会计估计，总是依赖于一定的基础。如果其所依赖的基础发生了变化，则会计估计也应相应发生变化。例如，企业的某项无形资产摊销年限原定为 10 年，以后发生的情况表明，该资产的受益年限已不足 10 年，相应调减摊销年限。

第二，取得了新的信息、积累了更多的经验。企业进行会计估计是就现有资料对未来所做的判断，随着时间的推移，企业有可能取得新的信息、积累更多的经验，在这种情况下，企业可能不得不对会计估计进行修订，即发生会计估计变更。例如，企业原根据当时能够得到的信息，对应收账款每年按其余额的5%计提坏账准备。现在掌握了新的信息，判定不能收回的应收账款比例已达15%，企业改按15%的比例计提坏账准备。

会计估计变更，并不意味着以前期间会计估计是错误的，只是由于情况发生变化，或者掌握了新的信息，积累了更多的经验，使得变更会计估计能够更好地反映企业的财务状况和经营成果。如果以前期间的会计估计是错误的，则属于前期差错，按前期差错更正的会计处理办法进行处理。

(三)会计政策与会计估计及其变更的划分

企业应当在符合我国现行会计准则、制度和其他相关法律法规要求的前提下，以一贯性、适用性和成本效益原则为基础，正确选择和确定本企业采用的会计政策与会计估计，并正确划分会计政策变更与会计估计变更，按照不同的方法进行相关会计处理。

企业应当以变更事项的会计确认、计量基础和列报项目是否发生变更作为判断该变更是会计政策变更还是会计估计变更的划分基础。

第一，以会计确认是否发生变更作为判断基础。《企业会计准则——基本准则》规定了资产、负债、所有者权益、收入、费用和利润6项会计要素的确认标准，是会计处理的首要环节。一般地，对会计确认的指定或选择是会计政策，其相应的变更是会计政策变更。会计确认的变更一般会引起列报项目的变更。例如，企业在前期将某项内部研究开发项目开发阶段的支出计入当期损益，而当期按照《企业会计准则第6号——无形资产》的规定，该项支出符合无形资产的确认条件，应当确认为无形资产。该事项的会计确认发生变更，即前期将研发费用确认为一项费用，而当期将其确认为一项资产。该事项中会计确认发生了变化，所以该变更是会计政策变更。

第二，以计量基础是否发生变更作为判断基础。《企业会计准则——基本准则》规定了历史成本、重置成本、可变现净值、现值和公允价值5项会计计量属性，是会计处理的计量基础。一般地，对计量基础的指定或选择是会计政策，其相应的变更是会计政策变更。例如，企业在前期对购入的价款超过正常信用条件延期支付的固定资产初始计量采用历史成本，而当期按照《企业会计准则第4号——固定资产》的规定，该类固定资产的初始成本应以购买价款的现值为基础确定。该事项的计量基础发生了变化，所以该变更是会计政策变更。

第三，以列报项目是否发生变更作为判断基础。《企业会计准则第30号——财务报表列报》规定了财务报表项目应采用的列报原则。一般地，对列报项目的指定或选择是会计政策，其相应的变更是会计政策变更。例如，某商业企业在前期按原会计准则规定将商品采购费用列入费用，当期根据新发布的《企业会计准则第1号——存货》的规定，将采购费用列入存货成本。因为列报项目发生了变化，所以该变更是会计政策变更。

第四，根据会计确认、计量基础和列报项目所选择的、为取得与资产负债表项目有关的金额或数值(如预计使用寿命、净残值等)所采用的处理方法，不是会计政策，而是会计估计，其相应的变更是会计估计变更。例如，企业需要对某项资产采用公允价值进行计量，而公允价值的确定需要根据市场情况选择不同的处理方法。相应地，当企业面对的市场情况发生变化时，其采用的确定公允价值的方法变更是会计估计变更，不是会计政策变更。

企业可以采用以下具体方法划分会计政策变更与会计估计变更：分析并判断该事项是否涉及会计确认、计量基础选择或列报项目的变更，当至少涉及上述一项划分基础变更时，该事项是会计政策变更；不涉及上述划分基础变更时，该事项可以判断为会计估计变更。例如，企业在前期按原会计准则规定将购建固定资产相关的一般借款利息计入当期损益，当期根据新的会计准则的规定，将其予以资本化，企业因此将对该事项进行变更。该事项的计量基础未发生变更，即都是以历史成本作为计量基础；该事项的会计确认发生变更，即前期将借款费用确认为一项费用，而当期将其确认为一项资产；同时，会计确认的变更导致该事项在资产负债表和利润表相关项目的列报也发生变更。该事项涉及会计确认和列报的变更，所以属于会计政策变更。又如，企业原采用双倍余额递减法计提固定资产折旧，根据固定资产使用的实际情况，企业决定改用直线法计提固定资产折旧。该事项前后采用的两种计提折旧的方法都是以历史成本作为计量基础，对该事项的会计确认和列报项目也未发生变更，只是固定资产折旧、固定资产净值等相关金额发生了变化。因此，该事项属于会计估计变更。

三、前期差错

前期差错，是指由于没有运用或错误运用下列两种信息，而对前期财务报表造成省略或错报：(1)编报前期财务报表时预期能够取得并加以考虑的可靠信息。(2)前期财务报告批准报出时能够取得的可靠信息。前期差错通常包括计算错误、应用会计政策错误、疏忽或曲解事实以及舞弊产生的影响等。没有运用或错误运用上述两种信息而形成

前期差错的情形主要有：计算以及账户分类错误，采用法律、行政法规或者国家统一的会计制度等不允许的会计政策，对事实的疏忽或曲解，以及舞弊。按照重要性程度分为重要的前期差错和不重要的前期差错。重要的前期差错，是指足以影响财务报表使用者对企业财务状况、经营成果和现金流量做出正确判断的前期差错。不重要的前期差错，是指不足以影响财务报表使用者对企业财务状况、经营成果和现金流量做出正确判断的会计差错。

第二节　案例分析与操作指南

一、会计政策变更的追溯调整法

【案例1】会计政策及其变更的追溯调法的会计处理。资料：

甲公司2017年、2018年分别以840000元和1200000元的价格从股票市场购入A、B两种以交易为持有目的的股票(假设不考虑购入股票时发生的交易费用)，购入后其市价一直高于购入成本，且采用成本与市价孰低法对购入的股票进行计量。公司从2019年起对其持有以交易为目的的股票由成本与市价孰低法改为公允价值计量，公司保存的会计资料比较齐备，可以通过会计资料追溯计算。公司适用的所得税税率为25%，公司按净利润的10%提取法定盈余公积，按净利润的5%提取任意盈余公积。2018年公司发行在外的普通股加权平均为3600万股，未发行任何稀释性潜在的普通股。A、B股票的有关成本及公允价值资料如表28-1所示。

表28-1　A、B股票有关成本及公允价值　　单位：元

股票	购入成本	2017年年末公允价值	2018年年末公允价值
A股票	840000	980000	980000
B股票	1200000		1320000

根据上述资料，则甲公司应如何进行会计处理？

【分析】首先判定该事项属于会计政策变更，并采用追溯调法进行会计处理

第一步，计算改变交易性金融资产计量方法后的累积影响数，如表28-2所示。

表28-2　改变交易性金融资产计量方法后的累积影响数　　单位：元

时间	公允价值	成本与市价孰低法计量的账面价值	税前差异	所得税影响	税后影响
2017年年末	980000	840000	140000	35000	105000
2018年年末	2300000	2040000	260000	65000	195000

甲公司2019年12月31日的比较财务报表最早期初为2018年1月1日。

甲公司在2017年年末交易性金融资产按公允价值计量的账面价值为980000元，按成本与市价孰低法计量的账面价值为840000元，两者的所得税影响合计为35000元，两者差异的税后净影响额为105000元，为该公司2018年期初交易性金融资产由成本与市价孰低法改为公允价值计量的累积影响数。

甲公司在2018年年末交易性金融资产按公允价值计量的账面价值为2300000元，按

成本与市价孰低法计量的账面价值为2040000元，两者的所得税影响合计为65000元，两者差异的税后净影响额为195000元，其中，105000元是调整2018年累积影响数，90000元是调整2018年当期金额。

甲公司按照公允价值重新计量2018年年末B股票账面价值，其结果为公允价值变动收益少计120000元，所得税费用少计30000元，净利润少计90000元。

第二步，编制有关项目的调整分录。

(1)调整交易性金融资产。

借：交易性金融资产——公允价值变动　　260000

　　贷：利润分配——未分配利润　　195000

　　　　递延所得税负债　　65000

(2)调整利润分配。

借：利润分配——未分配利润　　29250

　　贷：盈余公积　　29250

其中，按净利润的10%提取法定盈余公积，按净利润的5%提取任意盈余公积。

第三步，财务报表调整和重述(财务报表略)。

甲公司在列报2019年度的财务报表时，应调整2019年年末资产负债表有关项目的年初余额、利润表有关项目的上期金额及所有者权益变动表有关项目的上年余额和本年金额。

(1)资产负债表项目的调整。

调增交易性金融资产年初余额260000元；调增递延所得税负债年初余额65000元；调增盈余公积年初余额29250元，调增未分配利润年初余额165750元。

(2)利润表项目的调整数。

调增公允价值变动收益上期金额120000元；调增所得税费用上期金额30000元；调增净利润上期金额90000元；调增基本每股收益上期金额0.0025元。

(3)所有者权益变动表项目的调整。

调增会计政策变更项目中盈余公积上年金额15750元；未分配利润上年金额89250元，所有者权益合计上年金额105000元。

调增会计政策变更项目中盈余公积本年金额13500元；未分配利润本年金额76500元，所有者权益合计本年金额90000元。

第四步，附注说明。

甲公司2019年按照《企业会计准则》规定，对交易性金融资产计量由成本与市价孰低法改为以公允价值计量。此项会计政策变更采用追溯调整法。2019年的比较财务报表已重新表述。2018年期初运用新会计政策追溯计算的会计政策变更累积影响数为105000元。调增2018年的期初留存收益105000元，其中，调增未分配利润89250元，调增盈余公积15750元。会计政策变更对2018年度财务报表本年金额的影响为调增未分配利润76500元，调增盈余公积13500元，调增净利润90000元。

【操作指南】会计政策变更能够提供更可靠、更相关的会计信息的，在能切实可行地确定该项会计政策变更累积影响数时，应当采用追溯调整法处理，将会计政策变更累积影响数调整列报前期最早期初留存收益，其他相关项目的期初余额和列报前期披露的其他比较数据也应当一并调整；在不能切实可行地确定该项会计政策变更累积影响数时，应当从可追溯调整的最早期间期初开始应用变更后的会计政策；在当期期初确定会计政策变更对以前各期累积影响数不切实可行的，应当采用未来适用法处理。

追溯调整法，是指对某项交易或事项变更会计政策，视同该项交易或事项初次发生时即采用变更后的会计政策，并以此对财务报表相关项目进行调整的方法。即应当计算会计政策变更的累积影响数，并相应调整变更年度的期初留存收益以及会计报表的相关项目。

追溯调整法运用的步骤如下。

第一步，计算确定会计政策变更的累积影响数。

第二步，进行相关的账务处理。

第三步，调整会计报表相关项目。

第四步，披露信息。

其中，会计政策变更的累积影响数，是指按照变更后的会计政策对以前各期追溯计算的列报前期最早期初留存收益应有金额与现有金额之间的差额。即会计政策变更的累积影响数，是以下两个金额之间的差额：①在变更会计政策的当期，按变更后的会计政策对以前各期追溯计算，所得到的期初留存收益金额；②变更会计政策当期期初的留存收益金额。

上述留存收益包括当期和以前各期的未分配利润和按照相关法律规定提取并累积的盈余公积。调整期初留存收益是指对期初未分配利润和盈余公积两个项目的调整，不考虑由于损益的变化而应当补分配的利润或股利。例如，由于会计政策变化，增加了以前期间可供分配的利润，该企业通常按净利润的20%分派股利。但在计算调整会计政策变更当期期初的留存收益时，不应当考虑由于以前期间净利润的变化而需要分派的股利。

上述变更会计政策当期期初的留存收益，即为上期资产负债表所反映的留存收益，可以从上期资产负债表项目中获得，需要计算确定的是第一项，即按变更后的会计政策对以前各期追溯计算，得到新的期初留存收益金额。上述留存收益金额，都是指所得税后的净额。即按新的会计政策计算确定留存收益时，应当考虑由于损益变化所导致的递延所得税费用的变化。

会计政策变更的累积影响数，可以通过以下五个步骤计算获得。

第一步，根据新的会计政策重新计算受影响的前期交易或事项。

第二步，计算两种会计政策下的差异。

第三步，计算差异的所得税影响金额。

第四步，确定以前各期的税后差异。

第五步，计算会计政策变更的累积影响数。

二、会计政策变更的未来适应法

【案例 2】会计政策及其变更的未来适应法的会计处理。资料：

甲公司原对存货采用移动加权平均法，由于管理的需要，从 2018 年 1 月 1 日起改用先进先出法。2018 年 1 月 1 日存货的价值为 2500000 元，2018 年甲公司购入存货实际成本为 18000000 元，2018 年 12 月 31 日按先进先出法计算确定的存货价值为 2200000 元，当年销售额为 25000000 元，适用所得税税率为 25%，税法允许按先进先出法计算的存货成本在税前扣除。假设 2018 年 12 月 31 日按移动平均法计算的存货价值为 4500000 元。则甲公司应如何进行会计处理?

【分析】甲公司由于管理环境发生变化而改变会计政策，因而属于会计政策变更。由于采用先进先出法对以前年度的存货成本不能进行合理的调整，因此，采用未来适用法进行处理，即对存货采用先进先出法从 2018 年起才适用，不需要计算 2018 年 1 月 1 日以前按先进先出法计算存货应有的余额，以及对留存收益的影响金额。

(1)采用先进先出法计算的销售成本：

期初存货+购入存货实际成本-期末存货=2500000+18000000-2200000

=18300000(元)。

(2)采用移动加权平均法计算的销售成本：

期初存货+购入存货实际成本-期末存货=2500000+18000000-4500000

=16000000(元)。

即由于会计政策变更使公司当期净利润减少：

当期利润减少额=(18300000-16000000)×(1-25%)= 1725000(元)。

【操作指南】未来适用法，是指将变更后的会计政策应用于变更日及以后发生的交易或者事项，或者在会计估计变更当期和未来期间确认会计估计变更影响数的方法。既不计算会计政策变更的累积影响数，也不必调整变更当年年初的留存收益，只在变更当年采用新的会计政策，并计算确定会计政策变更对当期净利润的影响数。

三、会计估计变更的会计处理

【案例 3】会计估计变更的会计处理。资料：

A 公司 2013 年 12 月 31 日购入的一台管理用设备，原始价值为 84000 元，原估计使用年限为 8 年，预计净残值为 4000 元，按年限平均法计提折旧。由于技术因素以及更新办公设施的原因，已不能继续按原定使用年限计提折旧，于2018年1月1日将该设备的折旧年限改为6年，预计残值为2000元。假设税法允许按变更后的折旧额在税前扣除。则A公司应如何进行会计处理?

【分析】判断该事项属于会计估计变更。

A公司的管理用设备已计提折旧4年，累计折旧为40000元，固定资产净值为44000元。2018年1月1日起，改按新的使用年限计提折旧，每年折旧费用=(44000-2000)÷(6-4)=21000(元)。

2018年12月31日，该公司编制会计分录如下。

借：管理费用　　21000

　　贷：累计折旧　　21000

【操作指南】对于会计估计变更，企业应采用未来适用法。即在会计估计变更当年及以后期间，采用新的会计估计，不改变以前期间的会计估计，也不调整以前期间的报告结果。具体处理方法如下。

(1)如果会计估计变更仅影响变更当期的，其影响数应当在变更当期予以确认。例如，企业原按应收账款余额的5%提取坏账准备，由于企业估计不能收回的应收账款的比例已达10%，则企业改按应收账款余额的10%提取坏账准备，这类会计估计的变更，只影响变更当期。因此，应于变更当期确认。

(2)如果会计估计的变更既影响变更当期又影响未来期间的，其影响数应当在变更当期和未来期间予以确认。例如，可计提折旧的固定资产，其有效使用年限或预计净残值的估计发生变更，常常影响变更当期及以后使用年限内各个期间的折旧费用。因此，这类会计估计的变更，应于变更当期及以后各期确认。

(3)会计估计变更的影响数应计入变更当期与前期相同的项目中。为了使不同期间的财务报表能够可比，如果以前期间的会计估计变更的影响数计入日常经营活动损益，则以后期间也应计入日常经营活动损益；如果以前期间的会计估计变更的影响数计入特殊项目，则以后期间也应计入特殊项目。

四、前期差错的会计处理

【案例4】前期差错的会计处理。资料：

甲公司于2018年12月发现，2017年漏记了一项管理用固定资产的折旧费用150000元，但在所得税申报表中扣除了该项折旧费用。此外，2017年适用所得税税率为25%，并对该项固定资产记录了37500元的递延所得税负债，无其他纳税调整事项。该公司按净利润的15%提取盈余公积金。根据以上资料，甲公司应进行的会计处理?

【分析】(1)前期差错的分析如下。

2017年少计提折旧费用150000元；多计递延所得税费用37500元(150000×25%)；

多计净利润 112500 元；多计递延所得税负债 37500 元；多提盈余公积金 16875 元。

(2)账务处理如下。

①补提折旧。

借：以前年度损益调整　150000

　贷：累计折旧　150000

②转回递延所得税负债。

借：递延所得税负债　37500

　贷：以前年度损益调整　37500

③将“以前年度损益调整”科目余额转入利润分配。

借：利润分配——未分配利润　112500

　贷：以前年度损益调整　112500

④调整利润分配有关数字。

借：盈余公积　16875

　贷：利润分配——未分配利润　16875

(3)调整报表(如表 28-3、表 28-4 所示)。

表 28-3　资产负债表(局部)

编制单位：甲公司　　2018 年 12 月 31 日　　单位：元

资产	年初数			负债和所有者权益	年初数		
	调整前	调增(减)	调整后		调整前	调增(减)	调整后
固定资产净值	1600000	-150000	1450000	递延所得税负债	37500	-37500	0
盈余公职	60000	-16875	43125				
未分配利润	100000	-95625	4375				
…			…	…			…

表 28-4　利润表(局部)

编制单位：甲公司　　2018 年度　　单位：元

项目	上年数		
	调整前	调增(减)	调整后
…			
减：管理费用	150000	150000	300000
…	…		…
三、营业利润	1110000	-150000	960000
…	…	…	…
四、利润总额	1200000	-150000	1050000

续表

项目	上年数		
	调整前	调增(减)	调整后
减：所得税费用	396000	-37500	358500
净利润	804000	-112500	691500

【操作指南】 前期差错，是指由于没有运用或错误运用下列两种信息，而对前期财务报表造成省略或错报。

(1)编报前期财务报表时预期能够取得并加以考虑的可靠信息。

(2)前期财务报告批准报出时能够取得的可靠信息。

前期差错通常包括计算错误、应用会计政策错误、疏忽或曲解事实以及舞弊产生的影响，以及固定资产盘盈等。

企业发现前期差错时，确定前期差错累积影响数切实可行的，应当采用追溯重述法更正重要的前期差错；确定前期差错累积影响数不切实可行的，可以从可追溯重述的最早期间开始调整留存收益的期初余额，财务报表其他相关项目的期初余额也应当一并调整，也可以采用未来适用法。

企业应当在重要的前期差错发现当期的财务报表中，调整前期比较数据。

追溯重述法，是指在发现前期差错时，视同该项前期差错从未发生过，从而对财务报表的相关项目进行更正的方法。

企业应设置“以前年度损益调整”科目核算企业本年度发现的重要前期差错更正涉及调整以前年度损益的事项，以及本年度发生的调整以前年度损益的事项。

(1)企业调整增加以前年度利润或减少以前年度亏损，借记有关科目，贷记“以前年度损益调整”科目；调整减少以前年度利润或增加以前年度亏损，借记“以前年度损益调整”科目，贷记有关科目。

(2)由于以前年度损益调整增加的所得税费用，借记“以前年度损益调整”科目，贷记“应交税费——应交所得税”科目或“递延所得税资产”科目或“递延所得税负债”科目；由于以前年度损益调整减少的所得税费用，借记“应交税费——应交所得税”科目或“递延所得税资产”科目或“递延所得税负债”科目，贷记“以前年度损益调整”科目。

(3)经上述调整后，应将“以前年度损益调整”科目的余额转入“利润分配——未分配利润”科目。如为贷方余额，借记“以前年度损益调整”科目，贷记“利润分配——未分配利润”科目；如为借方余额，作相反的会计分录。

第二十九章 资产负债表日后事项

第一节 资产负债表日后事项概述

一、资产负债表日后事项的概念

资产负债表日后事项，是指资产负债表日至财务报告批准报出日之间发生的有利或不利事项。

(1)资产负债表日是指会计年度末和会计中期期末。中期是指短于一个完整的会计年度的报告期间，包括半年度、季度和月度。按照《会计法》规定，我国会计年度采用公历年度，即1月1日至12月31日。因此，年度资产负债表日是指每年的12月31日，中期资产负债表日是指各会计中期期末。例如，提供第一季度财务报告时，资产负债表日是该年度的3月31日；提供半年度财务报告时，资产负债表日是该年度的6月30日。如果母公司或者子公司在国外，无论该母公司或子公司如何确定会计年度和会计中期，其向国内提供的财务报告都应根据我国《会计法》和会计准则的要求确定资产负债表日。

(2)财务报告批准报出日是指董事会或类似机构批准财务报告报出的日期，通常是指对 财务报告的内容负有法律责任的单位或个人批准财务报告对外公布的日期。财务报告的批准者包括所有者、所有者中的多数、董事会或类似的管理单位、部门和个人。根据《公司法》规定，董事会有权制订公司的年度财务预算方案、决算方案、利润分配方案和弥补亏损方案。因此，对于设置董事会的公司制企业，财务报告批准报出日是指董事会批准财务报告报出的日期。对于其他企业，财务报告批准报出日一般是指经理(厂长)会议或类似机构批准财务报告报出的日期。

(3)资产负债表日后事项包括有利事项和不利事项。“有利或不利事项”是指，资产负债表日后对企业财务状况、经营成果等具有一定影响(既包括有利影响也包括不利影响)的事项。如果某些事项的发生对企业并无任何影响，那么，这些事项既不是有利事项，也不是不利事项，也就不属于这里所说的资产负债表日后事项。

二、资产负债表日后事项涵盖的期间

资产负债表日后事项涵盖的期间是自资产负债表日次日起至财务报告批准报出日止的一段时间。对上市公司而言，这一期间内涉及几个日期，包括完成财务报告编制日、

注册会计师出具审计报告日、董事会批准财务报告可以对外公布日、实际对外公布日等。具体而言，资产负债表日后事项涵盖的期间应当包括以下日期。

(1)报告期间下一期间的第一天至董事会或类似机构批准财务报告对外公布的日期。

(2)财务报告批准报出以后、实际报出之前又发生与资产负债表日后事项有关的事项，并由此影响财务报告对外公布日期的，应以董事会或类似机构再次批准财务报告对外公布的日期为截止日期。

例如，某上市公司2017年的年度财务报告于2018年2月20日编制完成，注册会计师完成年度财务报表审计工作并签署审计报告的日期为2018年4月17日，董事会批准财务报告对外公布的日期为2018年4月17日，财务报告实际对外公布的日期为2018年4月23日，股东大会召开日期为2018年5月10日。

根据资产负债表日后事项涵盖期间的规定，该公司2017年年报资产负债表日后事项涵盖的期间为2018年1月1日至2018年4月17日。如果在4月17日至23日之间发生了重大事项，需要调整财务报表相关项目的数字或需要在财务报表附注中披露，经调整或说明后的财务报告再经董事会批准报出的日期为2018年4月25日，实际报出的日期为2018年4月30日，则资产负债表日后事项涵盖的期间为2018年1月1日至2018年4月25日。

三、资产负债表日后调整事项和资产负债表日后非调整事项

(一)调整事项

资产负债表日后调整事项，是指对资产负债表日已经存在的情况提供了新的或进一步证据的事项。这类事项所提供的新的或进一步的证据有助于对资产负债表日存在状况的有关金额做出重新估计，并据此对资产负债表日所确认的资产、负债和所有者权益，以及资产负债表日所属期间的收入、费用等进行调整。调整事项的特点是：①在资产负债表日或以前已经存在，资产负债表日后得以证实的事项；②对按资产负债表日存在状况编制的会计报表产生重大影响的事项。

例如，资产负债表日后诉讼案件结案，法院判决证实了企业在资产负债表日已经存在现时义务，需要调整原先确认的与该诉讼案件相关的预计负债，或确认一项新负债。这一事项是指在资产负债表日已经存在的某项现时义务未完全确认或尚未确认，资产负债表日后至财务报告批准报出日之间获得了新的或进一步的证据，表明需要对已确认的金额进行调整，或确认一项新负债。例如，甲企业未按合同规定按时提供商品，致使丁企业发生经济损失，丁企业于2018年10月提起诉讼，要求甲企业赔偿违约经济损失500000元。由于案件尚在审理过程中，2018年12月31日尚未做出最终判决，甲企业于2018年12月31日根据当时的资料判断很可能会败诉，估计赔偿金额为200000元，按此估计金额确认为预计负债。但在2019年3月1日财务报告批准报出前经一审判决，甲

企业需赔偿丁企业经济损失为 450000 元，甲企业和丁企业均接受此判决，不再上诉。对此，甲企业应对资产负债表日编制的会计报表中有关预计负债、支出等相关项目的数字进行调整。

资产负债表日后取得确凿证据，表明某项资产在资产负债表日发生了减值或者需要调整该项资产原先确认的减值金额。这一事项是指在资产负债表日，根据当时资料判断某项资产可能发生了减值，但没有最后确定是否会发生，因而按照当时最佳的估计金额反映在会计报表中；但在资产负债表日至财务报告批准报出日之间，所取得的新的或进一步的证据能证明该事实成立，即某项资产已经发生了减值，则应对资产负债表日所做的估计予以修正。例如：甲企业应收乙企业账款 5600000 元，按合同约定应在 2018 年 11 月 10 日前偿还。在 2018 年 12 月 31 日结账时，甲企业尚未收到这笔应收账款，并已知乙企业财务状况不佳，近期内难以偿还债务，甲企业对该项应收账款提取 10%的坏账准备。2019 年 2 月 10 日，在甲企业报出财务会计报告之前收到乙企业通知，乙企业已宣告破产，无法偿付部分欠款。从这一例子可见，甲企业于 2018 年 12 月 31 日结账时已经知道乙企业财务状况不佳，即在 2018 年 12 月 31 日资产负债表日，乙企业财务状况不佳的事实已经存在，但未得到乙企业破产的确切证据。2019 年 2 月 10 日甲企业正式收到乙企业通知，得知乙企业已破产，并且无法偿还部分货款，即 2019 年 2 月 10 日对 2018 年 12 月 31 日存在的状况提供了新的证据，表明根据 2018 年 12 月 31 日存在状况提供的资产负债表所反映的应收乙企业账款中已有部分成为坏账，依据资产负债表日存在状况编制的会计报表所提供的信息已不能真实反映企业的实际情况，因此，应据此对会计报表相关项目的数字进行调整。

资产负债表日后进一步确定了资产负债表日前购入资产的成本或售出资产的收入。例如，乙企业 2018 年 12 月销售一批商品，由于销售商品的所有权上的风险和报酬已经转移，货款能够收回，符合收入确认原则，企业确认了收入并结转了成本；2019 年 1 月 10 日财务报告批准报出日前，乙企业收到退回的 2018 年 12 月销售的商品，对于这一销售退回事项，虽然是 2018 年销售的，但在 2018 年报告年度的资产负债表日后(2019 年 1 月 10 日)退回，也应当作为调整事项，调整报告年度(2018 年度)会计相关项目的数字。

注意：调整事项也包括资产负债表日后发现了财务报表舞弊或差错。

(二)非调整事项

资产负债表日后非调整事项，是指表明资产负债表日后发生的情况的事项。非调整事项的特点是：①资产负债表日并未发生或存在，完全是期后才发生的事项；②对理解和分析财务报告有重大影响的事项。

例如，A 企业应收 B 企业一笔货款，在 2018 年 12 月 31 日时，B 企业经营状况良好，并无显示财务困难的迹象。但在 2019 年 1 月 25 日，B 企业发生火灾，烧毁了全部厂房、设备和存货，无法偿还 A 企业的货款。对于这一事项，完全是由于资产负债表日后新发生的，与资产负债表日存在的状况无关。

企业发生的资产负债表日后非调整事项，通常包括下列各项：①资产负债表日后发生重大诉讼、仲裁、承诺；②资产负债表日后资产价格、税收政策、外汇汇率发生重大变化；③资产负债表日后因自然灾害导致资产发生重大损失；④资产负债表日后发行股票和债券以及其他巨额举债；⑤资产负债表日后资本公积转增资本；⑥资产负债表日后发生巨额亏损；⑦资产负债表日后发生企业合并或处置子公司；⑧资产负债表日后，企业利润分配方案中拟分配的，以及经审议批准宣告发放的股利或利润。

(三)调整事项与非调整事项的区别

资产负债表日后发生的某一事项究竟是调整事项还是非调整事项，取决于该事项表明的情况在资产负债表日或资产负债表日以前是否已经存在。若该情况在资产负债表日或之前已经存在，则属于调整事项；反之，则属于非调整事项。这是因为，在会计期间假设下，调整事项虽然发生在资产负债表日的下一会计期间，但其指向的情况在资产负债表日已经存在，资产负债表日后所获得的证据只为资产负债表日已存在状况提供了进一步的证据，为便于真实、公允反映企业财务状况和经营成果，需要对资产负债表日的财务报表进行调整。

第二节　案例分析与操作指南

一、调整事项的会计处理

【案例1】未决诉讼的会计处理。资料：

甲公司与乙公司签订一项供销合同，合同中订明甲公司在2018年11月供给乙公司一批物资。由于甲公司未能按照合同发货，致使乙公司发生重大损失。乙公司通过法律程序要求甲公司赔偿经济损失55000万元。该诉讼案件在2018年12月31日尚未判决，甲公司确认了40000万元的预计负债，并将该项赔偿款反映在12月31日的财务报表中，乙公司未登记应收赔偿款。2019年2月7日，经法院一审判决，甲公司需要赔付乙公司经济损失50000万元，甲公司不再上诉，并于2月12日以银行存款支付了赔偿款。根据税法的相关规定，假定在所得税汇算清缴之前，对于上述事项可以申请在纳税年度的税前确认，且假设甲公司在2019年2月7日前尚未进行年终纳税申报，假定甲、乙公司财务报告批准报出日均为2019年4月2日，适用所得税率均为25%，且均按净利润的15%计提盈余公积。则甲、乙公司分别应如何进行会计处理？

【分析】甲公司应先根据《企业会计准则第29号——资产负债表日后事项》的规定，判断该事项属于调整事项，并按调整事项的处理原则进行如下处理。

(1)记录应支付的赔偿款。

借：以前年度损益调整　100000000

　　预计负债　400000000

　贷：其他应付款　500000000

(2)调整应交所得税。

借：应交税费——应交所得税　125000000

　贷：以前年度损益调整　25000000

　　递延所得税资产　100000000

(3)将“以前年度损益调整”科目余额转入利润分配。

借：利润分配——未分配利润　75000000

　贷：以前年度损益调整　75000000

(4)调整利润分配有关数字。

借：盈余公积　11250000

　贷：利润分配——未分配利润　11250000

(5)调整报告年度财务报表相关项目的数字(略)。

(6)2019 年 2 月 12 日实际支付赔偿款时。

借：其他应付款　500000000

　贷：银行存款　500000000

乙公司应做如下会计处理。

(1)记录已收到的赔偿款。

借：其他应收款　500000000

　贷：以前年度损益调整　500000000

借：银行存款　500000000

　贷：其他应收款　500000000

(2)调整应交所得税。

借：以前年度损益调整　125000000

　贷：应交税费——应交所得税　(500000000×25%)125000000

(3)将“以前年度损益调整”科目余额转入利润分配。

借：以前年度损益调整　375000000

　贷：利润分配——未分配利润　375000000

(4)调整利润分配有关数字。

借：利润分配——未分配利润　56250000

　贷：盈余公积　(375000000×15%)56250000

(5)调整报告年度财务报表相关项目的数字(略)。

【操作指南】企业发生的资产负债表日后调整事项，应当调整资产负债表日的财务报表。资产负债表日后，企业利润分配方案中拟分配的，以及经审议批准宣告发放的股利或利润，不确认为资产负债表日的负债，但应当在附注中单独披露。

资产负债表日后发生的调整事项应当分别以下四种情况进行账务处理。

(1)涉及损益的事项通过“以前年度损益调整”科目核算。调整增加以前年度收益或调整减少以前年度亏损的事项，以及其调整减少的所得税，记入“以前年度损益调整”科目的贷方；调整减少以前年度收益或调整增加以前年度亏损的事项，以及调整增加的所得税，记入“以前年度损益调整”科目的借方。“以前年度损益调整”科目的贷方或借方余额，转入“利润分配——未分配利润”科目。

(2)涉及利润分配调整的事项，直接在“利润分配——未分配利润”科目核算。

(3)不涉及损益以及利润分配的事项，调整相关科目。

(4)通过上述账务处理后，还应同时调整财务报表相关项目的数字，主要包括以下三种。

1)资产负债表日编制的财务报表相关项目的数字。

2)当期编制的财务报表相关项目的年初数。

3)经过上述调整后，如果涉及财务报表附注的，还应当调整财务报表附注相关项目的数字。

【案例2】调整已确认的资产减值金额的会计处理。资料：

甲公司2018年4月销售给乙企业一批产品，价款为46800万元(含应向购货方收取的增值税税额)，乙企业于5月收到所购物资并验收入库。按合同规定，乙企业应于收到所购货物后1个月内付款。由于乙企业财务状况不佳，到2018年12月31日仍未付款。甲公司于12月31日编制2018年度会计报表时，已为该项应收账款提取坏账准备2340万元。12月31日，“应收账款”科目的余额为80000万元，“坏账准备”科目的余额为4000万元。甲公司于2019年3月2日收到乙企业通知，乙企业已进行破产清算，无力偿还所欠部分货款，预计甲公司可收回应收账款的40%。假定税法不允许税前扣除计提的坏账准备。假定甲公司财务报告批准报出日为2019年4月2日，适用所得税率为25%，且按净利润的15%计提盈余公积。则甲公司应如何进行会计处理？

【分析】甲公司在接到乙企业通知时，应先判断属于资产负债表日后事项中的调整事项，并根据调整事项的处理原则进行如下处理。

(1)补提坏账准备。

应补提的坏账准备=46800×60%-2340=25740(万元)。

借：以前年度损益调整 257400000

　　贷：坏账准备 257400000

(2)调整所得税费用。

借：递延所得税资产　　64350000

　　贷：以前年度损益调整　　64350000

(3)将“以前年度损益调整”科目的余额转入利润分配。

借：利润分配——未分配利润　　193050000

　　贷：以前年度损益调整　　193050000

(4)调整利润分配有关数字。

借：盈余公积　　28957500

　　贷：利润分配——未分配利润　　28957500

(5)调整报告年度财务报表相关项目的数字(略)。

【操作指南】资产负债表日后取得确凿证据，表明某项资产在资产负债表日发生了减值或者需要调整该项资产原先确认的减值金额。

【案例3】销售退回的会计处理。资料：

2018年12月甲公司销售给乙公司一批原材料。由于质量不合格，经双方协商退回该材料，甲公司于2019年1月4日退回该材料的货款。该材料的价款为50000元，增值税额为8000元，销售成本为40000元。本例不考虑所得税的影响，盈余公积计提比例为10%。则甲公司应如何进行会计处理?

【分析】(1)由于该业务发生在资产负债表日后期间，属于调整事项，应对其进行调整。

(2)根据本准则的有关规定进行账务处理。

借：以前年度损益调整　　50000

　　应交税费——应交增值税(销项税额)　　8000

　　贷：其他应付款　　58000

借：其他应付款　　58000

　　贷：银行存款　　58000

借：库存商品——产成品　　40000

　　贷：以前年度损益调整　　40000

(3)将以前年度损益调整科目的余额转入利润分配。

借：利润分配——未分配利润　　(50000-40000)10000

　　贷：以前年度损益调整　　10000

(4)由于利润减少，盈余公积多提的也应作相应的调整，调整盈余公积1000元[(50000-40000)×10%]。

借：盈余公积　　1000

　　贷：利润分配——未分配利润　　1000

(5)调整报告年度财务报表相关项目的数字(略)。

【操作指南】资产负债表所属期间或以前期间所售商品在资产负债表日后退回的，应作为资产负债表日后调整事项处理。发生于资产负债表日后至财务报告批准报出日之间的销售退回事项，可能发生于该企业年度所得税汇算清缴之前，也可能发生于该企业年度所得税汇 算清缴之后，其会计处理如下。

(1)涉及报告年度所属期间的销售退回发生于该企业报告年度所得税汇算清缴之前的，应调整报告年度利润表的收入、成本等，并相应调整报告年度的应纳税所得额以及报告年度应缴的所得税等。

(2)资产负债表日后事项中涉及报告年度所属期间的销售退回发生于该企业报告年度 所得税汇算清缴之后的，应调整报告年度会计报表的收入、成本等，但按照税法规定，在此期间的销售退回所涉及的应缴所得税，应作为本年的纳税调整事项。

二、非调整事项

【案例4】非调整事项的处理。资料：

甲公司2018年度的财务报告，董事会于2019年4月5日批准对外公布。该公司2018年所得税税率为25%，2018年度所得税汇算清缴于2019年3月30日完成，按净利润10%提取法定盈余公积。在2019年1月1日至4月5日之间，该公司发生如下经济事项。

(1)甲公司2018年12月购入A材料一批，含税价为5000万元，材料已验收入库，货款已通过银行支付。2019年1月20日，甲公司因材料仓库发生火灾，该批材料全部被烧毁。

(2)2018年10月17日，经中国证券监督管理委员会核准，甲公司获准向合格投资者公开发行面值不超过20亿元(含20亿元)的公司债券；本次公司债券采用分期发行方式，首期发行债券的面值不少于总发行面值的50%，自核准发行之日起6个月内完成；其余各期债券发行，自核准发行之日起24个月内完成。2019年1月26日，甲公司公开发行公司债券(第一期)面值10亿元，期限为5年，票面年利率为6.60%。甲公司于2019年1月27日实际收到公司债券募集资金99430万元(已扣除承销费570万元)。

(3)甲公司2018年度财务报告附注中对资产负债表日后利润分配情况的说明：根据2019年3月16日董事会决议，本公司拟以2018年12月31日的股份为基准向全体股东每10股分配股利0.5元，共计分配股利12亿元。该股利分配预案尚待本公司股东大会批准。

【分析】资产负债表日后因自然灾害导致资产发生重大损失、发行股票和债券以及其他巨额举债、企业制定利润分配方案等资产负债表日后事项均属于非调整事项。企业发生的资产负债表日后非调整事项，不应当调整资产负债表日的财务报表。因此不编制调整分录。

【操作指南】企业发行股票、债券以及向银行或非银行金融机构举借巨额债务都是比较重大的事项，虽然这一事项与企业资产负债表日的存在状况无关，但这一事项的披露能使财务报告使用者了解与此有关的情况及可能带来的影响。因此，应当在报表附注中进行披露。

资产负债表日后，企业制定利润分配方案，拟分配或经审议批准宣告发放现金股利或利润的行为，并不会导致企业在资产负债表日形成现时义务，虽然该事项的发生可导致企业负有支付股利或利润的义务，但支付义务在资产负债表日尚不存在，不应该调整资产负债表日的财务报告。因此，该事项为非调整事项。但为便于财务报告使用者更充分地了解相关信息，企业需要在财务报告中适当披露该信息。

第三十章　财务报表列报

第一节　财务报表列报概述

一、财务报表的构成

财务报告是指企业对外提供的反映企业某一特定日期的财务状况和某一会计期间的经营成果、现金流量等会计信息的文件。财务报告包括财务报表和其他应当在财务报告中披露的相关信息和资料。

财务报表是对企业财务状况、经营成果和现金流量的结构性表述。财务报表至少应当包括下列组成部分：①资产负债表；②利润表；③现金流量表；④所有者权益(或股东权益，下同)变动表；⑤附注。财务报表的这些组成部分具有同等的重要程度。

二、财务报表的分类

财务报表可以按照不同的标准进行分类。

(1)按财务报表编报期间的不同，可以分为中期财务报表和年度财务报表。中期财务报表是以短于一个完整会计年度的报告期间为基础编制的财务报表，包括月报、季报和半年报等。

(2)按照会计报表反映财务活动方式的不同，可以分为静态会计报表和动态会计报表。静态会计报表反映企业某个特定时点的资产负债和所有者权益状况，如资产负债表；动态会计报表反映企业某个特定时期内资金耗费和资金回收情况，如利润表和现金流量表。

(3)按财务报表编报主体的不同，可以分为个别财务报表和合并财务报表。个别财务报表是由企业在自身会计核算基础上对账簿记录进行加工而编制的财务报表，它主要用以反映企业自身的财务状况、经营成果和现金流量情况。合并财务报表是以母公司和子公司组成的企业集团为会计主体，根据母公司和所属子公司的财务报表，由母公司编制的综合反映企业集团财务状况、经营成果及现金流量的财务报表。

三、财务报表列报的基本要求

（一）依据各项会计准则确认和计量的结果编制财务报表

企业应当根据实际发生的交易和事项，遵循《企业会计准则——基本准则》、各项具体会计准则的规定进行确认和计量，并在此基础上编制财务报表。企业应当在附注中对这一情况做出声明，只有遵循了企业会计准则的所有规定时，财务报表才应当被称为“遵循了企业会计准则”同时，企业不应以在附注中披露代替对交易和事项的确认和计量，不恰当的确认和计量也不能通过充分披露相关会计政策而纠正。

此外，如果按照各项会计准则规定披露的信息不足以让报表使用者了解特定交易或事项对企业财务状况和经营成果的影响时，企业还应当披露其他的必要信息。

（二）列报基础

持续经营是会计的基本前提，也是会计确认、计量及编制财务报表的基础。在编制财务报表的过程中，企业管理层应当利用其所有可获得信息来评价企业自报告期末起至少12个月的持续经营能力。评价时需要考虑的因素包括宏观政策风险、市场经营风险、企业目前或长期的盈利能力、偿债能力、财务弹性以及企业管理层改变经营政策的意向等。评价结果表明对持续经营能力产生重大怀疑的，企业应当在附注中披露导致对持续经营能力产生重大怀疑的因素以及企业拟采取的改善措施。

企业在评估持续经营能力时应当结合考虑企业的具体情况。通常情况下，企业过去每年都有可观的净利润，并且易于获取所需的财务资源，则往往表明以持续经营为基础编制财务报表是合理的，而无须进行详细的分析即可得出企业持续经营的结论。反之，如果企业过去多年有亏损的记录等情况，则需要通过考虑更加广泛的相关因素来做出评价，比如目前和预期未来的获利能力、债务清偿计划、替代融资的潜在来源等。

非持续经营是企业在极端情况下呈现的一种状态。企业存在以下情况之一的，通常表明企业处于非持续经营状态：（1）企业已在当期进行清算或停止营业；（2）企业已经正式决定在下一个会计期间进行清算或停止营业；（3）企业已确定在当期或下一个会计期间没有其他可供选择的方案而将被迫进行清算或停止营业。企业处于非持续经营状态时，应当采用其他基础编制财务报表。比如，企业处于破产状态时，其资产应当采用可变现净值计量、负债应当按照其预计的结算金额计量等。在非持续经营情况下，企业应当在附注中声明财务报表未以持续经营为基础列报，披露未以持续经营为基础的原因以及财务报表的编制基础。

（三）权责发生制

除现金流量表按照收付实现制编制外，企业应当按照权责发生制编制其他财务报表。

（四）列报的一致性

可比性是会计信息质量的一项重要质量要求，目的是使同一企业不同期间和同一期间不同企业的财务报表相互可比。为此，财务报表项目的列报应当在各个会计期间保持一致，不得随意变更。这一要求不仅针对财务报表中的项目名称，还包括财务报表项目的分类、排列顺序等方面。

在以下规定的特殊情况下，财务报表项目的列报是可以改变的：(1)会计准则要求改变；(2)企业经营业务的性质发生重大变化或对企业经营影响较大的交易或事项发生后，变更财务报表项目的列报能够提供更可靠、更相关的会计信息。

(五)依据重要性原则单独或汇总列报项目

关于项目在财务报表中是单独列报还是汇总列报，应当依据重要性原则来判断。总的原则是，如果某项目单个看不具有重要性，则可将其与其他项目汇总列报；如具有重要性，则应当单独列报。企业在进行重要性判断时，应当根据企业所处的具体环境，从项目的性质和金额两方面予以判断：一方面，应当考虑该项目的性质是否属于企业日常活动，是否显著影响企业的财务状况、经营成果和现金流量等因素；另一方面，判断项目金额大小的重要性，应当通过单项金额占资产总额、负债总额、所有者权益总额、营业收入总额、营业成本总额、净利润、综合收益总额等直接相关项目金额的比重或所属报表单列项目金额的比重加以确定。同时，企业对于各个项目重要性的判断标准一经确定，不得随意变更。

(1)性质或功能不同的项目，一般应当在财务报表中单独列报，比如存货和固定资产在性质上和功能上都有本质差别，应分别在资产负债表上单独列报。但是不具有重要性的项目可以汇总列报。

(2)性质或功能类似的项目，一般可以汇总列报，但是对其具有重要性的类别应该单独列报。比如原材料、在产品等项目在性质上类似，均通过生产过程形成企业的产品存货，因此可以汇总列报，汇总之后的类别统称为“存货”在资产负债表上列报。

(3)项目单独列报的原则不仅适用于报表，还适用于附注。某些项目的重要性程度不足以在资产负债表、利润表、现金流量表或所有者权益变动表中单独列报，但是可能对附注而言却具有重要性，在这种情况下应当在附注中单独披露。

(4)无论是财务报表列报准则规定单独列报的项目，还是其他具体会计准则规定单独列报的项目，企业都应当予以单独列报。

(六)财务报表项目金额间的相互抵销

财务报表项目应当以总额列报，资产和负债、收入和费用、直接计入当期利润的利得和损失项目的金额不能相互抵销，即不得以净额列报，但企业会计准则另有规定的除外。比如，企业欠客户的应付款不得与其他客户欠本企业的应收款相抵销，如果相互抵销就掩盖了交易的实质。

下列三种情况不属于抵销，可以以净额列示：(1)一组类似交易形成的利得和损失以净额列示的，不属于抵销。比如，汇兑损益应当以净额列报，为交易目的而持有的金融工具形成的利得和损失应当以净额列报等。但是，如果相关利得和损失具有重要性，则应当单独列报。(2)资产或负债项目按扣除备抵项目后的净额列示，不属于抵销。比如，对资产计提减值准备，表明资产的价值确实已经发生减损，按扣除减值准备后的净额列示，才反映了资产此时的真实价值。(3)非日常活动产生的利得和损失，以同一交易形成的收益扣减相关费用后的净额列示更能反映交易实质的，不属于抵销。非日常活动并非企业主要的业务，非日常活动产生的损益以收入扣减费用后的净额列示，更能有利于报表使用者的理解。比如，非流动资产处置形成的利得或损失，应当按处置收入扣除该资产的账面金额和相关销售费用后的净额列报。

(七)比较信息的列报

企业在列报当期财务报表时，至少应当提供所有列报项目上一个可比会计期间的比较数据，以及与理解当期财务报表相关的说明，目的是向报表使用者提供对比数据，提高信息在会计期间的可比性，以反映企业财务状况、经营成果和现金流量的发展趋势，提高报表使用者的判断与决策能力。列报比较信息的这一要求适用于财务报表的所有组成部分，即既适用于四张报表，又适用于附注。

通常情况下，企业列报所有列报项目上一个可比会计期间的比较数据，至少包括两期各报表及相关附注。当企业追溯应用会计政策或追溯重述，或者重新分类财务报表项目时，按照《企业会计准则第 28 号——会计政策、会计估计变更和差错更正》等的规定，企业应当在一套完整的财务报表中列报最早可比期间期初的财务报表，即应当至少列报三期资产负债表、两期其他各报表(利润表、现金流量表和所有者权益变动表)及相关附注。其中，列报的三期资产负债表分别指当期期末的资产负债表、上期期末(即当期期初)的资产负债表，以及上期期初的资产负债表。

在财务报表项目的列报确需发生变更的情况下，应当至少对可比期间的数据按照当期的列报要求进行调整，并在附注中披露调整的原因和性质，以及调整的各项目金额。但是，在某些情况下，对可比期间比较数据进行调整是不切实可行的，则应当在附注中披露不能调整的原因、以及假设金额重新分类可能进行的调整的性质。关于企业变更会计政策或更正差错时要求的对比较信息的调整，还应遵循《企业会计准则第 28 号——会计政策、会计估计变更和差错更正》。

(八)财务报表表首的列报要求

财务报表通常与其他信息(如企业年度报告等)一起公布，企业应当将按照企业会计准则编制的财务报告与一起公布的同一文件中的其他信息相区分。

财务报表一般分为表首、正表两部分，其中，企业应当在表首部分概括地说明下列基本信息：(1)编报企业的名称，如企业名称在所属当期发生了变更的，还应明确标明；(2)对资产负债表而言，应当披露资产负债表日，对利润表、现金流量表、所有者权益变动表而言，应当披露报表涵盖的会计期间；(3)货币名称和单位，按照我国企业会计准则的规定，企业应当以人民币作为记账本位币列报，并标明金额单位，如人民币元、人民币万元等；(4)财务报表是合并财务报表的，应当予以标明。

(九)报告期间

企业至少应当按年编制财务报表。根据《中华人民共和国会计法》的规定，会计年度自公历1月1日起至12月31日止。因此，在编制年度财务报表时，可能存在年度财务报表涵盖的期间短于一年的情况，比如企业在年度中间(如3月1日)开始设立等。在这种情况下，企业应当披露年度财务报表的实际涵盖期间及其短于一年的原因，并说明由此引起财务报表项目与比较数据不具可比性这一事实。

第二节　案例分析与操作指南

一、资产负债表

【案例1】流动资产与非流动资产的划分。资料：

2018年12月31日，甲公司资产负债表有关项目期末余额如下：货币资金120万元、存货1080万元、预付账款350万元、合同资产600万元、持有待售资产180万元、债券投资320万元、投资性房地产530元、固定资产1850万元、递延所得税资产60万元。试确定甲公司2018年流动资产和非流动资产的金额。

【分析】甲公司2018年流动资产的金额=120+1080+350+600+180=2330(万元)。

甲公司2018年非流动资产的金额=320+530+1850+60=2760(万元)。

【操作指南】资产负债表是反映企业在某一特定日期财务状况的会计报表。它是根据“资产=负债+所有者权益(股东权益)”这一会计基本等式，按照一定的分类标准和顺序，把企业在一定日期的资产、负债和所有者权益各项目予以适当排列编制而成的。资产负债表是企业的基本会计报表之一，该报表主要为报表使用者提供企业所拥有或控制的经济资源及这些经济资源的分布和构成的信息，提供企业资金的来源构成的信息，包括企业所承担的债务，所有者在企业中所拥有的权益等，同时，通过对该表的分析，可以使使用者了解企业的财务状况，尤其是企业偿债能力的情况，若把前后期的资产负债表加以对比分析，还可以把握企业资金结构的变化情况及财务状况的发展趋势等方面的信息。

资产负债表的结构，一般有两种：一种是账户式的，即报表左右对称结构，左方列资产各项目反映全部资产的分布及存在形态，一般按资产流动性大小排列，右方列负债和所有者权益(股东权益)各项目反映全部负债和所有者权益的内容及构成情况，一般按要求清偿时间先后顺序排列；另一种是报告式的，即按上下顺序依次列资产、负债及所有者权益(股东权益)项目。我国采用账户式的资产负债表。

在资产负债表上，企业的资产应按其流动性，分为流动资产和非流动资产。资产满足下列条件之一的，应当归类为流动资产：(1)预计在一个正常营业周期中变现、出售或耗用。这主要包括存货、应收账款等资产。需要指出的是，变现一般针对应收账款等而言，指将资产变为现金；出售一般针对产品等存货而言；耗用一般指将存货(如原材料)转变成另一种形态(如产成品)。(2)主要为交易目的而持有。比如一些根据《企业会计准则第22号——金融工具确认和计量》划分的交易性金融资产。但是，并非所有交易性金融资产均为流动资产，比如自资产负债表日起超过12个月到期且预期持有超过12个月的衍生工具应当划分为非流动资产或非流动负债。(3)预计在资产负债表日起一年内(含一年，下同)变现。(4)自资产负债表日起一年内，交换其他资产或清偿负债的能力不受限制的现金或现金等价物。

流动资产以外的资产应当归类为非流动资产，包括债券投资、长期股权投资、投资性房地产、固定资产、生产性生物资产、递延所得税资产、无形资产等资产。所谓“正常营业周期”，是指企业从购买用于加工的资产起至实现现金或现金等价物的期间。正常营业周期通常短于一年，在一年内有几个营业周期。但是，因生产周期较长等导致正常营业周期长于一年的，尽管相关资产往往超过一年才变现、出售或耗用，仍应当划分为流动资产。当正常营业周期不能确定时，企业应当以一年(12个月)作为正常营业周期。

【案例2】流动负债与非流动负债的划分。资料：

2018年12月31日，甲公司银行借款共计8000万元，其中，自A银行借入的2000万元借款将于1年内到期，甲公司不具有自主展期清偿的权利；自B银行借入的3500万元借款按照协议将于3年后偿还，但因甲公司违反借款协议的规定使用资金，B银行于2018年12月28日要求甲公司于2019年4月1日前偿还；自C银行借入的2500万元借款将于1年内到期，甲公司可以自主展期两年偿还，并决定将该借款展期。2019年2月1日，A银行同意甲公司展期两年偿还前述2000万元的借款；2019年3月20日，甲公司与B银行达成协议，甲公司承诺按规定用途使用资金，B银行同意甲公司按原协议规定的期限偿还前述3500万元借款。甲公司2018年财务报告于2019年3月31日经董事会批准对外公布。不考虑其他因素，则以上银行借款在甲公司2018年度资产负债表负债项目中如何列报。

【分析】根据流动负债的划分。自A银行借入的2000万元借款将于1年内到期，甲公司不具有自主展期清偿的权利，即使在财务报告批准报出日前签订了重新安排清偿计划协议，该项负债仍应归类为流动负债。自B银行借入的3500万元借款因甲公司违反借款协议的规定使用资金，但B银行在2019年3月20日同意按原协议规定的期限偿还，不是在资产负债表日或之前同意的，应归类为流动负债；自C银行借入的2500万元借

款，甲公司可以自主展期两年偿还，并决定将该借款展期，应当归类为非流动负债，

所以，以上银行借款在甲公司2018年度资产负债表负债中，在“一年内到期的非流动负债”项目列示5500万元，在“长期借款”项目列示2500万元。

【操作指南】 负债类项目按照流动负债、非流动负债进行分类并分项列示。满足下列条件之一的负债应当归类为流动负债：①预计在一个正常营业周期中清偿；②主要为交易目的而持有；③自资产负债表日起1年内到期应予以清偿；④企业无权自主地将清偿推迟至资产负债表日后1年以上。这里所指的一个正常营业周期，是指企业从购买用于加工的资产起至实现现金或现金等价物的期间。流动负债包括短期借款、交易性金融负债、衍生金融负债、应付票据及应付账款、预收账款、合同负债、应付职工薪酬、应交税费、其他应付款、持有待售负债及一年内到期的非流动负债等。流动负债以外的负债应当归类为非流动负债。非流动负债项目包括长期借款、应付债券、长期应付款、专项应付款等若干项目。对于在资产负债表日起1年内到期的负债，企业预计能够自主地将清偿义务展期至资产负债表日后1年以上的，应当归类为非流动负债；不能自主地将清偿义务展期的，即使在资产负债表日后、财务报告批准报出日前签订了重新安排清偿计划协议，该项负债仍应归类为流动负债。

【案例3】 根据各总账、明细账期末余额编制资产负债表。资料：

甲公司2018年12月31日各总账、明细账期末余额如表30-1所示，要求根据总账、明细账期末余额编制甲公司2018年12月31日的资产负债表。

表30-1 甲公司2018年12月31日各总账、明细账期末余额

账户名称	借方余额	贷方余额	账户名称	借方余额	贷方余额
库存现金	7917.00		短期借款		120180.00
银行存款	3217660.00		应付票据		150000.00
其他货币资金	201362.50		应付账款		453890.00
交易性金融资产	242500.00		—丁公司		553890.00
应收票据	63740.00		—戊公司	100000.00	
应收账款	679000.00		预收账款		98000.00
—甲公司	379000.00		—C公司	2000.00	
—乙公司	400000.00		—D公司		100000.00
—丙公司		100000.00	应付职工薪酬		622600.00
预付账款	20000.00		应交税费		281924.32
—A公司	28000.00		应付利息		0.00
—B公司		8000.00	应付股利		473410.58
其他应收款	18670.00		其他应付款		6800.00

续表

账户名称	借方余额	贷方余额	账户名称	借方余额	贷方余额
应收利息	30000.00		应付债券		559609.00
应收股利	10000.00		长期借款		250000.00
坏账准备		3395.00	长期应付款		136000.00
材料采购	0.00		递延所得税负债		15000.00
原材料	232000.00		以前年度损益调整	0.00	
材料成本差异		2000.00	股本		5000000.00
包装物	16000.00		其他权益工具		600000.00
低值易耗品	8000.00		资本公积		1482834.00
库存商品	349539.21		其他综合收益		58000.00
存货跌价准备		25460.00	盈余公积		857208.87
债券投资	422900.00		本年利润		0.00
其他债权投资	100000.00		利润分配		1104624.69
长期股权投资	598000.00				
固定资产	9131600.00				
累计折旧		3568000.00			
固定资产减值准备		22680.00			
在建工程	350000.00				
固定资产清理	0.00				
无形资产	78700.00				
累计摊销		28700.00			
长期待摊费用	28344.00				
递延所得税资产	7883.75				
待处理财产损溢	0.00				
生产成本	106500.00				
制造费用	0.00				
	16727316.46	3758235.00		102000.00	12923971.46

【分析】根据甲公司2018年12月31日各总账、明细账期末余额编制甲公司2018年12月31日的资产负债表如表30-2所示。

表30-2 资产负债表

编制单位：甲公司　　2018年12月31日　　单位：元

资　产	期末余额	年初余额	负债和股东权益	期末余额	年初余额
流动资产：			流动负债：		
货币资金	3426939.50		短期借款	120180.00	
交易性金融资产	242500.00		交易性金融负债		
衍生金融资产			衍生金融负债		
应收票据及应收账款	841345.00		应付票据及应付账款	711890.00	
预付款项	128000.00		预收账款	200000.00	
其他应收款	58670.00		合同负债		
存货	684579.21		应付职工薪酬	622600.00	
合同资产			应交税费	281924.32	
持有待售资产			其他应付款	480210.58	
一年内到期的非流动资产			持有待售负债		
其他流动资产			一年内到期的非流动负债		
流动资产合计	5382033.71		其他流动负债		
非流动资产：			流动负债合计	2416804.90	
债券投资	422900.00		非流动负债：		
其他债券投资	100000.00		长期借款	250000.00	
长期应收款			应付债券	559609.00	
长期股权投资	598000.00		其中：优先股		
其他权益工具投资			永续股		
其他非流自动金融资产			长期应付款	136000.00	
投资性房地产			专项应付款		
固定资产	5540920.00		预计负债		
在建工程	350000.00		递延收益		
生产性生物资产			递延所得税负债	15000.00	
油气资产			其他非流动负债		
无形资产	50000.00		非流动负债合计	960609.00	
开发支出			负债合计	3377413.90	
商誉			所有者权益（或股东权益）：		
长期待摊费用	28344.00		实收资本(或股本)	5000000.00	

续表

资　产	期末余额	年初余额	负债和股东权益	期末余额	年初余额
递延所得税资产	7883.75		其他权益工具	600000.00	
其他非流动资产			其中：优先股		
非流动资产合计	7098047.75		永续股		
			资本公积	1482834.00	
			减：库存股		
			其他综合收益	58000.00	
			盈余公积	857208.87	
			未分配利润	1104624.69	
			所有者权益（或股东权益）合计	9102667.56	
资产总计	12480081.46		负债和所有者权益（或股东权益）合计	12480081.46	

【操作指南】 资产负债表内“期末余额”栏内各项数字，一般应根据资产、负债和所有者权益类科目的期末余额填列。主要包括以下方式。

(1) 根据相关总账科目期末余额直接填列。“交易性金融资产”“其他权益工具投资”“递延所得税资产”“短期借款”“交易性金融负债”和“持有待售负债”“应付职工薪酬”“应交税费”“专项应付款”“递延所得税负债”“实收资本（或股本）”“资本公积”“库存股”“其他综合收益”“盈余公积”等项目，应根据有关总账科目的余额填列。“其他非流动资产”“其他流动负债”项目，应根据有关科目的期末余额分析填列。

(2) 根据几个总账科目期末余额计算填列：“货币资金”项目，需根据“库存现金”“银行存款”“其他货币资金”三个总账科目的期末余额的合计数填列；“其他应收款”项目需根据“应收利息”“应收股利”“其他应收款”三个总账科目的期末余额的合计数填列。

(3) 根据明细账科目余额计算填列。“开发支出”项目，应根据“研发支出”科目中所属的“资本化支出”明细科目期末余额填列；“一年内到期的非流动资产”“一年内到期的非流动负债”项目，应根据有关非流动资产或负债项目的明细科目余额分析填列；“长期借款”“应付债券”项目，应分别根据“长期借款”“应付债券”科目的明细科目余额分析填列；“未分配利润”项目，应根据“利润分配”科目中所属的“未分配利润”明细科目期末余额填列。

(4) 根据总账科目和明细账科目余额分析计算填列。“应付票据及应付账款”项目，需要根据“应付票据”总账科目的期末余额和“应付账款”“预付款项”两个科目所属的相关明细科目的期末贷方余额合计数填列；“预收账款”项目，应根据“预收账款”“应收账款”科目所属各明细科目的期末贷方余额合计数填列；“长期借款”项目，应根据“长期借款”总账科目余额扣除“长期借款”科目所属的明细科目中将在资产负债表日起 1 年内到期，且企业不能自主地将清偿义务展期的长期借款后的金额计算填列。“长期待摊费用”项目，应根据“长期待摊费用”科目的期末余额减去将于1年内(含1年)摊销的数额后的金额填列；“其他非流动负债”项目，应根据有关科目的期末余额减去将于1年内(含1年)到期偿还数后的金额填列。

(5)根据有关科目余额减去其备抵科目余额后的净额填列。“债券投资”“其他债权投资”“持有待售资产”“长期股权投资”“商誉”项目，应根据相关科目的期末余额填列，已计提减值准备的，还应扣减相应的减值准备；“固定资产”“无形资产”“投资性房地产”“生产性生物资产”“油气资产”项目，应根据相关科目的期末余额扣减相关的累计折旧(或摊销、折耗)填列，已计提减值准备的，还应扣除相应的减值准备，采用公允价值计量的上述资产，应根据相关科目的期末余额填列；“长期应收款”项目，应根据“长期应收款”科目的期末余额，减去相应的“未实现融资收益”“坏账准备”科目所属相关明细科目期末余额以及1年内到期部分后的金额填列；“长期应付款”项目，应根据“长期应付款”科目的期末余额，减去相应的“未确认融资费用”科目期末余额和1年内到期部分后的金额填列。

(6)综合运用上述填列方法分析填列。主要包括：“在建工程”项目应根据“工程物资”和“在建工程”科目的期末余额，还应扣除相应的减值准备后的金额填列；“应收票据及应收账款”项目，应根据“应收票据”科目的期末余额和“应收账款”“预收账款”科目所属各明细科目的期末借方余额合计数，减去“坏账准备”科目中有关应收账款计提的坏账准备期末余额后的金额填列；“预付账款”项目，应根据“预付账款”“应付账款”科目所属各明细科目的期末借方余额合计数，减去“坏账准备”科目中有关预付款项计提的坏账准备期末余额后的金额填列；“存货”项目，应根据“材料采购”“原材料”“发出商品”“库存商品”“周转材料”“委托加工物资”“生产成本”“受托代销商品”等科目的期末余额合计，减去“受托代销商品款”“存货跌价准备”科目期末余额后的金额填列，材料采用计划成本核算，以及库存商品采用计划成本核算或售价核算的企业，还应按加或减材料成本差异、商品进销差价后的金额填列。“合同资产”项目、“合同负债”项目，应分别根据“合同资产”科目、“合同负债”科目的相关明细科目期末余额分析填列，同一合同下的合同资产和合同负债应当以净额列示，其中净额为借方余额的，应当根据其流动性在“合同资产”或“其他非流动资产”项目中填列，已计提减值准备的，还应减去“合同资产减值准备”科目中相关的期末余额后的金额填列；其中净额为贷方余额的，应当根据其流动性在“合同负债”或“其他非流动负债”项目中填列。

(7)根据表内项目计算填列。如“流动资产合计”项目、“非流动资产合计”项目、“资产合计”项目、“流动负债合计”项目、“非流动负债合计”项目、“负债合计”项目、“所有者权益(或股东权益)合计”项目、“负债所有者权益(或股东权益)合计”项目。

资产负债表“年初余额”栏内各项数字，应根据上年年末资产负债表“期末余额”栏内所列数字填列。如果上年度资产负债表规定的各个项目的名称和内容同本年度不一致，应对上年年末资产负债表各项目的名称和数字按照本年度的规定进行调整，填入本表“年初余额”栏内。

二、利润表

【案例4】根据各损益类账户本期发生额编制利润表。资料：

甲公司2018年12月各损益类账户本期发生额如表30-3所示，编制甲公司2018年12月份的利润表。

表30-3　甲公司2018年12月各损益类账户发生额　　单位：元

科目名称	借方	贷方
主营业务收入		1665000.00
其他业务收入		1709.40
税金及附加	80262.06	
投资收益	49682.50	
主营业务成本	1171460.79	
其他业务成本	135600.00	
财务费用	24500.00	
管理费用	114903.00	
其中：研发费用	20000.00	
销售费用	36381.00	
资产处置损益		45800.00
资产减值损失	28140.00	
公允价值变动损益		37000.00
营业外收入		126000.00
营业外支出	172200.00	
所得税费用	50000.00	

【分析】根据甲公司2018年12月各损益类账户本期发生额编制甲公司2018年12月份的利润表如表30-4所示。

表30-4　利润表

编制单位：甲公司　　2018年12月　　单位：元

项目	本期金额	上期金额
一、营业收入	1666709.40	
减：营业成本	1307060.79	
税金及附加	80262.06	
销售费用	36381.00	
管理费用	94903.00	

续表

项目	本期金额	上期金额
研发费用	20000.00	
财务费用	24500.00	
其中：利息费用		
利息收入		
资产减值损失	28140.00	
信用资产损失		
加：公允价值变动收益(损失以“-”号填列)	37000.00	
净敞口套期收益		
投资收益(损失以“-”号填列)	-49682.50	
其中：对联营企业和合营企业的投资收益		
资产处置收益	45800.00	
其他收益		
二、营业利润(亏损以“-”号填列)	108580.05	
加：营业外收入	126000.00	
减：营业外支出	172200.00	
三、利润总额(亏损总额以“-”号填列)	62380.05	
减：所得税费用	50000.00	
四、净利润(净亏损以“-”号填列)	12380.05	
(一)持续经营净利润		
(二)终止经营净利润		
五、其他综合收益的税后净额		
(一)以后不能重分类进损益的其他综合收益		
1. 重新计量设定受益计划变动额		
2. 权益法下不能转损益的其他综合收益		
3. 其他权益工具投资公允价值变动		
4. 企业自身信用风险公允价值变动		
……		
(二)将重分类进损益的其他综合收益		
1. 权益法下可转损益的其他综合收益		
2. 其他债权投资公允价值变动		
3. 金融资产重分类计入其他综合收益的金额		
4. 其他债权投资信用减值准备		
5. 现金流量套期储备		
6. 外币财务报表折算差额		
……		
六、综合收益总额		

续表

项目	本期金额	上期金额
七、每股收益		
(一)基本每股收益		
(二)稀释每股收益		

【操作指南】利润表是反映企业在一定会计期间的经营成果的会计报表。利润表的列报必须充分反映企业经营业绩的主要来源和构成，有助于使用者判断净利润的质量及其风险，有助于使用者预测净利润的持续性，从而做出正确的决策。通过利润表可以反映企业一定会计期间的收入实现情况，例如：实现的营业收入有多少，实现的投资收益有多少，实现的营业外收入有多少等；可以反映一定会计期间的费用耗费情况，例如：耗费的营业成本有多少，营业税费有多少，销售费用、管理费用、财务费用各有多少，营业外支出有多少等；可以反映企业生产经营活动的成果，即净利润的实现情况，据以判断资本保值、增值情况。将利润表中的信息与资产负债表中的信息相结合，还可以提供进行财务分析的基本资料，如将赊销收入净额与应收账款平均余额进行比较，计算出应收账款周转率；将销货成本与存货平均余额进行比较，计算出存货周转率；将净利润与资产总额进行比较，计算出资产收益率等，可以表现企业资金周转情况以及企业的盈利能力和水平，便于报表使用者判断企业未来的发展趋势，做出经济决策。

利润表主要反映以下几方面的内容：(1)营业收入，由主营业务收入和其他业务收入组成。(2)营业利润，营业收入减去营业成本(主营业务成本、其他业务成本)、税金及附加、销售费用、管理费用、研发费用、财务费用、资产减值损失、信用减值损失，加上公允价值变动收益、投资收益、资产处置收益、其他收益，即为营业利润。(3)利润总额，营业利润加上营业外收入，减去营业外支出，即为利润总额。(4)净利润，利润总额减去所得税费用，即为净利润，按照经营可持续性具体分为“持续经营净利润”和“终止经营净利润”两项。(5)其他综合收益，具体分为“以后会计期间不能重分类进损益的其他综合收益项目”和“以后会计期间在满足规定条件时将重分类进损益的其他综合收益项目”两类，并以扣除相关所得税影响后的净额列报。(6)综合收益总额，净利润加上其他综合收益税后净额，即为综合收益总额。(7)每股收益，包括基本每股收益和稀释每股收益两项指标。

其中，其他综合收益，是指企业根据其他会计准则规定未在当期损益中确认的各项利得和损失。其他综合收益项目分为下列两类：(1)以后会计期间不能重分类进损益的其他综合收益项目，主要包括：重新计量设定受益计划净负债或净资产导致的变动、按照权益法核算的在被投资单位不能重分类进损益的其他综合收益变动中所享有的份额等。(2)以后会计期间在满足规定条件时将重分类进损益的其他综合收益项目，主要包括：按照权益法核算的在被投资单位可重分类进损益的其他综合收益变动中所享有的份额、其他债权投资公允价值变动形成的利得或损失、金融资产重分类形成的利得或损失、现金流量套期工具产生的利得或损失中属于有效套期的部分、外币财务报表折算差额、自用房地产或作为存货的房地产转换为以公允价值模式计量的投资性房地产在转换日公允价值大于账面价值部分等。

此外，为了使报表使用者通过比较不同期间利润的实现情况，判断企业经营成果的未来发展趋势，企业需要提供比较利润表，利润表还就各项目再分为“本期金额”和“上期金额”两栏分别填列。我国一般采用多步式利润表格，一般企业利润表的格式和内容如表 30-4 所示。

(1)利润表“本期金额”栏的填列方法。

利润表“本期金额”栏一般应根据损益类科目和所有者权益类有关科目的发生额填列。

1)“营业收入”“营业成本”“税金及附加”“销售费用”“管理费用”“研发费用”“财务费用”“资产减值损失”“信用减值损失”“公允价值变动收益”“投资收益”“资产处置收益”“其他收益”“营业外收入”“营业外支出”“所得税费用”等项目，应根据有关损益类科目的发生额分析填列。

2)“其中：对联营企业和合营企业的投资收益”项目，应根据“投资收益”科目所属的相关明细科目的发生额分析填列。

3)“其他综合收益的税后净额”项目及其各组成部分，应根据“其他综合收益”科目及其所属明细科目的本期发生额分析填列。

4)“营业利润”“利润总额”“净利润”“综合收益总额”项目，应根据本表中相关项目计算填列。

5)“(一)持续经营净利润”和“(二)终止经营净利润”项目，应根据《企业会计准则第 42 号——持有待售的非流动资产、处置组和终止经营》的相关规定分别填列。

(2)利润表“上期金额”栏的填列方法。

利润表中的“上期金额”栏应根据上年同期利润表“本期金额”栏内所列数字填列。如果上年同期利润表规定的项目名称和内容与本期不一致，应对上年同期利润表各项目的名称和金额按照本期的规定进行调整，填入“上期金额”栏。

三、所有者权益变动表

【案例 5】所有者权益变动表的填列，资料：

甲公司 2017 年年末所有者权益合计数为 4850 万元，2018 年实现净利润 1500 万元，2018 年 3 月宣告并分配上年现金股利 600 万元；2018 年 8 月发现 2017 年、2016 年行政部门使用的固定资产分别少提折旧 200 万元和 300 万元(达到重要性要求)，假设按税法规定上述折旧不再允许税前扣除。甲公司自 2011 年 4 月 1 日起拥有乙公司 25%的股权(具有重大影响)，2017 年 10 月乙公司将自用房地产转换为采用公允价值模式计量的投资性房地产，该项转换导致乙公司所有者权益增加 300 万元。若不考虑其他因素，则甲公司 2018 年度“所有者权益变动表”中“所有者权益合计数”项目本年年末余额应如何列示。

【分析】甲公司 2018 年度“所有者权益变动表”中所有者权益合计数本年年末余额应列示的金额=4850+1500-600-(200+300)+300×25%=5325(万元)。

【操作指南】所有者权益变动表是指反映构成所有者权益各组成部分当期增减变动情况的报表。所有者权益变动表应当全面反映一定时期所有者权益变动的情况，不仅包括所有者权益总量的增减变动，还包括所有者权益增减变动的重要结构性信息，特别是要反映直接计入所有者权益的利得和损失，让报表使用者准确理解所有者权益增减变动的根源。

(1)在所有者权益变动表中，企业至少应当单独列示反映下列信息的项目：①净利润；②直接计入所有者权益的利得和损失项目及其总额；③会计政策变更和差错更正的累积影响金额；④所有者投入资本和向所有者分配利润等；⑤提取的盈余公积；⑥实收资本或股本。资本公积、盈余公积、未分配利润的期初和期末余额及其调节情况。

为了清楚地表明构成所有者权益的各组成部分当期的增减变动情况，所有者权益变动表应当以矩阵的形式列示：一方面，列示导致所有者权益变动的交易或事项，改变了以往仅仅按照所有者权益的各组成部分反映所有者权益变动情况，而是从所有者权益变动的来源对一定时期所有者权益变动情况进行全面反映；另一方面，按照所有者权益各组成部分(包括实收资本、资本公积、盈余公积、未分配利润和库存股)及其总额列示交易或事项对所有者权益的影响。此外，企业还需要提供比较所有者权益变动表，所有者权益变动表还就各项目再分为“本年金额”和“上年金额”两栏分别填列。

(2)所有者权益变动表的编制方法。

1)上年金额栏的填列方法。

所有者权益变动表“上年金额”栏内各项数字，应根据上年度所有者权益变动表“本年金额”栏内所列数字填列。如果上年度所有者权益变动表规定的各个项目的名称和内容同本年度不一致，应对上年度所有者权益变动表各项目的名称和数字按本年度的规定进行调整，填入所有者权益变动表“上年金额”栏内。

2)本年金额栏的填列方法。

所有者权益变动表“本年金额”栏内各项数字一般应根据“实收资本(或股本)”“资本公积”“盈余公积”“利润分配”“库存股”“以前年度损益调整”科目的发生额分析填列。

(3)一般企业所有者权益变动表的格式和内容如表 30-5 所示。

表 30-5　所有者权益变动表

编制单位：　　　　　　　　　　　　　　年度　　　　　　　　　　　　　　单位：元

项目	本年金额										上年金额									
	实收资本（股本）	其他权益工具			资本公积	减：库存股	其他综合收益	盈余公积	未分配利润	所有者权益合计	实收资本（股本）	其他权益工具			资本公积	减：库存股	其他综合收益	盈余公积	未分配利润	所有者权益合计
		优先股	永续债	其他								优先股	永续债	其他						
一、上年年末余额																				
加：会计政策变更																				
前期差错更正																				
其他																				
二、本年年初余额																				
三、本年增减变动金额（减少以"-"号列示）																				
（一）综合收益总额																				

续表

项目	本年金额										上年金额									
	实收资本（股本）	其他权益工具			资本公积	减：库存股	其他综合收益	盈余公积	未分配利润	所有者权益合计	实收资本（股本）	其他权益工具			资本公积	减：库存股	其他综合收益	盈余公积	未分配利润	所有者权益合计
		优先股	永续债	其他								优先股	永续债	其他						
（二）所有者投入和减少资本																				
1. 所有者投入的普通股																				
2. 其他权益工具持有者投资资本																				
3. 股份支付计入所有者权益的金额																				
4. 其他																				
（三）利润分配																				
1. 提取盈余公积																				

续表

项目	本年金额										上年金额									
	实收资本(股本)	其他权益工具			资本公积	减:库存股	其他综合收益	盈余公积	未分配利润	所有者权益合计	实收资本(股本)	其他权益工具			资本公积	减:库存股	其他综合收益	盈余公积	未分配利润	所有者权益合计
		优先股	永续债	其他								优先股	永续债	其他						
2. 对所有者(或股东)的分配																				
3. 其他																				
(四)所有者权益内部结转																				
1. 资本公积转增资本(或股本)																				
2. 盈余公积转增资本(或股本)																				
3. 盈余公积弥补亏损																				

续表

项目	本年金额										上年金额									
	实收资本（股本）	其他权益工具			资本公积	减：库存股	其他综合收益	盈余公积	未分配利润	所有者权益合计	实收资本（股本）	其他权益工具			资本公积	减：库存股	其他综合收益	盈余公积	未分配利润	所有者权益合计
		优先股	永续债	其他								优先股	永续债	其他						
4. 设定计划收益变动额结转留存收益																				
5. 其他综合收益结转留存收益																				
6. 其他																				
四、本年年末余额																				

四、首次执行日的处理问题

在首次执行日后按照企业会计准则编制首份年度财务报表时，企业应当按照《企业会计准则第30号——财务报表列报》和《企业会计准则第31号——现金流量表》的规定，编制资产负债表、利润表、现金流量表和所有者权益变动表及附注。对于以前年度按照旧准则编制报表，而从规定的会计期间开始按照新准则编制的财务报表，应在附注中披露这一过渡的原因、影响以及报表的比较信息(执行当期和上年同期)和其他必要信息。

第三节　附注

财务报表附注是对在资产负债表、利润表、现金流量表和所有者权益变动表等报表中列示项目的文字描述或明细资料，以及对未能在这些报表中列示项目的说明等。

财务报表附注是财务报表不可或缺的组成部分，报表使用者为了了解企业的财务状况、经营成果和现金流量，应当全面阅读附注，附注相对于报表而言，同样具有重要性。

财务报表附注的相关信息应当与资产负债表、利润表、现金流量表和所有者权益变动表等报表中列示的项目相互参照。

根据《企业会计准则》规定，财务报表附注应当按照一定的结构进行系统合理的排列和分类，有顺序地披露信息。《企业会计准则应用指南》规定了附注中至少披露下列内容，但是，非重要项目除外。具体的附注披露要求和内容应当遵循《企业会计准则》具体准则的规定。

一、企业的基本情况

(1)企业注册地、组织形式和总部地址。

(2)企业的业务性质和主要经营活动。

(3)母公司以及集团最终母公司的名称。

(4)财务报告的批准报出者和财务报告批准报出日。按照有关法律、行政法规等规定，企业所有者或其他方面有权对报出的财务报告进行修改的事实。

二、财务报表的编制基础

(1)会计年度。

(2)记账本位币。

(3)会计计量所运用的计量基础。

(4)现金和现金等价物的构成。

三、遵循《企业会计准则》的声明

企业应当明确说明编制的财务报表符合《企业会计准则》的要求，真实、完整地反映企业的财务状况、经营成果和现金流量等有关信息。以此明确企业编制财务报表所依据的制度基础。如果企业编制的财务报表只是部分地遵循了《企业会计准则》，附注中不得做出这种表述。

四、重要会计政策和会计估计

企业应当披露采用的重要会计政策和会计估计，不重要的会计政策和会计估计可以不披露。

1. 重要会计政策的说明

由于企业经济业务的复杂性和多样化，某些经济业务可以有多种会计处理方法，也即存在不止一种可供选择的会计政策。企业在发生某项交易或事项选择不同的会计处理方法时，应当根据《企业会计准则》的规定从允许的会计处理方法中选择适合本企业特点的会计政策，企业选择不同的会计处理方法，可能极大地影响企业的财务状况和经营成果，进而编制出不同的财务报表。为了有助于使用者理解，有必要对这些会计政策加以披露。

需要特别指出的是，说明会计政策时还需要披露下列两项内容。

(1)财务报表项目的计量基础。会计计量属性包括历史成本、重置成本、可变现净值、现值和公允价值，这直接显著影响报表使用者的分析，这项披露要求便于使用者了解企业财务报表中的项目是按何种计量基础予以计量的，如存货是按成本还是可变现净值计量等。

(2)会计政策的确定依据。主要是指企业在运用会计政策过程中所做的对报表中确认的项目金额最具影响的判断。例如，企业如何判断持有的金融资产是摊余成本计量的投资而不是交易性投资；又如，对于拥有的持股不足50%的关联企业，企业为何判断企业拥有控制权因此将其纳入合并范围；以及投资性房地产的判断标准是什么等，这些判断对在报表中确认的项目金额具有重要影响。因此，这项披露要求有助于使用者理解企业选择和运用会计政策的背景，增加财务报表的可理解性。

2. 重要会计估计的说明

企业应当披露会计估计中所采用的关键假设和不确定因素的确定依据，这些关键假设和不确定因素在下一会计期间内很可能导致资产、负债账面价值进行重大调整。在确定报表中确认的资产和负债的账面金额过程中，企业有时需要对不确定的未来事项在资产负债表日对这些资产和负债的影响加以估计。例如，固定资产可收回金额的计算需要根据其公允价值减去处置费用后的净额与预计未来现金流量的现值两者之间的较高者确定，在计算资产预计未来现金流量的现值时需要对未来现金流量进行预测，并选择适当的折现率，应当在附注中披露未来现金流量预测所采用的假设及其依据、所选择的折现率为什么是合理的等。这些假设的变动对这些资产和负债项目金额的确定影响很大，有可能会在下一个会计年度内做出重大调整。因此，强调这一披露要求，有助于提高财务报表的可理解性。

五、会计政策和会计估计变更以及差错更正的说明

(1)会计政策变更的性质、内容和原因。

(2)当期和各个列报前期财务报表中受影响的项目名称和调整金额。

(3)会计政策变更无法进行追溯调整的事实和原因，以及开始应用变更后的会计政策的时点、具体应用情况。

(4)会计估计变更的内容和原因。

(5)会计估计变更对当期和未来期间的影响金额。

(6)会计估计变更的影响数不能确定的事实和原因。

(7)前期差错的性质。

(8)各个列报前期财务报表中受影响的项目名称和更正金额；前期差错对当期财务报表也有影响的，还应披露当期财务报表中受影响的项目名称和金额。

(9)前期差错无法进行追溯重述的事实和原因，以及对前期差错开始进行更正的时点、具体更正情况。

六、重要报表项目的说明

企业应当尽可能以列表形式披露重要报表项目的构成或当期增减变动情况。对重要报表项目的明细说明，应当按照资产负债表、利润表、现金流量表、所有者权益变动表的顺序以及报表项目列示的顺序，以文字和数字描述相结合的方式进行披露，并与报表项目相互参照。

七、或有事项和承诺事项的说明

(1)预计负债的种类、形成原因以及经济利益流出不确定性的说明。

(2)与预计负债有关的预期补偿金额和本期已确认的预期补偿金额。

(3)或有负债的种类、形成原因及经济利益流出不确定性的说明。

(4)或有负债预计产生的财务影响，以及获得补偿的可能性；无法预计的，应当说明原因。

(5)或有资产很可能会给企业带来经济利益的，其形成的原因、预计产生的财务影

响等。

(6)在涉及未决诉讼、未决仲裁的情况下，披露全部或部分信息预期对企业造成重大不利影响的，该未决诉讼、未决仲裁的性质以及没有披露这些信息的事实和原因。

八、资产负债表日后事项的说明

每项重要的资产负债表日后非调整事项的性质、内容及其对财务状况和经营成果的影响无法做出估计的，应当说明原因。

九、关联方关系及其交易的说明

(1)母公司和子公司的名称。母公司不是该企业最终控制方的，说明最终控制方名称。

母公司和最终控制方均不对外提供财务报表的，说明母公司之上与其最相近的对外提供财务报表的母公司名称。

(2)母公司和子公司的业务性质、注册地、注册资本(或实收资本、股本)及其当期发生的变化。

(3)母公司对该企业或者该企业对子公司的持股比例和表决权比例。

(4)企业与关联方发生关联方交易的，该关联方关系的性质、交易类型及交易要素。交易要素至少应当包括以下四项内容。

1)交易的金额。

2)未结算项目的金额、条款和条件，以及有关提供或取得担保的信息。

3)未结算应收项目的坏账准备金额。

4)定价政策。

(5)企业应当分别通过关联方以及交易类型披露关联方交易。

第四节 本准则修订的主要内容

财政部于2018年发布了《财政部关于修订印发2018年度一般企业财务报表格式的通知》(财会〔2018〕15号)，根据相关规定，对一般企业财务报表格式进行了修订。

(一)一般企业财务报表格式(适用于尚未执行新金融准则和新收入准则的企业)修订新增项目说明

1. 资产负债表修订新增项目说明

(1)“应收票据及应收账款”行项目，反映资产负债表日以摊余成本计量的、企业因销售商品、提供服务等经营活动应收取的款项，以及收到的商业汇票，包括银行承兑汇票和商业承兑汇票。该项目应根据“应收票据”和“应收账款”科目的期末余额，减去“坏账准备”科目中相关坏账准备期末余额后的金额填列。

(2)“其他应收款”行项目，应根据“应收利息”“应收股利”和“其他应收款”科目的期末余额合计数，减去“坏账准备”科目中相关坏账准备期末余额后的金额填列。

(3)“持有待售资产”行项目，反映资产负债表日划分为持有待售类别的非流动资产及划分为持有待售类别的处置组中的流动资产和非流动资产的期末账面价值。该项目应根据“持有待售资产”科目的期末余额，减去“持有待售资产减值准备”科目的期末余额后的金额填列。

(4)“固定资产”行项目，反映资产负债表日企业固定资产的期末账面价值和企业尚未清理完毕的固定资产清理净损益。该项目应根据“固定资产”科目的期末余额，减去“累计折旧”和“固定资产减值准备”科目的期末余额后的金额，以及“固定资产清理”科目的期末余额填列。

(5)“在建工程”行项目，反映资产负债表日企业尚未达到预定可使用状态的在建工程的期末账面价值和企业为在建工程准备的各种物资的期末账面价值。该项目应根据“在建工程”科目的期末余额，减去“在建工程减值准备”科目的期末余额后的金额，以及“工程物资”科目的期末余额，减去“工程物资减值准备”科目的期末余额后的金额填列。

(6)“应付票据及应付账款”行项目，反映资产负债表日企业因购买材料、商品和接受服务等经营活动应支付的款项，以及开出、承兑的商业汇票，包括银行承兑汇票和商业承兑汇票。该项目应根据“应付票据”科目的期末余额，以及“应付账款”和“预付账款”科目所属的相关明细科目的期末贷方余额合计数填列。

(7)“其他应付款”行项目，应根据“应付利息”“应付股利”和“其他应付款”科目的期末余额合计数填列。

(8)“持有待售负债”行项目，反映资产负债表日处置组中与划分为持有待售类别的资产直接相关的负债的期末账面价值。该项目应根据“持有待售负债”科目的期末余额填列。

(9)“长期应付款”行项目，反映资产负债表日企业除长期借款和应付债券以外的其他各种长期应付款项的期末账面价值。该项目应根据“长期应付款”科目的期末余额，减去相关的“未确认融资费用”科目的期末余额后的金额，以及“专项应付款”科目的期末余额填列。

2. 利润表修订新增项目说明

(1)“研发费用”行项目，反映企业进行研究与开发过程中发生的费用化支出。该项目应根据“管理费用”科目下的“研发费用”明细科目的发生额分析填列。

(2)“其中：利息费用”行项目，反映企业为筹集生产经营所需资金等而发生的应予费用化的利息支出。该项目应根据“财务费用”科目的相关明细科目的发生额分析填列。

(3)“利息收入”行项目，反映企业确认的利息收入。该项目应根据“财务费用”科目的相关明细科目的发生额分析填列。

(4)“其他收益”行项目，反映计入其他收益的政府补助等。该项目应根据“其他收益”科目的发生额分析填列。

(5)“资产处置收益”行项目，反映企业出售划分为持有待售的非流动资产(金融工具、长期股权投资和投资性房地产除外)或处置组(子公司和业务除外)时确认的处置利得或损失，以及处置未划分为持有待售的固定资产、在建工程、生产性生物资产及无形资产而产生的处置利得或损失。债务重组中因处置非流动资产产生的利得或损失和非货币性资产交换中换出非流动资产产生的利得或损失也包括在本项目内。该项目应根据“资产处置损益”科目的发生额分析填列；如为处置损失，以“-”号填列。

(6)“营业外收入”行项目，反映企业发生的除营业利润以外的收益，主要包括债务重组利得、与企业日常活动无关的政府补助、盘盈利得、捐赠利得(企业接受股东或股东的子公司直接或间接的捐赠，经济实质属于股东对企业的资本性投入的除外)等。该项目应根据“营业外收入”科目的发生额分析填列。

(7)“营业外支出”行项目，反映企业发生的除营业利润以外的支出，主要包括债务重组损失、公益性捐赠支出、非常损失、盘亏损失、非流动资产毁损报废损失等。该项目应根据“营业外支出”科目的发生额分析填列。

(8)“(一)持续经营净利润”和“(二)终止经营净利润”行项目，分别反映净利润中与持续经营相关的净利润和与终止经营相关的净利润；如为净亏损，以“-”号填列。该两个项目应按照《企业会计准则第 42 号——持有待售的非流动资产、处置组和终止经营》的相关规定分别列报。

(二)一般企业财务报表格式(适用于已执行新金融准则和新收入准则的企业)修订新增项目说明

1. 资产负债表修订新增项目说明

(1)“交易性金融资产”行项目，反映资产负债表日企业分类为以公允价值计量且其变动计入当期损益的金融资产，以及企业持有的直接指定为以公允价值计量且其变动计入当期损益的金融资产的期末账面价值。该项目应根据“交易性金融资产”科目的相关明细科目期末余额分析填列。自资产负债表日起超过一年到期且预期持有超过一年的以公允价值计量且其变动计入当期损益的非流动金融资产的期末账面价值，在“其他非流动金融资产”行项目反映。

(2)“债权投资”行项目，反映资产负债表日企业以摊余成本计量的长期债权投资的期末账面价值。该项目应根据“债权投资”科目的相关明细科目期末余额，减去“债权投资减值准备”科目中相关减值准备的期末余额后的金额分析填列。自资产负债表日起一年内到期的长期债权投资的期末账面价值，在“一年内到期的非流动资产”行项目反映。企业购入的以摊余成本计量的一年内到期的债权投资的期末账面价值，在“其他流动资产”行项目反映。

(3)“其他债权投资”行项目，反映资产负债表日企业分类为以公允价值计量且其变动计入其他综合收益的长期债权投资的期末账面价值。该项目应根据“其他债权投资”科目的相关明细科目期末余额分析填列。自资产负债表日起一年内到期的长期债权投资的期末账面价值，在“一年内到期的非流动资产”行项目反映。企业购入的以公允价值计量且其变动计入其他综合收益的一年内到期的债权投资的期末账面价值，在“其他流动资产”行项目反映。

(4)“其他权益工具投资”行项目，反映资产负债表日企业指定为以公允价值计量且其变动计入其他综合收益的非交易性权益工具投资的期末账面价值。该项目应根据“其他权益工具投资”科目的期末余额填列。

(5)“交易性金融负债”行项目，反映资产负债表日企业承担的交易性金融负债，以及企业持有的直接指定为以公允价值计量且其变动计入当期损益的金融负债的期末账面价值。该项目应根据“交易性金融负债”科目的相关明细科目期末余额填列。

(6)“合同资产”和“合同负债”行项目。企业应按照《企业会计准则第 14 号——收入》(2017 年修订)的相关规定根据本企业履行履约义务与客户付款之间的关系在资产负债表中列示合同资产或合同负债。“合同资产”项目、“合同负债”项目，应分别根据“合同资产”科目、“合同负债”科目的相关明细科目期末余额分析填列，同一合同下的合同资产和合同负债应当以净额列示，其中净额为借方余额的，应当根据其流动性在“合同资产”或“其他非流动资产”项目中填列，已计提减值准备的，还应减去“合同资产减值准备”科目中相关的期末余额后的金额填列；其中净额为贷方余额的，应当根据其流动性在“合同负债”或“其他非流动负债”项目中填列。

(7)按照《企业会计准则第 14 号——收入》(2017 年修订)的相关规定确认为资产的合同取得成本，应当根据“合同取得成本”科目的明细科目初始确认时摊销期限是否超过一年或一个正常营业周期，在“其他流动资产”或“其他非流动资产”项目中填列，已计提减值准备的，还应减去“合同取得成本减值准备”科目中相关的期末余额后的金额填列。

(8)按照《企业会计准则第 14 号——收入》(2017 年修订)的相关规定确认为资产的合同履约成本，应当根据“合同履约成本”科目的明细科目初始确认时摊销期限是否超过一年或一个正常营业周期，在“存货”或“其他非流动资产”项目中填列，已计提减值准备的，还应减去“合同履约成本减值准备”科目中相关的期末余额后的金额填列。

(9)按照《企业会计准则第 14 号——收入》(2017 年修订)的相关规定确认为资产的应收退货成本，应当根据“应收退货成本”科目是否在一年或一个正常营业周期内出售，在“其他流动资产”或“其他非流动资产”项目中填列。

(10)按照《企业会计准则第 14 号——收入》(2017 年修订)的相关规定确认为预计负债的应付退货款，应当根据“预计负债”科目下的“应付退货款”明细科目是否在一年或一个正常营业周期内清偿，在“其他流动负债”或“预计负债”项目中填列。

2. 利润表修订新增项目说明

(1)“信用减值损失”行项目，反映企业按照《企业会计准则第 22 号——金融工具确认和计量》(2017 年修订)的要求计提的各项金融工具减值准备所形成的预期信用损失。该项目应根据“信用减值损失”科目的发生额分析填列。

(2)“净敞口套期收益”行项目，反映净敞口套期下被套期项目累计公允价值变动转入当期损益的金额或现金流量套期储备转入当期损益的金额。该项目应根据“净敞口套期损益”科目的发生额分析填列；如为套期损失，以“-”号填列。

(3)“其他权益工具投资公允价值变动”行项目，反映企业指定为以公允价值计量且其变动计入其他综合收益的非交易性权益工具投资发生的公允价值变动。该项目应根据“其他综合收益”科目的相关明细科目的发生额分析填列。

(4)“企业自身信用风险公允价值变动”行项目，反映企业指定为以公允价值计量且其变动计入当期损益的金融负债，由企业自身信用风险变动引起的公允价值变动而计入其他综合收益的金额。该项目应根据“其他综合收益”科目的相关明细科目的发生额分析填列。

(5)“其他债权投资公允价值变动”行项目，反映企业分类为以公允价值计量且其变动计入其他综合收益的债权投资发生的公允价值变动。企业将一项以公允价值计量且其变动计入其他综合收益的金融资产重分类为以摊余成本计量的金融资产，或重分类为以公允价值计量且其变动计入当期损益的金融资产时，之前计入其他综合收益的累计利得或损失从其他综合收益中转出的金额作为该项目的减项。该项目应根据“其他综合收益”科目下的相关明细科目的发生额分析填列。

(6)“金融资产重分类计入其他综合收益的金额”行项目，反映企业将一项以摊余成本计量的金融资产重分类为以公允价值计量且其变动计入其他综合收益的金融资产时，计入其他综合收益的原账面价值与公允价值之间的差额。该项目应根据“其他综合收益”科目下的相关明细科目的发生额分析填列。

(7)“其他债权投资信用减值准备”行项目，反映企业按照《企业会计准则第 22 号——金融工具确认和计量》(2017 年修订)第十八条分类为以公允价值计量且其变动计入其他综合收益的金融资产的损失准备。该项目应根据“其他综合收益”科目下的“信用减值准备”明细科目的发生额分析填列。

(8)“现金流量套期储备”行项目，反映企业套期工具产生的利得或损失中属于套期有效的部分。该项目应根据“其他综合收益”科目下的“套期储备”明细科目的发生额分析填列。

3. 所有者权益变动表修订新增项目说明

“其他综合收益结转留存收益”行项目，主要反映：(1)企业指定为以公允价值计量且其变动计入其他综合收益的非交易性权益工具投资终止确认时，之前计入其他综合收益的累计利得或损失从其他综合收益中转入留存收益的金额；(2)企业指定为以公允价值计量且其变动计入当期损益的金融负债终止确认时，之前由企业自身信用风险变动引起而计入其他综合收益的累计利得或损失从其他综合收益中转入留存收益的金额等。该项目应根据“其他综合收益”科目的相关明细科目的发生额分析填列。

第三十一章　现金流量表

第一节　现金流量表概述

现金流量表是反映企业在一定会计期间的现金和现金等价物的流入和流出的会计报表。现金流量表反映企业在一定会计期间内现金和现金等价物流入和流出的信息，表明企业获得现金和现金等价物的能力。

编制现金流量表，主要是为企业会计报表使用者提供企业一定会计期间内现金和现金等价物流入和流出的信息，以便于报表使用者了解和评价企业获取现金和现金等价物的能力，并据以预测企业未来现金流量。通过编报现金流量表，能够说明企业一定期间内现金流入和流出的原因，企业的偿债能力和支付股利的能力；也能够用以分析企业未来获取现金的能力，分析企业投资和理财活动对经营成果和财务状况的影响，有助于对企业的整体财务状况做出客观评价。

一、现金流量表的编制基础

现金流量表以现金及现金等价物为基础编制，其划分为经营活动、投资活动和筹资活动，按照收付实现制原则编制，将权责发生制下的盈利信息调整为收付实现制下的现金流量信息。

现金，是指企业库存现金以及可以随时用于支付的存款。不能随时用于支付的存款不属于现金。现金主要包括以下三类。

(1)库存现金。库存现金是指企业持有可随时用于支付的现金，也就是目前企业会计核算中“库存现金”科目核算的内容。

(2)银行存款。银行存款是指企业存放在银行或其他金融机构随时可以用于支付的存款，与目前企业会计核算中“银行存款”科目核算的内容基本一致，它不包括不能随时支取的定期存款，但提前通知金融企业便可支取的定期存款，应包括在现金范围内。

(3)其他货币资金。其他货币资金是指企业存在银行有特定用途的资金，包括外埠存款、银行汇票存款、银行本票存款等，与目前企业会计核算中“其他货币资金”科目核算的内容一致。

现金等价物是指企业持有的期限短、流动性强、易于转换为已知金额现金、价值变动风险很小的投资。期限短，一般是指从购买日起3个月内到期。现金等价物通常包括

3个月内到期的短期债券投资。权益性投资变现的金额通常不确定，因而一般不属于现金等价物。企业应当根据具体情况，确定现金等价物的范围，一经确定不得随意变更，如改变划分标准，应视为会计政策的变更。企业确定现金等价物的原则及其变更，应在会计报表附注中披露。

二、现金流量的分类

现金流量指企业现金和现金等价物的流入和流出。在现金流量表中，现金及现金等价物被视为一个整体，企业现金(含现金等价物，下同)形式的转换不会产生现金的流入和流出。例如，企业从银行提取现金，是企业现金存放形式的转换，并未流出企业，不构成现金流量。同样，现金与现金等价物之间的转换也不属于现金流量，例如，企业用现金购买3个月内到期的国库券。

根据企业业务活动的性质和现金流量的来源，企业一定期间产生的现金流量分为三类：经营活动现金流量、投资活动现金流量和筹资活动现金流量。

1. 经营活动

经营活动是指企业投资活动和筹资活动以外的所有交易和事项。各类企业由于行业特点不同，对经营活动的认定存在一定差异。对于工商企业而言，经营活动主要包括销售商品、提供劳务、购买商品、接受劳务、支付税费等。对于商业银行而言，经营活动主要包括吸收存款、发放贷款、同业存放、同业拆借等。对于保险公司而言，经营活动主要包括原保险业务和再保险业务等。对于证券公司而言，经营活动主要包括自营证券、代理承销证券、代理兑付证券、代理买卖证券等。

2. 投资活动

投资活动是指企业长期资产的购建和不包括在现金等价物范围内的投资及其处置活动。长期资产是指固定资产、无形资产、在建工程、其他资产等持有期限在1年或一个营业周期以上的资产。这里所讲的投资活动，既包括实物资产投资，也包括非实物资产投资。之所以将“包括在现金等价物范围内的投资”排除在外，是因为已经将“包括在现金等价物范围内的投资”视同现金。不同企业由于行业特点不同，对投资活动的认定也存在差异。

3. 筹资活动

筹资活动是指导致企业资本及债务规模和构成发生变化的活动。这里所说的资本，既包括实收资本(股本)，也包括资本溢价(股本溢价)；所说的债务，指对外举债，包括向银行借款、发行债券以及偿还债务等。通常情况下，应付账款、应付票据等属于经营活动，不属于筹资活动。

对于企业日常活动之外特殊的、不经常发生的特殊项目，如自然灾害损失、保险赔款、捐赠等，应当归并到相关类别中，并单独反映。比如，对于自然灾害损失和保险赔款，如果能够确定属于流动资产损失，应当列入经营活动产生的现金流量；属于固定资产损失，应当列入投资活动产生的现金流量。如果不能确定，则可以列入经营活动产生的现金流量。捐赠收入和支出，可以列入经营活动。如果特殊项目的现金流量金额不大，则可以列入现金流量类别下的“其他”项目，不单列项目。

第二节　案例分析与操作指南

一、现金流量表

【案例1】 直接法编制现金流表，资料：

甲公司为增值税一般纳税人，销售商品、提供劳务适用的增值税税率为16%。2018年度，根据账簿资料记录，甲公司主营业务收入为3000万元，本期发生现金折扣10万元，增值税销项税额为480万元；应收账款期初余额为500万元，期末余额为650万元，坏账准备的期初余额为5万元，期末余额为25万元；预收账款期初余额为50万元，期末余额为10万元；应收票据期初余额为8万元，期末余额为12万元。假定不考虑其他因素，甲公司2018年度现金流量表中“销售商品、提供劳务收到的现金”项目的金额为多少万元?

【分析】 销售商品、提供劳务收到的现金=3000+480+(500−650)+(10−50)+(8−12)−10=3276(万元)。坏账准备不涉及现金流量，因此不需要调整。

【案例2】 直接法编制现金流表，资料：

甲公司2018年度涉及现金流量的交易或事项如下：(1)收到联营企业分派的现金股利250万元。(2)收到上年度销售商品价款500万元。(3)收到发行债券的现金5000万元。(4)收到增发股票的现金10000万元。(5)支付购买固定资产的现金2500万元。(6)支付经营租赁设备租金700万元。(7)支付研究开发费用5000万元，其中予以资本化的金额为2000万元。则甲公司现金流量中经营活动、投资活动和筹资活动现金流量如何列示?

【分析】 经营活动的现金流入=(2)500(万元)。

经营活动现金流出=(6)700+(7)(5000−2000)=3700(万元)。

投资活动的现金流入=(1)250(万元)。

投资活动的现金流出=(5)2500+(7)2000=4500(万元)。

筹资活动的现金流入=(3)5000+(4)10000=15000(万元)。

筹资活动的现金流出=0。

【操作指南】

现金流量表的项目主要有：经营活动产生的现金流量、投资活动产生的现金流量、筹资活动产生的现金流量、汇率变动对现金及现金等价物的影响、现金及现金等价物净增加额、期末现金及现金等价物余额等项目。

(一)经营活动产生现金流量的编制方法

(1)"销售商品、提供劳务收到的现金"项目，反映企业本期销售商品、提供劳务收到的现金，以及前期销售商品、提供劳务本期收到的现金(包括销售收入和应向购买者收取的增值税销项税额)和本期预收的款项，减去本期销售本期退回的商品和前期销售本期退回的商品支付的现金。企业销售材料和代购代销业务收到的现金，也在本项目反映。

(2)"收到的税费返还"项目，反映企业收到返还的增值税、所得税、消费税、关税和教育费附加等各种税费返还款。

(3)"收到其他与经营活动有关的现金"项目，反映企业收到的罚款收入、经营租赁收到的租金等其他与经营活动有关的现金流入，金额较大的应当单独列示。

(4)"购买商品、接受劳务支付的现金"项目，反映企业本期购买商品、接受劳务实际支付的现金(包括增值税进项税额)，以及本期支付前期购买商品、接受劳务的未付款项和本期预付款项，减去本期发生的购货退回收到的现金。

(5)"支付给职工以及为职工支付的现金"项目，反映企业本期实际支付给职工的工资、奖金、各种津贴和补贴等职工薪酬，但是应由在建工程、无形资产负担的职工薪酬以及支付的离退休人员的职工薪酬除外。

(6)"支付的各项税费"项目，反映企业按规定支付的各项税费，包括本期发生并支付的税费，以及本期支付以前各期发生的税费和预缴的税金，如支付的增值税、消费税、所得税、教育费附加、印花税、房产税、土地增值税、车船税等，计入固定资产价值、实际支付的耕地占用税、本期退回的增值税、所得税等除外。

(7)"支付其他与经营活动有关的现金"项目，反映企业支付的罚款支出、支付的差旅费、业务招待费、保险费等其他与经营活动有关的现金流出，金额较大的应当单独列示。

(二)投资活动产生的现金流量的编制方法

(1)"收回投资收到的现金"项目，反映企业出售、转让或到期收回除现金等价物以外的交易性金融资产、长期股权投资而收到的现金，以及收回长期债权投资本金而收到的现金，但长期债权投资收回的利息除外。

(2)"取得投资收益收到的现金"项目，反映企业因股权性投资而分得的现金股利，从子公司、联营企业或合营企业分回利润而收到的现金，以及因债权性投资而取得的现金利息收入，但股票股利除外。

(3)"处置固定资产、无形资产和其他长期资产收回的现金净额"项目，反映企业出售、报废固定资产、无形资产和其他长期资产所取得的现金(包括因资产毁损而收到的保险赔偿收入)，减去为处置这些资产而支付的有关费用后的净额，但现金净额为负数的除外。

(4)“处置子公司及其他营业单位收到的现金净额”项目，反映企业处置子公司及其他营业单位所取得的现金减去相关处置费用后的净额。

(5)“购建固定资产、无形资产和其他长期资产支付的现金”项目，反映企业购买、建造固定资产、取得无形资产和其他长期资产所支付的现金及增值税款、支付的应由在建工程和无形资产负担的职工薪酬现金支出，但为购建固定资产而发生的借款利息资本化部分除外。

(6)“投资支付的现金”项目，反映企业取得的除现金等价物以外的权益性投资和债权性投资所支付的现金，以及支付的佣金、手续费等附加费用。

(7)“取得子公司及其他营业单位支付的现金净额”项目，反映企业购买子公司及其他营业单位购买出价中以现金支付的部分，减去子公司或其他营业单位持有的现金和现金等价物后的净额。

(8)“收到其他与投资活动有关的现金”“支付其他与投资活动有关的现金”项目，反映企业除上述(1)~(7)各项目外，收到或支付的其他与投资活动有关的现金流入或流出，金额较大的应当单独列示。

(三)筹资活动产生的现金流量

(1)“吸收投资收到的现金”项目，反映企业以发行股票等方式筹集资金实际收到的款项，减去直接支付给金融企业的佣金、手续费、宣传费、咨询费、印刷费等发行费用后的净额。

(2)“取得借款收到的现金”项目，反映企业举借各种短期、长期借款而收到的现金以及发行债券实际收到的款项净额(发行收入减去直接支付的佣金等发行费用后的净额)。

(3)“偿还债务支付的现金”项目，反映企业以现金偿还债务的本金。

(4)“分配股利、利润或偿付利息支付的现金”项目，反映企业实际支付的现金股利、支付给其他投资单位的利润或用现金支付的借款利息、债券利息。

(5)“收到其他与筹资活动有关的现金”“支付其他与筹资活动有关的现金”项目，反映企业除上述(1)~(4)各项目外，收到或支付的其他与筹资活动有关的现金流入或流出，包括以发行股票、债券等方式筹集资金而由企业直接支付的审计和咨询等费用，为购建固定资产而发生的借款利息资本化部分，以分期付款方式购建固定资产、无形资产以后各期支付的现金等。

(四)汇率变动对现金的影响

“汇率变动对现金的影响”项目，反映下列项目之间的差额。

(1)企业外币现金流量及境外子公司的现金流量折算为记账本位币时，所采用的现金流量发生日的即期汇率或按照系统合理的方法确定的，与现金流量发生日即期汇率近似的汇率折算的金额。

(2)“现金及现金等价物净增加额”中外币现金净增加额按期末汇率折算的金额。

【案例3】间接法编制现金流表，资料：

甲公司2018年实现净利润1000万元。其他有关资料如下：本期计提资产减值准备50万元，与筹资活动有关的财务费用为30万元，固定资产报废损失为10万元，经营性应收项目增加45万元，经营性应付项目的增加20万元，递延所得税负债增加25万元(对应所得税费用科目)，固定资产折旧为30万元，无形资产摊销为15万元。假定固定资产的折旧、无形资产的摊销均影响当期利润，不存在其他调整经营活动现金流量项目，则甲公司2018年经营活动产生的现金流量净额为是多少万元?

【分析】甲公司2018年经营活动产生的现金流量净额=1000+50+30+10-45+20+25+30+15=1135(万元)。

【操作指南】企业应当采用间接法在现金流量附注中披露将净利润调节为经营活动现金流量的信息。现金流量表补充资料包括将净利润调节为经营活动现金流量、不涉及现金收支的重大投资和筹资活动、现金及现金等价物净变动情况等项目。

1. 将净利润调节为经营活动的现金流量的编制

(1)“资产减值准备”项目，这里所指的资产减值准备是指当期计提扣除转回的减值准备，包括坏账准备、存货跌价准备、长期股权投资减值准备、债权投资减值准备、投资性房地产减值准备、固定资产减值准备、在建工程减值准备、无形资产减值准备、商誉减值准备、生产性生物资产减值准备、油气资产减值准备等资产减值准备。

(2)“固定资产折旧”“油气资产折耗”“生产性生物资产折旧”项目，分别反映企业本期计提的固定资产折旧、油气资产折耗、生产性生物资产折旧。

(3)“无形资产摊销”“长期待摊费用摊销”项目，分别反映企业本期计提的无形资产摊销、长期待摊费用摊销。

(4)“处置固定资产、无形资产和其他长期资产的损失”项目，反映企业本期处置固定资产、无形资产和其他长期资产发生的损益。

(5)“公允价值变动损失”项目，反映企业持有的金融资产、金融负债以及采用公允价值计量模式的投资性房地产的公允价值变动损益。

(6)“财务费用”项目，反映企业利润表“财务费用”项目的金额。

(7)“投资损失”项目，反映企业利润表“投资收益”项目的金额。

(8)“递延所得税资产减少”项目，反映企业资产负债表“递延所得税资产”项目的期初余额与期末余额的差额。

(9)“递延所得税负债增加”项目，反映企业资产负债表“递延所得税负债”项目的期初余额与期末余额的差额。

(10)“存货的减少”项目，反映企业资产负债表“存货”项目的期初余额与期末余额的差额。

(11)“经营性应收项目的减少”项目，反映企业本期经营性应收项目(包括应收票据、应收账款、预付款项、长期应收款和其他应收款中与经营活动有关的部分及应收的增值税销项税额等)的期初余额与期末余额的差额。

(12)“经营性应付项目的增加”项目，反映企业本期经营性应付项目(包括应付票据、应付账款、预收款项、应付职工薪酬、应交税费、应付利息、应付股利、长期应付款、其他应付款中与经营活动有关的部分及应付的增值税进项税额等)的期初余额与期末余额的差额。

2. 不涉及现金收支的重大投资和筹资活动披露

不涉及现金收支的重大投资和筹资活动，反映企业一定期间内影响资产或负债但不形成该期现金收支的所有投资和筹资活动的信息。这些投资和筹资活动虽然不涉及当期现金收支，但对以后各期的现金流量有重大影响。

(1)“债务转为资本”项目，反映企业本期转为资本的债务金额。

(2)“一年内到期的可转换公司债券”项目，反映企业1年内到期的可转换公司债券的本息。

3.“现金及现金等价物净增加额”与现金流量表中的“现金及现金等价物净增加额”项目的金额应当相等

二、首次执行日的会计处理

(一)基础性工作

根据《企业会计准则第38号——首次执行企业会计准则》的规定，对于现金流量表的编制，在首次执行日不需要进行会计调整，但是需要做一些基础性工作。

(1)根据准则的要求，结合企业的实际情况，确定现金等价物的具体确认标准和范围，一经确定，就要保持一贯性。

(2)根据现金流量表的编制要求，结合企业的实际情况，设置一些必要的账户和备查账，为现金流量表的编制奠定良好的基础。

(二)对原现金流量表的项目进行相应的调整

(1)在投资活动产生的现金流量中增加列示“处置子公司及其他营业单位收到的现金净额”和“取得子公司及其他营业单位支付的现金净额”项目。

(2)在现金流量表补充资料部分采用间接法将净利润调整为经营活动现金流量时，增加对净利润进行调节的“公允价值变动损失”项目的列报。

(3)在现金流量表补充资料部分采用间接法将净利润调整为经营活动现金流量时，“递延税款”项目变更为“递延所得税资产和递延所得税负债”项目。

(4)在报表附注中，增加以下两类补充资料：一是以总额披露取得或处置子公司及其他营业单位有关信息；二是披露与现金和现金等价物有关的信息(详见准则中的第十七条和第十九条及相应的指南与解释)。

另外，根据准则的规定，金融企业应根据行业的特点和现金流量实际情况，根据现金流量表准则指南的相关内容，合理确定经营活动现金流量项目的类别。

第三节　现金流量表正表及补充资料

(1)现金流量表正表如表31-1所示。

表31-1　现金流量表

编制单位：　　　　年　月　　　　单位：元

项　目	行次	本期金额	上期金额
一、经营活动产生的现金流量			
销售商品、提供劳务收到的现金			
收到的税费返还			
收到其他与经营活动有关的现金			
经营活动现金流入小计			
购买商品、接受劳务支付的现金			
支付给职工以及为职工支付的现金			
支付的各项税费			
支付其他与经营活动有关的现金			
经营活动现金流出小计			
经营活动产生的现金流量净额			
二、投资活动产生的现金流量			
收回投资收到的现金			
取得投资收益收到的现金			
处置固定资产、无形资产和其他长期资产收回的现金净额			
处置子公司及其他营业单位收到的现金净额			
收到其他与投资活动有关的现金			
投资活动现金流入小计			
购建固定资产、无形资产和其他长期资产支付的现金			
投资支付的现金			
取得子公司及其他营业单位支付的现金净额			
支付其他与投资活动有关的现金			
投资活动现金流出小计			

续表

项 目	行次	本期金额	上期金额
投资活动产生的现金流量净额			
三、筹资活动产生的现金流量			
吸收投资收到的现金			
取得借款收到的现金			
收到其他与筹资活动有关的现金			
筹资活动现金流入小计			
偿还债务支付的现金			
分配股利、利润或偿付利息支付的现金			
支付其他与筹资活动有关的现金			
筹资活动现金流出小计			
筹资活动产生的现金流量净额			
四、汇率变动对现金及现金等价物的影响			
五、现金及现金等价物净增加额			
加：期初现金及现金等价物余额			
六、期末现金及现金等价物余额			

(2)现金流量表补充资料。

企业应当采用间接法在现金流量附注中披露将净利润调节为经营活动现金流量的信息。现金流量表补充资料包括将净利润调节为经营活动现金流量、不涉及现金收支的重大投资和筹资活动、现金及现金等价物净变动情况等项目，如表 31-2 所示。

表 31-2 现金流量表补充资料

单位：元

补充资料	行次	本期金额	上期金额(略)
1. 将净利润调节为经营活动现金流量：			
净利润			
加：资产减值准备			
固定资产折旧、油气资产折耗、生产性生物资产折旧			
无形资产摊销			
长期待摊费用摊销			
处置固定资产、无形资产和其他长期资产的损失(收益以“-”号填列)			
固定资产报废损失(收益以“-”号填列)			
公允价值变动损失(收益以“-”号填列)			
财务费用(收益以“-”号填列)			
投资损失(收益以“-”号填列)			
递延所得税资产减少(增加以“-”号填列)			
递延所得税负债增加(减少以“-”号填列)			

续表

补充资料	行次	本期金额	上期金额(略)
存货的减少(增加以“-”号填列)			
经营性应收项目的减少(增加以“-”号填列)			
经营性应付项目的增加(减少以“-”号填列)			
其他			
经营活动产生的现金流量净额			
2. 不涉及现金收支的重大投资和筹资活动:			
债务转为资本			
一年内到期的可转换公司债券			
3. 现金及现金等价物净变动情况:			
现金的期末余额			
减:现金的期初余额			
加:现金等价物的期末余额			
减:现金等价物的期初余额			
现金及现金等价物净增加额			

(3)企业应当在附注中以总额披露当期取得或处置子公司及其他营业单位的有关信息,如表31-3所示。

表31-3 当期取得或处置子公司及其他营业单位的有关信息

项 目	金额(略)
一、取得子公司及其他营业单位有关信息	
1. 取得子公司及其他营业单位的价格	
2. 取得子公司及其他营业单位支付的现金和现金等价物	
减:取得子公司及其他营业单位持有的现金和现金等价物	
3. 取得子公司及其他营业单位支付的现金净额	
4. 取得子公司的净资产	
其中:流动资产	
非流动资产	
流动负债	
非流动负债	
二、处置子公司及其他营业单位有关信息	
1. 处置子公司及其他营业单位的价格	
2. 处置子公司及其他营业单位收到的现金和现金等价物	
减:处置子公司及其他营业单位持有的现金和现金等价物	
3. 处置子公司及其他营业单位收到的现金净额	
4. 处置子公司的净资产	
其中:流动资产	

续表

项　目	金额（略）
非流动资产	
流动负债	
非流动负债	

（4）企业应当在附注中披露现金和现金等价物的构成、现金和现金等价物在资产负债表中列报项目的相应金额，以及企业持有但不能由其母公司或集团内其他子公司使用的大额现金和现金等价物的金额，如国外经营的子公司受当地外汇管制等限制而不能由集团内母公司或其他子公司正常使用的现金和现金等价物等，如表31-4所示。

表31-4　现金和现金等价物的有关信息　　单位：元

项　目	本期金额	上期金额（略）
一、现金		
其中：库存现金		
可随时用于支付的银行存款		
可随时用于支付的其他货币资金		
二、现金等价物		
其中：交易性债券投资		
三、调整前现金和现金等价物余额		
加：汇率变动对现金的影响		
四、期末现金及现金等价物余额		
其中：母公司或集团内子公司使用受限制的现金和现金等价物		

第三十二章　中期财务报告

第一节　中期财务报告概述

一、中期财务报告的概念及构成

中期财务报告，是指以中期为基础编制的财务报告。“中期”，是指短于一个完整的会计年度(自公历1月1日起至12月31日止)的报告期间，它可以是一个月、一个季度或者半年，也可以是其他短于一个会计年度的期间，如1月1日至9月30日的期间等。因此，中期财务报告包括月度财务报告、季度财务报告、半年度财务报告，也包括年初至本中期末的财务报告。

中期财务报告至少应当包括以下部分：(1)资产负债表；(2)利润表；(3)现金流量表；(4)附注。其中：

(1)资产负债表、利润表、现金流量表和附注是中期财务报告至少应当编制的法定内容，对其他财务报表或者相关信息，如所有者权益(或股东权益)变动表等，企业可以根据需要自行决定。

(2)中期资产负债表、利润表和现金流量表的格式和内容，应当与上年度财务报表相一致。但如果当年新施行的会计准则对财务报表格式和内容做了修改的，中期财务报表应当按照修改后的报表格式和内容编制，与此同时，在中期财务报告中提供的上年度比较财务报表的格式和内容也应当作相应的调整。

(3)中期财务报告中的附注相对于年度财务报告中的附注而言，是适当简化的。中期财务报表附注的编制应当遵循重要性原则。如果某项信息没有在中期财务报告附注中披露，会影响到投资者等信息使用者对企业财务状况、经营成果和现金流量判断的正确性，那么就认为这一信息是重要的。但企业至少应当在中期财务报告附注中披露中期财务报告准则规定的信息。

二、中期财务报告的编制要求

(一)中期财务报告编制应遵循的原则

1. 与年度财务报告相一致的会计政策

企业在编制中期财务报告时，应当将中期视同为一个独立的会计期间，所采用的会计政策应当与年度财务报表所采用的会计政策相一致，包括会计要素确认和计量原则相一致。企业在编制中期财务报告时不得随意变更会计政策。

2. 重要性原则

重要性原则是企业编制中期财务报告的一项十分重要的原则，具体应注意以下两点。

(1)重要性程度的判断应当以中期财务数据为基础，而不得以预计的年度财务为基础。这里所指的“中期财务数据”，既包括本中期的财务数据，也包括年初至本中期末的财务数据。重要性原则的运用应当保证中期财务报告包括了与理解企业中期末财务状况和中期经营成果及其现金流量相关的信息。企业在运用重要性原则时，应当避免在中期财务报告中由于不确认、不披露或者忽略某些信息而对信息使用者的决策产生误导。

(2)重要性程度的判断需要根据具体情况做具体分析和职业判断。通常，在判断某一项目的重要性程度时，应当将项目的金额和性质结合在一起予以考虑，而且在判断项目金额的重要性时，应当以资产、负债、净资产、营业收入、净利润等直接相关项目数字作为比较基础，并综合考虑其他相关因素。在一些特殊情况下，单独依据项目的金额或者性质就可以判断其重要性。例如，企业发生会计政策变更，该变更事项对当期期末财务状况或者当期损益的影响可能比较小，但对以后期财务状况或者损益的影响却比较大，因此会计政策变更从性质上属于重要事项，应当在财务报告中予以披露。

3. 及时性原则

为了体现企业编制中期财务报告的及时性原则，中期财务报告计量相对于年度财务数据的计量而言，在很大程度上依赖于估计。例如，企业通常在会计年度末对存货进行全面、详细的实地盘点，因此，对年末存货可以达到较为精确的计价。但是在中期末，由于时间上的限制和成本方面的考虑，有时不大可能对存货进行全面、详细的实地盘点，在这种情况下，对于中期末存货的计价就可在更大程度上依赖于会计估计。但是，企业应当确保所提供的中期财务报告包括了相关的重要信息。

(二)中期合并财务报表和母公司财务报表编报要求

企业上年度编制合并财务报表的，中期期末应当编制合并财务报表。上年度财务报告除了合并财务报表，还包括母公司财务报表的，中期财务报告也应当包括母公司财务报表。

上年度编报合并财务报表的企业，其中期财务报告也应当编制合并财务报表，而且合并财务报表的合并范围、合并原则、编制方法和合并财务报表的格式与内容等也应当与上年度合并财务报表相一致。但当年新企业会计准则有新规定的除外。

上年度财务报告包括了合并财务报表，但报告中期内处置了所有应纳入合并范围的子公司的，中期财务报告应包括当年子公司处置前的相关财务信息。

企业在报告中期内新增子公司的，在中期末就应当将该子公司财务报表纳入合并财务报表的合并范围。

应当编制合并财务报表的企业，如果在上年度财务报告中除了提供合并财务报表之外，还提供了母公司财务报表，那么在其中期财务报告中除了应当提供合并财务报表之外，也应当提供母公司财务报表。

(三)比较财务报表编制要求

为了提高财务报表信息的可比性、相关性和有用性，企业在中期末除了编制中期末资产负债表、中期利润表和现金流量表之外，还应当提供前期比较财务报表。中期财务报告应当按照下列规定提供比较财务报表。

(1)本中期末的资产负债表和上年度末的资产负债表。

(2)本中期的利润表、年初至本中期末的利润表以及上年度可比期间的利润表。其中，上年度可比期间的利润表包括上年度可比中期的利润表和上年度年初至上年可比中期末的利润表。

(3)年初至本中期末的现金流量表和上年度年初至上年可比中期末的现金流量表。

需要说明的是，企业在中期财务报告中提供比较财务报表时，应当注意以下几个方面：(1)企业在中期内按新准则规定，对财务报表项目进行了调整，则上年度比较财务报表项目及其金额应当按照本年度中期财务报表的要求进行重新分类，以确保其与本年度中期财务报表的相应信息相互可比。同时，企业还应当在附注中说明财务报表项目重新分类的原因及内容。如果企业因原始数据收集、整理或者记录等方面的原因，无法对比较财务报表中的有关项目及其金额进行重新分类，应当在附注中说明不能进行重新分类的原因。(2)企业在中期内发生了会计政策变更的，其累积影响数能够合理确定、且涉及本会计年度以前中期财务报表净损益和其他相关项目数字的，应当予以追溯调整，视同该会计政策在整个会计年度一贯采用；对于比较财务报表可比期间以前的会计政策变更的累积影响数，应当根据规定调整比较财务报表最早期间的期初留存收益，财务报表其他相关项目的数字也应当一并调整。同时，在附注中说明会计政策变更的性质、内容、原因及其影响数，无法追溯调整的，应当说明原因。(3)对于在本年度中期内发生的调整以前年度损益事项，企业应当调整本年度财务报表相关项目的年初数，同时，中期财务报告中相应的比较财务报表也应当为已经调整以前年度损益后的报表。

第二节　案例分析与操作指南

一、中期财务报告的确认与计量

【案例1】季节性、周期性或者偶然性取得收入的确认和计量。资料：

甲公司为一家房地产开发公司，采取滚动式开发房地产的方式，即每开发完成一个房地产项目后，再开发下一个房地产项目。该公司于 2017 年 1 月 1 日开始开发一住宅小区，小区建成完工需 2 年。公司采取边开发、边销售楼盘的策略。假定该公司在 2017 年各季度分别收到楼盘销售款 1000 万元、3000 万元、2500 万元和 2000 万元；为小区建设分别发生开发成本 2000 万元、1500 万元、2200 万元和 1800 万元；在 2018 年各季度分别收到楼盘销售款 2500 万元、3000 万元、3000 万元和 1000 万元；为小区建设分别发生开发成本 1000 万元、1700 万元、1500 万元和 300 万元。小区所有商品房于 2018 年 11 月完工，12 月全部交付给购房者，并办理完有关产权手续。

【分析】本案例中，甲公司的经营业务具有明显的周期性特征，公司只有在每隔一个周期，待房地产开发完成并实现对外销售后，才能确认收入，即公司只有在 2018 年 12 月所建商品房完工后，与商品房有关的风险和报酬已经转移给了购房者，符合收入确认标准后，才能确认收入。这一收入就属于周期性取得的收入，在 2018 年 12 月之前的各中期都不能预计收入，也不能将已经收到的楼盘销售款直接确认为收入，企业应当在收到这些款项时将其作为预收款处理。对于开发小区所发生的成本也应当首先归集在“开发成本”中，待到确认收入时，再结转相应的成本。另外，该公司对于其经营的周期性特征，则应当根据中期财务报告准则的要求在各有关中期财务报告附注中予以披露。

【操作指南】企业取得季节性、周期性或者偶然性收入，应当在发生时予以确认和计量，不应当在中期财务报表中预计或者递延，但会计年度末允许预计或者递延的除外。

中期财务报告的确认与计量的基本原则如下。

(1)中期财务报告中各会计要素的确认和计量原则应当与年度财务报表所采用的原则相一致。即企业在中期根据所发生交易或者事项，对资产、负债、所有者权益(股东权益)、收入、费用和利润等各会计要素进行确认和计量时，应当符合相应会计要素定义和确认、计量标准，不能因为财务报告期间的缩短(相对于会计年度而言)而改变。

(2)在编制中期财务报告时，中期会计计量应当以年初至本中期末为基础，财务报告的频率不应当影响年度结果的计量。也就是说，无论企业中期财务报告的频率是月度、季度还是半年度，企业中期会计计量的结果最终应当与年度财务报表中的会计计量结果相一致。为此，企业中期财务报表的计量应当以年初至本中期末为基础，即企业在中期应当以年初至本中期末作为中期会计计量的期间基础，而不应当以本中期作为会计计量的期间基础。

(3)企业在中期不得随意变更会计政策，应当采用与年度财务报表相一致的会计政策。如果上年度资产负债表日之后按规定变更了会计政策，且该变更后的会计政策将在本年度财务报表中采用，中期财务报表应当采用该变更后的会计政策。

对于会计估计变更，在同一会计年度内，以前中期财务报表项目在以后中期发生了会计估计变更的，以后中期财务报表应当反映该会计估计变更后的金额，但对以前中期财务报表项目金额不做调整。

【案例2】会计年度中不均匀发生的费用的确认与计量。资料：

乙公司根据年度员工培训计划，在2018年8月对员工进行了专业技能和管理知识方面的集中培训，共发生培训费用60万元。

【分析】本案例中，对于该项培训费用，公司应当直接计入8月的损益，不能在8月之前预提，也不能在8月之后待摊。

【操作指南】企业在会计年度中不均匀发生的费用，应当在发生时予以确认和计量，不应在中期财务报表中预提或者待摊，但会计年度末允许预提或者待摊的除外。通常情况下，与企业生产经营和管理活动有关的费用往往是在一个会计年度的各个中期内均匀发生的，各中期之间发生的费用不会有较大差异。但是，对于一些费用，如员工培训费等，往往集中在会计年度的个别中期内。对于这些会计年度中不均匀发生的费用，企业应当在发生时予以确认和计量，不应当在中期财务报表中予以预提或者待摊。也就是说，企业不应当为了使各中期之间收益平滑而将这些费用在会计年度的各个中期之间进行分摊。如果会计年度内不均匀发生的费用在会计年度末允许预提或者待摊，则在中期末也允许预提或者待摊。

二、中期会计政策和会计估计变更的处理

【案例3】中期会计估计变更的处理。资料：

丙公司是一家需要编制季度财务报告的企业。公司适用的所得税税率为25%。公司有一台管理用设备于2014年1月1日起开始计提折旧，设备原价为10000000元，预计使用年限为8年，预计净残值为400000元，按照年限平均法计提折旧。2018年1月1日，公司考虑到设备损耗较大，技术更新较快，对原估计的使用年限和净残值进行了修正，修正后该设备的使用年限调整为6年(即该设备尚余使用年限为2年)，净残值调整为160000元。则该公司在编制2018年第1、第2、第3季度财务报告时，对于该项会计估计变更丙公司在中期财务报告中如何处理?

【分析】1. 2018年第1季度

(1)不调整以前各期已提折旧，也不计算累积影响数。

(2)会计估计变更日以后改按新估计使用年限和新估计净残值提取折旧。按照原来的会计估计，公司每年计提的折旧额为1200000元[(10000000-400000)/8]，每季度计提折旧额为300000元，截至2018年1月1日，公司已计提折旧4年，累计折旧额为4800000元，固定资产净值为5200000元。自2018年1月1日起，公司改按新的估计使用年限和净残值计提折旧，则2018年起每年应计提的折旧额为2520000元[(5200000-160000)/(6-4)]，每季度应计提的折旧额为630000元，比会计估计变更前多计提折旧

330000 元(630000-300000)。公司据此编制 2018 年第 1 季度会计分录如下。

借：管理费用　630000

　贷：累计折旧　630000

(3)在第 1 季度财务报告的财务报表附注中做会计估计变更的说明：

“本公司一台管理用设备，原始价值为 10000000 元，原预计使用年限为 8 年，预计净残值为 400000 元，按年限平均法计提折旧。由于该设备损耗较大，技术更新较快，本公司于 2018 年年初变更该项设备的预计使用年限为 6 年，预计净残值为 160000 元，以如实反映该项设备的真实可使用年限和净残值。此项会计估计变更使本季度净利润减少了 247500 元[(630000-300000)×(1-25%)]。”

2. 2018 年第 2 季度

(1)与第 1 季度一样，公司应当编制会计分录如下。

借：管理费用　630000

　贷：累计折旧　630000

(2)在第 2 季度财务报告的财务报表附注中说明(公司需要在附注中说明会计估计变更对第 2 季度损益的影响以及对当年度年初至第 2 季度末累计损益的影响)：

“本公司一台管理用设备，原始价值为 10000000 元，原预计使用年限为 8 年，预计净残值为 400000 元，按年限平均法计提折旧。由于该设备损耗较大，技术更新较快，本公司于 2018 年年初变更该项设备的预计使用年限为 6 年，预计净残值为 160000 元，以如实反映该项设备的可使用年限和净残值。此项会计估计变更使本季度净利润减少了 247500 元[(630000-300000)×(1-25%)]，使本年度 1-6 月份的净利润减少了 495000 元(247500+247500)。”

3. 2018 年第 3 季度

(1)与第 1 季度一样，公司应当编制会计分录如下。

借：管理费用　630000

　贷：累计折旧　630000

(2)在第 3 季度财务报告的财务报表附注中说明(公司需要在附注中说明会计估计变更对第 3 季度损益的影响以及对当年度年初至第 3 季度末累计损益的影响)：

“本公司一台管理用设备，原始价值为 10000000 元，原预计使用年限为 8 年，预计净残值为 400000 元，按年限平均法计提折旧。由于该设备损耗较大，技术更新较快，本公司于 2018 年年初变更该项设备的预计使用年限为 6 年，预计净残值为 160000 元，以如实反映该项设备可使用年限和净残值。此项会计估计变更使本季度净利润减少了 247500 元[(630000-300000)×(1-25%)]，使本年度 1-9 月份的净利润减少了 742500 元(247500+247500+247500)。”

【操作指南】企业在中期发生了会计估计变更的应当采用未来适用法。不改变以前期间的会计估计，不调整以前期间的报告结果。在会计估计变更当期及以后期间采用新的会计估计，并在财务报表附注中作相应披露。会计估计变更的影响数应计入变更当期与前期相同的项目中。为了保证不同期间的财务报表具有可比性，如果以前期间的会计估计变更的影响数计入企业日常经营活动损益，则以后期间也应计入日常经营活动损益；如果以前期间的会计估计变更的影响数计入特殊项目，则以后期间也应计入特殊项目。企业应当在中期报告附注中披露会计估计变更的内容和原因、会计估计变更对当期和未来期间的影响数以及会计估计变更的影响数不能确定的事实和原因。

三、中期所得税的处理

【案例 4】中期所得税的确认和计量。资料：

甲公司为一家需编制季度财务报告的企业，公司所得税按年计征、分季预缴。公司在 2018 年第 1 季度的应纳税所得额为 1000 万元，上半年累计应纳税所得额为 1800 万元，1-9 月份累计应纳税所得额为 3200 万元，全年应纳税所得额为 4400 万元。该公司适用的所得税税率为 25%。公司年度财务报表采用债务法核算所得税。根据上述资料，计算甲公司 2018 年度各季度应交的所得税、应确认的所得税费用和各季度应进行的账务处理？

【分析】(1)第 1 季度。

本季度应纳税所得额＝1000(万元)。

本季度应交的企业所得税＝1000×25%＝250(万元)。

本季度应确认的所得税费用＝250(万元)。

账务处理如下。

借：所得税费用　　2500000

　　贷：应交税费——应交所得税　　2500000

(2)第 2 季度。

本季度应交的企业所得税＝1800×25%－250＝200(万元)。

本季度应确认的所得税费用＝200(万元)。

账务处理如下。

借：所得税费用　　2000000

　　贷：应交税费——应交所得税　　2000000

(3)第 3 季度。

本季度应交的企业所得税＝3200×25%－250－200＝350(万元)。

本季度应确认的所得税费用＝350(万元)。

账务处理如下。

借：所得税费用　　3500000

贷：应交税费——应交所得税 3500000

(4)第4季度。

本季度应交的企业所得税=4400×25%-250-200-350=300(万元)。

本季度应确认的所得税费用=300(万元)。

账务处理如下。

借：所得税费用 3000000

贷：应交税费——应交所得税 3000000

【操作指南】中期所得税的确认和计量原则应当与年度财务报表所采用的所得税确认和计量原则相一致。按照新准则的规定，企业在年度财务报表中采用债务法核算所得税的，则在中期财务报表中也应当按照债务法的核算原则预计所得税。企业既不得在中期随意变更所得税的核算方法，也不得采用与年度财务报表不一致的所得税核算方法。与此同时，企业在具体确认和计量中期所得税时，应当以年初至本中期期末为基础。

四、中期财务报告附注的披露

【案例5】某冷饮企业是一家需要编制季度财务报告的企业，生产和销售主要集中在夏季，属于高度季节性企业，该企业在其2018年第2季度财务报告的会计报表附注中做如下披露。

【分析】企业经营季节性特征的说明：

"本企业经营活动受季节性因素影响明显，生产和销售旺季集中在6、7、8月3个月份，其他月份基本上处于半停产状态。企业在1-6月份共实现销售收入15000万元，其中，6月份实现销售收入12000万元，净利润4500万元，6月份的销售收入和净利润分别占到2018年1-6月份销售收入和净利润总额的80%和90%。"

【案例6】甲公司是一家需要编制季度财务报告的企业。公司在2019年3月1日-11日，以面值向社会公众发行了总额为5000万元、年利率为6%、期限为5年的公司债券，扣除债券发行手续费、佣金等支出，实筹资金4800万元，对于这一事项，公司在编制第1季度财务报表附注时应当进行如下披露。

【分析】债务性证券和权益性证券的发行、回购和偿还情况的说明：

"发行公司债券的情况：在2019年3月1日-11日，本公司经有关部门批准，以面值向社会公众公开发行了5年期、年利率为6%、总额为5000万元的公司债券，扣除债券发行手续费、佣金等费用，此次发行债券共筹得资金4800万元。"

【案例7】乙公司是一家需要编制季度财务报告的企业。公司于2018年5月15日向股东实施了上年度财务报告提出的"每10股送3股并派发现金股利0.50元"的利润分配方案，该利润分配方案的实施以上年年末总股本10000万股为基数。对此事项，公司需要在其第2季度财务报告中做如下披露。

【分析】利润分配情况的说明：

"公司以2017年年末10000万股总股本为基数，于2018年5月15日向全体股东实施了2017年年度财务报告提出的每10股送3股并派发现金股利0.50元的利润分配方案，共计送股3000万股，派发现金500万元，其中每股派发现金股利为0.05元(含税)。"

【操作指南】

中期财务报告附注应当以年初至本中期末为基础披露。编制中期财务报告的目的是为了向报告使用者提供自上年度资产负债表日之后所发生的重要交易或者事项，因此，中期财务报告中的附注应当以"年初至本中期末"为基础进行编制，而不应当仅仅披露本中期所发生的重要交易或者事项。

中期财务报告附注应当对自上年度资产负债表日之后发生的重要的交易或者事项进行披露。中期财务报告中的附注应当以年初至本中期末为基础编制，披露自上年度资产负债表日之后发生的，有助于理解企业财务状况、经营成果和现金流量变化情况的重要交易或者事项，此外，对于理解本中期财务状况、经营成果和现金流量有关的重要交易或者事项，也应当在附注中作相应披露。

中期财务报告附注至少应当包括的内容如下。

(1)中期财务报表所采用的会计政策与上年度财务报表相一致的声明。企业在中期会计政策发生变更的，应当说明会计政策变更的性质、内容、原因及其影响数；无法进行追溯调整的，应当说明原因。

(2)会计估计变更的内容、原因及其影响数；影响数不能确定的，应当说明原因。

(3)前期差错的性质及其更正金额；无法进行追溯重述的，应当说明原因。

(4)企业经营的季节性或者周期性特征。

(5)存在控制关系的关联方发生变化的情况；关联方之间发生交易的，应当披露关联方关系的性质、交易类型和交易要素。

(6)合并财务报表的合并范围发生变化的情况。

(7)对性质特别或者金额异常的财务报表项目的说明。

(8)证券发行、回购和偿还情况。

(9)向所有者分配利润的情况，包括在中期内实施的利润分配和已提出或者已批准但尚未实施的利润分配情况。

(10)根据《企业会计准则第35号——分部报告》规定披露分部报告信息的，应当披露经营分部的分部收入与分部利润(亏损)。

(11)中期资产负债表日至中期财务报告批准报出日之间发生的非调整事项。

(12)上年度资产负债表日以后所发生的或有负债和或有资产的变化情况。

(13)企业结构变化情况，包括如企业合并，对被投资单位具有重大影响、共同控制或者控制的长期股权投资的购买或者处置，终止经营等。

(14)其他重大交易或者事项，包括重大的长期资产转让及其出售情况、重大的固定资产和无形资产取得情况、重大的研究和开发支出、重大的资产减值损失等。

企业在提供上述第5项和第10项有关关联方交易、分部收入与分部利润(亏损)信息时，应当同时提供本中期(或者本中期末)和本年度年初至本中期末的数据，以及上年度可比中期(或者可比期末)和上年度年初至上年可比中期末的比较数据。

第三十三章　合并财务报表

第一节　合并财务报表概述

一、合并财务报表的概念及特点

合并财务报表是指反映母公司和其全部子公司形成的企业集团整体财务状况、经营成果和现金流量的财务报表。合并财务报表主要包括合并资产负债表、合并利润表、合并所有者权益(或股东权益)变动表、合并现金流量表及其附注。与个别财务报表相比，合并财务报表具有下列特点。

(1)合并财务报表反映的对象是由母公司和其全部子公司组成的会计主体。

(2)合并财务报表的编制者是母公司，但所对应的会计主体是由母公司及其控制的所有子公司所构成的合并财务报表主体。

(3)合并财务报表是站在合并财务报表主体的立场上，以纳入合并范围的企业个别财务报表为基础，根据其他有关资料，抵销母公司与子公司、子公司相互之间发生的内部交易，考虑了特殊交易事项对合并财务报表的影响后编制的，旨在反映合并财务报表主体作为一个整体的财务状况、经营成果和现金流量。

母公司应当编制合并财务报表。如果母公司是投资性主体，且不存在为其投资活动提供相关服务的子公司，则不应编制合并财务报表。除上述情况外，不允许有其他情况的豁免。

二、合并财务报表的编制原则

合并财务报表与个别财务报表不同，它反映的是母公司和子公司组成的企业集团的整体财务情况，若干个法人共同形成的会计主体的财务情况。因此，合并财务报表的编制除在遵循财务报表编制的一般原则和要求外，还应当遵循以下原则和要求。

1. 以个别财务报表为基础编制

合并财务报表并不是直接根据母公司和子公司账簿编制，而是利用母公司和子公司编制的反映各自财务状况和经营成果的财务报表提供的数据，通过合并财务报表的特有方法进行编制。

2. 一体性原则

在编制合并财务报表时应当将母公司和所有子公司作为整体来看待，视为一个会计主体，母公司和子公司发生的经营活动都应当从企业集团这一整体的角度进行考虑。因此，在编制合并财务报表时，对于母公司与子公司、子公司相互之间发生的经济业务，应当视同同一会计主体内部业务处理，视同同一会计主体之下的不同核算单位的内部业务。

3. 重要性原则

在编制合并财务报表时，特别强调重要性原则的运用。如对一些项目在企业集团中的某一企业具有重要性，但对于整个企业集团则不一定具有重要性，在这种情况下根据重要性的要求对财务报表项目进行取舍，则具有重要的意义。此外，母公司与子公司、子公司相互之间发生的经济业务，对整个企业集团财务状况和经营成果影响不大时，为简化合并手续也应根据重要性原则进行取舍，可以不编制抵销分录而直接编制合并财务报表。

三、合并财务报表合并范围的确定

合并财务报表的合并范围应当以控制为基础予以确定，不仅包括根据表决权(或类似权利)本身或者结合其他安排确定的子公司，也包括基于一项或多项合同安排决定的结构化主体。

控制是指投资方拥有对被投资方的权力，通过参与被投资方的相关活动而享有可变回报，并且有能力运用对被投资方的权力影响其回报金额。控制的定义包含三项基本要素。

一是投资方拥有对被投资方的权力。

二是因参与被投资方的相关活动而享有可变回报。

三是有能力运用对被投资方的权力影响其回报金额。

具体来说，在判断投资方是否能够控制被投资方时，当且仅当投资方具备上述三要素时，才能表明投资方能够控制被投资方。如果事实和情况表明上述控制三要素中的一方或多方发生变化，则投资方要重新判断其是否能够控制被投资方。

(一)投资方对被投资方是否拥有权力

投资方拥有对被投资方的权力是判断控制的第一要素，这要求投资方需要识别被投资方并评估其设立目的和设计、识别被投资方的相关活动以及对相关活动进行决策的机制、确定投资方及涉入被投资方的其他方拥有的与被投资方相关的权利等，以确定投资方当前是否有能力主导被投资方的相关活动。

(1)投资方在判断是否拥有对被投资方的权力时，应当仅考虑与被投资方相关的实质性权利，包括自身所享有的实质性权利以及其他方所享有的实质性权利。实质性权利，是指持有人在对相关活动进行决策时有实际能力行使的可执行权利。判断一项权利是否为实质性权利，应当综合考虑所有相关因素，包括权利持有人行使该项权利是否存在财务、价格、条款、机制、信息、运营、法律法规等方面的障碍；当权利由多方持有或者行权需要多方同意时，是否存在实际可行的机制使得这些权利持有人在其愿意的情况下能够一致行权；权利持有人能否从行权中获利等。

(2)除非有确凿证据表明其不能主导被投资方相关活动，下列情况表明投资方对被投资方拥有权力：投资方持有被投资方半数以上的表决权的；投资方持有被投资方半数或以下的表决权，但通过与其他表决权持有人之间的协议能够控制半数以上表决权的。

(3)投资方持有被投资方半数或以下的表决权，但综合考虑下列事实和情况后，判断投资方持有的表决权足以使其目前有能力主导被投资方相关活动的，视为投资方对被投资方拥有权力：投资方持有的表决权相对于其他投资方持有的表决权份额的大小，以及其他投资方持有表决权的分散程度；投资方和其他投资方持有的被投资方的潜在表决权，如可转换公司债券、可执行认股权证等，其他合同安排产生的权利；被投资方以往的表决权行使情况等其他相关事实和情况。

(4)某些情况下，投资方可能难以判断其享有的权利是否足以使其拥有对被投资方的权力。在这种情况下，投资方应当考虑其具有实际能力以单方面主导被投资方相关活动的证据，从而判断其是否拥有对被投资方的权力。投资方应考虑的因素包括但不限于下列事项：投资方能否任命或批准被投资方的关键管理人员；投资方能否出于其自身利益决定或否决被投资方的重大交易；投资方能否掌控被投资方董事会等类似权力机构成员的任命程序，或者从其他表决权持有人手中获得代理权；投资方与被投资方的关键管理人员或董事会等类似权力机构中的多数成员是否存在关联方关系。

投资方与被投资方之间存在某种特殊关系的，在评价投资方是否拥有对被投资方的权力时，应当适当考虑这种特殊关系的影响。特殊关系通常包括：被投资方的关键管理人员是投资方的现任或前任职工、被投资方的经营依赖于投资方、被投资方活动的重大部分有投资方参与其中或者是以投资方的名义进行、投资方自被投资方承担可变回报的风险或享有可变回报的收益远超过其持有的表决权或其他类似权利的比例等。

(二)参与被投资方的相关活动而享有可变回报

判断投资方是否控制被投资方的第二项基本要素是，因参与被投资方的相关活动而享有可变回报。可变回报是不固定的并可能随被投资方业绩而变动的回报，可能是正数，也可能是负数，或者有正有负。投资方在判断其享有被投资方的回报是否变动以及如何变动时，应当根据合同安排的实质，而不是法律形式。例如，投资方持有固定利率的交易性债券投资时，虽然利率是固定的，但该利率取决于债券违约风险及债券发行方的信用风险，因此，固定利率也可能属于可变回报。又如，管理被投资方资产获得的固定管理费也属于可变回报，因为管理者是否能获得此回报依赖于被投资方是否能够产生足够的收益用于支付该固定管理费。其他可变回报的例子包括以下三个。

(1)股利、被投资方经济利益的其他分配(例如，被投资方发行的债务工具产生的利息)、投资方对被投资方投资的价值变动。

(2)因向被投资方的资产或负债提供服务而得到的报酬、因提供信用支持或流动性支持收取的费用或承担的损失、被投资方清算时在其剩余净资产中所享有的权益、税务利益，以及因涉入被投资方而获得的未来流动性。

(3)其他利益持有方无法得到的回报。例如，投资方将自身资产与被投资方的资产一并使用，以实现规模经济，达到节约成本、为稀缺产品提供资源、获得专有技术或限制某些运营或资产，从而提高投资方其他资产的价值。

投资方的可变回报通常体现为从被投资方获取股利。受法律法规的限制，投资方有时无法通过分配被投资方利润或盈余的形式获得回报，例如，当被投资方的法律形式为信托机构时，其盈利可能不是以股利形式分配给投资者。此时，需要根据具体情况，以投资方的投资目的为出发点，综合分析投资方是否获得除股利以外的其他可变回报，被投资方不能进行利润分配并不必然代表投资方不能获取可变回报。

另外，即使只有一个投资方控制被投资方，也不能说明只有该投资方才能获取可变回报。例如，少数股东可以分享被投资方的利润。

(三)有能力运用对被投资方的权力影响其回报金额

判断控制的第三项基本要素是，有能力运用对被投资方的权力影响其回报金额。只有当投资方不仅拥有对被投资方的权力、通过参与被投资方的相关活动而享有可变回报，并且有能力运用对被投资方的权力来影响其回报的金额时，投资方才控制被投资方。因此，拥有决策权的投资方在判断是否控制被投资方时，需要考虑其决策行为是以主要责任人(即实际决策人)的身份进行还是以代理人的身份进行。此外，在其他方拥有决策权时，投资方还需要考虑其他方是否是以代理人的身份代表该投资方行使决策权。

四、合并财务报表编制的前期准备事项

合并财务报表的编制涉及多个子公司，有的合并财务报表的合并范围甚至包括数百个子公司。为了使编制的合并财务报表准确、全面反映企业集团的真实情况，必须做好一系列的前期准备事项。这些前期准备事项主要有以下四方面。

(1)统一母子公司的会计政策。

(2)统一母子公司的资产负债表日及会计期间。

(3)对子公司以外币表示的财务报表进行折算。

(4)收集编制合并财务报表的相关资料。

合并财务报表以母公司和其子公司的财务报表以及其他有关资料为依据，由母公司合并有关项目的数额编制。为编制合并财务报表，母公司应当要求子公司及时提供下列

有关资料：①子公司相应期间的财务报表；②与母公司及与其他子公司之间发生的内部购销交易、债权债务、投资及其产生的现金流量和未实现内部销售损益的期初、期末余额及变动情况等资料；③子公司所有者权益变动和利润分配的有关资料；④编制合并财务报表所需要的其他资料。

五、合并财务报表的编制程序

合并财务报表的编制是一项极为复杂的工作，不仅涉及本企业会计业务和财务报表，而且还涉及纳入合并范围的子公司的会计业务和财务报表。为了使合并财务报表的编制工作有条不紊，必须按照一定的程序有步骤地进行。合并财务报表编制程序大致如下。

(1)设置合并工作底稿。合并工作底稿的作用是为合并财务报表的编制提供基础。在合并工作底稿中，对母公司和纳入合并范围的子公司的个别财务报表各项目的数额进行汇总和抵销处理，最终计算得出合并财务报表各项目的合并数。合并工作底稿的基本格式如表 33-1 所示(案例 1 中表格)。

(2)将母公司、纳入合并范围的子公司个别资产负债表、利润表及所有者权益变动表各项目的数据过入合并工作底稿，计算得出个别资产负债表、个别利润表及个别所有者权益变动表各项目合计数额。

(3)编制调整分录与抵销分录，将母公司与子公司、子公司相互之间发生的经济业务对个别财务报表有关项目的影响进行调整抵销处理。编制调整分录与抵销分录，进行调整抵销处理是合并财务报表编制的关键和主要内容，其目的在于将因会计政策及计量基础的差异而对个别财务报表的影响进行调整，以及将个别财务报表各项目的加总数据中重复的因素等予以抵销。

(4)计算合并财务报表各项目的合并数额。即在母公司和纳入合并范围的子公司个别财务报表各项目加总数额的基础上，分别计算财务报表中的资产项目、负债项目、所有者权益项目、收入项目和费用项目的合并数。

(5)填列合并财务报表。即根据合并工作底稿中计算出的资产、负债、所有者权益、收入、成本费用类各项目的合并数，填列正式的合并财务报表。

六、编制合并财务报表需要调整抵销的项目

(一)编制合并资产负债表需要调整抵销的项目

合并资产负债表是以母公司和纳入合并范围的子公司的个别资产负债表为基础编制的。个别资产负债表则是以单个企业为会计主体进行会计核算的结果，它从母公司本身或从子公司本身的角度对自身的财务状况进行反映。对于企业集团内部发生的经济业务，从发生内部经济业务的企业角度来看，发生经济业务的两方都在其个别资产负债表

中进行了反映。例如，集团内部母公司与子公司之间发生的赊购赊销业务，一方面，对于赊销企业来说，确认营业收入、结转营业成本、计算营业利润，并在其个别资产负债表中反映为应收账款；而另一方面对于赊购企业来说，在内部购入的存货未实现对外销售的情况下，则在其个别资产负债表中反映为存货和应付账款。在这种情况下，资产、负债和所有者权益类各项目的加总数额中，必然包含有重复计算的因素。作为反映企业集团整体财务状况的合并资产负债表，必须将这些重复计算的因素予以扣除，对这些重复的因素进行抵销处理。这些需要扣除的重复因素，就是合并财务报表编制时需要进行抵销处理的项目。

编制合并资产负债表时需要进行抵销处理的项目，主要有如下项目：①母公司对子公司股权投资项目与子公司所有者权益(或股东权益)项目；②母公司与子公司、子公司相互之间发生的内部债权债务项目；③存货项目，即内部购进存货价值中包含的未实现内部销售损益；④固定资产项目(包括固定资产原价和累计折旧项目)，即内部购进固定资产价值中包含的未实现内部销售损益；⑤无形资产项目，即内部购进无形资产价值包含的未实现内部销售损益。

(二)编制合并利润表和合并所有者权益变动表需要调整抵销的项目

合并利润表和合并所有者权益变动表是以母公司和纳入合并范围的子公司的个别利润表和个别所有者权益变动表为基础编制的。利润表和所有者权益变动表作为以单个企业为会计主体进行会计核算的结果，它从母公司本身或从子公司本身反映一定会计期间经营成果的形成及其分配情况。在以其个别利润表及个别所有者权益变动表为基础计算的收益和费用等项目的加总数额中，也必然包含有重复计算的因素。在编制合并利润表和合并所有者权益变动表时，也需要将这些重复的因素予以扣除。

编制合并利润表和合并所有者权益变动表时需要进行抵销处理的项目，主要有如下项目：①内部销售收入和内部销售成本项目；②内部投资收益项目，包括内部利息收入与利息支出项目、内部股份投资收益项目；③资产减值损失(信用减值损失)项目，即与内部交易相关的内部应收账款、存货、固定资产、无形资产等项目的资产减值损失；④纳入合并范围的子公司利润分配项目。

(三)编制合并现金流量表需要调整抵销的项目

合并现金流量表是综合反映母公司及其子公司组成的企业集团，在一定会计期间现金流入、现金流出数量以及其增减变动情况的财务报表。合并现金流量表以母公司和子公司的现金流量表为基础，在抵销母公司与子公司、子公司相互之间发生内部交易对合并现金流量表的影响后，由母公司编制。

在以母公司和子公司个别现金流量表为基础编制合并现金流量表时，需要进行抵销的内容主要有：①母公司与子公司、子公司相互之间当期以现金投资或收购股权增加的投资所产生的现金流量相互抵销；②母公司与子公司、子公司相互之间当期取得投资收益收到的现金与分配股利、利润或偿付利息支付的现金相互抵销；③母公司与子公司、子公司相互之间以现金结算债权与债务所产生的现金流量相互抵销；④母公司与子公司、子公司相互之间当期销售商品所产生的现金流量相互抵销；⑤母公司与子公司、子公司相互之间处置固定资产、无形资产和其他长期资产收回的现金净额与购建固定资产、无形资产和其他长期资产支付的现金相互抵销；⑥母公司与子公司、子公司相互之间当期发生的其他内部交易所产生的现金流量相互抵销。

第二节 案例分析与操作指南

一、长期股权投资与所有者权益的合并处理(同一控制下企业合并)

【案例 1】同一控制下取得子公司合并日合并财务报表的编制。资料：

甲公司 2018 年 1 月 1 日以 28600 万元的价格取得 A 公司 80%的股权。A 公司净资产的公允价值为 35000 万元。甲公司在购买 A 公司过程中发生审计、评估和法律服务等相关费用 120 万元。上述价款均以银行存款支付。甲公司与 A 公司均为同一控制下的企业。A 公司采用的会计政策与甲公司一致。A 公司 2018 年 1 月 1 日的资产负债表见表 33-1 中 A 公司的数据。

由于 A 公司与甲公司均为同一控制下的企业，按同一控制下企业合并的规定进行处理。根据 A 公司资产负债表，A 公司股东权益总额为 32000 万元，其中，股本为 20000 万元，资本公积为 8000 万元，盈余公积为 1200 万元，未分配利润为 2800 万元。合并后，甲公司在 A 公司股东权益中所拥有的份额为 25600 万元。甲公司对 A 公司长期股权投资的初始投资成本为 25600 万元。至于购买该股权过程中发生的审计、评估等相关费用，则直接计入当期损益，即计入当期管理费用。则甲公司在购买日编制合并报表时，应如何编制抵销分录。

【分析】在本案例中，对于甲公司为购买 A 公司所发生的审计及评估等费用实际上已支付给会计师事务所等中介机构，不属于甲公司与 A 公司所构成的企业集团内部交易，不涉及抵销处理的问题。编制合并日合并资产负债表时，甲公司应当进行如下抵销处理。

借：股本　20000

　　资本公积　8000

　　盈余公积　1200

　　未分配利润　2800

　　贷：长期股权投资　25600

　　少数股东权益　　　　　　　　　　　　　　　　　　　　6400

根据上述抵销分录，编制合并工作底稿如表33-1所示。

表33-1　合并工作底稿　　　　单位：万元

项目	甲公司	A公司	合计数	抵销分录		少数股东权益	合并数
				借方	贷方		
流动资产：							
货币资金	9000.00	4200.00	13200.00				13200.00
交易性金融资产	4000.00	1800.00	5800.00				5800.00
衍生金融资产	0.00	0.00	0.00				0.00
应收票据及应收账款	10500.00	6920.00	17420.00				17420.00
预付款项	2000.00	880.00	2880.00				2880.00
其他应收款	4200.00	0.00	4200.00				4200.00
存货	31000.00	20000.00	51000.00				51000.00
合同资产	0.00	0.00	0.00				0.00
持有待售资产	0.00	0.00	0.00				0.00
一年内到期的非流动资产	0.00	0.00	0.00				0.00
其他流动资产	1300.00	1200.00	2500.00				2500.00
流动资产合计	62000.00	35000.00	97000.00				97000.00
非流动资产：							
债权投资	10000.00	0.00	10000.00				10000.00
其他债权投资	11400.00	0.00	11400.00				11400.00
长期应收款	0.00	0.00	0.00				0.00
长期股权投资	25600.00	0.00	25600.00		25600.00		0.00
其他权益工具投资	0.00	0.00	0.00				0.00
其他非流动金融资产	0.00	0.00	0.00				0.00
投资性房地产	0.00	0.00	0.00				0.00
固定资产	21000.00	18000.00	39000.00				39000.00
在建工程	20000.00	3400.00	23400.00				23400.00
生产性生物资产	0.00	0.00	0.00				0.00
油气资产	0.00	0.00	0.00				0.00
无形资产	4000.00	1600.00	5600.00				5600.00
开发支出	0.00	0.00	0.00				0.00
商誉	2000.00	0.00	2000.00				2000.00
长期待摊费用	0.00	0.00	0.00				0.00

续表

项目	甲公司	A公司	合计数	抵销分录		少数股东权益	合并数
				借方	贷方		
递延所得税资产	0.00	0.00	0.00				0.00
其他非流动资产	0.00	0.00	0.00				0.00
非流动资产合计	94000.00	23000.00	117000.00		25600.00		91400.00
资产总计	156000.00	58000.00	214000.00		25600.00		188400.00
流动负债:							
短期借款	12000.00	5000.00	17000.00				17000.00
交易性金融负债	3800.00	0.00	3800.00				3800.00
衍生金融负债	0.00	0.00	0.00				0.00
应付票据及应付账款	28000.00	7200.00	35200.00				35200.00
预收款项	3000.00	1300.00	4300.00				4300.00
合同负债	0.00	0.00	0.00				0.00
应付职工薪酬	6000.00	1600.00	7600.00				7600.00
应交税费	2000.00	1200.00	3200.00				3200.00
其他应付款	4000.00	4000.00	8000.00				8000.00
持有待售负债	0.00	0.00	0.00				0.00
一年内到期的非流动负债	0.00	0.00	0.00				0.00
其他流动负债	1200.00	700.00	1900.00				1900.00
流动负债合计	60000.00	21000.00	81000.00				81000.00
非流动负债:							
长期借款	4000.00	3000.00	7000.00				7000.00
应付债券	20000.00	2000.00	22000.00				22000.00
其中:优先股							
永续股							
长期应付款	2000.00	0.00	2000.00				2000.00
专项应付款	0.00	0.00	0.00				0.00
预计负债	0.00	0.00	0.00				0.00
递延收益	0.00	0.00	0.00				0.00
递延所得税负债	0.00	0.00	0.00				0.00
其他非流动负债	0.00	0.00	0.00				0.00
非流动负债合计	26000.00	5000.00	31000.00				31000.00
负债合计	86000.00	26000.00	112000.00				112000.00

续表

项目	甲公司	A 公司	合计数	抵销分录		少数股东权益	合并数
				借方	贷方		
所有者权益(或股东权益)：							
实收资本(或股本)	40000.00	20000.00	60000.00	20000.00			40000.00
其他权益工具	0.00	0.00	0.00				0.00
其中：优先股							
永续股							
资本公积	10000.00	8000.00	18000.00	8000.00			10000.00
减：库存股							
其他综合收益	0.00	0.00	0.00				0.00
盈余公积	11000.00	1200.00	12200.00	1200.00			11000.00
未分配利润	9000.00	2800.00	11800.00	2800.00			9000.00
所有者权益(或股东权益)合计	70000.00	32000.00	102000.00	32000.00			70000.00
少数股东权益			0.00			6400.00	6400.00
负债和所有者权益(或股东权益)总计	156000.00	58000.00	214000.00	32000.00		6400.00	188400.00

【操作指南】 编制同一控制下取得子公司合并日合并财务报表时，根据现行《企业会计准则》，母公司在合并日需要编制合并日的合并资产负债表、合并利润表、合并现金流量表等合并财务报表。母公司在将购买取得子公司股权登记入账后，编制合并日合并资产负债表时，只需将对子公司长期股权投资与子公司所有者权益母公司所拥有的份额相抵销。

【案例 2】 接【案例 1】直接投资及同一控制下取得子公司合并日后合并财务报表的编制。资料：

甲公司于 2018 年 1 月 1 日，以 28600 万元的价格取得 A 公司 80%的股权，使其成为子公司。甲公司和 A 公司 2018 年度个别财务报表中的数据如表 33-2 所示。

A 公司 2018 年 1 月 1 日股东权益总额为 32000 万元，其中，股本为 20000 万元，资本公积为 8000 万元，盈余公积为 1200 万元，未分配利润为 2800 万元；2018 年 12 月 31 日，股东权益总额为 38000 万元，其中，股本为 20000 万元，资本公积为 8000 万元，盈余公积为 3200 万元，未分配利润为 6800 万元。

假设 A 公司 2018 年全年实现净利润 10500 万元，经公司董事会提议并经股东会批准，2018 年提取盈余公积 2000 万元，向股东宣告分派现金股利 4500 万元。甲公司对 A 公司长期股权投资取得时的账面价值为 25600 万元，2018 年 12 月 31 日仍为 25600 万元，甲公司当年确认投资收益为3600万元。则甲公司编制合并日后合并报表时，应如何编制调整分录?

【分析】编制合并日后合并财务报表时，首先，将母公司对子公司长期股权投资由成本法核算的结果调整为权益法核算的结果，使母公司对子公司长期股权投资项目反映其在子公司所有者权益中所拥有权益的变动情况；其次，对母公司对子公司长期股权投资项目与子公司所有者权益项目等内部交易相关的项目进行抵销处理，将内部交易对个别财务报表的影响予以抵销；最后，在编制合并日合并工作底稿的基础上，编制合并财务报表。

将成本法核算的结果调整为权益法核算的结果相关的调整分录如下。

借：长期股权投资——A公司　　8400

　　贷：投资收益　　8400

借：投资收益　　3600

　　贷：长期股权投资——A公司　　3600

经过上述调整分录后，甲公司对A公司长期股权投资的账面价值为30400万元(25600+8400-3600)。甲公司对A公司长期股权投资的账面价值30400万元正好与母公司在A公司股东权益所拥有的份额相等。

【操作指南】将成本法核算调整为权益法核算时，应当自取得对子公司长期股权投资的年度起，逐年按照子公司当年实现的净利润中属于母公司享有的份额，调整增加对子公司长期股权投资的金额，并调整增加当年投资收益；对于子公司当期分配的现金股利或宣告分配的股利中母公司享有的份额，则调整冲减长期股权投资的账面价值，同时调整减少原投资收益。之所以要按子公司分派或宣告分派的现金股利调整减少投资收益，是因为在成本法核算的情况下，母公司在当期的财务报表中已按子公司分派或宣告分派的现金股利确认投资收益。

在取得子公司长期股权投资的第2年，将成本法调整为权益法核算的结果时，则在调整计算第1年年末权益法核算的对子公司长期股权投资的金额的基础上，按第2年子公司实现的净利润中母公司所拥有的份额，调增长期股权投资的金额；按子公司分派或宣告分派的现金股利中母公司所拥有的份额，调减长期股权投资的金额。以后年度的调整，则比照上述做法进行调整处理。

子公司除净损益、其他综合收益、利润分配以外所有者权益的其他变动，在按照权益法对成本法核算的结果进行调整时，应当根据子公司本期除净损益、其他综合收益、利润分配以外的所有者权益的其他变动而计入资本公积的金额中所享有的金额，对长期股权投资的金额进行调整，即按照子公司当期计入资本公积的金额中母公司所拥有的份额，在增加长期股权投资的金额的同时，增加自身资本公积。在以后年度将成本法调整为权益法核算的结果时，也必须考虑这一因素对长期股权投资的金额进行调整。子公司其他综合收益变动处理处理方法一致。

【案例 3】 接【案例 2】合并抵销的会计处理。资料：

经过调整后甲公司对 A 公司长期股权投资的金额为 30400 万元；A 公司股东权益总额为 38000 万元，甲公司拥有 80%的股权，即在子公司股东权益中拥有 30400 万元；其余 20%则属于少数股东权益。根据表 34-2 所示甲公司和 A 公司个别报表中的数据，则甲公司编制合并报表时，应如何编制抵销分录？

【分析】（1）首先长期股权投资与子公司所有者权益相互抵销，其抵销分录如下。

借：股本　20000

　资本公积　8000

　盈余公积　3200

　未分配利润　6800

　贷：长期股权投资　30400

　　少数股东权益　7600

（2）其次，还必须将对子公司的投资收益与子公司当年利润分配相抵销，使合并财务报表反映母公司股东权益变动的情况。从单一企业角度来讲，当年实现的净利润加上年初未分配利润是企业利润分配的来源，企业对其进行分配，提取盈余公积、向股东分配股利以及留待以后年度的未分配利润（未分配利润可以理解为将这部分利润分配到下一会计年度）等，则是利润分配的去向。而子公司当年实现的净利润，可以分为两部分：一部分属于母公司所有，即母公司的投资收益；另一部分则属于少数股东所有，即少数股东本期收益。为了使合并财务报表反映母公司股东权益的变动情况及财务状况，则必须将母公司投资收益、少数股东收益和期初未分配利润与子公司当年利润分配以及未分配利润的金额相抵销。

甲公司进行上述抵销处理时，其抵销分录如下。

借：投资收益　8400

　少数股东损益　2100

　年初未分配利润　2800

　贷：提取盈余公积　2000

　　向股东分配利润　4500

　　年末未分配利润　6800

（3）本案例中 A 公司本年宣告分派现金股利 4500 万元，股利款项尚未支付，A 公司已将其计列应付股利 4500 万元。甲公司根据 A 公司宣告的分派现金股利的公告，按照其所享有的金额，已确认应收股利，并在其资产负债表中计列应收股利 3600 万元。这属于母公司与子公司之间的债权债务，在编制合并财务报表时必须将其予以抵销，其抵销分录如下。

借：其他应付款(应付股利)　　3600

　　贷：其他应收款(应收股利)　　3600

根据上述两个调整分录和三个抵销分录，编制合并工作底稿如表 33-2 所示。

表 33-2　合并工作底稿

单位：万元

项目	甲公司	A 公司	合计数	调整分录		抵销分录		少数股东权益	合并数
				借方	贷方	借方	贷方		
流动资产：									
货币资金	5700.00	6500.00	12200.00						12200.00
交易性金融资产	3000.00	5000.00	8000.00						8000.00
衍生金融资产	0.00	0.00	0.00						0.00
应收票据及应收账款	15700.00	8700.00	24400.00						24400.00
预付款项	1500.00	2500.00	4000.00						4000.00
其他应收款	5300.00	1300.00	6600.00				3600.00		3000.00
存货	37000.00	18000.00	55000.00						55000.00
合同资产	0.00	0.00	0.00						0.00
持有待售资产	0.00	0.00	0.00						0.00
一年内到期的非流动资产	0.00	0.00	0.00						0.00
其他流动资产	1800.00	1000.00	2800.00						2800.00
流动资产合计	70000.00	43000.00	113000.00				3600.00		109400.00
非流动资产：									
债权投资	13000.00	4000.00	17000.00						17000.00
其他债权投资	8000.00	0.00	8000.00						8000.00
长期应收款	0.00	0.00	0.00						0.00
长期股权投资	40000.00	0.00	40000.00	8400.00	3600.00		30400.00		14400.00
其他权益工具投资	0.00	0.00	0.00						0.00
其他非流动金融资产	0.00	0.00	0.00						0.00
投资性房地产	0.00	0.00	0.00						0.00
固定资产	28000.00	26000.00	54000.00						54000.00
在建工程	13000.00	4200.00	17200.00						17200.00
生产性生物资产	0.00	0.00	0.00						0.00
油气资产	0.00	0.00	0.00						0.00
无形资产	6000.00	1800.00	7800.00						7800.00
开发支出	0.00	0.00	0.00						0.00
商誉	2000.00	0.00	2000.00						2000.00

续表

项目	甲公司	A 公司	合计数	调整分录		抵销分录		少数股东权益	合并数
				借方	贷方	借方	贷方		
长期待摊费用	0.00	0.00	0.00						0.00
递延所得税资产	0.00	0.00	0.00						0.00
其他非流动资产	0.00	0.00	0.00						0.00
非流动资产合计	110000.00	36000.00	146000.00	8400.00	3600.00		30400.00		120400.00
资产总计	180000.00	79000.00	259000.00	8400.00	3600.00		34000.00		229800.00
流动负债：									
短期借款	10000.00	4800.00	14800.00						14800.00
交易性金融负债	4000.00	2400.00	6400.00						6400.00
衍生金融负债	0.00	0.00	0.00						0.00
应付票据及应付账款	31000.00	8800.00	39800.00						39800.00
预收款项	4000.00	3900.00	7900.00						7900.00
合同负债	0.00	0.00	0.00						0.00
应付职工薪酬	5000.00	1600.00	6600.00						6600.00
应交税费	2700.00	1400.00	4100.00						4100.00
其他应付款	5300.00	5200.00	10500.00			3600.00			6900.00
持有待售负债	0.00	0.00	0.00						0.00
一年内到期的非流动负债	0.00	0.00	0.00						0.00
其他流动负债	2000.00	900.00	2900.00						2900.00
流动负债合计	64000.00	29000.00	93000.00			3600.00			89400.00
非流动负债：									
长期借款	4000.00	5000.00	9000.00						9000.00
应付债券	20000.00	7000.00	27000.00						27000.00
其中：优先股									
永续股									
长期应付款	6000.00	0.00	6000.00						6000.00
专项应付款	0.00	0.00	0.00						0.00
预计负债	0.00	0.00	0.00						0.00
递延收益	0.00	0.00	0.00						0.00
递延所得税负债	0.00	0.00	0.00						0.00
其他非流动负债	0.00	0.00	0.00						0.00
非流动负债合计	30000.00	12000.00	42000.00						42000.00
负债合计	94000.00	41000.00	135000.00			3600.00			131400.00

续表

项目	甲公司	A 公司	合计数	调整分录		抵销分录		少数股东权益	合并数
				借方	贷方	借方	贷方		
所有者权益(或股东权益):									
实收资本(或股本)	40000.00	20000.00	60000.00			20000.00			40000.00
其他权益工具	0.00	0.00	0.00						0.00
其中:优先股									
永续股									
资本公积	10000.00	8000.00	18000.00			8000.00			10000.00
减:库存股									
其他综合收益	0.00	0.00	0.00						0.00
盈余公积	18000.00	3200.00	21200.00			3200.00			18000.00
未分配利润(根据本表最后一行填列)	18000.00	6800.00	24800.00	3600.00	8400.00	18000.00	13300.00	2100.00	22800.00
所有者权益(或股东权益)合计	86000.00	38000.00	124000.00	3600.00	8400.00	49200.00	13300.00	2100.00	90800.00
少数股东权益			0.00					7600.00	7600.00
负债和所有者权益(或股东权益)总计	180000.00	79000.00	259000.00	3600.00	8400.00	52800.00	13300.00	5500.00	229800.00
利润表									
一、营业收入	150000.00	94800.00	244800.00						244800.00
减:营业成本	96000.00	73000.00	169000.00						169000.00
税金及附加	1800.00	1000.00	2800.00						2800.00
销售费用	5200.00	3400.00	8600.00						8600.00
管理费用	6000.00	3900.00	9900.00						9900.00
研发费用	0.00	0.00	0.00						0.00
财务费用	1200.00	800.00	2000.00						2000.00
其中:利息费用									
利息收入									
资产减值损失	600.00	300.00	900.00						900.00
信用减值损失	0.00	0.00	0.00						0.00
加:公允价值变动收益(损失以"-"号填列)	0.00	0.00	0.00						0.00
净敞口套期收益	0.00	0.00	0.00						0.00
投资收益(损失以"-"号填列)	9800.00	200.00	10000.00	3600.00	8400.00	8400.00			6400.00
其中:对联营企业和合营企业的投资收益									

续表

项目	甲公司	A公司	合计数	调整分录		抵销分录		少数股东权益	合并数
				借方	贷方	借方	贷方		
资产处置收益	0.00	0.00	0.00						0.00
其他收益	0.00	0.00	0.00						0.00
二、营业利润（亏损以“-”号填列）	49000.00	12600.00	61600.00	3600.00	8400.00	8400.00			58000.00
加：营业外收入	1600.00	2400.00	4000.00						0.00
减：营业外支出	2600.00	1000.00	3600.00						0.00
三、利润总额（亏损总额以“-”号填列）	48000.00	14000.00	62000.00	3600.00	8400.00	8400.00			58400.00
减：所得税费用	12000.00	3500.00	15500.00						
四、净利润（净亏损以“-”号填列）	36000.00	10500.00	46500.00	3600.00	8400.00	8400.00			42900.00
（一）按经营持续性分类：									
1. 持续经营净利润									42900.00
2. 终止经营净利润									
（二）按所有权归属分类：									
1. 归属于母公司股东的损益									40800.00
2. 归属于少数股东的损益								2100.00	2100.00
五、其他综合收益的税后净额									
六、综合收益总额	36000.00	10500.00	46500.00	3600.00	8400.00	8400.00			42900.00
1. 归属于母公司股东的综合收益总额									40800.00
2. 归属于少数股东的综合收益总额								2100.00	2100.00
一、年初未分配利润	9000.00	2800.00	11800.00			2800.00			9000.00
二、本年增减变动金额									
其中：利润分配									
1. 提取盈余公积	7000.00	2000.00	9000.00				2000.00		7000.00
2. 对股东的分配	20000.00	4500.00	24500.00				4500.00		20000.00
三、年末未分配利润	18000.00	6800.00	24800.00	3600.00	8400.00	6800 18000	6800 13300	2100.00	22800 *

注： * 22800=24800+(8400−3600)+(13300−18000)−2100

二、长期股权投资与所有者权益的合并处理(非同一控制下企业合并)

【案例4】 非同一控制下取得子公司购买日合并财务报表的编制。资料：

甲公司2018年1月1日以定向增发公司普通股票的方式，购买取得A公司70%的股权。甲公司当日资产负债表和A公司当日资产负债表及评估确认的资产负债数据如表33-3所示。

表33-3 资产负债表

资产	甲公司	A公司		负债和股东权益	甲公司	A公司	
		账面价值	公允价值			账面价值	公允价值
流动资产：				流动负债：			
货币资金	9000.00	4200.00	4200.00	短期借款	12000.00	5000.00	5000.00
交易性金融资产	4000.00	1800.00	1800.00	交易性金融负债	3800.00	0.00	0.00
衍生金融资产	0.00	0.00	0.00	衍生金融负债	0.00	0.00	0.00
应收票据及应收账款	10500.00	6920.00	6820.00	应付票据及应付账款	28000.00	7200.00	7200.00
预付款项	2000.00	880.00	880.00	预收款项	3000.00	1300.00	1300.00
其他应收款	4200.00	0.00	0.00	合同负债	0.00	0.00	0.00
存货	31000.00	20000.00	21100.00	应付职工薪酬	6000.00	1600.00	1600.00
合同资产	0.00	0.00	0.00	应交税费	2000.00	1200.00	1200.00
持有待售资产	0.00	0.00	0.00	其他应付款	4000.00	4000.00	4000.00
一年内到期的非流动资产	0.00	0.00	0.00	持有待售负债	0.00	0.00	0.00
其他流动资产	1300.00	1200.00	1200.00	一年内到期的非流动负债	0.00	0.00	0.00
流动资产合计	62000.00	35000.00	36000.00	其他流动负债	1200.00	700.00	700.00
非流动资产：				流动负债合计	60000.00	21000.00	21000.00
债权投资	10000.00	0.00	0.00	非流动负债：			
其他债权投资	11400.00	0.00	0.00	长期借款	4000.00	3000.00	3000.00
长期应收款	0.00	0.00	0.00	应付债券	20000.00	2000.00	2000.00
长期股权投资	25600.00	0.00	0.00	其中：优先股			
其他权益工具投资	0.00	0.00	0.00	永续股			
其他非流动金融资产	0.00	0.00	0.00	长期应付款	2000.00	0.00	0.00
投资性房地产	0.00	0.00	0.00	专项应付款	0.00	0.00	0.00
固定资产	21000.00	18000.00	21000.00	预计负债	0.00	0.00	0.00

续表

资产	甲公司	A公司		负债和股东权益	甲公司	A公司	
		账面价值	公允价值			账面价值	公允价值
在建工程	20000.00	3400.00	3400.00	递延收益	0.00	0.00	0.00
生产性生物资产	0.00	0.00	0.00	递延所得税负债	0.00	0.00	0.00
油气资产	0.00	0.00	0.00	其他非流动负债	0.00	0.00	0.00
无形资产	4000.00	1600.00	1600.00	非流动负债合计	26000.00	5000.00	5000.00
开发支出	0.00	0.00	0.00	负债合计	86000.00	26000.00	26000.00
商誉	2000.00	0.00	0.00	所有者权益(或股东权益)：			
长期待摊费用	0.00	0.00	0.00	实收资本(或股本)	40000.00	20000.00	20000.00
递延所得税资产	0.00	0.00	0.00	其他权益工具	0.00	0.00	0.00
其他非流动资产	0.00	0.00	0.00	其中：优先股			
非流动资产合计	94000.00	23000.00	26000.00	永续股			
				资本公积	10000.00	8000.00	12000.00
				减：库存股			
				其他综合收益	0.00	0.00	0.00
				盈余公积	11000.00	1200.00	1200.00
				未分配利润	9000.00	2800.00	2800.00
				所有者权益(或股东权益)合计	70000.00	32000.00	36000.00
资产总计	156000.00	58000.00	62000.00	负债和所有者权益(或股东权益)总计	156000.00	58000.00	62000.00

甲公司定向增发普通股股票10000万股(每股面值为1元)，甲公司普通股股票面值每股为1元，市场价格每股为2.95元。甲公司并购A公司属于非同一控制下的企业合并，假定不考虑甲公司增发该普通股股票所发生的审计评估以及发行等相关的费用。则甲公司在购买日编制合并报表时，应如何编制调整、抵销分录？

【分析】(1)首先甲公司将购买取得A公司70%的股权作为长期股权投资入账，其账务处理如下。

借：长期股权投资——A公司　　29500

　　贷：股本　　10000

　　　　资本公积　　19500

(2)编制购买日的合并资产负债表时，将A公司资产和负债的评估增值或减值分别调增或调减相关资产和负债项目的金额。在合并工作底稿中调整分录如下。

借：存货 1100

　　固定资产 3000

　　贷：应收票据及应收账款 100

　　　　资本公积 4000

上述调整实际上等于将资产、负债和公允价值变动模拟入账，通过这一调整，调整后的子公司资产负债表实际上是以公允价值反映资产和负债的。在此基础上，再与母公司的个别财务报表合并，则是将子公司的资产和负债以公允价值反映于合并资产负债表中。

(3)基于资产和负债的公允价值对A公司财务报表调整后，有关计算如下。

A公司调整后的资本公积=8000+4000=12000(万元)。

A公司调整后的股东权益总额=32000+4000=36000(万元)。

合并商誉=29500-36000×70%=4300(万元)。

少数股东权益=36000×30%=10800(万元)。

因此，甲公司将长期股权投资与其在A公司所有者权益中拥有的份额抵销时，其抵销分录如下。

借：股本 20000

　　资本公积 12000

　　盈余公积 1200

　　未分配利润 2800

　　商誉 4300

　　贷：长期股权投资——A公司 29500

　　　　少数股东权益 10800

根据上述调整分录和抵销分录，可以编制购买日合并工作底稿如表33-4所示，然后编制的合并资产负债表(略)。

表33-4　合并工作底稿

单位：万元

项目	甲公司	A公司	合计数	调整分录		抵销分录		少数股东权益	合并数
				借方	贷方	借方	贷方		
流动资产：									
货币资金	9000.00	4200.00	13200.00						13200.00
交易性金融资产	4000.00	1800.00	5800.00						5800.00
衍生金融资产	0.00	0.00	0.00						0.00
应收票据及应收账款	10500.00	6920.00	17420.00		100.00				17320.00
预付款项	2000.00	880.00	2880.00						2880.00
其他应收款	4200.00	0.00	4200.00						4200.00

续表

项目	甲公司	A公司	合计数	调整分录		抵销分录		少数股东权益	合并数
				借方	贷方	借方	贷方		
存货	31000.00	20000.00	51000.00	1100.00					52100.00
合同资产	0.00	0.00	0.00						0.00
持有待售资产	0.00	0.00	0.00						0.00
一年内到期的非流动资产	0.00	0.00	0.00						0.00
其他流动资产	1300.00	1200.00	2500.00						2500.00
流动资产合计	62000.00	35000.00	97000.00	1100.00	100.00				98000.00
非流动资产：									
债权投资	6000.00	0.00	6000.00						6000.00
其他债权投资	11000.00	0.00	11000.00						11000.00
长期应收款	0.00	0.00	0.00						0.00
长期股权投资	32000.00	0.00	32000.00	29500.00			29500.00		32000.00
其他权益工具投资	0.00	0.00	0.00						0.00
其他非流动金融资产	0.00	0.00	0.00						0.00
投资性房地产	0.00	0.00	0.00						0.00
固定资产	21000.00	18000.00	39000.00	3000.00					42000.00
在建工程	20000.00	3400.00	23400.00						23400.00
生产性生物资产	0.00	0.00	0.00						0.00
油气资产	0.00	0.00	0.00						0.00
无形资产	4000.00	1600.00	5600.00						5600.00
开发支出	0.00	0.00	0.00						0.00
商誉		0.00	0.00			4300.00			4300.00
长期待摊费用	0.00	0.00	0.00						0.00
递延所得税资产	0.00	0.00	0.00						0.00
其他非流动资产	0.00	0.00	0.00						0.00
非流动资产合计	94000.00	23000.00	117000.00	32500.00		4300.00	29500.00		124300.00
资产总计	156000.00	58000.00	214000.00	33600.00	100.00	4300.00	29500.00		222300.00
流动负债：									
短期借款	12000.00	5000.00	17000.00						17000.00
交易性金融负债	3800.00	0.00	3800.00						3800.00
衍生金融负债	0.00	0.00	0.00						0.00
应付票据及应付账款	28000.00	7200.00	35200.00						35200.00
预收款项	3000.00	1300.00	4300.00						4300.00

续表

项目	甲公司	A 公司	合计数	调整分录		抵销分录		少数股东权益	合并数
				借方	贷方	借方	贷方		
合同负债	0.00	0.00	0.00						0.00
应付职工薪酬	6000.00	1600.00	7600.00						7600.00
应交税费	2000.00	1200.00	3200.00						3200.00
其他应付款	4000.00	4000.00	8000.00						8000.00
持有待售负债	0.00	0.00	0.00						0.00
一年内到期的非流动负债	0.00	0.00	0.00						0.00
其他流动负债	1200.00	700.00	1900.00						1900.00
流动负债合计	60000.00	21000.00	81000.00						81000.00
非流动负债:									
长期借款	4000.00	3000.00	7000.00						7000.00
应付债券	20000.00	2000.00	22000.00						22000.00
其中:优先股									
永续股									
长期应付款	2000.00	0.00	2000.00						2000.00
专项应付款	0.00	0.00	0.00						0.00
预计负债	0.00	0.00	0.00						0.00
递延收益	0.00	0.00	0.00						0.00
递延所得税负债	0.00	0.00	0.00						0.00
其他非流动负债	0.00	0.00	0.00						0.00
非流动负债合计	26000.00	5000.00	31000.00						31000.00
负债合计	86000.00	26000.00	112000.00						112000.00
所有者权益(或股东权益):									
实收资本(或股本)	40000.00	20000.00	60000.00		10000.00	20000.00			50000.00
其他权益工具	0.00	0.00	0.00						0.00
其中:优先股									
永续股									
资本公积	10000.00	8000.00	18000.00		23500.00	12000.00			29500.00
减:库存股									
其他综合收益	0.00	0.00	0.00						0.00
盈余公积	11000.00	1200.00	12200.00			1200.00			11000.00
未分配利润	9000.00	2800.00	11800.00			2800.00			9000.00

续表

项目	甲公司	A公司	合计数	调整分录		抵销分录		少数股东权益	合并数
				借方	贷方	借方	贷方		
所有者权益（或股东权益）合计	70000.00	32000.00	102000.00		33500.00	36000.00			99500.00
少数股东权益			0.00					10800.00	10800.00
负债和所有者权益（或股东权益）总计	156000.00	58000.00	214000.00		33500.00	36000.00		10800.00	222300.00

【操作指南】非同一控制下取得子公司，母公司编制购买日的合并资产负债表时，因企业合并取得的子公司各项可辨认资产、负债及或有负债应当以公允价值在合并财务报表中列示。母公司合并成本大于取得的子公司可辨认净资产公允价值份额的差额，作为合并商誉在合并资产负债表中列示。

在非同一控制下取得子公司的情况下，母公司为进行企业合并要对子公司的资产、负债进行评估，然而子公司作为持续经营的主体，一般不将该评估而产生的资产、负债公允价值的变动登记入账，其对外提供的财务报表仍然是以各项资产和负债原来的账面价值为基础编制的，其提供的购买日财务报表一般也是以各项资产和负债原账面价值为基础编制的。为此，母公司要编制购买日的合并财务报表，则必须按照购买日子公司资产、负债的公允价值对其财务报表项目进行调整。这一调整是通过在合并工作底稿中编制调整分录进行的，实际上相当于将各项资产、负债的公允价值变动模拟入账，然后重新编制购买日子公司的财务报表。

在编制购买日的合并资产负债表时，需要将母公司对子公司长期股权投资与子公司所有者权益中所拥有的份额予以抵销。母公司对非同一控制下取得的子公司长期股权投资进行账务处理时，母公司是按子公司资产、负债的公允价值确定其在子公司所有者权益中所拥有的份额，合并成本超过这一金额的差额则作为合并商誉处理。经过上述按公允价值对子公司财务报表调整处理后，在编制合并财务报表时则可以将长期股权投资与子公司所有者权益所拥有的份额相抵销。在非全资子公司的情况下，不属于母公司所拥有的份额在抵销处理时则结转为少数股东权益。在抵销处理时，应当注意的是，母公司在子公司所有者权益中所拥有的份额是按资产和负债的公允价值为基础计算的，也是按公允价值进行抵销，少数股东权益也是按资产和负债的公允价值为基础计算调整后的金额确定的。

【案例5】接【案例4】非同一控制下取得子公司购买日后合并财务报表的编制。资料：

甲公司2018年1月1日以定向增发普通股票的方式，购买持有A公司70%的股权。甲公司对A公司长期股权投资的金额为29500万元，甲公司购买日编制的合并资产负债表中确认合并商誉为4300万元。甲公司和A公司2018年12月31日的个别财务报表中的数据如表 33-5 所示。

A 公司在 2018 年 1 月 1 日购买日股东权益总额为 32000 万元，其中，股本为 20000 万元，资本公积为 8000 万元，盈余公积为 1200 万元，未分配利润为 2800 万元。A 公司购买日应收账款账面价值为 3920 万元、公允价值为 3820 万元；存货的账面价值为 20000 万元、公允价值为 21100 万元；固定资产账面价值为 18000 万元、公允价值为 21000 万元。

A 公司 2018 年 12 月 31 日的股东权益总额为 38000 万元，其中，股本为 20000 万元，资本公积为 8000 万元，盈余公积为 3200 万元，未分配利润为 6800 万元。A 公司 2018 年全年实现净利润为 10500 万元，A 公司当年提取盈余公积 2000 万元、向股东分配现金股利 4500 万元。截至 2018 年 12 月 31 日，应收账款按购买日评估确认的金额收回，评估确认的坏账已核销；购买日发生评估增值的存货，当年已全部实现对外销售；购买日固定资产原价评估增值系公司用办公楼增值，该办公楼采用的折旧方法为年限平均法，该办公楼剩余折旧年限为 20 年，假定该办公楼评估增值在未来 20 年内平均摊销。要求编制甲公司 2018 年末合并报表。

【分析】(1)甲公司 2018 年年末编制合并报表时相关项目计算如下。

A 公司调整后本年净利润=10500+[100(购买日应收账款公允价值的实现而调减资产减值损失)-1100(购买日存货公允价值增值的实现而调增营业成本)-150(固定资产公允价值增值计算的折旧而调增管理费用)]=9350(万元)。

A 公司调整后本年年末未分配利润=2800(年初)+9350-2000(提取盈余公积)-4500(分配股利)= 5650(万元)。

权益法下甲公司对 A 公司投资的投资收益=9350×70%=6545(万元)。

权益法下甲公司对 A 公司长期股权投资本年年末余额=29500+6545-4500×70%=32895(万元)。

少数股东损益=9350×30%=2805(万元)。

少数股东权益的年末余额=10800+2805-4500×30%=12255(万元)

(2)甲公司 2018 年末编制合并财务报表时，应当进行如下抵销处理的调整。

①按公允价值对 A 公司财务报表项目进行调整。根据购买日 A 公司资产和负债的公允价值与账面价值之间的差额，调整 A 公司相关公允价值变动的资产和负债项目及资本公积项目。在合并工作底稿中，其调整分录如下。

借：存货	1100	
固定资产	3000	
贷：应收票据及应收账款		100
资本公积		4000

因购买日 A 公司资产和负债的公允价值与原账面价值之间的差额对 A 公司本年净利

润的影响，调整A公司的相关项目。之所以进行这一调整，是由于子公司个别财务报表是以其资产、负债的原账面价值为基础编制的，其当期计算的净利润也是以其资产、负债的原账面价值为基础计算的结果，而公允价值与原账面价值存在差额的资产或负债，在经营过程中因使用、销售或偿付而实现其公允价值，其实现的公允价值对子公司当期净利润的影响需要在净利润计算中予以反映。在合并工作底稿中，其调整分录如下。

借：营业成本　1100
　　管理费用　150
　　应收票据及应收账款　100
　　贷：存货　1100
　　　　固定资产　150
　　　　信用减值损失　100

②按照权益法对甲公司财务报表项目进行调整。一方面，因购买日A公司资产和负债的公允价值与原账面价值之间的差额对A公司本年净利润的影响，而对甲公司对A公司长期股权投资权益法核算的影响，需要对甲公司对A公司长期股权投资及相关项目进行调整；另一方面，甲公司对A公司的长期股权投资采用成本法进行核算，需要对成本法核算的结果按权益法核算的要求，对长期股权投资及相关项目进行调整。在合并工作底稿中，其调整分录如下。

借：长期股权投资　6545
　　贷：投资收益　6545
借：投资收益　3150
　　贷：长期股权投资　3150

③长期股权投资与所有者权益的抵销。将甲公司对A公司的长期股权投资与其在A公司股东权益中拥有的份额予以抵销。在合并工作底稿中，其抵销分录如下。

借：股本　20000
　　资本公积　12000
　　盈余公积　3200
　　未分配利润　5650
　　商誉　4300
　　贷：长期股权投资　32895
　　　　少数股东权益　12255

④投资收益与子公司利润分配等项目的抵销。将甲公司对A公司投资收益与A公司本年利润分配有关项目的金额予以抵销。在合并工作底稿中，其抵销分录如下。

借：投资收益　6545
　　少数股东损益　2805

年初未分配利润　　2800

贷：提取盈余公积　　2000

向股东分配利润　　4500

年末未分配利润　　5650

⑤应收股利与应付股利的抵销。本案例中，A 公司本年宣告分派现金股利 4500 万元，股利款项尚未支付，A 公司已将其计列应付股利 4500 万元。甲公司根据 A 公司宣告的分派现金股利的公告，按照其所享有的金额，已确认应收股利，并在其资产负债表中计列应收股利 3150 万元。这属于母公司与子公司之间的债权债务，在编制合并财务报表时必须将其予以抵销，其抵销分录如下。

借：其他应付款(应付股利)　　3150

贷：其他应收款(应收股利)　　3150

(3)根据上述调整分录和抵销分录，编制合并工作底稿如表 33-5 所示。然后根据工作底稿中合并数编制的合并资产负债表、合并利润表以及合并股东权益变动表(略)。

表 33-5　合并工作底稿

单位：万元

项目	甲公司	A 公司	合计数	调整分录		抵销分录		少数股东权益	合并数
				借方	贷方	借方	贷方		
流动资产：									
货币资金	5700.00	6500.00	12200.00						12200.00
交易性金融资产	3000.00	5000.00	8000.00						8000.00
衍生金融资产	0.00	0.00	0.00						0.00
应收票据及应收账款	15700.00	8700.00	24400.00	100.00	100.00				24400.00
预付款项	1500.00	2500.00	4000.00						4000.00
其他应收款	5300.00	1300.00	6600.00				3150.00		3450.00
存货	37000.00	18000.00	55000.00	1100.00	1100.00				55000.00
合同资产	0.00	0.00	0.00						0.00
持有待售资产	0.00	0.00	0.00						0.00
一年内到期的非流动资产	0.00	0.00	0.00						0.00
其他流动资产	1800.00	1000.00	2800.00						2800.00
流动资产合计	70000.00	43000.00	113000.00	1200.00	1200.00		3150.00		109850.00
非流动资产：									
债权投资	9000.00	0.00	9000.00						
其他债权投资	14000.00	4000.00	18000.00						18000.00
长期应收款	0.00	0.00	0.00						0.00
长期股权投资	69500.00	0.00	69500.00	6545.00	3150.00		32895.00		40000.00

续表

项目	甲公司	A公司	合计数	调整分录		抵销分录		少数股东权益	合并数
				借方	贷方	借方	贷方		
其他权益工具投资	0.00	0.00	0.00						0.00
其他非流自金融资产	0.00	0.00	0.00						0.00
投资性房地产	0.00	0.00	0.00						0.00
固定资产	28000.00	26000.00	54000.00	3000.00	150.00				56850.00
在建工程	13000.00	4200.00	17200.00						17200.00
生产性生物资产	0.00	0.00	0.00						0.00
油气资产	0.00	0.00	0.00						0.00
无形资产	6000.00	1800.00	7800.00						7800.00
开发支出	0.00	0.00	0.00						0.00
商誉	0.00	0.00	0.00						0.00
长期待摊费用	0.00	0.00	0.00						0.00
递延所得税资产	0.00	0.00	0.00						0.00
其他非流动资产	0.00	0.00	0.00						0.00
非流动资产合计	139500.00	36000.00	175500.00	9545.00	3300.00	4300.00	32895.00		153150.00
资产总计	209500.00	79000.00	288500.00	10745.00	4500.00	4300.00	36045.00		263000.00
流动负债:									
短期借款	10000.00	4800.00	14800.00						14800.00
交易性金融负债	4000.00	2400.00	6400.00						6400.00
衍生金融负债	0.00	0.00	0.00						0.00
应付票据及应付账款	31000.00	8800.00	39800.00						39800.00
预收款项	4000.00	3900.00	7900.00						7900.00
合同负债	0.00	0.00	0.00						0.00
应付职工薪酬	5000.00	1600.00	6600.00						6600.00
应交税费	2700.00	1400.00	4100.00						4100.00
其他应付款	5300.00	5200.00	10500.00			3150.00			7350.00
持有待售负债	0.00	0.00	0.00						0.00
一年内到期的非流动负债	0.00	0.00	0.00						0.00
其他流动负债	2000.00	900.00	2900.00						2900.00
流动负债合计	64000.00	29000.00	93000.00			3150.00			89850.00
非流动负债:									
长期借款	4000.00	5000.00	9000.00						9000.00
应付债券	20000.00	7000.00	27000.00						27000.00

续表

项目	甲公司	A 公司	合计数	调整分录		抵销分录		少数股东权益	合并数
				借方	贷方	借方	贷方		
其中：优先股									
永续股									
长期应付款	6000.00	0.00	6000.00						6000.00
专项应付款	0.00	0.00	0.00						0.00
预计负债	0.00	0.00	0.00						0.00
递延收益	0.00	0.00	0.00						0.00
递延所得税负债	0.00	0.00	0.00						0.00
其他非流动负债	0.00	0.00	0.00						0.00
非流动负债合计	30000.00	12000.00	42000.00						42000.00
负债合计	94000.00	41000.00	135000.00			3150.00			131850.00
所有者权益(或股东权益)：			0.00						0.00
实收资本(或股本)	50000.00	20000.00	70000.00			20000.00			50000.00
其他权益工具	0.00	0.00	0.00						0.00
其中：优先股									
永续股									
资本公积	29500.00	8000.00	37500.00		4000.00	12000.00			29500.00
减：库存股									
其他综合收益	0.00	0.00	0.00						0.00
盈余公积	18000.00	3200.00	21200.00			3200.00			18000.00
未分配利润(根据本表最后一行填列)	18000.00	6800.00	24800.00	4400.00	6645.00	14995.00	12150.00	2805.00	21395.00
所有者权益(或股东权益)合计	115500.00	38000.00	153500.00	4400.00	10645.00	50195.00	12150.00	2805.00	118895.00
少数股东权益			0.00					7600.00	7600.00
负债和所有者权益(或股东权益)总计	209500.00	79000.00	288500.00	3600.00	8400.00	53345.00	13300.00	5500.00	258755.00
利润表									
一、营业收入	150000.00	94800.00	244800.00						244800.00
减：营业成本	96000.00	73000.00	169000.00	1100.00					170100.00
税金及附加	1800.00	1000.00	2800.00						2800.00
销售费用	5200.00	3400.00	8600.00						8600.00
管理费用	6000.00	3900.00	9900.00	150.00					10050.00
研发费用	0.00	0.00	0.00						0.00

续表

项目	甲公司	A公司	合计数	调整分录		抵销分录		少数股东权益	合并数
				借方	贷方	借方	贷方		
财务费用	1200.00	800.00	2000.00						2000.00
其中：利息费用									
利息收入									
资产减值损失	0.00	0.00	0.00						
信用减值损失	600.00	300.00	900.00		100.00				800.00
加：公允价值变动收益（损失以“-”号填列）	0.00	0.00	0.00						0.00
净敞口套期收益	0.00	0.00	0.00						0.00
投资收益（损失以“-”号填列）	9800.00	200.00	10000.00	3150.00	6545.00	6545.00			6850.00
其中：对联营企业和合营企业的投资收益									
资产处置收益	0.00	0.00	0.00						0.00
其他收益	0.00	0.00	0.00						0.00
二、营业利润（亏损以“-”号填列）	49000.00	12600.00	61600.00	4400.00	6645.00	6545.00			57200.00
加：营业外收入	1600.00	2400.00	4000.00						4000.00
减：营业外支出	2600.00	1000.00	3600.00						3600.00
三、利润总额（亏损总额以“-”号填列）	48000.00	14000.00	62000.00	4400.00	6645.00	6545.00			57600.00
减：所得税费用	12000.00	3500.00	15500.00						15500.00
四、净利润（净亏损以“-”号填列）	36000.00	10500.00	46500.00	4400.00	6645.00	6545.00			42100.00
（一）按经营持续性分类：									
1. 持续经营净利润									42100.00
2. 终止经营净利润									
（二）按所有权归属分类：									
1. 归属于母公司股东的损益									39295.00
2. 归属于少数股东的损益								2805.00	2805.00
五、其他综合收益的税后净额									
六、综合收益总额	36000.00	10500.00	46500.00	4400.00	6645.00	6545.00			42100.00
1. 归属于母公司股东的综合收益总额									39295.00

续表

项目	甲公司	A公司	合计数	调整分录		抵销分录		少数股东权益	合并数
				借方	贷方	借方	贷方		
2. 归属于少数股东的综合收益总额								2805.00	2805.00
一、年初未分配利润	9000.00	2800.00	11800.00			2800.00			9000.00
二、本年增减变动金额									
其中：利润分配									
1. 提取盈余公积	7000.00	2000.00	9000.00				2000.00		7000.00
2. 对股东的分配	20000.00	4500.00	24500.00				4500.00		20000.00
三、年末未分配利润	18000.00	6800.00	24800.00	4400.00	6645.00	5650.00 14995.00	5650.00 12150.00	2805.00	21395.00 *

注：＊21395＝24800+(6645−4400)+(12150−14995)−2805

【操作指南】母公司在非同一控制下取得子公司后，在未来持有该子公司的情况下，每一会计期末都需要将其纳入合并范围，编制合并财务报表。

在对非同一控制下取得的子公司编制合并财务报表时，首先，应当以购买日确定的各项可辨认资产、负债及或有负债的公允价值为基础对子公司的财务报表进行调整。其次，将母公司对子公司的长期股权投资采用成本法核算的结果，调整为权益法核算的结果，对公司的财务报表进行相应的调整。再次，则是通过编制合并抵销分录，将母公司对子公司长期股权投资与子公司所有者权益等内部交易对个别财务报表的影响予以抵销。最后，则是在编制合并工作底稿的基础上，计算合并财务报表各项目的合并数，编制合并财务报表。

三、内部商品交易的合并处理

【案例6】购买企业内部购进的商品当期全部实现销售时抵销处理。资料：

甲公司拥有A公司70%的股权，系A公司的母公司。甲公司本期个别利润表的营业收入中有3000万元，系向A公司销售产品取得的销售收入，该产品销售成本为2100万元。A公司在本期将该产品全部售出，其销售收入为3750万元，销售成本为3000万元，并分别在其个别利润表中列示。针对上述业务，则甲公司编制合并财务报表时，应如何编制抵销分录？

【分析】将内部销售收入和内部销售成本予以抵销时，其抵销分录如下。

借：营业收入　3000

　贷：营业成本　3000

【操作指南】购买企业内部购进的商品当期全部实现销售时。在这种情况下，从销售企业角度来说，销售给其他子公司商品与销售给集团外部企业情况下的会计处理相同，即在本期确认销售收入、结转销售成本、计算损益，并在其个别利润表中反映；对于购买企业来说，一方面要确认销售收入，另一方面要结转销售内部购进商品的成本，并在其个别利润表中分别作为营业收入和营业成本反映，并确认损益。也就是说，对于同一购销业务，在销售企业和购买企业的个别利润表都做了反映。但从企业集团整体角度来看，这一购销业务只是实现了一次销售，其销售收入只是购买企业销售该商品的销售收入，其销售成本只是销售企业销售该商品的成本。销售企业销售该商品的收入属于内部销售收入，相应的购买企业销售该商品的销售成本则属于内部销售成本。因此，在编制合并财务报表时，就必须将重复反映的内部销售收入与内部销售成本予以抵销。进行抵销处理时，应借记"营业收入"等项目，贷记"营业成本"等项目。

【案例7】购买企业内部购进的商品未实现对外销售时的抵销处理。资料：

甲公司系A公司的母公司。甲公司本期个别利润表的营业收入中有2000万元，系向A公司销售商品实现的收入，其商品成本为1400万元，销售毛利率为30%。A公司本期从甲公司购入的商品在本期均未实现销售，期末存货中包含有2000万元从甲公司购进的商品，该存货中包含的未实现内部销售损益为600万元。针对上述业务，则甲公司编制合并财务报表时，应如何编制抵销分录？

【分析】将内部销售收入、内部销售成本及存货价值中包含的未实现内部销售损益抵销时，其抵销分录如下。

借：营业收入	2000	
贷：营业成本		1400
存货		600

【操作指南】购买企业内部购进的商品未实现对外销售时的抵销处理。

(1)在内部购进的商品未实现对外销售的情况下，从销售企业角度来说，同样是按照一般的销售业务确认销售收入，结转销售成本，计算销售利润，并在其利润表中列示。这一业务从整个企业集团角度来看，实际上只是商品存放地点发生变动，并没有真正实现企业集团对外销售，不应确认销售收入、结转销售成本以及计算损益。因此，对于该内部购销业务，在编制合并财务报表时，应当将销售企业由此确认的内部销售收入和内部销售成本予以抵销。对于这一经济业务，从购买企业来角度说，则以支付的购货价款作为存货成本入账，并在其个别资产负债表中作为资产列示。这样，购买企业的个别资产负债表中存货的价值中就包含有销售企业实现的销售毛利。销售企业由于内部购销业务实现的销售毛利，属于未实现内部销售损益。

(2)存货价值中包含的未实现内部销售损益是由于企业集团内部商品购销活动所引起的。在内部购销活动中，销售企业将集团内部销售作为收入确认并计算销售利润。而购买企业则是以支付购货的价款作为其成本入账；在本期内未实现对外销售而形成期末存货时，其存货价值中也相应地包括两部分内容：一部分为真正的存货成本(即销售企业销售该商品的成本)；另一部分为销售企业的销售毛利(即其销售收入减去销售成本的差额)。对于期末存货价值中包括的这部分销售毛利，从企业集团整体角度来看，并不是真正实现的利润。因为从整个企业整体角度来看，集团内部企业之间的商品购销活动实际上相当于一个企业内部物资调拨活动，既不会实现利润，也不会增加商品的价值。正是从这一意义上来说，将期末存货价值中包括的这部分销售企业作为利润确认的部分，称之为未实现内部销售损益。如果合并财务报表将母公司与子公司财务报表中的存货简单相加，则虚增存货成本。因此，在编制合并资产负债表时，应当将存货价值中包含的未实现内部销售损益予以抵销。

内部购进的商品部分实现对外销售部分形成期末存货的情况，可以将内部购买的商品分解为两部分来理解：一部分为当期购进并全部实现对外销售；另一部分为当期购进但未实现对外销售而形成期末存货。

注意：在连续编制合并财务报表的情况下，首先必须将上期抵销的存货价值中包含的未实现内部销售损益对本期期初未分配利润的影响予以抵销，调整本期期初未分配利润的数额；其次，再对本期内部购进存货进行合并处理。将上期抵销的存货价值中包含的未实现内部销售损益对本期期初未分配利润的影响进行抵销。即按照上期内部购进存货价值中包含的未实现内部销售损益的数额，借记“期初未分配利润”项目，贷记“营业成本”项目。这一抵销分录，可以理解为上期内部购进的存货中包含的未实现内部销售损益在本期视同为实现利润，将未实现内部销售损益转为实现利润，冲减当期的合并销售成本。

【案例8】购买企业内部购进的商品作为固定资产使用时的抵销处理。资料：

母公司个别利润表的营业收入中有500万元，系向子公司销售其生产的设备所取得的收入，该设备生产成本为400万元。子公司个别资产负债表固定资产原价中包含有该设备的原价，该设备系12月购入并投入使用，本期未计提折旧，该固定资产原价中包含有100万元未实现内部销售损益。针对上述业务，则甲公司编制合并财务报表时，应如何编制抵销分录?

【分析】在编制合并财务报表时，需要将母公司相应的销售收入和销售成本予以抵销，并将该固定资产原价中包含的未实现内部销售损益予以抵销。其抵销分录如下。

借：营业收入　　500

　　贷：营业成本　　400

　　　　固定资产　　100

【操作指南】在集团内部成员企业将自身的产品销售给其他成员企业作为固定资产使用的情况下，对于销售企业来说是作为普通商品销售进行会计处理，即在销售时确认收入，结转成本和计算损益，并以此在其个别会计报表中列示；对于购买企业来说，则以购买价格(在此不考虑安装和运输费用)作为固定资产原值记账，该固定资产入账价值中既包括销售企业生产该产品的成本，也包括销售企业由于该产品销售所实现的销售利润。购买企业虽然以支付给销售企业的购买价格作为固定资产原价入账，但从整个企业集团角度来说，只能以销售企业生产该产品的成本作为固定资产原价在合并财务报表中反映。因此，编制合并利润表时应将销售企业由于该固定资产交易所实现的销售收入、结转的销售成本予以抵销；并将内部交易形成的固定资产原价中包含的未实现内部销售损益予以抵销。

【案例 9】初次编制合并财务报表时存货跌价准备的合并处理。资料：

甲公司系 A 公司的母公司，甲公司本期向 A 公司销售商品 2000 万元，其销售成本为 1400 万元；A 公司购进的该商品当期全部未实现对外销售而形成期末存货。A 公司期末对存货进行检查时，发现该商品已经部分陈旧，其可变现净值已降至 1840 万元。为此，A 公司期末对该存货计提存货跌价准备 160 万元，并在其个别财务报表中列示。针对上述业务，则甲公司编制合并财务报表时，应如何编制抵销分录?

【分析】该存货的可变现净值降至 1840 万元，高于抵销未实现内部销售损益后的金额 1400 万元。此时，在编制本期合并财务报表时，应进行如下合并处理。

(1)将内部销售收入与内部销售成本抵销。

借：营业收入　　2000

　　贷：营业成本　　2000

(2)将内部销售形成的存货价值中包含的未实现内部销售损益抵销。

借：营业成本　　600

　　贷：存货　　600

(3)将 A 公司本期计提的存货减值准备抵销。

借：存货　　160

　　贷：资产减值损失　　160

【操作指南】对内部销售形成的存货计提跌价准备的合并处理，从购买企业角度来看有两种情况：第一种情况是，购买企业本期期末内部购进存货的可变现净值低于其取得成本，但高于销售企业销售成本；第二种情况是，购买企业本期期末内部购进存货的可变现净值既低于该存货的取得成本，也低于销售企业的该存货的取得成本。

在第一种情况下，从购买企业个别财务报表角度来说，购买企业按该存货的可变现净值低于其取得成本的金额，一方面，确认存货跌价准备并在其个别资产负债表中通过抵销存货项目的金额列示；另一方面，在利润表中作为资产减值损失列示。但从合并财务报表角度来说，随着内部购进存货包含的未实现内部销售损益的抵销，该存货在合并财务报表中列示的成本为抵销未实现内部销售损益后的成本。当该存货的可变现净值低于购买企业的取得成本，但高于该存货在合并财务报表中的成本时，则不需要计提存货跌价准备。个别财务报表中计列的相应的存货跌价准备，也应予以抵销。进行合并处理时，应当按照购买企业本期计提存货跌价准备的金额，借记“存货”项目，贷记“资产减值损失”项目。

在第二种情况下，从购买企业个别财务报表角度来说，购买企业按该存货的可变现净值低于其取得成本的金额确认存货跌价准备，确认的存货跌价准备的金额，一方面，在其个别资产负债表中通过抵销存货项目列示；另一方面，在利润表中作为资产减值损失列示。购买企业在个别财务报表中确认的存货跌价准备的金额，既包括购买企业该商品取得成本高于销售企业销售成本(即取得成本)的差额(即抵销的未实现内部销售损益)，也包括销售企业销售成本高于该商品可变现净值的差额。但从合并财务报表角度来说，随着内部购进存货价值中包含的未实现内部销售损益的抵销，在合并财务报表中列示的该存货的成本为抵销未实现内部销售损益后的成本。相对于购买企业该存货的取得成本高于销售企业取得成本的差额部分计提的跌价准备的金额，已因未实现内部销售损益的抵销而抵销，故在编制合并财务报表时，也必须将这部分金额予以抵销；而相对于销售企业取得成本高于该存货可变现净值的部分而计提的跌价准备，无论从购买企业角度来说，还是对于整个企业集团角度来说，都是必须计提的存货跌价准备，必须在合并财务报表中予以反映。进行抵销处理时，应当按照购买企业本期计提的存货跌价准备中内部购进商品取得成本高于销售企业取得成本的数额，借记“存货”项目，贷记“资产减值损失”项目。

注意：在连续编制合并财务报表进行合并处理时，首先将上期资产减值损失中抵销的存货跌价准备对本期期初未分配利润的影响予以抵销，即按上期资产减值损失项目中抵销的存货跌价准备的数额，借记“存货”项目，贷记“期初未分配利润”项目。其次，对于本期对内部购进存货在个别财务报表中补提或者冲销的存货跌价准备的数额也应予以抵销，借记“存货”项目，贷记“资产减值损失”项目(或做相反分录)。

【案例10】内部交易存货相关所得税会计的合并抵销的会计处理。资料：

甲公司持有A公司80%的股权，系A公司的母公司。甲公司2018年利润表列示的营业收入中有5000万元，系当年向A公司销售产品取得的销售收入，该产品销售成本为3500万元。A公司在2018年将该批内部购进商品的60%实现对外销售，其销售收入为3750万元，销售成本为3000万元，并列示于其利润表中；该批商品的另外40%则形成A公司期末存货，即期末存货为2000万元，列示于A公司2018年资产负债表中。甲公司和A公司适用的企业所得税税率均为25%。针对上述业务，则甲公司编制合并财务报表时，应如何编制抵销分录？

【分析】甲公司在编制合并财务报表时，应将内部销售收入与内部销售成本及存货价值中包含的未实现内部销售利润抵销，其抵销分录如下。

借：营业收入　　5000

　　贷：营业成本　　4400

存货 600

确认因编制合并财务报表导致的存货账面价值与其计税基础之间的暂时性差异相关递延所得税资产。本例中，从A公司角度来说，其持有该存货账面价值与计税基础均为2000万元；从甲集团公司角度来说，通过上述合并抵销处理，合并资产负债表中该存货的价值为1400万元；由于甲公司和A公司均为独立的法人实体，这一存货的计税基础应从A公司的角度来考虑，即其计税基础为2000万元。因该内部交易抵销的未实现内部销售损益导致的暂时性差异为600万元(2000-1400)，实际上就是抵销的未实现内部销售损益的金额。为此，编制合并财务报表时还应当对该暂时性差异确认递延所得税资产150万元(600×25%)。进行合并抵销处理时，其抵销分录如下。

借：递延所得税资产 150

贷：所得税费用 150

【操作指南】企业在编制合并财务报表时，应当将纳入合并范围的母公司与子公司以及子公司相互之间发生的内部交易对个别财务报表的影响予以抵销，其中包括内部商品交易所形成的存货价值中包含的未实现内部销售损益的金额。对于内部商品交易所形成的存货，从持有该存货的企业角度来说，假定不考虑计提资产减值损失，其取得成本就是该资产的账面价值，这其中包括销售企业因该销售所实现的损益，这一取得成本也就是计税基础。由于所得税是以独立的法人实体为对象计征的，这一计税基础也是合并财务报表中该存货的计税基础。此时，账面价值与其计税基础是一致的，不存在暂时性差异，也不涉及确认递延所得税资产或递延所得税负债的问题。但在编制合并财务报表过程中，随着内部商品交易所形成的存货价值包含的未实现内部销售损益的抵销，合并资产负债表所反映的存货价值是以原来内部销售企业该商品的销售成本列示的，不包含未实现内部销售损益。由此导致在合并资产负债表所列示的存货的价值与持有该存货的企业计税基础不一致，存在着暂时性差异。这一暂时性差异的金额就是编制合并财务报表时所抵销的未实现内部销售损益的数额。从合并财务报表编制角度来说，对于这一暂时性差异，则必须确认递延所得税资产或递延所得税负债。

四、内部债权债务的合并处理

【案例11】内部债权债务项目抵销的会计处理。资料：

甲公司系A公司的母公司。甲公司个别资产负债表应收账款中有600万元为应收A公司账款；应收票据中有400万元为应收A公司票据；债权投资中有A公司发行的应付债券2500万元。针对上述业务，则甲公司编制合并财务报表时，应如何编制抵销分录。

【分析】甲公司在编制合并财务报表时，应当将这些内部债权债务予以抵销。其抵销分录如下。

(1)内部应收账款与应付账款抵销。

借：应付票据及应付账款　　600

　　贷：应收票据及应收账款　　600

(2)内部应收票据与应付票据抵销。

借：应付票据及应付账款　　400

　　贷：应收票据及应收账款　　400

(3)债权投资与应付债券抵销。

借：应付债券　　2500

　　贷：债权投资　　2500

【操作指南】母公司与子公司、子公司相互之间的债权和债务项目，是指母公司与子公司、子公司相互之间的应收账款与应付账款、预付账款和预收账款、应付债券与债权投资等项目。对于发生在母公司与子公司、子公司相互之间的这些项目，从债权方企业角度来说，在资产负债表中表现为一项债权资产；而从债务方角度来说，一方面形成一项负债，另一方面同时形成一项资产。发生的这种内部债权债务，从母公司与子公司组成的集团整体角度来看，它只是集团内部资金运动，既不增加企业集团的资产，也不增加负债。为此，在编制合并财务报表时也应当将内部债权债务项目予以抵销。

【案例 12】内部应收应付款项及其坏账准备抵销的会计处理。资料：

甲公司为 A 公司的母公司。甲公司本期个别资产负债表应收账款中有 580 万元为应收 A 公司账款，该应收账款账面余额为 600 万元，甲公司当年计提坏账准备 20 万元；应收票据中有 390 万元为应收 A 公司票据，该应收票据账面余额为 400 万元，甲公司当年计提坏账准备 10 万元。A 公司本期个别资产负债表中应付账款和应付票据中列示有应付甲公司账款 600 万元和应付甲公司票据 400 万元。针对上述业务，则甲公司编制合并财务报表时，应如何编制抵销分录?

【分析】在编制合并财务报表时，甲公司应当将内部应收账款与应付账款相互抵销，同时还应将内部应收账款计提的坏账准备予以抵销，其抵销分录如下。

(1)应收票据与应付票据、应收账款与应付账款抵销如下。

借：应付票据及应付账款　　1000

　　贷：应收票据及应收账款　　1000

(2)坏账准备与资产减值损失抵销如下。

借：应收票据及应收账款　　30

　　贷：信用减值损失　　30

【操作指南】企业对于包括应收账款、应收票据、预付账款以及其他应收款在内所有应收款项，应当根据其公允价值变动情况，确认信用减值损失，计提坏账准备。这里的应收账款、应收票据等也包括应收子公司账款、应收子公司票据等。在对子公司的应收款项计提坏账准备的情况下，在编制合并财务报表时，随着内部应收款项的抵销，与此同时也须将该内部应收款项计提的坏账准备予以抵销。将内部应收款项抵销时，按内部应付款项的金额，借记“应付票据及应付账款”等项目，贷记“应收票据及应收账款”等项目；将内部应收款项计提的坏账准备抵销时，按各内部应收款项计提的相应坏账准备期末余额，借记“应收票据及应收账款”等项目，贷记“信用减值损失”项目。

【案例13】 接【案例12】，连续编制合并财务报表时内部应收款项及其坏账准备抵销的会计处理。资料：

甲公司和A公司上期内部应收款项、坏账准备情况、内部债权债务的抵销见【案例12】。甲公司本期个别资产负债表应收账款中有应收A公司账款735万元，该应收账款账面余额为800万元，甲公司对该应收账款累计计提坏账准备65万元，其中20万元系上期结转至本期的，本期对其补提坏账准备45万元；应收A公司票据875万元，该应收票据账面余额为900万元，甲公司对该应收票据累计计提坏账准备25万元，其中10万元系上期结转至本期的，本期对其补提坏账准备15万元。针对上述业务，则甲公司编制合并财务报表时，应如何编制抵销分录？

【分析】 甲公司在合并工作底稿中应进行如下抵销处理。

(1)抵销上期内部应收款项计提的坏账准备，并调整期初未分配利润的数额。

借：应收票据及应收账款　30

　　贷：期初未分配利润　30

(2)内部应收账款、应收票据与应付账款、应付票据抵销。

借：应付票据及应付账款　1700

　　贷：应收票据及应收账款　1700

(3)抵销本期内部应收款项增加计提的坏账准备与信用减值损失。

借：应收票据及应收账款　60

　　贷：信用减值损失　60

通过上述抵销分录，已将内部应收款项及其坏账准备全部抵销。

【操作指南】 在连续编制合并财务报表进行合并处理时，首先将内部应收款项与应付款项予以抵销，即按内部应付款项的数额，借记“应付票据及应付账款”等项目，贷记“应收票据及应收账款”等项目。其次，应将上期信用减值损失中抵销的各内部应收款项计提的相应坏账准备对本期期初未分配利润的影响予以抵销，即按上期信用减值损失项目中抵销的各内部应收账款计提的相应坏账准备的数额，借记“应收票据及应收账款”等项目，贷记“期初未分配利润”项目。最后，对于本期各内部应收账款在个别财务报表中补提或冲销的相应坏账准备的数额也应予以抵销，即按照本期期末内部应收账款在个别资产负债表中补提的坏账准备的数额，借记“应收票据及应收账款”等项目，贷记“信用减值损失”项目(或按照本期期末内部应收账款在个别资产负债表中冲销的相应坏账准备的数额，借记“信用减值损失”项目，贷记“应收票据及应收账款”等项目)。

【**案例14**】内部应收款项相关所得税会计的合并抵销的会计处理。资料：

甲公司为A公司的母公司。甲公司本期个别资产负债表应收账款中有1700万元为应收A公司账款，该应收账款账面余额为1800万元，甲公司当年对其计提坏账准备100万元。A公司本期个别资产负债表中列示有应付甲公司账款1800万元。甲公司和A公司适用的所得税税率均为25%。则所得税会计的合并抵销如何处理?

【**分析**】甲公司在编制合并财务报表时，除了将内部应收账款与应付账款相互抵销、内部应收账款计提的坏账准备予以合并抵销外，还需将甲公司内部应收账款计提坏账准备导致暂时性差异确认的递延所得税资产予以抵销。其抵销分录如下。

借：所得税费用　　25

　　贷：递延所得税资产　　25

【**操作指南**】在编制合并财务报表时，随着内部债权债务的抵销，也必须将内部应收账款计提的坏账准备予以抵销。通过对其进行合并抵销处理后，合并财务报表中该内部应收账款已不存在，由内部应收账款账面价值与计税基础之间的差异所形成的暂时性差异也不能存在。在编制合并财务报表时，对持有该集团内部应收款项的企业因该暂时性差异确认的递延所得税资产则需要进行抵销处理。

五、内部固定资产交易的合并处理

【**案例15**】内部固定资产交易抵销的会计处理。资料：

A公司和B公司为甲公司控制下的两个子公司。A公司将其净值为1280万元的某厂房，以1500万元的价格变卖给B公司作为固定资产使用。A公司因该内部固定资产交易实现收益220万元，并列示于其个别利润表之中。B公司以1500万元的金额将该厂房作为固定资产的原价入账，并列示于其个别资产负债表之中。针对上述业务，则甲公司编制合并财务报表时，应如何编制抵销分录?

【**分析**】在该内部固定资产交易中，A公司因交易实现资产处置损益220万元。编制合并财务报表时，甲公司必须将因该固定资产交易实现的资产处置损益与固定资产原值中包含的未实现内部销售损益的数额予以抵销。其抵销分录如下。

借：资产处置收益　　220

　　贷：固定资产——原价　　220

通过上述抵销处理后，该内部固定资产交易所实现的损益予以抵销，该厂房的原价通过抵销处理后调整为1280万元。

【**操作指南**】内部固定资产交易属于内部商品交易，其在编制合并财务报表时的抵销处理与一般内部商品交易的抵销处理有相同之处。但由于固定资产取得并投入使用后，往往要跨越若干个会计期间，并且在使用过程中通过计提折旧将其价值转移到产品生产成本或各会计期间费用之中去，因而其抵销处理也有其特殊性。由于其跨越若干会计期间，则涉及使用该固定资产期间编制合并财务报表的期初未分配利润的调整问题；由于固定资产需要计提折旧，则涉及每一次计提折旧中包含的未实现内部销售损益的抵销问题，也涉及每期累计折旧中包含的未实现内部销售损益的抵销问题。相对来说，内部固定资产交易的抵销处理，要比一般的内部商品交易的抵销处理复杂得多。

为了便于理解，本节将财务报表中的“固定资产”项目，细化为“固定资产——原价”项目、“固定资产——累计折旧”项目以及“固定资产净值”项目，来介绍内部交易固定资产相关的合并抵销处理。

【案例16】内部固定资产交易当期且计提折旧的合并处理。资料：

A公司和B公司为甲公司控制下的两个子公司。A公司于2018年1月1日，将自己生产的产品销售给B公司作为固定资产使用，A公司销售该产品的销售收入为1680万元，销售成本为1200万元。B公司以1680万元的价格作为该固定资产的原价入账。B公司购买的该固定资产用于公司的行政管理，该固定资产属于不需要安装的固定资产，当月投入使用，其折旧年限为4年，预计净残值为0。为简化合并处理，假定该内部交易固定资产在交易当年按12个月计提折旧。针对上述业务，则甲公司编制合并财务报表时，应如何编制抵销分录？

【分析】甲公司在编制合并财务报表时，应当进行如下抵销处理。

(1)将该内部交易固定资产相关销售收入与销售成本及原价中包含的未实现内部销售利润予以抵销。本例中，A公司因该内部交易确认销售收入1680万元，结转销售成本1200万元；B公司该固定资产的原价为1680万元，其中包含的未实现内部销售损益为480万元(1680-1200)。在合并工作底稿中应进行如下抵销处理。

借：营业收入　1680
　贷：营业成本　1200
　　固定资产——原价　480

(2)将当年计提的折旧和累计折旧中包含的未实现内部销售损益予以抵销。该固定资产在B公司按4年的折旧年限计提折旧，每年计提折旧420万元，其中每年计提的折旧包含未实现内部销售损益的摊销额120万元。在合并工作底稿中应进行如下抵销处理。

借：固定资产——累计折旧　120
　贷：管理费用　120

【操作指南】在发生内部固定资产交易当期编制合并财务报表时，首先必须将该内部固定资产交易相关销售收入、销售成本以及形成的固定资产原价中包括的未实现内部销售损益予以抵销。其次，购买企业使用该内部交易固定资产并计提折旧，其折旧费用计入当期损益，由于购买企业是以该固定资产的取得成本作为其原价计提折旧，在取得成本中包含有销售企业由于该内部固定资产交易所实现的损益(即未实现内部销售损益)，相应地在该内部交易固定资产使用过程中其各期计提的折旧额中，也包含有未实现内部销售损益摊销的金额。因此，还必须将当期该内部交易固定资产计提的折旧额中相当于未实现内部销售损益的摊销金额即多计提折旧的数额，从该内部交易固定资产当期计提的折旧费用和该固定资产累计折旧中予以抵销。其合并抵销处理如下。

(1)将内部交易固定资产相关的销售收入、销售成本以及其原价中包含的未实现内部销售损益予以抵销，即按销售企业由于该固定资产交易所实现的销售收入，借记“营业收入”项目，按照其销售成本，贷记“营业成本”项目，按照该内部交易固定资产的销售收入与销售成本之间的差额(即原价中包含的未实现内部销售损益的数额)，贷记“固定资产——原价”项目。

(2)将内部交易固定资产当期因未实现内部销售损益而多计提的折旧费用和累计折旧予以抵销。对固定资产计提折旧，企业进行会计处理时，一方面增加当期的费用，另一方面形成累计折旧。对因内部交易固定资产当期使用多计提的折旧进行抵销处理时，应按当期多计提的数额，借记“固定资产——累计折旧”项目，贷记“管理费用”等项目(为便于理解，本节有关内部交易固定资产均假定为管理用固定资产，其各期多计提的折旧费用均通过“管理费用”科目进行抵销处理)。

六、内部无形资产交易的合并处理

【案例 17】内部无形资产交易当期的抵销的会计处理。资料：

甲公司系 A 公司的母公司，甲公司 2018 年 1 月 8 日向 A 公司转让无形资产一项，转让价格为 820 万元，该无形资产的账面价值为 700 万元。A 公司购入该无形资产后，即投入使用，确定使用年限为 5 年。A 公司 2018 年 12 月 31 日资产负债表中无形资产项目的金额为 656 万元，利润表管理费用项目中登记有当年摊销的该无形资产价值 164 万元。针对上述业务，则甲公司编制合并财务报表时，应如何编制抵销分录？

【分析】A 公司该无形资产入账价值为 820 万元，其中包含的未实现内部销售利润为 120 万元；按 5 年的期限，本期摊销的金额为 164 万元(与固定资产不同，无形资产从取得的当月起开始摊销)，其中包含的未实现内部销售利润的摊销额为 24 万元。

甲公司在编制 2018 年度合并财务报表时，应当对该内部无形资产交易进行如下抵销处理。

(1)将 A 公司受让取得该内部交易无形资产时其价值中包含的未实现内部销售利润抵销。

借：资产处置收益　　120

　　贷：无形资产　　120

(2)将 A 公司本期该内部交易无形资产价值摊销额中包含的未实现内部销售利润抵销。

借：无形资产——累计摊销　　24
　　贷：管理费用　　24

【操作指南】内部无形资产交易当期进行合并处理时，按照内部交易时该无形资产账面价值中包含的未实现内部销售损益的数额，借记“资产处置收益”项目，贷记“无形资产”项目；同时按本期该内部交易无形资产摊销额中包含的未实现内部销售损益的数额(即该无形资产价值中包含的未实现内部销售损益除以该无形资产的摊销年限得出的金额)借记“无形资产——累计摊销”项目，贷记“管理费用”项目。

内部交易无形资产后续期间的合并处理时，按受让时内部交易无形资产价值中包含的未实现内部销售损益的数额，借记“期初未分配利润”项目，贷记“无形资产”项目；按上期期末该内部交易无形资产累计摊销金额中包含的已摊销未实现内部销售损益的数额，借记“无形资产——累计摊销”项目，贷记“期初未分配利润”项目；按本期因该内部交易无形资产价值中包含未实现内部销售损益而多计算的摊销金额，借记“无形资产——累计摊销”项目，贷记“管理费用”项目。

第三十四章　每股收益

第一节　每股收益概述

每股收益是指普通股股东持有每股普通股所能享有的企业净利润或需承担的企业净亏损。每股收益指标有助于投资者、债权人等信息使用者评价企业或企业之间的盈利能力、预测企业成长潜力，进而做出经济决策。每股收益越高，说明每股获利能力越强，投资者的回报越多；每股收益越低，说明每股获利能力越弱。在进行财务分析时，每股收益指标既可用于不同企业间的业绩比较，以评价某企业的相对盈利能力；也可用于企业不同会计期间的业绩比较，以了解该企业盈利能力的变化趋势；另外还可用于企业经营实绩与盈利预测的比较，以掌握该企业的管理能力。

每股收益包括基本每股收益和稀释每股收益两类。基本每股收益仅考虑当期实际发行在外的普通股股份，而稀释每股收益的计算和列报主要是为了避免每股收益虚增可能带来的信息误导。例如，一家公司发行可转换公司债券融资，由于转换选择权的存在，这些可转换债券的利率低于正常同等条件下普通债券的利率，从而降低了融资成本，在经营业绩和其他条件不变的情况下，相对提高了基本每股收益金额。要求考虑可转换公司债券的影响计算和列报稀释每股收益，就是为了能够提供一个更可比、更有用的财务指标。

第二节　案例分析与操作指南

一、基本每股收益的计算

【案例1】新发股票、回购股票的基本每股收益的计算。资料：

某股份有限公司按月计算每股收益的时间权数。2018年期初发行在外的普通股为40000万股；3月1日新发行普通股10800万股；11月1日回购普通股4800万股，以备将来奖励员工之用。若该公司当年度实现净利润为12050万元，则该公司2018年度基本每股收益如何计算？

【分析】该公司发行在外的普通股加权平均数＝40000×12/12+10800×10/12-4800×

2/12=48200(万股)。

因此，基本每股收益=12050/48200=0.25(元)。

【操作指南】基本每股收益的计算公式为

基本每股收益=净利润/发行在外的普通股加权平均数

其中：发行在外的普通股加权平均数=期初发行在外的普通股股数+当期新发行的普通股股数×已发行时间/报告期时间-当期回购普通股股数×已回购时间/报告期时间

发行在外的普通股加权平均数的已发行时间、报告期时间和已回购时间一般按天数计算，在不影响计算结果合理性的前提下，也可以采用简化的计算方法，按月数计算。新发行普通股股数，应当根据发行合同的具体条款，从应收对价之日(一般为股票发行日)起计算确定。

【案例2】派发股票股利、公积金转增资本、拆股和并股的基本每股收益的列报。资料：

某企业2016年和2017年归属于普通股股东的净利润分别为1596万元和1848万元，2016年1月1日发行在外的普通股为800万股，2016年4月1日按市价新发行普通股160万股，2017年7月1日分派股票股利，以2016年12月31日总股本960万股为基数每10股送3股，假设不存在其他股数变动因素。2017年度比较利润表中基本每股收益如何计算？

【分析】2017年度发行在外普通股加权平均数=(800+160+960×0.3)×12/12=1248(万股)。

2016年度发行在外普通股加权平均数=800×1.3×12/12+160×1.3×9/12=1196(万股)。

2017年度基本每股收益=1848/1248=1.48(元/股)。

2016年度基本每股收益=1596/1196=1.33(元/股)。

【操作指南】企业派发股票股利、公积金转增资本、拆股或并股等，会增加或减少其发行在外普通股或潜在普通股的数量，但并不影响所有者权益金额，这既不影响企业所拥有或控制的经济资源，也不改变企业的盈利能力，即意味着同样的损益现在要由扩大或缩小了的股份规模来享有或分担。因此，为了保持会计指标的前后期可比性，企业应当在相关报批手续全部完成后，按调整后的股数重新计算各列报期间的每股收益。上述变化发生于资产负债表日至财务报告批准报出日之间的，应当以调整后的股数重新计算各列报期间的每股收益。

二、稀释每股收益

【案例3】存在可转换公司债券的计算稀释每股收益。资料：

某上市公司2018年归属于普通股股东的净利润为25500万元，期初发行在外普通股股数为 1 亿股，年内普通股股数未发生变化。2018 年 1 月 1 日，公司按面值发行 4 亿元的 3 年期可转换公司债券，债券每张面值 100 元，票面固定年利率为 2%，假设不具备转股权的类似债券的市场利率为 3%。利息自发行之日起每年支付一次，即每年 12 月 31 日为付息日。该批可转换公司债券自发行结束后 12 个月以后即可转换为公司股票，即转股期为发行 12 个月后至债券到期日止的期间。转股价格为每股 10 元，即每 100 元债券可转换为 10 股面值为 1 元的普通股。债券利息不符合资本化条件，直接计入当期损益，所得税税率为 25%。计算该公司 2018 年度稀释每股收益。

【分析】 公司在对该批可转换公司债券初始确认时，根据《企业会计准则第 37 号——金融工具列报》的有关规定将负债和权益成分进行分拆。

每年支付利息 = 40000×2% = 800(万元)。

负债成分公允价值 = $800/(1+3\%)+800/(1+3\%)^2+40800/(1+3\%)^3$ = 38868.56(万元)。

权益成分公允价值 = 40000－38868.56 = 1131.44(万元)。

假设转换所增加的净利润 = 38868.56×3%×(1－25%) = 874.54(万元)。

假设转换所增加的普通股股数 = 40000/10 = 4000(万股)。

增量股的每股收益 = 874.54/4000 = 0.22(元)。

增量股的每股收益小于基本每股收益，可转换公司债券具有稀释作用。

稀释每股收益 = (25500+874.54)/(10000+4000) = 1.88(元)。

【操作指南】 稀释每股收益，是指企业存在具有稀释性潜在普通股的情况下，以基本每股收益的计算为基础，在分母中考虑稀释性潜在普通股的影响，同时对分子也作相应的调整。

计算稀释每股收益，应当根据下列事项对归属于普通股股东的当期净利润进行调整。

(1) 当期已确认为费用的稀释性潜在普通股的利息。

(2) 稀释性潜在普通股转换时将产生的收益或费用。

上述调整应当考虑相关的所得税影响。同时，根据企业存在稀释性潜在普通股，调整分母上发行在外普通股的加权平均数。

稀释性潜在普通股，是指假设当期转换为普通股会减少每股收益的潜在普通股。目前，常见的潜在普通股主要包括可转换公司债券、认股权证和股份期权等。

对于可转换公司债券，计算稀释的每股收益时，分子的调整项目为可转换债券当期已确认为费用的利息、溢价或折价摊销等的税后影响额；分母的调整项目为增加的潜在普通股，按照可转换公司债券合同规定，可以转换为普通股的加权平均数。当期已确认为费用的利息、溢价或折价的摊销金额，按照《企业会计准则》相关规定计算。

【案例 4】 存在认股权证、股份期权计算稀释每股收益。资料：

某公司2018年度归属于普通股股东的净利润为500万元，发行在外的普通股加权平均数为1250万股，该普通股平均每股市场价格为4元。2018年1月1日，该公司对外发行250万份认股权证，行权日为2018年3月1日，每份认股权证可以在行权日以3.5元的价格认购本公司1股新发的股份。

该公司2018年度每股收益计算如下。

基本每股收益=500/1250=0.4(元)。

调整增加的普通股股数=250-250×3.5/4=31.25(万股)

稀释每股收益=500/(1250+31.25)=0.39(元)。

【操作指南】 按照认股权证合同和股份期权合约，认股权证、股份期权等的行权价格低于当期普通股平均市场价格时，应当考虑其稀释性。计算稀释的每股收益时，分子的净利润金额不变，分母应考虑可以转换的普通股股数的加权平均数与按照当期普通股平均市场价格能够发行的普通股股数的加权平均数的差额。

【案例5】 子公司、合营企业或联营企业发行的潜在普通股计算稀释每股收益。资料：

甲公司2018年度归属于普通股股东的净利润为72000万元(不包括子公司乙公司利润或乙公司支付的股利)，发行在外普通股加权平均数为60000万股，持有乙公司70%的普通股股权。乙公司2018年度归属于普通股股东的净利润为32400万元，发行在外普通股加权平均数为13500万股，该普通股当年平均市场价格为8元。年初，乙公司对外发行900万份可用于购买其普通股的认股权证，行权价格为4元，甲公司持有18万份认股权证，当年无认股权证被行权。假设除股利外，母子公司之间没有其他需抵消的内部交易；甲公司取得对乙公司投资时，乙公司各项可辨认资产等的公允价值与其账面价值一致。则2018年度每股收益如何计算?

【分析】 (1)子公司每股收益。

基本每股收益=32400/13500=2.4(元/股)。

调整增加的普通股股数=900-900×4/8=450(万股)。

稀释每股收益=32400/(13500+450)=2.32(元/股)。

(2)合并每股收益。

1)归属于母公司普通股股东的母公司净利润=72000(万元)。

包括在合并基本每股收益计算中的子公司净利润部分=2.4×13500×70%=22680(万元)。

基本每股收益=(72000+22680)/60000=1.58(元/股)。

2)子公司净利润中归属于普通股且由母公司享有的部分=2.32×13500×70%=21924(万元)。

子公司净利润中归属于认股权证且由母公司享有的部分=2.32×450×18/900=20.88

(万元)。

稀释每股收益=(72000+21924+20.88)/60000=1.57(元/股)。

【操作指南】子公司、合营企业、联营企业发行能够转换成其普通股的稀释性潜在普通股，不仅应当包括在其稀释每股收益计算中，而且还应当包括在合并稀释每股收益以及投资者稀释每股收益的计算中。

存在多项潜在普通股时，每次发行或一系列发行的潜在普通股应当视为不同的潜在普通股，分别判断其稀释性，而不能将其作为总体考虑。企业对外发行不同潜在普通股的，应当按照其稀释程度从大到小的顺序计入稀释每股收益，直至稀释每股收益达到最小值。稀释程度根据增量股的每股收益衡量，即假定稀释性潜在普通股转换为普通股时，将增加的归属于普通股股东的当期净利润除以增加的普通股股数的金额。期权和认股权通常排在前面计算，因为此类潜在普通股转换一般不影响净利润。

第三十五章　分部报告

第一节　分部报告概述

企业提供的分部信息，应当有助于会计信息使用者评价企业所从事经营活动的性质和财务影响以及经营所处的经济环境，评估企业的风险和报酬，把握企业整体的经营情况，对未来的发展趋势做出合理的预期。企业应当以内部组织结构、管理要求、内部报告制度为依据确定经营分部，以经营分部为基础确定报告分部，并按相关规定披露分部信息。

第二节　案例分析与操作指南

一、经营分部的认定

【案例 1】经营分部的确定。资料：

甲公司主要生产 A、B、C、D 四个品牌的皮箱、手提包、公文包、皮带等，以及相关产品的运输、销售，每种产品均由独立的业务部门完成。其生产的产品主要销往世界各地。甲公司各项业务 2018 年 12 月 31 日有关资料如表 35-1 所示，不考虑其他因素。假定甲公司管理层定期评价各业务部门的经营成果，以配置资源、评价业务；各品牌皮箱的生产过程、客户类型、销售方式等类似；经预测，生产皮箱的 4 个部门今后 5 年内平均销售毛利率与本年度差异不大。

表 35-1　甲公司有关业务资料　　单位：万元

项目	品牌 A	品牌 B	品牌 C	品牌 D	手提包	公文包	皮带	销售公司	运输公司	合计
营业收入	10600.00	13000.00	10000.00	9500.00	26000.00	23000.00	6900.00	27000.00	5000.00	131000.00
其中：对外交易	10000.00	12000.00	8000.00	9000.00	18000.00	15000.00	5000.00	27000.00	5000.00	109000.00
分部间交易	600.00	1000.00	2000.00	500.00	8000.00	8000.00	1900.00	0.00	0.00	22000.00
营业费用	7420.00	9230.00	6900.00	6650.00	15600.00	14260.00	5520.00	22000.00	3000.00	90580.00

续表

项目	品牌 A	品牌 B	品牌 C	品牌 D	手提包	公文包	皮带	销售公司	运输公司	合计
其中：对外交易	6000.00	7830.00	5700.00	6200.00	14900.00	13200.00	4720.00	20500.00	3000.00	82050.00
分部间交易	1420.00	1400.00	1200.00	450.00	700.00	1060.00	800.00	1500.00	0.00	8530.00
营业利润	3180.00	3770.00	3100.00	2850.00	10400.00	8740.00	1380.00	5000.00	2000.00	40420.00
销售毛利率	30%	29%	31%	30%	40%	38%	20%	18.50%	40%	30.85%
资产总额	35000.00	40000.00	30000.00	26000.00	65000.00	59000.00	25000.00	70000.00	30000.00	380000.00
负债总额	15000.00	17000.00	13000.00	12000.00	31000.00	20000.00	15000.00	30000.00	18000.00	171000.00

【分析】甲公司的各组成部分能够分别在日常生活中产生收入、发生费用，甲公司管理层定期评价各业务部门的经营成果以配置资源、评价业绩，甲公司能够取得各组成部分的财务状况、经营成果和现金流量等会计信息，因此，各组成部分满足经营分部的定义，可以分别确定为不同的经营分部。与此同时，甲公司生产 A、B、C、D 品牌皮箱的 4 个部门，其销售毛利率分别是 30%、29%、31%、30%，即具有相近的长期财务业绩；4 个品牌皮箱的生产过程、客户类型、销售方式等类似，具有相似的经济特征。因此，甲公司在确定经营分部时，可以将生产 A、B、C、D 品牌皮箱的 4 个部门予以合并，作为一个经营分部(皮箱分部)。合并后，皮箱经营分部的分部收入为 43100 万元，分部费用为 30200 万元，分部利润为 12900 万元。

【操作指南】经营分部，是指企业内同时满足下列条件的组成部分：(1)该组成部分能够在日常活动中产生收入、发生费用；(2)企业管理层能够定期评价该组成部分的经营成果，以决定向其配置资源、评价其业绩；(3)企业能够取得该组成部分的财务状况、经营成果和现金流量等有关会计信息。企业应当以内部组织结构、管理要求、内部报告制度为依据确定经营分部。

经济特征不相似的经营分部，应当分别确定为不同的经营分部。企业存在相似经济特征的两个或多个经营分部，例如，具有相近的长期财务业绩，包括具有相近的长期平均毛利率、资金回报率、未来现金流量等，将其合并披露可能更为恰当。具有相似经济特征的两个或多个经营分部，在同时满足下列条件时，可以合并为一个经营分部。

(1)各单项产品或劳务的性质相同或相似，包括产品或劳务的规格、型号、最终用途等。

(2)生产过程的性质相同或相似，包括采用劳动密集或资本密集方式组织生产、使用相同或相似设备和原材料、采用委托生产或加工方式等。

(3)产品或劳务的客户类型相同或相似，包括大宗客户、零散客户等。

(4)销售产品或提供劳务的方式相同或相似，包括批发、零售、自产自销、委托销售、承包等。

(5)生产产品或提供劳务受法律、行政法规的影响相同或相似，包括经营范围或交易定价机制等。

二、报告分部的确定

【案例2】重要性标准的判定。资料：

乙公司设定六个业务分部，分别是汽车制造业分部、彩电制造业分部、造纸业分部、石油开采业分部、食品生产业分部和金融业分部。这些分部的有关资料见表35-2。

表35-2　乙公司业务分部报告　　单位：百万元

项目	汽车制造业分部	彩电制造业分部	造纸业分部	石油开采业分部	食品生产业分部	金融业分部
销售收入——外部客户	700.00	150.00	150.00	450.00	60.00	0.00
销售收入——分部间销售	250.00	30.00	0.00	0.00	40.00	0.00
利息收入——分部客户	0.00	40.00	20.00	30.00	10.00	200.00
利息收入——分部间贷款	0.00	0.00	0.00	0.00	0.00	80.00
费用						
经营费用——外部客户	350.00	80.00	190.00	510.00	30.00	50.00
经营费用——分部间销售	200.00	40.00	0.00	0.00	20.00	20.00
利息费用	0.00	0.00	0.00	0.00	0.00	120.00
所得税费用	150.00	30.00	(30)	(60)	10.00	10.00
可辨认资产						
有形资产	200.00	20.00	20.00	200.00	20.00	200.00
无形资产	40.00	10.00	20.00	70.00	10.00	0.00
分部间贷款	0.00	0.00	0.00	0.00	0.00	100.00

【分析】按重要性标准进行分部检验。

(1)营业收入10%的检验。在对该公司的业务分部进行营业收入检验时，必须注意，除了金融业分部营业收入外，其他业务分部营业收入不包括来自分部间的贷款利息收入。有关业务分部营业收入的检验见表35-3。

表35-3　业务分部营业收入检验表　　单位：百万元

业务分部	业务分部营业收入	符号	判定值（10%×2，260.00）	是否应报告
汽车制造业分部	1，000.00	>	226.00	是
彩电制造业分部	220.00	<	226.00	否

续表

业务分部	业务分部营业收入	符号	判定值 (10%×2，260.00)	是否应报告
造纸业分部	170.00	<	226.00	否
石油开采业分部	480.00	>	226.00	是
食品生产业分部	110.00	<	226.00	否
金融业分部	280.00	>	226.00	是
合　计	2，260.00			

(2)经营利润或亏损10%的检验。表35-3已经将各业务分部的营业收入列明，这些业务分部的营业收入减去各相应的业务分部经营费用后，就是这些业务分部的经营利润或亏损。但是，需要注意的是，除了金融业分部营业费用外，其他业务分部的经营费用不包括利息费用；另外包括金融业分部在内的各个业务分部经营费用都不包括所得税。各业务分部经营利润或亏损的计算见表35-4。

表35-4　业务分部经营利润表

单位：百万元

业务分部	分部营业收入	分部营业费用	分部经营利润	分部经营亏损
汽车制造业分部	1，000.00	550.00	450.00	
彩电制造业分部	220.00	120.00	100.00	
造纸业分部	170.00	190.00		20.00
石油开采业分部	480.00	510.00		30.00
食品生产业分部	110.00	50.00	60.00	
金融业分部	280.00	190.00	90.00	
合　计	2，260.00	1，610.00	700.00	50.00

有关各业务分部经营利润的检验见表35-5。

表35-5　业务分部经营利润检验表

单位：百万元

业务分部	盈利分部的营业利润	亏损分部的营业亏损	符号	判定值 (10%×700.00)	是否应报告
汽车制造业分部	450.00		>	70.00	是
彩电制造业分部	100.00		>	70.00	是
造纸业分部		20.00	<	70.00	否
石油开采业分部		30.00	<	70.00	否
食品生产业分部	60.00		<	70.00	否
金融业分部	90.00		>	70.00	是
合　计	700.00	50.00			

(3)可辨认资产10%的检验。进行可辨认资产10%检验见表35-6，必须注意的是，除了金融分部可辨认资产外，其他业务分部可辨认资产将不包括分部间贷款。

表 35-6　业务分部可辨认资产检验表

单位：百万元

业务分部	业务分部可辨认资产	符号	判定值（10%×910.00）	是否应报告
汽车制造业分部	240.00	>	91.00	是
彩电制造业分部	30.00	<	91.00	否
造纸业分部	40.00	<	91.00	否
石油开采业分部	270.00	>	91.00	是
食品生产业分部	30.00	<	91.00	否
金融业分部	300.00	>	91.00	是
合　计	910.00			

(4)以上三种10%的检验结果的综合分析。三种10%的检验的结果汇总如表35-7，其中满足各检验的画“√”，不满足各检验的画“×”。

表 35-7　检验结果综合分析表

单位：百万元

业务分部	营业收入10%检验	经营利润或亏损10%检验	可辨认资产10%检验
汽车制造业分部	√	√	√
彩电制造业分部	×	√	×
造纸业分部	×	×	×
石油开采业分部	√	×	√
食品生产业分部	×	×	×
金融业分部	√	√	√

根据三种检验的结果进行综合分析，可得出下列结论：汽车制造业分部、彩电制造业分部、石油开采业分部、金融业务分部是应报告业务分部；而造纸业分部、食品生产业分部不是应报告业务分部，因为这两个业务分部不满足三种10%的检验中的任何一个检验。因此对这两个业务分部的分解是不必要的，它们可以合在一起，以总额列报。

【操作指南】企业应当以经营分部为基础确定报告分部。

(1)经营分部满足下列条件之一的，应当确定为报告分部。

1)该分部的分部收入占所有分部收入合计的10%或者以上。

2)该分部的分部利润(亏损)的绝对额，占所有盈利分部利润合计额或者所有亏损分部亏损合计额的绝对额两者中较大者的10%或者以上。

3)该分部的分部资产占所有分部资产合计额的10%或者以上。

(2)经营分部未满足上述10%重要性标准的，可以按照下列规定确定报告分部。

1)企业管理层认为披露该经营分部信息对会计信息使用者有用的，可以将其确定为报告分部。在这种情况下，无论该经营分部是否满足10%的重要性标准，企业都可以直接将其指定为报告分部。

2)将该经营分部与一个或一个以上的具有相似经济特征、满足经营分部合并条件的其他经营分部合并，作为一个报告分部。对经营分部10%的重要性测试可能会导致企业存在大量未满足10%数量临界线的经营分部，在这种情况下，如果企业没有直接将这些经营分部指定为报告分部，可以将一个或一个以上具有相似经济特征、满足经营分部合并条件的一个以上的经营分部合并成一个报告分部。

3)不将该经营分部直接指定为报告分部，也不将该经营分部与其他未作为报告分部的经营分部合并为一个报告分部的，企业在披露分部信息时，应当将该经营分部的信息与其他组成部分的信息合并，作为其他项目单独披露。

(3)报告分部75%的标准。

企业的经营分部达到规定的10%重要性标准认定为报告分部后，确定为报告分部的经营分部的对外交易收入合计额占合并总收入或企业总收入的比重应当达到75%的比例。如果未达到75%的标准，企业应增加报告分部的数量，将其他未作为报告分部的经营分部纳入报告分部的范围，直到该比重达到75%。此时，其他未作为报告分部的经营分部很可能未满足前述规定的10%重要性标准，但为了使报告分部的对外交易收入合计额占合并总收入或企业总收入的总体比重能够达到75%的比例要求，也应当将其确定为报告分部。

(4)报告分部的数量。

根据前述的确定报告分部的原则，企业确定的报告分部数量可能超过10个，此时，企业提供的分部信息可能变得非常烦琐，不利于会计信息使用者理解和使用。因此，报告分部的数量通常不应当超过10个。如果报告分部的数量超过10个，企业应当考虑将具有相似经济特征、满足经营分部合并条件的报告分部进行合并，以使合并后的报告分部数量不超过10个。

【案例3】分部信息的披露与财务分析。资料：

ABC股份有限公司系大型跨行业经营公司，主要由家用电器、医疗卫生器械和汽车制造等三个业务分部组成。这些部门是公司报告其主要分部信息的基础。家用电器分部生产多种型号的电视机、高级音响、各种家用小电器；医疗卫生器械分部主要生产医疗器械、卫生消毒产品；汽车制造分部主要生产农用车、小型货车及经济型轿车；其他经营包括计算机软件以及房产出租等。该公司2018年分部报告如表35-8所示。

表35-8 ABC股份有限公司2018年分部报告

单位：百万元

分部、项目	家用电器		医疗卫生器械		汽车制造		其他经营		抵销		未分配项目		合计	
	2018	2017	2018	2017	2018	2017	2018	2017	2018	2017	2018	2017	2018	2017
一、营业收入合计	140.00	120.00	240.00	100.00	100.00	80.00	18.00	18.00	-74.00	-34.00			424.00	284.00

续表

分部、项目	家用电器		医疗卫生器械		汽车制造		其他经营		抵销		未分配项目		合计	
	2018	2017	2018	2017	2018	2017	2018	2017	2018	2017	2018	2017	2018	2017
其中：对外营业收入	110. 00	100. 00	220. 00	90. 00	80. 00	80. 00	14. 00	14. 00					424. 00	284. 00
分部间营业收入	30. 00	20. 00	20. 00	10. 00	20. 00	0. 00	4. 00	4. 00	-74. 00	-34. 00				
二、销售成本合计	110. 00	90. 00	160. 00	70. 00	70. 00	55. 00	12. 00	13. 00	-50. 00	-33. 00			302. 00	195. 00
其中：对外销售成本	90. 00	75. 00	145. 00	52. 00	55. 00	55. 00	12. 00	13. 00					302. 00	195. 00
分部间销售成本	20. 00	15. 00	15. 00	18. 00	15. 00	0. 00	0. 00	0. 00	-50. 00	-33. 00				
三、期间费用合计	15. 00	15. 00	15. 00	12. 00	8. 00	7. 00	3. 00	2. 00			5. 00	4. 00	46. 00	40. 00
四、营业利润	15. 00	15. 00	65. 00	18. 00	22. 00	18. 00	3. 00	3. 00	-24. 00	-1. 00	-5. 00	-4. 00	76. 00	49. 00
五、资产总额	108. 00	100. 00	110. 00	100. 00	200. 00	100. 00	20. 00	18. 00			10. 00	8. 00	448. 00	326. 00
六、负债总额	50. 00	30. 00	40. 00	30. 00	110. 00	50. 00	2. 00	2. 00			16. 00	18. 00	218. 00	130. 00

ABC 公司如何进行 2018 年分部信息的披露与财务分析？

【分析】 ABC 公司的经营风险和收益主要来源于不同的公司业务，因此按照业务分部披露分部信息能揭示企业的经营风险和盈利能力，比较合适。该公司在分部划分上保持了会计政策的一贯性。公司内部各分部间的内部转移价格以市场价格为依据，因此分部报告基本公允地表达了各分部的经营状况。

(1)各分部收入对外依赖程度分析。

家用电器分部：110÷140×100%＝78. 57%。

医疗卫生器械分部：220÷240×100%＝91. 67%。

汽车制造分部：80÷100×100%＝80%。

可以看出，各分部收入对外部客户的依赖程度都较高，分部间虽存在一定的内部交易，但交易份额较小。其中，医疗卫生器械分部对外部客户依赖程度最高，因此受外部因素影响最大。

(2)各分部对公司的销售收入、利润总额的贡献分析。

2017 年整体销售收入为 284 百万元，其中，

家用电器分部贡献：100÷284×100%＝35. 21%。

医疗卫生器械分部贡献：90÷284×100%＝31. 69%。

汽车制造分部贡献：80÷284×100%=28.17%。

2017 年公司整体营业利润为 49 百万元，其中，

家用电器分部贡献：(100-75-15)÷49×100%=20.41%。

医疗卫生器械分部贡献：(90-52-12)÷49×100%=53.06%。

汽车制造分部贡献：(80-55-7)÷49×100%=36.73%。

注：在计算各分部对公司贡献时，只考虑各分部对外部销售对公司整体销售收入和营业利润的贡献。

从 2017 年的分析中可以看出，公司整体销售收入均衡来源于三个分部。其中家用电器分部对销售收入贡献最大，但由于其利润率相对较低，且其对内部交易的依赖程度相对较大，所以对公司整体利润贡献较低，这与该分部的产品性质和实施成本领先的经营战略相关。而医疗卫生器械分部对公司营业利润贡献最大，这与其对外部客户销售额较大和产品市场竞争结构相关。

2018 年公司整体销售收入为 424 百万元，其中，

家用电器分部贡献：110÷424×100%=25.94%。

医疗卫生器械分部贡献：220÷424×100%=51.89%。

汽车制造分部贡献：80÷424×100%=18.87%。

2018 年公司整体营业利润为 76 百万元，其中，

家用电器分部贡献：(110-90-15)÷76×100%=6.58%。

医疗卫生器械分部贡献：(220-145-15)÷76×100%=78.95%。

汽车制造分部贡献：(80-55-8)÷76×100%=22.37%。

从 2018 年的分析中可以看出，由于突发的公共卫生事件影响，医疗卫生器械的销售额大幅度增长，使其对公司整体的销售收入达到一半以上，同时由于医疗卫生器械的超额利润率，公司 2018 年的营业利润主要来自医疗卫生器械分部。而对于家用电器分部，其对公司整体营业利润的贡献进一步减小，说明其实施的成本领先战略只降低了产品价格，而并未从根本上降低成本，从而使其产品的毛利率下降。该分部应重新考虑其战略的合理性和可行性。

(3)公司盈利增长分析。2018 年公司整体的销售收入和营业利润都有大幅度增长。销售收入从 284 百万元增至 424 百万元，增长为 140 百万元，其中来自医疗卫生器械分部的销售收入增长为 130 百万元(220-90)；公司营业利润从 49 百万元增至 76 百万元，增长为 27 百万元，其中来自医疗卫生器械分部的对外营业利润增长为 34 百万元[(220-145-15)-(90-52-12)]，而与此同时家用电器分部对外营业利润有所减少，为-5 百万元[(110-90-15)-(100-75-15)]。应该看到，尽管 2018 年公司整体业绩增长，但其增长主要是由于突发的偶然因素，一旦该因素消除，公司可能很难保持强劲的增长势头。

综合以上分析，ABC 公司 2018 年业绩良好，其增长速度较快，但主要受益于突发

因素的拉动需求影响，其业绩增长主要来源于医疗卫生器械分部。会计信息使用者应充分考虑该因素的不确定性，对企业未来的发展趋势做出理性判断，公司家用电器分部经营业绩下滑，应适当缩小其规模或改变经营策略。汽车制造分部将成为ABC公司的发展重心，信息使用者可以结合该公司新研制的两款车型的市场预测，来分析公司未来的发展前景和经营风险。

【操作指南】企业披露的分部信息，应当有助于会计信息使用者评价企业所从事经营活动的性质和财务影响以及经营所处的经济环境。企业应当以对外提供的财务报表为基础披露分部信息；对外提供合并财务报表的企业，应当以合并财务报表为基础披露分部信息。投资者也可以根据企业提供的分部信息做出合理的投资决策。

第三十六章　关联方披露

第一节　关联方披露概述

一、关联方、关联方关系和关联方交易

关联方是一方控制、共同控制另一方或对另一方施加重大影响，以及两方或两方以上受同一控制、共同控制的，构成关联方。关联方各方就具有关联方关系。关联方关系的存在是以控制、共同控制或重大影响为前提条件的。在判断是否存在关联方关系时，应当遵循实质重于形式的原则。具有关联方关系的各方发生的交易即是关联方交易。

但是，与该企业发生日常往来的资金提供者、公用事业部门、政府部门和机构，以及因与该企业发生大量交易而存在经济依存关系的单个客户、供应商、特许商、经销商和代理商之间，不构成关联方关系。与该企业共同控制合营企业的合营者之间，通常不构成关联方关系。仅仅同受国家控制而不存在控制、共同控制或重大影响关系的企业，不构成关联方关系。受同一方重大影响的企业之间不构成关联方关系。

二、关联方交易的类型

存在关联方关系的情况下，关联方之间发生的交易为关联方交易，关联方的交易类型主要有：购买或销售商品、购买或销售除商品以外的其他资产、提供或接受劳务、担保、提供资金(贷款或股权投资)、租赁、代理、研究与开发项目的转移、许可协议、代表企业或由企业代表另一方进行债务结算、关键管理人员薪酬等。

第二节　案例分析与操作指南

【案例1】关联方关系的认定。资料：

甲上市公司拥有乙公司40%的股份，甲公司又把这40%的股份转交给了其占有5%股份的丙公司，丙公司又把乙公司40%的股份转交给了甲公司的子公司丁公司。则判断以上交易是否是关联方交易。

【分析】表面上看甲公司和丙公司不存在关联方关系，其交易也不是关联方交易，

丙公司和丁公司也不是关联方关系，其交易也不是关联方交易。但是从交易的实质上看，其实是甲公司把持有的乙公司股份转让给了其子公司丁公司，应是关联方交易。把股份转让给丙公司正是为了转让给其子公司丁公司。

【操作指南】在判断关联交易是否存在的时候要遵循实质重于形式的原则，综合起来加以考虑，有些交易表面上看来不是关联交易，但是实质上确实是关联交易，这就要看到每一笔交易的本质是什么。

【案例 2】关联方关系的认定。资料：

分析、判断下列哪些情况构成关联方关系，哪些情况不构成关联方关系。

(1) A 公司和 B 公司同受 C 公司控制。

(2) 甲公司与 W 公司签订承包合同(甲公司与 W 公司之间无其他关系)，承包合同规定：甲公司承包 W 公司的子公司丁企业，承包期 3 年，在承包期限内甲公司全面负责丁企业的财务和经营决策。

(3) 甲公司与其董事长的儿子。

(4) 甲公司与其总经理拥有 51%股份的戊公司。

(5) 甲公司的主要供货商 A 公司。

(6) 甲公司持有 D 公司 30%的股权，能够对 D 公司施加重大影响。

(7) 甲公司与丙公司均受 F 公司重大影响。

(8) A、B、C、D 企业各占 F 企业有表决权资本的 25%，按照合同规定，投资各方按照出资比例控制 F 企业，由于出资比例相同，F 企业由 A、B、C、D 企业共同控制。

(9) 甲公司与其独立董事王某。

(10) 张某是甲公司的主要投资者。

【分析】资料(1)，A 公司和 B 公司同受 C 公司控制。从而 A 公司和 B 公司之间构成关联方关系。

资料(2)，这种情况下，甲公司全面负责丁企业的财务和经营决策，控制了 W 公司的子公司丁企业，甲公司与丁企业存在关联方关系，但甲公司与 W 公司不构成关联方关系。

资料(3)，关联方关系包括某一企业与其关键管理人员关系密切的家庭成员之间的关系，甲公司与其董事长的儿子属于关联方。

资料(4)，某一企业与受该企业关键管理人员控制的企业之间具有关联方关系，甲公司与其总经理拥有 51%股份的戊公司属于关联方。

资料(5)，与企业发生大量交易而存在经济依存关系的单个客户、供应商、特许商、经销商和代理商之间，不构成关联方关系。所以甲公司与 A 公司不是关联方。

资料(6)，D 公司是甲公司的联营企业，甲公司与 D 公司是关联方。

资料(7)，受同一方重大影响的企业之间不构成关联方，故甲公司与丙公司不是关联方。

资料(8)，由于出资比例相同，F企业由A、B、C、D企业共同控制，在这种情况下，A和F、B和F、C和F以及D和F之间构成关联方关系。

资料(9)，独立董事不参与企业的日常经营，对公司事务做出独立的判断，独立董事不属于关键管理人员。甲公司与其独立董事王某之间不构成关联方关系。

资料(10)，某一企业与其主要投资者个人之间构成关联方关系，所以张某与甲公司是关联方。

【操作指南】从一个企业的角度出发，与其存在关联方关系的各方如下。

(1)该企业的母公司，不仅包括直接或间接地控制该企业的其他企业；也包括能够对该企业实施直接或间接控制的单位等。

(2)该企业的子公司，包括直接或间接地被该企业控制的其他企业，也包括直接或间接地被该企业控制的企业、单位、基金等特殊目的实体。

(3)与该企业受同一母公司控制的其他企业。

(4)对该企业实施共同控制的其他企业。

(5)该企业施加重大影响的投资方。

(6)该企业的合营企业。

(7)该企业的联营企业。

(8)该企业的主要投资者个人及与其关系密切的家庭成员。

(9)该企业或其母公司的关键管理人员及与其关系密切的家庭成员。关键管理人员，是指有权力并负责计划、指挥和控制企业活动的人员。通常情况下，企业关键管理人员负责管理企业的日常经营活动，并且负责制定经营计划、战略目标、指挥调度生产经营活动等，主要包括董事长、董事、董事会秘书、总经理、总会计师、财务总监、主管各项事务的副总经理以及行使类似决策职能的人员等。

(10)该企业主要投资者个人、关键管理人员或与其关系密切的家庭成员控制、共同控制的其他企业。与主要投资者个人或关键管理人员关系密切的家庭成员，是指在处理与企业的交易时可能影响该个人或受该个人影响的家庭成员，例如父母、配偶、兄弟、姐妹和子女等。判断与主要投资者个人或关键管理人员关系密切的家庭成员是否为一个企业的关联方，应当视他们在处理与企业交易时的互相影响程度而定。对于这类关联方，应当根据主要投资者个人、关键管理人员或与其关系密切的家庭成员对两家企业的实际影响力具体分析判断。

(11)该企业关键管理人员提供服务的提供方与服务接受方。

第三十七章　金融工具列报

第一节　金融工具列报概述

一、金融工具列报概念

金融工具列报是将金融工具相关的资产负债、经营业绩和金融风险状况列示和披露的过程。金融工具列报是企业财务报告的重要内容，是揭示、防范和控制金融风险、提高金融市场透明度、维护金融稳定和发展、保护投资者利益的重要手段。但是，随着我国多层次资本市场的建设、利率汇率的进一步市场化、金融创新步伐的加快、金融风险管理要求的提高，以及金融监管的转型与强化，金融工具列报准则出现了一些不适应形势发展需要的情况，比如，财务报表中有关金融资产、金融负债和权益工具的分类与列示以及有关价值变动信息的披露需要进一步改进，有关报表项目金额的估计技术和假设需要充分披露，企业面临的金融风险及其风险管理策略披露不够等。为此，需要对金融工具列报准则做出系统修改和完善。

2017 年基于金融工具创新的需要，印发修订了《企业会计准则第 37 号——金融工具列报》(财会〔2017〕14 号)。

二、适用范围

适用于所有企业发行或持有的各种类型的金融工具的列报，但以下情况例外。

(1)《企业会计准则第 41 号——在其他主体中权益的披露》(以下简称“其他主体中权益准则”)要求企业对子公司、合营安排和联营企业的投资按照该准则在财务报表附注中进行披露。但是，涉及与在子公司、合营安排或联营企业中的权益相联系的衍生工具的，该衍生工具的列报适用本准则。

(2)《企业会计准则第 33 号——合并财务报表》规定，符合投资性主体定义的企业对为其投资活动提供相关服务的子公司以外的其他子公司不予合并，并且对这类其他子公司的投资按照公允价值计量且其变动计入当期损益。投资性主体对于为其活动提供相关服务的子公司以外的其他子公司的投资的核算，适用金融工具确认计量准则，相关的披露要求同时适用本准则和其他主体中权益准则。

(3)根据《企业会计准则第 2 号——长期股权投资》的规定，风险投资机构、共同基金以及类似主体持有的对联营企业或合营企业的投资，可以在初始确认时按照金融工具确认计量准则规定以公允价值计量且其变动计入当期损益。如果企业选择按照金融工具确认计量准则核算该类投资，则相关的披露要求同时适用本准则和其他主体中权益准则。

(4)企业在结构化主体(包括纳入和未纳入合并财务报表范围的结构化主体)中权益的披露，适用其他主体中权益准则。但企业对结构化主体不实施控制或共同控制，且无重大影响的，企业在该结构化主体中权益的披露应当同时适用本准则和其他主体中权益准则。

(5)以股份为基础的支付合同虽然符合金融工具的定义，但其核算和列报由《企业会计准则第 11 号——股份支付》规范。但是，按照本准则第四条，股份支付合同可能适用本准则。此外，股份支付中涉及企业发行、回购、出售或注销库存股适用本准则。

(6)《企业会计准则第 14 号——收入》规范的属于金融工具的合同权利和义务，其披露适用该准则。但是，确认和计量相关减值损失和利得时应当适用金融工具确认计量准则的合同权利，应当遵循本准则有关信用风险披露的要求。

(7)债务重组中涉及的相关权利、义务的核算和列报，适用《企业会计准则第 12 号——债务重组》。对于债务重组中涉及的金融资产转移(例如以金融资产清偿债务)，应当按本准则要求进行披露。

(8)保险合同符合金融工具的定义，但因保险合同所涉及的保险负债的计量具有一定的特殊性，其核算和列报由保险合同相关会计准则进行规范，不适用本准则。

(9)因职工薪酬计划形成的企业的义务，符合金融工具的定义。但由于职工薪酬相关义务的计量具有一定的特殊性，其核算和列报由《企业会计准则第 9 号——职工薪酬》规范，不适用本准则。

(10)买入或卖出非金融项目的合同，如果能够以现金或其他金融工具净额结算或通过交换金融工具结算，且不是为预定的购买、销售或使用要求而签订和持有(即交易目的本身不是为了购买、销售或使用非金融项目)，适用本准则。

(11)指定为以公允价值计量且其变动计入当期损益的金融负债的贷款承诺，能够以现金净额结算，或通过交换或发行其他金融工具结算的贷款承诺，以及以低于市场利率贷款的贷款承诺，应当按照金融工具确认计量准则的规定进行核算。对于适用金融工具确认计量准则已确认的贷款承诺的列报，应当适用本准则；对于金融工具确认计量准则未规范的贷款承诺，以及其他未确认的金融工具的披露，也适用本准则。

(12)对于与金融工具相关的交易或事项涉及所得税的，应当按照《企业会计准则第 18 号——所得税》进行会计处理。

三、金融负债和权益工具的概念

金融负债，是指企业符合下列条件之一的负债：①向其他方交付现金或其他金融资产的合同义务；②在潜在不利条件下，与其他方交换金融资产或金融负债的合同义务；③将来须用或可用企业自身权益工具进行结算的非衍生工具合同，且企业根据该合同将交付可变数量的自身权益工具；④将来须用或可用企业自身权益工具进行结算的衍生工具合同，但以固定数量的自身权益工具交换固定金额的现金或其他金融资产的衍生工具合同除外。企业对全部现有同类别非衍生自身权益工具的持有方同比例发行配股权、期权或认股权证，使之有权按比例以固定金额的任何货币换取固定数量的该企业自身权益工具的，该类配股权、期权或认股权证应当分类为权益工具。其中，企业自身权益工具不包括应按照特殊金融工具分类为权益工具的金融工具，也不包括本身就要求在未来收取或交付企业自身权益工具的合同。

权益工具，是指能证明拥有某个企业在扣除所有负债后的资产中的剩余权益的合同。在同时满足下列条件的情况下，企业应当将发行的金融工具分类为权益工具：①该金融工具应当不包括交付现金或其他金融资产给其他方，或在潜在不利条件下与其他方交换金融资产或金融负债的合同义务；②将来须用或可用企业自身权益工具结算该金融工具。如为非衍生工具，该金融工具应当不包括交付可变数量的自身权益工具进行结算的合同义务；如为衍生工具，企业只能通过以固定数量的自身权益工具交换固定金额的现金或其他金融资产结算该金融工具。其中，企业自身权益工具不包括应按照特殊金融工具分类为权益工具的金融工具，也不包括本身就要求在未来收取或交付企业自身权益工具的合同。

第二节　案例分析与操作指南

一、金融负债和权益工具的区分

【案例 1】金融负债和权益工具的区分。资料：

事项 1：甲公司与乙公司签订的合同约定，甲公司以 100 万元等值的自身权益工具偿还所欠乙公司债务。

事项 2：甲公司发行了名义金额为人民币 100 万元的优先股，合同条款规定甲公司在 3 年后将优先股强制转换为普通股，转股价格为转股日前一工作日的该普通股市价。

【分析】对于事项 1：甲公司需偿还的负债金额 100 万元是固定的，但甲公司需交付的自身权益工具的数量随着其权益工具市场价格的变动而变动。在这种情况下，甲公司发行的该金融工具应当划分为金融负债。

对于事项 2：转股价格是变动的，未来须交付的普通股数量是可变的，实质可视作甲公司将在 3 年后使用自身普通股并按其市价履行支付优先股人民币 100 万元的义务。

在这种情况下，该强制可转换优先股整体是一项金融负债。

以上事项虽然是企业通过交付自身权益工具来结算合同义务，该合同仍属于一项金融负债，而并非企业的权益工具，因为企业以可变数量的自身权益工具作为合同结算方式，该合同不能证明持有方享有发行方在扣除所有负债后的资产中的剩余权益。

【操作指南】根据金融负债和权益工具区分的基本原则：如果一项金融工具须用或可用企业自身权益工具进行结算，企业需要考虑用于结算该工具的自身权益工具，是作为现金或其他金融资产的替代品，还是为了使该工具持有方享有在发行方扣除所有负债后的资产中的剩余权益。如果是前者，该工具是发行方的金融负债；如果是后者，该工具是发行方的权益工具。因此，对于以企业自身权益工具结算的金融工具，其分类需要考虑所交付的自身权益工具的数量是可变的还是固定的。

对于将来须用或可用企业自身权益工具结算的金融工具的分类，应当区分是衍生工具还是非衍生工具。例如，甲公司发行了一项无固定期限、能够自主决定支付本息的可转换优先股。按相关合同规定，甲公司将在第5年年末将发行的该工具强制转换为可变数量的普通股。该可转换优先股是一项非衍生工具。又如，甲公司发行一项5年期分期付息到期还本，同时到期可转换为甲公司普通股的可转换债券。该可转换债券中嵌入的转换权是一项衍生工具。

对于非衍生工具，如果发行方未来有义务交付可变数量的自身权益工具进行结算，则该非衍生工具是金融负债；否则，该非衍生工具是权益工具。

某项合同并不仅仅因为其可能导致企业交付自身权益工具而成为一项权益工具。企业可能承担交付一定数量的自身股票或其他权益工具的合同义务，如果将交付的企业自身权益工具数量是变化的，使得将交付的企业自身权益工具的数量乘以其结算时的公允价值恰好等于合同义务的金额，则无论该合同义务的金额是固定的，还是完全或部分地基于除企业自身权益工具的市场价格以外变量(例如，利率、某种商品的价格或某项金融工具的价格)的变动而变化，该合同应当分类为金融负债。

【案例2】金融负债和权益工具的区分。资料：

甲公司发行了一项年利率为8%、无固定还款期限、可自主决定是否支付利息的不可累积永续债，其他合同条款如下(假定没有其他条款导致该工具分类为金融负债)：①该永续债嵌入了一项看涨期权，允许甲公司在发行第5年及之后以面值回购该永续债；②如果甲公司在第5年年末没有回购该永续债，则之后的票息率增加至12%(通常称为“票息递增”特征)；③该永续债票息在甲公司向其普通股股东支付股利时必须支付(即“股利推动机制”)。

假设：甲公司根据相应的议事机制能够自主决定普通股股利的支付；该公司发行该永续债之前多年来均支付普通股股利。

【分析】尽管甲公司多年来均支付普通股股利，但由于甲公司能够根据相应的议事机制自主决定普通股股利的支付，并进而影响永续债利息的支付，对甲公司而言，该永续债并未形成支付现金或其他金融资产的合同义务；尽管甲公司有可能在第5年年末行使其回购权，但是甲公司并没有回购的合同义务，因此，该永续债应整体被分类为权益工具。

【操作指南】根据金融负债和权益工具区分的基本原则：如果企业能够无条件地避免交付现金或其他金融资产，例如，能够根据相应的议事机制自主决定是否支付股息(即无支付股息的义务)，同时所发行的金融工具没有到期日且持有方没有回售权，或虽有固定期限但发行方有权无限期递延(即无支付本金的义务)，则此类交付现金或其他金融资产的结算条款不构成金融负债。如果发放股利由发行方根据相应的议事机制自主决定，则股利是累积股利还是非累积股利本身均不会影响该金融工具被分类为权益工具。

相反，如果企业不能无条件地避免以交付现金或其他金融资产来履行一项合同义务，则该合同义务符合金融负债的定义

【案例3】附有或有结算条款的金融工具。资料：

甲公司发行1亿元优先股。按合同条款约定，甲公司可根据相应的议事机制自行决定是否派发股利，如果甲公司的控股股东发生变更(假设该事项不受甲公司控制)，甲公司必须按面值赎回该优先股。

【分析】该或有事项(控股股东变更)不受甲公司控制，属于或有结算事项。同时，该事项的发生或不发生也并非不具有可能性。由于甲公司不能无条件地避免赎回股份的义务，因此，该工具应当划分为一项金融负债。

【操作指南】附有或有结算条款的金融工具，指是否通过交付现金或其他金融资产进行结算，或者是否以其他导致该金融工具成为金融负债的方式进行结算，需要由发行方和持有方均不能控制的未来不确定事项(如股价指数、消费价格指数变动，利率或税法变动，发行方的未来收入、净收益或债务权益比率等)的发生或不发生(或发行方和持有方均不能控制的未来不确定事项的结果)来确定的金融工具。对于附有或有结算条款的金融工具，发行方不能无条件地避免交付现金、其他金融资产或以其他导致该工具成为金融负债的方式进行结算的，应当分类为金融负债。但是，满足下列条件之一的，发行方应当将其分类为权益工具：①要求以现金、其他金融资产或以其他导致该工具成为金融负债的方式进行结算的或有结算条款几乎不具有可能性，即相关情形极端罕见、显著异常或几乎不可能发生；②只有在发行方清算时，才需以现金、其他金融资产或以其他导致该工具成为金融负债的方式进行结算；③特殊金融工具中分类为权益工具的可回售工具。

二、特殊金融工具的区分

【案例4】可出售工具。资料：

甲企业为一合伙企业。相关入股合同约定：新合伙人加入时按确定的金额和持股比例入股，合伙人退休或退出时以其持股的公允价值予以退还；合伙企业营运资金均来自合伙人入股，合伙人持股期间可按持股比例分得合伙企业的利润(但利润分配由合伙企业自主决定)；当合伙企业清算时，合伙人可按持股比例获得合伙企业的净资产。

【分析】由于合伙企业在合伙人退伙或退出时有向合伙人交付金融资产的义务，因而该可回售工具(合伙人入股合同)满足金融负债的定义。同时，其作为可回售工具具备了以下特征：(1)合伙企业清算时合伙人可按持股比例获得合伙企业的净资产；(2)该入股款属于合伙企业中最次级类别的工具；(3)所有的入股款具有相同的特征；(4)合伙企业仅有以金融资产回购该工具的合同义务；(5)合伙人持股期间可获得的现金流量总额，实质上基于该工具存续期内企业的损益、已确认净资产的变动、已确认和未确认净资产的公允价值变动。因而，该金融工具应当确认为权益工具。

【操作指南】可回售工具，是指根据合同约定，持有方有权将该工具回售给发行方以获取现金或其他金融资产的权利，或者在未来某一不确定事项发生或者持有方死亡或退休时，自动回售给发行方的金融工具。符合金融负债定义，但同时具有下列特征的可回售工具，应当分类为权益工具。

(1)赋予持有方在企业清算时按比例份额获得该企业净资产的权利。企业净资产，是指扣除所有优先于该工具对企业资产要求权之后的剩余资产。按比例份额是指清算时将企业的净资产分拆为金额相等的单位，并且将单位金额乘以持有方所持有的单位数量。

(2)该工具所属的类别次于其他所有工具类别，即该工具在归属于该类别前无须转换为另一种工具，且在清算时对企业资产没有优先于其他工具的要求权。

(3)该类别的所有工具具有相同的特征(例如它们必须都具有可回售特征，并且用于计算回购或赎回价格的公式或其他方法都相同)。

(4)除了发行方应当以现金或其他金融资产回购或赎回该工具的合同义务外，该工具不满足金融负债定义中的任何其他特征。

(5)该工具在存续期内的预计现金流量总额，应当实质上基于该工具存续期内企业的损益、已确认净资产的变动、已确认和未确认净资产的公允价值变动(不包括该工具的任何影响)。

【案例5】发行方仅在清算时才有义务向另一方按比例交付其净资产的金融工具。资料：

甲企业为一中外合作经营企业，成立于2016年1月1日，经营期限为20年。按照相关合同约定，甲企业的营运资金及主要固定资产均来自双方股东投入，经营期间甲企业按照合作经营合同进行运营；经营到期时，该企业的净资产根据合同约定按出资比例向合作双方偿还。

【分析】由于该合作企业依照合同，于经营期限届满时需将企业的净资产交付给双方股东，上述合作方的入股款符合金融负债的定义，但合作企业仅在清算时才有义务向合作双方交付其净资产且其同时具备下列特征：(1)合作双方在合作企业发生清算时可按合同规定比例份额获得企业净资产；(2)该入股款属于合作企业中最次级类别的工具。因而该金融工具应当确认为权益工具。

【操作指南】符合金融负债定义，但同时具有下列特征的发行方仅在清算时才有义务向另一方按比例交付其净资产的金融工具，应当分类为权益工具：(1)赋予持有方在企业清算时按比例份额获得该企业净资产的权利；(2)该工具所属的类别次于其他所有工具类别；(3)在次于其他所有类别的工具类别中，发行方对该类别中所有工具都应当在清算时承担按比例份额交付其净资产的同等合同义务。产生上述合同义务的清算确定将会发生并且不受发行方的控制(如发行方本身是有限寿命主体)，或者发生与否取决于该工具的持有方。

对于分类为权益工具的发行方仅在清算时才有义务向另一方按比例交付其净资产的金融工具的有关特征要求，需要说明的是，该部分特征要求与针对可回售工具的其中几条特征要求是类似的，但特征要求相对较少，原因在于清算是触发该合同支付义务的唯一条件，可以不必考虑清算事件以孙的合同支付义务，包括：不要求考虑除清算以外的其他的合同支付义务(如股利分配)；不要求考虑存续期间预期现金流量的确定方法(如根据净利润或净资产)不要求该类别工具的所有特征均相同，仅要求清算时按比例支付净资产份额的特征相同。

注意：由于发行的金融工具原合同条款约定的条件或事项随着时间的推移或经济环境的改变而发生变化，可能会导致已发行金融工具(含特殊金融工具)的重分类。发行方原分类为权益工具的金融工具，自不再被分类为权益工具之日起，发行方应当将其重分类为金融负债，以重分类日该工具的公允价值计量，重分类日权益工具的账面价值和金融负债的公允价值之间的差额确认为权益；发行方原分类为金融负债的金融工具，自不再被分类为金融负债之日起，发行方应当将其重分类为权益工具，以重分类日金融负债的账面价值计量。

第三节　本准则修订的主要内容

2017 年 5 月，财政部发布了财办会〔2017〕15 号文，对《企业会计准则第 37 号——金融工具列报》进行了修订。自 2018 年 1 月 1 日起在境内外同时上市的企业，以及在境外上市并采用国际财务报告准则或企业会计准则编制财务报告的企业施行，自 2019 年 1 月 1 日起在其他境内上市企业施行，自 2021 年 1 月 1 日起在执行企业会计准则的非上市企业施行，鼓励企业提前施行。本次修订的主要内容如下。

(1)调整企业资产负债表和利润表相关列示项目及其披露内容，反映金融资产分类由现行“四分类”改为“三分类”后对企业财务状况和经营成果的影响，保持与金融工具确认和计量准则的一致。例如，根据包括《企业会计准则第 22 号——金融工具确认和计量》的分类及《企业会计准则第 24 号——套期会计》中的信用风险敞口的公允价值选择权规定，修订后的准则要求应在附注中列报账面价值的金融资产或金融负债；要求披露用于确定自身信用风险变动计入其他综合收益是否会造成或扩大会计错配的方法，及与预期抵销自身信用风险变动的金融工具之间的经济关系；权益工具要求披露单项项目、指定原因、期末公允价值、股利收入、累计利得和损失转入留存收益的金额及其原因；债务工具应披露损失准备，但损失准备不作为账面金额的扣减项目单独列示；终止确认以摊余成本计量的金融资产时披露利得和损失。

(2)结合新的“预期信用损失法”，详细规定了企业信用风险、预期信用损失的计量和减值损失准备等金融工具减值相关信息的列报要求。例如，要求披露信用风险管理实务、计量金融工具预期信用损失的方法、假设、信息、变动及其原因、信用风险敞口；使用简化方法计提减值的，适用特殊披露规定；要求披露与信用风险管理实务有关的信息；要求披露减值所采用的输入值、假设和估值技术；要求按类别披露最大信用风险敞口、所持有担保物的性质和质量的描述及发生显著变化的说明、由于存在担保物而未确认损失准备的信息、持有的担保物和其他信用增级为已发生减值的金融资产作抵押的定量信息。

(3)结合套期会计的修订，根据套期业务特点、套期会计披露目标和有关金融风险类型，以不同套期类型对套期会计相关风险披露策略、套期工具、被套期项目、套期关系等要求进行了重新梳理，全面修订了套期会计相关披露要求。例如，要求披露风险管理策略，包括套期工具、如何套期、如何确定经济关系、确定套期比率的方法，及套期无效部分的来源；要求定量披露套期工具名义金额的时间分布、平均价格或利率。

(4)完善金融资产证券化等金融资产转移相关信息的披露，包括企业所转移金融资产的性质、金额、风险状况以及企业继续涉入情况等，切实提高企业金融资产转移业务信息的透明度。

第三十八章　公允价值计量

第一节　公允价值计量概述

公允价值是指市场参与者在计量日发生的有序交易中，出售一项资产所能收到或者转移一项负债所需支付的价格。按照现行会计准则规定，涉及公允价值计量的资产或负债包括投资性房地产准则中规范的以公允价值进行后续计量的投资性房地产、生物资产准则中规范的以公允价值进行后续计量的生物资产、资产减值准则中规范的使用公允价值确定可收回金额的资产、企业年金基金准则中规范的以公允价值计量的企业年金基金投资、政府补助准则中规范的以非货币性资产形式取得的政府补助、企业合并准则中规范的非同一控制下企业合并中取得的可辨认资产和负债以及作为合并对价发行的权益工具、金融工具确认和计量准则中规范的以公允价值计量且其变动计入当期损益的金融资产或金融负债以及以公允价值计量且其变动计入其他综合收益的金融资产或金融负债等。但是，存货准则中规范的可变现净值、资产减值准则中规范的预计未来现金流量现值等计量属性，与公允价值类似但并不遵循公允价值计量的有关规定，股份支付和租赁业务相关的计量也不遵循公允价值计量的有关规定。

应当从四个方面掌握公允价值计量的基本要求：一是以公允价值计量的相关资产或负债；二是应用于相关资产或负债公允价值计量的有序交易；三是有序交易发生的主要市场或最有利市场；四是主要市场或最有利市场中的市场参与者。

第二节　案例分析与操作指南

一、估值技术

【案例 1】市场法。资料：

2018 年 7 月 1 日，甲企业购入乙上市公司 100 万股普通股股票，共支付 500 万元，假定不考虑相关税费。甲企业将对乙上市公司的投资作为以公允价值计量且其变动计入当期损益的金融资产持有。2018 年 12 月 31 日，乙上市公司普通股股票的收盘价为每股 4. 8 元。确定该交易性金融资产的公允价值。

【分析】甲企业在编制2018年度财务报表时，采用市场法确定其持有的对乙上市公司投资的公允价值。根据乙上市公司普通股股票于2018年12月31日的收盘价，甲企业对乙上市公司投资的公允价值为480万元(4.8×100)。

【操作指南】企业以公允价值计量相关资产或负债，应当使用在当前情况下适用并且有足够可利用数据和其他信息支持的估值技术。企业使用估值技术的目的是，估计市场参与者在计量日当前市场情况下的有序交易中出售资产或者转移负债的价格。

估值技术通常包括市场法、收益法和成本法。企业应当根据实际情况从市场法、收益法和成本法中选择一种或多种估值技术，用于估计相关资产或负债的公允价值。准则未规定企业应当优先使用何种估值技术，除非在活跃市场上存在相同资产或负债的公开报价。相关资产或负债存在活跃市场公开报价的，企业应当优先使用该报价确定该资产或负债的公允价值。

企业在应用市场法时，除直接使用相同或类似资产或负债的公开报价外，还可以使用市场乘数法等估值方法。市场乘数法是一种使用可比企业市场数据估计公允价值的方法，包括上市公司比较法、交易案例比较法等。企业采用上市公司比较法时，可使用的市场乘数包括市盈率、市净率、企业价值/税息折旧及摊销前利润乘数等。企业应当进行职业判断，考虑与计量相关的定性和定量因素，选择恰当的市场乘数。

【案例2】收益法。资料：

2017年12月31日，甲商业银行从全国银行间债券市场购入乙公司发行的10万份中期票据，将其作为以公允价值计量且其变动计入其他综合收益的金融资产持有。该票据信用评级为AAA，乙公司的长期信用评级为AAA，期限为7年，自2017年12月31日至2024年12月31日止。该票据面值为人民币100元，票面利率为5%，付息日为每年的12月31日。2018年12月31日，甲商业银行对该中期票据投资进行公允价值计量。假定该票据没有活跃市场中的报价，甲商业银行能够通过中央国债登记结算有限责任公司公布的相关收益率曲线确定相同信用评级、相同期限债券的市场回报率为6%。

【分析】甲商业银行可根据该中期票据约定的合同现金流量即利息和本金，运用市场回报率进行折现，得到该中期票据的公允价值1001万元。具体计算如表38-1所示。

表38-1 公允价值计算表

单位：万元

年份	2018	2019	2020	2021	2022	2023	2024	合计
现金流量	50	50	50	50	50	50	1050	
折现率(6%)	1	0.9434	0.89	0.8396	0.7921	0.7473	0.705	
现值	50	47.2	44.5	42	39.6	37.4	740.3	1001

【操作指南】现金流量折现法是企业在收益法中最常用到的估值方法，包括传统法(即折现率调整法)和期望现值流量法。企业运用折现率将未来金额与现在金额联系起来，取得现值。企业使用现金流量折现法估计相关资产或负债的公允价值时，需要在计

量日从市场参与者角度考虑相关资产或负债的未来现金流量、现金流量金额和时间的可能变动、货币时间价值、因承受现金流量固有不确定性而要求的补偿(即风险溢价)、与负债相关的不履约风险(包括企业自身信用风险)、市场参与者在当前情况下可能考虑的其他因素等。

二、非金融资产的公允价值计量

【案例3】 非金融资产的最佳用途。资料:

2017年12月1日,甲公司在非同一控制下的吸收合并中取得一块土地的使用权。该土地在合并前被作为工业用地,一直用于出租。甲公司取得该土地使用权后,仍将其用于出租。甲公司以公允价值计量其拥有的投资性房地产。2018年3月31日,邻近的一块土地被开发用于建造住宅,作为高层公寓大楼的住宅用地使用。由于本地区的区域规划自2018年1月1日以来已经做出调整,甲公司确定,在履行相关手续后,可将该土地的用途从工业用地变更为住宅用地,因为市场参与者在对该土地进行定价时,将考虑该土地可作为住宅用地进行开发的可能性。确定该土地使用权的公允价值。

【分析】 该土地的最佳用途将通过比较以下两项确定。

(1)该土地仍用于工业用途(即该土地与厂房结合使用)的价值。

(2)该土地作为用于建造住宅的空置土地的价值,同时应考虑为将该土地变为空置土地而必须发生的拆除厂房成本及其他成本。该土地的最佳用途应根据上述两个价值的较高者来确定。假定该土地现时用于工业用途的价值是600万元,而用于建造住宅时其价值是1000万元,同时,必须发生的拆除厂房成本及其他成本为250万元。因此该土地使用权的公允价值应当为750万元(1000-250=750万元>600万元)。

【操作指南】 企业以公允价值计量非金融资产,应当考虑市场参与者通过直接将该资产用于最佳用途产生经济利益的能力,或者通过将该资产出售给能够用于最佳用途的其他市场参与者产生经济利益的能力。最佳用途,是指市场参与者实现一项非金融资产或其所属的一组资产和负债的价值最大化时该非金融资产的用途。最佳用途是评估行业在非金融资产评估中所使用的估值概念,也称为最高最佳使用。企业判定非金融资产的最佳用途,应当考虑该用途是否为法律上允许、实物上可能以及财务上可行的使用方式。企业判断非金融资产的用途在法律上是否允许,应当考虑市场参与者在对该非金融资产定价时所考虑的资产使用在法律上的限制。

第三十九章　合营安排

第一节　合营安排概述

一、合营安排的概念及特征

合营安排是指一项由两个或两个以上的参与方共同控制的安排。合营安排具有下列特征。

1. 各参与方均受到该安排的约束

合营安排通过相关约定对各参与方予以约束。相关约定是指据以判断是否存在共同控制的一系列具有执行力的合约。在形式上，相关约定通常包括合营安排各参与方达成的合同安排，如合同、协议、会议纪要、契约等，也包括对该安排构成约束的法律形式本身。在内容上，相关约定包括但不限于对以下内容的约定：一是对合营安排的目的、业务活动及期限的约定；二是对合营安排的治理机构(如董事会或类似机构)成员的任命方式的约定；三是对合营安排相关事项的决策方式的约定，包括哪些事项需要参与方决策、参与方的表决权情况、决策事项所需的表决权比例等内容，合营安排相关事项的决策方式是分析是否存在共同控制的重要因素；四是对参与方需要提供的资本或其他投入的约定；五是对合营安排的资产、负债、收入、费用、损益在参与方之间的分配方式的约定。当合营安排通过单独主体(在“二、合营安排的分类”部分将对“单独主体”作详细说明)达成时，该单独主体所制定的条款、章程或其他法律文件有时会涵盖相关约定的全部或部分内容。

2. 两个或两个以上的参与方对该安排实施共同控制

任何一个参与方都不能够单独控制该安排，对该安排具有共同控制的任何一个参与方均能够阻止其他参与方或参与方组合单独控制该安排。共同控制不同于控制，共同控制由两个或两个以上的参与方实施，而控制由单一参与方实施。共同控制也不同于重大影响，享有重大影响的参与方只拥有参与合营安排的财务和经营政策的决策的权力，但并不能够控制或者与其他方一起共同控制这些政策的制定。

二、合营安排的分类

合营安排分为共同经营和合营企业。共同经营，是指合营方享有该安排相关资产且承担该安排相关负债的合营安排。合营企业，是指合营方仅对该安排的净资产享有权利的合营安排。合营方应当根据其在合营安排的正常经营中享有的权利和承担的义务，来确定合营安排的分类。对权利和义务进行评价时，应当考虑该合营安排的结构、法律形式，以及合营安排中约定的条款、其他相关事实和情况等因素。

合营安排是为不同目的而设立的(例如，参与方为了共同承担成本和风险，或者参与方为了获得新技术或新市场)，可以采用不同的结构和法律形式。一些合营安排不要求采用单独主体形式开展活动，另一些安排则涉及构造单独主体。在实务中，主体可以从合营安排是否通过单独主体达成为起点，判断一项合营安排是共同经营还是合营企业。

1. 单独主体

单独主体，是指具有单独可辨认的财务架构的主体，包括单独的法人主体和不具备法人主体资格但法律所认可的主体。单独主体并不一定要具备法人资格，但必须具有法律所认可的单独可辨认的财务架构，确认某主体是否属于单独主体必须考虑适用的法律法规。

具有可单独辨认的资产、负债、收入、费用、财务安排和会计记录，并且具有一定法律形式的主体，构成法律认可的单独可辨认的财务架构。合营安排最常见的形式包括有限责任公司、合伙企业、合作企业等。某些情况下，信托、基金也可被视为单独主体。

2. 合营安排未通过单独主体达成

当合营安排未通过单独主体达成时，该合营安排为共同经营。在这种情况下，合营方通常通过相关约定享有与该安排相关资产的权利、并承担与该安排相关负债的义务，同时，享有相应收入的权利、并承担相应费用的责任，因此，该合营安排应当划分为共同经营。

3. 合营安排通过单独主体达成

如果合营安排通过单独主体达成，在判断该合营安排是共同经营还是合营企业时，通常先分析单独主体的法律形式，法律形式不足以判断时，将法律形式与合同安排结合进行分析，法律形式和合同安排均不足以判断时，进一步考虑其他事实和情况。

共同经营和合营企业的一些普遍特征的比较包括但不限于表 39-1 所列。

表 39-1　共同经营和合营企业对比

对比项目	共同经营	合营企业
合营安排的条款	参与方对合营安排的相关资产享有权利并对相关负债承担义务	参与方对与合营安排有关的净资产享有权利，即单独主体(而不是参与方)享有与安排相关资产的权利，并承担与安排相关负债的义务

续表

对比项目	共同经营	合营企业
对资产的权利	参与方按照约定的比例分享合营安排的相关资产的全部利益(例如，权利、权属或所有权等)	资产属于合营安排，参与方并不对资产享有权利
对负债的义务	参与方按照约定的比例分担合营安排的成本、费用、债务及义务。第三方对该安排提出的索赔要求，参与方作为义务人承担赔偿责任	合营安排对自身的债务或义务承担责任。参与方仅以其各自对该安排认缴的投资额为限对该安排承担相应的义务。合营安排的债权方无权就该安排的债务对参与方进行追索
收入、费用及损益	合营安排建立了各参与方按照约定的比例(例如，按照各自所耗用的产能比例)分配收入和费用的机制。某些情况下，参与方按约定的份额比例享有合营安排产生的净损益不会必然使其被分类为合营企业，仍应当分析参与方对该安排相关资产的权利以及对该安排相关负债的义务	各参与方按照约定的份额比例享有合营安排产生的净损益
担保	参与方为合营安排提供担保(或提供担保的承诺)的行为本身并不直接导致一项安排被分类为共同经营	

第二节 案例分析与操作指南

一、合营安排的认定

【案例1】合营安排的认定。资料：

假设A公司、B公司、C公司、D公司分别持有E公司40%、30%、20%和10%的表决权股份，E公司相关活动的决策需要85%以上表决权通过方可做出。

【分析】本案例中，E公司的表决权安排使得：

(1)A公司、B公司、C公司、D公司任何一方均不能单独控制E公司。

(2)参与方组合可能的形式有A公司和B公司，A公司和C公司，A公司和D公司，B公司和C公司，B公司和D公司，C公司和D公司，A公司、B公司、C公司，A公司、B公司、D公司，A公司、C公司、D公司，B公司、C公司、D公司，A公司、B公司、C公司、D公司。在这些参与方组合中，尽管所有参与方(A公司、B公司、C公司、D公司)联合起来必然能够控制E公司，但A公司、B公司、C公司联合起来即可控制E公司，且A公司、B公司、C公司是联合起来能够控制E公司的参与方数量最少的组合。因此，称A公司、B公司、C公司集体控制E公司，而不是A公司、B公司、C公司、D公司集体控制E公司。

需要注意的是：

若在本案例中，假定E公司相关活动的决策需要95%以上表决权通过方可做出。则

E 公司的表决权安排使得：①A 公司、B 公司、C 公司、D 公司任何一方均不能单独控制 E 公司；②必须由所有参与方（A 公司、B 公司、C 公司、D 公司）联合起来才能控制 E 公司，且所有参与方是联合起来能够控制 E 公司的参与方数量最少的组合。因此，称所有参与方集体控制 E 公司。

若在本案例中，假定 E 公司相关活动的决策需要 75%以上表决权通过方可做出。则 E 公司的表决权安排使得：①A 公司、B 公司、C 公司、D 公司任何一方均不能单独控制 E 公司；②A 公司、B 公司和 C 公司的组合或 A 公司、B 公司和 D 公司的组合均可集体控制该安排。这样，存在多种参与方之间的组合能够达到 75%表决权的要求，所以不存在一致同意，不构成共同控制。在此情况下，该安排要成为合营安排，需要在相关约定中指明哪些参与方一致同意才能对相关活动做出决策。此种情况下，A 公司、B 公司、C 公司对该安排均被推定为具有重大影响，应按权益法进行会计处理。

【操作指南】合营安排的一个重要特征是共同控制。共同控制是指按照相关约定对某项安排所共有的控制，并且该安排的相关活动必须经过分享控制权的参与方一致同意后才能决策。共同控制不同于控制，共同控制是由两个或两个以上的参与方实施，而控制由单一参与方实施。共同控制也不同于重大影响，享有重大影响的参与方只拥有参与安排的财务和经营政策的决策权力，但并不能够控制或者与其他方一起共同控制这些政策的制定。

在判断是否具有共同控制时，首先判断是否所有参与方或参与方组合集体控制该安排，其次再判断该安排相关活动的决策是否必须经过这些参与方一致同意。相关活动是指对某项安排的回报产生重大影响的活动，具体应视安排的情况而定，通常包括商品或劳务的销售和购买、资产的购买和处置、研究及融资活动等。

当相关约定中设定了就相关活动做出决策所需的最低投票权比例时，若存在多种参与的组合形式均能满足最低投票权比例要求的情形，则该安排就不是合营安排；除非相关约定明确指出，需要其中哪些参与方一致同意才能就相关活动做出决策。

如果存在两个或两个以上的参与方组合能够集体控制某项安排的，不构成共同控制。即共同控制合营安排的参与方组合是唯一的。

【案例 2】合营安排的认定。资料：

A 公司、B 公司、C 公司、D 公司签订一项协议 M，共同进行汽车的生产和销售，并成立了一个委员会 X，主导有关生产和销售汽车的所有重大事项，如年度预算的复核审批、经理层任命、营销策略等。A 公司、B 公司、C 公司、D 公司各在该委员会中占据一个席位，委员会的决策要求所有成员一致同意。

同时，A 公司和 B 公司签订了协议 N，并成立委员会 P，用于协调 A 公司和 B 公司之间关于汽车生产和销售的所有重大事项。委员会 P 的 2 名成员分别由 A 公司和 B 公司任命。委员会 P 有权做出决策，并提交到委员会 X 审批。委员会 P 决定的任何事项都要经过A公司和B公司的一致同意，但是，如果A公司和B公司不能达成一致，则A公司拥有决定权。A公司和B公司必须按照委员会P做出的决策在委员会X中进行投票。

【分析】本案例中，存在两份单独的协议M和N。但是，由于这两份协议与汽车的生产和销售这同一项活动相关，因此，参与方应同时评估协议M和N，从而确定是否存在合营安排。例如，如果单独考虑协议M，似乎A公司、B公司、C公司、D公司共同控制该安排。但是，协议M与协议N一并考虑时，发现A公司能够通过委员会P主导B公司在委员会X中的投票，因此，B公司对该安排不具有共同控制。只有A公司、C公司、D公司对该合营安排具有共同控制。

【操作指南】一项安排的各参与方之间可能存在多项相关协议。在单独考虑一份协议时，某参与方可能对合营安排具有共同控制，但在综合考虑该安排的目的和设计的所有情况时，该参与方实际上不一定对该安排具有共同控制。因此，在判断是否存在共同控制时，需要综合考虑评估多项相关协议。

二、共同经营参与方的会计处理

【案例3】共同经营中合营方的会计处理。资料：

2018年1月1日，A公司和B公司共同出资购买一栋写字楼，各自拥有该写字楼50%的产权，用于出租收取租金。合同约定，该写字楼相关活动的决策需要A公司和B公司一致同意方可做出；A公司和B公司的出资比例、收入分享比例和费用分担比例均为各自50%。该写字楼购买价款为8000万元，由A公司和B公司以银行存款支付，预计使用寿命为20年，预计净残值为320万元，采用年限平均法按月计提折旧。该写字楼的租赁合同约定，租赁期限为10年，每年租金为480万元，按月交付。该写字楼每月支付维修费2万元。另外，A公司和B公司约定，该写字楼的后续维护和维修支出(包括再装修支出和任何其他的大修支出)，以及与该写字楼相关的任何资金需求，均由A公司和B公司按比例承担。假设A公司和B公司均采用成本法对投资性房地产进行后续计量，不考虑税费等其他因素影响。判断该项合营安排是否是共同经营以及A公司的相关会计处理?

【分析】由于关于该写字楼相关活动的决策需要A公司和B公司一致同意方可做出，所以A公司和B公司共同控制该写字楼，购买并出租该写字楼为一项合营安排。由于该合营安排并未通过一个单独主体来架构，并明确约定了A公司和B公司享有该安排中资产的权利、获得该安排相应收入的权利、承担相应费用的责任等，因此，该合营安排是共同经营。A公司的相关会计处理如下。

(1)出资购买写字楼时。

借：投资性房地产　　(80000000×50%)40000000

　　贷：银行存款　　40000000

(2)每月确认租金收入时。

借：银行存款　　(4800000×50%÷12)200000

　　贷：其他业务收入　　200000

(3)每月计提写字楼折旧时。

借：其他业务成本　　160000

　　贷：投资性房地产累计折旧　　[(80000000-3200000)÷20÷12×50%]160000

(4)支付维修费时。

借：其他业务成本　　(20000×50%)10000

　　贷：银行存款　　10000

【操作指南】合营方应当确认其与共同经营中利益份额相关的下列项目，并按照相关《企业会计准则》的规定进行会计处理：一是确认单独所持有的资产，以及按其份额确认共同持有的资产；二是确认单独所承担的负债，以及按其份额确认共同承担的负债；三是确认出售其单独享有的共同经营产出份额所产生的收入；四是按其份额确认共同经营因出售产出所产生的收入；五是确认单独所发生的费用，以及按其份额确认共同经营发生的费用。

合营方可能将其自有资产用于共同经营，如果合营方保留了对这些资产的全部所有权或控制权，则这些资产的会计处理与合营方自有资产的会计处理并无差别。

合营方也可能与其他合营方共同购买资产来投入共同经营，并共同承担共同经营的负债，此时，合营方应当按照《企业会计准则》相关规定确认在这些资产和负债中的利益份额。如按照《企业会计准则第4号——固定资产》来确认在相关固定资产中的利益份额，按照《企业会计准则第22号——金融工具确认和计量》来确认在相关金融资产和金融负债中的份额。

共同经营通过单独主体达成时，合营方应确认按照上述原则单独所承担的负债，以及按本企业的份额确认共同承担的负债。但合营方对于因其他股东未按约定向合营安排提供资金，按照我国相关法律或相关合同约定等规定而承担连带责任的，从其规定，在会计处理上应遵循《企业会计准则第13号——或有事项》。

当合营安排各参与方可能同意共同拥有和经营一项资产时，相关约定规定了各参与方对共同经营资产的权利，以及来自该项资产的收入或产出和相应的经营成本在各参与方之间分配的方式。每一个合营方对其在共同资产中的份额、同意承担的负债份额进行会计处理，并按照相关约定确认其在产出、收入和费用中的份额。

【案例4】合营企业参与方的会计处理。资料：

A公司与B公司于2015年年初共同出资设立一个单独主体，该合营安排被认定为合营企业。A公司以240000元的货币资金取得合营安排50%的表决权，合营安排2015年年初的所有者权益账面价值为480000元，公允价值为500000元。合营企业2015年至

2018 年各年净利润及利润分派记录见表 39-2。假定不考虑初始投资时点的评估增值对调整净利润的影响，则 A 公司应如何进行会计处理?

表 39-2　合营企业 2015 年至 2018 年各年净利润及利润分派记录　单位：元

年份	净利润	分配利润
2015	320000	0
2016	200000	280000
2017	(240000)	40000
2018	(240000)	40000
合计	40000	360000

【分析】根据以上资料，A 公司编制会计分录如下。

(1)2015 年年初的相关账务处理。

借：长期股权投资——投资成本　250000

　贷：银行存款　240000

　　营业外收入　10000

(2)2015 年年末的相关账务处理。

应确认投资收益 = 320000×50% = 160000(元)。

借：长期股权投资——损益调整　160000

　贷：投资收益　160000

(3)2016 年年末的相关账务处理。

应确认投资收益 = 200000×50% = 100000(元)。

收到的利润 = 280000×50% = 140000(元)。

借：长期股权投资——损益调整　100000

　贷：投资收益　100000

借：银行存款　140000

　贷：长期股权投资——损益调整　140000

(4)2017 年年末的相关账务处理。

应确认投资损失 = 240000×50% = 120000(元)。

收到的利润 = 40000×50% = 20000(元)。

借：投资收益　120000

　贷：长期股权投资——损益调整　120000

借：银行存款　20000

　贷：长期股权投资——损益调整　20000

(5)2018 年年末的相关账务处理。

应确认投资损失 = 240000×50% = 120000(元)。

收到的利润 = 40000×50% = 20000（元）。

借：投资收益　　120000

　　贷：长期股权投资——损益调整　　120000

借：银行存款　　20000

　　贷：长期股权投资——损益调整　　20000

【操作指南】 合营企业中，合营方应当按照《企业会计准则第2号——长期股权投资》的规定核算其对合营企业的投资。对合营企业不享有共同控制的参与方（非合营方）应当根据其对该合营企业的影响程度进行相关会计处理：对该合营企业具有重大影响的，应当按照《企业会计准则第2号——长期股权投资》的规定核算其对该合营企业的投资；对该合营企业不具有重大影响的，应当按照《企业会计准则第22号——金融工具确认和计量》的规定核算其对该合营企业的投资。

第四十章　在其他主体中权益的披露

第一节　在其他主体中权益的披露概述

一、在其他主体中的权益和结构化主体的概念

在其他主体中的权益，是指通过合同或其他形式能够使企业参与其他主体的相关活动并因此享有可变回报的权益。

其他主体包括企业的子公司、合营安排(包括共同经营和合营企业)、联营企业以及未纳入合并财务报表范围的结构化主体等。

结构化主体，是指在确定其控制方时没有将表决权或类似权利作为决定因素而设计的主体。通常情况下，结构化主体在合同约定的范围内开展业务活动，表决权或类似权利仅与行政性管理事务相关。

在判断某一主体是否为结构化主体，以及判断该主体与企业的关系时，应当综合考虑结构化主体的定义和特征。结构化主体通常具有下列特征中的多项或全部特征。

(1)业务活动范围受限。

(2)有具体明确的目的，而且目的比较单一。

(3)股本(如有)不足以支撑其业务活动，必须依靠其他次级财务支持。

(4)通过向投资者发行不同等级的证券(如分级产品)等金融工具进行融资，不同等级的证券，信用风险及其他风险的集中程度也不同。

二、总体要求

企业应当按照准则要求在财务报表附注中对其在子公司、合营安排、联营企业，以及未纳入合并财务报表范围的结构化主体中的权益进行信息披露。企业披露的在其他主体中权益的信息，应当有助于财务报表使用者评估企业在其他主体中权益的性质和相关风险，以及该权益对企业财务状况、经营成果和现金流量的影响。

通过在其他主体中权益的披露应当能够使财务报表使用者更好地了解下列内容：企业在确定能够对其他主体实施控制、共同控制或重大影响时所做的重大判断和假设；企业集团的少数股东权益对企业集团业务活动和现金流量的影响。

企业应当应用重要性原则，从定性和定量两方面综合于考虑各项权益的风险特征和

回报特征，判断各项信息披露的详细程度。对企业或企业集团而言重要的权益，需要单独且详尽地披露；对企业或企业集团而言重要性程度不足以单独披露的权益，可以汇总披露。对汇总披露的信息，企业需要明确分类汇总的依据，例如，按照其他主体的业务性质、所在行业，以及所在国家和地区等进行分类。

第二节　案例分析与操作指南

一、重大判断和假设的披露

【案例1】重大判断和假设的披露。资料：

甲企业集团持有乙公司40%的股份，但甲集团认为其能够控制乙公司。甲集团在其2018年年报的合并财务报表附注中做出如下披露。

本集团持有乙公司40%的股权，对乙公司的表决权比例亦为40%。虽然本集团持有乙公司的表决权比例未达到半数以上，但本集团能够控制乙公司，理由如下：(1)乙公司的其他股东的表决权比例均不超过1%，且没有迹象表明其他股东会集体表决；(2)近5年来其他股东出席或通过代理人出席股东大会、行使表决权的比例未超过乙公司总表决权20%；(3)本集团有权任免乙公司董事会中的多数成员；(4)本集团有权主导乙公司的经营活动并享有可变回报。

【案例2】重大判断和假设的披露。资料：

甲企业集团持有乙公司17%的股份，但甲集团认为其能够对乙公司实施重大影响。甲集团在其2018年年报的合并财务报表附注中做出如下披露：本集团持有乙公司17%的股权，对乙公司的表决权比例亦为17%。虽然该比例低于20%，但由于本集团在乙公司董事会中派有代表并参与对乙公司财务和经营政策的决策，所以本集团能够对乙公司施加重大影响。

【操作指南】企业应当披露对其他主体实施控制、共同控制或重大影响的重大判断和假设，以及这些判断和假设变更的情况，包括但不限于下列各项。

(1)企业持有其他主体半数或以下的表决权但仍控制该主体的判断和假设，或者持有其他主体半数以上的表决权但并不控制该主体的判断和假设。

(2)企业持有其他主体20%以下的表决权但对该主体具有重大影响的判断和假设，或者持有其他主体20%或以上的表决权但对该主体不具有重大影响的判断和假设。

(3)企业通过单独主体达成合营安排的，确定该合营安排是共同经营还是合营企业的判断和假设。

(4)确定企业是代理人还是委托人的判断和假设。

另外，企业应当披露按照《企业会计准则第33号——合并财务报表》被确定为投资性主体的重大判断和假设，以及虽然不符合《企业会计准则第33号——合并财务报表》有关投资性主体的一项或多项特征但仍被确定为投资性主体的原因。

企业(母公司)由非投资性主体转变为投资性主体的，应当披露该变化及其原因，并披露该变化对财务报表的影响，包括对变化当日不再纳入合并财务报表范围子公司的投资的公允价值、按照公允价值重新计量产生的利得或损失以及相应的列报项目。企业(母公司)由投资性主体转变为非投资性主体的，应当披露该变化及其原因。

二、在子公司中权益的披露

【案例3】使用企业集团资产和清偿企业集团债务存在重大限制的披露。资料：

甲企业集团主要从事金融业务，总部设在中国，并在多个国家设立了子公司。甲集团在其2018年年报的合并财务报表附注中就集团成员企业使用企业集团资产和清偿企业集团债务受到的重大限制做出如下披露。

本集团在欧洲的子公司乙公司因当地法律中有关银行资本充足率的规定使乙公司向母公司转移现金或其他资产的能力受到重大限制，该项限制涉及的资产在合并财务报表中的金额为73亿元(2017年的金额为71亿元)。

本集团在欧洲的子公司丙公司需要遵循当地政府有关金融企业保持流动性的要求，根据该要求，丙公司不能使用已确认但未实现的收益进行利润分配。该限制涉及的金额为350万元(2017年的金额为400万元)。

本集团有多家投资基金，这些投资基金是纳入合并财务报表范围的结构化主体。投资基金持有的资产具有专门用途，按照相关合同约定，对这部分资产不得擅自改变用途并转移至本集团的其他成员企业。该限制涉及的资产在合并财务报表中的金额为4.8亿元(2017年的金额为4.5亿元)。

本集团在非洲的子公司丁公司需要遵循当地外汇管理政策，根据该政策，丁公司必须经过当地外汇管理局的批准才能向母公司及其他投资者支付现金股利。丁公司2018年12月31日现金及现金等价物的金额为500万元(2017年的金额为480万元)。

【操作指南】企业应当在合并财务报表附注中披露企业集团的构成，包括子公司的名称、主要经营地及注册地、业务性质、企业的持股比例(或类似权益比例，下同)等。

子公司少数股东持有的权益对企业集团重要的，企业还应当在合并财务报表附注中披露下列信息：(1)子公司少数股东的持股比例。子公司少数股东的持股比例不同于其持有的表决权比例的，企业还应当披露该表决权比例。(2)当期归属于子公司少数股东的损益以及向少数股东支付的股利。(3)子公司在当期期末累计的少数股东权益余额。(4)子公司的主要财务信息。

使用企业集团资产和清偿企业集团债务存在重大限制的，企业应当在合并财务报表附注中披露下列信息：(1)该限制的内容，包括对母公司或其子公司与企业集团内其他主体相互转移现金或其他资产的限制，以及对企业集团内主体之间发放股利或进行利润分配、发放或收回贷款或垫款等的限制。(2)子公司少数股东享有保护性权利，并且该保护性权利对企业使用企业集团资产或清偿企业集团负债的能力存在重大限制的，该限制的性质和程度。(3)该限制涉及的资产和负债在合并财务报表中的金额。

【案例4】关于结构化主体的披露。资料：

甲公司是乙结构化主体的发起人，能够控制乙主体并将其纳入合并财务报表范围。甲公司在其2×15年年报的合并财务报表附注中对有关事项披露如下：甲公司与乙主体以合同方式约定，如果乙主体资产的信用评级降至AAA级以下，甲公司将同乙主体进行资产交换，甲公司用信用评级为AAA级资产换取乙主体相同公允价值但信用等级低于AAA级的资产，用于交换的资产的公允价值上限为1000万元。

【操作指南】企业存在纳入合并财务报表范围的结构化主体的，应当在合并财务报表附注中披露与该结构化主体相关的风险信息。新准则所指的支持不属于企业日常的经营活动，通常是由特定事项触发的交易。例如，当纳入合并财务报表范围的结构化主体流动性紧张或资产信用评级被降低时，企业作为母公司可能需要向结构化主体提供流动性支持，或与结构化主体进行资产置换来提高结构化主体的资产信用评级，使结构化主体恢复到正常的经营状态。

【案例5】关于结构化主体的披露。资料：

甲公司是乙结构化主体的发起人，能够控制乙主体并将其纳入合并财务报表范围。甲公司在其2018年年报的合并财务报表附注中对有关事项披露如下：2018年7月，乙主体所持有的资产信用评级下降，由原先的AAA级下降至AA级，很有可能被迫回购其发行的中长期债券。为此，本公司在没有合同约定的情况下，仍将信用评级为AAA的资产按照该资产的公允价值2000万换取乙主体相同公允价值但信用评级为AA级的资产，使乙主体资产的信用评级维持在AAA级。

【操作指南】对纳入合并财务报表范围的结构化主体，在没有合同约定的情况下，企业或其子公司当期向该结构化主体提供了财务支持或其他支持，企业应当披露所提供支持的类型、金额及原因，包括帮助该结构化主体获得财务支持的情况。其中，企业或其子公司当期对以前未纳入合并财务报表范围的结构化主体提供了财务支持或其他支持并且该支持导致企业控制了该结构化主体的，企业还应当披露决定提供支持的相关因素。

【案例6】关于子公司控制权发生变化的披露。资料：

甲公司持有乙公司60%的股权，能够对乙公司实施控制。2018年6月，甲公司将其持有的乙公司的部分股份对外出售(占乙公司股份的40%)，该项交易导致甲公司丧失了对乙公司的控制权，但仍对乙公司具有重大影响。甲公司在2018年年报的合并财务报表附注中对该项交易的披露如下：甲公司2018年6月处置部分对乙公司的投资(占乙公司股份的40%)，丧失了对乙公司的控制权。处置股权取得的对价为6000万元，该项交易的收益为720万元，列示在合并财务报表的“投资收益”项目中。处置当日剩余股权的公允价值为3000万元，剩余股权按照公允价值计量而产生的利得为200万元。

【操作指南】企业在其子公司所有者权益份额发生变化且该变化未导致企业丧失对子公司控制权的，应当在合并财务报表附注中披露该变化对本企业所有者权益的影响。企业丧失对子公司控制权的，应当在合并财务报表附注中披露下列信息：(1)由于丧失控制权而产生的利得或损失以及相应的列报项目。(2)剩余股权在丧失控制权日按照公允价值重新计量而产生的利得或损失。

三、在合营安排或联营企业中权益的披露

【案例7】在合营安排或联营企业中权益的披露。资料：

2018年7月1日，甲公司、乙公司和丙公司共同出资设立丁企业，出资比例分别为50%、40%及10%，各参与方的表决权比例与其出资比例相同。假设根据协议，甲公司和乙公司对于企业具有共同控制，且该合营安排为合营企业。协议约定，乙公司承诺丙公司在丁企业成立届满3年后，丙公司可以选择将其在丁企业中的财产份额全部转让给乙公司，由乙公司一次性全额向丙公司支付丙公司初始投资成本的120%。丙公司的初始投资成本为150万元，乙公司承担的未确认承诺为180万元。

乙公司在其2018年年报的财务报表附注中对该项未确认承诺披露如下：本公司对丁企业(2018年7月成立)享有共同控制，表决权比例为40%。根据协议，如果丁企业的参与方丙公司选择在丁企业成立届满3年后将其在丁企业中财产份额转让给本公司，本公司需要一次性全额向丙公司支付180万元。

【操作指南】存在重要的合营安排或联营企业的，企业应当披露下列信息：(1)合营安排或联营企业的名称、主要经营地及注册地。(2)企业与合营安排或联营企业的关系的性质，包括合营安排或联营企业活动的性质，以及合营安排或联营企业对企业活动是否具有战略性等。(3)企业的持股比例。持股比例不同于企业持有的表决权比例的，企业还应当披露该表决权比例。

对于重要的合营企业或联营企业，企业还应当披露对合营企业或联营企业投资的会计处理方法，从合营企业或联营企业收到的股利，以及合营企业或联营企业在其自身财务报表中的主要财务信息。企业对上述合营企业或联营企业投资采用权益法进行会计处理的，上述主要财务信息应当是按照权益法对合营企业或联营企业相关财务信息调整后的金额；同时，企业应当披露将上述主要财务信息按照权益法调整至企业对合营企业或联营企业投资账面价值的调节过程。企业对上述合营企业或联营企业投资采用权益法进行会计处理但该投资存在公开报价的，还应当披露其公允价值。

四、在未纳入合并财务报表范围的结构化主体中权益的披露

【案例8】在未纳入合并财务报表范围的结构化主体中权益的披露。资料：

甲企业集团在其2018年年报中就未纳入合并财务报表范围的结构化主体的基础信息披露如下：2018年12月31日，与本集团相关联、但未纳入本集团合并财务报表范围的结构化主体主要从事信贷资产证券化业务，从本集团成员企业购买信贷资产，以信贷资产产生的现金流为基础发行资产支持证券融资。这类结构化主体于2018年12月31日的资产总额为5亿元(2017年的金额为4.8亿元)。

【操作指南】对于未纳入合并财务报表范围的结构化主体，企业应当披露下列信息：(1)未纳入合并财务报表范围的结构化主体的性质、目的、规模、活动及融资方式。(2)在财务报表中确认的与企业在未纳入合并财务报表范围的结构化主体中权益相关的资产和负债的账面价值及其在资产负债表中的列报项目。(3)在未纳入合并财务报表范围的结构化主体中权益的最大损失敞口及其确定方法。企业不能量化最大损失敞口的，应当披露这一事实及其原因。(4)在财务报表中确认的与企业在未纳入合并财务报表范围的结构化主体中权益相关的资产和负债的账面价值与其最大损失敞口的比较。

第四十一章　持有待售的非流动资产、处置组和终止经营

第一节　持有待售的非流动资产、处置组和终止经营概述

一、适用范围和概念

为了规范企业持有待售的非流动资产或资产组的分类、计量和列报，以及终止经营的列报，财政部发布了《企业会计准则第 42 号——持有待售的非流动资产、处置组和终止经营》，适用于所有非流动资产和处置组。但除以下规定外：(1)采用公允价值模式进行后续计量的投资性房地产，适用《企业会计准则第 3 号——投资性房地产》；(2)采用公允价值减去出售费用后的净额计量的生物资产，适用《企业会计准则第 5 号——生物资产》；(3)职工薪酬形成的资产，适用《企业会计准则第 9 号——职工薪酬》；(4)递延所得税资产，适用《企业会计准则第 18 号——所得税》；(5)由金融工具相关会计准则规范的金融资产，适用金融工具相关会计准则；(6)由保险合同相关会计准则规范的保险合同所产生的权利，适用保险合同相关会计准则。

企业主要通过出售而非持续使用一项非流动资产或处置组收回其账面价值的，应当将其划分为持有待售类别。处置组，是指在一项交易中作为整体通过出售或其他方式一并处置的一组资产，以及在该交易中转让的与这些资产直接相关的负债。处置组所属的资产组或资产组组合按照《企业会计准则第 8 号——资产减值》分摊了企业合并中取得的商誉的，该处置组应当包含分摊至处置组的商誉。

终止经营，是指企业满足下列条件之一的、能够单独区分的组成部分，且该组成部分已经处置或划分为持有待售类别。

(1)该组成部分代表一项独立的主要业务或一个单独的主要经营地区。

(2)该组成部分是拟对一项独立的主要业务或一个单独的主要经营地区进行处置的一项相关联计划的一部分。

(3)该组成部分是专为转售而取得的子公司。

二、持有待售的非流动资产和处置组会计核算涉及的主要会计科目(见表41-1)

表41-1　持有待售的非流动资产和处置组会计核算涉及的主要会计科目表

科目名称	核算的主要内容
持有待售资产	本科目核算持有待售的非流动资产和持有待售的处置组中的资产。本科目按照资产类别进行明细核算。企业将相关非流动资产或处置组划分为持有待售类别时，按各类资产的账面价值或账面余额，借记本科目，按已计提的累计折旧、累计摊销等，借记“累计折旧”“累计摊销”等科目，按各项资产账面余额，贷记“固定资产”“无形资产”“长期股权投资”“应收账款”“商誉”等科目，非流动资产已计提减值准备的，还应同时结转已计提的减值准备。本科目期末借方余额，反映企业持有待售的非流动资产和持有待售的处置组中资产的账面余额
持有待售资产减值准备	本科目核算适用本准则计量规定的持有待售的非流动资产和持有待售的处置组计提的允许转回的资产减值准备和商誉的减值准备。本科目按照资产类别进行明细核算。初始计量或资产负债表日，持有待售的非流动资产或处置组中的资产发生减值的，按应减记的金额，借记“资产减值损失”科目，贷记本科目。后续资产负债表日持有待售的非流动资产或处置组中的资产减值转回的，按允许转回的金额，借记本科目，贷记“资产减值损失”科目。本科目期末贷方余额，反映企业已计提但尚未转销的持有待售资产减值准备
持有待售负债	本科目核算持有待售的处置组中的负债。本科目按照负债类别进行明细核算。企业将相关处置组划分为持有待售类别时，按相关负债的账面余额，借记“应付账款”“应付职工薪酬”等科目，贷记本科目。本科目期末贷方余额，反映企业持有待售的处置组中负债的账面余额
资产处置损益	本科目核算企业出售划分为持有待售的非流动资产(金融工具、长期股权投资和投资性房地产除外)或处置组(子公司和业务除外)时确认的处置利得或损失，以及处置未划分为持有待售的固定资产、在建工程、生产性生物资产及无形资产而产生的处置利得或损失。本科目按照处置的资产类别或处置组进行明细核算。债务重组中因处置非流动资产产生的利得或损失和非货币性资产交换中换出非流动资产产生的利得或提失也在本科目核算。企业处置持有待售的非流动资产或处置组时，按处置过程中收到的价款，借记“银行存款”等科目，按相关负债的账面余额，借记“持有待售负债”科目，按相关资产的账面余额，贷记“持有待售资产”科目，按其差额借记或贷记本科目，已计提减值准备的，还应同时结转已计提的减值准备；按处置过程中发生的相关税费，借记本科目，贷记“银行存款”“应交税费”等科目。期末，应将本科目余额转入“本年利润”科目，本科目结转后应无余额

第二节　案例分析与操作指南

一、持有待售类别的分类

【案例1】持有待售类别分类的基本要求。资料：

G企业在X市区繁华地段拥有一栋办公大楼，企业的主要业务部门均在该大楼内办公。由于发展战略发生改变，G企业计划整体搬迁至Y市。G企业与H企业签订了办公大楼转让合同，附带约定条款。

情形一：G企业将在腾空办公大楼后将其交付给H企业，且腾空办公大楼所需时间是正常且符合交易惯例的。

情形二：G 企业将在 Y 市兴建的新办公大楼竣工并装修完成前继续使用现有办公大楼，竣工并装修完成后将 X 市大楼交付 H 企业。

【分析】情形一，在出售建筑物前将其腾空属于出售此类资产的惯例，且腾空只占用常规所需时间，因此，即使 G 企业的办公大楼当前尚未腾空，并不影响其满足在当前状况下即可立即出售的条件。

情形二，“在 Y 市兴建的新办公大楼竣工并装修完成前继续使用现有办公大楼”的条件不属于类似交易中出售此类资产的惯例，使得办公大楼在当前状况下不能立即出售，在新大楼竣工并装修完成前 G 企业虽然已取得确定的购买承诺，办公大楼仍然不符合持有待售类别的划分条件。

【案例 2】持有待售类别分类的基本要求。资料：

由于 F 企业经营范围发生改变，企业计划将生产 D 产品的全套生产线出售，F 企业尚有一批积压的未完成客户订单。

情形一：F 企业决定在出售生产线的同时，将尚未完成的客户订单一并移交给买方。

情形二：F 企业决定在完成所积压的客户订单后再将生产线转让给买方。

【分析】情形一，由于在出售日移交未完成客户订单不会影响对该生产线的转让时间，可以认为该生产线符合了在当前状况下即可立即出售的条件。

情形二，由于生产线在完成积压订单后方可出售，在完成所有积压的客户订单前，该生产线在当前状态下不能立即出售，不符合划分为持有待售类别的条件。

【操作指南】企业主要通过出售而非持续使用一项非流动资产或处置组收回其账面价值的，应当将其划分为持有待售类别。根据这一原则判断，企业不应当因持有待售的非流动资产或处置组仍在产生零星收入而不将其划分为持有待售类别。因为在这种情况下，通过该资产或处置组的使用收回的价值相对于通过出售收回的价值是微不足道的，资产的账面价值仍然主要通过出售收回。非流动资产或处置组划分为持有待售类别，应当同时满足两个条件。

(1) 可立即出售。根据类似交易中出售此类资产或处置组的惯例，在当前状况下即可立即出售。为满足该条件，企业应当具有在当前状态下出售该非流动资产或处置组的意图和能力。为了符合类似交易中出售此类资产或处置组的惯例，企业应当在出售前做好相关准备。

(2) 出售极可能发生。即企业已经就一项出售计划做出决议且获得确定的购买承诺，预计出售将在一年内完成。有关规定要求企业相关权力机构或者监管部门批准后方可出售的，应当已经获得批准。具体来说，“出售极可能发生”应当包含以下几层含义：一是企业出售非流动资产或处置组的决议一般需要由企业相应级别的管理层做出，如果有关规定要求企业相关权力机构或者监管部门批准后方可出售，应当已经获得批准。二是企业已经获得确定的购买承诺，确定的购买承诺是企业与其他方签订的具有法律约束力的购买协议，该协议包含交易价格、时间和足够严厉的违约惩罚等重要条款，使协议出现重大调整或者撤销的可能性极小。三是预计自划分为持有待售类别起一年内，出售交易能够完成。

【案例3】持有待售类别分类的例外条款。资料：

E企业计划将整套钢铁生产厂房和设备出售给F企业，E和F不存在关联关系，双方已于2018年9月16日签订了转让合同。因该厂区的污水排放系统存在缺陷，对周边环境造成污染。

情形一：E企业不知晓土地污染情况，2018年11月6日，F企业在对生产厂房和设备进行检查过程中发现污染，并要求E企业进行补救。E企业立即着手采取措施，预计至2018年10月底环境污染问题能够得到成功整治。

情形二：E企业知晓土地污染情况，在转让合同中附带条款，承诺将自2018年10月1日起开展污染清除工作，清除工作预计将持续8个月。

情形三：E企业知晓土地污染情况，在协议中标明E企业不承担清除污染义务，并在确定转让价格时考虑了该污染因素，预计转让将于9个月内完成。

【分析】情形一，在签订转让合同前，买卖双方并不知晓影响交易进度的环境污染问题，属于符合延长一年期限的例外事项，在2018年11月6日发现延期事项后，E企业预计将在一年内消除延期因素，因此仍然可以将处置组划分为持有待售类别。

情形二，虽然买卖双方已经签订协议，但在污染得到整治前，该处置组在当前状态下不可立即出售，不符合划分为持有待售类别的条件。

情形三，由于卖方不承担清除污染义务，转让价格已将污染因素考虑在内，该处置组于协议签署日即符合划分为持有待售类别的条件。

【操作指南】在持有待售类别过程中，如果发生一些企业无法控制的原因导致出售未能在一年内完成的。如果涉及的出售是关联方交易，则不允许放松一年期限条件。如果涉及的出售不是关联方交易，且有充分证据表明企业仍然承诺出售非流动资产或处置组，允许放松一年期限条件，企业可以继续将非流动资产或处置组划分为持有待售类别。企业无法控制的原因包括意外设定条件和发生罕见情况。

买方或其他方意外设定导致出售延期的条件，企业针对这些条件已经及时采取行动，且预计能够自设定导致出售延期的条件起一年内顺利化解延期因素。即企业在初始对非流动资产或处置组进行分类时，能够满足划分为持有待售类别的所有条件，但此后买方或其他方提出一些意料之外的条件，且企业已经采取措施加以应对，预计能够自设定这些条件起一年内满足条件并完成出售，那么即使出售无法在最初一年内完成，企业仍然可以维持原持有待售类别的分类条件。

【案例4】持有待售类别分类的例外条款。资料：

A 企业拟将一栋原自用的写字楼转让，于 2017 年 12 月 6 日与 B 企业签订了房产转让协议，预计将于 10 个月内完成转让，假定该写字楼于签订协议当日符合划分为持有待售类别的条件。2018 年发生全球金融危机，市场状况迅速恶化，房地产价格大跌，B 企业认为原协议价格过高，决定放弃购买，并于 2018 年 9 月 21 日按照协议约定缴纳了违约金。A 企业决定在考虑市场状况变化的基础上降低写字楼售价，并积极开展市场营销，于 2018 年 12 月 1 日与 C 企业重新签订了房产转让协议，预计将于 9 个月内完成转让，A 和 B 不存在关联关系。

【分析】 A 企业与 B 企业之间的房产转让交易未能在一年内完成。原因是发生市场恶化、买方违约的罕见事件。在将写字楼划分为持有待售类别的最初一年内，A 企业已经重新签署转让协议，并预计将在 2018 年 12 月 1 日开始的一年内完成，使写字楼重新符合了持有待售类别的划分条件。因此，A 企业仍然可以将该资产继续划分为持有待售类别。

【操作指南】 因发生罕见情况，导致持有待售的非流动资产或处置组未能在一年内完成出售，企业在最初一年内已经针对这些新情况采取必要措施且重新满足了持有待售类别的划分条件。即非流动资产或处置组在初始分类时满足了持有待售类别的所有条件，但在最初一年内，出现罕见情况导致出售将被延迟至一年之后。如果企业针对这些新情况在最初一年内已经采取必要措施，而且该非流动资产或处置组重新满足了持有待售类别的划分条件，也就是在当前状况下可立即出售且出售极可能发生，那么即使原定的出售计划无法在最初一年内完成，企业仍然可以维持原持有待售类别的分类。这里的"罕见情况"主要指因不可抗力引发的情况、宏观经济形势发生急剧变化等不可控情况。

【案例 5】 接【案例 4】持有待售类别分类不再继续满足划分条件的处理。资料：

假设在案例 4 中，A 企业尽管降低了写字楼售价并积极开展市场营销，但在 2018 年 12 月 6 日前始终没有找到合适买家，企业也没有将该写字楼用于经营出租的计划。

【分析】 写字楼不再满足持有待售类别的划分条件，A 企业应当根据实际情况，重新将该写字楼作为固定资产。

【操作指南】 持有待售的非流动资产或处置组不再继续满足持有待售类别划分条件的，企业不应当继续将其划分为持有待售类别。部分资产或负债从持有待售的处置组中移除后，如果处置组中剩余资产或负债新组成的处置组仍然满足持有待售类别划分条件，企业应当将新组成的处置组划分为持有待售类别，否则应当将满足持有待售类别划分条件的非流动资产单独划分为持有待售类别。

【案例 6】 拟结束使用而非出售的非流动资产或处置组。资料：

H 纺织企业拥有一条生产某类布料的生产线，由于市场需求变化，该类布料的销量锐减，且企业决定暂停该生产线的生产，但仍然对其进行定期维护，待市场转好时重启生产。

【分析】由于生产线属于暂停使用，H 纺织企业不应当将其划分为持有待售类别。

【操作指南】企业不应当将拟结束使用而非出售的非流动资产或处置组划分为持有待售类别。原因是企业对该非流动资产或处置组的使用实质上几乎贯穿了其整个经济使用寿命期，其账面价值并非主要通过出售收回，而是主要通过持续使用收回。对于拟结束使用而非出售的处置组，在停止使用前不应当划分为持有待售类别，也不应当作为终止经营列报；在停止使用后，不应当划分为持有待售类别，如果该处置组满足终止经营中有关单独区分的组成部分的条件，应当作为终止经营列报。对于拟结束使用而非出售的非流动资产，无论在停止使用之前或之后，均不应当划分为持有待售类别，也不应当作为终止经营列报。

二、持有待售的类别的计量

【案例 7】持有待售类别的初始计量。资料：

A 企业拥有一仓库，原价为 120 万元，年折旧额为 12 万元，截至 2017 年 12 月 31 日已计提折旧 60 万元。2018 年 1 月 31 日，A 企业与 B 企业签署不动产转让协议，拟在 6 个月内将该仓库转让，当日其公允价值为 100 万元、预计出售费用 10 万元。假定该不动产满足划分为持有待售类别的其他条件，经测试该仓库价值未发生减值。则该仓库在划分为持有待售类别的初始计量金额如何确定并如何进行会计处理?

【分析】2018 年 1 月 31 日，A 企业应当将仓库资产划分为持有待售类别，并计提 1 月份折旧 1 万元。2018 年 1 月 31 日，该仓库在划分为持有待售类别前的账面价值为 59 万元，此后不再计提折旧转为持有待售类别。持有待售类别的初始计量金额为 59 万元。应进行的会计处理如下。

借：持有待售资产	590000	
累计折旧	610000	
贷：固定资产——仓库		1200000

【操作指南】企业将非流动资产或处置组首次划分为持有待售类别前，应当确定非流动资产或处置组中各项资产和负债的账面价值。企业应当判断资产是否存在可能发生减值的迹象，如果资产已经或者将被闲置、终止使用或者计划提前处置，表明资产可能发生了减值。对于拟出售的非流动资产或处置组，企业应当在划分为持有待售类别前考虑进行减值测试。

企业初始计量持有待售的非流动资产或处置组时，如果其账面价值低于其公允价值减去出售费用后的净额，企业不需要对账面价值进行调整；如果账面价值高于其公允价值减去出售费用后的净额，企业应当将账面价值减记至公允价值减去出售费用后的净额，减记的金额确认为资产减值损失，计入当期损益，同时计提持有待售资产减值准备。

【案例8】 持有待售类别的初始计量。资料：

2018年3月1日，L公司购入非关联的M公司的全部股权，支付价款1600万元。购入该股权之前，L公司的管理层已经做出决议，一旦购入M公司，将在一年内将其出售给N公司，M公司当前状况下即可立即出售。预计L公司还将为出售该子公司支付12万元的出售费用。L公司与N公司计划于2018年3月31日签署股权转让合同。

情形一：L公司与N公司初步议定股权转让价格为1620万元。

情形二：L公司尚未与N公司议定转让价格，3月1日股权公允价值与支付价款1600万元一致。

则L公司如何进行会计处理?

【分析】 情形一：M公司是专为转售而取得的子公司，其不划分为持有待售类别情况下的初始计量金额应当为1600万元，当日公允价值减去出售费用后的净额为1608万元，按照两者孰低计量。L公司2018年3月1日的账务处理如下。

借：持有待售资产——长期股权投资　　16000000

　　贷：银行存款　　16000000

情形二：M公司是专为转售而取得的子公司，其不划分为持有待售类别情况下的初始计量金额为1600万元，当日公允价值减去出售费用后的净额为1588万元，按照两者孰低计量。L公司2018年3月1日的账务处理如下。

借：持有待售资产——长期股权投资　　15880000

　　资产减值损失　　120000

　　贷：银行存款　　16000000

持有待分配给所有者的非流动资产或处置组发生的分配费用，是可以直接归属于分配资产或处置组的增量费用，但不包括财务费用和所得税费用。除此之外，持有待分配给所有者类别的计量要求与持有待售类别相类似。

【操作指南】 对于取得日划分为持有待售类别的非流动资产或处置组，企业应当在初始计量时比较假定其不划分为持有待售类别情况下的初始计量金额和公允价值减去出售费用后的净额，以两者孰低计量。按照上述原则，在合并报表中，非同一控制下的企业合并中新取得的非流动资产或处置组划分为持有待售类别的，应当按照公允价值减去出售费用后的净额计量；同一控制下的企业合并中非流动资产或处置组划分为持有待售类别的，应当按照合并日在被合并方的账面价值与公允价值减去出售费用后的净额孰低计量。除企业合并中取得的非流动资产或处置组外，由以公允价值减去出售费用后的净额作为非流动资产或处置组初始计量金额而产生的差额，应当计入当期损益。

三、持有待售类别的后续计量。

【案例9】 接【案例8】持有待售的非流动资产的后续计量。资料：

2018年3月31日，L公司与N公司签订合同，转让所持有M公司的全部股权，转让价格为1607万元，L公司预计还将支付8万元的出售费用。则L公司如何进行会计处理？

情形一：2018年3月31日，L公司持有的M公司的股权公允价值减去出售费用后的净额为1599万元，账面价值为1600万元，以两者孰低计量，L公司2018年3月31日的账务处理如下。

借：资产减值损失　10000

　　贷：持有待售资产减值准备——长期股权投资　10000

情形二：2018年3月31日，L公司持有的M公司的股权公允价值减去出售费用后的净额为1599万元，账面价值为1588万元，以两者孰低计量，L公司不需要进行账务处理。

企业在资产负债表日重新计量持有待售的非流动资产时，如果其账面价值高于公允价值减去出售费用后的净额，应当将账面价值减记至公允价值减去出售费用后的净额，减记的金额确认为资产减值损失，计入当期损益，同时计提持有待售资产减值准备。如果后续资产负债表日持有待售的非流动资产公允价值减去出售费用后的净额增加，以前减记的金额应当予以恢复，并在划分为持有待售类别后非流动资产确认的资产减值损失金额内转回，转回金额计入当期损益，划分为持有待售类别前确认的资产减值损失不得转回。持有待售的非流动资产不应计提折旧或摊销。

四、持有待售类别的终止确认

【案例10】 接【案例9】持有待售的非流动资产和处置组的终止确认。资料：

2018年6月25日，L公司为转让M公司的股权支付律师费5万元。6月29日，L公司完成对M公司的股权转让，收到价款1607万元。则L公司如何进行会计处理？

【分析】 情形一：L公司2018年6月25日支付出售费用的账务处理如下。

借：投资收益　50000

　　贷：银行存款　50000

L公司2018年6月29日的账务处理如下。

借：持有待售资产减值准备——长期股权投资　10000

　　银行存款　16070000

　　贷：持有待售资产——长期股权投资　16000000

　　　　投资收益　80000

情形二：L公司2018年6月25日支付出售费用的账务处理如下。

借：投资收益　50000

　　贷：银行存款　50000

L公司2018年6月29日的账务处理如下。

借：银行存款　16070000

　　贷：持有待售资产——长期股权投资　15880000

　　　　投资收益　190000

【操作指南】企业终止确认持有待售的非流动资产或处置组，应当将尚未确认的利得或损失计入当期损益。企业在处置持有待售的境外经营时，应当将与该境外经营相关的外币财务报表折算差额，自其他综合收益转入处置当期损益，部分处置境外经营的，应当按处置的比例计算处置部分的外币财务报表折算差额，转入处置当期损益。

五、终止经营

【案例11】终止经营。资料：

某快餐企业A在全国拥有500家零售门店，A企业决定将其位于Z市的8家零售门店中的一家门店C出售，并于2018年8月13日与企业B正式签订了转让协议，假设该门店C符合持有待售类别的划分条件。判断C是否构成A企业的终止经营？

【分析】尽管门店C是一个处置组，也符合持有待售类别的划分条件但由于它只是一个零售点，不能代表一项独立的主要业务或一个单独的主要经营地区，也不构成拟对一项独立的主要业务或一个单独的主要经营地区进行处置的一项相关联计划的一部分，因此该处置组并不构成企业的终止经营。

【操作指南】终止经营应当是企业能够单独区分的组成部分。该组成部分的经营和现金流量在企业经营和编制财务报表时是能够与企业的其他部分清楚区分的。企业组成部分可能是一个资产组，也可能是一个资产组组合，通常是企业的一个子公司、一个事业部或事业群。终止经营应当具有一定的规模。终止经营应当代表一项独立的主要业务或一个单独的主要经营地区，或者是拟对一项独立的主要业务或一个单独的主要经营地区进行处置的一项相关联计划的一部分。专为转售而取得的子公司也是企业的组成部分，但不要求具有一定规模。

【案例12】终止经营。资料：

企业集团C拥有一家经营药品批发业务的子公司H，药品批发构成C的一项独立的主要业务，且H在全国多个城市设立了营业网点。由于经营不善，C决定停止H的所有业务。至2018年10月13日，已处置了该子公司所有存货并辞退了所有员工，但仍有一些债权等待收回，部分营业网点门店的租约尚未到期，仍需支付租金费用。判断H是否构成C的终止经营？

【分析】由于子公司H原药品批发业务已经停止，收回债权、处置租约等尚未结算的未来交易并不构成上述业务的延续，因此该子公司的经营已经终止，应当认为2018年10月13日后该子公司符合终止经营的定义。

【操作指南】终止经营定义的组成部分在资产负债表日之前已经处置，包括已经出售、结束使用(如关停或报废等)。多数情况下，如果组成部分的所有资产和负债均已处置，产生收入和发生成本的来源消失，这时确定组成部分"处置"的时点是较为容易的。但在有些情况下，组成部分的资产仍处于出售或报废过程中，仍可能发生清理费用，企业需要根据实际情况判断组成部分是否已经处置，从而符合终止经营的定义。

【案例13】终止经营。资料：

企业集团F决定出售其专门从事酒店管理的下属子公司R，酒店管理构成F的一项主要业务。子公司R管理一个酒店集团和一个连锁健身中心。为获取最大收益，F决定允许将酒店集团和连锁健身中心出售给不同买家，但酒店和健身中心的转让是相互关联的，即两者或者均出售，或者均不出售。F于2018年12月6日与企业S就转让连锁健身中心正式签订了协议，假设此时连锁健身中心符合了持有待售类别的划分条件，但酒店集团尚不符合持有待售类别的划分条件。判断酒店集团和连锁健身中心是否构成F的终止经营？

【分析】处置酒店集团和连锁健身中心构成一项相关联的计划，虽然酒店集团和连锁健身中心可能出售给不同买家，但分别属于对一项独立的主要业务进行处置的一项相关联计划的一部分，因此连锁健身中心符合终止经营的定义，酒店集团在未来符合持有待售类别划分条件时也符合终止经营的定义。

【操作指南】终止经营定义的组成部分在资产负债表日之前已经划分为持有待售类别。有些情况下，企业对一项独立的主要业务或一个单独的主要经营地区进行处置的一项相关联计划持续数年，并非组成部分中所有的资产组或资产组组合能够同时满足持有待售类别的划分条件。随着处置计划的进行，组成部分中的一些资产组或资产组组合可能先满足持有待售类别划分条件且构成企业的终止经营，其他资产组或资产组组合可能在未来满足持有待售类别的划分条件，应当适时将其作为终止经营处理。

第三节　本准则对企业的影响

根据《企业会计准则——基本准则》，财政部制定了《企业会计准则第42号——持有待售的非流动资产、处置组和终止经营》，自2017年5月28日起在所有执行企业会计准则的企业范围内施行，对新准则施行日存在的持有待售的非流动资产、处置组和终止经营，应当采用未来适用法处理。此前发布的有关持有待售的非流动资产、处置组和终止经营的会计处理规定与新准则不一致的，以新准则为准。对于新准则施行日存在的持有待售的非流动资产、处置组和终止经营，应当采用未来适用法处理。

此前的企业会计准则中，有关持有待售的非流动资产、处置组和终止经营的会计处理要求分散在《企业会计准则第 2 号——长期股权投资》《企业会计准则第 4 号——固定资产》《企业会计准则第 30 号——财务报表列报》及相关应用指南、解释和讲解中，缺少对持有待售类别的后续计量、持有待售资产减值准备计提等问题的统一的细化规定或指引。